기독교문서선교회 (Christian Literature Center: 약칭 CLC)는 1941년 영국 콜체스터에서 켄 아담스에 의해 시작되었으며 국제 본부는 미국 필라델피아에 있습니다.
국제 CLC는 약 650여 명의 선교사들이 59개 나라에서 180개의 서점을 운영하며 이동 도서 차량 40대를 이용하여 문서 보급에 힘쓰고 있으며 이메일 주문을 통해 130여 국으로 책을 공급하고 있는 국제적 문서선교 기관입니다.

추천사

김 병 모 박사
호남신학대학교 신약학 교수

　드디어 벤자민 L. 글래드(Benjamin L. Gladd)의 『마태복음에서 요한복음까지』(*Handbook on the Gospels*)가 출간됨으로써 세 권으로 구성된 베이커출판사의 "신약 길잡이"(Handbooks on the New Testament) 시리즈가 마침표를 찍었다. 이로써 우리는 전형적인 복음서 개론보다는 훨씬 더 자세하지만, 역사비평적 주석만큼은 장황하지 않은 네 복음서를 모두 다룬 단행본을 가지게 되었다.

　글래드는 이 한 권의 책에서 마태, 마가, 누가, 요한이 증언하고 있는 하나님의 아들이자 메시아이신 예수의 말씀과 행적에 대한 공통적이고 독특한 신학적 관점을 포괄적으로 제공한다. 따라서 독자는 성실하고 신실한 가이드인 글래드와 함께 현대 논쟁의 홍수에 빠지지 않고 각 복음서의 모든 주요 단락에 대한 간략하면서도 깊이 있는 해석과 신학적 의미를 얻을 수 있다.

　본서의 가장 큰 장점은 언제 어디서든 필요할 때마다 각 복음서 본문에 대한 의미를 좀 더 빠르고 쉽게 파악할 수 있는 길잡이 역할을 한다는 점이다. 산더미 같은 정보에 얽매이지 않으면서 본문의 의미를 신구약의 구속사적 관점과 큰 문맥과 작은 문맥 간의 긴밀한 연관성 속에서 파악하는 데 특히 유용하다. 공관복음의 병행 부분에 대한 상호 보완적 해석 역시 큰 도움이 된다.

이런 점에서 본서는 네 복음서를 균형 있게 해석하고 이해하려는 목회자와 신학생, 성경 교사, 그리고 신약에 관심 있는 평신도 등 모두에게 꼭 필요한 자료로 손색이 없다. 아무쪼록 본서를 포함하여, 신약성경 27권의 본문 내용을 단 세 권의 단행본으로 훌륭하게 엮어 낸 "신약 길잡이" 시리즈(『마태복음에서 요한복음까지』[CLC 刊], 『사도행전과 바울서신 핸드북』[솔로몬 刊], 『히브리서에서 요한계시록까지』[CLC 刊])가 성경을 읽으면서 언제든 쉽게 참조할 수 있는 유용한 도구로 서재에 간직되기를 기대한다.

데이비드 E. 갈런드(David E. Garland) 박사
George W. Truett Theological Seminary 대학원장

신약 개론은 복음서의 저자, 저작 시기, 독자와 같은 문제에 시간을 할애하고 가장 중요한 본문에 대해서는 종종 간략한 개요만 제공하곤 한다. 벤자민 L. 글래드는 본서에서 교사, 학생 및 신약에 관심 있는 평신도들이 원하고 필요로 하는 것을 제공한다. 이 한 권의 책에서 그는 예수의 사역, 죽음, 부활에 대한 네 복음서의 공통되고 독특한 관점을 훌륭하게 묘사하고 있다.

복음서의 본문 해석이 현대 논쟁의 덤불에 얽매이지 않고 포괄적으로 제시된다. 그는 문제의 핵심, 내러티브에 대한 구약의 뿌리, 역사적 진실성, 유대 생활의 맥락, 그리고 가장 중요하게는 신학적 의미를 훌륭하게 파악한다. 추가된 참고 문헌은 본서를 다양한 환경에서 사용할 수 있는 귀중한 자료가 된다.

데니스 E. 존슨(Dennis E. Johnson) 박사
Westminister Seminary California emeritus 명예교수(실천신학)

본서는 마태, 마가, 누가, 요한이 증언하고 있는 하나님의 아들이자 세상의 구세주이신 메시아 예수에 대한, 접근하기 수월하고 신학적으로 풍부한 안내서이다. 글래드는 네 복음서 저자가 제시하는 예수의 행적과 말씀에 대한 선택, 배열 및 표현이 구약의 약속과 패턴의 성취 안에서 어떻게 그리스도의 인격과 구원 사명의 다각적 영광을 나타내는지를 매력적이고 명확한 문체로 보여 준다.

에드워드 클링크 3세(Edward W. Klink III) 목사
Hope Evangelical Free Church 담임목사

글래드는 모든 단계의 학생들과 목회자들에게 네 복음서를 읽고 해석하고 이해하는 데 유용한 자료를 제공했다. 큰 그림의 개론과 기술적인 주석을 적절하게 혼합한 본서는 각 구절의 더 큰 정경의 문맥(canonical context)을 내러티브 자체의 특정한 뉘앙스와 능숙하게 결합하는 방식으로 독자에게 각 복음서의 풍부한 윤곽을 안내한다. 글래드는 특정한 이야기와 거룩한 주제의 흔적을 따라감으로써 독자들에게 네 복음서 모두에 대한 신중한 본문 탐구를 제공한다. 따라서 목사, 학생, 학자 등 모두가 환영할 만한 안내서이다.

"사랑하는 부모님,

케빈(Kevin)과 수(Sue)를 위하여
"

> 현대인을 위한 신약 길잡이 1

마태복음에서 요한복음까지

Handbook on the Gospels
Written by Benjamin L. Gladd
Translated by Seung-Ho Lee

Copyright ⓒ 2021 by Benjamin L. Gladd
Originally published in English under the title *Handbook on the Gospels*
by Baker Academic, a division of Baker Publishing Group,
PO Box 6287, Grand Rapids, Michigan, 49516-6287, U.S.A.
All rights reserved.

Korean Edition Copyright ⓒ 2025 by Christian Literature Center, Seoul, Korea.

현대인을 위한 신약 길잡이 1
마태복음에서 요한복음까지

2025년 6월 30일 초판 발행

지 은 이 | 벤자민 L. 글래드
옮 긴 이 | 이승호

편　　집 | 전희정
디 자 인 | 소신애
펴 낸 곳 | (사)기독교문서선교회
등　　록 | 제16-25호(1980. 1. 18.)
주　　소 | 서울특별시 동대문구 천호대로71길 39
전　　화 | 02-586-8761~3(본사) 031-942-8761(영업부)
팩　　스 | 02-523-0131(본사) 031-942-8763(영업부)
이 메 일 | clckor@gmail.com
홈페이지 | www.clcbook.com
송금계좌 | 기업은행 073-000308-04-020　(사)기독교문서선교회
일련번호 | 2025-48

ISBN 978-89-341-2827-4(93230)

이 한국어판 저작권은 Baker Academic, a division of Baker Publishing Group과 독점 계약한
(사)기독교문서선교회가 소유합니다.
신저작권법에 의하여 한국 내에서 보호를 받는 저작물이므로 무단 전재와 무단 복제를 금합니다.

현대인을 위한 신약 길잡이 1

마태복음에서 요한복음까지

Handbook on the Gospels

벤자민 L. 글래드 지음
이 승 호 옮김

CLC

목차

추천사
- 김 병 모 박사 | 호남신학대학교 신약학 교수 　　　　　　　　　　　　　1
- 데이비드 E. 갈런드 박사 | George W. Truett Theological Seminary 대학원장 　3
- 데니스 E. 존슨 박사 | Westminster Seminary California emeritus 명예교수 　3
- 에드워드 클링크 3세 목사 | Hope Evangelical Free Church 담임목사 　　　4

시리즈 서문 　　　　　　　　　　　　　　　　　　　　　　　　　　12
- 벤자민 L. 글래드 박사 | 미국 Reformed Theological Seminary 신약학 교수

저자 서문 　　　　　　　　　　　　　　　　　　　　　　　　　　　14
- 벤자민 L. 글래드 박사 | 미국 Reformed Theological Seminary 신약학 교수

역자 서문 　　　　　　　　　　　　　　　　　　　　　　　　　　　17
- 이 승 호 박사 | 영남신학대학교 신약학 교수

약어표 　　　　　　　　　　　　　　　　　　　　　　　　　　　　　19

제1장 마태복음　　　　　　　　　　　　　　　　　　　　　　　　　25

I. 개론　　　　　　　　　　　　　　　　　　　　　　　　　　　　　25
　1. 저자와 저작 시기　　　　　　　　　　　　　　　　　　　　　　　25
　2. 목적　　　　　　　　　　　　　　　　　　　　　　　　　　　　26
　3. 개요　　　　　　　　　　　　　　　　　　　　　　　　　　　　26

II. 본문 해설　　　　　　　　　　　　　　　　　　　　　　　　　　31
　1. 프롤로그(1:1-3:17)　　　　　　　　　　　　　　　　　　　　　　31
　2. 1단계: 갈릴리에서의 예수(마 4:1-18:35)　　　　　　　　　　　　　53
　3. 2단계: 예루살렘으로의 여행(19:1-20:34)　　　　　　　　　　　　127
　4. 3단계: 예루살렘에서의 예수(마21:1-28:20)　　　　　　　　　　　136

제2장 마가복음　　　　　　　　　　　　　　　　　　　　　　　　　185

I. 개론　　　　　　　　　　　　　　　　　　　　　　　　　　　　185
　1. 저자와 저작 시기　　　　　　　　　　　　　　　　　　　　　　185
　2. 저작 목적　　　　　　　　　　　　　　　　　　　　　　　　　187
　3. 개요　　　　　　　　　　　　　　　　　　　　　　　　　　　187

II. 본문 해설	192
1. 프롤로그(1:1-13)	192
2. 제1막: 갈릴리에서의 예수(1:14-8:21)	207
3. 제2막: 예루살렘으로 올라가시는 예수(8:22-10:52)	269
4. 제3막 예루살렘에서의 예수(11:1-16:8)	286

제3장 누가복음   348

I. 개론	348
1. 저자와 저작 시기	348
2. 저작 목적	349
3. 개요	350
II. 본문 해설	355
1. 구원의 약속(1:1-80)	355
2. 왕의 도래(2:1-52)	361
3. 요한의 세례: 마지막 아담으로서의 예수(3:1-38)	369
4. 1단계: 갈릴리에서의 예수(4:1-9:50)	373
5. 2단계: 예루살렘으로의 여정(9:51-19:27)	408
6. 3단계: 예루살렘에서의 예수(19:28-24:53)	458

제 4 장 요한복음   507

I. 개론	507
1. 저자와 저작 시기	507
2. 목적	509
3. 개요	509
II. 본문 해설	514
1. 프롤로그(1:1-18)	514
2. 표적의 책(1:19-12:50)	517
3. 영광의 책(13:1-20:31)	590

시리즈 서문

벤자민 L. 글래드(Benjamin L. Gladd) 박사
미국 Reformed Theological Seminary 신약학 교수

"신약 길잡이"(Handbooks on the New Testament)는 베이커아카데믹출판사(Baker Academic)의 호평을 받은 네 권의 "구약 길잡이" 시리즈에 상응하는 세 권으로 된 시리즈이다.

무수히 많은 신약 주석과 개론이 있음에도 또 하나의 시리즈를 저술해야 하는 이유는 무엇인가?

이 길잡이는 개론도 주석도 아니라는 점에서 독특하다. 대부분의 신약성경 주석이 구절별로 해설하는 방식을 취하는 반면, 개론들은 성경 본문을 단지 개략적으로만 다룬다.

본 시리즈는 주석과 개론 이 두 가지 접근 사이에 위치한다. 각 책은 상세한 석의 작업에 얽매이지 않고 각 신약 구절의 스냅 샷(snapshot)을 찍는다. 그 의도는 독자가 길잡이에 있는 특정 구절을 찾아 앞뒤 논의를 상당량 읽지 않고도 그 구절의 의미를 빠르게 파악할 수 있도록 하는 데 있다.

이 시리즈는 신약성경 각 주요 단락의 내용을 요약하는 데 집중한다. 개론 문제(저자, 기록 시기, 수신자 등)를 무시하지는 않지만, 초점은 아니다. 각주 또한 독자들이 그 구절에 잘 적응하도록 최소한으로 사용된다. 각 저자는 더 깊은 연구를 위해 각 장의 마지막 부분에 간략한 최근의 참고 문헌을 제공한다.

이 길잡이는 본문의 최종 형태에 초점을 맞추고 있으므로 각 저자는 구약 인용(quotation)과 암시(allusions)에 특별한 주의를 기울인다. 신약성경의

저자들은 구약성경을 약 350번 정도 인용하고 1,000번이 훨씬 넘게 암시한다. 이 시리즈의 각 저자는 그러한 구약성경의 인용과 암시가 논의 중인 신약 본문을 어떻게 형성하는지에 주목한다.

이 "신약 길잡이" 시리즈의 주요 독자는 평신도, 학생, 목사 그리고 신학 및 성경 교수이다. 우리는 이 책들이 강의실 수업과 개인 성경 연구를 위해 사용되기를 기대한다. 이 시리즈에 좀 더 쉽게 접근할 수 있도록 기술적 전문 용어는 피한다. 각 책은 신학적이고 목회적인 정보를 담고 있으며, 각 저자는 그들의 관찰 내용을 교회 내의 현대적 이슈와 기독교 생활에 적용한다.

무엇보다도 우리의 기도와 바람은 이 시리즈가 하나님의 말씀에 대한 더 많은 연구와 진지한 성찰을 자극하여 경건한 삶과 하나님 나라의 확장을 가져오는 것이다.

저자 서문

벤자민 L. 글래드(Benjamin L. Gladd) 박사
미국 Reformed Theological Seminary 신약학 교수

본서는 몇 년 전에 끝냈어야 했다. 나는 복음서에 관한 이 프로젝트를 진행하는 동안 네 개의 내러티브(narratives)를 깊이 묵상하며 작업할 기회를 얻을 수 있었다. 그것은 기쁨이었다. 사건 진행의 흐름을 추적하고 여러 인물의 특성을 묘사하며 거듭해서 구약성경으로 돌아감으로써 그리스도에 대한 나의 개인적인 믿음과 헌신이 성장했다.

본서를 포함한 베이커의 "신약 길잡이" 시리즈는 전반적으로 신학생, 목회자, 교사를 위한 수월하고 견고한 복음적 자원이 부족하다는 판단에서 기획되었다. 익숙하지 않은 본문을 다룰 때 나는 종종 주석으로 눈을 돌리다가 단어 하나하나에 대한 해석의 늪에 빠지곤 했다. 교회가 꾸준히 성장하기 위해서는 상세하고 기술적인 주석들이 필요하다. 그러나 나는 명확성과 수월성을 유지하면서도 본문을 자세하게 읽을 수 있는 복음서에 관한 책을 저술하고 싶었다.

NIV(2011)를 인용하고 일반적으로 복음서의 개요와 병행에 의존함으로써 나는 독자들이 좀 더 본서에 용이하게 접근할 수 있도록 했다. 간결함과 명료성은 세 권으로 구성된 이 시리즈의 특징이다. 톰 슈라이너(Tom Schreiner)의 책은 사도행전과 열세 개의 서신을 다루고, 안드레아스 쾨스텐버거(Anderes Köstenberger)는 히브리서에서 요한계시록까지 다룬다. 복음서에 관한 본서는 단지 네 권의 책만 다루므로 나는 일찌감치 다른 두 권의 안내서보다 본문에 대해 좀 더 깊이 탐구하기로 결정했다.

본서를 읽기 전에 몇 가지 일러두기가 필요하다. 주석가들은 더 넓은 그리스-로마(Greco-Roman)의 맥락과 유대교의 다양한 흐름에서 복음서가 어떻게 기능하는지 상상할 수 있는 모든 각도에서 탐색했다. 네 명의 복음서 저자가 이러한 환경과 접촉점을 공유한다는 데는 의심의 여지가 없다.

그러나 나의 주된 목적은 내러티브를 주의 깊게 읽고 구약의 개념, 암시, 인용을 인식하고 탐구함으로써 복음서를 구원 역사(history of redemption)의 관점에서 살피는 것이다. 나는 부차적으로 유대인과 그리스-로마의 문화와 삶에 관심을 둔다. 베이커의 "신약 길잡이" 시리즈 세 권은 성서적-신학적(biblical-theological) 본문 읽기에 민감하므로 본서 역시 이러한 강조점을 반영한다. 나는 종종 예수의 사역을 예언적으로 예고하는 중요한 구약 구절과 사건을 지적하고 같은 주제나 사건을 다루는 다른 신약 구절을 지적하기를 주저하지 않는다.

복음서에 관한 연구가 상상할 수 있는 모든 측면에서 수그러들지 않고 계속되지만, 나는 또한 2차 문헌의 홍수에 거의 관여하지 않으려고 한다. 지난 20년 동안 얼마나 많은 글이 쓰여졌는지 현기증이 날 지경이다. 때때로 나는 독자에게 다양한 해석에 대한 다양한 선택권을 주고 독자를 올바른 방향으로 안내하려고 노력하기도 한다. 각 장의 마지막 부분에는 독자들에게 추가 조사를 위한 출발점을 제공하기 위해 선별된 자료를 포함한다.

비평적 학자들은 오래전에 역사적 예수와 복음서 사이에 쐐기를 박았다. 나는 네 명의 복음서 저자가 예수의 생애를 정확하게(그리고 신학적으로!) 서술했다고 생각하지만, 본서에서 나의 주된 초점은 개별 내러티브, 즉 예수의 삶, 죽음, 부활을 다시 이야기하는 네 권의 유일무이한 책을 연구하는 것이다. 그것은 같은 예수, 같은 복음이다. 이 이야기들은 거의 2,000년 전에 일어난 일에 대한 네 개의 독특하지만, 상호 보완적인 이야기를 제공한다.

학자들은 복음서와 관련된 문제에 대해서는 종종 일치하지 않지만, 마가복음 우선설에 대해서는 거의 동의한다. 대부분의 주석가는 마가가 먼저 기록되었고 그다음에 마태와 누가가 그의 자료를 빌려 그들의 복음서를 기록했다고 가정한다. 내 책은 이러한 본문 관계의 경향을 따른다. 상황이 좀 더 모호해지는 경우는 종종 "Q"("자료"를 의미하는 독일어 Quelle의 약자)로 불리는 또 다른 자료의 가능성이다.

여러 가지 이유로 최근 수십 년 동안 학자들은 이 기록된 자료에 대해 의문을 제기하기 시작했다. 나는 여전히 마태와 누가가 마가와 Q를 자료로 사용했다는 '두 자료설'(two-source theory)을 고수하지만, Q가 전적으로 하나의 기록된 문서인지는 확신할 수 없다. 그것은 구두 전승과 문서 자료로 구성되었을 수도 있다. 더욱이 지난 10년 동안 상당한 입지를 확보한 파러(Austin Farrer)의 가설(마태는 마가를, 누가는 마태와 마가를 자료로 사용했다는 견해)이 매력적인 대안으로 남아 있다.

같은 저자가 네 복음서에 관해 기록한 단행본 프로젝트를 쉽게 찾아볼 수 없는 이유 중 하나는 공관복음 사이에 중복되는 자료의 양이 상당하기 때문이다. 나는 두 개의 슬러시(//)를 사용하여 복음서 간의 일반적 병행 관계를 표시했다. 또 이 프로젝트 전반에 걸쳐 중복되는 내용을 반복하는 대신 독자에게 내가 다른 곳에서 이 단락에 대해 좀 더 상세하게 논의한 곳을 참조하게 한다(화살표[→]로 표시됨). 마가복음은 아마도 첫 번째로 출간된 복음서일 가능성이 크기 때문에 나는 독자들에게 거기에서 시작하기를 권한다.

내가 원고의 대부분을 쓸 수 있게 안식년을 허락해 준 리폼드신학교(Reformed Theological Seminary)에 감사를 드린다. 또한, 브랜든 크로우(Brandon Crowe)와 데니스 존슨(Dennis Johnson)의 논평과 이 원고 일부에 대한 비판에 감사를 드린다. 이 프로젝트와 다른 두 신약 길잡이를 이끌어 준 베이커출판사의 브라이언 다이어(Bryan Dyer)와 에릭 살로(Eric Salo)에게 심심한 감사를 드린다. 아무쪼록 학생, 목사, 교사들이 다시 복음서를 읽고 그들이 인자(Son of Man) 안에서 그토록 소중히 여기는 구원으로 새 힘을 얻기를 소망한다.

역자 서문

이 승 호 박사

영남신학대학교 신약학 교수

벤자민 L. 글래드(Benjamin L. Gladd)의 『마태복음에서 요한복음까지』(Handbook on the Gospels)는 세 권으로 구성된 베이커출판사의 "신약 길잡이"(Handbooks on the New Testament) 시리즈 중 하나로 출간되었다. 본서는 신약성경의 첫 부분을 다루고 있지만, 시기적으로는 가장 늦게 출판되었다. 이로써 베이커출판사의 야심 찬 또 하나의 프로젝트가 완성되어 우리말로 번역 출간된 셈이다(토마스 R. 슈라이너, 『사도행전과 바울서신 핸드북』, 조호영 옮김 [솔로몬, 2022]; 안드레아스 J. 쾨스텐버거, 『히브리서에서 요한계시록까지』, 이승호 옮김 [CLC, 2023] 참조).

이 시리즈의 책임 편집자인 글래드가 저술한 본서는 시리즈의 작성 방향과 목적에 충실하게 각 복음서의 주요 단락의 의미를 빠르고 수월하게 파악하는 데 주안점을 둔다. 개론적이고 피상적인 본문 개요와 장황한 세부 정보의 홍수를 피하면서도 성경 본문을 균형 있고 깊이 있게 안내함으로써 말 그대로 복음서의 훌륭한 길잡이 역할을 한다.

본서는 네 복음서를 차례대로 각각 세 부분으로 나누어 구성한다.

개론에서는 각 복음서의 내용과 의미를 파악하는 데 필요한 가장 기본적인 정보만을 간략하게 제공한다.

본문 해설에서는 역사-비평적 질문이나 구절별 세부 주석에 얽매이지 않으면서도 각 복음서의 주요 단락의 내용을 훌륭하게 묘사한다.

각 장의 마지막 부분에는 더 깊고 다양한 연구를 위해 최근의 주석서 및 논문과 단행본 목록을 선별적으로 제공한다.

본서가 지닌 몇 가지 중요한 장점을 다음과 같이 요약할 수 있다.

첫째, 마태, 마가, 누가, 요한이 증언하고 있는 예수의 사역, 죽음, 부활에 대한 네 복음서 주요 단락의 공통 부분(병행 관계)과 독특한 관점을 신학적으로 파악하는 데 매우 유익하다.

둘째, 복음서 저자들의 구약 인용과 암시에 특별한 주의를 기울임으로써 신구약에 나타난 하나님의 구원사적 연관성을 포괄적으로 이해하는 데 도움을 준다.

셋째, 각 복음서에 나타난 예수의 말씀과 예수에 관한 이야기의 본래 의미와 함께 신학적이고 목회적인 정보도 포함하여 그 메시지를 기독교 생활에 실용적으로 적용하는 데도 도움을 준다.

넷째, 무엇보다 명료한 개념과 가독성이 수월한 문체를 사용하여 광범위한 독자들이 접근하기에 용이하다.

따라서 본서는 학교에서 가르치는 교수와 신학생은 물론이고 목회자 및 신약성경에 관심 있는 모든 그리스도인에게도 큰 도움과 유익이 될 것이라고 기대한다.

국내 독자들을 위해 이 번역서는 편의상 개역개정판을 원칙적으로 사용했고, 원서와 표현이 다른 경우 역주를 통해 표시해 두었다. 저자는 정경의 순서대로 마태복음부터 다루고 있지만, 마가복음 우선설을 따르고 있으므로 편의상 마가복음을 먼저 읽는 것도 유익하리라 본다.

끝으로 본서의 번역 및 출간을 위해 수고해 주신 기독교문서선교회(CLC)의 대표 박영호 목사와 모든 사역자에게 깊은 감사를 드리고, 교정을 위해 애써 준 아내 최현숙에게도 감사의 마음을 전한다. 본서가 이 땅 모든 그리스도인의 경건한 삶과 하나님 나라 확장에 일익을 담당하기를 소망한다.

약어표

General and Bibliographic

//	parallels
→	indicates a cross-reference to within this commentary
AT	author's translation
Brenton	Sir Lancelot Brenton's translation of Theodotion's Septuagint
ET	English translation
frag.	fragment
Gk.	Greek
Heb.	Hebrew
LXX	Septuagint
MT	Masoretic Text
OG	Old Greek (Septuagint)
par.	parallel text(s)
Theo.	Theodotion's Septuagint

English Bible Versions

ESV	English Standard Version
HCSB	Holman Christian Standard Bible
KJV	King James Version
NASB	New American Standard Bible
NET	New English Translation
NETS	New English Translation of the Septuagint
NIV	New International Version
NIV	1984 New International Version, 1984 edition
NLT	New Living Translation
NRSV	New Revised Standard Version

Old Testament

Gen.	Genesis	Eccles.	Ecclesiastes
Exod.	Exodus	Song	Song of Songs
Lev.	Leviticus	Isa.	Isaiah
Num.	Numbers	Jer.	Jeremiah
Deut.	Deuteronomy	Lam.	Lamentations
Josh.	Joshua	Ezek.	Ezekiel
Judg.	Judges	Dan.	Daniel
Ruth	Ruth	Hosea	Hosea
1 Sam.	1 Samuel	Joel	Joel
2 Sam.	2 Samuel	Amos	Amos
1 Kings	1 Kings	Obad.	Obadiah
2 Kings	2 Kings	Jon.	Jonah
1 Chron.	1 Chronicles	Mic.	Micah
2 Chron.	2 Chronicles	Nah.	Nahum
Ezra	Ezra	Hab.	Habakkuk
Neh.	Nehemiah	Zeph.	Zephaniah
Esther	Esther	Hag.	Haggai
Job	Job	Zech.	Zechariah
Ps(s).	Psalm(s)	Mal.	Malachi
Prov.	Proverbs		

New Testament

Matt.	Matthew	Gal.	Galatians
Mark	Mark	Eph.	Ephesians
Luke	Luke	Phil.	Philippians
John	John	Col.	Colossians
Acts	Acts	1 Thess.	1 Thessalonians
Rom.	Romans	2 Thess.	2 Thessalonians
1 Cor.	1 Corinthians	1 Tim.	1 Timothy
2 Cor.	2 Corinthians		

Other Primary Texts

Apostolic Fathers
1 Clem.	1 Clement
Barn.	Epistle of Barnabas

Bede
Hist. eccl.	Historia Ecclesiastica (*Church History*)

Clement of Alexandria
Paed.	Paedagogus

Dead Sea Scrolls
CDa	Damascus Document

Eusebius
Hist. eccl.	Historia ecclesiastica

Irenaeus
Haer.	Adversus Haereses (*Against Heresies*)

Josephus
Ag. Ap.	Against Apion
Ant.	Jewish Antiquities
J.W.	Jewish War

Old Testament Apocrypha
2 Bar.	2 Baruch
1 En.	1 Enoch
2 En.	2 Enoch
Jub.	Jubilees
Let. Aris.	Letter of Aristeas
Pss. Sol.	Psalms of Solomon
Sib. Or.	Sibylline Oracles
T. 12 Patr.	Testaments of the Twelve Patriarchs
T. Adam	Testament of Adam
T. Jud.	Testament of Judah
T. Mos.	Testament of Moses
T. Sol.	Testament of Solomon

Philo

Philo

Flacc.	*In Flaccum* (*Against Flaccus*)
Ios.	*De Iosepho* (*On the Life of Joseph*)
Praem.	*De praemiis et poenis* (*On Rewards and Punishments*)
Prov.	*De providentia* (*On Providence*)
Vit. Mos.	*De vita Mosis* (*On the Life of Moses*)

Rabbinic Works

b.	tractate of the Babylonian Talmud
Shabb.	Shabbat
m.	tractate of the Mishnah
Git.	Gittin
Hag.	Hagigah
Miqw.	Mikwa'ot
Ned.	Nedarim
Nid.	Niddah
Pesah.	Pesahim
Sanh.	Sanhedrin
Sheqal	Sheqalim
Sukkah	Sukkah
Tehar.	Teharot
Yoma	Yoma

Secondary Sources

AB	Anchor Bible
AcBib	Academia Biblica
AGJU	Arbeiten zur Geschichte des antiken Judentums und des Urchristentums
AnBib	Analecta Biblica
ANRW	*Aufstieg und Niedergang der römischen Welt*
AOTC	Apollos Old Testament Commentary
BBR	*Bulletin for Biblical Research*
BDAG	Frederick W. Danker, Walter Bauer, William F. Arndt, and F. Wilbur Gingrich. *Greek-English Lexicon of the New Testament and Other Early Christian Literature*. 3rd ed. Chicago: University of Chicago Press, 2000
BECNT	Baker Exegetical Commentary on the New Testament

BETL	Bibliotheca Ephemeridum Theologicarum Lovaniensium
Bib	*Biblica*
BIS	Biblical Interpretation Series
BNTC	Black's New Testament Commentaries
BSac	*Bibliotheca Sacra*
BST	Bible Speaks Today
BTCB	Brazos Theological Commentary on the Bible
BTNT	Biblical Theology of the New Testament
BZNW	Beihefte zur Zeitschrift fur die neutestamentliche Wissenschaft
CBQ	*Catholic Biblical Quarterly*
CBQMS	Catholic Biblical Quarterly Monograph Series
CC	Concordia Commentaries
DJG	*Dictionary of Jesus and the Gospels*. 2nd ed. Edited by Joel B. Green, Jeannine K. Brown, and Nicholas Perrin. Downers Grove, IL: InterVarsity, 2013
DRev	*Downside Review*
ECC	Eerdmans Critical Commentary Abbreviations (Unpublished manuscript—copyright protected Baker Publishing Group) xviii
ECIL	Early Christianity and Its Literature
ESBT	Essential Studies in Biblical Theology
Exp Tim	*Expository Times*
ICC	International Critical Commentary
ITS	International Theological Studies
IVPNTC	InterVarsity Press New Testament Commentary
JBL	*Journal of Biblical Literature*
JETS	*Journal of the Evangelical Theological Society*
JPTSup	Journal of Pentecostal Theology Supplement Series
JSNT	*Journal for the Study of the New Testament*
JSNTSup	Journal for the Study of the New Testament Supplement Series
JTS	*Journal of Theological Studies*
LHBOTS	Library of Hebrew Bible/Old Testament Studies
LNTS	Library of New Testament Studies

NAC	New American Commentary
NCBC	New Century Bible Commentary
NIBC	New International Biblical Commentary
NICNT	New International Commentary on the New Testament
NICOT	New International Commentary on the Old Testament
NIGTC	New International Greek Testament Commentary
NIVAC	NIV Application Commentary
NovT	*Novum Testamentum*
NovTSup	*Supplements to Novum Testamentum*
NSBT	New Studies in Biblical Theology
NTL	New Testament Library
NTS	New Testament Studies
PNTC	Pillar New Testament Commentary
RB	*Revue Biblique*
RBS	Resources for Biblical Study
SBL	Society of Biblical Literature
SBLDS	Society of Biblical Literature Dissertation Series
SBLMS	Society of Biblical Literature Monograph Series
SBLSP	*Society of Biblical Literature Seminar Papers*
SBLSymS	Society of Biblical Literature Symposium Series
SBT	Studies in Biblical Theology
SCM	Student Christian Movement
SHBC	Smyth & Helwys Bible Commentary
SNTSMS	Society for New Testament Studies Monograph Series SP Sacra Pagina *TJ Trinity Journal*
TNTC	Tyndale New Testament Commentaries
WBC	Word Biblical Commentary
WUNT	Wissenschaftliche Untersuchungen zum Neuen Testament
ZECNT	Zondervan Exegetical Commentary on the New Testament

제1장

마태복음

I. 개론

1. 저자와 저작 시기

오늘날 학자들은 종종 마태가 첫 번째 복음서를 기록한 것을 부인하지만, 첫 번째 복음서의 저자가 마태임을 보여 주는 다수의 증거가 있다. 그 주요 근거 중 하나가 제목이다. 현존하는 사복음서 사본에는 모두 제목이 포함되어 있다. 예를 들면, 첫 번째 복음서의 제목은 "마태에 의한"(카타 마타이온[kata Mathaion])이라 표기되어 있고, 두 번째 복음서의 제목은 "마가에 의한"(카타 마르콘[kata Markon])이라 표기되어 있다. 누가복음과 요한복음도 그 선례를 따른다.

많은 주석가가 네 복음서가 출간된 이후 서로 구별하기 위해 초기 교회가 꼬리표를 달았다고 가정했다. 그러나 최근에 소수의 학자는 이러한 제목들이 원래의 제목이라고 주장했다. 출간 당시 제목이 있었다면 저자를 결정하는 데 많은 도움이 될 것이다.

레위로 알려진 마태(막 2:14//눅 5:27-28)는 유대인 세리였고 열둘 중 하나였다(마 9:9; 10:3; 막 3:18; 눅 6:15; 행 1:13). 이 점은 첫 번째 복음서에서 세금에 대한 강조가 눈에 띄는 이유를 설명해 준다(마 9:9; 10:3; 17:24-27을 보라). 초기 교회 또한 이 복음서를 마태가 기록했다고 추정한다(예컨대, Irenaeus, Haer. 1.26.2, 3.1.1; Eusebius, Hist. eccl. 1.7.10, 3.24.5, 3.39.16).

첫 번째 복음서의 저작 시기는 마가복음 및 누가복음과의 관계와 감람산 담화(Olivet Discourse: 24:1-25:46)의 예언적 성격에 달려 있다. 마태복음은 아마 60년대 초중반에 기록된 마가복음에 의존한 것으로 보이며 감람산 담화에 요약된 많은 사건이 AD 70년에 처음 성취되었으므로 60년대 중후반에 기록되었을 가능성이 크다.

2. 목적

아마도 수리아 안디옥(Antioch of Syria)에서 기록된 것으로 보이는 마태복음은 대부분의 유대인 청중과 일부 이방인 그리스도인들을 위해 기록되었다. 첫 번째 복음서는 나사렛 예수가 구원 역사의 중심이라고 논증한다. 구약 전체에 걸쳐 연대순으로 기록된 이스라엘의 모든 제도, 사건 및 개인은 예수를 오랫동안 기다려 온 다윗 가문의 왕이요 참된 이스라엘로 예고한다.

예수는 또한 "임마누엘"(Immanuel)이신데, 하나님이 인간에게 가까이 오셨다는 의미이다(마 1:23). 마가가 하나님 나라의 준비와 신비한 도래를 강조하고 누가가 그 하나님 나라의 범위를 강조한다면 마태는 그 왕국의 성장에 관해 서술한다.

3. 개요

마태, 마가, 누가는 일반적으로 예수의 사역을 유대에서의 세례로부터 갈릴리에서의 공생애 활동, 그리고 예루살렘으로 이동하는 지리적 노선을 따라 추적한다. 그러나 마태는 영원한 하나님 나라의 특정 차원을 개괄하는 다섯 개의 가르침/교훈 단락을 첨가한다(마 5:1-7:29; 10:1-11:1; 13:1-53; 18:1-19:1; 23:1-26:1). 예수의 가르침은 또한 그의 행동을 설명하고 강화한다.

프롤로그(마 1:1-3:17)

계보(1:1-17)
예수의 탄생(1:18-25)
애굽으로의 피난(2:1-18)
나사렛 거주(2:19-23)
세례 요한(3:1-17)
    이스라엘의 남은 자(remnant)의 세례(3:1-12)
    참된 이스라엘로서의 예수의 세례(3:13-17)

1단계: 갈릴리에서의 예수(마 4:1-18:35)

광야의 시험과 예수의 공생애 시작(마 4:1-25)
  유대 광야에서의 승리(4:1-11)
  갈릴리에서의 천국 선포(4:12-17)
  첫 제자들의 부르심과 병자의 치유(4:18-25)

산상수훈(마 5:1-7:29)
  아홉 가지 복 또는 "팔복"(Beatitudes) (5:1-12)
  예수와 율법(5:13-48)
  새 성전에의 참여(6:1-18)
  두 시대의 중첩기 삶의 사회적 함의(6:19-7:12)
  세 가지 경고(7:13-29)

치유하고 인내하는 신앙(마 8:1-34)
  나병환자, 백부장의 하인, 무리를 깨끗하게 하심(8:1-17)
  창조의 주 따르기(8:18-34)

생명을 주시는 하나님의 아들로서의 왕이신 예수 따르기(마 9:1-34)
  중풍병자의 치유와 마태의 부르심(9:1-13)
  새 포도주 부대(wineskins)와 새 시대의 도래(9:14-26)
  예상 밖의 메시아와 유대 지도자들의 완고함(9:27-34)

열두 제자의 임명(마 9:35-10:42)
  신실한 목자의 필요성(9:35-38)
  신실한 목자로서의 열두 제자(10:1-42)

갈릴리의 요한과 예수에 대한 배척(마 11:1-30)
  세례 요한(11:1-19)
  믿지 아니하는 도시들에 대한 심판(11:20-24)
  감추어진 하나님의 지혜(11:25-30)

유대 지도자들과의 갈등 고조(마 12:1-50)
  안식일의 주인으로서의 예수(12:1-14)
  이사야의 고난받는 종으로서의 예수(12:15-21)
  계속되는 영적 무지(12:22-50)

천국 비유(마 13:1-52)
  씨 뿌리는 자 비유와 천국의 비밀(13:1-50)
  천국의 비밀에 대한 이해(13:51-52)

배척과 계시(마 13:53-14:36)
  고향에서의 배척(13:53-58)
  세례 요한에 대한 헤롯의 배척(14:1-12)
  오천 명을 먹이심(14:13-21)
  물 위를 걸으심(14:22-36)

이방인의 종말론적 회복(마 15:1-39)
    씻지 않은 손으로 먹기(15:1-20)
    가나안 여인의 믿음(15:21-28)
    사천 명을 먹이심(15:29-39)

유대 지도자들의 거짓 교훈과 베드로의 신실한 신앙고백(마 16:1-28)
    예수를 시험하는 유대 지도자들(16:1-4)
    유대 지도자들의 거짓 교훈(16:5-12)
    베드로의 신앙고백과 예수의 죽음 예고(16:13-28)

즉위하신 인자(Son of Man)와 신실한 이스라엘로서의 예수(마 17:1-27)
    변모 사건(17:1-20)
    고난받는 인자와 성전세(17:22-27)

천국 안에서 상호 간에 관계 맺기(마 18:1-35)
    천국에 대한 전망(18:1-5)
    천국 안에서의 인내(18:6-9)
    천국 시민들의 가치 증진과 종말론적 성전의 보존(18:10-35)

2단계: 예루살렘으로의 여행(마 19:1-20:34)

예루살렘으로 가는 길에서(마 19:1-30)
    유대 지도자들과의 이혼에 관한 논쟁(19:1-12)
    천국에 들어가기(19:13-30)

고난받는 다윗의 자손(마 20:1-34)
    포도원 품꾼의 비유(20:1-16)

세 번째 수난 예고와 명예 요청(20:17-28)

두 소경의 치유(20:29-34)

3단계: 예루살렘에서의 예수(마 21:1-28:20)

이스라엘 왕의 도래와 그 함의(마 21:1-22:46)

승리의 입성(21:1-11)

이스라엘 성전에 대한 심판과 무화과나무의 저주(21:12-22)

두 아들의 비유와 악한 포도원 농부 비유(21:23-46)

혼인 잔치의 비유(22:1-14)

논쟁들(22:15-46)

이스라엘 종교 당국에 대한 심판(마 23:1-39)

외식(23:1-12)

일곱 가지 저주(23:13-39)

이스라엘 성전의 파괴와 인자의 귀환(마 24:1-25:46)

무너뜨리는 돌이신 예수(24:1-3)

이스라엘 성전에 대한 심판(24:4-35)

예수의 재림(24:36-25:46)

인자에 대한 배반과 공회 앞에서의 재판(마 26:1-75)

기름 부음 받은 왕으로서의 예수(26:1-16)

유월절 어린양으로서의 예수의 신실하심(26:17-46)

예수의 체포, 심문, 베드로의 부인(26:47-75)

인자의 죽음(마 27:1-66)
　예수의 "넘겨짐"과 유다의 죽음(27:1-10)
　빌라도 앞에서의 예수의 재판과 사형 선고(27:11-26)
　예수의 십자가 처형과 매장(27:27-66)

높여지신 인자와 지상 명령(마 28:1-20)
　빈 무덤(28:1-10)
　큰 속임수(28:11-15)
　지상 명령(28:16-20)

II. 본문 해설

1. 프롤로그(1:1-3:17)

1) 계보(1:1-17)

　네 복음서 중 두 복음서에서 예수의 계보가 나온다. 누가복음에는 세례 요한의 투옥과 예수의 광야 시험 사이에 계보가 나오지만(눅 3:21-37), 첫 번째 복음서는 계보로 시작하는 유일한 복음서이다(1:1-17). 마태는 그의 복음서를 계보로 시작할 뿐만 아니라 그 계보(및 프롤로그)를 다음과 같은 중요한 문구로 도입한다.

　　예수 그리스도의 계보(비블로스 게네세오스[*biblos geneseōs*], 문자적으로는 '기원' 또는 '시작'에 관한 책-역주)라(마 1:1b).

　이 문구는 창세기의 내러티브(narrative)에 나오는 두 개의 핵심 본문을 암시한다.

이것이 하늘과 땅에 관한 이야기(헤 비블로스 게네세오스[*hē biblos geneseōs*]/account)이다(마 2:4, 개역개정에는 "이것이 천지가 창조될 때에 하늘과 땅의 내력이니"로 번역됨-역주).

이것은 아담의 계보를 기록한 이야기(헤 비블로스 게네세오스[*hē biblos geneseōs*]/written account)이다(마 5:1, 개역개정에는 "이것은 아담의 계보를 적은 책이니라"로 번역됨-역주).

이러한 연관성 뒤에는 예수의 전 사역을 구원사의 궤도(redemptive-historical trajectory)에 두려는 저자의 의도가 반영되어 있다. 마지막 아담이신 예수는 첫 번째 아담이 저지른 범죄의 결과를 뒤바꾸고 새 시대, 즉 의와 순종의 시대를 세우기 위해 오셨다. 첫 창조가 하나의 계보(genealogy)로 표시되었으므로 이제 새 창조도 그 선례를 따를 것이다. 예수의 계보를 창세기 2:4과 5:1에 대한 암시로 시작함으로써 마태는 첫 번째 복음서 전체를 어느 정도는 타락한 세상에 생명을 가져오시는 예수의 이야기로 읽어야 한다는 점을 지적한다.

마태는 예수를 "아브라함과 다윗의 자손"이라고 명시적으로 서술한다(1:1, 헬라어 본문에는 다윗의 이름이 아브라함의 이름보다 앞에 나옴-역주). 아브라함이 먼저 태어났지만, 다윗의 이름을 아브라함의 이름 앞에 둠으로써 마태는 예수의 왕족 혈통(royal pedigree)에 주의를 기울인다. 무엇보다도 이 계보는 마태의 독자들에게 예수가 오랫동안 기다려 온 다윗의 자손이라는 인상을 심어 준다. 그는 다윗과 같은 왕족 출신이다.

계보의 구조 또한 예수가 메시아시라는 점을 강조한다. 마태는 계보의 배열을 다음과 같이 세 부분으로 연대순으로 열거한다.

- 왕정 이전 시대(1:2-6a)
- 바벨론 포로기 이전까지의 왕정 시대(1:6b-11)
- 오랫동안 기다려 온 메시아의 도래까지의 바벨론 포로 시대(deportation, 1:12-16)

다윗에게 초점을 둔다는 점 외에도 마태의 계보에서 이스라엘 역사에 펼쳐진 하나님의 주권적 손길을 식별할 수 있다. 구약성경에서 하나님의 백성에 대해 읽다 보면 성경 저자들이 왜 그렇게 많은 특이한 이야기를 포함했는지 의아할 수도 있다. 그것도 겉으로 보기에는 중요치 않은 세부사항까지 곁들여서 말이다. 그러나 우리가 마태처럼 한발 물러서서 하나님의 관점에서 구원 역사를 살펴보면 어떤 우연한 사건도 없다는 점을 발견하게 된다. 하나님은 그 모든 것을 처음부터 끝까지 계획하셔서 구원자가 와서 그의 영광을 땅끝까지 이르게 하실 것이다.

마태는 왜 다윗에게 초점을 맞춘 계보에 족장 아브라함을 포함하고 있을까?

적어도 세 가지 주요 이유를 들 수 있다. 하나님은 아브라함에게 그가 "큰 민족"의 조상이 될 것이고, 그 민족이 약속의 땅을 차지할 것이며(창 12:1-9; 15:4-20 등), 이스라엘이 이방 민족에게 "복이 될" 것(창 12:3)이라고 약속하셨다. 예수는 단순히 아브라함의 한 자손(a descendant)이 아니라 이스라엘의 족장들에게 하신 하나님의 약속을 성취하시는 그 자손(the descendant)이시다.

예수는 그의 순종으로 말미암아 참된 약속의 땅(즉, 새 창조)을 상속받고 이방인에게 "복"을 베푸는 진정한 이스라엘이다. 아브라함 언약의 세 가지 차원, 즉 셀 수 없을 만큼의 후손, 아름다운 땅, 세상의 복이 모두 예수 안에서 진정으로 그리고 처음으로 성취된다. 물론, 구약에는 아브라함 언약이 부분적으로 성취되었다는 의미도 있지만 그러한 성취는 하나님의 광대한 약속에 미치지 못한 경우가 많다.

예수는 아브라함 언약을 보다 완전하고 질적인 방식으로 성취하신다. 하나님께서 아브라함, 족장들, 그리고 이스라엘에 순종하라고 주신 명령(예를 들어, 창 12:1-3; 17:1-9)은 예수 안에서 완전히 충족된다.

"여러 민족의 아버지"(창 17:5)로서 아브라함의 역할과 관련하여 마태가 다말, 라합, 룻, 밧세바 등 네 명의 여인을 그의 계보에 포함한 이유를 설명할 수 있다. 그들 중 적어도 세 명은 이방인이며 밧세바의 조상에 대해서는 확실치 않다(삼하 11:3). 이러한 여인들을 나열하면서 마태는 예수의 사역을 통한 이방 민족의 개종(conversion)을 예고한다. 하나님께서 이방인에게 관심을 돌려 그들을 이스라엘의 울타리(fold) 안으로 일괄적으로 데려오실 때가 되었다. 스캔들(scandal)이 네 여인 모두의 이야기를 물들이며 동정녀 탄생이라는 사회적 스캔들의 길을 예비한다(1:19).

계보 말미에 마태는 독자들에게 다음과 같이 알려 준다.

> 모든 대 수가 아브라함부터 다윗까지 열네 대요 다윗부터 바벨론으로 사로잡혀 갈 때까지 열네 대요 바벨론으로 사로잡혀 간 후부터 그리스도까지 열네 대더라(마 1:17).

"십사"라는 숫자가 문제가 된다. 첫 번째 그룹과 두 번째 그룹에는 열네 개의 이름이 포함되어 있지만, 세 번째 그룹에는 열세 개의 이름만 나열되어 있다.

학자들은 이름(즉, 여고냐)을 반복함으로써 이 기이한 점을 설명하려고 하지만 마태가 독자가 그렇게 하도록 의도했는지는 확실치 않다. 적어도 마태는 청중에게 "십사"의 상징적 가치를 숙고하도록 격려한다.

학자들은 수십 년 동안 이 문제로 고민해 왔다. 그중 매력적이고 인기 있는 해결책 중 하나는 게마트리아(gematria)라고 불리는 유대인의 계산 방식이다. 히브리어 알파벳의 각 문자는 각각의 수치를 가지고 있다. 히브리어로 "다윗"은 세 개의 자음으로 구성되는데 그 자음의 총합이 십사이다(D=4, W=6, D=4).

또한, 십사 대의 세 구성단위와 유사하게 세 개의 글자가 있다는 점도 주목하라. 그러한 관행이 우리에게는 이상하게 보일 수 있지만, 게마트리아는 유대교(예컨대, Sib. Or. 1:137-46)와 초기 교회(예컨대, Barn. 9:7)에서 다소 정기적으로 사용되었다.

2) 예수의 탄생(마 1:18-25)

계보를 통해 예수를 왕이요 참된 이스라엘로 설정한 후에(1:1-17), 마태는 탄생 내러티브로 넘어간다(1:18-2:25). 우리는 마리아가 성령의 기적을 통해 잉태한 것을 알게 되지만(1:18), 요셉은 그녀의 임신 사실을 알았을 때 그것이 불륜의 결과라고 자연스럽게 추정한다. 그는 이 문제를 공개적으로 드러내고 싶지 않았기 때문에 "조용히 파혼하는" 것(개역개정에는 "가만히 끊고자 하여"로 번역됨-역주)이 최선이라고 생각한다(마 1:19; 참조, 신 22:20-24; 24:1).

그때 "주의 사자"(천사)가 개입하여 요셉에게 마리아의 잉태에 대한 진실을 알려 준다. 이것은 마태복음에 "주의 사자"가 나타나는 네 번의 용례 중 첫 번째 용례이다(1:20; 2:13, 19; 28:2). 구약에서는 자주 특히 묵시 문헌에서는 천사들이 두드러지게 등장하여 꿈이나 환상을 통해 다양한 계시를 알려 준다(예컨대, 창 31:11; 단 7:16; 8:15-19; 슥 4:1).

예수께서 태어나시기 전에 한 천사가 요셉에게 나타나 다음과 같이 말한다.

> 아들을 낳으리니 이름을 예수라 하라 이는 그가 자기 백성을 그들의 죄에서 구원할 자이심이라(마 1:21).

이 구절은 천사가 종말론적 왕이시며 참된 이스라엘이신 예수께서 오신 궁극적 이유(그의 백성을 죄로부터 구원하시기 위해)를 밝힌다는 점에서 특히 의미심장하다.

예수의 이름(히브리어로 문자 그대로 "요슈아"[Joshua]/여호수아)은 '주께서 구원하신다'라는 뜻으로 하나님의 구원하시는 성품과 구원 계획을 상징하는 칭호이다. 그의 백성을 구원하시는 하나님의 가장 구체적인 사례 중 하나는 이스라엘 백성을 애굽의 속박에서 구원하신 사건이다. 예를 들어, 출애굽기 14:30에는 다음과 같이 기록하고 있다.

그날에 여호와께서 이같이 이스라엘을 애굽 사람의 손에서 **구원하시매**(saved/*yosha*) 이스라엘이 바닷가에서 애굽 사람들이 죽어 있는 것을 보았더라(출 18:8; 시 106:21; 호 13:4 참조).

또 신명기 33:29에는 다음과 같이 기록하고 있다.

> 이스라엘아, 너희는 복을 받았다.
> 주님께 구원을 받은(saved/*nosha*) 백성 가운데서
> 어느 누가 또 너희와 같겠느냐?
> 그분은 너희의 방패이시요, 너희를 돕는 분이시며
> 너희의 영광스런 칼이시다.
> 너희의 원수가 너희 앞에 와서 자비를 간구하나,
> 너희는 그들의 등을 짓밟는다(신 33:29, 표준새번역).

그러나 하나님은 첫 번째 출애굽에서 그의 백성을 구원하셨을 뿐만 아니라, 두 번째 출애굽에서도 그들을 다시 한번 최종적으로 구원하시겠다고 약속하신다(사 25:9; 43:12; 45:17; 겔 37:23; 호 1:7; 슥 9:9). 완전한 구원이 다가오고 있다.

예수의 히브리어 이름 "요슈아"는 또한 모세의 후계자, 즉 이스라엘을 약속의 땅으로 이끌고(수 1:1-5:12) 가나안 족속의 대부분을 정복했던(수 5:13-12:24) 여호수아를 암시하기도 한다. 여호수아가 약속의 땅으로 들어가 그곳에 있던 가나안 족속에게 승리를 거둔 일은 예수께서 새로운 약속의 땅으로 들어가 영적 가나안 족속에게 승리를 거두신 사건의 예언적 예표가 된다.

나사렛 예수는 "예수"/"요슈아"(여호수아)라는 이름을 지님으로써 이스라엘의 오랜 원수를 멸절하고 죄의 속박으로부터 개인을 구원하는, 비할 데 없는 구원 행위를 가져올 것이다. 아담과 하와의 타락으로 인한 인류의 가장 큰 문제는 하나님과의 분리(estrangement from God)였다. 죄는 하나님과

그의 형상대로 지음을 받은 사람들 사이를 갈라놓았다. 그래서 하나님은 그의 아들을 이 세상에 보내셔서 아버지의 진노를 짊어지게 하시고 우리를 그와 화해시킴으로써 인류의 죄 문제를 해결하셨다.

천사가 요셉에게 아들의 이름을 예수라 하라고 지시한 후 화자(narrator)는 이렇게 논평한다.

> 이 모든 일이 된 것은 주께서 선지자로 하신 말씀을 이루려 하심이니 이르시되 보라 처녀가 잉태하여 아들을 낳을 것이요 그의 이름은 임마누엘(그 뜻은 '하나님이 우리와 함께 계시다'임)이라 하리라(마 1:23; 참조, 사 7:14).

여기서 우리는 마태가 예수의 인격과 사역을 구약의 많은 부분과 명시적으로 연결하는 열 개의 '성취 공식'(fulfillment formula) 인용문 중 첫 번째 인용문을 발견하게 된다(1:22; 2:15, 17, 23; 4:14; 8:17; 12:17; 13:35; 21:4; 27:9). "이루다"(성취하다)로 번역된 헬라어 단어 플레로오(plēroō)는 마태복음에서 16번 나타나는 데 거의 모든 용례가 구약성경과 관련된다. 이에 반해 마가는 그 용어를 단지 2번 사용하고 누가는 9번 사용한다. 요점은 마태가 그의 청중을 이스라엘의 성경에 초점을 맞추도록 하고서 예수께서 그의 사역의 모든 지점에서 어떻게 모든 말씀을 성취하셨는지에 놓여 있다.

이사야 7장의 직접 문맥에서 선지자는 "젊은 여성"(또는 "처녀")이 "임마누엘"이라는 이름의 아이를 낳을 것이라 예언한다(7:13-14). 이사야의 아들 탄생은 간략하지만 불완전하게 이 예언을 성취한다(사 8:3-4; 참조, 8:8, 10, 18).

그러나 몇 장 뒤 이사야 9:1-7은 다윗의 후계자(heir)도 역시 "전능하신 하나님, 영존하시는 아버지, 평강의 왕"이라고 불릴 것이라고 예언한다. 마태는 이사야 7장과 9장을 함께 읽으면서 예수께서 오래전 이사야의 예언을 성취하셨다고 단언한다. 예수는 임마누엘이시며(1:23), 오랫동안 고대하던 다윗의 후계자이시다(1:1, 17).

동정녀 탄생(virgin birth)의 기적을 의심하는 사람들도 있지만, 마태와 다른 신약의 저자들은 많은 교리의 근거를 확고하게 그 역사성에 두고 있다. 동정녀 탄생이 없으면, 예를 들어 성육신, 대속, 신자의 칭의(justification) 등을 잃게 된다.

곧 신부가 될 그녀의 임신으로 요셉에게 닥친 스캔들(1:18-19)은 마태의 눈에는 섭리였다. 마태가 다음과 같이 지적하기 때문이다.

> 이 모든 일이 된 것은 주께서 선지자로 하신 말씀을 이루려 하심이니(마 1:22).

마태는 또한 청중을 위해 두 번째 이름인 "임마누엘"을 번역한다. 그것은 '하나님이 우리와 함께 계시다'라는 뜻이다. 헤이스(Richard Hays)는 "하나님이 우리와 함께 계시다"라는 문구가 마태복음의 시작, 중간, 끝에 나타나는 구조상의 표지(structural marker)이며(1:23; 18:20; 28:20),[1] "이 세 번에 걸친 언급은 그 사이에 있는 모든 것을 구성하고 지원한다"라고 관찰한다.[2]

또한, "하나님이 우리와 함께 계신다"는 표현이 첫 번째 복음서의 많은 부분뿐만 아니라 구원의 전체 궤적(trajectory)도 포착하고 있다고 주장할 수도 있다. 하나님은 온 우주를 그의 성소(sanctuary)로 설계하셨다. 하나님은 아담과 하와가 하나님의 계명을 온전히 순종하면 하늘이 내려올 것이며 하나님이 그들 및 그들의 후손들과 온전히 거하실 것이라고 약속하신다. 그들은 불순종한다. 그래서 하나님은 공동의 아담(corporate Adam)인 이스라엘에 그들이 그의 율법을 온전히 순종하면 그들과 친밀하게 거할 것이라고 약속하신다(출 4:22; 19:6). 그들 역시 불순종한다. 그래서 이제 하나님은 예수 안에서 인류와 함께 계시기로 작정하셨다.

---

1 Richard B. Hays, *Reading Backwards: Figural Christology and the Fourfold Gospel Witness* (Waco: Baylor University Press, 2014), 38.
2 Hays, *Reading Backwards*, 38.

예수 안에 있는 하나님의 임재는 예루살렘에 있는 물리적 성전이 폐지되었음을 시사한다.

어떻게 두 개의 경쟁적 성전이 존재할 수 있겠는가?

하나는 사람이고 다른 하나는 인간이 지상의 재료로 만든 구조물이다. 처음부터 하나님은 건물이 아닌 사람과 함께 거하기를 원하셨다. 스데반은 다음과 같이 표현했다.

> 지극히 높으신 이는 손으로 지은 곳에 계시지 아니하시나니(행 7:48; 참조, 왕상 8:27; 대하 2:6).

마태가 1:22-23에서 이사야 7:14을 인용한 것은 마태복음과 예수의 사역 전반에 걸쳐 매우 중요하다. 하나님의 영광이 예수에게로 내려왔으며 이제 하나님의 영광이 예수 안에 거하게 되었다면 물리적 성전은 끝난 것이다. 내러티브가 진행됨에 따라 우리는 이 주제가 눈덩이처럼 불어나 예수의 죽음과 부활로 절정에 달할 것이라 예상해야 한다.

스포일러 경고(spoiler alert)!

마태는 실망을 안겨 주지 않는다.

우리는 또한 예수와 임마누엘이라는 마태의 두 이름의 긴밀한 연관성을 고려해야 한다. 첫 번째 경우에는 천사가 이름의 의미를 설명하고, 두 번째 경우에는 화자(narrator)가 그 의미를 풀어 준다.

> 아들을 낳으리니 이름을 예수라 하라 이는 그가 자기 백성을 그들의 죄에서 구원할 자이심이라 하니라(마 1:21).

> 보라 처녀가 잉태하여 아들을 낳을 것이요 그의 이름은 임마누엘이라 하리라 하셨으니 이를 번역한즉 하나님이 우리와 함께 계시다 함이라(마 1:23).

앞에서 이미 언급했듯이 "예수"라는 이름은 '주께서 구원하신다'라는 의미이지만, "임마누엘"이라는 이름은 '하나님이 우리와 함께 계시다'라는 의미이다. 이 두 이름을 나란히 배열함으로써 마태는 그의 독자들이 하나의 명칭을 다른 명칭에 비추어 이해하기를 원한다. 마태복음의 예수는 무엇보다도 인류를 구원하시고 그들과 함께 거하시기 위해 오신 성육신하신 주님으로 이해해야만 한다. 이 땅에 하나님의 임재는 구원을 위한 임재이다. 마태복음에서 "예수"라는 이름을 접할 때마다 우리는 마태가 보여주는 풍성하고 위로가 되는 표상(presentation)을 놓쳐서는 안 된다.

1장은 요셉이 1:20에 나오는 천사의 명령에 순종하여 그들의 결혼 문제를 잘 해결하는 것으로 끝난다. 요셉은 "율법에 신실한 사람"(1:19, 개역개정에는 "의로운 사람"이라고 번역됨-역주)이었으므로, 그는 "(아내가) 아들을 낳기까지 동침하지" 않았다(1:25). 아기가 태어나자 요셉은 아기의 이름을 예수라고 한다.

1장은 예수의 계보로 시작하여 그의 탄생으로 끝난다. 1장부터 독자는 소화해야 할 내용이 많다. 예수는 아브라함과 다윗의 그 자손(the descendant)으로 이스라엘과 열방을 다스리시고 인류와 함께 거하시며 (가장 중요하기는) 사람들을 죄에서 구원하실 분이시다.

3) 애굽으로의 피난(마 2:1-18)

2장은 여러 면에서 왕과 참된 이스라엘이신 예수의 역할을 구체적으로 서술한다. "표징의 아이"(sign child)이신 예수(사 7:14을 인용한 1:22-23)가 태어나자 동방 박사들(magi)이 그에게 경배하기 위해 예루살렘으로 온다(2:2). 동방 박사의 정체가 무엇인지 파악하기 위해 많은 주석가가 몰두했다. 동방 박사들(magi)이 광범위한 문헌에서 발견되지만,[3] 우리는 70인역에 나오는 동방 박사(마고이 [magoi]) 용례에만 주의를 기울이는 것으로 충분하다.

---

[3] Raymond E. Brown, *The Birth of the Messiah: A Commentary on the Infancy Narratives in the Gospels of Matthew and Luke* (Garden City, NY: Image Books, 1977), 167–77.

다니엘서의 헬라어 번역 중 하나(테오도션[Theo.])에서만 발견되는 이 용어는 꿈과 환상을 해석하는 일을 맡았지만 느부갓네살왕의 꿈과 그 해석에 대해 대답하지 못한 바벨론의 현자들(Babylonian wise men)을 가리킨다(단 1:20; 2:2, 10, 27; 4:7; 5:7, 11, 15). 다니엘 2, 4, 5장에 보면 이러한 "현자들"이 실패한 곳에서 다니엘은 성공을 거둔다.

마태의 내러티브에서는 상황이 뒤바뀌어 그들이 헤롯을 능가한다. 헤롯이 실패하는 곳에서 그들이 성공을 거둔다. 더욱이 동방 박사들은 선지자 다니엘을 훨씬 능가하는 지혜를 갖고 예루살렘의 "현자들"을 당황케 하시는 예수께 경의를 표한다.

동방 박사들은 아이의 중요성을 인식한다. "유대인의 왕으로 나신 이가 어디 계시냐"(2:2)고 묻고 있기 때문이다. 그러한 인정은 2:1과 2:3에서 "왕"으로 불리는 헤롯과 극명한 대조를 이룬다. 더 나아가 동방 박사들은 "그의 별을 보았다"라고 주장한다(2:2).

민수기 24:17(메시아적 예언일 가능성이 매우 큰)에는 다음과 같이 기록한다.

> 나는 그를 보지만 지금은 아니다. 나는 그를 바라보지만 가까이 있지는 않다. 한 별이 야곱에게서 나올 것이다. 한 홀(scepter)이 이스라엘에서 나올 것이다(민 24:17, 사역).

요한계시록에서 예수는 심지어 자신을 "광명한 새벽별"이라 부른다(계 22:16). 요점은 오실 메시아를 "별"과 연관시키는 성경 전승이 있다는 점이다.

더욱이 "유대인의 왕"이라는 같은 칭호가 마태복음의 끝부분에서 빌라도가 예수를 "유대인의 왕"으로 부를 때에도 나타난다(27:11, 29, 37). 마태가 예수의 가장 비천한 상태의 때, 즉 그의 탄생과 죽음의 순간에 그를 왕으로 언급한 것은 이 왕이 죽기 위해 태어났음을 나타낸다.

처음부터 적들이 예수를 둘러싸고 있다. 이 시기 로마가 임명한 이스라엘의 통치자인 헤롯 대제(Herod the Great)[4]는 경쟁자(예수)가 태어난 것을 깨닫고 경쟁에 대한 두려움으로 대량학살(genocide)을 저지른다. 헤롯 대제는 두 명의 아내와 세 명의 아들을 죽인 것처럼 살인에 전혀 낯설지 않다. 그는 어떤 희생을 치르더라도 왕위를 유지하고자 하는 통치자였다.

마태는 계속해서 또 다른 무리를 언급한다.

> 헤롯왕과 온 예루살렘이 듣고 소동한지라(에타타크테[*etatachthē*])(마 2:3).

당황한 것은 헤롯만이 아니었다. 온 이스라엘도 마찬가지로 "소동했다." 여기서 사용된 "소동했다"(disturbed)라는 단어는 종종 70인역에서 군사 작전의 맥락에서 열등한 군대가 우월한 군대 앞에서 공포에 떨고 있을 때 사용되곤 한다(예컨대, 신 2:25; 대상 29:11; 사 19:3; 유디트 7:4; 14:19 70인역).

이러한 용례는 헤롯과 이스라엘이 왕 예수께 대항하고, 비할 데 없는 통치자를 두려워하여 떨고 있으므로 여기에서도 잘 들어맞는다. 예수께서 공생애를 시작하시기도 전에 마태는 예수와 이스라엘 사이의 적대감을 강조한다. 이 적대감은 그 민족이 오랫동안 고대하던 메시아를 죽이는 것으로 절정에 달할 것이다.

헤롯은 율법 전문가들 즉 당대의 구약학자들에게 명령하여 메시아가 어디에서 태어날 것인지 알려 주기를 명한다(2:4). 유대의 지도자들은 미가 5:2-4을 정확히 지적하는데, 거기에는 메시아가 베들레헴이라는 불길한 도시에서 태어날 것으로 예언한다.

왜 베들레헴인가?

그곳은 다윗왕의 고향이었기에(삼상 16:1; 17:12) 다윗의 진정한 자손인 메시아(1:1)가 그곳 출신이 될 것이라는 점은 별로 놀라운 일이 아니다. 헤롯이 동방 박사들을 불러 예수를 찾으면 알려 달라고 했으나 그의 최선의

---

[4] 헤롯은 BC 4년에 죽었는데, 이는 많은 학자가 왜 예수의 탄생을 BC 5년경으로 추정하는지 그 이유를 설명해 준다.

계획에도 불구하고 동방 박사들은 "다른 길로" 고국에 돌아갔다. "꿈에 헤롯에게로 돌아가지 말라"는 지시를 받았기 때문이다(2:12).

마침내 동방 박사들이 예수를 찾았을 때, "황금과 유향과 몰약"을 드린다(2:11). 여기서도 마태의 머리에는 여전히 미가서가 가장 기억에 남아 있었을 것이다. 미가 4:13에 보면 역사의 끝에 하나님이 이스라엘의 원수들을 이기신 결과로 시온(Zion)으로 올 "많은 민족"의 "재물"을 예언하고 있기 때문이다(수 6:24; 사 60:5-7; 학 2:6-7).

예수께 엎드려 경배를 드리는 동방 박사들은 하나님의 기름 부음 받은 자(메시아)에게 경배를 드리는 열방들을 상징한다. 여기서 아이러니를 놓칠 수 없다. 즉, 이스라엘은 메시아를 대적하기 위해 집결하지만, 이방 민족은 의도적으로 그에게 복종한다.

첫 번째 출애굽에서 바로가 이스라엘의 갓 태어난 남자를 모두 죽이는 데 실패하고 모세가 살아남은 것처럼, 두 번째 출애굽에서 헤롯은 더 큰 모세인 예수를 죽이는 데 실패한다. 2장은 모세와 예수 사이의 유형론적 병행으로 가득 차 있다.

예수	모세
애굽에서 살기(2:13)	애굽에서 살기(출 1:1)
최대의 적은 헤롯이다(2:3)	최대의 적은 바로이다(출 1:8)
헤롯은 예수를 위협 요소로 인식한다(2:3)	바로는 이스라엘 백성을 위협 요소로 인식한다(출 1:9-10)
헤롯은 예루살렘에 있는 두 살 또래와 그 아래의 사내아이를 죽이려고 한다(2:16)	바로는 애굽에 있는 히브리 사내아이를 모두 죽이려고 한다(출 1:16)
헤롯은 동방 박사들을 조종하려고 한다(2:8)	바로는 히브리 산파들을 조종하려고 한다(출 1:15-16)
동방 박사들이 헤롯보다 한 수 앞선다(2:16)	히브리 산파들이 바로보다 한 수 앞선다(출 1:19)
하나님이 예수를 보호하신다(2:13)	하나님이 이스라엘의 사내아이들을 보호하신다(출 1:20)

예수의 사역은 이 모세의 행적에서 벗어나지 않는다. 즉, 예수는 모세의 경우처럼 그의 백성을 속박(죄)에서 건져 내시고 그들을 새로운 산 성소(new mountain sanctuary, 예수)로 인도하시며 새로운 언약(산상수훈)을 중재하실 것이다.

한 천사가 꿈에서 헤롯이 예수를 찾아 죽이려 한다고 요셉에게 경고한다. 그래서 요셉과 마리아는 애굽으로 피신한다(2:13). 마태는 예수께서 애굽으로 이동하시는 구원사적 의미를 다음과 같이 설명한다.

> 요셉이 일어나서 밤에 아기와 그의 어머니를 데리고 애굽으로 떠나가 헤롯이 죽기까지 거기 있었으니 이는 주께서 선지자를 통하여 말씀하신바 애굽으로부터 내 아들을 불렀다 함을 이루려 하심이라(마 2:15).

마태는 비록 아기 때이기는 하지만 예수께서 애굽으로 이동하심으로써 호세아 11:1이 "성취"되었다고 지적한다. 마태는 그의 복음서에서 구약을 50번 이상 인용하는데, 호세아 11:1의 인용문은 그의 가장 당혹스러운 인용문 중 하나이다. 호세아 11:1에 따르면, 여호와께서 아들이라는 은유를 사용하여 출애굽 당시 이스라엘을 대하신 과거 사건을 상기시키신다. 그러나 마태는 이 구절을 예수의 애굽 피난에 관한 예언으로 읽는다.

소수의 학자는 마태가 예수께서 그것을 "성취하셨다"라고 주장함으로써 호세아 11:1의 의미를 왜곡한다고 주장한다.

호세아 11장의 직접 문맥은 민족으로서의 이스라엘에 대한 첫 번째 출애굽을 언급하고 있는데, 마태가 어떻게 호세아 11:1을 개인에 대한 예언으로 볼 수 있었을까?

우리는 여기에서 마태가 구약 사용에 문제가 없음을 지지하는 설득력 있는 다양한 옵션을 검토할 수 있지만, 다음과 같은 두 가지 점에 초점을 맞출 것이다.[5]

---

5 내 논증은 G. K. Beale("The Use of Hosea 11:1 in Matthew 2:15: One More Time," *JETS* 55 [2012]: 697–715)에게 빚지고 있다.

첫째, 호세아 11:1-4은 확실히 이스라엘의 불신실함에도 불구하고 그의 백성을 애굽에서 구원하신 과거 사건에 대한 하나님의 신실하심을 강조한다. 2절은 이렇게 기록한다.

> 내(여호와)가 그들(이스라엘 백성)을 부르면 부를수록 그들은 나(여호와)에게서 멀리 떠나갔다(호 11:2, 사역).

그러나 선지자 호세아는 과거에 이스라엘을 다루신 하나님의 신실하심에만 관심이 있는 것은 아니다. 그는 하나님께서 그들에게 약속하신 언약을 재확인하실 미래도 바라보고 있다. 호세아의 기대는 두 번째 출애굽에 대한 모세오경의 기대에 근거한다. 왜냐하면, 모세오경 자체가 이러한 현실(reality)을 포함하고 있기 때문이다.

예를 들어, 신명기 28:68에는 다음과 같이 언급한다.

> 여호와께서 너를 배에 싣고 전에 네게 말씀하여 이르시기를 네가 다시는 그 길을 보지 아니하리라 하시던 그 길로 너를 애굽으로 끌어가실 것이라(신 28:68).

그다음에 몇 장 후에 다음과 같은 말이 나온다.

> 비록 너희가 하늘 아래 가장 먼 땅으로 추방되었다 하더라도 주 너희의 하나님이 거기에서 너희를 모아 다시 돌아오게 하실 것이다. 그가 너희를 너희 조상의 땅으로 인도하실 것이다(신 30:4-5, 사역).

호세아는 두 번째 출애굽을 예상할 뿐만 아니라 두 번째 출애굽이 어떻게 일어날 것인지도 암시한다. 호세아서의 첫 부분에서 호세아는 이스라엘 백성들을 "그 땅"에서 다시 한번 끌어내는 중대하고 대표적인 역할을 할 "한 통치자를 세울" 것이라고 예언한다(호 1:11). 선지자 호세아는 하나님께서 이스라엘을 우상 숭배 때문에 다시 한번 "애굽"(또는 아시리아)에 포로로 보내실 것으로 예견한다.

그 후 하나님께서 그 민족을 포로에서 구속하여 약속의 땅으로 인도하실 것이다(7:11, 16; 8:13; 9:3; 11:5을 보라). 두 번째 출애굽은 유형론적으로 첫 번째 출애굽의 패턴을 따른다.

둘째, 구약은 하나(the one)와 다수(the many) 사이의 강한 유대감을 보여 준다. 우리는 이러한 현상을 '공동 연대'(corporate solidarity)라고 부른다. 한 개인의 행동은 전체 공동체에 영향을 끼친다. 이를테면, 왕은 민족을, 아버지는 가족을 대표하는 식이다(예컨대, 삼하 21:1; 대상 21:1-17을 보라). 호세아서는 하나와 다수 사이의 움직임의 전형적 예가 된다. 호세아에서 가장 인상적인 부분은 공동 연대에 크게 의존한다는 점이다.

하나님은 호세아에게 "음란한 여자"와 결혼하라고 명령하시는데, 그것은 여호와와 우상을 숭배하는 그의 백성과의 관계를 상징한다(호 1:2). 한 사람 호세아의 아내는 민족 전체를 나타낸다. 호세아의 자녀들인 "이스르엘", "로루아마", "로암미"도 마찬가지이다(호 1:3-9). 호세아의 독자들이 11:1에 이를 때쯤이면 호세아의 공동 연대에 대한 경향을 인식하게 되고 두 번째 출애굽에 대한 선지자의 기대를 알아차리게 된다.

그렇다. 호세아 11:1은 정확히 첫 번째 출애굽을 회상시키지만, 이러한 회고의 배후에는 하나님께서 그의 백성을 다시 한번 속박에서 끌어내시는 데 중요한 역할을 할 대표적 지도자를 임명하실 것이라는 기대가 놓여 있다.

그렇다면 마태의 호세아 11:1의 사용은 호세아의 모세오경 사용과 일치한다. 즉, 하나님의 과거 행동은 미래의 행동을 예측하게 한다는 점이다. 마태(그리고 다른 신약의 저자들)가 구약의 예언서들을 다시 읽고 구약을 해석하는 방법을 발견했을 가능성이 크다. 구약의 예언자들은 성경의 초기 부분(예를 들면 모세오경)을 해석하고 그것을 자신들의 역사적 상황에 적용하여 심지어 그것을 그들의 예언적 신탁에 통합하기도 한다.

더 나아가 예수 자신이 아마도 마태와 다른 제자들에게 그의 공생애 사역 동안 구약을 어떻게 해석해야 하는지 그 방법을 가르쳤을 것이다. 심지어 마태의 계보에서도 우리는 그가 구약을 어떻게 읽고 있는지 상당 부분 식별할 수 있다. 마태는 계보에 있는 이름 목록을 단순히 나열만 하는 것이 아니다. 그는 거명된 이스라엘 사람들의 삶과 예수의 삶 사이의 강한 유형론적 연관성(typological connection)을 인식한다. 과거에 하나님이 이스라엘을 다루신 행동은 하나님이 미래에 예수를 어떻게 대하실지 예측하게 한다.

따라서 마태의 호세아 11:1의 사용은 우리가 호세아와 마태복음 자체에서 발견하는 내용과 매우 일치한다. 마태는 유형론과 구두 예언을 혼합하여 예수를 이스라엘의 행적(career)을 반복하는 하나님의 참된 "아들"로 묘사한다. 그러나 불순종과 반역 대신에 신실함과 순종이 예수와 아버지의 관계를 나타낸다.

4) 나사렛 거주(마 2:19-23)

마태는 2장의 마지막 부분을 예수 가족의 나사렛 이주에 할애한다. 유대 고향으로 돌아가려던 요셉은 헤롯의 아들 아켈라오(Archelaus)가 지금 그 지역을 다스리고 있다는 사실을 알게 된다. 아켈라오는 폭력적 정치로 유명했다(예컨대, Josephus, *Ant.* 17.339-55). 그래서 한 천사가 요셉에게 그의 가정을 안전하게 부양할 북쪽 "갈릴리 지방"으로 가라고 지시한다(2:22).

그들은 인구 약 500명 정도의 적은 주민을 가진 하부 갈릴리의 시골 농촌 도시 나사렛에 정착한다.[6] 그리하여 "(그가) 나사렛 사람이라 칭하리라"라는 구약의 약속이 성취된다(2:23). 아마도 이사야 11:1을 염두에 두었을 것이다.

---

6   Richard A. Freund and Daniel M. Gurtner, "Nazareth," in *T&T Clark Encyclopedia of Second Temple Judaism*, ed. Daniel M. Gurtner and Loren T. Stuckenbruck (London: Bloomsbury T&T Clark, 2020), 2:539.

> 이새의 줄기에서 한 싹이 나며 그 뿌리에서 한 가지(히브리어로 넷세르[*netser*])가 나서 결실할 것이요(사 11:1).

이사야 11장에 따르면, 메시아는 이새와 다윗의 자손으로 정의로 통치하시고 하나님의 백성을 회복하실 것이다(11:3-4, 10-11). 많은 학자가 지적하듯이 "가지"로 번역된 히브리어 넷세르(*netser*)가 나사렛(헬라어로 나조라이오스[*Nazōraios*])이란 이름과 유사하다.

마태는 1-2장의 탄생 내러티브에서 네 가지 사건에 "이루다"/성취하다(플렐로오[*plēroō*])라는 단어를 붙인다. 그리고 이러한 구약의 각 예언은 어느 정도 예상치 못한 방식으로 성취된다.

"성취된" 구약 예언	예상치 못한 뜻밖의 사건 전개
이사야 7:14	마리아의 임신 스캔들(1:18-21)
호세아 11:1	마리아와 요셉의 애굽 피난(2:13-15)
예레미야 31:15	두 살과 그 아래의 사내아이 살해(2:17)
이사야 11:1	나사렛 거주(2:21-23)

이러한 성취는 예수의 초기 시기가 극적이고 위험하기는 하지만 여전히 구약의 기대와 일치하고 있음을 독자에게 상기시킨다.

성경을 성취하는 예수의 삶이 시작부터 어려움으로 가득 차 있다면 그의 공생애 사역은 얼마나 더 할 것인가?

5) 세례 요한(마 3:1-17)

(1) 이스라엘의 남은 자(remnant)의 세례(3:1-12)

3장은 "그때에"(in those days)라는 느슨한 과도기적 문구로 시작한다(3:1). 그리고 마태의 청중은 "천국"(kingdom of heaven)이 가까이 왔느니라(3:2)라고 선포하는 세례 요한과 만난다. 천국이 "가까이 왔고" 두 번째 출애굽이 가까이 왔기 때문에(3:2; 참조, 사 40:3), 이스라엘은 이에 응답하여 그 죄를 회개해야 한다(// 막 1:3-8// 눅 3:2-17).

이스라엘 백성이 요한의 메시지에 호의적으로 응답하기를 꺼린다면 그들은 하나님의 진노를 받을 것이다(→ 막 1:3). 요한이 선포한 "회개"(3:11)의 세례는 그 민족의 제도에 도전한다. 요단강에서 행해지는 정결케 하는 물세례와 예루살렘 성전에 기반을 둔 제사 제도는 서로 배타적 관계이다.

세례 요한의 기이한 모습과 독특한 식생활은 이스라엘의 반역 상황을 상징하는 위대한 선지자 엘리야를 생각나게 한다(왕하 1:8). 5-6절은 상당한 군중이 요한의 메시지에 호의적 반응을 보였음을 지적한다.

> 온 유대와 요단강 사방에서 다 그에게 나아와 … 세례를 받더니(마 3:5-6).

군중의 긍정적 반응은 요한에 대한 유대 지도자들의 거부와 날카롭게 대조된다. 마태복음의 독특한 특징 중 하나는 예수와 유대 지도자들 간의 갈등이다. 네 복음서 모두 각 내러티브에서 이러한 신랄한 주제를 강조하고 있지만, 이러한 갈등에 대한 마태의 표현은 예외적이다. 모든 전환점(turning point)에서 유대 당국은 예수에 대한 상당한 적대감을 나타낸다(예컨대, 7:15-23; 12:22-45; 23:1-39; 24:4-5, 10-12, 23-24). 이스라엘의 지도자들이 예수를 반대하고 있으므로 세례 요한에 대항하여 그들이 연합하는 것은 놀랄 일이 아니다.

요한은 다가오는 지도자들을 바라보며 다음과 같이 소리친다.

> (너희) 독사의 자식들아 누가 너희를 가르쳐 임박한 진노를 피하라 하더냐(마 3:7; 참조, 12:34; 롬 1:18).

그들의 불길한 운명을 선언한 후 요한은 문제의 핵심으로 이동한다.

> 속으로 아브라함이 우리 조상이라고 생각지 말라 내가 너희에게 이르노니 하나님이 능히 이 돌들로도 아브라함의 자손이 되게 하시리라(마 3:9).

바리새인과 사두개인은 아브라함의 육체적 자손이라는 그들의 정체성에 안주하고 있다. 그러나 그들은 아브라함의 영적 자손이 아니다. 궁극적으로 구원의 이야기에서는 경건한 계보와 경건하지 않은 계보 두 개의 노선만이 존재한다. 경건한 계보는 믿음으로 하나님의 약속에 대한 권리를 주장하는 반면 경건하지 않은 계보는 하나님과 그의 백성을 적대시한다(창 3:15을 보라).

그래서 세례 요한은 다음과 같이 지적한다.

> 하나님이 능히 이 돌들로도 아브라함의 자손이 되게 하시리라(마 3:9).

회복된 언약공동체, 즉 참된 이스라엘과 진정한 아브라함의 자녀들은 이제 아브라함의 그 자손이자 왕이신 예수를 중심으로 그들의 궁극적인 정체성을 찾게 될 것이다.

세례 요한은 3:11-12에서 적대적인 유대 지도자들을 계속해서 조롱하며 자기 뒤에 오시는 분이 "더 능력이 많을" 것이라 예언한다. 요한의 물세례와 달리 오시는 분은 "성령과 불로 … 세례를 베푸실" 것이다. 구약의 선지자들이 성령이 종말에 하나님의 백성에게 임하실 것을 기대했으므로 하나님의 성령 도래는 종말론적 사건이다(예컨대, 욜 2:28-32).

마태와 누가에 따르면 성령의 종말론적 도래는 "불"과 연관되어 있으며 오시는 분의 사역과 불가분의 관계에 놓여 있다(3:11// 눅 3:16). 즉, 요한의 세례 뒤에 오실 인물이 도래할 때 요한의 메시지를 거부하는 사람들에게는 심판의 날이 될 것이다(3:12; 참조, 사 4:4; 5:24; 29:6; 30:24; 암 7:4; 말 4:1).

(2) 참된 이스라엘로서의 예수의 세례(마 3:13-17)

이스라엘 당국은 세례 요한의 세례를 회피하지만, 예수는 그것을 환영한다(3:13-17// 막 1:9-11// 눅 3:21-22// 요 1:31-34). 예수의 세례는 독자들에게 이상하게 보일 수도 있다.

예수께서 죄 없이 태어나셨다면(1:18), 그가 왜 죄를 "회개하라"라는 요한의 소환에 응하실 필요가 있는가?(3:2)

요한은 예수께서 세례받으시려는 것을 "말리려" 할 때 이 문제를 알아차린다. "내(요한)가 당신에게서 세례를 받아야 할 터인데 당신이 내게로 오시나이까"(3:14). 이 신학적 딜레마에 대한 예수의 답변은 명백하다.

> 우리가 이와 같이 하여 모든 의를 이루는 것이 합당하니라(마 3:15).

마태는 이 문제를 명시적으로 분리하여 요한과 예수 사이의 대화를 기록한 유일한 복음서 저자이다. 마태가 그의 복음서에서 "성취"를 얼마나 강조하며 예수의 사역이 구약의 기대와 일치한다는 점을 입증하기 위해 얼마나 노력하고 있는지를 떠올려 보라. 따라서 예수께서 자신의 세례받음이 "모든 의를 이루기 위해" 필요하다고 말씀하실 때 여기서 구약을 염두에 두어야 한다.

까다로운 용어인 "의"는 하나님의 거룩하고 의로운 성품에 일치하는 행위를 가리킨다(창 15:6; 18:19; 출 34:7; 레 19:15; 시 10:7 70인역[11:7 ET]). 그러므로 예수의 세례는 두 가지 기능을 가진다. 즉, 그는 구약의 기대를 성취하고 이스라엘의 잘못된 것을 바로잡는다.

앞 단락에서 예수는 갓난아이로서 애굽으로 피난 가실 때 공동의 이스라엘(corporate Israel)과 동일시되신다(2:13-15). 아브라함의 그 자손이자 참된 이스라엘로서(1:1) 예수는 이스라엘 민족의 발자취를 따라가신다. 그들이 갔던 곳에 그도 가신다. 이스라엘이 출애굽 때 홍해를 통과하여 나아간 것처럼, 혼돈의 물(chaotic waters)을 통과하여 승리자로 나오신다. 그러나 그는 이스라엘과 달리 언약에 충실하여 하나님의 법을 지키며 원수를 약속의 땅에서 근절하신다(4:1-11).

여기에는 궁극적으로 십자가에서 해결될 약간의 긴장이 있다. 의로우신 예수는 불의한 자를 "구원하시기" 위해 불의한 자와 자신을 동일시하신다(1:21). 십자가에서 의로우신 분(Righteous One)은 불의한 자가 의롭다고 선언될 수 있도록 불의한 자가 되실 것이다(고후 5:21 참조).

예수께서 물에서 나오실 때 성령이 "비둘기같이" 내려오신다. 예수의 세례 때 비둘기의 존재 또한 하나님의 구속 계획의 새로운 단계, 즉 새 창조의 여명을 안내하는 종말론적 성령을 상징한다(예컨대, 창 8:8-12; 사 32:15-16; 겔 36:26-30). 하늘이 열리면서 아버지가 다음과 같이 선언하신다.

> 이는 내 사랑하는 아들이요 내 기뻐하는 자라(마 3:17).

마태는 그의 내러티브의 끝부분에서 제자들이 "아버지와 아들과 성령의 이름으로"(28:19) 세례를 베풀라는 위임을 받은 때를 회상하면서 삼위일체(Trinity)의 모든 삼위(all three persons)를 언급한다. 삼위 모두가 첫 창조 때 참여하신 것처럼, 내러티브의 시작과 끝에서 새 창조를 안내할 때도 함께 일하신다(창 1:2, 26; 요 1:1-3; 골 1:25-16).

아버지는 왜 세례를 받을 때 예수께서 자기 "아들"이라고 선언하시는가?

예수는 이 사건 이전에도 하나님의 아들이시지 않았는가?

예수께서 세례 때 하나님의 아들이 되셨다고 주장하는 소수의 사람이 있지만, 마태는 구속사적 노선(redemptive-historical lines)을 따라 예수의 아들 되심을 제시하고 있다. 마태의 내러티브 전체에서 예수는 성육신하신 야웨(Yahweh incarnate)로 간주되며 그의 선재하심이 암시되어 있다(예컨대, 8:27; 14:27-28; 17:2; 22:44).

따라서 마태는 주로(그러나 배타적이지는 않지만) 예수를 그의 인성에 있어서 참된 이스라엘과 다윗의 왕적 아들로 생각하고 있음이 틀림없다. 이것은 "이는 내 사랑하는 아들이요 내 기뻐하는 자라"는 아버지의 짧은 선언이 왜 이스라엘의 메시아 도래를 예언하는 두 구절인 사무엘하 7:14과 시편 2:7을 암시하는지 그 이유를 설명해 준다. 그렇다면 예수께서 받은 세례의 요점은 하나님이 그의 아들을 인류의 잘못을 바로잡기 위해 오신, 오랫동안 기다려 온 메시아로 선언하신다는 데 있다.

2. 1단계: 갈릴리에서의 예수(마 4:1-18:35)

1) 광야의 시험과 예수의 공생애 사역의 시작(4:1-25)

(1) 유대 광야에서의 승리(4:1-11)

이제 예수는 성령으로 기름 부음을 받으시고 다스리실 준비를 끝내셨으니 전쟁터로 나가실 것이다. 세 개의 공관복음서 모두 광야 시험을 포함하고 있지만(마 4:1-11// 막 1:12-13// 눅 4:1-13), 마태와 누가만이 무슨 일이 일어났는지 공개한다. 마가는 마지막 아담과 참된 이스라엘로서 예수의 정체성을 지적하고 마태와 누가는 그들의 내러티브 전반에 걸쳐 이 두 가지 강조점을 파악하려고 애쓴다.

마태는 이미 예수께서 "아브라함의 자손"(1:1)이며 참된 이스라엘, 하나님의 "아들"(호세아 11:1을 인용하는 2:15)이라고 언급한 바 있다. 2:15에서 아기 예수는 이스라엘이 애굽으로 피신한 길을 반복하며 그곳에서 이스라엘을 대신하여 소규모의 애굽 포로생활을 경험하신다. 세례받으실 때 예수는 그의 민족처럼 혼돈의 물을 통과하신다는 점에서 다시 한번 자신을 이스라엘과 동일시하신다(3:13-17). 그는 40일간의 광야 시험을 이스라엘의 40년 광야 생활과 동일시하신다(4:1-11; → 눅 4:1-13).

예수는 가나안 땅에서 이방 민족을 몰아내지 못한 이스라엘 백성의 두 번째 세대와는 대조적으로(수 23:12-16) 우주에서 마귀를 근절하기 시작하신다. 네 가지 사건을 모두 종합하면, 대략 이스라엘의 역사와 일치하는 멋진 연대기적 진행이 감지된다.

예수	이스라엘 민족
하나님의 "아들"로 요셉, 마리아와 함께 애굽으로 피하시다(2:15, 호 11:1 인용)	하나님의 "맏아들"로서 애굽으로 이주하다(출 4:22)
요단강에서 세례를 받으시다(3:13-17)	홍해(또는 "갈대 바다")를 건너가다(출 14:19-31)
광야에서 40일 동안 시험을 받으시다(4:1-11)	40년 동안 광야에서 방황하다(민 32:13)

| 광야에서 성공을 거두고 사탄을 우주에서 쫓아내기 시작하시다(4:11) | 광야에서 실패하고 가나안 땅의 거주민을 쫓아내지 못하다(여호수아) |

우리는 또한, 이스라엘 민족이 모세오경 전반에 걸쳐 공동의 아담(corporate Adam)으로 이해된다는 점을 명심해야 한다. 하나님께서 아담과 하와를 창조하시고 에덴에 두셨듯이 이스라엘도 창조하시고 그들을 약속의 땅에 두신다. 시내산에서 하나님은 이스라엘이 성공할 경우 그들에게 새 창조 안에서 영원한 생명을 제공하신다(레 18:5; 신 4:1; 겔 18:9; 20:11; 마 19:17; 롬 10:5; 갈 3:12).

그러나 아담과 하와처럼 이스라엘은 하나님의 율법을 어기고 생명의 약속을 상실한다. 그들은 모든 인류와 마찬가지로 아담과 하와의 타락으로 영향을 받는다. 이스라엘 백성은 율법을 완전하게 지킬 수 없다. 그러나 이스라엘의 율법 안에 깊이 내재되어 있고 모세오경 전체에 걸쳐 지속하는 희망은 남아 있다. 그 희망은 아담과 이스라엘을 대신하여 그들이 실패한 그 자리에서 순종하는 미래의 한 개인에 대한 희망이다(예컨대, 창 3:15). 마태는 예수를 이러한 구약 기대의 성취로 제시하기 위해 그의 내러티브를 주의 깊게 작성한다.

참되고 신실한 이스라엘로서 예수는 종말론적 천국을 세우시고 새 창조를 선도하신다. 광야 이야기 비교의 절정은 예수께서 마귀의 유혹에 성공적으로 저항하심으로써 사탄의 존재를 우주에서 제거하기 시작하셨음을 나타낸다.

(2) 갈릴리에서의 천국 선포(4:12-17)

유대에서 세례 요한이 체포된 사건은 예수께서 갈릴리로 귀환하는 촉매제가 된다(4:12). 나사렛에서 거의 30년 동안 성장하셨지만(눅 3:23) 예수는 전략적으로 가버나움을 활동의 기반으로 삼기로 하신다(4:13). 마태는 예수께서 가버나움으로 옮기신 이유를 설명하기 위해 다시 한번 구약을 인용한다. 그것은 이사야 9:1-2를 "성취"하는 일이다.

스불론 땅과 납달리 땅과

요단강 저편 해변 길과

이방의 갈릴리여

흑암에 앉은 백성이

큰 빛을 보았고

사망의 땅과 그늘에 앉은 자들에게

빛이 비치었도다(마 4:15-16).

이사야 9장은 하나님이 "이방인의 갈릴리"에 사는 일부 북부 이스라엘 백성을 구원하실 것이라고 예언한다(9:1). 이스라엘의 이 지역은 BC 733년 아시리아의 침략에 최초로 굴복된 지역이었지만,[7] 이사야는 북부 지파가 미래에 회복되기를 기대한다. 그들의 재건은 "다윗의 왕좌와 그의 왕국을 다스리실"(사 9:7) 약속된 메시아를 통해 이루어질 것이다(사 9:7).

마태가 예수의 가버나움 이주를 이사야 9:1-2과 연결한 것은 네 가지 이유에서 타당하다.

첫째, 참된 이스라엘로서 예수는 애굽으로 가셨고 혼돈의 물을 통과하셨으며 마귀를 성공적으로 물리쳤으므로 이제는 이스라엘 백성이 영적 포로에서 돌아오도록 촉발하실 수 있다.

둘째, 예수는 이스라엘의 모든 지파를 회복하신다.

셋째, 그는 메시아가 "다윗의 왕좌에서 다스리실" 것이라는 이사야의 예언을 성취하신다(4:17).

넷째, 마태는 "이방인의 갈릴리"라는 문구를 포함함으로써 이방인을 예수의 갈릴리 사역에 포함하는 토대를 마련한다.

---

[7] John Oswalt, *The Book of Isaiah, Chapters 1-39*, NICOT (Grand Rapids: Eerdmans, 1986), 239.

(3) 첫 제자들의 부르심과 병자의 치유(4:18-25)

천국의 구원 메시지를 선포하신 후에 예수는 그의 첫 네 제자를 부르신다(// 막 1:16-20// 눅 5:2-11). 마가의 내러티브처럼, 마태의 경우도 역시 베드로(시몬)와 안드레를 먼저 부르시고 이어 야고보와 요한을 부르신다. 이 제자 중 세 명, 즉 베드로, 야고보, 요한은 예수의 핵심 그룹(inner circle)을 형성할 것이다. 이 그룹은 마가의 경우처럼 두드러지지는 않지만, 예수의 변모 사건을 목격하게 될 유일한 제자들이다(17:1; 참조, 26:37).

네 제자는 모두 직업상 어부이지만 예수는 이제 그들에게 자신을 "따를" 것을 요구하신다(4:19, 21).

그들은 어려운 결정에 직면한다. 직업상의 안전을 계속 유지할 것인가, 아니면 믿음으로 나서서 예수를 따를 것인가?

두 그룹의 형제 모두 예수의 명령에 긍정적으로 반응하고 예수를 따른다. "배와 아버지를 버려두고"에서 볼 수 있듯이 야고보와 요한은 심지어 직업을 버리고 가족과의 관계를 끊으면서 예수를 따른다(마 4:22; 참조, 8:21-22; 10:35-37; 19:29). 마태의 청중도 마찬가지로 같은 결정을 내려야 한다.

재정적이고 가정적인 어려움이 있더라도 예수는 따를 만한 가치가 있는가?

마태가 분명하게 밝히고 있듯이 대답은 "그렇다"이다.

4장은 예수께서 각지에서 몰려온 다양한 질병의 병자들을 치유해 주시는 장면으로 절정을 이룬다. 이러한 미시적 차원(micro-level)의 치유는 인류를 그들의 곤경에서 "구원하실" 예수의 거시적 차원의 사역을 예증해 준다(1:21). 타락은 창조의 질서를 혼돈과 반역으로 몰아넣었다. 그러나 여기에서 예수는 광야 시험에서 성공을 거두셨기 때문에 전세를 뒤집으셨다. 이제 피조물에 대한 사탄의 지배가 깨어진 상태에서 예수는 저주를 뒤집을 능력과 권세를 지니고 계신다.

마태는 예수께서 회복하시는 우주적 범위(universal scope)를 강조하기 위해 많은 노력을 기울인다. 4:23-24에 나오는 마태의 광범위한 질병 목록은 마가와 누가의 기록을 능가한다(// 막 3:7-10// 눅 6:17-18).

"모든 병"
"모든 약한 것"
"각종 병에 걸려서 고통당하는 자"
"귀신 들린 자"
"간질하는 자"
"중풍병자"

이러한 다양한 상태를 나열하면서 마태는 그의 독자들이 예수께서 베푸시는 구원의 총체성/전체성(totality)에 대해 이해하기를 원한다. 새 창조가 나사렛 예수의 사역 안에서 시작되었다. 그의 능력이 미치지 못하는 질병은 없다. 더 나아가 마태는 수많은 무리가 어디에서 왔는지를 밝힌다.

> 갈릴리와 데가볼리와 예루살렘과 유대와 요단 강 건너편에서 수많은 무리가 따르니라 (마 4:25).

많은 주석가가 지적한 바와 같이(10:5를 보라) 사마리아를 제외한 팔레스타인의 많은 지역이 여기에 포함된다.

이런 점에서 예수는 이스라엘의 모든 지파를 구원하기 위해 오셨다. 그는 4:1-11에서 마귀의 영역을 제거하고, 여기 4:23-25에서 그곳을 하나님을 경외하는 추종자들로 채우기 시작하신다(4:25). 하나님의 영광이 약속의 땅을 채우고 있다.

2) 산상수훈(마 5:1-7:29)

(1) 아홉 가지 복 또는 "팔복"(Beatitudes) (5:1-12)

마태복음 4:25에서 "온 이스라엘"[8]이 수많은 무리로 대표되는 가운데 이제 그 유명한 "산상수훈"(Sermon on the Mount)을 위한 무대가 마련된다(눅 6:20-49 참조). 1절은 "예수께서 무리를 보시고 산에 올라가 앉으시니"로 시작된다. 그러나 그다음의 내러티브는 제자들에게 초점이 맞추어진다.

> 그의 제자들이 그에게 나아왔다. 예수께서 그들에게 가르치기 시작하셨다(마 5:1-2, 사역).

예수는 산기슭에 있는 무리를 무시하고 계시는가?
산상수훈의 끝부분에 답이 나온다.

> 예수께서 이 말씀(산상수훈)을 마치시매 무리들이 그의 가르치심에 놀라니(마 7:28).

마태는 그의 독자들이 예수께 두 유형의 청중이 있음을 이해하기를 원한다. 제자들은 산 위에 모여 있지만, 무리는 산기슭에 모여 있다. 이러한 표현은 우리에게 예수의 정체성을 알려 주기 때문에 의미가 있다. 출애굽기 19장에 따르면, 이스라엘 민족이 그들의 지도자 모세가 하나님을 만날 때 시내산 아래에 모인 것은 우연이 아니다(출 19:2-24). 산 위로 더 올라가면 아론, 나답, 아비후, 그리고 이스라엘 장로 70명만이 모여 있었고(출 24:1) 시내산 가장 높은 곳에는 모세만 있었다(출 24:2).
제자들과 무리에 대한 마태의 표현이 이 패턴을 따른 것일 수 있을까?
마태복음(특히, 산상수훈)과 출애굽기 사이의 연관성을 고려할 때 나는 그럴 가능성이 있다고 생각한다. 4:25과 7:28에 언급된 무리(들)가 이스라엘 민족에 해당하고 제자들이 이스라엘의 지도자에 해당한다면 마태는 예

---

[8] Donald A. Hagner, *Matthew 1–13*, WBC 33A (Grand Rapids: Zondervan, 1993), 81.

수를 성육신하신 야웨(Yahweh incarnate)와 새로운 모세(new Moses)로 제시하고 있는 셈이다.

출애굽기	마태복음 4:25-7:28
이스라엘 민족(시내산 아래)	무리들(산 아래)
이스라엘의 지도자(시내산 중턱)	제자들(산 꼭대기)
모세(시내산 꼭대기)	새로운 모세로서 예수(산 꼭대기)
야웨 하나님(시내산 꼭대기)	성육신하신 야웨로서 예수(산 꼭대기)

시내산 이야기의 패턴을 따른 마태의 산상수훈 버전에는 아버지 하나님이 언급되지 않는다. 하나님은 마태복음 전체에서 단 두 번, 즉 예수의 세례와 변형 사건 때에만 말씀하신다(마 3:17; 17:5). 그래서 시내산 이야기에서는 분리되어 나타난 두 당사자(야웨와 모세)가 여기서는 한 사람(one person)으로 합쳐진다.

첫째, 이러한 관찰은 우리가 일반적으로 산상수훈을 성육신하신 야웨이자 새로운 모세로서의 예수에게서 유래한 것으로 이해해야 한다는 점에서 산상수훈의 틀을 형성한다. 이런 점에서 산상수훈은 신적 명령(divine mandate)으로 간주된다. 어떤 중재자도 없다.

둘째, 마태는 이러한 방식으로 산상수훈을 구성함으로써 그의 독자들이 율법은 참된 이스라엘, 즉 회복된 이스라엘 백성에게 주어진 것임을 알 수 있게 한다.

마태는 여러 주요 사건을 산과 연결하는 방식을 통해 다른 세 권의 복음서와 독특하게 구별된다(4:8; 5:1; 8:1; 14:23; 15:29; 17:1, 9; 24:3; 26:30; 28:16). 구약성경에서 종종 하나님의 임재는 산과 관련된다. 에덴동산은 하나님이 거주하시고 아담과 하와에게 하나님의 영광스러운 임재를 나타내신 첫 번째 산이다(창 2:8-14; 겔 28:13-14). 이스라엘이 시내산에서 하나님을 만난

사건은 이후에 일어나는 하나님과의 모든 만남을 측정하는 기준이 된다.⁹

시내산 자체가 또한 거대한 성전으로 묘사된다(출 3:5; 19-24). 역사의 끝에 이사야는 이스라엘과 민족들이 "말일에 여호와의 전의 산"으로 모여들 것이라고 예언한다(사 2:2; 미 4:7 참조). 그러므로 산은 하나님의 언약을 위한 임재(covenantal presence)를 나타내는 풍부한 상징이다.

마태복음 5-7장에 나오는 예수와 제자들의 산 위에서의 교감(communion)은 이 풍부한 구약 배경에 비추어 이해해야 한다. 출애굽기 33:18에서 모세는 시내산 정상에서 주님의 "영광"을 보이시도록 주님께 간청한다. 그러나 주님은 그것을 허락하지 않으신다. 그 대신 주님은 모세에게 "등"만을 드러내신다. 왜냐하면, 어떤 사람도 "[하나님을] 보고 살 자가 없기" 때문이다(출 33:20, 23).

근본적으로 거룩하신 하나님은 죄인들 가운데 거주하실 수 없으시다. 그러나 마태는 성육신하신 야웨로서 예수를 하나님 영광의 구현으로 이해한다. 요한복음에는 그것을 다음과 같이 서술한다.

> 말씀이 육신이 되어 우리 가운데 거하시매 우리가 그의 영광을 보니 아버지의 독생자의 영광이요 은혜와 진리가 충만하더라(요 1:14).

그렇다면 산상수훈에서 제자들은 하나님의 영광을 경험하고 있는 셈이다. 모세는 바로 이날을 갈망했다!

출애굽기 19-23장에서 모세는 이스라엘 백성에게 이교도의 환경 속에서 어떻게 제의적으로(ritually) 정결함을 유지해야 하는지 지시한다. 이스라엘 민족이 언약에 온전한 순종으로 응답하면 하나님은 그들의 원수를 무찔러 주시고 그들에게 생명, 즉 새 하늘과 새 땅에 적합한 존재를 주시겠다고 약속하였다(신 6:2; 30:15). 그러나 아담과 하와의 경우처럼 이스라엘 백성 역시 순종하는 데 실패하여 교만과 우상 숭배에 빠지고 만다.

---

9 Jeffrey J. Niehaus, *God at Sinai: Covenant and Theophany in the Bible and the Ancient Near East* (Grand Rapids: Zondervan, 1995).

산상수훈에서 예수는 잘 알려진 이야기를 반복하시지만, 반전이 있다. 실패 대신에 이스라엘은 언약에 대한 순종으로 특징지어진다. 참된 이스라엘의 참여자들은 이러한 명령에 순종할 것이다. 그들의 대표자이신 예수께서 광야에서 순종하셨기 때문이다.

산상수훈(5:1-7:29)은 마태의 내러티브에 나오는 다섯 개의 교훈 단락 중 첫 번째 단락이다. 아마도 이는 모세오경의 다섯 책을 모델로 한 것으로 보이는데(10:1-11:1; 13:1-53; 18:1-19:1; 23:1-26:1), 각각의 교훈 단락(discourse)은 다음과 같이 동일 어투로 끝난다.[10]

첫 번째 강화	"예수께서 이 말씀을 마치시매"(7:28)
두 번째 강화	"예수께서 열두 제자에게 명하기를 마치시고"(11:1)
세 번째 강화	"예수께서 이 모든 비유를 마치신 후에"(13:53)
네 번째 강화	"예수께서 이 말씀을 마치시고"(19:1)
다섯 번째 강화	"예수께서 이 말씀을 다 마치시고"(26:1)

산상수훈의 첫 번째 단락에는 아홉 개의 "복 선언"(beatitudes, 5:3-11)이 포함되어 있으며 5:2-7:29의 전체 강화가 이 복 선언과 관련이 있어 보인다. 산상수훈은 대체로 아홉 개의 복 선언(5:3-12), 산상수훈의 본문(5:13-7:12), 세 가지 저주(7:13-17) 등 세 부분으로 구분할 수 있다. 그런 다음 우리는 산상수훈의 본문을 세 가지 주요 주제로 나눌 수 있다.

- 예수와 율법(5:17-48)
- 새 성전에의 참여(6:1-18)
- 두 시대의 중첩기 삶의 사회적 함의(6:19-7:12)[11]

---

10 Craig S. Keener, *The Gospel of Matthew: A Socio-Rhetorical Commentary* (Grand Rapids: Eerdmans, 2009), 37.

11 이 개요는 일반적으로 Dale C. Allison Jr. ("The Structure of the Sermon on the Mount," *JBL* 106 [1987]: 423–45)에게 빚지고 있다.

각각의 복 선언은 마태복음에서 총 13번 나오는 "복이 있다"(마카리오스[makarios])라는 단어로 시작한다. 70인역에서 "마카리오스"라는 단어는 시편 1:1과 같은 주요 구절("~사람은 복이 있다[마카리오스]")에 나오며 종종 하나님의 은혜 또는 축복의 문맥에서 나타나곤 한다(예컨대, 시 32:1-2; 33:9[ET 33:8]; 39:5[ET 39:4]을 보라). 여기 마태복음 5:3-11에서 그 의미를 고려할 때 직접 문맥을 놓쳐서는 안 된다.

마태복음 4:17에서 예수는 "천국"(kingdom of heaven)의 도래를 선포하고 있으며 4:23-25에서는 큰 무리를 고치시는데 이는 새 창조의 침입(in-breaking)을 보여 주는 사건이다. 그래서 예수께서 이 무리와 제자들이 "복이 있다"라고 선언하실 때 종말론적 호의(eschatological favor)를 언급할 가능성이 매우 크다(단 12:12, 70인역 참조). 하나님은 예수의 사역을 통해 새 시대(new age)가 도래했기 때문에 듣는 자들에게 그의 복(blessing)을 부어 주셨다. 그렇다면 산상수훈은 시대의 중첩 시기를 지혜롭게 살라는 부르심이다.

처음에 나오는 여덟 가지 복은 종말론적 축복의 현실(reality)을 말하고 그다음 그 복의 근거가 뒤따른다. 예를 들면, "애통하는 자는 복이 있다. 왜냐하면(호티[hoti]), 그들이 위로를 받을 것이기 때문이다"(5:4, 사역). 각 복의 주어, 즉 "심령(spirit)이 가난한 자", "애통하는 자", "온유한 자", "의에 주리고 목마른 자", "긍휼히 여기는 자"(merciful), "마음이 청결한 자", "화평하게 하는 자"(peacemakers), "의를 위하여 박해를 받는 자"는 하나님이 그의 백성에게 은혜를 베푸신 구약의 예들을 상기시킨다(예컨대, 시 24:4; 37:11; 사 57:15; 61:2).

첫째 복과 여덟 번째 복은 "천국"에 참여하는 현재의 종말론적 유익(present eschatological benefit)을 동반하는 반면, 둘째 복부터 일곱 번째 복은 미래의 약속으로 제시된다.

심령이 가난한 자는 복이 있다. 왜냐하면, 천국이 그들의 것이기(is) 때문이다(마 5:3).

애통하는 자는 복이 있다. 왜냐하면, 그들이 위로를 받을 것이기(will be) 때문이다
(마 5:4).

온유한 자는 복이 있다. 왜냐하면, 그들이 땅을 기업으로 받을 것이기(will be) 때문이다
(마 5:5).

의에 주리고 목마른 자는 복이 있다. 왜냐하면, 그들이 배부를 것이기(will be) 때문이다
(마 5:6).

긍휼을 베푸는 자는 복이 있다. 왜냐하면, 그들이 긍휼히 여김을 받을 것이기(will be) 때문이다(마 5:7).

마음이 청결한 자는 복이 있다. 왜냐하면, 그들이 하나님을 볼 것이기(will be) 때문이다
(마 5:8).

화평하게 하는 자는 복이 있다. 왜냐하면, 그들이 하나님의 자녀라 불릴 것이기(will be) 때문이다(마 5:9).

의를 위하여 박해를 받는 자는 복이 있다. 왜냐하면, 천국이 그들의 것이기(is) 때문이다
(마 5:10).

이러한 복 선언을 종말론적 천국(end-time kingdom)의 현재적 현실(present reality)로 감쌈으로써(5:3, 10), 예수는 그 청중이 그 천국에 참여하는 것을 보장해 주신다. 나머지 여섯 개의 복 선언은 청중에게 그들의 미래가 종말론적 천국에서 어떻게 될 것인지에 대한 추가적 통찰을 제공한다. 그 천국의 특징은 육체적 능력과 탁월함이 아니라, 내면의 거룩함과 하나님의 뜻에 대한 헌신에 있다.

이러한 맥락에서 아홉 번째 마지막 복 선언은 예수를 따르는 모든 사람이 어떻게 될 것인지를 위한 무대를 마련해 준다.

> 나로 말미암아 너희를 욕하고 박해하고 거짓으로 너희를 거슬러 모든 악한 말을 할 때에는 너희에게 복이 있나니 … 너희 전에 있던 선지자들도 이같이 박해하였느니라 (마 5:11-12).

천국에 속한 사람들의 삶은 어떤 모습인가?

천국 시민은 하나님의 종말론적 승인(approval)을 확신하면서 세상의 반감(disapproval)을 견뎌 낸다.

(2) 예수와 율법(5:13-48)

예수는 청중에게 주변 세상의 "소금"과 "빛"이 되라고 권면하신 후에(5:13-16), 자신의 가르침과 모세 율법의 관계를 설명하신다.

> 내가 율법이나 선지자를 폐하러 온 줄로 생각하지 말라 폐하러 온 것이 아니요 완전하게 하려(fulfill) 함이라(5:17).

이 구절의 정확한 의미를 둘러싸고 많은 논쟁이 있기에 여기서 그 내용을 다 다룰 수는 없다. 예수께서 산상수훈에서 규정하시는 "율법"은 모세가 공포한 율법과 상반되는 것이 아님을 말하는 것으로 충분하다. 오히려 그것은 모세의 명령을 성취한다.

예수는 심지어 자신이 모세의 계명을 "폐하러(abolish) 온" 것이 아니라, "(그것을) 성취하기(fulfill them)" 위해 왔다고 말씀하신다(5:17). 예수는 본질에서 산상수훈이 구약의 패턴과 기대를 성취한다고 단언하고 계신다. 모세의 언약은 예수의 인격, 행동, 가르침을 예견했다.

새 시대가 도래함에 따라 하나님은 참된 이스라엘의 구성원에게 그들의 정체성에 비추어 살도록 부르신다. 그러나 그는 그들이 자신의 힘으로 그렇게 하도록 내버려두지 않으신다. 그는 영원한 새 언약을 성취할 수 있도록 그들을 성령으로 충만케 하신다. 이러한 새 언약의 윤리는 모세의 계명에 반대되는 것이 아니라 대체로 그것과 연속성이 있다(신 6:4; 렘 31:31-34; 겔 36:25-27).

모세의 언약에는 확실히 내적 차원(internal dimension)이 있었지만(출 20:17; 시 119편을 보라), 옛 언약(old covenant)은 본질상 대체로 일시적(temporal)이고 외적(external)이며 이스라엘과 주변 이웃을 물리적으로 분리했다. 이러한 종말론적 천국 윤리는 "옛 시대"에 사는 신정국가(theocratic nation)로서의 이스라엘의 지위를 가정하지 않는다. 그 대신 그 윤리는 종말론적 "새 시대"에 왕이신 예수를 중심으로 재구성된 백성들인 성도 공동체를 위한 것이다.

5장의 나머지 부분은 옛 언약의 외적 차원(external dimension)과 대조되는 새 언약의 이러한 내적 차원(internal dimension)과 관련된다. 이 단락의 대부분은 다음과 같은 네 가지 요소를 포함한다.

- "~하였다는 것을 너희가 들었으나"라는 문구
- "옛사람"이라는 옛 언약 아래 있던 이스라엘에 대한 언급
- "(그러나) 나는 너희에게 이르노니"로 도입되는 예수의 대조적 메시지
- 새 언약 아래 있는 참된 이스라엘을 위한 새로운 윤리("너희[모두]는")

[마 5:21-22] 옛사람에게 말한바 살인하지 말라 누구든지 살인하면 심판을 받게 되리라 하였다는 것을 너희가 들었으나 나는 너희에게 이르노니 ….	출 20:13 // 신 5:17
[마 5:27-28] 또 간음하지 말라 하였다는 것을 너희가 들었으나 나는 너희에게 이르노니 ….	출 20:14 // 신 5:18
[마 5:31-32] 또 일렀으되 누구든지 아내를 버리려거든 이혼 증서를 줄 것이라 하였으나 나는 너희에게 이르노니 ….	신 24:1-4

[마 5:33-34] 또 옛사람에게 말한바 헛맹세하지 말고 네 맹세한 것을 주께 지키라 하였다는 것을 너희가 들었으나 나는 너희에게 이르노니 ….	레 19:12; 민 30:2; 신 23:21
[마 5:38-39] 또 눈은 눈으로, 이는 이로 갚으라 하였다는 것을 너희가 들었으나 나는 너희에게 이르노니 ….	출 21:24; 레 24:20; 신 19:21
[마 5:43-44] 또 네 이웃을 사랑하고 네 원수를 미워하라 하였다는 것을 너희가 들었으나 나는 너희에게 이르노니 ….	레 19:18

이 모든 예는 새 시대의 언약공동체 안에서 하나님의 백성이 서로 어떻게 관계를 맺는지에 대한 기준을 설정한다. 철저한 헌신이 새 시대 백성의 특징이다. 성도들이 예수의 윤리에 따라 행한다면 세상은 그들의 "선한 행실"을 보고 "하늘에 계신" 그들의 "아버지"께 "영광을 돌릴" 것이다(5:16). 이것이 바로 하나님께서 출애굽기 19:6에서 다음과 같이 말씀하신 정확한 의도이다.

> 너희(이스라엘)가 내게 대하여 제사장 나라가 되며 거룩한 백성이 되리라(출 19:6).

예수를 진정으로 따르는 사람들은 피조물을 축복하고 그 안에서 번성하며 하나님의 임재를 중재할 것이다(창 1:28을 보라).

(3) 새 성전에의 참여(6:1-18)

앞에서 이미 살펴본 바와 같이 천국에서의 삶의 한 가지 가시적 표현은 이웃에 관한 관심이다(5:21-47). 그러나 산상수훈은 궁극적 목적, 즉 사람의 비위를 맞추지 않고 하나님을 기쁘시게 하려는 목적을 절대 놓치지 않는다. 산상수훈에서 또한 주목할 점은 성도들이 하나님과 함께 종말론적 성전(the end-time temple)으로 누리는 개인적 헌신이다.

구약성경은 분명히 이스라엘의 남은 자들이 개별적이고 개인적인 차원에서 주님께 헌신했음을 나타내지만(예컨대, 시 119편), 여기 산상수훈에서 발견하는 친밀감(intimacy)은 거의 전례가 없다. 예를 들어, "네 아버지"(복수형 "너희 아버지" 포함)라는 문구가 산상수훈에서 15번 나타난다.

이 단락에서 채택된 구제(almsgiving), 기도, 용서, 금식이라는 풍부한 주제는 하나님의 종말론적 처소(eschatological dwelling place)로서의 성도의 정체성과 밀접한 관련이 있다.

5:34-35에 있는 맹세에 관한 언급에서 예수는 그의 청중의 주의를 하나님의 임재의 우주적 현실(the cosmic reality)로 돌리게 하신다.

> 도무지 맹세하지 말지니 하늘로도 하지 말라 이는 하나님의 보좌임이요 땅으로도 하지 말라 이는 하나님의 발등 상임이요 예루살렘으로도 하지 말라 이는 큰 임금의 성임이요 (마 5:34-35).

창세기 1-2장을 주의 깊게 읽으면 하나님이 주권적으로 다스리시고 거주하시는 거대한 우주적 성전(cosmic temple)을 창조하셨다는 것을 알 수 있다. 창세기 1-2장의 창조 이야기와 출애굽기의 성전 건축 사이의 유사점은 매우 많으며 일부 학자는 하나님이 실제로 창세기 1-2장에서 우주적 성전을 짓고 계신다고 주장한다.

지상의 성전이 세 부분으로 나뉘었듯이 우주도 세 부분으로 나뉜다. 성전의 바깥 뜰에는 땅과 바다를 상징하는 (놋쇠) 물통(washbasin)과 제단(altar)이 있었다(왕상 7:23-25; 겔 43:14-16). 실제로 이사야 66:1은 "땅"은 하나님의 "발판"이라고 말한다.

하나님의 임재에 한걸음 더 가까이 있는 성전의 두 번째 부분(성소)은 가시적인 하늘을 상징했고 금으로 입혔으며 거기에는 분향단(왕상 6:20), "진설병"(왕상 7:48), 금으로 만든 열 개의 등잔 대(왕상 7:49)가 있었다.

성전의 마지막이자 가장 신성한 부분은 하나님이 거하시는 보이지 않는 하늘을 상징한 지성소이다(Holy of Holies). 수를 놓은 휘장으로 구분된 이 부분 또한 금으로 입혔으며 언약궤를 보관했다. 언약궤 위에는 두 그룹(cherubim)이 서로 마주 보고 있는데, 이는 그룹으로 둘러싸인 하늘에 있는 하나님의 보좌를 상징한다(시 80:1; 99:1; 사 6장).

예수는 제자들에게 그들의 행위의 중요성에 관심을 기울이도록 고대 이스라엘의 우주론을 상기시키고 있다. 이 새로운 시대에 제자들은 하나님이 주권적 왕으로 다스리시고 통치하시는 하나님의 우주적 성전의 일부(parts)이다. 그들이 가는 곳에 하나님의 능력의 임재가 함께한다. 그들은 자신들의 궁극적 충성이 "다른 사람들"(6:2)이 아니라 항상 하나님께 있어야 함을 인식해야 한다.

가난한 자에게 베푸는 구제에 관한 논의에서 예수는 두 가지 태도를 서로 대립시킴으로써 내주하시는 하나님에 대한 충성이라는 이 주제를 펼친다. 한편으로 "외식하는 자들"(hypocrites)은 "나팔을 불어" (그들의 헌금)을 알린다는 점에서 "다른 사람에게서 영광을 받으려고" 한다. 그 결과는 "그들이 이미 자기 상을 받았다"는 것이다(6:2). 즉, 외식하는 자들은 궁극적으로 개인을 기쁘게 하는 데 집착하기 때문에 다른 사람의 칭찬을 받을 때 그들이 정확히 원하던 것, 즉 인간의 인정을 받는다. 그렇다면 그들의 "상"(reward)은 덧없고 하찮은 것이다.

그러나 천국의 시민들은 삶에 대한 관점이 근본적으로 다르며 이웃과 관계를 맺는 방식도 세상의 기준과는 다르다. 성도는 "하늘에 계신 (그들의) 아버지"(6:1)를 전적으로 섬긴다. 이것은 "하늘에 계신"(톤 파테라 휘몬 톤 엔 토이스 우라노이스[ton patera hymōn ton en tois ouranois])이라는 문구의 세 번째 용례이다. 산상수훈에서 일곱 번 등장하는 이 문구는 여기서 마태의 내러티브와 두 시대의 중첩기(the overlap of the ages)를 살라는 부름에 극히 중요하다.

우주의 왕에게 드리는 기도 또한 "외식하는 자들"의 관행과 극명한 대조를 이룬다(6:5). 진정한 기도는 하나님과 달콤한 교감(sweet communion)을 수반해야 하며 "다른 사람에게 보이려"는 기회로 사용되어서는 안 된다(6:5). 성경에서 가장 많이 알려진 단락 중 하나인 주의 기도(6:9-13)는 마태의 내러티브 전체에 울려 퍼지는 풍부한 주제들을 담고 있다. 기도에 대한 충분한 분석은 이 프로젝트의 범위를 벗어나기에(→ Luke 11:2-4) 우리는 다음 네 가지 관찰로 제한할 것이다.

첫째, 기도는 우주를 통치하시는 주권적 왕으로서 하나님의 정체성에 뿌리를 내린다(6:9). 기도는 창조된 질서에 대한 하나님의 절대적 주권에 근거를 둔다.

하나님이 역사의 흐름을 통제하실 수 없고 우리 삶의 모든 측면을 다스리실 수 없다면 왜 기도하는가?

둘째, 하나님의 이름은 "거룩히 여김을" 받거나 "구별되어야"(하기아스데토[hagiasthētō]) 한다(6:9). 동사 하기아조(hagiazō)는 종종 성전에서 하나님의 거룩한 임재와 관련된다(예컨대, 출 28:37; 29:1; 레 16:4, 19, 70인역). 그러나 우리가 1:23(사 7:14 인용) 이후로 보았듯이 하나님의 임재는 예수 안에서 나타난다. 왜냐하면, 그가 이 땅에 성육신하신 야웨이시기 때문이다. 한마디로 구약성경이 매우 오래전에 약속한 대로 하늘이 내려왔다(예컨대, 사 64:1). 그렇다면 하나님의 "이름"을 "거룩하게 하는" 일은 이 영광스러운 임재를 땅끝까지 전파하는 것이다(예컨대, 출 9:16; 시 8:1, 9을 보라).

셋째, 하나님의 임재가 그를 따르는 자들의 사역을 통해 확장된다면, 하나님 나라의 발전은 자연스럽게 따라온다. 이것이 아마도 "당신의 나라가 임하시오며 뜻이 하늘에서 이루어진 것같이 땅에서도 이루어지이다"라는 구절의 의미일 것이다(6:10). 성전과 천국은 함께 간다. 하나님은 그의 영역(천국)을 그의 임재(성전)로 채우신다.

넷째, 하나님의 나라가 이 땅에 세워진 결과는 "악한 자"(개역개정에는 "악"으로 번역됨-역주)를 이길 수 있는 능력에 있다(6:13). 예수께서 광야에서 성공한 결과(4:1-11)는 그를 따르는 사람들이 지금 승리에 참여한다는 점에서 그들에게 유익이 된다.

(4) 두 시대의 중첩기 삶의 사회적 함의(6:19-7:12)

6장의 마지막 단락은 천국에서의 진정한 예배라는 주제를 계속 이어 간다(// 눅 11:34-36; 12:22-31). 성도들은 "보물"을 "땅"이 아니라 "하늘에 쌓아 두어야" 한다"(6:20). 하늘이 예수 안에 내려오기 시작한 것은 사실이지만(1:23), 성도들은 여전히 새 창조의 "이미"(already)와 "아직 아닌"(not yet)의 과도기에 살고 있다. 그들은 지금 하늘과 땅이 구별되는 두 시대의 중첩기에 살고 있다.

역사의 끝에 예수께서 재림하실 때 하늘과 땅은 완전히 합쳐질 것이다(계 21-22장). 그때까지 이 두 현실(realities)은 분리되어 있다. 따라서 성도들은 미래에 하나님께서 그들에게 주실 새 창조적 유업(new creational inheritance)을 추구해야 한다.

하나님의 창조 계획이 완전히 실현되면 물질적 소유(material possession)는 다 사라지고 마는데 왜 성도들이 그러한 것에 집착해야 하는가?

종말론적 천국에서 살아가는 성도들은 아버지의 주권적 통치에 철저하게 의존해야 한다(6:25-34). 믿지 않는 사람들은 "무엇을 먹을까", "무엇을 마실까", "무엇을 입을까"와 같은 문제에 집중하며 살아간다(6:31). 왜냐하면, 그들은 아버지와 관계없이 독자적으로 자신들의 일을 통제하려고 하기 때문이다.

그러나 천국 시민들은 항상 주님(Master) 앞에서 살아가며 겸손하게 주님의 뜻에 복종한다. 겸손으로 충만하고 하나님의 은혜 안에 굳건한 삶을 살게 되면 자연스럽게 다른 사람에 대한 부당한 비판(judgment)을 삼가게 될 것이다(7:1-5// 눅 6:41-42).

우리 자신이 죽어 마땅하고 하나님과 분리되어도 마땅한 존재인데 왜 비판을 하는가?

이 부분은 예수께서 그의 제자들이 두 시대의 중첩기를 어떻게 살기를 바라시는지에 대한 적절한 요약으로 끝난다.

> 그러므로 무엇이든지 남에게 대접을 받고자 하는 대로 너희도 남을 대접하라 이것이 율법이요 선지자니라(마 7:12// 눅 6:31).

이 "황금률"은 마태가 나중에 제시하는 두 가지 큰 계명인 하나님 사랑과 이웃 사랑과 같은 맥락에서 하나님의 뜻을 요약한 것이다(22:37-40). 그렇게 서로 사랑함으로써 성도들은 하나님의 율법의 의로운 요구 조건, 즉 모세의 율법과 새 시대의 율법 모두를 충족시킨다.

(5) 세 가지 경고(7:13-29)

새 시대의 삶에 장밋빛만 있는 것은 아니다. 큰 고통과 거절이 항상 가까이에 있다. 실제로 예수께서 말씀하신 바와 같이 경건하게 살려면 그와 그의 메시지를 끊임없이 추구해야 할 것이다. 예수는 이 위험한 천국 여정에 세 가지 경고 신호를 보내신다.

첫 번째 경고는 신명기 30:15-20에 나오는 유명한 "두 길"과 유사한데, 가장 짧지만 가장 어렵다. 성도들은 "생명으로 인도하는" 입구인 "좁은 문으로 들어가야" 한다(7:13-14). 이 문은 아마도 생명을 주시는 예수를 가리킬 것이다.

예수께서 좁은 문이라면 "멸망으로 인도하는 넓은 길"은 무엇인가?(7:13)

이 넓은 길은 하나님의 백성이 충성을 바치는 예수 외의 모든 것을 말한다. 직접 문맥에서 마태는 그것을 거짓 가르침과 연결한다(7:15-23). 예수는 그의 청중에게 확고한 요구를 하신다. 그들이 "구원"을 "이루"려면(빌 2:12) 거룩한 삶과 건전한 교리 안에서 그를 계속해서 인내하며 따라야 한다.

두 번째 경고는 첫 번째 경고를 좀 더 상세하게 설명한다(7:15-23). 여기서 예수는 제자들에게 "양의 옷"을 입고, 즉 "사나운 이리"라는 그들의 정체를 숨기는 복장을 하고 나타나는 "거짓 선지자들"을 조심하라고 경고하신다(7:15; 참조, 10:16). 구약의 선지자들은 "마지막 날"에 거짓 교사들의 출현을 예견하지만(예컨대, 단 11:32), 예수는 천국의 수립 도중에 거짓 가르침이 있다고 가르치시기 때문에 이해하는 데 어려움이 있다.

거짓 가르침은 천국이 세워지기 직전에(before) 일어날 것으로 기대되었던 반면, 예수는 거짓 가르침과 천국이 이제 공존하며 서로 경쟁하고 있다고 설명하신다. 거짓 교사들은 언약공동체의 합법적 구성원의 모습을 하고 있다. 즉, 그들은 양 떼 안에서 '양'처럼 보이지만 실제로는 하나님의 백성을 삼키기 위해 항상 두루 다니는 탐욕스러운 이리이다.

참된 교사와 거짓 교사를 구분하는 것은 그들의 행위이다.

> 그들의 열매로 그들을 알지니(마 7:20).

거짓 교사는 자기 기만에 빠져 있다는 점을 명심하라(7:21-23)!

세 번째 경고는 다소 특이하다(7:24-27). 예수는 7:15-23에 언급된 거짓 교사들로부터 집을 짓는 일로 전환하신다(// 눅 6:47-49). "지혜로운 사람"은 "반석 위에 집"을 짓는 반면, "어리석은 사람"은 "모래 위에 집"을 짓는다(7:24, 26). 이 자주 반복되는 말에는 눈에 보이는 것 이상의 의미가 있을 수 있다.

첫 번째 복음서 저자 마태는 그의 내러티브에서 "짓다"(오이코도메오[*oikodomeō*]/build)라는 동사를 여덟 번 사용하고 그중 많은 부분을 성전과 연결한다(예컨대, 21:42; 26:61; 27:40 참조). 이 말씀과 가장 유사한 말씀은 16:18인데 거기서 예수는 베드로(페트로스[Petros])를 그의 "교회"를 "세울"(오이코도메소[*oikodomēsō*]/will build) "반석"(테 페트라[*tē petra*])이라고 선언하신다.

몇몇 주석가는 16:18의 말씀을 종말론적 성전의 제막식과 관련시킨다.[12] 7:24-27의 세 번째 경고가 이와 마찬가지로 예수의 천국 윤리의 토대 위에 종말론적 성전을 세우라는 명령이라면 어떻게 될까?

성도들을 "소금"과 "빛"으로 선언하는 산상수훈의 첫 부분과 같이(5:13-16) 이 말씀은 선교에 대한 근본적 요청이다. 그러므로 "지혜로운"(wise) 성전 건축이 예수의 천국 가르침("반석")에 기초하여 하나님의 영광을 확장

---

12 R. T. France, *The Gospel of Matthew*, NICNT (Grand Rapids: Eerdmans, 2007), 623.

하려는 헌신을 수반하는 반면, "어리석은" 성전 건축은 인간의 음모와 거짓 가르침("모래")에 근거하여 천국을 확장하려는 시도일 뿐이다.

3) 치유하고 인내하는 신앙(8:1-34)

(1) 나병환자, 백부장의 하인, 무리를 깨끗하게 하심(8:1-17)

5-7장은 천국에서 살아가는 사람들에게 무엇이 요구되는지를 밝히고 있다면, 8장은 누가 그 천국에 들어갈 수 있는지를 보여 준다. 예수께서 산에서 내려오신 후 "수많은 무리가 (그를) 따랐다"(8:1). 우리는 틀림없이 이 무리를 산상 설교가 진행되는 동안 산 아래에 모였던 이들과 같은 개별 그룹으로 가정할 수 있다(5:1; 7:28-29).

무리가 지켜보고 있는 동안 군중 속에서 나타난 한 나병 환자가 예수께 간청한다.

> 주여 원하시면 저를 깨끗하게 하실 수 있나이다(8:2// 막 1:40-45// 눅 5:12-15).

이 사람은 의식적으로 불결하고 군중과 가까이 있음에도 불구하고, 예수께 자신을 깨끗하게 하여 가족 및 지역 사회와 재회할 수 있게 해 달라고 간청한다. 예수는 손을 내밀어 그에게 대시며(이는 일반적으로 의식상 사람을 부정하게 하는 행위) 그의 나병을 깨끗하게 해 주신다(8:3). 예수를 통해 이제 외부인이 새 언약공동체에 접근할 수 있게 된다.

이 주제는 다음 에피소드에서도 계속된다. 화자(narrator)는 가버나움에 초점을 맞추는데 거기서 한 백부장, 아마도 하나님을 경외하는 이방인(God-fearing gentile)으로서 지역 회당을 지어 준(눅 7:5) 그는 예수께 자기 종을 고쳐 달라고 요청한다(// 눅 7:1-10). 그는 "주여 내 하인이 중풍병으로 집에 누워 몹시 괴로워하나이다"(8:6)라고 호소한다.

바로 앞에서 언급한 치유 사건과 이 치유 사건의 다른 점은 백부장의 놀라운 믿음이다. 8:3에서 예수께서 나병 환자를 만지신 것과는 대조적으로 백부장은 예수께서 단지 "말씀만 하시면" 자기 "하인이 나을 것"이라고 확신한다(8:8). 예수는 백부장의 대답을 듣고 "놀랍게 여기"셨다. 이 사건은 마태의 내러티브에서 예수께서 "놀랍게 여기신" 유일한 사례이다(참조, 8:27; 9:33; 15:31; 21:20; 22:22; 27:14).

그는 이어서 놀라운 확언을 하신다.

> 이스라엘 중 아무에게서도 이만한 믿음(such great faith)을 보지 못하였노라(마 8:10).

백부장이 유대교의 관습을 상당 부분 따르고 있지만, 여전히 이스라엘의 외부인이다. 그러나 예수의 치유 능력에 대한 그의 믿음이 너무 강해서 그는 하나님의 참된 이스라엘로 들어갈 수 있게 된다.

실제로 그의 믿음은 그 민족 내 대부분의 믿음보다 훨씬 더 크다(8:12; 참조, 3:7-12; 13:14-15)!

구약의 예언을 성취하기 위해 이방인들이 참된 이스라엘에 온전히 참여하고 있다(예컨대, 사 2:2; 25:6). 그러나 이 구절은 이방인들이 모세의 율법을 따르는 것이 아니라 예수를 믿음으로 그 나라의 시민권을 누리고 있음을 분명히 한다.

이 단락은 베드로의 장모와 귀신 들린 많은 사람의 치유로 끝이 난다 (8:14-17// 막 1:29-34// 눅 4:38-41). 이 짧은 단락은 8:28-34에서 귀신 들린 두 사람을 고치시는 예수의 축귀 사건을 멋지게 준비해 주는데, 그 이야기는 혼돈의 물(chaotic waters)을 잠잠하게 하심으로(8:23-27) 상징적으로 표현된다.

마태복음 8:14-17은 또한 예수의 치유의 구속사적(redemptive-historical) 의미를 조명한다. 이 사건에 대한 마가와 누가의 이야기와 달리 마태의 이야기는 이사야 53:4을 인용한다.

> 이는 선지자 이사야를 통하여 하신 말씀에 우리의 연약한 것을 친히 담당하시고 병을 짊어지셨도다 함을 이루려 하심이더라(마 8:17).

그는 마가와 누가가 암시하는 바를 분명하게 밝힌다. 이 구약 인용문은 예수께서 이사야의 고난받는 종과 분명히 동일시된다는 점에서 예수의 육체적 기적을 구약과 연결한다(사 52:13-53:12).

그러나 이 인용문은 또한 예수께서 행하신 사역의 영적 차원, 즉 십자가에서의 그의 사역을 기대하게 한다. 우리는 예수께서 많은 육체적 "질병"과 "약한 것"(4:23-24; 9:35)을 고치시는 것을 보았고, 또 볼 것이다. 그러나 그는 십자가 위에서 하나님의 백성을 가장 최악의 질병인 죄로부터 치유하실 것이다. 이러한 미래 지향적 기대는 왜 마태가 종의 사역의 대속적 특성(substitutionary nature)에 관해 말하는 이사야 53:4을 인용하는지에 대한 이유를 설명해 준다("[그가] 우리의 연약한 것을 친히 담당하시고 [우리의] 병을 짊어지셨도다").

(2) 창조의 주 따르기(8:18-34)

참된 제자도의 주제는 마태의 내러티브 전반에 걸쳐 등장한다. 8장에서 마태가 이 주제를 얼마나 강조하는지 주목하라.

> 수많은 무리가 예수를 따르니라(마 8:1).

> 예수께서… (자기를) 따르는 자들에게 이르시되(마 8:10).

> 선생님이여 어디로 가시든지 저는 따르리이다(마 8:19).

> 예수께서 이르시되…너는 나를 따르라 하시니라(마 8:22).

> 배에 오르시매 제자들이 **따랐더니**(마 8:23).

제자들이 "호수 건너편"으로 건너갈 때(첫 번째 호수 횡단) 두 사람이 예수께 나아와 그를 따르는 제자가 되기를 원한다고 말한다(8:18-22// 눅

9:57-60). 예수는 그들의 의지에 따라 제자로 받아들이기보다 그들이 무엇을 요청하고 있는지 먼저 곰곰이 따져 보라고 권고하신다. 마가와 누가는 그들의 내러티브 초반에 열두 제자 임명을 포함하지만(막 3:16-19// 눅 6:14-16), 마태는 먼저 예수께서 제자들에게 요구하시는 것이 무엇인지 상세하게 설명할 수 있도록 이 임명 이야기를 전략적으로 늦추고 있다 (10:1-4).

참된 제자가 되는 것은 예수께서 그 사람의 예상치를 뛰어넘더라도 예수의 자기 계시(self-disclosure)를 믿어야 한다는 것을 의미한다. 풍랑을 잠잠하게 하심으로써 예수는 자신이 단지 병을 고치시는 분만이 아니라 만물을 다스리는 분이심을 계시하신다(// 막 4:36-41// 눅 8:22-25). 두 개의 귀신 축출 이야기 사이에(8:16-17; 8:28-34) 마태복음 전체에서 예수의 정체성과 제자에 관한 교훈(제자도)을 보여 주는 가장 중요한 증거 중 하나가 끼워져 있다. 여기에서 해결해야 할 문제가 많이 있지만(→ 막 4:35-41), 우리는 그 기적의 두 가지 차원만 다루기로 한다.

첫째, 갈릴리 바다의 풍랑은 예수와 그를 따르는 자들에 대한 악마적 반대를 상징한다. 구약에 따르면 혼돈의 물(chaotic waters)은 비유적으로 하나님의 적들을 가리킨다. 예를 들어, 시편 74:13-14은 다음과 같이 기록하고 있다.

> 주님께서는 주님의 능력으로 바다를 가르시고, 물에 있는 타닌들(바다 괴물)의 머리를 깨뜨려 부수셨으며, 리워야단의 머리를 짓부수셔서 사막에 사는 짐승들에게 먹이로 주셨으며(시 74:13-14, 사역; 참조. 겔 32:2; 단 7:2 등).

이것은 마태가 왜 풍랑의 잠잠함을 직접 문맥에서 마귀의 활동과 밀접하게 연관시키는지 그 이유를 설명해 준다.

둘째, 적대적 악의 세력을 심판하러 오셨다는 점에서 예수는 자신을 야웨와 동일시하신다. 오직 이스라엘의 하나님만이 그러한 능력이 있으시다

(예컨대, 시 89:8-10). 그러나 이것은 일반적 심판이 아니라 종말론적 심판이다. 사탄과 그의 영적 동맹자들에 대한 주님의 심판은 주께서 "마지막 날에" 이스라엘을 구속하시고 이스라엘의 원수들을 무찌르실 것이라는 예언적 기대를 성취한다(예컨대, 사 11:13; 29:5).

세 개의 공관복음 모두 풍랑의 맹렬함을 강조하지만, 마태는 이상하게도 풍랑을 "진동"(quaking) 또는 "지진"(shaking)으로 묘사한다.

> 보라, 바다에 큰 지진(세이스모스[seismos])이 일어났다(8:24, AT).

"지진"/"진동"(shaking)이라는 단어는 예수의 십자가 처형(27:54), 예수의 부활(28:2), 바울과 실라의 탈옥(행 16:26)과 같은 사건 때 신약에서 열네 번 나온다.

요한계시록은 "지진"을 심판과 연관시키는데(계 6:12; 11:13; 16:18), 이것은 아마도 마태가 왜 그 단어를 사용하는지 그 이유를 설명해 줄 것이다. 즉, 하나님의 심판이 가까이 왔다. 예수께서 악의 맹공격을 어떻게 심판하시는지 주목하라.

> [그가] 바람과 바다를 꾸짖으시니(마 8:26).

이는 정확히 바로 이전의 문맥에서 그가 귀신을 쫓아낸 방법이다.

> 예수께서 말씀으로 귀신들을 쫓아 내시고(마 8:16).

제자들의 반응은 어느 정도 예상할 수 있다.

> 주여 (저희를) 구원하소서(마 8:25).

이것은 8장에 나오는 "주"(퀴리오스[*kyrios*])라는 칭호의 다섯 번째 용례인데, 이것은 구약에서 야웨(Yahweh) 또는 주(Lord)를 번역하기 위해 사용하는 용어이다. 여기서 놀라운 점은 예수께 자신들을 "구원"(save)해 달라는 그들의 간청이다.

마태는 이미 "자기 백성을 그들의 죄에서 구원"하시는 예수의 사역의 주된 목적을 밝힌 바 있다(1:21). 귀신을 심판하심으로써 예수는 정확히 그 일을 하신다. 그러나 제자들은 슬프게도 아직 그 점을 깨닫지 못하고 있다. 그는 창조된 질서를 죄의 저주로부터 회복하시지만, 제자들이 기대하는 것보다 훨씬 더 강력한 방법으로 행하신다.

마태복음 8:23-27에 나타난 제자들의 불신앙(faithlessness)은 8:5-13에 나오는 백부장의 믿음과 극명하게 대조된다. 백부장도 제자들처럼 예수께서 "주"이심을 인정하지만, 제자들과 달리 그는 확고하게 예수를 신뢰한다(8:8-9). 예수는 심지어 "이스라엘 중 아무에게서도 이만한 믿음을 보지 못했노라"라고 말씀하신다(8:10). 그러나 제자들은 "믿음이 작은" 자들로 간주된다(8:26).

8장은 이방인들과 관련된 동쪽 및 남동쪽 지역인 "가다라" 지방에서 두 귀신을 쫓아내는 사건으로 끝맺는다(// 막 5:1-17// 눅 8:26-37). 마가와 누가의 내러티브는 귀신 들린 한 사람에 초점을 맞추지만, 마태는 "귀신 들린 자 둘"이 있었다고 말한다(8:28).

마태복음은 쌍(pairs)을 포함하는 경향이 있다. 여기에서 우리는 두 명의 귀신 들린 사람을 발견하고 나중에는 두 사람의 소경(9:27; 20:30)과 두 마리의 나귀(21:2)를 만나게 될 것이다. 마태가 이러한 한 쌍을 포함하기로 결정한 이유는 분명치 않다. 아마도 그것은 두 사람의 증인을 세우는 구약의 원칙과 관련이 있을 것이다(신 17:6-7; 19:15, 19).

마태는 마가복음에서 스무 절을 할애한 이 사건을 일곱 절로 압축하며, 귀신 들린 사람의 위험한 상태보다는 적에 대한 예수의 심판에 초점을 맞춘다(→ 막 5:1). 마태는 독특하게도 귀신 들린 자들이 다른 사람이 그 지역을 통과하는 것을 막았다고 덧붙인다(8:28). 아마도 마태는 하나님의 종말론적 임재를 이 땅에 확장하시려는 예수의 목적의 핵심을 찌르는 문구이기 때문에 이것을 포함한 것으로 보인다. 5:35에 따르면, 땅은 하나님이 거하시고 통치하시려는 하나님의 "발등상"이다. 예수께서 오시기 전에 이러한 귀신들은 하나님의 영광이 확장되는 것을 막았다.

풍랑을 잠잠하게 하신 기적 이야기의 마지막 부분에 언급된 제자들의 질문, "이분은 어떠한 사람인가"(8:27, 사역)는 아이러니하게도 8:29에서 귀신들에 의해 대답된다.

> 하나님의 아들이여, 당신이 우리에게 무엇을 원하십니까?(마 8:29, 사역; 참조, 14:33).

마태는 2:15에서 아기 예수께서 애굽으로 피난 가실 때 하나님의 참된 "아들"임을 언급하면서 "하나님의 아들"이란 칭호를 예수께 적용한다. 이스라엘이 하나님의 "아들"로서 실패한 곳에서(출 4:22), 예수는 하나님의 신실한 "아들"이시기 때문에 참된 이스라엘로 간주한다(3:17).

광야의 시험 장면에서 "하나님의 아들"이라는 칭호는 마귀의 입에서 두 번 언급된다(4:3, 6). 이스라엘이 우상을 숭배하는 가나안 주민들을 몰아내야 했던 것처럼, 예수는 다시 이스라엘의 광야 유랑을 되짚어 하나님의 원수들을 땅에서 쫓아내신다. 그러나 여기 귀신 축출 이야기에서 마태는 독자들이 예수의 신실한 아들 되심뿐 아니라 또한 그의 신성도 고려하기를 원한다. 예수는 하나님의 유일한 아들이시다. 이것이 그가 사나운 바다를 잠잠하게 하고 창조된 질서로부터 귀신들을 쫓아낼 수 있는 이유이다.

예수께서 "말씀으로 귀신들을 쫓아내신" 이전 기록(8:16)과 말씀으로 풍랑을 꾸짖으신 사건(8:26)의 경우처럼, 여기서도 예수는 단순히 귀신들에게 돼지 떼로 "가라"고 명령하신다(8:32). 그러자 돼지 떼는 바다로 들어가서 물에서 몰사한다(8:32). 귀신 축출의 효과는 명확해진다. 두 사람은 회복되고 "온 시내"(whole town)가 이제 그 영토에 접근할 수 있게 되었다(8:34). 하나님의 나라는 이방인들 가운데서도 확장되고 있다.

4) 생명을 주시는 하나님의 아들로서의 왕이신 예수 따르기(9:1-34)

(1) 중풍병자의 치유와 마태의 부르심(9:1-13)

8:29에 언급된 "하나님의 아들"이신 예수의 정체성에서 9:1-8의 중풍병자 치유로의 이동은 자연스럽게 이어진다(// 막 2:3-12// 눅 5:18-26). 두 경우 모두 예수는 오직 하나님만이 하실 수 있는 일을 수행하신다.

다시 한번 호수를 건너 북서쪽으로 가신 예수는 "본 동네"(그 자신의 마을), 즉 가버나움으로 돌아가신다(막 2:1을 보라). 예수께서 집에 돌아오셨다는 소문이 나자 곧 많은 사람이 집에 모여들고 몇몇 사람은 중풍병자를 예수께 데리고 온다. 마가와 누가는 혼잡한 집에 대한 몇 가지 세부사항을 공개하지만, 마태는 곧바로 핵심을 찌른다. 예수는 먼저 죄 용서를 선언하신 다음 중풍병자를 고치기 시작하신다(9:2, 6).

예수께서 죄 용서를 선언하실 때 유대 지도자들은 격분한다. 왜냐하면, 예수께서 성전 예배를 약화하며, 더 중요한 것은 그가 스스로 하나님 역할을 하고 있기 때문이다. 오직 하나님만이 죄를 용서하실 수 있는 권위가 있다(→ 막 2:6-7). 1:21에 따르면, 천사는 요셉에게 그의 아들이 "자기 백성을 그들의 죄에서 구원할" 것이기 때문에 "예수"라는 이름을 가질 것이라고 말한다. 중풍병자를 고치시고 인간의 죄 용서를 선언하심으로써 예수는 이 예언을 계속해서 성취하신다. 그러나 중풍병자 이야기는 또한 예수께서 곧 있을 그의 속죄 희생을 근거로 죄를 용서하신다는 점에서 그의 십자가 사역을 기대하게 한다.

마태는 무리가 "(죄를 용서하시는) 이러한 권능을 (예수께) 주신 하나님 (아버지)께 영광을 돌리니라"(9:8)라는 진술을 덧붙이는 유일한 복음서 저자이다. 이 진술은 단지 한 줄에 불과하지만, 그 표현은 예수께서 "보냄을 받은" 자로서 아버지와 누리시는 복잡하고 독특한 관계를 강조한다(11:27; 요 5장을 보라).

예수는 4:18-22에서 네 사람을 그의 제자로 임명하셨고 이제 여기서 세리 마태를 다섯 번째 제자로 추가한다(// 막 2:14-17 // 눅 5:27-32). 마가와 누가가 그 사람을 "레위"(Levi)로 명명하지만, 첫 번째 복음서 저자는 "마태"라는 이름을 사용한다(9:9). 유대인들은 종종 두 개의 이름을 가지고 있었다(예컨대, 시몬과 베드로[4:18]). 따라서 우리는 첫 번째 복음서 저자 마태를 레위와 같은 인물로 보아야 한다. 1세기에 세리들은 로마의 권위를 대표하고 종종 거래 방식이 부도덕해서 평판이 썩 좋지 않았다(→ 눅 5:27-39).

이 이야기에서 중요한 점은 예수께서 마태의 집에서 "많은 세리와 죄인들"과 식탁공동체를 나누었다는 점이다(9:10). 평이 좋지 않고 의식적으로 부정한 이러한 사람들과의 친밀한 교제는 유대 지도자들을 자극하여 제자들에게 다음과 같은 질문을 하게 한다.

> 어찌하여 너희 선생은 세리와 죄인들과 함께 잡수시느냐(마 9:11).

예수는 제자들에게 대답할 기회조차 주지 않으시고 지도자들을 향해 직접 응수하신다.

> 건강한 자(유대 지도자들)에게는 의사가 쓸데없고 병든 자(세리와 죄인들)에게라야 쓸 데 있느니라(마 9:12).

결정적으로 예수는 그들에게 "내가 긍휼을 원하고 제사를 원하지 아니하노라 하신 뜻이 무엇인지 배우라"(9:13)고 명령하신다. 호세아 6:6을 부분적으로 인용하면서 그는 율법의 핵심을 찌른다. 즉, 하나님께서는 외적이고 율법주의적인 의식(external, legalistic rituals)보다 내적이고 진심 어린 순종(inward, heartfelt obedience)에 더 관심이 있으시다는 것이다(미 6:6-8; 삼상 15:22 참조). 구약에서 참된 것은 신약에서도 참되다.

더 나아가 이제 예수는 참된 성전이시며 용서는 그 안에서만 가능하므로(1:21; 6:12; 9:2, 6) 유대 지도자들은 회개하고 예수를 신뢰함으로 새롭게 세워진 제자 마태를 본받아야 한다. 문제는 남아 있다.

마태의 청중은 과연 마태를 본받아 어떤 희생을 치르더라도 예수를 따를 것인가, 아니면 헛된 종교적 외면(religious externals)에 만족할 것인가?

(2) 새 포도주 부대(wineskins)와 새 시대의 도래(9:14-26)

구약에 따르면, 죄 용서는 새 시대의 표지(badge)이다(예컨대, 렘 31:31-34). 따라서 마태가 9:14-34에서 강조하는 죄 용서와 새 창조의 도래(in-Breaking)라는 이중의 요점은 의미가 있다. 예수는 세례 요한의 제자들에게 "신랑"이 함께 있고 "새 포도주"가 도착했기 때문에 그의 제자들이 금식을 자제한다고 알려 준다(9:15-17// 막 2:18-22// 눅 5:33-39).

구약의 선지자들은 하나님이 영원한 새 우주에서 그의 백성들과 함께 거하시는 종말에 벌일 큰 잔치를 은유적으로 묘사할 때 요리 메뉴에 포도주를 열거한다. 예를 들어, 이사야 25:6에는 다음과 같이 기록하고 있다.

> 만군의 주님께서 이 세상 모든 민족을 여기 시온산으로 부르셔서 풍성한 잔치를 베푸실 것이다. 기름진 것들과 오래된 포도주, 제일 좋은 살코기와 잘 익은 포도주로 잔치를 베푸실 것이다(사 25:6, 표준새번역; 참조, 렘 31:12-14; 호 14:7; 욜 3:18; 암 9:13-14).

그렇다면 예수는 자신의 사역이 구원의 새 시대를 나타낸다고 진술하시는 것이다.

마태복음의 다음 몇 가지 사건은 이러한 지배 원리에서 비롯된다. 첫 번째 단락에는 회당장의 딸과 혈루증을 앓는 여인에게 초점이 맞추어진다(9:18-26// 막 5:22-43// 눅 8:41-56). 세 복음서 저자 모두 샌드위치 구조를 통해 회당장의 딸 이야기 사이에 의식적으로 부정한 여인의 치유 이야기를 둠으로써 독자들이 이 두 이야기를 함께 해석하도록 의도한다(→ 막 5:21-43). 주된 개념은 새 창조의 대행자이시며 궁극적인 정결 희생 제물이신 예수께서 자신을 믿는 모든 사람에게 생명을 주신다는 점이다. 그는 부정한 것, 즉 죽은 소녀(민 19:11)와 혈루증을 앓고 있는 여인(레 15:19)을 깨끗하게 하신다.

(3) 예상 밖의 메시아와 유대 지도자들의 완고함(9:27-34)

우리가 마태의 내러티브에서 접했던 모든 광범위한 치유 사건(4:23-25; 8:1-17; 9:1-8, 18-25) 중 마태는 지금까지 한 가지 치유 사건, 즉 맹인의 치유를 생략했다. 네 복음서 모두가 예수의 맹인 치유를 언급하지만, 맹인에 대한 마태와 마가의 표현에는 그들의 내러티브의 주요 동맥을 통해 흐르는 상징적 의미가 추가로 포함되어 있다. 마가의 경우처럼 마태도 그들의 치유에 대한 상징적 의미 때문에 맹인 치유를 뒤로 미루고 있다(맹인에 대한 첫 번째 언급에 대해서는 막 8:22-26을 보라).

여기 9:27-31에서 예수는 자신을 메시아("다윗의 자손"[1:1 참조])로 분명하게 인식하는 두 맹인을 치유하시고 곧바로 그들에게 이 일에 대해 아무에게도 알리지 말라고 경고하신다.

예수께서 그들에게 침묵하라고 명령하신 이유는 무엇일까?
그는 다른 사람들이 천국의 좋은 소식을 전하는 것을 원하지 않으시는가?
예수는 바로 이 일을 행하도록 다음 단락에서 제자들을 파송하지 않으시는가(9:35-10:42)?

그 대답은 예수의 메시아직의 본질에 놓여 있다. 실제로 그는 종말론적 메시아이시며 "다윗의 자손"이시지만 그의 사역은 두 맹인의 기대와는 다르다(→ 막 4:1-41). 이 내러티브 직후에 나오는 예수의 귀신 들린 사람의 치유는 유대 지도자들의 마음을 거슬리게 한다. 그들 역시 예수의 정체성을 오실 메시아에 대한 자신들의 기대와 일치시킬 수 없다. 이 지도자들도 그들 자신의 실명(blindness)으로 고통받고 있다. 그러나 맹인과 달리 그들은 예수의 능력을 사탄의 능력으로 잘못 돌리고 있으므로, (예수께) "긍휼"(mercy)을 구하지 않는다(→ 12:22-37).

5) 열두 제자의 임명 (마 9:35-10:42)

(1) 신실한 목자의 필요성 (9:35-38)

갈릴리에서의 예수의 사역은 열두 제자의 임명을 골자로 한다. 예수의 광범위한 선교 여행과 치유에 주목하라.

> 예수께서 모든 도시와 마을에 두루 다니사 그들의 회당에서 가르치시며 천국 복음을 전파하시며 모든 병과 모든 약한 것을 고치시니라 (마 9:35).

마태는 예수 사역의 범위를 전달하고자 한다.
그렇다면 다음 구절은 그 결과를 가리킨다.

> 예수께서 무리를 보시고 그들을 불쌍히 여기셨다. 그들은 마치 목자 없는 양과 같이 고생에 지쳐서(에스퀼메노이[*eskylmenoi*]/harassed) 기운이 빠져(에르림메노이[*errimenoi*]/helpless) 있었기 때문이다 (마 9:36, 표준새번역).

"고생에 지쳐서"와 "기운이 빠져"(문자적으로는 '내동댕이치다')라는 두 동사는 수동태 형이며, 주의 깊은 독자는 다음과 같은 질문을 제기할 것이다.

누가 그들을 괴롭히고 무력하게 만드는가?

이 사건의 바로 앞뒤 문맥에 귀신의 활동이 언급되는 것은 우연이 아닐 수도 있다(9:34; 10:1). 따라서 마귀의 부하들이 하나님의 백성을 "괴롭히고", "내동댕이치고" 있으므로 예수께서 그들을 회복하고 보호하시려 한다는 개념이 들어 있을 수 있다. "목자 없는 양과 같이"라는 문구는 민수기 27장을 암시하는데, 거기서 모세는 가나안 땅을 바라본 후(27:12), 하나님께 "한 사람을 이 회중 위에 세워서 그로 그들 앞에 출입하며 그들을 인도하여 출입하게 하사 여호와의 회중이 목자 없는 양과 같이 되지 않게 하옵소서"(27:16-17)라고 간청한다.

모세는 하나님을 대신하여 신실하게 다스리고 공동체의 생존을 보장할 또 다른 중보자(mediator)를 요청한다. 처음에는 여호수아가 이 기대를 충족시키지만(27:18), 구약성경이 전개되면서 결국 이스라엘의 모든 지도자가 실패한다는 것을 알게 된다. 궁극적으로 오실 메시아만이 하나님의 신실한 목자로 섬길 것이다(삼하 5:2; 왕상 22:17; 겔 34장).

참되고 신실한 모세로서의 예수는 타락 이후로 하나님의 백성을 괴롭혔던 마귀의 맹공격으로부터 언약공동체를 보호하심으로써 이러한 기대를 이루신다. 모세와 마찬가지로 예수 역시 지도자들이 추가로 필요함을 인정하신다.

> 추수할 것은 많되 일꾼이 적으니 그러므로 추수하는 주인에게 청하여 추수할 일꾼들을 보내 주소서 하라 하시니라(마 9:37-38).

이러한 "일꾼들"은 모세의 작은 형상이 되어 "밭"(field) 또는 참된 이스라엘의 안전과 보호를 보장함으로써 구약의 예언을 성취하게 될 것이다(10:6 참조).

(2) 신실한 목자로서의 열두 제자(10:1-42)

마태의 내러티브 중 3분의 1 이상이 지나고 마침내 다섯 개의 가르침 단락(5:1-7:29; 13:1-53; 18:1-35; 24:1-25:46 참조) 중 두 번째 단락인 열둘(the Twelve)의 임명 기사와 만나게 된다. 마태는 마가 및 누가의 내러티브와 비교하여 열둘의 임명에 관한 이야기를 뒤로 미루었다(// 막 3:13-19// 눅 6:14-16).

왜 그랬을까?

마태의 독자들은 아마도 열둘이 지금까지 예수 사역의 많은 부분을 따르고 있었다고 가정할 것이다. 이 임명은 산상수훈(5-7장)과 성육신하신 주님으로서의 예수의 독특한 정체성을 보여 주는 몇 가지 에피소드 다음에 이어진다. 예수는 그를 따르는 자들이 굳게 붙잡고 있는 기대의 틀을 깨뜨리신다. 참된 제자도에 대한 관심에서 마태는 이 임명 이야기를 뒤에 배치함으로써 예수께서 제자들에게 사명을 위임하실 때 그들이 무엇을 위해 서명하고 있는지 어느 정도 알 수 있게 된다.

이스라엘의 회복된 열두 지파를 상징하는 열두 제자는 무엇보다도 "더러운 귀신을 쫓아내며 모든 병과 약한 것을 고치기" 위해 임명된다(10:1). 이 지시는 정확히 예수께서 9:32-36에서 수행하신 일, 즉 귀신들을 쫓아내고 "모든 병과 모든 약한 것"을 고치신 바로 그 일이다. 예수는 하나님의 신적 아들이시며(1:1) 마귀를 물리치고 모든 피조물을 구원하기 시작한 참되고 신실한 이스라엘이므로 그는 제자들에게 물려줄 "권세"가 있다.

제자들의 성공은 예수의 성공과 불가분의 관계에 있다. 그의 승리는 그들의 승리이다. 여기 10장에서 열둘의 임명은 28:18의 유명한 대위임령(Great Commission)을 연상시키지만, 결정적인 차이가 있다.

> 예수께서 (제자들에게) 나아와 말씀하여 이르시되 하늘과 땅의 모든 권세를 내게 주셨으니 그러므로 너희는 가서 모든 민족을 제자로 삼아(마 28:18).

28:18에서 우리는 확장된(escalated) 권세를 포착한다.

왜 이런 차이가 날까?

예수는 죽음을 통해 악을 이기고 부활을 통해 우주를 다스리기 시작한 인자(Son of Man)로서 아버지의 우편에 즉위하셨다. 10:1에서 예수께서 제자들에게 나누어 주신 권세는 그가 곧 누리고 대위임령을 통해 제자들에게 부여하실 권세를 미리 맛보는 것이다.

예수는 먼저 제자들에게 가지 말아야 할 곳을 말한다.

> 이방인의 길로도 가지 말고 사마리아인의 고을에도 들어가지 말고(마 10:5).

여기서 요점은 이방인이나 사마리아인이나 천국에서 배제되는 것이 아니라 유대인들이 우선권을 갖는다는 것이다. 이것은 사도들이 먼저 유대인들에게 복음으로 전한 다음 이방인에게 복음을 전한다는 신약의 강한 확신과 매우 잘 어울린다(예컨대, 행 1:8; 롬 1:16; 2:9-10; 15:8-9).

제자들은 처음에 "이스라엘 집의 잃어버린 양"(10:5-15)을 목표로 삼은 다음 주변 민족으로 그들의 선교를 확장해야 한다(10:17-42). 구약에서 이스라엘이 이 사명을 완수하지 못했다는 점은 신약에서 참된 이스라엘의 성공을 예견한다.

마태의 이야기에서 열두 제자의 임명에는 다음과 같은 진지한 기대가 수반된다.

> 사람들을 삼가라 그들이 너희를 공회에 넘겨 주겠고 그들의 회당에서 채찍질하리라 또 너희가 나로 말미암아 총독들과 임금들 앞에 끌려 가리니 이는 그들과 이방인들에게 증거가 되게 하려 하심이라 너희를 넘겨줄 때에 어떻게 또는 무엇을 말할까 염려하지 말라 그때에 너희에게 할 말을 주시리니 말하는 이는 너희가 아니라 너희 속에서 말씀하시는 이 곧 너희 아버지의 성령이시니라(마 10:17-20// 막 13:9).

예수는 제자들에게 그들이 자신의 발자취를 따를 것이고 결국에는 동족에게 거절당할 것이라 확언한다. 그러한 거절은 소돔과 고모라의 멸망보다 훨씬 더 끔찍한 운명인 하나님의 마지막 심판을 받을 만하다(10:15).

제자들은 성령께서 그들에게 통찰력과 자신들을 사로잡을 자들에게 할 적절한 말을 주실 줄 알고 위안을 얻어야 한다(10:20; 참조, 요 15:26-27). 제자들은 세상과 특히 그들의 대적자들에게 하나님의 대변자 역할을 할 것이다. 예수의 제자들은 열방(nations)에 도달하는 데 성공할 것이지만 그들의 성공에는 동족인 유대인공동체와 로마제국의 거절이라는 값비싼 대가가 따르게 될 것이다.

파송 명령의 끝부분에서 예수는 자신이 아버지를 대표하시는 것처럼 제자들도 그들의 사역 노력에서 자신을 대표할 것이라고 약속하신다(10:40). 제자들의 말이 곧 예수의 말씀이고 예수의 말씀은 바로 하나님의 말씀이다. 그렇다면 41절은 그 운영 원리를 드러낸다.

> 선지자의 이름으로 선지자를 영접하는 자는 선지자의 상을 받을 것이요(마 10:41a).

여기서 제자들은 백성들에게 하나님의 메시지를 전하는 구약 선지자들의 전통에 서 있는 것으로 간주된다(5:12 참조). 청중이 제자들의 메시지를 믿는다면 청중은 "상을 받을 것"이며 영생을 물려받을 것이다.

6) 갈릴리의 요한과 예수에 대한 배척(마 11:1-30)

(1) 세례 요한(11:1-19)

예수는 열둘에게 이스라엘의 국경 안팎에서 거절 외에는 아무것도 기대하지 말아야 한다고 알리셨다(10:14-20). 그런 다음 11장에서는 하나님의 예언적 메시지를 이스라엘에 신실하게 선포한 결과로 투옥된 세례 요한의 이야기로 전환된다(// 눅 7:18-35).

세례 요한이 그의 신실한 사역으로 인해 고난을 받는다면(4:12), 예수를 따르는 자들은 천국 메시지에 대한 그들의 신실함으로 인해 얼마나 더 큰 고통을 받겠는가?

11장의 시작 부분에서 요한은 제자들을 예수에게 보내 그가 참으로 "오실 그"인지 확인하려고 한다(11:3). 예수는 사람들의 예상치를 뛰어넘어 심지어 요한조차도 의심하기 시작한다. 예수는 선지자 이사야를 연상시키는 언어로 그 질문에 대해 답변하신다.

> 맹인이 보며 못 걷는 사람이 걸으며 나병 환자가 깨끗함을 받으며 못 듣는 자가 들으며 죽은 자가 살아나며 가난한 자에게 복음이 전파된다 하라(마 11:5).

예수는 이사야의 여러 구절을 언급하셨다(26:19; 29:18-19; 35:5-6; 42:7, 18; 61:1). 이 본문의 요지는 하나님께서 "눈먼" 이스라엘을 회복시켜 이스라엘이 하나님의 구원 행위를 이해하고 새 창조 안에서 그의 영광을 경험할 수 있게 하실 것이라는 점이다. 이 모든 일은 종말론적 종(end-time servant)을 통해 이루어질 것이다. 예수는 자신의 사역이 실제로 이사야의 약속을 성취하고 있다고 지적하신다.

새 창조가 시작되었지만, 세례 요한은 새 창조가 종말론적 환난과 나란히(alongside) 도래한다는 점을 이해하기가 어렵다고 생각한다. 구약에서는 환난이 먼저 오고 그다음에 새 창조가 올 것이라고 기대했다. 그러나 신비롭게도 지금 천국과 환난은 중첩된다(→ 13:11-52). 예수는 자신이 이스라엘의 메시아임을 확고부동하게 보여 주시면서도 고난이 자신의 사역을 규정한다고 지적한다.

이어서 내러티브는 예수께서 요한의 제자들에게 자신의 메시아 직분에 대해 알려 주시는 장면에서 예수께서 무리에게 자신과 요한의 관계에 대해 언급하시는 장면으로 바뀐다(11:7). 11:7-19에서는 세례 요한의 정체성에 초점이 맞춰지는데 여기서 마태는 청중에게 예수 사역의 두 가지 핵심 원칙을 제시한다.

여자가 낳은 자 중에 세례 요한보다 큰 이가 일어남이 없도다(마 11:11a).

천국에서는 극히 작은 자라도 그보다 크니라(마 11:11b).

첫 번째 진술은 장차 오실 메시아를 알리는 요한의 비할 데 없는 경력을 서술한다. 모세, 엘리야, 엘리사, 이사야, 예레미야, 스가랴 그리고 다른 선지자들이 위대하기는 하지만, 이스라엘의 메시아와 하나님의 신적 아들의 도래를 준비한 사람은 없었다(마 11:10; 말 3:1 인용; → 막 1:2). 요한은 구원 역사에서 새로운 단계의 벼랑에 서 있다. 그는 옛 시대의 끝과 새 시대의 시작 사이에 끼어 있는 일종의 과도기적 인물로 묘사된다. 따라서 요한이 "위대한" 사람이기는 하지만 결코 새 시대의 온전한 시민은 아니다.

두 번째 진술에서 종말론적 천국에 참여하는 자가 세례 요한보다 "더 크다"라고 언급하는 이유를 설명해 준다. 그러한 가르침은 이해하기가 어려운데, 이는 예수께서 "귀 있는 자는 들을지어다"라는 말을 삽입한 이유를 설명한다(11:15; 참조, 13:9, 43). 천국 안에 있는 사람들만이 그 가르침을 이해할 수 있다.

그런 다음 마태의 내러티브는 이스라엘 내의 많은 사람, 특히 유대의 지도자들이 왜 요한과 궁극적으로는 예수의 사역에 대해 냉담한 태도를 유지하는지 그 이유를 살핀다. 예수는 "이 세대"를 어린아이의 야외 놀이에 비유하신다.

> 우리(요한과 예수)가 너희를 향하여 피리를 불어도 너희(이 세대)가 춤추지 않고 우리가 슬피 울어도 너희가 가슴을 치지 아니하였다(마 11:17; 참조, 12:39-45; 16:4; 17:17; 23:36; 24:34).

요점은 이스라엘의 유대 지도자들과 불신자들이 요한과 예수의 천국 메시지에 호의적으로 반응하지 않았다는 것이다.

(2) 믿지 아니하는 도시들에 대한 심판(11:20-24)

다음 단락에서는 예수께서 11:16에서 언급하신 "이 세대"가 무엇을 의미하며 그들이 왜 심판을 받게 되는지를 좀 더 상세하게 설명한다(// 눅 10:13-15). 이스라엘이 대체로 요한과 예수를 거부했기 때문에(11:20) 하나님이 심판을 내리실 것이다. 예수는 "권능(miracles)을 가장 많이 행하신" 세 도시가 고라신, 벳새다, 가버나움이었음을 밝히신다(11:21-23). 벳새다와 가버나움은 갈릴리 바다의 북서쪽 해안에 위치하지만, 고라신은 가버나움에서 북쪽으로 약 2마일 정도 떨어져 있다. 마태의 내러티브에서 지금까지 예수의 사역은 일반적으로 이 넓은 지역에 국한되어 있었다(8:28-34 참조).

예수는 세 도시에 대해 일련의 "화"(woes)를 발하신다. 구약성경에서 화에 대한 예언은 확실한 심판과 관련이 있다(예컨대, 사 3:9, 11; 렘 48:1; 겔 16:23). 어떤 탈출구도 없다(→ 23:13-38). 이 도시들은 예수께서 오랫동안 기다려 온 다윗의 자손이자 성육신하신 하나님으로서 자신의 정체성을 나타내신 기적과 가르침을 직접 체험했다. "이 세대"는 그를 받아들이는 대신 그를 배척한다.

예수는 계속해서 이 세 도시를 구약에 나오는 악명 높은 두 도시와 비교하신다. 두로는 종종 시돈과 짝을 이루어(15:21; 막 3:8; 7:31; 눅 6:17) 여러 심판 예언의 초점이 된다(사 23장; 렘 25:21-38; 겔 27:1-28:26). 소돔은 우리 현대 문화에서도 성적 타락과 사악함의 진원지로 유명하기에 거의 소개할 필요가 없을 정도이다(창 18-19장).

놀랍게도 예수는 두로, 시돈, 소돔이 고라신, 벳새다, 가버나움보다 더 낫다고 지적하신다. 왜냐하면, 그들이 예수의 사역에 호의적 반응을 보였을 것이기 때문이다. 마태의 청중은 예수의 사역이 앞으로 어떻게 전개될지 궁금해 하게 된다.

갈릴리가 예수를 배척했다면 수도 예루살렘은 어떤 반응을 보일까?

민족 전체가 이스라엘의 메시아를 거부할 것인가?

(3) 감추어진 하나님의 지혜(11:25-30)

11장의 마지막 단락에서는 "이 세대"가 왜 예수를 거부했는지 그 이유를 좀 더 상세하게 설명한다(11:25-27). 감동적인 독백 장면에서는 은혜를 받은 소수에게 예수의 정체와 그 천국의 본질에 대한 비밀을 드러내시는 아버지를 찬양하는 예수의 모습에 시선이 집중된다(눅 10:21-22). 찬양은 예수께서 하나님을 "천지(heaven and earth)의 주재(Lord)이신 아버지여"로 부르면서 시작된다(11:25).

"하늘"과 "땅"은 마태복음에서 종종 짝을 이루어 나타나는데, 두 용어에 대한 마가와 누가의 용례를 훨씬 능가하여 사용된다(마 5:18; 6:10; 16:19; 18:18-19; 24:30, 35; 28:18). 우리는 5:34-35에서 하나님께서 "하늘"의 보이지 않는 그의 보좌에서 주권적으로 통치하신다는 점에 주목한 바 있는데, 이 통치는 "땅"으로까지 확장된다.

더욱이 우리는 마태의 언어가 궁극적으로 이 땅이 하나님의 영광으로 가득 찰 수 있도록 그의 아들을 통하여 천상의 통치를 이 땅에 확장하시려는 하나님의 더 큰 계획을 암시한다고 논했다. 그러므로 예수는 아버지를 "천지의 주재"(Lord of heaven and earth)로 묘사함으로써 종말론적 천국의 설립을 염두에 두고 계신다.

예수는 본질적으로 종말론적 천국의 침입(in-breaking of the eschatological kingdom)이 "지혜롭고 슬기로운 자들"(즉, 유대의 지도자들과 함축적으로는 민족 전체)에게는 숨겨져 있으므로 기대와는 다르다고 지적하신다. 그 대신 그 천국은 "어린아이들"(즉, 예수를 믿고 따르는 사람들)에게는 "계시된다." 단지 몇 구절에 불과하지만, 이 단락은 다음과 같은 까다로운 질문에 대해 어느 정도 해결책을 제시한다.

왜 이스라엘은 자신이 그렇게 고대했던 바로 그를 거부하는가?

청중은 마태가 이 어려운 문제를 다시 한번 다루게 될 13장까지 답변을 기다려야 한다.

그의 아버지와의 독특하고 계시적인 관계를 서술한 후(11:25-27), 예수는 아버지에게서 자신의 주위에 모인 사람들에게로 주의를 돌리신다.

> 수고하고 무거운 짐 진 자들아 다 내게로 오라 내가 너희를 쉬게 하리라(마 11:28).

마태의 이야기에만 유일하게 나오는 이 말씀은 우리가 첫 번째 복음에서 접하는 가장 감동적인 진술 중 하나이다.

구약성경과 제2 성전 유대교에서 "쉼/안식(rest)"의 개념은 복합적이며, 궁극적으로는 이스라엘 땅과 그의 백성 가운데 계신 하나님의 임재와 관련이 있다. 이스라엘이 율법을 지켜 주변 민족에게 빛의 역할을 한다면 하나님은 그들과 함께 거하실 것을 약속하신다. 그는 그들의 하나님이 되실 것이며 그들은 그의 백성이 될 것이다.

시간이 지남에 따라 안식일에 "안식하라"(rest)라는 요청은 순전히 율법주의(legalism)의 무게 때문에 하나의 부담이 된다. 예수께서 자신이 "쉼/안식"을 줄 수 있다고 말씀하신 것은 적어도 두 가지 놀라운 주장을 하고 계신 것이다.

첫째, 구약에 따르면 오직 하나님만이 이스라엘에 참된 "쉼/안식"을 제공하실 수 있으므로(예컨대, 레 25:2; 삼하 7:11; 왕상 8:56), 예수는 자신을 성육신하신 하나님으로 명시적으로 주장하고 있는 셈이다.

둘째, 예수는 종말론적 쉼/안식, 즉 이스라엘의 불순종 때문에 구약에서는 결코 성취된 적이 없는 쉼/안식을 제공하고 계신다(시 95편; 히 3:7-4:11). 예수의 쉼/안식은 새 창조 안에서 하나님과의 친밀한 교제를 수반한다. 예수께서 "임마누엘"(또는 "하나님이 우리와 함께 계심")이시기 때문에, 그를 믿는 모든 사람에게 종말론적 쉼/안식을 주실 수 있으시다.

7) 유대 지도자들과의 갈등 고조(마 12:1-50)

(1) 안식일의 주인으로서의 예수(12:1-14)

예수는 안식일의 참된 "안식", 즉 그를 따르는 모든 사람에게 쉼/안식을 주시는 분으로 확인되면서(11:28-30), 12장의 첫 단락에서 그가 "안식일의 주인"이 되시는 것은 매우 자연스러운 일이다(// 막 2:23-28// 눅 6:1-5). 12:1의 시작 부분은 이전 단락과 긴밀하게 연관된다.

> 그때에(at that time) 예수께서 안식일에 밀밭 사이로 가실새(마 12:1a).

마태는 이러한 연관성을 제시하는 유일한 복음서 저자이다(// 막 2:23// 눅 6:1).

바리새인들이 안식일을 범했다고 이의를 제기한 문제는 다음과 같다.

> (그의) 제자들이 시장하여 이삭을 잘라 먹으니(마 12:1b).

예수와 유대 지도자들 사이에 적대감이 끓어오르고 있었으며(9:3, 11, 34) 그것이 흘러넘치는 것은 시간 문제이다. 이스라엘의 지도자들은 예수를 고발할 구체적 증거를 적극적으로 찾고 있다(12:10).

예수는 다윗왕이 성전에서 진설병을 먹은 구약의 전례를 들어 그 비난에 응하신다(→ 막 2:23-28). 예수는 이 구약의 전례를 바리새인들을 향한 직설적인 책망으로 도입한다.

"(너희는) ~을 읽지 못하였느냐?"

물론, 그들은 읽었다.

"~을 읽지 못하였느냐"라는 문구와 그 변형이 마태복음에서 여섯 번 발견되는데, 이는 다양한 차원의 예수 사역에 대한 구약의 기대와 그것을 인지했던 유대 지도자들의 책임을 강조하는 역할을 한다(12:3, 5; 19:5; 21:16, 42; 22:32).

예수는 사무엘상 21:1-6에 호소하시는데, 거기서 대제사장은 제사장-왕(priest-king)으로서의 다윗의 지위 때문에 다윗왕에게 진설병을 먹을 수 있는 권한을 부여한다(→ 눅 6:1-11). 예수는 자신도 궁극적인 제사장-왕인 임마누엘(1:23)이자 다윗의 자손(1:1)이기 때문에, 안식에 대한 권세를 지녀야 한다는 점에서 자신의 사역을 다윗의 사역과 연결하신다.

육으로 오신 하나님이신 예수는 이스라엘의 물리적 성전의 참된 실체(true substance)이시다. 그는 요한의 용어로 표현하면, "우리 가운데 거하시매"(요 1:14) 지상의 성전을 쓸모없게 만드셨다. 마태복음에만 다음과 같은 중요한 구절이 포함되어 있다.

> 내가 너희에게 이르노니 성전보다 더 큰 이가 여기 있느니라(마 12:6).

유대 지도자들은 예수를 그를 따르는 자들에게 종말론적 안식일의 쉼/안식을 제공하시는 참되고 궁극적인 하나님의 성전으로 보지 못했다.

예수께서 자신을 "안식일의 주인"(12:8)과 하나님의 성전으로 소개한다면 청중은 그를 거룩함의 참된 근원으로 인식해야 한다. 동물 희생이 궁극적으로는 하나님의 백성을 정결하게 하는 데 효과가 없으므로 예수는 부정한 자들을 정결케 하고 구원하기 위해 자기 목숨을 속죄 제물로 드리실 것이다. 이것이 바로 예수께서 한쪽 손 마른 사람을 고치신 다음 이야기에서 우리가 발견하는 요지이다(12:9-14).

그 기적은 안식일에 공예배 장소인 회당에서 일어난다(12:9-10). 유대인의 구전 전승에 따르면 안식일을 어기는 행위는 생명을 위협하는 상황에서는 허용된다. 예를 들어, 자주 인용되는 미쉬나(Mishnah)의 한 구절에서는 다음과 같이 말한다.

> 생명의 위험이 의심되는 어떠한 사안도 안식일의 금지사항보다 우선한다
> (m. Yoma 8.6).

이 한쪽 손 마른 사람은 생명을 위협하는 문제로 고통받고 있지는 않지만, 예수의 눈에는 그것이 요점이 아니다. 예수의 눈에는 그는 여전히 온전하지 못한 상태이다. 그러므로 예수는 안식일의 주인이요 하나님의 참된 성전으로서 그의 몸을 회복시키신다. 예상한 대로 유대 지도자들은 예수의 행동이 지닌 진정한 영적 의미를 깨닫지 못하고 곧 "어떻게 하여 예수를 죽일까" 모의한다(12:14).

(2) 이사야의 고난받는 종으로서의 예수(12:15-21)

화자(narrator)가 예수께서 죽을 운명에 처해 있음을 암시하는 동안(5:10-12; 10:24, 38-39) 이제 예수의 죽음이 주목을 받게 될 것이다. 유대 지도자들이 예수를 죽이기로 결정한 직후 마태는 12:18-21에서 이사야 42장의 몇 구절을 인용한다. 이사야에 따르면, 개인 또는 "종"은 성공적이고 신실하게 하나님께 순종하고 이스라엘의 죄를 짊어질 것이다(사 42:1-9; 49:1-13; 50:4-11; 52:13-53:12). 마태는 이사야 42:1-4만 인용하고 있지만, 이사야 40-66장 전체 단락은 아니더라도 종에 대한 모든 구절을 염두에 두고 있을 가능성이 크다.

마태의 독자들은 예수의 사역이 비록 종교 지도자들의 예상을 뒤엎을지라도 구약의 기대와 많은 부분 일치한다는 점을 알고 위안으로 삼아야 한다. 실제로 그는 "선지자 이사야를 통하여 말씀하신 바"를 이루고 계신다

(12:17). 예수는 "많은 사람"(사 53:11-12)을 위하여 죽으시고 새 창조의 촉매제(catalyst)가 되심으로써 이사야의 예언을 성취하실 것이다. 그의 속죄 죽음은 유대인과 이방인을 포함한 하나님 백성의 회복으로 이어질 것이다(사 49:6).

유대 지도자들은 예수를 죽임으로써 하나님의 백성을 위험으로부터 보호하고 있다고 확신한다. 그들의 눈에는 하나님의 율법을 열심히 옹호하는 것이 의로워 보인다. 그러나 실제로 그들은 참으로 의로우신 예수를 대적하는 음모를 꾸미고 있다.

(3) 계속되는 영적 무지(12:22-50)

예수의 정체와 사명에 대한 무지는 12장의 나머지 부분 내내 지속한다. 이 단락의 전반부가 유대 지도자들의 실패에 초점이 맞추어져 있다면(12:22-45// 막 3:23-27// 눅 11:17-32), 후반부는 예수 가족의 실패와 관련된다(12:46-50// 막 3:31-35// 눅 8:19-21). 양자는 모두 구약성경, 특히 이사야서에 비추어 예수의 사역을 이해하지 못한 죄를 범하고 있다.

"귀신 들려 눈멀고 말 못 하는 사람"을 고쳐 주시는 예수를 보고 무리는 "이는 다윗의 자손이 아닌가"라는 반응을 보인다(12:22-23; 참조, 1:1). 치유, 귀신 축출, 그리고 메시아의 도래 사이에 명백한 관련이 없을 수도 있지만, 이사야 42:6-7에는 다음과 같이 기록되어 있다.

> 나 여호와가 … 너(하나님의 종)를 보호하며 … 네가 눈먼 자들의 눈을 밝히며 갇힌 자를 감옥에서 이끌어 내며 흑암에 앉은 자를 감방에서 나오게 하리라(사 42:6-7).

이 약속은 비록 비유적이긴 하지만 여기 12:22에서 언급된 내용과 크게 다르지 않다.

귀신 들려 눈멀고 말 못 하는 사람을 고치신 행위는 영적으로 포로 된 자들을 회복하여 새 창조라는 약속의 땅으로 인도하시는 이사야의 종으로서의 예수의 정체성을 상징한다. 요점은 분명하다. 유대 지도자들이 예수를 하나님의 기름 부음 받은 아들임을 인정하기를 거부한다는 점이다 (3:16-17; 12:18). 그들의 눈에 예수는 영적 영역을 통제하는 그의 비할 데 없는 권위 때문에 "귀신의 왕" 바알세불에 불과한 자로 보일 뿐이다(12:24-25; 참조, 9:34).

예수는 분열된 왕국에 대한 매혹적 실례로 다음과 같이 대답하신다.

> 스스로 분쟁하는 나라마다 황폐하여질 것이요 스스로 분쟁하는 동네나 집마다 서지 못하리라(마 12:25).

예수께서 "귀신의 왕"이라면 왜 자기 병사 중 하나를 물리치겠는가? 오히려 예수는 "하나님의 나라"가 이미 임했기 때문에 "하나님의 성령을 힘입어" 귀신을 쫓아내신다(12:28).

증거는 종말론적 푸딩(eschatological pudding) 속에 있다. 악마의 영역을 통제하는 예수의 능력 때문에 종말론적 천국은 이미 시작되었음이 틀림없다. 그러므로 예수야말로 오랫동안 기다려 온 메시아임이 분명하므로 유대 지도자들의 그러한 냉담한 거부는 궁극적으로 그들의 악한 마음에서 비롯된 것이다(12:30-37).

다음 단락에서 "표적"(sign)에 대한 유대 지도자들의 간청(12:38)은 그들이 이미 예수를 사기꾼으로 결론 내렸기 때문에(12:24) 다소 솔직하지 못한 태도이다. 그들은 예수의 정체에 대한 모든 의심을 제거해 줄 확증적인 또는 검증적인 기적을 원한다. 유대 지도자들은 "히브리인들이 믿을 수밖에 없도록 만든 출애굽 시대의 '표적'과 같은 하늘로부터 오는 표적(16:1의 '하늘로부터 오는 표적' 참조)을 구한다."[13]

예수는 그들을 "악하고 음란한 세대"(12:39)로 낙인찍으시며 냉혹하게 대응하신다. 그들은 유형론적으로 우상 숭배로 가득 찬 이스라엘의 첫 번째 세대와 같다(신 32:20-21; 민 14:27). 따라서 어떤 표적도 그분의 아들 안

---

[13] Grant R. Osborne, *Matthew*, ZECNT (Grand Rapids: Zondervan, 2010), 485.

에 있는 하나님의 구원을 받아들이도록 그들을 설득하지 못할 것이다.

예수는 요나처럼 사흘 만에 "땅속"(heart of the earth)에서 나오심으로써 인증을 받으실 것이기 때문에, 표적에 대한 이러한 요구에 굴복하지 않으실 것이다(12:40). 하나님의 메신저에게 긍정적 반응을 보인 "니느웨 사람들"과는 달리, 이 유대 지도자들(그리고 대다수의 이스라엘 백성)은 예수께서 완전한 "요나의 표적"인 부활을 수행하실 때에도 예수에 대해 여전히 냉담한 반응을 보일 것이다(12:40; 16:4).

예수는 또한 하나님의 계시를 받아들인 예로 "남방 여왕"을 제시하는데, 이는 그녀가 솔로몬의 비할 데 없는 지혜에 긍정적 반응을 보였기 때문이다(왕상 10:1; 대하 9:1). 그녀 또한 "이 세대"를 정죄할 것이다(12:42).

12장 한 장에서 마태는 하나의 구약 제도와 두 명의 구약 인물에 대한 예수의 성취와 우월성을 강조한다.

> 내가 너희에게 이르노니 성전보다 더 큰 이가 여기 있느니라(12:6).
>
> 요나보다 더 큰 이가 여기 있으며(12:41).
>
> 솔로몬보다 더 큰 이가 여기 있느니라(12:42).

예수께서 진정으로 이러한 구약의 유형들을 성취하신 분이라면 왜 유대 지도자들과 그의 가족들은 예수를 거부하는가?

그 떠오르는 질문이 13장에서 주목을 받을 것이다.

8) 천국 비유(13:1-52)

(1) 씨 뿌리는 자 비유와 천국의 비밀(13:1-50)

마태복음 독자들은 이 세 번째의 가르침 단락을 한참 동안 기다리고 있었다. 13:1-52의 천국의 본질에 대한 설명은 아마도 신약 전체에서 천국과 예수의 메시아 되심에 대한 가장 통찰력 있는 해설일 것이다(//막 4:1-20, 30-32// 눅 8:4-15; 13:18-21).

5:1-7:29	1강화: 천국 안에서의 삶(산상수훈)
10:5-11:1	2강화: 천국의 선포
13:1-53	3강화: 천국의 본질
18:1-19:1	4강화: 천국 내에서 서로에 대한 관계
24:1-25:46	5강화: 물리적 성전의 전복과 새 성전의 출현

13장의 시작 부분은 앞의 단락과 긴밀하게 연결된다.

그날(that same day) 예수께서 집에서 나가사 바닷가에 앉으시매(마 13:1).

마태는 예수 가족의 불신앙(12:46-50)을 하나님의 천국에 관한 단락과 연결하여 왜 그렇게 많은 사람이 그들이 기다려 왔던 바로 그를 거부하는지 그 이유를 독자들이 이해할 수 있게 한다.

다섯 개의 가르침 단락 중 세 개의 단락은 예수께서 먼저 앉으신 다음 가르치셨다는 서문으로 시작한다(5:1; 13:1; 24:3). 이는 마태복음의 독특한 요소 중 하나이다. 아마도 이러한 문학적 특징은 예수를 종말론적 모세(end-time Moses)로 강조하며 그의 가르침이 계시의 절정의 형태(climatic form of revelation)임을 나타낸다(23:2 참조).

첫 번째 비유인 씨 뿌리는 자 비유(또는 씨 비유)가 13:3-9에 서술되어 있고 나중에 13:18-23에서 해석된다. 비유와 그 해석 사이에 비유 일반에 대한 설명이 끼워져 있다. 제자들은 왜 예수의 가르침(그리고 행동)이 그렇게 비유로 가득 차 있는지 알고 싶어 한다(13:10). 그 이유는 인간의 마음 상태에 놓여 있다. 비유는 듣는 자의 마음을 부드럽게 하거나(softening)/완고하게 하는(hardening) 효과를 초래하기 때문이다. 비유는 동시에 드러내기도 하고 감추기도 한다.

하나님은 이사야 예언의 성취로 우상 숭배 때문에 하나님의 계시를 거부하는 자들을 더욱 완고하게 하실 것이지만(13:13-15), 예수의 메시지를 받아들이는 자들을 부드럽게 하실 것이다. 수백 년 전에 선지자 이사야는 이스라엘 민족이 그들의 사악한 우상 숭배로 인해 하나님의 구원에 대해 완악해질 것이라고 예언했다.

그들은 한 분이신 참된 하나님을 의지하는 대신 그들의 우상, 즉 눈멀고 귀먹고 말 못 하는 형상을 숭배한다(사 1:29-30, 6:9-10). 그 결과 하나님은 우상을 섬기는 민족을 그들이 섬기는 바로 그 우상으로 변화시키겠다고 약속하신다. 이스라엘은 눈멀고 귀먹고 말 못 한다(→ 막 4:12).

마가는 불신자들을 더욱 "완고하게" 하려고 비유를 사용하신다고 말하지만(막 4:12), 마태는 예수께서 이스라엘 내의 일부가 현재 완고하므로 비유를 사용하신다고 말한다(13:13). 이 두 가지 관점은 서로 양립할 수 없는 것이 아니다. 마태는 단순히 현재 상태를 강조하고 있을 뿐이다. 여하튼 마태는 예수의 비유가 "이사야의 예언"(13:14)을 성취한다고 명시적으로 확언하고 있다.

마가복음에서는 암시된 내용이 마태복음에서는 명시적으로 표현된다. 이사야의 예언은 유형론과 언어적 성취의 방식을 따라 계속 성취되고 있다(→ 막 4:12). 이스라엘은 하나님의 구원 메시지를 신뢰하는 대신 예수를 전반적으로 거부했다. 그들은 하나님보다 인간 전통에 매달렸다. 이것이 13:3-9에 있는 씨 뿌리는 자 비유의 일반적 요점이다.

예수는 씨 뿌리는 자 비유 개요를 설명하신 후(13:1-10) 제자들에게 하나님께서는 "천국의 비밀"을 그들에게는 은혜롭게 계시하셨다고 알려 주신다(13:11 AT). "천국의 비밀"이라는 문구는 마태복음에 있는 마태의 천국 묘사와 공관복음 전반에서 발견되는 하나님 나라 묘사를 전반적으로 포착한다(마 13:11// 막 4:11// 눅 8:10).

"비밀"(뮈스테리온[*mystērion*])이라는 용어는 다니엘서, 특히 2장과 4장에서 그 기원을 찾을 수 있다. 거기서 비밀은 하나님이 이전에는 숨기셨다가 후에 계시하신 종말론적 계시이다. 하나님은 이 계시(revelation)를 두 단계, 즉 최초의 계시와 이후의 해석 계시로 알려 주신다. 다니엘에 따르면, 그 비밀의 내용에는 반역한 민족들에 대한 하나님의 종말론적 심판과 영원한 나라의 수립이 포함된다(단 2:29-47; 참조, 7:1-27).

신약의 저자들은 이 용어를 새롭고 놀라운 요소를 포함하는 계시를 언급하기 위해 사용한다(예컨대, 롬 11:25; 16:25; 고전 2:7; 15:51; 엡 3:3-4). 하나님은 대체로 구약에서 그의 언약공동체로부터 특정 교리들을 숨기셨지만, 이제 신약에서는 그것들을 계시하셨다. 그렇다면 예수께서 하나님께서 제자들에게는 "천국의 비밀"을 계시하셨다고 단언하신 것은 그들이 구원사의 중대한 시점에 서 있음을 의미한다. 그들은 지금 하나님께서 구약에서는 충분히 계시하지 않으신 영원한 천국의 특정 측면을 배우는 중이다.

13장에는 일곱 개의 비유가 포함되어 있는데, 각각의 비유는 천국의 특성이 시작되는(in-breaking) 독특한 차원을 강조한다. 어떻게 마지막 여섯 개의 비유가 모두 "천국은 ~과 같으니"(13:24, 31, 33, 44, 45, 47)라는 핵심 문구로 시작하는지에 주목하라. 더욱이 여기 13장에 포함된 자료는 마가복음 4장과 누가복음 8장에 있는 병행 이야기보다 더 포괄적이다.

비유	의미
씨 뿌리는 자 비유(13:3-9, 18-23)	참된 믿음의 본질
가라지의 비유(13:24-30, 37-43)	두 시대의 중첩기에 대한 비밀스러운 특성
겨자씨 비유(13:31-32)	이미 시작되었지만, 아직 궁극적 통치는 오지 않은 천국의 느린 성장
누룩의 비유(13:33)	이미 시작된 천국의 느린 성장
감추인 보화의 비유(13:44)	천국과 관련된 구약 예언의 진정한 성취
진주의 비유(13:45-46)	천국과 관련된 구약 예언의 진정한 성취
그물 비유(13:47-50)	두 시대의 중첩기에 대한 비밀스러운 특성

첫 번째 비유인 씨 뿌리는 자 비유(13:3-9)와 두 번째 비유인 가라지의 비유(13:24-30)는 마태복음에서 명시적으로 해석되는 유일한 두 개의 비유이다(13:18-23, 37-43). 종말론적 계시를 중재하고 해석하심으로써 예수는 선지자 다니엘과 의식적으로 보조를 맞추시는데, 다니엘 또한 종말론적 계시 또는 "비밀"을 받은 다음 해석했다(단 2, 4, 7, 8, 10-12장). 또한, 두 비유 모두 중간에 나오는 자료에 의해 중단된다. 아마도 마태는 청중이 이

두 비유에 주의를 기울이기를 원하는데, 이 두 비유가 천국에 대한 올바른 이해를 위해 매우 중요하기 때문이다.

이 일곱 개의 비유는 세 가지 중요한 원칙을 전달한다.

첫째, 예수께서 시작하신 천국은 일반적으로 구약의 기대와는 다르다. 예언된 후대 천국의 중요한 교리 중 하나는 천국의 확립 직전에 불의(unrighteousness)와 이방인의 억압(foreign oppression)이 궁극적으로 파괴된다는 점이다(예컨대, 단 2:44; Pss. Sol. 17:24). 그러나 역설적으로 예수는 두 부류의 사람들, 즉 천국에 속한 사람들과 그렇지 않은 사람들이 동시에 공존한다고 가르치신다. 옛 시대의 사람들과 새 시대의 시민들이 중첩된다.

둘째, 종말론적 천국의 성취는 느리지만 꾸준하다. 구약은 일반적으로 천국이 갑작스럽게 한꺼번에 도래한다고 예언하지만, 예수는 천국이 점진적으로 온다고 단언하신다. 그 천국은 이미 시작했으며 계속 성장할 것이지만 아직 완전한 성취는 남아 있다.

셋째, 천국의 도래는 기대와는 다르지만, 구약 예언의 진정한 성취로 남아 있다.

이 장의 끝부분에서 우리는 예수의 가르침에 대한 적절한 평가를 얻는다.

> 그러므로 천국의 제자 된 서기관마다 마치 새것과 옛것(new treasures as well as old)을 그 곳간에서 내오는 집주인과 같으니라(마 13:52).

여기서 천국은 새 보화와 옛 보화를 제공하는 율법학자, 즉 "서기관에 비유된다." 천국에 관한 예수의 가르침은 "새" 통찰과 "옛" 통찰을 모두 포함한다. 그의 가르침은 구약과의 연속성과 불연속성 모두에 세워져 있다. 예수의 가르침의 연속성은 예상치 못한 천국의 "이미"와 "아직 아닌"(already-not-yet)의 상태가 천국에 관한 구약의 예언을 진정으로 성취한다는 점이다(창 49장; 민 24장; 단 2장; 마 5:17).

그 천국은 도래했다!

그러나 다른 한편으로 그 천국의 완성(fullness of the kingdom)은 아직 미래의 현실로 남아 있다.

(2) 천국의 비밀에 관한 이해(13:51-52)

제자 이해에 대한 마태의 공헌 중 하나는 제자들이 적어도 어느 정도까지는 예수의 정체와 그의 천국의 가르침을 파악했다는 그의 지적이다. 그러나 마가의 예수는 때때로 매우 수수께끼로 남아 있는데, 이는 왜 제자들이 종종 당황하는지 그 이유를 설명해 준다.

이 세 번째 강화 마지막 부분에서 예수는 제자들에게 "(너희가) 이 모든 것을 깨달았느냐(쉰에카테[synēkate])"라고 묻자 그들은 "그러하오이다"라고 대답한다(13:51). 여기에서의 이 어휘는 우리가 다니엘 11장과 12장에서 발견하는 하나님의 영원한 천국 설립에 대한 종말론적 계시를 이해하는 "지혜로운 자들"에 관한 것과 매우 유사하다(단 11:35[LXX-OG]; 12:3[LXX-OG]; 12:10[LXX-Theo.]).

"이해"(쉰이에미[syniēmi])를 가리키는 단어 그룹이 신약에서는 비교적 흔하게 나오지만, 마태복음에서 이 단어는 여러 주요 구절, 특히 13:13-15, 19, 23, 51; 15:10에서 특별한 의미를 지닌다. 예수의 제자들, 즉 진정한 서기관들은 다니엘이 예언한 종말론적 사건들이 그들 가운데서 성취되기 시작했다는 "통찰"을 갖기 시작한다. 그러한 긍정적 진술은 예수 안에 있는 하나님의 계시를 거부하여 "성경의 종말론적 성취를 올바로 해석하지 못하고 예수의 메시아적 정체성과 권위를 인정하지 못하는" 이스라엘의 "율법 교사들"에 대한 마태의 평가와 극명한 대조를 이룬다(23:1-39를 보라).[14]

---

14   G. Thellman, "Scribes," *DJG*, 844.

9) 배척과 계시(마 13:53-14:36)

(1) 고향에서의 배척(13:53-58)

마태는 고향에서 배척당한 예수 이야기를 천국 비유 바로 뒤에 두는 유일한 복음서 저자이다(마 13:53-58// 막 6:1-6// 눅 4:14-30). 그렇게 함으로써 궁극적으로 그는 제자들을 예수의 가르침을 이해하지 못하는 그의 오랜 친구들과 날카롭게 대조시킨다. 제자들이 천국의 본질을 이해하기 시작하는 반면(13:51), 나사렛 사람들은 "믿지 않음으로 말미암아"(13:58) 이해하지 못한다. 그들 역시 "들어도 깨닫지 못할 것"이라는 이사야의 예언을 성취하고 있다(13:14, 사 6:9 인용). 예수의 나사렛 친구들은 그의 독특한 가르침과 "기적적 능력"(miraculous powers)을 알고는 있지만, 결코 그를 진정으로 따르지 않는다.

나사렛 사람들은 예수께서 기적을 나타내신 결과로 "분노하거나" 또는 걸려 넘어졌다(13:57; 참조, 11:6. 헬라어 본문에 사용된 동사는 문자적으로 '걸려 넘어지다' 또는 '실족하다'를 의미함-역주). 즉, 기적은 나사렛 사람들을 완고하게 하는 결과(hardening effect)를 초래했다. 예수의 비유처럼 그의 기적은 마음을 부드럽게 하거나 완고하게 하는 기능을 지닌다.

우리는 마태복음에서 청중이 예수의 정체를 받아들이게 하는 몇몇 기적의 실례를 보았다(예컨대, 4:23-25; 9:8). 그러나 그의 신적 능력을 목격했음에도 불구하고 그를 배척하는 사람들의 다른 사례도 있다(예컨대, 11:20-23).

이 두 그룹을 구분하는 것은 무엇인가?

예수에 대한 믿음이다. 하나님의 은혜는 개인의 마음을 따뜻하게 하여 예수의 참된 정체를 깨닫고 그를 신뢰하게 한다(예컨대, 8:10; 9:2, 22, 28, 29; 15:28).

예수를 거부한 사람들의 목록이 늘어나고 있다. 즉, 헤롯 대제(2:3). 바리새인(3:7; 9:34; 12:24, 38), 사두개인(3:7), "율법 학자" 또는 서기관(9:3), 고라신, 벳새다, 가버나움의 도시들(11:21-23), 예수의 가족(12:46-50), 그리고 나사렛 사람들이다(13:53-58). 그러한 거부는 매우 충격적이긴 하지만 전혀 예상치 못한 일은 아니다.

> 선지자가 자기 고향과 자기 집 외에서는 존경을 받지 않음이 없느니라(마 13:57).

예수께서 이 사건에 대한 누가의 병행 구절에서 설명하신 것처럼(눅 4:25-27), 구약성경에는 그들 자신의 동족에게 거부당한 선지자들로 가득 차 있다.

(2) 세례 요한에 대한 헤롯의 배척(14:1-12)

사방의 벽이 좁아지며 의인(the righteous)에 대한 유대의 적대감이 커지고 있다. 마태는 예수에 대한 나사렛 사람들의 배척(13:53-58)과 헤롯에 의한 세례 요한의 순교 사건(14:1-12// 막 6:14-29// 눅 9:7-9)을 결합한 유일한 복음서 저자이다. 마태는 이러한 인물들을 정렬하여 그의 청중이 예수의 죽음이 요한의 죽음처럼 수치스러울 것이며 유대 당국을 통해 일어날 것을 알기 원한다. 예수의 친구들은 그를 거부하고 정치 당국은 요한을 거부한다. 예수와 요한 모두 "놀라운 능력"(13:54; 14:2; → 막 6:14-29)을 가진 "선지자"(13:57; 14:5)로 간주된다.

마태는 헤롯에 대해 "분봉 왕 헤롯"(Herod the tetrarch)이란 공식 이름을 사용한다(14:1). 그는 헤롯 안디바(Herod Antipas)로 알려져 있으며 헤롯 대제(Herod the Great)의 아들이다. 로마는 헤롯 대제의 영토를 그의 세 아들, 즉 헤롯 안디바, 아켈라오(Archelaus), 빌립(Philip)에게 나누어 주었다. 헤롯 안디바는 거의 40년 동안 통치했으며 정치적으로 많은 업적을 남겼다. 그는 이복동생의 아내 헤로디아와 결혼하기 위해 아내와 이혼했다. 세례 요한이 이 불법적 결혼에 반대했으므로 헤롯은 그를 감옥에 가두고 결국 죽음에 이르게 했다(14:3-12).

(3) 오천 명을 먹이심(14:13-21)

세례 요한의 죽음에 대한 소식을 듣고 예수는 즉시 배를 타고 "외딴 곳"(solitary place)으로 "물러가신다"(14:13, 개역개정에는 "배를 타고 떠나사 빈들에 가시니"로 번역됨-역주).

예수는 헤롯을 두려워하여 물러나시는가?

목숨이 두려우신가?

여기서 "물러가다"(withdraw)로 번역된 헬라어 단어(안에코레센[anechōrēsen])는 신약에서 14번 발견되는데 그중 10번이 마태복음에 나온다. 이 단어는 예수께서 부모와 함께 애굽으로 피신한 사건(2:12-14), 세례 요한의 죽음(4:12), 그리고 예수를 죽이려는 유대 지도자들의 음모(12:15)와 관련이 있다.

아마도 이 단어는 천사가 요셉에게 예수께서 "우리와 함께 계시는 하나님"이시기 때문에 "임마누엘"이 될 것이라고 말하는 패러다임 구절 1:23과 반대라는 점에서 상징적 의미도 담고 있을 것이다. 예수의 함께 계심(presence)이 하나님의 영광과 관련된다면 예수의 부재는 아마도 제사장 엘리 시대에 여호와의 영광이 예루살렘 성전에서 떠나신 것과 같이 하나님 심판의 한 표현일 것이다. 예수는 이제 이가봇(삼상 4:21을 보라)인데, 나사렛에서 자신의 영광을 "철회"하시기 때문이다. 그러나 영광이 떠난 유령 도시가 나사렛이라면 모인 오천 명은 성전(temple)이다.

네 개의 복음서에 유일하게 모두 나오는 유일한 기적인 오천 명을 먹이신 사건(마 14:13-21// 막 6:33-44// 눅 9:10-17// 요 6:5-13)은 구속사적 의미(redemptive-historical significance)를 지닌다. 이 사건을 시내산까지 이르는 이스라엘의 광야 생활과 하나님의 은혜로운 만나 사건에 비추어 볼 때(출 16장), 우리는 예수께서 자신을 따르는 자들에게 참되고 궁극적인 양식(nourishment)으로 함께 거하시는 성육신하신 주님이심을 깨닫게 된다(→ 막 6:32-44).

마태는 예수를 자신의 양떼를 "불쌍히" 여기시고 그들을 참된 종말론적 백성으로 (다시) 모으시는 다윗왕으로 묘사한다(14:14; 참조, 1:1; 9:36; 삼하

5:2; 왕상 22:17; 겔 34장). 식사 자체는 26:26에 있는 유월절 식사를 예고하는데, 거기서도 예수는 축사하시고 떡/빵을 떼어 제자들에게 주실 것이다. 이는 자기 죽음을 속죄 제물로 예표하는 행위이다. 오천 명을 먹이심으로 참된 이스라엘과 함께 거하시는 성육신하신 주님은 궁극적으로 그들을 위해 희생 제물로 자신의 목숨을 내어놓으실 것이다. 그는 이스라엘의 주이시고 그들의 목자이시며 그리고 희생양이시기도 하다.

(4) 물 위로 걸으심(14:22-36)

오천 명을 배부르게 먹이신 후 예수는 제자들을 갈릴리 호수 "건너편"으로 가게 하시는데(14:22), 이는 아마도 호수의 동쪽 지역을 가리키는 것으로 보이며 세 번째 호수 횡단을 언급한다(8:18; 9:1 참조). 마태복음 전체에서 신학적으로 가장 의미심장한 단락 중 하나인 14장은 예수께서 제자들을 구원하시기 위해 물 위를 걷는 것으로 끝난다(//막 6:45-56// 요 6:16-21).

구약에 대한 암시 목록을 살펴봄으로써 우리는 마태가 다시금 예수를 성육신하신 야웨로 표현하고 있음을 발견한다(14:25, 참조, 욥 9:8; 마 14:27, 참조, 출 3:13-14; → 막 6:45-52). 예를 들면, 베드로가 14:28과 30절에서 "주"(퀴리오스[kyrios])라는 칭호를 사용한 점은 주목할 만한데, 이는 구약의 "주"라는 저명한 칭호(하나님을 가리키는-역주)를 떠올리게 한다(4:7, 10; 7:21-22; 8:2, 6, 8; 9:28; 12:8 참조).

마가의 내러티브에서는 찾아볼 수 없지만, 마태복음에서는 베드로와 예수 사이의 놀라운 대화가 나타난다. 마태의 내러티브에서는 베드로가 물 위로 걸어가려고 시도한다(14:28-31; 참조, 요 6:16-24). 비록 베드로의 이름이 앞에서 이미 세 번 언급되었지만(4:18; 8:14; 10:2), 그가 행동하는 모습을 보기는 여기가 처음이다.

마태는 청중에게 물 위를 걸으신 예수의 이야기와 풍랑을 잔잔하게 하신 이 이야기를 함께 읽으라고 권유한다. 두 사건 사이의 유사점이 특히 눈에 띄기 때문이다.

풍랑을 잔잔하게 하심(8:23-27)	물 위를 걸으시는 예수(14:22-33)
갈릴리 호수에서 일어난다(8:23)	갈릴리 호수에서 일어난다(14:22)
물 위에 풍랑 또는 지진이 일어난다(8:24)	제자들이 탄 배가 "바람이 거스르므로" "물결로 말미암아 고난을 당"하였다(14:24).
제자들은 "믿음이 작은 자들"이라고 불린다 (8:26)	베드로는 "믿음이 작은 자"로 불린다(14:31).
예수는 제자들에게 "어찌하여 무서워하느냐"라고 묻는다(8:26)	예수는 베드로에게 "두려워하지 말라"고 명령하신다(14:27)
제자들은 "이이가 어떠한 사람이기에"라는 질문으로 기적에 대해 반응한다(8:27).	제자들은 그에게 절하며 진실로 "하나님의 아들"이라고 고백함으로써 예수께서 누구신지 인정한다(14:33).

물 위를 걸으신 이야기에서 두 가지 점이 관찰된다.

첫째, 베드로의 실패는 예수께서 그를 혼돈의 물, 즉 마귀의 세력에서 "구원하시도록" 자극한다(→ 8:24). 사려 깊은 독자는 예수께서 "자기 백성을 저희 죄에서 구원할"(1:21) 것이라는 천사의 약속을 즉시 기억할 것이다. 베드로를 악의 세력에서 구원하심으로써 예수는 자신이 곤경에 처한 인류를 구원하기 위해 오셨다는 점을 분명히 보여 주신다.

둘째, 이 구원의 결과는 예수께서 누구신지를 인식하는 것이다. 풍랑을 잔잔하게 하신 사건은 "이이가 어떤 사람인가"(8:27)라는 질문으로 끝나지만, 이 사건은 제자들이 그들의 처음 질문에 답하는 장면으로 끝난다.

> (당신은) 진실로 하나님의 아들이로소이다(마 14:33; 참조, 8:29).

제자들은 예수 앞에 엎드려 절(경배)하는데, 이는 예수의 신성을 명백하게 보여 주는 행위이다(4:10; 28:9, 17 참조). 제자들이 아직도 의심하면서도 경배하는 마태복음의 끝부분에서 같은 패턴의 흔적을 발견할 수 있다(28:17).

14장은 그들이 가버나움의 남쪽 지역 게네사렛에 도착하면서 멋지게 마무리된다. 그들은 호수의 동쪽 지역에 도착하려 했지만(14:22), 아마도 거센 폭풍이 그들을 북서쪽으로 밀어낸 것처럼 보인다. 이 장의 말미 부분에서 예수는 많은 병든 자를 고치심으로써 그의 놀라운 기적의 능력을 나타내신다(14:34-36). 베드로를 악한 자의 손아귀에서 구원하신 하나님이 바로 "병든 자"를 치유하는 하나님이시다.

10) 이방인의 종말론적 회복(마 15:1-39)

(1) 씻지 않은 손으로 먹기(15:1-20)

유대 지도자들과 예수의 대결은 아직 끝나지 않았다(//막 7:1-23). 그들은 "예루살렘으로부터" 예수를 찾아온다(15:1). 내러티브가 진행될수록 "예루살렘"이라는 단어는 더욱 불길하게 다가온다. 이 단어는 다섯 번 더 발견되며 각각 고난과 죽음의 문맥에서 나타난다(마 16:21; 20:17-18; 21:1, 10). 자신들의 메시아를 영접해야 할 도시가 그를 끔찍하게 십자가에 못 박는 도시가 될 것이다.

제자들이 떡을 먹기 전에 "손을 씻지 않아" 지도자들은 예수께 "당신의 제자들이 어찌하여 장로들의 전통을 범하나이까"라고 묻는다(15:2). 1세기 유대교의 구전 전승의 기본은 제의적 순결(ritual purity)이다. 먼저 손을 씻지 않고 먹는 행위는 곧 자신을 더럽히는 일이었다.[15] 그래서 유대 지도자들은 예수의 제자들이 "장로의 전통"을 지키지 않는다고 비난한다.

예수는 질문으로 응수하심으로써 위기에서 벗어나신다.

> 너희는 어찌하여 너희의 전통으로 하나님의 계명을 범하느냐(마 15:3).

이어서 그는 구약성경을 두 번(출 20:12[// 신 5:16]과 출 21:17[// 레 20:9]) 인용하신다. 이 구약 구절은 이스라엘 백성에게 부모를 공경하라고 명령

---

[15] D. A. Carson, "Matthew," in *Matthew–Mark*, vol. 9 *of Expositor's Bible Commentary*, rev. ed., ed. Tremper Longman III and David E. Garland (Grand Rapids: Zondervan, 2010), 397을 보라.

하지만, 유대의 구전 전통 안에는 자녀에게 유리하게 이용될 수 있는 법적 허점이 있었다.

자녀들이 부모를 돌보기 위해 재산을 사용하는 대신에 그들은 그러한 물품을 "하나님께 바친 것"(15:5)이라고 선언할 수 있다. 그들은 이 재산이 하나님께만 속한다고 맹세함으로써 부모를 공경하는 데 사용해야 할 소유물 목록에서 제외할 수 있었다.[16] 예수는 구약성경을 1세기 유대교의 전통과 대립시킨다. 구약은 "하나님의 말씀"으로 여겨지지만, 유대 지도자들은 인간의 "전통"을 받아들이고 있다(15:6).

유대 지도자들은 하나님에 대한 그들의 헌신이 단지 외적일 뿐이라는 점에서 "외식하는 자들"(hypocrites)이다. 그들은 예수께서 지적하신 것처럼, 이사야 29:13의 말씀을 성취했다.

> 이 백성이 입술로는 나를 공경하되 마음은 내게서 멀도다 사람의 계명으로 교훈을 삼아 가르치니 나를 헛되이 경배하는도다(마 15:8-9).

예수는 아마도 유형론적으로 이사야 시대의 우상을 숭배하는 이스라엘 백성을 예수 시대의 유대 지도자들과 연결하시는 것 같다.

인간의 종교성(religiosity)은 하나님의 구원 계획에 대한 적대감과 거부를 대가로 치르게 된다. 그 결과 하나님은 8세기 이스라엘 지도자들의 "지혜"를 혼란스럽게 하실 것이라 약속하신다.

> 그러므로 내가 다시 한번 놀랍고 기이한 일로 이 백성을 놀라게 할 것이다. 지혜로운 사람들에게 지혜가 없어지고 총명한 사람들에게서 총명이 사라질 것이다(사 29:14, 표준새번역; 참조, 고전 1:19).

---

16 예를 들어, 미쉬나의 소책자 네다림(Nedarim)에는 받아들일 수 있는 맹세와 받아들일 수 없는 맹세에 대한 철저한 논의가 들어있다.

마태는 암묵적으로 하나님이 예수 안에서 그렇게 하셨다고 지적한다. 그래서 예수께서 그의 사역 전반에 걸쳐, 특히 이 내러티브의 나머지 부분(16:1-4; 19:3-12; 21:23-46; 23:1-39)에서 유대 지도자들과 대화하고 논쟁하실 때, 마태는 그의 독자들이 교만과 거짓 가식을 전적으로 물리치시는 하나님의 렌즈를 통해 이 논쟁의 대화를 관찰하기를 원한다.

이 논의는 예수께서 사람을 참으로 더럽게 하는 것이 무엇인지 설명하심으로 끝난다. 손을 씻지 않는 것을 제의적 불결함으로 간주한 유대 지도자들과는 달리 예수는 진정으로 더럽게 하는 것은 더러운 마음에서 나온다고 지적하신다. 이 문제에 대한 예수의 가르침은 그의 청중이 이해하기 어려우며 우리는 이 구절에서 각기 다른 세 그룹을 관찰할 수 있다. 즉, 유대 지도자들(15:1-9), "무리"(15:10-11), 제자들(15:12-20)이 그들이다.

각 그룹은 예수의 가르침을 다르게 이해한다. 예수는 참된 더러움의 본질을 유대 지도자들이 아니라 무리와 제자들에게 가르치려고 하신다. 그는 무리에게 참된 더러움은 음식이 아니라 마음에서 나온다고 말씀하신다(15:10-11). 제자들에게 설명을 가장 많이 하신다(13:16-51 참조). 유대 지도자들은 외면에 근거한 제의적 부정을 주장하는 반면, 예수는 참된 부정은 내면에서 비롯된다고 말씀하신다. 예수께서 오심으로 우리는 죄의 진정한 깊이를 알게 되며 정결하게 할 수 없는 우리 자신의 무능력을 알게 된다. 그러한 정결의 행위는 오직 십자가에서만 발견할 수 있다.

(2) 가나안 여인의 믿음(15:21-28)

마태는 예수께서 어떻게 "거기"(즉, 게네사렛; 14:34)를 떠나 "두로와 시돈 지방"으로 가셨는지 서술한다(15:21). 또다시 예수는 유대 지도자들 앞에서 "물러가심"으로써 회복의 임재(restorative presence)를 그들로부터 거두시고(→ 14:13) 주로 이방인 지역인 두로와 시돈으로 향하셨다. 앞에 나온 제의적 성결 논쟁(15:1-20)과 본문의 이 에피소드는 모두 예수께서 참된 성전(true temple)이라는 정체성을 드러내 준다(// 막 7:24-30).

그가 오심으로 누가 정결하고 부정한지를 결정하신다. 새 시대에는 음식이 제의적 부정을 일으키지 않으므로 이제 유대인과 이방인의 민족적 구분이 제거되어 이방인들이 본격적으로 언약공동체에 참여할 수 있는 길이 열렸다.

마태는 그 사람을 "가나안 여자"(Canaanite woman)라고 부른다(15:22). 이는 신약 전체에서 "가나안 사람"(카나나이오스[Chananaios])이라는 용어가 사용되는 유일한 용례인데 아마도 상징적 의미를 지녔을 것이다. 마태가 예수를 모든 부정한 땅을 근절하는 종말론적 여호수아(Joshua)로 강조하는 것은 이 에피소드에서 우리가 발견하는 내용과 잘 맞아떨어진다(예컨대, 1:21; 4:1-11). 여기에 추방될 것이라 예상되는 그 땅의 외국인, 즉 가나안 사람(!)이 있다. 그러나 메시아적 "다윗의 자손" 예수는 진짜 외국인, 즉 귀신(demon)을 쫓아내신다(15:28).

"작은 믿음"을 보인 이전의 제자들(8:26; 14:31)과 대조적으로 이 여자는 "큰 믿음"을 소유하고 있다(15:28; 참조, 8:10). 더 나아가 이 가나안 여자는 유대인의 정체성과 땅의 상속을 자랑스러워하는 유대의 지도자들과 극명한 대조를 이룬다. 예수는 양 당사자의 지위를 역전시키신다. 가나안 여자는 새 창조를 상속하고 유대 지도자들은 그것이 금지된다. 예수에 대한 충성만이 그것을 결정하는 유일한 요소이다.

(3) 사천 명을 먹이심(15:29-39)

마태가 다음 단락(15:29-39)에서 사천 명을 먹이신 이야기를 진술하는 것처럼 이방인의 지위는 그의 내러티브에서 매우 중요한 위치를 차지한다. 마가의 이야기에서 예수와 제자들은 두로와 시돈에서 데가볼리(Decapolis)로 여행하는데(그러나 개역개정에는 "시돈을 지나고 데가볼리 지방을 통과하여 갈릴리 호수에 이르시매"[막 7:31]로 번역됨-역주), 거기서 그는 귀먹고 말 더듬는 자를 고치시고 사천 명을 먹이신다(7:31-8:10). 마태의 이야기는 아마도 마가와 같은 문맥에서 읽어야 할 것이다. 그렇다면 사천 명을 먹이신 기적 사건은 이방인 지역에서 일어난 것으로 보인다.

마태는 먼저 독자들의 주의를 다시 한번 "산"에 오르신 예수께 돌리게 하는데, 거기에서 그는 "큰 무리"를 고치시고 먹이실 것이다(15:29-30). 예수께서 산에 올라가 앉으셨다고 보고함으로써 마태는 예수를 그의 백성과 함께 거하시는 성육신하신 야웨로 묘사한다(→ 5:1). 여기 산에 모여 주님께 치유의 은혜를 구하는 이방인의 모임이 있다.

이사야서의 몇몇 두드러진 구절이 개념적 차원에서 고려될 수 있다. 예를 들면, 이사야는 "말일에"(last days) 열방이 "여호와의 전의 산"으로 모여들 것이며 거기서 그들은 구원을 상속받고 하나님의 율법을 배우게 될 것이라고 예언한다(사 2:2-5// 미 4:1-4). 또 이사야서의 끝부분에서도 그는 역사의 종말에 이방 나라들이 "부"와 "재물"을 가지고 올 것이라고 예언한다(사 60:5).

마태는 이러한 예언 단락들이 사천 명을 먹이심으로 처음으로 성취된 것으로 독자들이 보기를 원한 것일 수 있을까?

이 이방인들은 그들의 "재물"을 가져오는 대신에 병자들을 데리고 와서 "[예수의] 발 앞에" 둔다(15:30; 참조, 2:11). 예수께서 그들을 고치실 때 무리는 "이스라엘의 하나님"께 열렬한 "영광"을 돌림으로써 화답한다(15:31; 참조, 사 29:23). 일찍이 예수께서 중풍병자를 고치셨을 때 유대인 무리가 하나님께 영광을 돌린 바 있다(9:8). 그러나 여기서 이방인들은 하나님이 "이스라엘의 하나님"이라 고백함으로써 이제 그들이 마지막 때의 영적 이스라엘로서의 지위를 인식하고 있음을 보여 준다.

사천 명을 먹이신 사건(15:32-39)은 오천 명을 먹이신 사건(14:13-21; → 막 8:1-10)과 매우 유사하다. 주된 차이점은 청중에게 있다. 오천 명을 먹이실 때 예수는 유대 백성들과 함께 계셔 그들을 먹이시는 이스라엘의 하나님으로 자신의 정체를 나타내셨다. 여기서는 그의 생명을 주시는 임재가 이방인과 함께 거하신다. 임마누엘이 열방에 임하셨다!

11) 유대 지도자들의 거짓 교훈(heresy)과 베드로의 신실한 신앙고백
   (마 16:1-28)

(1) 예수를 시험하는 유대 지도자들(16:1-4)

이전 단락에서 예수와 제자들은 우리에게는 알려지지 않은 마가단 (Magadan 혹은 막달라[magdala]-역주)이라는 지역으로 간다. 마태는 현 본문이 그곳에서 일어난 것으로 알기를 바랄 수도 있다. 여하튼 16:1-4(// 눅 12:54-56)에 나오는 이 논쟁이 예수의 이전 유대 지도자들과의 논쟁과 구별되는 점은 그들이 율법 전문가임에도 불구하고 "시대의 표적/징조"(-signs)를 분별하지 못한다는 데 있다(16:3). 즉, 그들은 종말론적 메시아와 다윗의 자손으로서의 예수의 정체를 파악할 수 없다(1:1).

바리새인과 사두개인들은 예수를 "시험하기"(페이라존테스[peirazontes]) 위해 그에게 접근한다. 마태는 광야의 유혹에서 이 용어를 사용한다(4:1, 3). 그래서 그는 청중이 이 사건을 마귀의 속임수의 연장선으로 보기를 바랄 수 있다. 비록 우주의 전투에서 패배하고 디데이(D-Day)가 끝났지만, 마귀는 여전히 거짓 교사들을 자극하여 사람들을 멸망으로 유혹한다(19:3; 22:18, 35; 살후 2:7; 요일 2:18 참조).

유대 지도자들은 예수에게 그의 정체를 입증해 달라고 요청하지만, 예수는 종교의 허울을 벗겨버리신다. 그는 유대 지도자들이 날씨는 분별할 수 있지만 "시대의 표적"(signs)은 분별할 수 없다고 말한다(16:3). 어떤 의미에서 이것은 예수의 공사역 전체에 대한 훌륭한 요약이다. 그가 "표적"을 행할 때, 즉 비유로 말하고 기적을 수행할 때 영적으로 동조하는 사람들(예컨대, 가나안 여자)은 예수의 참모습을 보지만, 영적인 우상 숭배의 결과로 완고해진 사람들(예컨대, 유대 지도자들)은 그렇게 할 수 없다.

"악하고 음란한 세대"라는 문구는 우상 숭배 상태에 있는 이스라엘을 묘사하는 소수의 본문을 상기시키는데, 이는 바리새인과 사두개인이 아마도 유형론적으로 그 뒤를 따르고 있음을 암시한다(16:4; 민 32:13; 호 3:1).

(2) 유대 지도자들의 거짓 교훈(16:5-12)

마가단을 떠나 그들은 "호수 건너편"으로 향하는데, 이는 지금까지 네 번째 호수 횡단이다(8:18; 9:1; 14:22 참조). 제자들이 "떡 가져가기를 잊었더니"라는 이상한 언급이 유대 지도자들의 해로운 영향에 관한 전체 논의를 설정한다. 그가 "바리새인과 사두개인들의 누룩"(16:6, 12)을 중심으로 16:5-12의 이야기의 틀을 짜고 있으므로 우리는 16:5-12의 전체 논의를 유대 지도자들의 거짓 가르침에 비추어 이해해야 한다.

예수는 제자들에게 "삼가라", "주의하라"라는 말로 경고하신다(16:6). "주의하라"(프로세케테[prosechete])라는 말은 종종 신약 전반에 걸쳐 거짓 가르침의 맥락에서 발견된다(예컨대, 행 20:28; 딤전 1:4; 4:1; 딛 1:14; 히 2:1). 이 용어는 7:15에서 예수께서 제자들에게 "거짓 선지자들을 삼가라"라고 경고하실 때도 사용되었다.

우리 본문의 끝부분에서 마태는 다음과 같이 덧붙인다.

> 그제서야 제자들이 (예수께서) 떡의 누룩이 아니요 바리새인과 사두개인들의 교훈을 삼가라고 말씀하신 줄을 깨달으니라(마 16:12).

예수는 어떠한 거짓 가르침을 언급하고 계시는가?

직접 문맥에서 예수는 사천 명과 오천 명을 먹이신 사건의 구원사적 의미를 깨닫지 못하는 제자들을 꾸짖으신다(14:13-21; 15:29-39).

두 기적 이야기에서 예수는 생명을 주시는 임재로 자기 백성을 먹이시는 참된 "떡"이시다. 그는 마지막 유월절 만찬을 거행하실 분이신데, 그 안에서 하나님은 예수를 통해 자신의 백성을 결정적으로 구원하실 것이다(→ 막 6:30-44). 유대 지도자들은 예수를 하나님의 신적 아들이자 다윗 왕좌의 합법적 계승자(1:1)로 인정하는 것을 일관되게 거부해 왔으므로 예수는 제자들에게 모든 형태의 속임수를 물리치라고 명령하신다(16:6, 11의 세 번에 걸친 명령에 주목하라).

(3) 베드로의 신앙고백과 예수의 죽음 예고(16:13-28)

가이사랴 빌립보에 도착한 후에 예수는 제자들에게 "사람들이 인자를 누구라 하느냐"라고 분명하게 물으신다(16:13 // 막 8:27-29// 눅 9:18-20). 마태의 내러티브의 절반을 넘어섰고 제자들은 엄청난 양의 예수의 사역을 경험했다. 제자들은 재빨리 대답했다.

> 더러는 세례 요한, 더러는 엘리야, 어떤 이는 예레미야나 선지자 중의 하나라 하나이다 (마 16:14).

어떤 의미에서 이러한 제안들이 완전히 잘못된 것은 아니다. 예수는 확실히 구약의 선지자들과 일치하는 점이 있다(11:9, 14; 12:39; 13:57; 14:2; 21:11). 그러나 마태의 내러티브에서 알 수 있듯이 예수는 선지자 그 이상이시다. 1:1에 따르면 마태는 나사렛 예수를 "다윗의 (그) 자손"(즉, 메시아)과 아브라함의 (그) 자손(즉, 참된 이스라엘)으로 제시하고 있음을 기억하라. 또한, 예수는 인간 그 이상으로 이스라엘의 영원한 주님과 동일시되기도 한다.

예수는 여기서 그치지 않으시고 더 밀어붙이신다.

> 너희는 나를 누구라 하느냐(마 16:15).

예수는 무리가 아니라 그의 제자들이 자기 사역의 의미를 깨닫고 있는지 알기를 원하신다. 베드로가 다음과 같이 고백한다.

> 주(You)는 그리스도시요 살아계신 하나님의 아들이시니이다(마 16:16).

베드로가 예수를 대망의 메시아로 인정한 것은 매우 옳다(→ 막 8:29). 마가의 이야기에서 베드로는 "주(You)는 그리스도시니이다"(막 8:29)라고 말하고, 누가의 이야기에서는 "하나님의 그리스도시니이다"(눅 9:20)라고 기록한다. 그러나 여기 마태복음 16:16의 고백에는 "살아계신 하나님의 아들"이라는 두 번째 진술도 포함하고 있다.

"하나님의 아들"이라는 칭호는 마태복음의 중요한 분기점에서 다양한 화자의 입에 오르내린다.

마귀	"네가 만일 하나님의 아들이어든"(4:3, 6)
두 귀신 들린 자	"하나님의 아들이여 우리가 당신과 무슨 상관이 있나이까"(8:29)
제자들	"진실로 하나님의 아들이로소이다"(14:33)
베드로	"주는 그리스도시요 살아 계신 하나님의 아들이시니이다"(16:16)
대제사장	"네가 하나님의 아들 그리스도인지 우리에게 말하라"(26:63)
강도들/십자가 위의 반역자들	"네가 하나님의 아들이어든 십자가에서 내려오라"(27:40)
유대 지도자들	"하나님이 원하시면 이제 그를 구원하실지라 그의 말이 나는 하나님의 아들이라 하였도다"(27:43)
백부장	"이는 진실로 하나님의 아들이었도다"(27:54)

확실히 구약은 다가올 메시아를 하나님의 "아들"로 보았지만(삼하 7:14; 시 2편), 문제는 그것이 베드로가 염두에 두고 있는 전부인지의 여부이다. "하나님의 아들"이라는 문구는 의미심장하여 신적 정체성(divine identity)의 함의를 내포하고 있으므로(4:3, 6; 14:33; 27:43, 54), 베드로는 예수께서 메시아이자(and) 하나님의 신적 아들이심을 이해하기 시작한 것처럼 보인다.

제자들은 그가 육신으로 오신 하나님이라는 자기-주장을 증명하신 몇 가지 예외적 사건에 대해 알고 있었기 때문에(예를 들어, 풍랑을 잔잔하게 하심[8:23-27]; 귀신 들린 두 사람의 귀신 축출[8:28-34]; 물 위를 걸으신 예수[14:22-33]), 베드로가 여기서 그 점을 확언하는 것은 타당하다. 마태 내러티브의 이 지점에서 베드로가 "하나님의 아들"이라는 칭호가 의미하는 바를 완전히 이해하지는 못할 수도 있지만, 예수의 죽음과 부활 후에는 이해하게 될 것이다.

다음 구절에는 베드로 신앙고백의 근거가 설명된다. 그것은 "하늘에 계신 내 아버지"가 알려 주신 것이다(16:17). 다시 말해 하나님께서 궁극적으로 베드로에게 예수의 정체에 대한 합당한 통찰력을 주신다. 실제로 그가 그것을 "나타내셨다"(revealed)(10:26; 11:25 참조). 베드로는 그것을 스스로 알지도 못했고 또 알 수도 없다. 이는 예수께서 구약의 성취이심을 입증하기 위해 마태가 애써왔기 때문에 놀라운 논평(comment)이다.

이스라엘의 성경을 주의 깊게 읽음으로 예수가 메시아이자 하나님의 신적 아들이시라는 것이 분명했어야 했다. 그러나 예수의 정체성에 대한 진정한 이해는 궁극적으로는 하나님의 계시이다. 하나님이 베드로에게 주신 계시는 구약과 상충하지 않는다.

오히려 그것을 성취한다!

천국의 본질이 알려진 비밀인 것처럼(13:11), 예수의 정체 또한 그러하다. 다시 말해서, 예수의 참된 정체는 하나님의 은혜롭고 특별한 계시, 즉 성경에 나온 계시를 통해서만 이해될 수 있다(→ 눅 24:13-35).

베드로 신앙고백의 결과로 예수는 그가 "복이 있으며"(5:3-12을 보라), "이 반석(베드로) 위에" 그의 "교회"를 "세울" 것이라고 약속하신다(16:18). 이 중요한 본문에 대한 학자들의 논쟁이 엄청나게 많지만, 이 구절의 한 가지 측면에만 제한할 것이다. 마태는 다시 한번 우주(코스모스)와 이 땅에 종말론적 하나님 나라와 성전을 세우는 일에 관한 관심을 나타낸다. 여기에 열거된 우주의 세 가지 차원을 고려해 보라. "하늘"(16:17, 19), "땅"(16:19), "음부"(하데스[Hades]) 또는 지하 세계(16:18).

우리는 5:34-35에서 "하늘", "땅", "발등상", "예루살렘" 등의 어휘가 마태복음의 중심 주제를 드러낸다고 언급했다. 즉, 제자들은 하나님이 주권적 왕으로 다스리시고 통치하시는 하나님의 우주적 성전 도래(in-breaking)의 한 부분이다. 마가가 일반적으로 하나님 나라와 성전이 거할 수 있도록 창조된 질서의 정화(purification)에 관심이 있다면, 마태는 주로 창조된 질서 내에서 하나님 나라의 신비한 성장(growth)에 관심을 둔다.

따라서 베드로(헬라어 페트로스[Petros]는 '반석'[rock]을 의미) 위에 하나님의 백성을 "세울" 것이라는 예수의 약속은 종말론적 천국과 새 성전의 확장이 베드로와 제자들을 통해 계속 진행될 것이라는 의미이다.[17] 사탄과 그의 부하들이 이미 결박되었기 때문에(12:29을 보라), 성전과 천국의 성장은 멈출 수 없다(16:18-19과 계 1:18; 20:1, 2 사이의 밀접한 연관성에 주목하라).

16장의 마지막 부분과 앞의 문맥(16:5-12)은 베드로와 제자들이 어떻게(how) 이 땅에 천국과 성전을 확장하는 일에 참여할 것인지에 대한 좀 더 상세한 정보를 제공해 준다(마 16:21-28// 막 8:31-9:1// 눅 9:22-27). 그들은 건전한 교리(16:5-12)와 십자가에 달리신 주님을 충실하게 따름으로써 (16:21-28; → 막 8:31-38) 자신들의 사명을 수행할 것이다.

12) 즉위하신 인자(Son of Man)와 신실한 이스라엘로서의 예수 (마 17:1-27)

(1) 변모 사건(17:1-20)

마태에 따르면 그리스도의 변모 사건은 "엿새 후"에 일어난다(17:1). 마태가 일반적으로 "그날(에)"(13:1) 또는 "그때"(3:1)라는 표현을 사용하거나 예수의 부활에 대해서도 "제삼일에"(16:21; 17:23)라는 표현을 사용한다는 점을 고려할 때 이러한 정확한 시간 표기는 이례적인 일이다. 적어도 "엿새 후에"라는 표현은 17:1-13의 그리스도 변모 사건을 앞의 문맥과 연결하는 역할을 한다. 어떤 식으로든 "인자의 오심"(16:27-28)은 현재의 본문과 관련이 있다(아래 참조).

또 하나의 해석 제안이 있을 수 있다. 출애굽기 24:15-16에 따르면, 모세는 일곱째 날에 부르심을 받을 때까지 엿새 동안 시내산에서 기다렸다. 마태는 종종 예수를 두 번째이자 더 큰 모세로 제시하곤 한다. 따라서 그리스도의 변모 사건과 시내산에서의 율법 수령 사이의 강한 유사점은 놀

---

17 G. K. Beale, *The Temple and the Church's Mission: A Biblical Theology of the Dwelling Place of God*, NSBT 17 (Downers Grove, IL: InterVarsity, 2004), 187.

라운 일이 아니다.

그리스도 변모 사건	시내산에서의 율법 수령
"높은 산"에서 일어난다(17:1)	시내/호렙 산에서 일어난다(출 19:2)
하나님이 모세, 엘리야, 예수에게 나타나시고 "빛난 구름"이 제자들을 덮는다(17:5)	하나님이 모세에게 나타나시고 "빽빽한 구름"이 이스라엘을 덮는다(출 19:16)
예수께서 모세와 엘리야와 말을 나누신다 (17:3)	하나님이 모세에게 말씀하신다(출 20:1-31:18)
제자들이 하나님 앞에서 심히 두려워했다 (17:6)	이스라엘이 하나님 앞에서 두려워 떨었다 (출 19:16).
하나님은 예수를 그의 "아들"이라 선언하신다 (17:5)	하나님은 이스라엘이 "제사장 나라"요 "거룩한 백성"이 될 것을 명령하신다(출 19:6)
예수와 제자들이 산에서 내려왔다(17:9)	모세가 산에서 내려왔다(출 34:29)

그리스도의 변모 사건은 세 공관복음 모두에 나오므로(마 17:1-13// 막 9:2-13// 눅 9:28-36), 다른 곳에서 논의할 내용을 여기서 상세하게 반복할 필요는 없다(→ 막 9:2-13). 여기서 우리의 목적은 이 사건이 마태의 내러티브의 직접 문맥과 좀 더 넓은 문맥에서 어떤 기능을 하는가를 고려하는 데 있다.

무엇보다 마태는 그의 독자들이 이 사건을 주로 두 개의 렌즈를 통해 보기를 원한다. 변모 사건은 예수가 우주를 통치하기 시작한 즉위하신 인자 (enthroned Son of Man)이시며, 아버지의 뜻에 성공적으로 순종하시는 참된 이스라엘이심을 보여 준다. 이 점에 대해 차례대로 간략하게 논의해 보자.

첫째, 마태가 예수에 대해 "그 얼굴이 해 같이 빛나며 옷이 빛과 같이 희어졌더라"(17:2)라고 묘사한 부분은 다니엘 7:9의 "옛적부터 항상 계신 이"와 다니엘 10:5-6의 천사에 대한 묘사와 유사하다(삿 5:31 참조). 16:28이 다니엘 7:13을 암시하는 것처럼("인자가 자기 왕국으로 오시는 것"/ 개역개정에는 "인자가 그 왕권을 가지고 오는 것"으로 번역됨-역주), 다니엘 7장에 언급된 인자라는 수수께끼의 인물도 아마 마태의 마음속에도 있었을 것이다.

다니엘 7장 및 10장과의 연관성은 사도 요한 역시 요한계시록 1:13-16에서 예수를 인자로 묘사할 때 다니엘 7장 및 10장을 인식하고 있다는 점을 통해 강화된다. 거기서 요한은 마찬가지로 그리스도에 대해 "그 얼굴은 해가 힘있게 비치는 것 같더라"라고 묘사함으로써 거의 같은 언어를 사용한다.

오직 마태복음에서만 찾아볼 수 있는 제자들의 두려워하는 반응(17:6)과 "두려워하지 말라"라는 예수의 명령(17:7)은 다니엘 10:7, 11, 12, 19의 언급과 유사하다. 결론은 마태가 마가를 따라 광야 시험을 이겨 내신 예수의 신실하심 때문에 그를 우주적 통치권을 상속하기 시작한 종말론적 인자(the end-time Son of Man)로서 제시하고 있다는 점이다. 네 번째 짐승은 궁극적으로 로마가 아니라 사탄이다.

둘째, 시내산에서의 율법 수령과 그리스도 변모 사건의 유사점에 비추어 볼 때, 마태는 예수를 야웨(Yahweh)와 동일시하면서 동시에 아버지와 구별한다. 한 분 하나님(Godhead) 안에 복수의 위격이 있다. 동시에 마태는 아버지가 예수를 제자들에게 그분의 신실한 "아들"로 선언하신다(17:5)는 점에서 예수의 인성(humanity)도 단언한다. 여기서 "아들"이라는 표현은 아마도 예수의 아버지와의 독특한 신적 관계와(and) 참된 이스라엘로서의 그의 역할을 암시할 것이다(3:13-4:11을 보라). 아버지는 예수의 신실함 때문에 예수를 "기뻐하신다."

시내산에서 하나님께서 이스라엘에 율법을 신실하게 준수하고 열방의 빛이 될 사명에 충실하라고 명령하셨다는 점을 상기하라(출 19:5-6). 이스라엘의 실패와 달리 예수는 하나님의 율법을 온전히 순종하여 이방인을 하나님의 백성으로 데려오기 시작하셨다.

이스라엘 백성이 율법을 받은 직후 우상 숭배를 저질렀다면(출 32장), 예수는 산에서 내려오셔서 어린아이에게서 귀신을 쫓아내심으로써 그의 아버지를 신실하게 의지하신다(17:18). 제자들이 귀신을 쫓아낼 수 없었던 이유는 그들이 시내산에서 율법을 받은 첫 세대처럼, 그들 자신의 힘으로 일을 처리하려고 했던 우상 숭배적 태도를 본받고 있기 때문이었다(17:20). 그들은 천국과 성전, 즉 "이 산"의 성장(growth)은 오직 하나님께 대한 믿음을 통해서만 일어날 수 있음을 이제는 알아야 한다(17:20).

(2) 고난받는 인자와 성전세(17:22-27)

그리스도의 변모 사건 이후 마태는 세 번에 걸친 수난 예고 중 두 번째 수난 예고를 전달한다(16:21; 17:22-23; 20:17-19). 예수는 가이사랴 빌립보에서 변형되시기 전에 첫 번째 수난 예고를 하시고(16:21), 변모 사건 직후에 갈릴리에서 두 번째 수난 예고를 하신다(17:22-23). 예수께서 자기 죽음을 처음으로 예고하실 때 베드로는 전적 불신과 분노로 반응한다(16:22). 그러나 두 번째 수난 예고 후에 제자들은 매우 근심한다/몹시 슬퍼한다(17:23). 예수의 죽음이 현실이 되고 있으며 그의 제자들은 서서히 그것을 이해하기 시작한다.

이 두 개의 수난 예고 사이에 변모 사건을 샌드위치 구조로 끼워 넣음으로써 내러티브는 독자들이 예수의 임박한 죽음과 부활을 인자로서의 즉위와 연결하도록 의도한다. 예수는 죽음과 부활을 통해 높임을 받는 인자로서 우주를 다스리실 것이다(→ 막 8:34-9:1).

마태복음에만 유일하게 나오는 성전세 논의(17:24-27)는 언뜻 보기에는 기이하고 어울리지 않는 듯하다. 바리새인과 같은 많은 유대인이 모든 성인 남자가 다가오는 예루살렘의 유월절 축제 기금을 마련하기 위해 매년 성전세를 납부해야 한다고 믿었다(출 30:13).[18] 그래서 두 명의 "징수원"이 베드로에게 예수께서 자신의 의무를 다할 것인지 묻는다. 쿰란공동체가 세금을 단 한 번만 납부하면 된다고 믿었다는 점에 주목하라(4Q159 1 II, 6-7).[19]

이어서 예수는 베드로에게 "세상 임금들이 관세와 국세를 거두지만 아들들(자녀들)은 면제받는다"고 말씀하신다(17:25). 즉, 임금들이 시민에게

---

18 Osborne, *Matthew*, 663.

19 Eckhard J. Schnabel, *Jesus in Jerusalem: The Last Days* (Grand Rapids: Eerdmans, 2018), 176.

는 세금을 부과하지만, 혈육에게는 부과하지 않는다는 것이다. 예수는 제자들이 참된 왕(즉, 왕이신 인자로서 예수)의 "자녀들"이고 종말론적 성전에 속하지만, 여전히 성전세는 내야 한다고 지적하신다.

물고기 입을 통해 동전 한 세겔을 얻는 기적은 예수께서 실제로 옛 언약을 성취하시지만, 여전히 당국자들이 "성내지 않도록"(개역개정에는 "실족하지 않게 하려고"라고 번역됨-역주) 제자들은 당국의 권위에 복종할 책임이 있음을 보여 준다(17:27). 제자들은 유대인 형제자매들에게 좋은 인상을 유지해야 그들에게 복음을 효과적으로 전할 수 있다. 프랜스(R. T. France)가 올바르게 결론 내리듯이 "이런 점에서 이 이야기는 불필요한 반감을 일으키기보다는 자신이 속한 사회 관습에 기꺼이 순응하려는 예수의 실례이다."[20]

13) 천국 안에서 상호 간에 관계 맺기(18:1-35)

(1) 천국에 대한 전망(18:1-5)

이제 마태복음에 나타난 네 번째 교훈 강화가 나온다(// 막 9:33-37// 눅 9:46-48). 18장에 나오는 내용의 많은 부분은 산상수훈(5:1-7:29)에 언급된 예수의 원래 가르침을 구체적으로 적용한 것이다.

첫 번째 강화는 성도들이 천국 내에서 어떻게 사는지(5:1-7:29) 제시한다.
두 번째 강화는 성도들이 천국을 어떻게 확장하는지(10:5-11:1) 제시한다.
세 번째 강화에서는 천국의 본질을 전개한다(13:1-53).
네 번째 강화는 천국 시민이 서로 어떻게 관계를 맺어야 하는지 제시한다(18:1-19:1).

---

20 R. T. France, *The Gospel according to Matthew*, rev. ed., TNTC (Grand Rapids: Eerdmans, 1985), 272.

이 장은 "그때" 제자들이 예수께 나아와 그에게 다음과 같이 물음으로 시작한다.

(그러면) 천국에서는 누가 (가장) 크니이까(마 18:1).

"그때에"라는 시간 언급과 "그러면"이라는 접속사는 앞의 문맥이 18:1의 제자들의 질문과 어떤 식으로든 연결되어 있음을 알려 준다(→ 18:10-35).

제자들은 여전히 천국 내에서 자신의 지위에 대한 근본적 오해로 고군 분투하고 있다. 마태의 내러티브 전체에 걸쳐 예수는 제자들의 천국 참여와 회복된 하나님 백성으로서의 그들의 지위를 확언하신다. 우리는 심지어 예수께서 그들이 인자의 "자녀들" 또는 참된 상속자임을 상기시키는 바로 앞의 문맥에서도 이 두드러진 주제의 흔적을 볼 수 있다(17:26).

더욱이 앞에서 이미 다니엘 7장이 그리스도 변모 사건의 구약 배경의 핵심 부분이라고 제안한 바 있다. 만일 그렇다면 마태는 그의 독자들이 18:1에서 다니엘 7장을 다시 한번 숙고하기를 원할 수도 있다. 다니엘 7장에 따르면, "거룩한 백성"(성도들)은 인자의 승리로 유익을 얻는다. 그들은 "왕국을 얻고 그것을 소유할 것이며"(단 7:18, 사역), "천하만국의 주권과 권세와 위대함"을 물려받을 것이다(단 7:27, 사역).

제자들이 이 구절과 다른 종말론적 본문을 잘못된 방향으로 발전시킨 것은 아닐까?

아마도 그들은 천국을 이해할 때 권력과 명성에 대한 세속적 욕망을 적용하고 있는 것일 수도 있다. 어떤 경우이든 이 열둘이 왕국 내에서의 자신들의 지위를 오해하고 있는 것은 분명하다. 그래서 예수는 본래의 질문 노선에서 파생하는 네 가지 주제, 즉 왕국에 대한 적절한 전망(18:1-5), 인내하는 믿음(18:6-9), 성도의 가치 증진(18:10-14), 종말론적 하나님 백성의 보존(18:15-35)을 개략적으로 설명하신다.

예수는 적절한 성향을 명백하게 예시하심으로써 제자들의 교만한 관점을 바로 잡아 주신다.

> 이 어린아이와 같이 자기를 낮추는 사람이 천국에서 큰 자니라(마 18:4).

고대 세계에서 어린아이들은 권리와 특권이 별로 없었기 때문에, 예수는 자기를 따르는 자들에게 그들과 같은 겸손한 태도를 구현하라고 명령하신다. 교만은 하나님 백성 사이에서 설 자리가 없다.

(2) 천국 안에서의 인내(18:6-9)

두 번째 단락에는 왕국 내에서 시민권을 확보하기 위해 죄를 버리라는 훈계를 담고 있다. 예수는 제자들에게 다른 사람이나(18:6) 자기 자신을(18:8-9) 실족하게(걸려 넘어지게) 하지 말라고 경고하신다. 여기에서 "세상"(코스모스)이 문제의 근원으로 묘사되며, 따라서 예수는 그것에 대해 "화"(woe)의 심판을 내리신다(→ 23:13-39). NLT의 다음과 같은 번역에 주목하라.

> 세상이 사람을 유혹하여 죄를 짓게 하니 어떤 슬픈 결말이 그것을 기다리고 있을까(마 18:7a).

16:23에서 예수는 베드로를 "사탄"이라고 부르시고 그가 자신을 넘어지게 하는 "걸림돌"이라고 말씀하신다.

이어서 예수는 "실족하게 하는 일"이 없을 수는 없으나 실족하게 하는 그 사람에게는 "화"가 있을 것이라고 계속해서 말씀하신다(18:7b). 두 번째 "화"는 다른 사람을 걸려 넘어지게 하는 사람을 겨냥한다. 이 단락이 다소 어렵긴 하지만 요점은 분명하다. 하나님이 언젠가 세상, 사탄, 그리고 다른 사람을 "실족하게 하는"(걸려 넘어지게 하는) 모든 사람을 심판하실 것이기 때문에 왕국의 시민은 의를 추구해야 한다는 점이다.

(3) 천국 시민들의 가치 증진과 종말론적 성전의 보존(18:10-35)

가장 유명한 비유 중 하나인 잃은 양의 비유는 왕국 안에 있는 각 사람의 헤아릴 수 없는 가치를 훌륭하게 보여 준다. 목자가 단지 자기 양 한 마리를 지키려고 애쓰는 것처럼, 아버지도 그분의 양 떼 하나하나를 구원하실 것이다. 마지막 단락은 하나님의 백성이 종말론적 성전이라는 정체성에 비추어 거룩함을 보전하라는 권면이다.

18:15-35의 초점은 하늘에 계신 하나님의 영광스러운 임재와 땅에 있는 그분의 백성 사이에 밀접한 연관성이 있다는 점에 있다. 20절은 여기에 있는 많은 자료를 뒷받침한다.

> 두세 사람이 내 이름으로 모인 곳에는 나도 그들 중에 있느니라(마 18:20).

"임마누엘"은 마태의 내러티브 첫 부분(1:23)에, 여기 중간 부분에(18:29), 그리고 마지막 부분(28:20)에 나타난다.

이 렌즈를 통해 볼 때 거룩(18:15-20)과 용서(18:21-35)에 대한 예수의 관심은 타당하다. 성육신과 함께 우리는 하나님께서 그의 백성 가운데 거하시는 대망의 구속사(redemptive history) 단계에 이르렀다. 그는 창조 초기에 그렇게 하시겠다고 약속하셨고 지금 그 약속을 이행하고 계신다. 그리스도의 변모 사건(17:1-13)은 제자들에게 성육신하신 야웨로서 예수의 정체성을 명백하게 상기시키며 이제 그는 그들에게 그 현실(reality)에 비추어 살아가라고 명령하신다. 한마디로 하나님의 백성은 그분의 영광이 그들 가운데 거하시기 때문에 모든 형태의 죄와 불화를 뿌리 뽑아야 한다.

3. 2단계: 예루살렘으로의 여행(19:1-20:34)

1) 예루살렘으로 가는 길에서(19:1-30)

(1) 유대 지도자들과의 이혼에 관한 논쟁(19:1-12)

네 번째 교훈 강화를 종결한 후 예수는 예루살렘으로 향해 남쪽으로 향하신다. 예수의 사역은 지금까지 갈릴리 북부지역에 국한되었다(4:12-18:35). 그러나 내러티브는 여기에서 바뀌어 극적 전환을 가져온다. 예수는 예루살렘을 향해 곧장 남쪽으로 가시지 않고 남동쪽 "요단강 건너편"(19:1)으로 여행한 다음 여리고에서 예루살렘으로 접근하신다(20:29). 그가 그런 여정을 선택하신 이유가 명확하지는 않지만 몇몇 학자는 예수께서 의도적으로 사마리아를 피하신다고 주장한다(→ 10:5).

갈릴리를 떠나실 때 예수는 혼자가 아니셨다.

> 큰 무리가 따르거늘 … 그가 그들의 병을 고치시더라(마 19:2).

이런 점에서 하나님의 아들로서 예수의 성공이 다시 한번 분명해진다. 내러티브는 19:3에서 예수와 바리새인 간의 또 다른 질문으로 빠르게 전환한다. 여기에서 "시험"(test)은 4:3과 16:1에 나오는 시험과 일치한다.

시험하는 자(들)	시험의 목적
마귀	"시험하는 자(호 페이라존[ho peirazōn])가 예수께 나아와서(프로셀돈[proselthōn]) 이르되 네가 만일 하나님의 아들이어든 명하여 이 돌들로 떡덩이가 되게 하라"(4:3).
바리새인과 사두개인	"바리새인과 사두개인들이 와서(프로셀돈테스[proselthontes]) 예수를 시험하여(페이라존테스[peirazontes]) 하늘로부터 오는 표적 보이기를 청하니"(16:1).

바리새인들	"바리새인들이 예수께 나아와(프로스엘돈[prosēl-thon]) 그를 시험하여(페이라존테스[peirazontes]) 이르되 사람이 어떤 이유가 있으면 그 아내를 버리는 것이 옳으니이까"(19:3)

"(나아) 오다"와 "시험하다"라는 같은 정형 표현이 내러티브의 세 곳에서 발견된다. 처음 두 곳은 예수의 정체와 관련이 있지만, 세 번째 부분은 특정한 법적 문제와 관련되어 있다. 요점은 아마도 예수 사역의 마지막 부분에 대한 분위기를 설정하는 데 있을 것이다.

유대 지도자들(그리고 암묵적으로는 이스라엘 민족도)이 갈릴리에서 행한 예수의 사역에도 적대적이었다면 예루살렘에서는 얼마나 더 적대적이겠는가?

여기 19:3-12에 나타난 논쟁(// 막 10:1-12)은 이른바 "갈등 이야기"의 한 사례이다. "갈등 이야기"란 예수와 유대 지도자들 간의 두드러진 논쟁을 제시하는 복음서 내의 말씀 그룹에 부여된 명칭이다. 유대 지도자들은 이스라엘 성경에 대한 지식 및 구전 전통의 수호자로서 자신들의 역할에 자부심을 가진 사람들로 나타난다.

마태의 내러티브에서 우리는 이러한 갈등 이야기를 다섯 번이나 마주쳤는데 각 논쟁은 점점 격렬해졌다(9:1-12; 12:1-14, 22-45; 15:1-20; 16:1-4). 본문에서의 결혼에 대한 논쟁은 18장의 네 번째 교훈 강화와 무관하지 않다.

한걸음 물러서서 우리는 마태의 공헌 중 하나가 예수를 비할 데 없는 유일한 교사로 소개했다는 점에 주목한다. 그의 지혜는 타의 추종을 불허한다. 왜냐하면, 그는 지상의 하나님이시기 때문이다. 그는 확실히 예언자이지만 예언자 이상이시다. 그는 진리를 중재하는 동시에 진리의 근원이시기도 하다. 유대 지도자들은 예수의 주장에 설전으로 도전하지만, 예수를 속이거나 능가하려는 모든 시도는 허사로 돌아간다.

요셉, 에스더, 다니엘의 내러티브에서 잘 나타나듯이 구약의 배경은 이러한 지혜 논쟁에 색채를 가미할 수 있다. 가장 관련성이 높은 배경 인물은 다니엘인데 마태의 내러티브가 그 책에 대한 많은 연관성을 보여 주고 있기 때문이다. 다니엘의 내러티브에는 당대의 엘리트(elite) 지혜보다 묵시적 지혜(apocalyptic wisdom)의 우월성을 보여 주는 일련의 '궁정 내러티브'(court narratives)가 포함되어 있다.

다니엘 2, 4, 5장에서 험프리스(W. Lee Humphreys)는 다니엘서 내에 그가 "궁정 경쟁 이야기"(tales of court contest)라고 이름 붙인 부분을 식별한다.[21] 이러한 "경쟁들"은 하나님의 지혜가 바벨론 "현자들"(wise men)의 지혜보다 뛰어나다는 점을 강조한다. 바벨론 사람들은 다니엘서에서 무능한 우상 숭배자로 묘사된다. 그들은 각각의 이야기에서 현명하지 못하고 어리석은 자들로 판명된다.

그러나 다니엘은 그의 지혜가 한 분이신 참된 하나님에게서 왔기 때문에 진정으로 지혜롭다.[22] 이러한 관점에서 읽어 보면 예수와 유대 지도자들 사이의 대립은 특히 그의 죽음이 임박함에 따라 더욱 선명해진다. 여기에는 우호적 대화가 없다. 이것은 전투이다.

본문에서 유대 지도자들이 휘두르는 무기는 구전 전승과 성경이다. 19:3에서 바리새인들은 다음과 같이 묻는다.

> 사람이 어떤 이유가 있으면(무엇이건 이유가 있으면) 그 아내를 버리는 것이 옳으니이까 (마 19:3).

여기서 그들은 바리새파 내의 두 학파인 힐렐파(Hillel)와 샴마이파(Shammai) 사이의 잘 알려진 논쟁을 꺼내 든다(m. Git. 9.9-10을 보라).

힐렐 학파는 이혼 사유에는 두 가지가 있다고 주장했는데, 간음 또는 "음란"(indecency; 신 24:1을 보라)과(and) "모든 이유"(19:3)가 그것들이다. 반면, 샴마이 학파는 이혼 사유를 좁혀 "음란"(indecency)이나 간음의 경우에

---

21 W. Lee Humphreys, "A Life-Style for Diaspora: A Study of the Tales of Esther and Daniel," *JBL* 92 (1973): 211-23.
22 Benjamin L. Gladd, *Revealing the Mysterion: The Use of Mystery in Daniel and Second Temple Judaism with Its Bearing on First Corinthians*, BZNW 160 (Berlin: de Gruyter, 2008), 43-49을 보라.

만 이를 허용했다. AD 1세기에 이르러 힐렐 학파의 해석이 널리 퍼졌고 결국 승리를 거두었다.[23] 그래서 바리새인들은 예수께 이 논쟁에 관한 논평해 주시라고 요청하고 있다(막 10:2과 비교하여 마태가 "모든 이유"를 추가한 점을 주목하라).

예수는 창세기 1:27과 2:24을 인용함으로써 대답하신다.

> 사람을 지으신 이가 본래 그들을 남자와 여자로 지으시고 말씀하시기를 그러므로 사람이 그 부모를 떠나서 아내에게 합하여 그 둘이 한 몸이 될지니라 하신 것을 읽지 못하였느냐(마 19:4-5).

하나님은 결혼을 영구적 제도, 즉 하나님께서 그의 백성과 맺으신 언약을 반영하는 언약 관계가 되도록 계획하셨다(→ 막 10:1-12).

이에 대한 반응으로 바리새인들은 19:7에서 신명기 24:1을 인용하고 성경(창 1-2장)을 성경(신 24장)과 겨루게 함으로써 예수의 허를 찌르려고 한다. 그렇게 함으로써 그들은 광야 시험(4:6) 동안 시편 91:11-12을 인용하여 예수를 "시험한" 마귀와 유사하게 행동한다. 결정적으로 예수는 신명기 24:1을 창세기 1-2장의 렌즈를 통해 해석하고 성경을 구속사적 맥락과 관련지음으로써 논쟁에서 승리하신다.

아직 성령이 도래하여 이스라엘 사람들의 마음에 "할례"를 행하지 않았기 때문에 토라는 이혼을 허용한다(신 30:5-6). 창세기 2:24은 항상 결혼의 모델이었고(신 31:16-17; 말 2:15) 계속해서 그렇게 남아 있다(고전 6:16; 엡 5:31).

(2) 천국에 들어가기(19:13-30)

19:3-12의 교만한 유대 지도자들과는 대조적으로 예수는 천국에 들어가기 위해서는 오직 겸손과 그에 대한 완전한 의존이 필요하다고 가

---

[23] D. Instone-Brewer, "Divorce," *DJG*, 213.

르치신다(19:13-15// 막 10:13-16// 눅 18:15-17). 이는 어린아이의 "낮은 위치"(lowly position)를 구현하려는 자들만이 적합하다(18:4). 아이들은 자신들이 그들의 부모와 권위 있는 사람의 공급에 철저하게 의존하고 있음을 본능적으로 안다. 그들은 스스로 부양할 수 없다. 마찬가지로 종말론적 왕국을 상속하고자 하는 사람은 누구든지 예수께 온전히 복종해야만 한다.

이 원칙은 다음 단락에서 훌륭하게 설명되어 있다. 여기서는 한 개인이 하나님께 온전히 헌신했다고 주장하지만, 궁극적으로는 자신이 가장 사랑하는 한 가지, 즉 그의 엄청난 재물을 기꺼이 포기하지 않으려고 한다(19:16-22// 막 10:17-30// 눅 18:18-30;→ 막 10:17-22).

19장은 자신을 전적으로 따르는 사람들에게 상을 주시겠다는 예수의 놀라운 약속으로 끝난다. 19:27에서 베드로가 예수에게 제기하는 질문은 마태복음에만 나온다.

> 우리가 모든 것을 버리고 주를 따랐사온대 그런즉 우리가 무엇을 얻으리이까(마 19:27).

역시 마태복음에만 유일하게 나오는 예수의 대답 또한 눈길을 끈다.

> 내가 진실로 너희에게 이르노니 세상이 새롭게 되어 인자가 자기 영광의 보좌에 앉을 때에 나를 따르는 너희도 열두 보좌에 앉아 이스라엘 열두 지파를 심판하리라(마 19:28).

여기서 할 말이 많지만, 다음과 같이 세 가지 간략한 요점으로 제한할 것이다.

첫째, "인자가 자기 영광의 보좌에 앉을 때에"는 다니엘 7:9(옛적부터 항상 계신 이에 대한 언급)과 7:13(인자가 넷째 짐승을 이긴 후 왕 위에 오르시는 내용 언급)을 결합한 것으로 보인다. 이 두 본문을 염두에 두었다면 예수는 자신이 옛적부터 계신 아버지와 함께 우주를 다스리는 일에 참여할 것임을 지적하고 계신다.

둘째, 예수께서 최후의 승리로 인해 통치할 권리를 물려받으실 것이므로, 자신이 "인자"로 대표되는 추종자들을 통해 그의 통치를 확장하실 것이다(계 3:21을 보라).

셋째, 다니엘 7장의 씨앗은 그리스도의 변모 사건(17:1-8)에서 이미 뿌려졌으므로 마태는 아마도 그 이전 사건을 염두에 두고 있을 것이다. 그리스도의 변모 사건이 예수께서 광야 시험에서 마귀를 물리침으로써 우주를 다스리기 시작하셨다는 점을 보여 주지만, 우리의 현 본문은 역사의 맨 끝에 있을 그의 완전한 통치와 제자들을 통해 그의 통치를 확장하실 그의 특권을 강조한다(계 21:14 참조). 하나님의 백성은 그들도 인자와 연합하기 때문에 새 창조를 누리고 "땅을 기업으로 받을 것"(5:5)이라고 확신할 수 있다.

2) 고난받는 다윗의 자손(마 20:1-34)

(1) 포도원 품꾼의 비유(20:1-16)

포도원 품꾼의 비유(20:1-16)는 마태복음의 이곳에서만 발견되는데, 다음과 같이 같은 문구를 통해 괄호로 함께 묶여 있다.

> 그러나 먼저 된 자로서 나중 되고 나중 된 자로서 먼저 될 자가 많으니라(마 19:30).

> 이와 같이 나중 된 자로서 먼저 되고 먼저 된 자로서 나중되리라(마 20:16).

아무튼 이 비유는 이 원리를 설명해 준다.
비유는 다음과 같은 방식으로 시작한다.

> 천국은 마치 … 같으니(마 20:1).

이 표현은 여기와 13장(13:31, 33, 44, 45, 47, 52)에서만 나온다. 천국의 비밀스러운 시작(13:11)이 아마도 이 비유의 배경에 놓여 있을 것이다. 앞의 말씀에서 예수는 인내하는 제자들만이 "열두 보좌에 앉아 이스라엘 열두 지파를 심판할" 것이라고 선언하신다(19:28). 제자들이 겉으로 보이는 자기 가치(self-worth)에 사로잡히게 되는 것은 자연스러운 일일 것이다. 그러나 천국의 모든 시민이 평등한 대우를 받는다. 천국에 들어가는 것은 전적으로 하나님의 은혜에 달려 있다.

마가복음과 누가복음에는 포도원에 관한 비유가 하나만 나오지만(막 12:1-12; 눅 20:9-19), 마태복음에는 두 개가 나온다(20:1-16; 21:33-46). 현재의 비유는 적합하다고 여기는 대로 품삯을 줄 주인의 권리를 강조하는 반면, 악한 포도원 농부(소작농)의 비유(21:33-46)는 포도원 내에서의 남용(abuse)을 강조한다.

그러나 두 비유 모두의 공통점은 하나님이 "집 주인/지주"(landowner)시라는 것이다(20:1; 21:33; 참조, 사 5:1-7). 이 비유에서 포도원은 천국과 동일시되지만(20:1), 후자의 비유에서 포도원은 이스라엘이다(21:43-45). 마지막으로 여기 품꾼들은 천국의 의로운 시민이지만, 21:33-46의 "농부들"은 불의한 자들이다.

이 비유의 일반적 의미는 이해하기에 그리 어렵지 않다. 포도원 주인은 품꾼들의 근무 시간과 상관없이 그들에게 품삯을 균등하게 지급할 모든 권리가 있다. 보상의 척도는 소비된 에너지의 양에 비례하지 않는다. 마찬가지로 하나님의 백성은 새 창조에 대한 동등한 유산을 소유하는데, 그러한 권리는 궁극적으로 우리가 얼마나 양적으로 많은 희생을 했는가에 달려 있지 않다. 요구되는 것은 완전한 포기(abandonment)인데(19:29), 그 포기 행위는 상황이 각기 달라서 사람마다 다를 것이다.

(2) 세 번째 수난 예고와 영광에 대한 요청(20:17-28)

세 번째이자 마지막 수난 예고(20:17-19// 막 10:32-34// 눅 18:31-33)는 천국 시민의 역전된 지위에 대한 두 단락 사이에 샌드위치 구조로 끼워져 있으며 예수의 죽음에 관한 가장 상세한 내용을 제공한다. 처음 두 개의 수난 예고는 좀 더 일반적이어서 예수께서 유대 지도자들의 손에 죽임을 당하고 결국 "제삼 일에" 살아날 것이라고 예고하지만(16:21; 17:22), 이 세 번째 수난 예고는 그가 "이방인들에게" 넘겨져 "조롱"당하고 "채찍질"당하며 "십자가에 못 박힐" 것이라고 말한다.

예수께서 아브라함에게 주신 하나님의 약속을 성취하여(예컨대, 17:1-16) 이방 민족들에게 "복"(blessing)이 되시며 그들의 회심의 촉진제(catalyst)가 되실 "아브라함의 자손"(1:1)이심을 상기하라(사 42:1-4를 인용하는 12:18-21). 아이러니하게도 이방 민족은 그를 십자가에 못 박지만 일부 이방인들은 그의 죽음을 통해 회심하고 하나님의 "복"을 받았다(27:54).

이것은 또한 예수께서 "십자가에 못" 박히셨다는 첫 번째 언급이기도 하다. 마태의 내러티브의 앞부분에서 예수는 제자들에게 "자기 십자가를 져야" 하며 기꺼이 고난을 감수해야 한다고 말씀하신 바 있지만(10:38; 16:24), 예수께서 십자가에서 죽을 것이라고 명시적으로 언급한 것은 이번이 처음이다.

고난과 겸손은 계속해서 다음 단락(20:20-28)에 나오는 대화의 주제가 된다. 마가와 달리 세배대의 두 아들 야고보와 요한(4:21; 10:2; 26:37)의 요청에 대한 마태의 버전은 두 제자의 어머니가 요청한다는 점에서 차이가 있다(막 10:35-41). 우리는 왜 마태가 그녀에게 스포트라이트를 비추는지 확실히 알 수는 없지만, 뒤의 내러티브에서 볼 때 예수의 죽음을 "멀리서" 목격할 그녀의 존재와 관련이 있을 수 있다(27:55-56). 어떤 경우든 야고보와 요한, 그리고 그들의 어머니가 같은 생각을 품고 있다는 것을 확신할 수 있다.

예수는 새 창조에서 차지할 야고보와 요한의 지위에 대한 오해를 바로 잡아 주신다. 본문의 초점은 하나님 나라 도래의 미래적 측면에 있다.[24] 하나님의 백성은 새 창조 안에서 통치할 것이다(계 22:5). 그러나 "우레의 아

---

[24] Carson, "Matthew," 487.

들"(막 3:17)은 고난과 죽음이 없는 영광과 존귀를 갈망한다. 외관상 야고보와 요한은 천국의 비밀(13:11-50), 즉 두 시대의 역설적 중첩을 아직 이해하지 못한 것 같다.

예수는 그들이 결국 그의 "잔"을 마실 것이라고 약속하신다(겔 23:31-32; 슥 12:2). "잔"은 예수와 그들 자신의 고난을 가리킨다(행 12:2; 참조, 계 1:9). 몇 장 후에 두 제자의 어머니는 예수의 끔찍한 죽음을 두 눈으로 직접 목격하게 될 것이다. 아마도 그녀는 그 공포의 순간에 이 대화를 기억했을 것이다.

어떻게 기억하지 않을 수 있었겠는가?

논의는 예수께서 자신을 "섬김을 받으려 함이 아니라 도리어 섬기려 하고 자기 목숨을 많은 사람의 대속물로 주려고"(20:28) 오신, 궁극적 종으로 밝히면서 끝난다. 예수의 어휘는 이사야 53:10-12에서 따온 것이다.

> 여호와께서 그에게 상함을 받게 하시기를 원하사 질고를 당하게 하셨은즉 그의 영혼/생명(life)을 속건 제물로 드리기에 이르면 … 나의 의로운 종이 자기 지식으로 많은 사람을 의롭게 하며 또 그들의 죄악을 친히 담당하리로다 … 그가 자기 영혼/생명(life)을 버려 사망에 이르게 하며 범죄자 중 하나로 헤아림을 받았음이니라… 그가 많은 사람의 죄를 담당하며(사 53:10-12).

종은 하나님의 백성이 언약의 축복을 받을 수 있도록 이스라엘의 저주를 대신 짊어진다. 그는 "많은 사람" 대신에 죽으심으로써 새로운 이스라엘의 출애굽을 촉발하신다(→ 막 10:45).

(3) 두 소경의 치유(20:29-34)

예수와 제자들이 유월절을 지키기 위해 예루살렘으로 여행할 때 여정의 핵심 도시인 여리고를 통과한다. 여리고에서 예루살렘까지의 여행은 하루 만에 이루어질 수 있으며,[25] 세 권의 공관복음 모두 예수께서 고난을 받기 위해 예루살렘으로 입성하시기 전에 이 사건을 다룬다(마 20:29-34// 막 10:46-52// 눅 18:35-43). 마가와 누가가 맹인 한 사람을 언급하는 반면, 마태의 내러티브에는 두 명의 맹인이 등장한다. 마태 내러티브의 독특한 특징 중 하나는 한 쌍을 즐겨 사용하는 그의 성향이다(8:28; 9:27; 21:7; 27:51).

이 내러티브의 요지는 예수께서 "다윗의 자손이신 주"(20:30, 31)이심을 인정하는 데 있다. 마태는 처음부터 예수께서 오랫동안 기다려 왔던 다윗 왕가의 계승자이심을 단언했다(1:1, 17; 9:27; 12:3, 23; 15:22; 20:30). 그러나 내러티브가 전개되면서 독자는 예수의 왕권이 정치적 힘이 아니라 고난과 패배로 점철된다는 사실을 알게 되었다. 아이러니하게도 20:29-34 여기서 맹인 두 사람은 앞의 단락에 언급된 야고보와 요한보다 더 분명하게 볼 수 있다(20:20-28; 참조, 13:14-17). 두 맹인은 육체적으로는 보지 못하지만, 영적으로는 인식한다. 믿음의 행위는 그들이 육체적 시력을 얻게 되는 결과를 낳는다(20:34).

4. 3단계 : 예루살렘에서의 예수(마21:1-28:20)

1) 이스라엘 왕의 도래와 그 함의(마 21:1-22:46)

(1) 승리의 입성(21:1-11)

예루살렘에 가까이 이르렀을 때 예수는 두 제자에게 벳바게로 들어가 승리의 입성을 위해 나귀와 나귀 새끼를 끌로 오라고 명하신다(마 21:1-2)(// 막 11:1-10// 눅 19:29-38// 요 12:12-15). 아마도 예수는 축제 기간 동안 원치 않는 관심을 피하기 위해 미리 동물을 조달할 계획을 세우셨을 것이다.

---

[25] A. D. Riddle, "The Passover Pilgrimage from Jericho to Jerusalem," in *Lexham Geographic Commentary on the Gospels*, ed. B. J. Beitzel and K. A. Lyle (Bellingham, WA: Lexham, 2016), 398.

나귀를 타고 예루살렘으로 입성하는 것은 상징적 의미를 담고 있으므로 승리의 입성과 관련된 모든 사람, 특히 짐승의 주인은 유대 지도자들과 함께 위험에 처해 있다.[26] 마가와 누가의 내러티브에는 "나귀 새끼"만 포함되어 있지만, 마태의 내러티브에는 나귀와 "나귀 새끼"가 포함되어 있다. 그가 왜 두 마리의 동물을 나열하는지 분명하지는 않지만, 단순히 실용적 이유 때문일 수 있다. 길들이지 않은 나귀 새끼는 평온을 유지하기 위해 어미와 함께 있는 것이 가장 필요할 것이다.[27]

마태는 예수의 지시가 "선지자를 통하여 하신 말씀을 이루려 하심이라"(21:4)라고 지적한다. 이 말은 열 개의 성취 인용문 중 아홉 번 째 인용문이며(1:22; 2:15, 17, 23; 4:14; 8:17; 12:17; 13:35; 21:4; 27:9), 이전의 마지막 인용문은 여덟 장 전에 있었다.

마태복음 21:5에 있는 스가랴 9:9의 인용문에 따르면, 예수의 행동은 이스라엘의 왕이 적들을 무찌른 후(after) 나귀를 타고 도착할 것이라는 스가랴의 예언을 성취한다(슥 9:1-8). 군마를 탄 왕과 달리 나귀는 왕국 전체의 평화를 의미한다. 전쟁은 이미 승리했다(→ 막 11:1-11). 나귀의 상징은 또한, 사독과 나단이 "그(솔로몬)에게 기름을 부어 이스라엘의 왕으로" 삼을 수 있도록 다윗왕의 "노새"를 탄 솔로몬도 생각나게 한다(왕상 1:33-34). 마태는 이미 예수를 "솔로몬보다 더 큰"(12:42) 분으로 밝혔기에 두 인물 모두 여기서 유형론적으로 연결되어 있을 것이다.

그러나 예수의 통치는 다윗과 솔로몬의 통치를 능가한다. 그들은 이스라엘 역사상 최정상의 시기에 통치했지만, 그들의 통치는 내부 혼란으로 특징지어진다. 그러나 예수의 통치는 흠이 없으며 타협하지 않는 신실함으로 특징지어진다.

순례자 또는 "큰 무리"가 두 사람의 맹인 치유를 목격한 것으로 보이며(20:29; 21:8), 지금은 나귀를 탄 예수의 모습을 보고 그 상징적 행동의 의미

---

26 Schnabel, *Jesus in Jerusalem*, 156.
27 Craig L. Blomberg, "Matthew," in *Commentary on the New Testament Use of the Old Testament*, ed. G. K. Beale and D. A. Carson (Grand Rapids: Baker Academic, 2007), 64.

를 깨달아 다음과 같이 외친다.

> 호산나 다윗의 자손이여 찬송하리로다 주의 이름으로 오시는 이여(마 21:9).

"주"라는 칭호는 마태의 내러티브에서 종종 "다윗의 자손"과 연결된다 (15:22; 20:30-31; 21:9; 22:43, 45).

가장 최근의 경우는 맹인 두 사람이 "주, 다윗의 자손이여"(Lord, Son of David)라고 선언한 바로 앞 단락에서 나타난다(20:30-31). 이 순례자들의 선언은 예수께서 참된 다윗의 자손이면서 동시에 성육신하신 야웨이시기 때문에 대단히 흥미롭다. 순례자들은 아마도 정치 노선에 따라 생각하고 있을 것이지만(21:9에 나오는 시 118:25-26의 인용문에 주목하라), 마태의 독자들은 내러티브 전체에서 예수께서 이스라엘의 "주"요 메시아이심을 발견했다(예컨대, 14:33).

예수의 행동은 "온 성"이 "소동"할 정도로(21:10; 참조, 막 15:11; 눅 23:5) 예루살렘 전역에 울려 퍼짐으로써 그가 유대 및 로마 당국과 충돌하는 것은 단지 시간 문제일 뿐이다.

(2) 이스라엘 성전에 대한 심판과 무화과나무의 저주(21:12-22)

21:12-17에서 예수가 이스라엘의 메시아이심을 공개적으로 드러내신 사건(// 막 11:15-18// 눅 19:45-47// 요 2:13-25)은 성전에 대한 심판의 근거가 되는데, 구약에서 종종 왕들이 성전에 대한 권위를 행사했기 때문이다(예컨대, 삼상 21:6; 시 110:4). 본래 아담은 왕이요 제사장(king-priest)이었다(창 1:28; 2:15). 완전한 왕이시고 제사장이시며 마지막 아담이신 예수께서 이스라엘 백성이 적절한 희생 제물을 구매하기 위해 화폐를 교환하는 성전 지역을 향해 나아가신다.

그는 "돈 바꾸는 사람들의 상"을 둘러 엎으시며 희생제도 전체를 중단시키신다(21:12). 그런 다음 예수는 이사야 56:7과 예레미야 7:11(→ 막 11:15-18)을 인용하여 자신이 성전을 심판하는 두 가지 이유를 제시하신다.

첫째, 이스라엘 백성은 열방이 한 분이신 참된 하나님을 경배하는 일을 막았다(사 56:7).
둘째, 이스라엘 백성은 성전 앞에서 자랑했다(렘 7:11).

오직 마태만이 무리 가운데서 예수의 행동이 끼친 영향을 서술한다.

> 맹인과 저는 자들이 성전에서 예수께 나아오매 고쳐 주시니(마 21:14).

"맹인"과 "저는 자"의 치유는 새 시대를 여는 대망의 메시아로서 예수의 정체성을 명시적으로 보여 준다(마 11:5; 사 35:5; 61:1을 보라). 예수는 자신을 새 창조의 근원이자 이스라엘의 왕이라고 서슴없이 주장하고 계신 셈이다.

예상대로 유대 당국은 예수의 행동에 격분하여(21:15) 그에게 해명을 요구한다. 그러나 예수는 시편 8:2을 인용하심으로써 그들의 분노를 더욱 자극하시는데, 거기에는 "어린 아기"와 "젖먹이들"도 우주를 다스리시는 비할 데 없는 권능을 인정하여 "[하나님의] 원수를 막아 낼 [튼튼한] 요새"를 세운다고 노래한다(표준새번역 참조).

시편 8:2을 인용하심으로써 예수는 근처의 어린아이들이 예수의 권위에 대해 유대 지도자들보다 더 잘 인식하고 있다고 지적하신다. 그는 또한, 하나님의 원수들을 다스리지 못했던 첫 번째 아담과 달리 한 통치자가 와서 모든 악한 세력을 물리치리라는 시편 8편의 기대를 성취할 것임을 언급한 것일 수도 있다(시 8:3-8; 참조, 히 2:6-8).

베다니, 아마도 나사로의 집에서 밤을 보내신 후(21:17; 참조, 요 12:1), 예수와 열두 제자가 예루살렘으로 돌아오실 때 우연히 무화과나무를 마주친다(21:19). 21:18-22(// 막 11:12-14, 20-24)에 나오는 무화과나무 저주 사건은 성전에 대한 심판과 유사한 행위(→ 막 11:12-21)로 열매를 맺지 못하는 이스라엘 민족에 대한 예수의 심판을 상징한다(21:19). 이스라엘 민족은 세례 요한과 예수의 사역에 올바르게 대응해야 하지만 그들은 거부하고 만다.

(3) 두 아들의 비유와 악한 포도원 농부 비유(21:23-46)

마태는 다음 부분에서 예수께서 "성전 뜰"에서 유대 지도자들과 공개적으로 논쟁하는 내용을 다룬다(21:23// 막 11:27-33// 눅 20:1-8). 나귀를 타고 예루살렘에 입성하여 성전 뜰에서 돈 바꾸는 사람들의 상을 둘러 엎은 행위는 정치적 위협으로 간주했을 가능성이 크다. 그의 행동은 매우 분명하다. 즉, 나사렛 예수는 유대인의 삶의 방식에 위협이 된다.

예수는 먼저 그의 "권위"에 관한 대화(→ 막 11:27-33)에 이어 마태복음에만 나오는 두 아들의 비유(21:28-32)를 주신다. 이 짧은 비유가 문제의 핵심을 찌른다. 두 아들은 두 그룹을 상징하는데, 첫째 아들은 "세리와 창기"를 가리키고 둘째 아들은 유대 당국이나 21:31의 "너희"를 가리킨다(개역개정에는 첫째 아들과 둘째 아들의 순서가 다르게 표현됨-역주).

당시 가장 큰 죄인으로 치부된 세리와 창기들은 하나님의 부르심에 긍정적으로 반응하지만, 종교 지도자들은 계속해서 예수의 사역에 냉담한 반응을 보인다. 궁극적으로 사람의 운명은 이스라엘의 관습과 전통이 아니라 예수에 대한 충성과 결부된다.

그다음 예수는 악한 포도원 농부 비유(21:33-46// 막 12:1-12// 눅 20:9-19)를 통해 결정적인 한 방을 주신다. 마가복음에서 이 비유를 다루었으므로(→ 막 12:1-12) 여기에서는 상세하게 다룰 필요는 없고 단지 몇 가지 특별한 점만 지적하기로 한다.

비유의 요지는 하나님의 관대하심에도 불구하고 이스라엘이 선지자들을 계속해서 거부했다는 점이다. 이사야 5장을 배경으로 하나님은 "지주"이시고 포도원은 이스라엘이며 포도원 농부(소작농)는 유대 지도자/유대 민족이고 종들은 선지자이다. "아들"은 예수이고 "다른 농부들"은 대부분 이방인이다. 포도원 농부들이 아들을 거부했을 때 하나님의 인내심이 바닥났다. 뭔가 일어나야만 한다. 그래서 하나님은 포도원을 다른 농부들에게 맡기기로 결정하신다(21:41). 비유를 마무리하면서 예수는 시편 118:22-23을 인용하신다.

건축자들이 버린 돌이 모퉁이의 머릿돌이 되었나니 이것은 주로 말미암아 된 것이요 우리 눈에 기이하도다(마 21:42).

시편 118편은 수난 주간에 세 번 두드러지게 나타난다.

시 118:26(시 117:26 70인역)을 인용하는 21:9	"호산나 다윗의 자손이여 찬송하리로다 주의 이름으로 오시는 이여 가장 높은 곳에서 호산나 하더라"
시 118:22-23(시 117:22-23 70인역)을 인용하는 21:42	"너희가 성경에 건축자들이 버린 돌이 모퉁이의 머릿돌이 되었나니 이것은 주로 말미암아 된 것이요 우리 눈에 기이하도다 함을 읽어 본 일이 없느냐"
시 118:26(시 117:26 70인역)을 인용하는 23:39	"내가 너희에게 이르노니 이제부터 너희는 찬송하리로다 주의 이름으로 오시는 이여 할 때까지 나를 보지 못하리라 하시니라."

시편 118:26이 이 단락의 틀을 구성하고 있는데 첫 번째 인용문은 며칠 전에 예루살렘에 입성하는 순례자들의 입술에서 나타나며(21:9), 마지막 인용문은 예수께서 재림하실 때 이스라엘이 예수의 통치에 복종할 것을 예상하고 있다(빌 2:10-11 참조). 그 사이에 있는 두 번째 인용문은 예수께서 약속되신 분으로서 자신의 통치를 집행하실 방식과 관련된다. 역설적이게도 그는 유대 당국에 의해 거부된 결과로 통치하실 것이다. 그들의 거부가 그의 높임을 가져온다.

이제 "천국"의 참여가 "너희(지도자들)"로부터 "그 나라의 열매 맺는 백성"에게로 넘어간다(21:43). 이 표현은 "나라와 권세와 온 천하 열국의 위력이 가장 높으신 분의 거룩한 백성에게 돌아갈 것"(표준새번역)이라는 다니엘 7:27의 표현과 매우 유사하다. 다니엘 7장의 바로 앞 문맥에 따르면, "인자"(son of man)의 승리가 "가장 높으신 분"의 백성에게 적용된다. 왜냐하면, 그들을 그와 동일시하기 때문이다. 그의 승리는 그들의 승리이다.

유대의 지도자들은 예수를 인자(Son of Man)로 신뢰하기보다는 그에게 대항한다. 만일 다니엘 7장의 문맥을 염두에 둔다면 유대 당국은 네 번째 짐승으로 확인된다(24:29-31 참조). 더 나아가 예수는 다음 구절에서 다시 다니엘서를 언급하신다.

마태복음 21:44(// 눅 20:18)	다니엘 2:34-35
"이 돌 위에 떨어지는 자는 깨지겠고 이 돌이 사람 위에 떨어지면 그를 가루로 만들어 흩으리라."	"손대지 아니한 돌이 나와서 신상의 쇠와 진흙의 발을 쳐서 부서뜨리매 그때에 쇠와 진흙과 놋과 은과 금이 다 부서져 여름 타작 마당의 겨 같이 되어 바람에 불려 간 곳이 없었고 우상을 친 돌은 태산을 이루어 온 세계에 가득하였나이다."

여기 다니엘 2장에서는 메시아 또는 영원한 나라로 확인되는 돌이 네 번째이자 마지막 지상 왕국을 무너뜨리고 그 결과 "온 땅을 가득 채우는" 전 세계적인 하나님의 성전이 세워질 것이다(단 2:44-45 참조). 다시 말하지만, 종교 당국이 종말론적 성전의 "반석"이자 "모퉁잇돌"이신 예수의 권위와 정체성에 복종하지 않는다면(7:24-25; 16:18 참조) 심판으로 멸망될 것이다. "대제사장"과 바리새인들의 반응은 그다지 놀라운 일이 아니다. 예수께서 그 나라의 참혹한 상황에 대한 책임이 그들에게 있다고 생각하셨기 때문이다(21:45).

(4) 혼인 잔치의 비유(22:1-14)

혼인 잔치의 비유는 앞에 나온 두 비유에서 이미 제시한 주제를 다룬다(21:28-44// 눅 14:16-24). 한 왕이 아들의 결혼을 위해 잔치를 베풀고 많은 손님을 초대한다. 그러나 처음에 초대된 손님들은 왕의 일보다 자신의 개인적 일에 더 관심이 많았기 때문에 그 제안을 거부한다. 어떤 손님은 심지어 왕의 사자를 죽이기까지 한다. 분노한 왕은 군대를 무장시키고 그들과 전쟁을 벌인다.

그런 다음 왕은 단념하지 않고 그의 종들을 길거리로 보내 "악한 자나 선한 자나 만나는 대로 모두 데려"오게 했다(22:10). 식탁이 차려지고 왕의 가족들이 참석하고, 마침내 혼인 잔치가 손님들로 가득 찼다(22:10). 그러나 이야기는 여기서 끝나지 않는다. 왕이 군중 속을 돌아다닐 때 적절한 예복을 갖추지 않은 한 사람을 보고는 놀란다. 그래서 왕은 그의 신하에게 그 사람을 결박하여 밖에 내던지라고 명령한다. "거기서 (그는) 슬피 울며 이를 갈게" 될 것이다(22:13).

이 단락의 마지막 구절에 전체적인 요점이 드러난다.

> 청함을 받은 자는 많되 택함을 받은 자는 적으니라(마 22:14).

앞의 두 비유와 마찬가지로 "왕"은 하나님이시고 그의 "아들"은 예수이시다(22:2). 혼인 잔치의 비유는 이사야 25:6-12을 떠오르게 할 수도 있는데, 거기에서 하나님은 새 창조 때 "만민"을 위하여 연회를 베푸신다. 이사야 25장에 따르면 베풀어진 음식은 주로 물질적 양식이 아니라 하나님의 영광스러운 임재이다. 모두를 아우르는 그분의 영광이 이스라엘과 열방에 주어질 것이다.

비유에 나오는 첫 번째 손님들은 생계에 관한 관심과 왕이신 예수에 대한 반대로 인해 넘겨지거나 멸망당하는 유대 민족으로 보인다(22:4-7; 21:39-41을 보라). 두 번째 손님들은 예수를 영접하는 이방인을 의미할 것이다(22:8-10). 그들은 이사야 25:6의 "만민"(all people)을 가리킨다. 혼인 예복을 입지 않은 사람에 대한 언급이 처음에는 이상해 보이지만 마태의 내러티브와 잘 부합된다.

나사렛 예수에 대한 충성은 단지 일회적 결정이 아니라 평생에 걸친 헌신이다. 돌밭에 뿌려진 씨가 결국 시들듯이(13:20-21), 이 사람은 처음에는 연회 초대에 응했지만 아무 준비를 하지 않았다. 예수는 천국의 메시지를 모든 사람에게 제공하시지만, 그곳에 들어가는 사람은 소수일 것이고 계속해서 견딜 사람은 더 적을 것이다.

(5) 논쟁들(22:15-46)

승리에 찬 예루살렘 입성과 이스라엘 성전에 대한 예수의 심판은 이스라엘 지도자들의 주의를 끌었다(21:1-17). 포도원 농부 비유는 예수의 정체성과 사명이 그들이 소중히 여기는 전통과 상충한다는 유대 지도자들의 마음에 거의 의심의 여지를 남기지 않는다(21:33-44). 뭔가 일어나야 한다. 그들은 곧 예수를 "잡고자" 하지만, 어떻게 해야 할지 확신이 서지 않는다(21:46).

그들이 어떻게 유월절 절기에 "성전에서 가르치던 그러한 인기 있는 인물"(21:23)을 공개적으로 체포할 수 있을까?

그를 따르는 많은 사람이 그것을 막지 않겠는가?

외관상 지도자들은 그를 "올무에 걸리게" 하려고 세금 문제(22:15-22), 부활 교리(22:23-33), 가장 큰 계명 문제(22:34-40// 막 12:13-37// 눅 20:20-44→ 막 12:13-37) 등 세 갈래의 공격을 감행한다. 만일 예수의 잘못이 드러난다면 그의 편에 서 있는 백성의 감정을 누그러뜨리는 데 큰 도움이 될 것이다.

마태는 유대 지도자들의 질문이 "악한 의도"에서 비롯된 것임을 유일하게 언급한다(22:18). 여기에서 사용된 "악함"(포네리아 [*ponēria*])이란 단어는 독자에게 마귀를 "악한 자"(포네로스[*ponēros*]; 5:37; 6:13)로 언급하는 몇몇 이전 구절을 상기시키는데, 그는 사람들에게 영향을 끼쳐 마찬가지로 "악한 자"가 되게 한다(5:39; 7:11; 9:4; 12:34). 그렇다면 이 유대의 지도자들이 궁극적으로는 그들의 "악"의 아버지인 마귀의 명령을 따르고 있다는 사상이 담겨 있다. 마귀가 그들에게 영감을 주어 예수를 올무에 걸리게 하려 한다는 것이다. 그러나 예수는 결코, 흔들리지 않으신다.

바리새인과 헤롯 당원들은 예수께서 로마에 대항하여 로마제국이 그를 체포할 구실을 찾아주기를 바라는 마음에서 그에게 이스라엘에 대한 로마의 권위 문제에 대한 견해를 밝혀 달라고 요청한다(22:17). 이에 대해 예수는 궁극적으로는 하나님께서 모든 민족의 주권자이시므로 성도들이 로마와 하나님의 권위를 모두 존중해야 한다고 대답하신다(22:21; 참조, 롬 13:1-7).

다음은 부활의 주제로 이동한다. 부활의 가능성을 부인하는 것으로 유명한 사두개인이 이번 질문을 담당한다(22:23-33). 예수는 사두개인이 정경으로 받아들이는 구약의 유일한 부분인 모세오경의 한 구절을 인용하여 거창하면서도 가설적인 그들의 논의를 반박하신다. 예수는 여호와께서 여전히 이스라엘 족장들의 하나님이시므로 그들을 죽은 자 가운데서 살리실 것이라고 말씀하신다(22:31-32).

마지막 논쟁은 한 율법 전문가가 제기한 "율법 중에서 가장 큰 계명"에 관한 논쟁이다(22:34). 예수는 두 개의 구약 본문을 인용하는데 신명기 6:5과 레위기 19:18이 그것이다. 쉐마(Shema)의 일부로 하루에 두 번씩 암송하는 전자의 본문은 언약공동체의 각 구성원은 그의 전 존재를 통해 하나님을 사랑해야 한다고 말한다. 후자의 본문은 이스라엘 각 사람이 민족 내에서 행해야 할 적절한 행동과 연관된다(레 19장).

마태는 토라 전문가의 반응에 대해 밝히고 있지는 않지만, 마가와 누가는 호의적 반응을 언급한다(// 막 12:32-33// 눅 20:39). 율법학자의 긍정적 반응을 생략함으로써 마태는 다음 장에서 길게 전개할 유대 지도자들에 대한 예수의 책망의 배경을 설정하고 있을 수도 있다.

예수는 이 적대자들의 형세를 역전시키신다. 이제는 그가 그들을 올무에 걸리게 할 시간이다. 그는 이스라엘의 메시아(=그리스도)의 조상에 관해서 묻는다.

너희는 그리스도에 대해서 어떻게 생각하느냐 누구의 자손이냐(마 22:42a)

어떤 면에서 이 질문은 어렵지 않으며 예상대로 그들은 "다윗의 자손"이라고 대답한다(22:42b). 여기서부터 흥미로운 일이 벌어진다.

예수는 시편 110:1을 인용하시면서 메시아가 태어나기도 전에 다윗이 메시아가 "주"임을 인정했다고 지적하신다. 다시 말해서, 예수는 메시아가 선재해야 한다고 주장하시는 것처럼 보인다(→ 막 12:35-37). 시편 110:1을 자세히 읽어 보면 유대 지도자들은 메시아에 대해 너무 편협한 생각을 지니고 있었음을 알 수 있다.

　종교 당국이 시편 110:1을 올바르게 해석하면 예수의 정체성과 사역을 상당 부분 이해하게 될 것이다. 마태복음은 예수를 "다윗의 자손"(1:1)으로 확인하면서 시작하지만 우리는 예수께서 다윗의 육체적 후손 이상의 분이심을 알게 되었다. 그는 성육신하신 야웨이시며 따라서 다윗의 최고의 우주적 "주"이시다.

　마태복음 21:33-22:46의 더 큰 담론에는 유대 장로들의 네 가지 반응이 포함되어 있는데, 첫 번째 반응이 뒤에 나오는 세 가지 반응에 동기를 부여한다.

> 그들은 그를 붙잡을 방법을 찾았지만, 사람들이 그를 선지자로 여겼기 때문에 무리를 두려워했다(21:46, 사역).

> 그들은 예수의 말씀을 듣고 놀랍게 여겼다. 그래서 그들은 예수를 떠나갔다(마 22:22, 사역).

> 그들은 이 말씀을 듣고 그의 가르치심에 놀랐다(마 22:33, 사역).

> 아무도 예수께 한마디도 대답하지 못했으며 그날부터 감히 그에게 묻는 자도 없었다(마 22:46, 사역).

　이러한 네 가지 반응을 고려할 때 우리는 종교 당국이 예수를 함정에 빠뜨리려는 최선의 노력에도 불구하고 난관에 봉착했음을 알 수 있다. 구약에 대한 예수의 이해는 타의 추종을 불허한다. 왜냐하면, 그는 단순한 하나님의 율법 해석자가 아니라 그 이상의 분이시기 때문이다. 그는 궁극적 권위로, 즉 하나님 자신으로 말씀하시고 행동하신다.

　이스라엘의 장로들이 어떻게 그들의 성경을 저술하신 분과 논쟁할 수 있을까?

앞으로 몇 장에서 살펴보겠지만 예수를 체포하려는 당국의 계획이 좌절되었기 때문에, 그들은 다른 방향으로 움직이는 것처럼 보인다. 성전 뜰에서 공개적 대결은 실패했으므로 그들은 은밀히 그를 체포하려고 시도할 것이다(26:3-5).

2) 이스라엘 종교 당국에 대한 심판(마 23:1-39)

마태복음 23장은 23:1-12과 23:13-39 두 단락으로 구분할 수 있다. 예수는 첫 번째 단락에서는 "무리"와 "제자들"에게 말씀하시고 두 번째 단락에서는 종교 당국에 직접 말씀하신다. 예수는 "서기관들(율법 교사들)과 바리새인들"을 향해 통렬하게 비판하신다. "율법 교사들" 또는 "서기관들"(그람마테이스[*grammateis*])은 당시의 구약학자이자 토라의 전문 해석자이며 바리새인(막 2:16; 참조, 마 5:20; 12:38; 15:1)[28]과 사두개인의 일부이다.

(1) 외식(23:1-12)

첫 번째 단락(23:1-12)에서 예수는 외적 칭찬이 유대 지도자들의 원동력이 된다고 주장하신다(// 막 12:38-39// 눅 20:45-46). 마태는 23:5에서 다음과 같이 지적한다.

> 그들의 모든 행위를 사람에게 보이고자 하나(마 23:5).

6:1에서 하신 예수의 말씀을 기억하라.

> 사람에게 보이려고 그들 앞에서 너희 의를 행하지 않도록 주의하라 그리하지 아니하면 하늘에 계신 너희 아버지께 상을 받지 못하느니라(마 6:1).

---

28 D. A. Carson, "The Jewish Leaders in Matthew's Gospel: A Reappraisal," *JETS* 25 (1982): 166.

하나님은 미래의 심판 날에 자신의 백성에게 갚아 주실 것이지만, 유대 지도자들은 현재 자기의 상을 받으려고 한다.

다음 단락(23:8-12)에서는 예수라는 인격 안에 나타난 하나님의 계시에 대해 제자들의 철저한 헌신과 선포를 강조한다. 제자들은 유대 지도자들처럼 "랍비"라 칭함을 받으려 하거나 세속적 칭찬을 구해서는 안 된다(23:5). 대신에 그들은 "형제"간 연대(solidarity)를 추구해야 한다(23:8). 하나님의 새 이스라엘의 특징은 겸손과 섬김이다. 제자들은 모든 사람의 최고의 종, 즉 이사야의 고난받는 종으로서 부활 때 "높임을 받으실" 예수를 본받아야 한다(20:20-28; 사 53:10을 보라).

(2) 일곱 가지 저주(23:13-39)

다음 단락(23:13-39)에서 예수는 "무리와 제자들"로부터 이스라엘 지도부의 전체를 상징하는 그룹인 서기관들(teachers of law)과 바리새인들에게로 관심을 돌리신다. 대부분 마태의 내러티브에만 나오는 별개의 단락은 몇 가지 이유로 주목할 만하다.

첫째, 예수의 책망은 일곱 번의 "화"(woes)로 표시된다(23:13, 15, 16, 23, 25, 27, 29). 이러한 "화" 심판은 구약에 나타나는 화 심판과 일치하며(예컨대, 사 3:9, 11; 렘 48:1; 겔 16:23) 이스라엘의 지도자들과 그들이 대표하는 백성에 대한 일련의 심판이다. 화 심판은 하나님께서 최종적으로 심판하실 자들에게만 국한된다.

마태복음의 첫 부분에 나오는 세례 요한의 경고가 성취되기 시작하고 있다.

> 이미 도끼가 나무뿌리에 놓였으니 좋은 열매를 맺지 아니하는 나무마다 찍혀 불에 던져지리라(마 3:10; 3:11-12을 보라).

종교 당국은 그분의 아들 안에 나타난 하나님의 계시를 거부하고 처음부터 예수의 사역에 저항했다. 하나님은 불신앙의 "쭉정이"를 불태우러 오고 계신다(3:12).

성경에서 일곱이라는 수는 완전함이나 전체를 상징한다. 예를 들어, 요한계시록에는 일곱 영(1:4), 일곱 교회(1:11), 일곱 촛대(1:12), 일곱 봉인(5:1), 일곱 천사(8:2), 일곱 천둥(10:3-4) 등이 언급된다. 이런 점에서 일곱 "화"의 의미는 신정국가로서 이스라엘을 최종적으로 심판하신다는 것이다. 이 종말론적 심판은 돌이킬 수 없다. 하나님께서 당신의 의로운 종들의 죽음에 대해 복수를 하실 때가 되었다.

바울은 이 사상을 데살로니가전서 2:14-16에서 다음과 같이 기록하고 있다.

> 유대 사람은 주 예수와 예언자를 죽이고… 그리하여 그들은 자기들의 죄의 분량을 채웁니다. 마침내 하나님의 진노가 그들에게 이르렀습니다(살전 2:14-16, 새 번역; 참조, 창 15:16; 단 8:23-25).

둘째, 종교 당국에 대한 심판은 두 가지에 초점이 맞춰져 있는데, 외식(hypocrisy)과 의인에 대한 박해가 그것이다. 이스라엘의 지도자들은 의롭다고 주장하지만, 전혀 그렇지 않다. 그들은 토라 주위에 구전의 울타리를 세워서 하나님의 율법을 옹호한다고 주장한다. 그렇게 함으로써 그들은 하나님 율법의 핵심인 하나님 사랑과 이웃 사랑을 잃어버렸다(22:37-40)!

종교 당국은 온 민족을 그들의 세심한 가르침에 복종시키려 하면서도 그들의 마음은 하나님의 율법에 복종하기를 등한히 했다. 그들은 외식에 눈이 멀어 하나님의 선지자들을 박해했다. 여기서 하나의 아이러니를 놓쳐서는 안 된다. 이스라엘의 지도자들은 하나님의 의로운 종들을 죽임으로써 하나님의 의를 얻으려 했다는 점이다. 요컨대, "이스라엘은 선지자들

을 배척했고…그들을 배척함으로 모세의 율법을 지키지 않았다."²⁹

예수는 일곱 번째이자 마지막 화에서 "의인 아벨의 피(창 4:8)로부터 … 베레갸의 아들 스가랴의 피(대하 24:21; 슥 1:1)까지" 하나님의 백성을 박해한 모든 사람과 현재의 지도자들을 일치시킴으로써 전략적 행보를 보이신다(23:35). 창세기 3:15의 약속이 실제로 이루어지고 있다. 아벨이 죽은 이후 경건한 자의 후손과 불경건한 자의 후손 사이의 전쟁은 예수의 죽음으로 절정에 이를 것이다.

셋째, 23장에 언급된 일곱 가지 화는 24장에 요약된 다가오는 이스라엘 성전의 멸망에 대한 신학적 근거이다. 교훈 강화는 23:13, 15, 16, 23, 25, 27, 29의 "서기관들과 바리새인들"로부터 23:37의 "예루살렘"으로 이동한다. 이처럼 비판의 대상을 옮기심으로써 하나님이 이스라엘 민족 전체에 책임을 묻고 계심을 보여 준다(// 눅 13:34-35).

유대 지도자들은 민족 대부분의 영적 상태를 요약한다(27:25을 보라). 그들만이 예수를 거부하는 전부가 아니다. 이스라엘 민족은 여전히 완고하며 그들이 늘 하던 대로 하나님의 선지자들을 박해할 것이다. 그러나 이번에는 그들이 하나님의 아들을 죽여 하나님의 진노를 일으킬 것이다. 그 결과 하나님은 이스라엘과의 언약의 보증인 이스라엘 성전을 파괴하실 것이다. 하나님과 관계를 맺고 그분과 화해하고 그분의 영광스러운 임재를 누리려면 이제는 오직 예수를 믿어야 한다.

3) 이스라엘 성전의 파괴와 인자의 귀환(마 24:1-25:46)

예수는 24:1-25:46에서 다섯 번째이자 마지막 교훈 강화를 제자들을 위해 남겨 두신다(5:1-7:29; 10:5-11:1; 13:1-53; 18:1-19:1). 수난 주간에 예수께서 제자들에게 개인적으로 길게 가르치시는 것은 이번이 처음이다. 우리

---

29 David L. Turner, *Israel's Last Prophet: Jesus and the Jewish Leaders in Matthew 23* (Minneapolis: Fortress, 2015), 284.

는 각각의 교훈 강화가 천국의 특정 측면에 초점을 맞추고 있음을 주목했다. 즉, 천국 내에서의 삶(5:1-7:29), 천국의 선포(10:5-11:1), 종말론적 천국의 예기치 못하거나 신비로운 특성(13:1-53), 천국 시민으로 서로 관계 맺기(18:1-19:1) 등이다.

다섯 번째 교훈 강화는 천국의 물리적 효과(physical effects)를 설명한다는 점에서 천국에 대한 다른 강화들과 연결되어 있다. 천국 시작의 영적 측면은 AD 70년 성전이 파괴되면서 강하게 드러난다.

(1) 무너뜨리는 돌이신 예수(24:1-3)

21:23-23:39의 전체 부분이 성전에서 일어났고 이제 예수는 그곳을 떠나 동쪽 감람산으로 가기로 작정하신다. 가는 도중에 제자들은 성전 건축의 화려함으로 예수의 주의를 끈다(24:1;→ 막 13:1). 그러나 예수는 감명을 받지 않으신다. 예루살렘 성전의 물리적 매력은 단지 겉치레에 불과하며 성전은 사악함과 우상 숭배의 악취가 풍긴다. 그것이 "무너질" 때가 되었다(24:2; 참조, 26:61; 27:40).

24:1-25:46에 나오는 다섯 번째 교훈 강화(// 막 13:1-37// 눅 21:5-36)는 주석가들이 일반적 흐름을 추적하는 데 어려움을 겪고 있으므로 논쟁하는 것이 낯설지 않다. 사실 이 부분은 마태복음과 신약 전체에서 가장 논쟁의 여지가 많은 부분 중 하나이다. 논쟁의 핵심은 24:3에서 제자들이 제기하는 질문이다.

> 어느 때에 이런 일이 있겠사오며 또 주의 임하심과 세상 끝에는 무슨 징조가 있사오리이까(마 24:3).

프랜스(R. T. France)는 교훈 강화의 흐름이 제자들의 질문의 본질에 달려 있다고 주장한다. 제자들이 마가복음과 누가복음에서는 두 가지 다른 관점에서 동일한 질문을 하는 것처럼 보이지만, 프랜스는 마태의 기록에서 두 가지 별개의 질문을 식별해 낸다.

"언제 이런 일이 일어나겠습니까"라는 첫 번째 질문이 성전 파괴와 관련된다면, "주의 임하심(your coming)과 세상 끝의 징조는 무엇입니까"라는 두 번째 질문은 역사의 끝에 일어날 예수의 재림을 언급한다는 것이다. 예수는 24:4-35에서 첫 번째 질문에 답하고 24:36-25:46에서 두 번째 질문에 답하신다.[30]

두 번째 질문에 대한 마태의 표현이 마가와 누가의 표현보다 더 구체적이라는 점도 유의하라.

> 우리에게 이르소서 어느 때에 이런 일이 있겠사오며 또 주의 임하심과 세상 끝에는 무슨 징조가 있사오리이까(마 24:3).

> 우리에게 이르소서 어느 때에 이런 일이 있겠사오며 이 모든 일이 이루어지려 할 때에 무슨 징조가 있사오리이까(막 13:4).

> 선생님이여 그러면 어느 때에 이런 일이 있겠사오며 이런 일이 일어나려 할 때에 무슨 징조가 있사오리이까(눅 21:7).

마가와 누가의 표현은 거의 유사하며 성전이 멸망하는 정확한 시기를 알려 달라는 제자들의 요청을 강조한다. 그러나 마태의 이야기는 마지막 때에 성전이 파괴되는 과정에서 예수의 역할을 강조한다.

제자들의 마음에 성전의 파괴는 옛 시대의 궁극적 멸망과 새 시대의 완전한 도래를 의미해야 한다. 13장에서 예수는 제자들에게 종말 천국의 도래가 지닌 본질을 설명한다. 그는 천국이 한 번에 최종적으로 도래할 것이라는 그들의 오랜 견해에 도전하신다. 여기 24-25장에서 예수는 다가올 수십 년 내에 성전이 파괴되고 그 후에는 궁극적으로 악이 멸망하고 새 하늘과 새 땅이 완전히 도래할 것을 강조하신다.

---

30 France, *Gospel of Matthew*, 890.

이런 점에서 초점이 13장의 천국의 도래에서 24:36-25:46의 그것의 완성으로 옮겨진다. 천국의 도래가 비밀인 것처럼(13:11) 이스라엘 성전에 대한 심판이 옛 시대의 궁극적 멸망을 알리지 않는다는 점에서 천국의 완성도 마찬가지이다(24:4-35). "따라서 그들(제자들)의 지평을 넓혀 '세상 끝'까지 성전 없이 지속하는 것이 가능하며 성전의 종말이 반드시 만물의 종말은 아님을 깨닫게 하는 것이 예수의 임무이다."[31]

감람산 강화(Olivet Discourse)의 넓은 구조는 다음과 같다.

24:4-28	AD 70년의 성전 멸망으로 이어지는 사건들
24:29-35	인자의 도래
24:36-25:46	예상할 수 없는 인자의 도래

이 강화에는 구약에 대한 많은 암시가 포함되어 있지만, 특히 다니엘서가 감람산 강화에 반영되어 예수의 예언을 이해하기 위한 해석학적 틀의 역할을 한다.[32]

[마 24:2] 내가 진실로 너희에게 이르노니 돌 하나도 돌 위에 남지 않고 다 무너뜨려지리라.	[단 2:35] 우상을 친 돌은 태산을 이루어 온 세계에 가득하였나이다. [단 2:45] 손대지 아니한 돌이 산에서 나와서 쇠와 놋과 진흙과 은과 금을 부서뜨린 것을 왕께서 보신 것은.
[마 24:3] 주의 임하심과 세상 끝에는 무슨 징조가 있사오리이까.	[단 12:6] 이 놀라운 일의 끝이 어느 때까지냐.
[마 24:6] 이런 일이 있어야 하되(must happen) 아직 끝은 아니니라.	[단 2:45] 크신 하나님이 장래 일(what must happen)을 왕께 알게 하신 것이라.
[마 24:15] 그러므로 너희가 선지자 다니엘이 말한바 멸망의 가증한 것이 거룩한 곳에 선 것을 보거든.	[단 9:27](참조, 11:31; 12:11) 성전에 멸망의 가증한 것이 있을 것이다(사역).

---

31 France, *Gospel according to Matthew*, 340.
32 다니엘에 대한 이러한 암시 중 다수는 Blomberg, "Matthew," 86-87에도 제안되어 있다.

"이는 그때에 큰 환난이 있겠음이라 창세로부터 지금까지 이런 환난이 없었고 후에도 없으리라"(마 24:21).	"그때에… 환난이 있으리라 이는 개국 이래로 그때까지 없던 환난일 것이며"(단 12:1).
"그때에 인자의 징조가 하늘에서 보이겠고 그때에 땅의 모든 족속들이 통곡하며 그들이 인자가 구름을 타고 능력과 큰 영광으로 오는 것을 보리라"(마 24:30).	"인자 같은 이가 하늘 구름을 타고 와서…모든 백성과 나라들과 다른 언어를 말하는 모든 자들이 그를 섬기게 하였으니"(단 7:13-14).

이렇게 양 본문을 비교해 보면 예수께서 성전의 멸망과 역사의 끝날에 있을 자신의 재림을 예언하실 때 다니엘서가 가장 중요한 역할을 했다는 것은 거의 의심의 여지가 없다. 신약의 저자들이 구약을 인용하는 한 가지 방식은 청사진(blueprint)이나 원형모델(prototypical model)을 사용하는 것인데 여기서 신약 저자는 자신의 자료를 특정 구약 구절에 비추어 배열한다. 우리는 예수께서 다니엘서를 사용하신 방식에서 그 기법을 볼 수 있다.

그렇다면 그 의미는 무엇인가?

다니엘서가 감람산 강화에서 그렇게 중요한 이유가 무엇인가?

이에 대해 강화의 첫 부분이 중요한 실마리를 제공해 준다. 예수께서 "돌 하나도 돌 위에 남지 않고 다 무너뜨려지리라"(24:2)고 예고하실 때 다니엘 2:35과 45절을 언급했을 가능성이 매우 큰데, 거기에서는 "돌", 즉 메시아 또는 영원한 나라가 우상을 부서뜨린다. 예수께서 이미 자신을 거부하는 자들을 산산조각내고 부서뜨리는 다니엘 2장의 "돌"로 밝히신 것을 기억해야 한다(21:42-44).

이스라엘이 그를 거부하여 십자가에 못 박을 것이므로 참된 성전 또는 "돌"이신 그가 예루살렘 성전의 우상 숭배하는 돌들을 무너뜨릴 것을 약속하신다. 다니엘 2장의 예언이 뒤바뀌어 있다. 다니엘 2장에서 영원한 나라에 의해 무너질 이방 민족들이 24장에서는 이스라엘 민족과 동일시된다. 여기에 아이러니(irony)가 짙게 깔려 있다.

감람산 강화가 전개되면서 다니엘의 내러티브에 나타난 기본 윤곽은 유지되지만 약간의 반전이 있다. 지상의 왕국들 사이의 전쟁이 전례 없는 환난으로 확대되고 큰 대적자가 도래하여 이스라엘 내의 많은 사람을 속이는데(24:4-14), "멸망의 가증한 것"이 서면서 그 절정에 이른다(24:15-28).
　이때 인자가 그 현장에 도래하여 신속한 심판과 함께 넷째 짐승을 무찌르신다(24:29-35). 마태는 넷째 짐승을 명시적으로 언급하지는 않지만, 그의 독자들이 다니엘 7장에 나오는 이미지를 상기하기를 기대한다.
　아이러니하게도 넷째 짐승은 로마가 아니라 이스라엘이다!
　이스라엘이 언약을 저버렸을 때 아시리아와 바벨론이라는 전쟁 도구를 휘두르셨던 것처럼, 하나님은 AD 70년에는 자신의 목적을 이루기 위해 로마를 사용하실 것이다.

(2) 이스라엘 성전에 대한 심판(24:4-35)

　이 강화의 첫 번째 부분(24:4-14)은 제자들에게 거짓 메시아, 정치적 갈등, 기근, 지진이 일어나더라도 놀라지 말라고 알려 주는데, 이러한 현상들은 단지 "해산 진통의 시작"(개역개정에는 "재난의 시작"이라고 번역함-역주)에 불과하기 때문이다(24:8). 심지어 박해와 투옥, 그리고 땅끝까지의 복음 전파에도 놀라서는 안 된다(24:9-14; → 막 13:5-13). 그러나 경고 신호를 보내는 것은 "멸망의 가증한 것"의 도래이다(24:15). 성전의 멸망이 가까웠기 때문에 제자들은 이제 행동을 취하여 "산으로 도망"(24:16)해야 한다.
　이 강화에서 "멸망의 가증한 것"(24:15)이 이러한 전환점이 되는 이유는 무엇인가?
　이 구절에 대해 말할 내용이 많지만 몇 가지 주요한 점에 초점을 맞출 것이다. "멸망의 가증한 것"(abomination that causes desolation)이라는 문구는 다니엘 9:27, 11:31, 12:11 세 구절에서 유래한다. 어느 정도 이러한 세 본문은 BC 167년 안티오쿠스 에피파네스(Antiochus Epiphanes)가 성전 제단에 돼지를 희생 제물로 바침으로써 성전을 더럽힌 사건을 언급한다(1 Macc. 1:54).
　그러나 여러 주석가가 주장하는 바와 같이 다니엘의 예언은 BC 2세기에 끝난 것이 아니다. 예수는 "멸망의 가증한 것"을 미래의 현실로 여기신다. 이런 점에서 다니엘의 예언은 BC 167년에는 안티오쿠스 에피파네스에 의해, AD 70년에는 성전이 파괴됨으로써(마 24:15), 그리고 마지막으로 역사의 끝에 육체적 적그리스도가 하나님의 성소인 교회를 더럽힘으로써(살후 2:4) 단계적으로 성취된다고 볼 수 있다.

학자들은 종종 AD 70년에 로마 군인들이 성전 구역에서 이교도 희생제사를 바치고 군대 깃발을 세움으로써 성전을 더럽힌 사건을 예수께서 예언하신 "멸망의 가증한 것"에 대한 성취로 주장하곤 한다(Josephus, *J. W.* 6.316을 보라).[33] 그러나 아마도 다른 측면도 염두에 두어야 할 것이다. "멸망의 가증한 것"이라는 표현은 이스라엘의 불경건한 상태를 암시할 수도 있다. 이스라엘이 너무 악하고 부도덕해져서 불의의 주범이 되었다는 것이다.

구약의 선지자들이 종종 이스라엘의 우상 숭배와 불신실함을 "가증한 것"(abomination) 또는 "혐오스러운 것"(detestable)으로 서술하고 있다는 점에 유의하라(예컨대, 사 2:8; 호 9:10; 미 3:9; 나 3:6; 말 2:11). 신명기 18:9은 이스라엘 백성에게 가나안 땅에 사는 "그 민족들의 가증한 행위(타 브델뤼그마타[*ta bdelygmata*])를 본받지" 말라고 경고한다. 만약 그들이 그렇게 한다면 "이런 일을 행하는 모든 자가 여호와께 가증한 것"(브델뤼그마[*bdelygma*])이 된다(신 18:12).

신명기 18장에 따르면 이스라엘은 자기가 섬기는 가증한 것으로 변할 것이다. 마태복음 24장에서도 같은 점을 염두에 두고 있는 것으로 보인다. 즉, 이스라엘이 가증한 성전을 숭배하여 가증한 것이 되었다는 것이다. "최초의 경우에 멸망의 가증한 것이 사악한 이교도에 의해 수행되었다면(안티오쿠스 에피파네스 4세), 이제 야웨의 메시아를 거부하는 이스라엘은 유형론적으로 '사악한 이교 민족'이 되어 야웨의 진노의 대상으로 전락한다."[34]

---

33 John Nolland, *Matthew*, NIGTC (Grand Rapids: Eerdmans, 2005), 971.
34 Michael P. Theophilos, *The Abomination of Desolation in Matthew 24.15*, LNTS 437 (New York: Bloomsbury, 2012), 127.

사고의 흐름은 "그날 환난 후에 즉시"(24:29// 막 13:24)라는 문구와 함께 진행된다. 그 후 인자가 그 현장에 오셔서 악한 이스라엘 민족에게 심판을 쏟아붓는다. 그러나 어둠 속에서 한 줄기 빛이 비치는데 인자가 또한 흩어진 이스라엘 지파 곧 참된 이스라엘을 회복하시기 때문이다(24:29-35; → 막 13:24-31).

24:29에 나오는 우주의 언어는 한 민족의 멸망과 다른 민족의 승리에 찬 출현을 상징한다(예컨대, 사 13:10-13; 24:1-6, 19-23; 34:4; 렘 4:23-28; 겔 32:6-8). 이 경우 우주의 언어는 이스라엘 국가의 몰락과 대부분 이방인으로 구성된 참이스라엘의 부상을 의미한다(21:43을 보라).

인자의 즉위는 마태의 내러티브에서 중요한 주제이다. 그것은 예수께서 아버지의 뜻에 신실하게 순종하심으로써 사탄을 물리치고 인자로서 통치하기 시작하는 광야 시험 장면에서 처음으로 나타난다(4:1-11). 그것은 변모 사건에서 다시 한번 나타나는데(16:28; 17:2), 거기서 예수는 옛적부터 항상 함께 계신 분과 같은 속성을 가진 인자로 제자들에게 자신을 계시하신다(16:28; 17:2;→ 막 9:2-13).

또한, 예수는 "인자"로서 "자기 영광의 보좌에" 앉으시고 "이스라엘의 열두 지파"를 심판하실 것이라고 제자들에게 계시하신다(19:28). 지금까지 마태는 다니엘의 인자로서의 예수의 정체성에 대한 중요한 측면을 신중하게 발전시켜 왔다. 예수는 오랫동안 기다려 온 아브라함과 다윗의 후손일 뿐만 아니라(1:1), 또한 아버지의 오른편에서 다스리시는 우주의 심판자이시기도 하다.

(3) 예수의 재림(24:36-46)

강화의 마지막 부분(24:36-25:46)은 제자들의 두 번째 질문에 대답한다.

주의 임하심과 세상 끝에는 무슨 징조가 있사오리이까(마 24:3b).

내러티브의 초점이 AD 70년에서 역사의 끝에 있을 예수의 재림이라는 알려지지 않은 시기로 이동하는 것으로 보인다. 예수는 인성의 측면에서는 자신도 자신이 오실 "그날과 그때는" 모른다고 진술하신다(24:36).

성육신하신 주님은 일시적으로 아버지의 뜻에 복종하시지만(빌 2:5-8), 그가 재림의 때를 알지 못한다는 말은 24:35 이전 진술과 함께 이해되어야 한다. 거기서 그는 신성의 측면에서 자신의 말을 아버지의 말씀과 동등한 위치에 두신다.

> 천지는 없어질지언정 내 말은 없어지지 아니하리라(사 40:8; 51:6 참조).

36절은 강화의 나머지 단락의 대부분에 대한 논지이다(24:36-25:30).[35] 예수께서 언제 재림하셔서 악을 완전히 심판하시고 새 하늘과 새 땅을 세우실지는 "아무도 모른다." 예수의 재림은 불의한 사람들이 "홍수가 나서 그들을 다 멸하기까지 깨닫지 못하였던" "노아의 때"에 비유된다(24:37-39). 요점은 의인은 방주에서 살아남았던 반면 악인은 심판을 받았다는 것이다(창 7:6-23). 일반적인 믿음과는 달리, "버려둠을 당하는"(left behind) 것이 심판이라는 혼돈의 물에 휩쓸려 가는 것보다 낫다(24:40-41).

예수께서 언제 재림하실지 "아무도 모르기" 때문에(24:36). 그러므로 성도들은 "깨어 있어야" 한다(24:42). 마태는 이 부분에서 "그러므로 깨어 있으라"라는 표현을 두 번 반복한다(24:42; 25:13). 더욱이 다섯 번째 교훈 강화 전반에 걸쳐 예수는 "주의하라"(24:4), "깨달으라"(24:15, 43), "배우라"(24:32), "알라"(24:33), "준비하고 있으라"(24:44)라고 명령하신다. 경계(vigilance)가 가장 중요하다. 심판이 임박했으며 영적으로 적절히 대응하는 사람들만이 시대의 징조를 인식할 것이기 때문이다.

그런 다음 예수는 24:43-25:30에서 제자들에게 깨어 있어야 할 필요성을 분명하게 설명하시기 위해 네 가지 비유를 가르치신다.

---

35 Osborne, *Matthew*, 902.

이 강화는 "인자가 자기 영광으로 모든 천사와 함께 올 때에 자기 영광의 보좌에 앉을" 것이라는 마지막 심판으로 끝난다(25:31). 이 구절의 문구는 24:30과 놀랍도록 유사하다.

마태복음 24:30-31	마태복음 25:31-32
"그때에 인자의 징조가 하늘에서 보이겠고 그 때에 땅의 모든 족속들이 통곡하며 그들이 인자가 구름을 타고 능력과 큰 영광으로 오는 것을 보리라 그가 큰 나팔소리와 함께 천사들을 보내리니 그들이 그의 택하신 자들을 하늘 이 끝에서 저 끝까지 사방에서 모으리라."	"인자가 자기 영광으로 모든 천사와 함께 올 때에 자기 영광의 보좌에 앉으리니 모든 민족을 그 앞에 모으고 각각 구분하기를 목자가 양과 염소를 구분하는 것같이 하여."

양 본문 모두에 결정적 영향을 끼친 구약 본문은 다니엘 7:13-14이지만 두 구절의 주요한 차이점은 다니엘 7:13-14의 완전한 성취 여부이다. 마태복음 24:30-31이 일반적으로 AD 70년을 언급하는 반면 25:31-32은 예수의 재림을 나타낸다.

내러티브 전체에서 우리는 하나님이 보이지 않는 하늘에서 그분의 우주 성전을 다스리는 구약과 유대의 우주론에 대한 마태의 강조점을 지적한 바 있다.

예수는 산상수훈에서 청중에게 "하늘"이 "하나님의 보좌"(5:34)임을 상기시키신다. 그다음 19:28에서 예수는 재림 때에 "인자가 자기 영광의 보좌에 앉을" 것이라고 예언하신다. 마지막으로 23:22에서도 마찬가지로 "하늘"이 "하나님의 보좌"라고 말씀하신다. 이러한 구절들을 25:31-32과 연관해 볼 때 우리는 예수께서 그의 신실한 사역, 죽음, 부활을 통해 하나님의 보좌에 올라가 하나님과 함께 우주를 다스리실 것으로 추정한다.

역사의 끝에 있을 재림 때 예수는 목자가 양과 염소를 구분하는 것같이 사람들을 각각 구분할 것이다(25:32). 예수는 13장에서 천국의 비밀에 대해 가르치실 때 "인자가 그 천사들을 보내리니 그들이 그 나라에서 모든 넘어지게 하는 것과 또 불법을 행하는 자들을 거두어 낼" 것이라고 이 큰 사건을 예고하셨다(13:41; 참조, 13:48). 의인과 불의한 자가 더 이상 함께 살지 못할 것이다. 의인들은 새 창조를 상속받을 것이고(25:34) 불의한 자들은 "마귀와 그 사자들을 위하여 예비 된 영원한 불"(25:41; 참조, 계 20:13-14)에 던져질 것이다.

의로운 삶에 대한 한 특징을 25:35에서 찾아볼 수 있다.

> 내(예수)가 주릴 때에 너희가 먹을 것을 주었고 목마를 때에 마시게 하였고 나그네 되었을 때에 영접하였고(마 25:35).

몇 구절 후에 예수는 천국 시민들이 서로를 어떻게 대해야 하는지 언급하신다. 하나님의 백성이 박해를 받고 궁핍할 때 참된 제자들이 그들을 도우러 온다는 것이다(25:37-39). 예수는 그의 백성과 연합되어 계시므로 이 참된 제자들은 마치 예수를 섬기는 것과 같다(25:40). 여기에서 발견되는 많은 내용이 이미 네 번째 교훈 강화에서 선포되었다(18:1-19:1).

4) 인자에 대한 배반과 공회 앞에서의 재판(26:1-75)

(1) 기름 부음 받은 왕으로서의 예수(26:1-16)

26장의 시작 부분은 예수의 마지막 교훈 강화에서 그의 임박한 죽음으로 전환된다. 예수는 이 강화를 마치신 후 제자들에게 "이틀이 지나면 유월절"이고 "인자가 십자가에 못 박히기 위하여 팔릴 것"이라고 말씀하신다(26:2). 성전 파괴(24:2-35)는 이스라엘이 메시아를 궁극적으로 거부한 것에 근거한다. 이스라엘은 "인자"를 십자가에 못 박을 것이고(26:2) 후에 바로 그 "인자"에 의해 심판을 받게 될 것이다(24:30).

그런 다음 마태는 여전히 예수를 죽이려는 종교 당국이 이제 그들의 계략을 "비밀리에" 실행할 계획이라고 언급한다(26:4). 사람들 사이에 여전히 인기가 많은 예수는 유대 당국의 공개적 함정에는 빠지지 않았으므로(22:15-40) 그들은 그를 은밀히 붙잡아야 했다.

베다니에서 예수께 향유를 부은 사건을 수난 주간의 첫부분에 배열하는 요한과 달리(요 12:1-8), 마태와 마가는 유월절 만찬 직전에 가서야 서술한다(26:6-13// 막 14:3-9). 그렇게 함으로써 마태와 마가는 유다에 의한 예수의 배반(26:14-16// 막 14:10-11)을 기름 부음 사건 때 일어난 일과 연결하고 (메시아적) 기름 부음을 유월절 만찬과 밀접하게 연결한다.

우리는 나병 환자 시몬에 대해 거의 알지 못하지만(26:6), 그가 예수에게 고침을 받고 후에 사회로 다시 돌아왔다고 추정할 수 있다. 아마도 그는 이 놀라운 이야기의 목격자 중 하나였을 것이다. 요한복음의 병행 이야기를 통해 예수께 기름을 부은 여인의 이름이 마리아이고 그녀의 두 남매가 마르다와 나사로임도 알게 된다(요 12:1-3).

아마도 마가와 마태는 초기 교회의 이 시점에서 그 가족이 예수와 친밀한 관계를 맺고 있었기 때문에 세 사람의 이름을 생략했을 것이다. 예수의 동료들은 유대 당국의 표적이 되었기에 마태와 마가는 그들의 신분을 보호하고 있을 수도 있다(요 12:10-11; 행 8:1-5을 보라).

마리아는 "매우 귀한 향유"를 가져다가 "예수의 머리에" 붓는다(26:7). 예수의 머리에 귀한 기름을 붓는 행위는 메시아적 몸짓으로 보인다(예컨대, 삿 9:15; 삼상 9:16; 16:13; 시 18:50). 마리아는 예수께서 그의 백성과 열방을 다스릴 대망의 다윗의 자손(1:1)이라는 것을 이해하고 있었을 것이다. 그러나 그녀에게는 예수께서 어떻게 다윗의 자손이면서 동시에 유월절 어린양인지에 대한 지식이 아직은 부족했을 것이다(26:26). 왕이 곧 속죄 제물이다.

10:4에서 우리가 처음 만난 유다는 마리아의 행동에 소스라치게 놀란다. 이미 언급한 바와 같이 요한이 기름 부음 사건을 수난 주간의 시작 부분에 두는 반면, 마태는 베다니에서 일어난 그 사건을 예수를 죽이려는 종교 당국의 욕망(26:3-5// 막 14:1-2)과 유다의 배반(26:14-16// 막 14:10-11) 사이에 끼우는 마가의 선례를 따른다. 기름 부음 사건은 배신의 촉매제로서 유다와 유대 지도자들의 눈에는 "예수와 그의 제자들이 곧 메시아적 봉

기를 계획하고 있음"을 입증한다.[36] 위협은 제거해야만 한다.

(2) 유월절 어린양으로서의 예수의 신실하심(26:17-46)

"무교절의 첫날에" 제자들은 그들이 유월절 식사를 어디에서 할지 묻는다(26:17). 그 저녁(목요일 밤)에 예수와 제자들은 예루살렘에서 유월절을 지킨다(// 막 14:12-25 // 눅 22:7-20; → 막 14:12-31). "내 때가 가까이 왔으니"라는 표현을 추가하는 것은 마태가 유일하다(26:18). 제자들은 "아무에게"(certain man) 가서 그 말을 그대로 전해야 한다.

마태의 내러티브에서 그 의미는 분명하다. 몇 시간 후에 예수는 무력하여 악인들의 사악한 음모에 굴복하는 것처럼 보일 것이다. 그러나 사실과 다른 것은 아무것도 없다. 마태의 내러티브는 다윗의 자손이자 참된 하나님의 이스라엘인 예수께서 악인들의 손에 죽임을 당할 것이라는 예상으로 시작한다. 아기였을 때 예수는 헤롯의 위험을 피하고(2:13-23) 성인이 되어서는 일찍이 그를 죽이려는 유대 지도자들의 시도를 능숙하게 피한다(12:14).

그러나 이제 그가 죽을 때가 되었다. 유월절 식사는 예수의 사명을 분명하게 보여 준다. 예수는 최종적 유월절 어린양으로 하나님 백성의 죄를 짊어지실 분이시다.

예수와 함께 죽겠다는 제자들의 감정이 앞선 약속(26:35)은 겟세마네에서 곧 시들어 버린다. 감람산 비탈에 자리 잡은 예수와 제자들은 깨어 기도하기 위해 모인다(눅 22:39). 이 장면에서 한 가지 두드러지는 요소는 예수의 신실함과 제자들의 불신실함 간의 대조이다.

처음부터 마태는 아버지께 순종하고자 하는 참되고 신실한 이스라엘이라는 예수의 정체성을 강조해 왔다. 예수는 아버지의 뜻에 순종함으로써 광야의 시험에서 사탄을 다스리신다. 여기서도 예수는 마지막 때의 고난의 "잔"을 마시며 아버지를 향한 자신의 헌신을 재확인하신다(26:42). 신실

---

[36] Richard Bauckham, *Jesus and the Eyewitnesses: The Gospels as Eyewitness Testimony* (Grand Rapids: Eerdmans, 2006), 192.

하신 분이 하나님의 불신실한 백성을 해방하시기 위해 하나님의 종말론적 진노의 잔을 마실 것이다(사 51:17, 22; 렘 25:15; 49:12).

(3) 예수의 체포와 심문, 베드로의 부인(26:47-75)

체포되는 동안(// 막 14:43-50 // 눅 22:47-53 // 요 18:1-14) 예수는 한 병사의 귀를 내려친 "동료" 중 한 사람(또는 베드로)에게 칼을 내려놓으라고 말씀하신다(26:52; → 요 18:10). 무기는 필요하지 않다. 예수는 그의 "아버지"께 "구하여" 열두 군단 더 되는 천사를 마음대로 부리실(파라스테세이[parastēsei]) 권한이 있으시기 때문이다(26:53). 마태복음은 이 말씀을 포함하고 있는 유일한 복음서이다.

왜 그럴까?

구약성경은 천사들을 군사적 맥락에서 언급하지만(예컨대, 왕하 6:17; 시 91:11), 여기에서는 염두에 두고 있는 특정한 구약 본문이 있을 수 있다. 마태의 내러티브에서 중심이 되는 구절이자 마태복음 26:64에도 인용된 다니엘 7:13에는 다음과 같이 기록하고 있다.

> 그(인자 같은 이)가 옛적부터 항상 계신 분으로서 오셨고 수종 드는 자들(호이 파레스테코테스[hoi parestēkotes])이 그와 함께 있었다(마 26:64, AT).

이러한 "수종 드는 자들"은 7:10에서 발견되는 그룹과 같은 그룹이다. "천 천(a thousand thousands)이 그(옛적부터 항상 계신 분)를 기다리고 있었고 만만(ten thousand times ten thousand)이 그를 수종 들며(파레이스테케이산[paraeistēkeisan]) 서 있었다"(AT).

다니엘 7:13에 따르면 인자는 네 번째 마지막 짐승을 물리치는 일을 수행했기 때문에 옛적부터 항상 계신 분의 천사들에게 "수종 받으실" 권리를 얻는다. 예수도 하나님의 뜻에 신실하여 귀신을 물리친 인자라는 신분 때문에 천사들을 소환할 권리가 있으시다(24:30-31을 보라). 그러나 그러한 권리를 얻었음에도 불구하고 인자라는 예수의 신분은 어떤 면에서는 여전히 미완성이다. 그는 하나님의 종이 먼저 고난을 받고 죽어야 한다는 구약의 기대를 "성취"해야 한다(예컨대, 사 52:13-53:12). 천사의 소환은 종말론적 일의 순서를 뒤바꾸는 일이다.

병사들은 예수를 감람산에서 현 대제사장인 가야바의 집으로 끌고 간다(26:57). 대제사장, 서기관, 평신도 지도자로 구성된 이스라엘의 통치 체제인 공회(산헤드린)가 예수를 예비적으로 재판할 곳이 바로 이곳이다. 복음서에는 예수에 대한 두 번에 걸친 공회 재판이 등장한다. 한 번은 자정 이후에 있었고(26:59-66// 막 14:53-65), 다른 한 번은 이른 아침에 있었다(눅 22:66-71). 첫 번째 공회 재판에 대해 많은 말을 할 수 있지만(→ 막 14:53-65) 두 가지 점에만 제한할 것이다.

첫째, 심문하는 동안 가야바는 예수의 침묵을 깨고 "네가 하나님의 아들 그리스도인지 우리에게 말하라"라고 질문한다(26:63). 마가는 "찬송받을 자의 아들 그리스도"로 표현한다(막 14:61). 가야바는 아마도 "하나님의 아들"이라는 칭호를 "메시아"와 동의어로 사용했을 것이지만(두 칭호가 26:63에서 한 쌍으로 나오는 방식에 주목하라), 마태의 청중은 예수에 관해 가야바보다 더 많이 알고 있다.

"하나님의 아들"이라는 용어는 내러티브 전반에 걸쳐 살펴본 것처럼 첫 번째 복음서에서 중요한 역할을 하는데, 특히 참된 이스라엘, 하나님의 신실하신 신적 "아들"(2:15; 3:17; 4:3, 6; 8:29;→ 16:13-20)이라는 정체성을 나타내기 때문이다.

둘째, 예수는 자신이 참으로 "하나님의 아들 메시아"라고 단언하지만, 이어 다니엘 7장의 "인자"이기도 하다고 대답하신다. 다니엘 7:13과 시편 110:1의 이중 인용문을 통해 대제사장에게 다음과 같이 말씀하신다.

> 이제부터(아프 아르티[*ap'arti*], 개역개정에는 "이후에"로 표현됨-역주) 인자가 권능의 우편에 앉아 있는 것과 하늘 구름을 타고 오는 것을 너희가 보리라(마 26:64).

마가의 내러티브에는 그러한 시간적 표현이 없으므로 그에 대해 생각해 볼 필요가 있다. 소수의 번역이 "이제부터"(아프 아르티)를 먼 미래에 일어나는 것으로 번역하는 반면(HCSB, NLT, NIV[1984]), 다른 번역은 임박한 이해를 선택하는데(ESV, NRSV, NIV[2011], KJV, NASB) 여기에는 충분한 근거가 있다(아프 아르티가 나오는 23:39; 26:29도 참조).

마태의 내러티브는 광야의 시험에서 시작하여 부활에서 절정을 이르는 예수의 우주적 승천을 주의 깊게 추적한다. 내러티브는 여러 지점에서 독자들의 주의를 반복해서 우주로 이끌었으며 예수께서 하나님의 율법을 신실하게 순종함으로써 다니엘 7장의 인자로서 우주를 다스리기 시작하셨다는 점을 상기시켜 주었다(예컨대, 5:34-35; 6:9-13; 16:17-19). 예수의 죽음과 부활이 가까웠고 그가 아버지의 보좌에 앉으실 때가 되었다.

26장은 세 번에 걸친 베드로의 부인으로 고통스럽게 끝난다(26:69-75; → 막 14:66-72). 예수의 가장 친밀한 친구들이 거의 모든 희망을 잃은 것으로 보인다. 베드로는 수많은 기적을 목격했으며 심지어는 갈릴리 바다의 큰 풍랑의 한복판에서 예수께서 "하나님의 아들"이심을 고백했다(14:33).

그러나 베드로와 다른 사람들은 예수께서 십자가에서 못 박히실 때 그를 주라고 고백할 수 있을까?

베드로와 제자들은 예수 사역의 초기에는 그를 따르기를 열망하지만, 마지막에도 그렇게 할 것인가?

5) 인자의 죽음(마 27:1-66)

(1) 예수의 "넘겨짐"과 유다의 죽음(27:1-10)

27장은 누가만이 기록하고 아마도 성전 내부에서 일어났을 두 번째 공회 재판의 결론으로 보이는 사건으로 시작된다(→ 눅 22:66-71; 참조, 막 15:1). 두 번째 재판은 첫 번째 재판의 결론을 공식화한다. 나사렛 예수는 사형에 처함이 마땅하다는 것이다. 종교 당국은 금요일 아침에 예수를 빌라도에게 "넘겨 준다"(27:2). 세례 요한이 헤롯에게 "넘겨지는" 것(4:12 AT)

과 예수께서 자기와 제자들이 그 뒤를 따를 것이라고 예고하신 것(10:17; 17:22; 20:18-19; 24:9-10; 26:2, 21, 23-25, 45)을 기억하라.

사도행전 1:18-19에 보면 베드로가 그의 설교에서 유다가 목매어 죽은 사실을 언급하지만, 복음서 저자 중에는 마태만이 그 사건을 상세하게 서술한다(27:3-10). 사무엘하 15-16장에서 다윗왕의 조언자였던 아히도벨은 압살롬의 반역에 전술적 조언을 해 줌으로써 다윗왕을 배반한다(삼하 15:12, 31; 16:21-23; 17:1-4). 아히도벨은 그의 계획이 무산되자 곧 목을 맸다.

예수와 다윗 간의 강한 모형론적 연관성을 고려할 때 다윗을 배반한 아히도벨과 예수를 배반한 유다의 배반 사이의 모형론적 관련이 있을 수 있다. 두 인물 모두 한때는 왕의 측근이었으나 결국 그를 따르지 않았다. 마태는 또한, 27:6-10에서 "토기장이의 밭"을 살 것이라는 구약의 예언을 짚어 낸다. 예레미야 32:6-9과 스가랴 11:12-13을 혼합 인용한 취지는 분명 "하나님께서 예언자 스가랴와 예레미야의 매우 상징적인 사역에서도 그러하셨듯이 실제로 예수의 배반과 유다의 죽음이라는 비극적 사건에서도 주권적으로 일하신다"라는 것을 모형론적으로 보여 주는 데 있다.[37]

(2) 빌라도 앞에서의 예수의 재판과 사형 선고(27:11-26)

유월절 축제 동안 예루살렘에 거주했던 빌라도는 유대의 로마 총독으로 평화와 안전을 지키는 책임을 맡고 있다. 유대 지도자들이 예수를 죽이고자 한다면 빌라도가 동의하고 집행해야 한다. 그들은 예수를 예루살렘 상부 도시에 있는 헤롯의 옛 궁전인 관정(Praetorium)으로 끌고 간다(// 막 15:2-15// 눅 23:2-3, 18-25// 요 18;29-19:16).

"대제사장과 장로들"이 예수를 고발한다. 즉, 예수께서 "유대인의 왕"이라고 주장했다는 것이다(27:11). 예수께서 "당신이 그렇게 말했소"(개역개정에는 "네 말이 옳도다"로 번역함-역주)라고 말씀하실 때(27:11) 어떤 면에

---

[37] Blomberg, "Matthew," 96.

서 그 고발에 동의하신다. 마태복음은 예수의 메시아 직의 정당성을 확실히 입증했다. 그러나 예수의 메시아적 정체성은 기대와는 다르고 빌라도의 질문 의도와도 다르다. 그는 민족을 해방하거나 반란을 일으키려는 것이 아니다. 그는 정치적 결과보다는 악마와 악마의 군대를 물리치는 영적 영역에 훨씬 더 큰 관심이 있다. 예수는 왕이시지만, 그의 통치는 팔레스타인의 물리적 경계를 훨씬 넘어선다. 그것은 우주의 먼 곳까지 뻗어 있다.

(3) 예수의 십자가 처형과 매장(27:27-66)

빌라도는 종교 당국이 "시기"(27:18)로 예수를 정죄한다는 인상을 받지만, 그의 아내가 예수가 "옳은 사람"이라는 기이한 꿈을 꾼 것은 의미심장하다. 이방인이자 하나님을 경외하는 자로 보이는 빌라도의 아내는 그들의 의를 자랑하는 사람들보다 더 영적인 통찰력을 보여 준다(23:28을 보라). 예수께서 예언하신 대로 이러한 종교 지도자들은 의롭다고 주장하면서도 진정으로 "의로운" 자를 박해하는 데 몰두하고 있다(23:29, 35).

재판이 계속되고 대제사장들과 무리가 살인자이자 반란자(막 15:7)인 바라바의 석방을 요구한다(27:20-26a). 아이러니하게도 그들은 오히려 "의로운" 예수를 상대로 제기한 혐의를 실제로 저지른 불의한 죄인을 예수 대신에 풀어 주려고 한다. 빌라도는 공식적으로 예수께 십자가형을 선고하고(27:26b), 병사들은 관정에서 예수를 조롱하고 구타한다(27:27-31// 막 15:16-20).

병사들은 잘난 체하며 예수를 "유대인의 왕"으로 선언하는데 이는 마태복음에 네 번 나오는 "유대인의 왕" 칭호 중 세 번째에 해당한다(2:2; 27:11, 29, 37). 우리는 이 칭호를 2:2에서 처음 접했는데, 동방 박사들이 "유대인의 왕으로 나신 이가 어디 계시냐"라고 묻는다. 마태복음의 마지막 부분에서 마침내 그들의 질문에 대한 대답을 얻는다. 약 25장 후에 여기서 그는 이스라엘의 왕으로서 매를 맞고 정죄를 받는다. 그러나 정확히 이 상태에서 예수는 이스라엘의 왕으로서 통치하신다. 그의 왕권은 주로 고난과 패배로 특징지어지기 때문이다.

마태복음 27:32-44에는 예수의 끔찍한 십자가 처형에 관해 서술된다(// 막 15:22-32// 눅 23:33-43// 요 19:17-24). 그는 골고다에서 "두 강도(반역자)" 사이에서 십자가에 못 박히신다(27:38). 마태는 십자가에 못 박히신 사건 전반에 걸쳐 시편 22편을 암시함으로써(시 22:18을 인용하는 마 27:35; 시 22:7을 인용하는 마 27:39; 시 22:1을 인용하는 마 27:46) 예수의 고난을 다윗왕의 고난과 긴밀하게 관련시킨다(→ 막 15:24-34).

마태복음의 시작부터 끝까지 다윗의 삶은 모형론적으로 예수의 삶과 일치한다. 베들레헴에서 골고다에 이르기까지 예수는 다윗의 생애를 되풀이하지만, 확연히 다른 점은 예수가 더 위대하시다는 것이다. 밧세바 사건도 없고 불법적인 인구 조사도 없다. 예수의 사역에는 단 한 점의 허물도 없다. 예수께서 다윗보다 더 위대한 다윗이라고 말할 수 있을 것이다.

마태복음의 현저한 특징 중 하나는 27:51-53에 우주적 사건을 포함하고 있다는 점이다. 학자들이 이 어려운 단락을 파악하기 위해 많은 에너지를 쏟았지만 한 가지 점만 짚고 넘어가려고 한다. 이러한 현상은 종말론적 천국, 즉 새 창조가 이미 이 땅에 나타나기 시작하고 있다는 마태의 주장에 비추어 이해되어야 한다(사 26:19; 겔 37:12-13; 단 12:1-2을 보라). 우리는 이 주제를 예수의 생애 초기부터 지금까지 추적해 왔다.

다니엘 7장에 나오는 인자로서 예수는 아버지의 뜻에 신실하게 순종하심으로써 마귀를 정복하기 시작하고 그 결과로 이 땅에 천국을 세우기 시작하신다. 하늘과 땅이라는 두 지점이 예수를 통해 교차하기 시작한다. 하나님 백성의 죄를 위한 예수의 속죄 죽음의 결과는 새 창조의 침입(in-breakung)이다.

성전 휘장이 찢어진 것은 옛 우주의 찢어짐을 상징하며(출 26:31-33을 보라), 따라서 하나님의 임재가 내려와 인류와 함께 거하실 수 있다(→ 막 15:33-41). 임마누엘이 지금 인류와 "함께" 있다는 점에서 이 땅에서는 하나님의 영광이지만(1:23; 18:20; 28:20), 그의 죽음은 새롭고 심오한 방식으로 하늘로 이르는 길을 열어 준다(요 1:51 참조). 히브리서 12:22에는 같은 생각이 포착된다.

> 너희가 이른 곳은 시온산이고, 살아계신 하나님의 도성인 하늘의 예루살렘이며, 천만 천 사들의 축제 모임이다(히 12:22, 사역).

십자가 처형은 예수께서 "진실로 하나님의 아들이었도다"라는 병사들의 고백에서 절정에 이르는데, 이는 하나님의 영광이 이제 열방으로 나아가고 있음을 보여 준다(27:54). 마가와 누가가 백부장에게만 주의를 집중하지만(막 15:39// 눅 23:47), 마태는 병사들 또는 그와 "함께 예수를 지키는 자들"을 추가한다. 요점은 천국에 참여하는 것이 유대교로의 개종에 달려 있지 않다는 것이다. 필요한 것은 오직 예수에 대한 확고한 믿음이다.

"예수를 섬기며 갈릴리에서부터 따라온" 세 여인이 멀리서 (십자가에 못 박히심을) 바라보고 있었다(27:55-56). 마가를 따라 마태는 백부장을 이 여인들과 연결함으로써 천국의 핵심 구성원을 밝힌다. 즉, 이방인과 여인들을 포함한 모든 민족이 예수를 통해 중요한 구성원이 된다(→ 막 15:39-41).

그날 후에 아리마대 요셉이라는 공회의 일원(막 15:43)이 빌라도에게 예수의 시신을 달라고 요청하여 "자기의 새 무덤"에 매장한다(27:57-60// 막 15:42-47// 눅 23:50-56// 요 19:38-42). 안식일이 다가오고 있으므로 요셉은 빠르게 행동해야 한다. 마태는 요셉을 "예수의 제자"라고 밝힌다(27:57). 진정한 제자도는 마태복음 전반에 걸쳐 나타나며(예컨대, 16:24; 17:20; 26:31) 수난 주간에 고조되는 핵심 주제이다. 제자들은 어디에서도 찾을 수 없지만(베드로에 대한 마지막 언급은 26:75에 있음), 마태는 헌신적으로 예수를 따르는 한 사람에게 빛을 비춘다. 앞 단락(27:55-56)에 나오는 아리마대 요셉과 여인들이 본래의 제자들보다 더 나은 빛을 받고 있다. 그들은 예수를 끝까지 따르기로 결심한다.

27장은 그다음날 안식일에 예수의 시신에 관해 종교 당국과 빌라도가 주고받는 대화로 끝난다(27:62-66). 이 사건은 마태복음에만 나온다. 유대 지도자들은 예수를 "사흘 후에 다시 살아나리라"라고 예고한 "속이던

자"(호 플라노스[*ho planos*])로 비난한다(27:63). 그러한 비난은 예수께서 일찍이 제자들에게 "거짓 선지자들"이 이스라엘 내의 "많은 사람을 미혹하리라(플라네수신[*planēsousin*])"고 말씀하셨기 때문에(24:5, 24) 상당히 아이러니하다.

지도자들은 만일 예수의 시신이 무덤에서 옮겨진다면 "후의 속임(예수의 시신을 옮김)이 전(예수의 부활 예고)보다 더 클 것"(27:64)임을 인정한다. 다시 말해, 빈 무덤은 셀 수 없이 많은 제자를 낳고 세상을 뒤집어 놓을 것이다. 물론, 그 점에 대해서는 그들이 옳지만, 예수를 "속이는 자"라고 말한 것은 틀렸다.

빈 무덤은 예수의 지상 사역 전체의 진실성을 증언해 줄 것이다. 더욱이 유대 지도자들과 빌라도 사이의 이러한 논의를 마태가 포함한 것은 예수 부활의 역사성을 확증해 준다. 만일 제자들이 예수께서 무덤에서 살아나셨다고 주장하기 위해 병사들을 제압하고 예수의 시신을 훔칠 수 있다면 그들 역시 속이는 죄를 범하는 것이다. 예수의 모든 사역, 즉 그의 천국의 메시지, 자신이 하나님의 아들이요 인자라는 그의 주장이 카드로 된 집처럼 무너질 것이다. 그러나 그가 육체의 영광스러운 몸으로 죽은 자 가운데서 진정으로 살아난다면 예수께서 주장한 모든 것이 사실이 된다.

6) 높아지신 인자와 지상 명령(마 28:1-20)

(1) 빈 무덤(28:1-10)

사복음서는 부활의 다양한 측면을 기록한다(28:1-10// 막 16:1-8// 눅 24:1-10// 요 20:1-8). 28장은 빈 무덤(28:1-10), 유대 지도자들의 음모(28:11-15), 제자들에게 주신 인자의 지상 명령(28:16-20) 등 세 부분으로 구분할 수 있다. 첫 번째 부분은 "그 주간의 첫날"(개역개정에는 "안식 후 첫날"로 번역함-역주) 새벽에, 즉 일요일 이른 아침에 일어난다(28:1; → 막 16:1-8).

두 명의 신실한 여인 막달라 마리아와 "다른 마리아"는 예수께서 십자가에 못 박히고 장사 지낼 때 현장에 있었다(27:56, 61). 예수의 사역에 대한 그들의 충성은 그들이 "무덤을 보려고" 갈 때도 계속된다. 내러티브는 28:2의 시작 부분에 나타나며 "갑자기"(HCSB 역)로 번역되는 카이 이두(*kai idou*)라는 어구와 함께 이상한 방향으로 전환된다(개역개정에는 생략됨-역주). 내러티브 전체에서 28번 발견될 정도로 마태가 자주 사용하는 이 어구(예컨대, 2:9; 3:16-17; 4:11; 8:24)는 놀라운 사건의 반전에 대해 마태의 청중을 준비시키는 역할을 한다.

여인들은 무슨 광경을 보았는가?

외관상 "큰 지진"과 함께 "주의 천사가 하늘로부터 내려온" 것처럼 보인다(28:2). 큰 지진이 이미 일어났고 여인들은 그 결과를 목격하고 있는 것으로 보인다. 세 개의 공관복음은 모두 감람산 강화에서 지진을 언급하지만(마 24:7// 막 13:8// 눅 21:11), 마태만이 유일하게 지진에 대해 추가로 두 번 더 언급한다(27:54; 28:2). 세 번의 지진은 모두 하나님의 심판에 대한 물리적 징후로 이해되어야 한다.

우리는 8:24에서 풍랑을 묘사하기 위해 지진 언어를 사용하는 것을 숙고했고 그것이 악마의 세력에 대한 하나님의 심판과 관련이 있음을 주목했다(→ 8:23-27). 27:51의 십자가 처형 때 일어난 지진 현상은 우상을 숭배하는 옛 우주에 대한 하나님의 심판을 상징하고 여기 28:2에 언급된 지진은 죽음에 대한 하나님의 결정적 심판을 상징한다.

또 하나 미묘하지만 주목할 만한 점은 마태가 천사를 "하늘로부터(엑스 우라누[*ex ouranou*]) 내려온 주의 천사"로 묘사한 것이다(28:2).

왜 천사의 기원을 언급하는가?

부활에 관한 이 이야기와 마가 및 누가의 이야기 간의 차이점 중 하나는 무덤 밖에서 일어난 일에 대한 마태의 서술이다. 마가와 누가는 주로 무덤 안에서 일어난 일에 대해 논의한다(// 막 16:5-7// 눅 24:3-8).

마태복음의 상당 부분이 복음 선포를 통한 종말론적 천국의 성장을 서술하는데 그 결과 하나님의 영광이 하늘에서 땅으로 드러나게 된다(5:34; 6:9-10; 10:7; 16:19; 18:18-19; 26:64). 마태복음이 진행됨에 따라 천국도 진행된다. 광야 시험에서 마귀에 대한 예수의 승리, 속죄의 죽음, 승리의 부활은 천국의 침입을 가져온다. 하늘(heaven)이 땅에 왔다!

이 견해를 보강해 주는 근거로는 천사의 "형상이 번개(아스트라페[astrapē] 같다"라는 마태의 설명이다(28:3). 번개는 종종 하나님의 하늘 임재와 관련이 있다(예컨대, 출 19:16; 계 4:5; 8:5; 11:19; 16:18). 따라서 무덤 밖에서 일어난 천사의 임재는 이 땅에 임한 하나님의 임재를 상징한다.

예수는 참으로 "임마누엘"(1:23)이시므로 예수께서 지상 사역을 하시는 곳에 하늘도 그와 함께 간다. 그러나 부활로 인해 그의 백성 가운데 계시는 하나님의 임재에 중대한 변화가 생겼는데, 하나님은 성령을 통해 그의 백성과 함께 거하실 것이다(28:19). 신실하신 인자가 새로운 성전을 지었으므로 그를 신뢰하는 모든 사람은 하나님의 제한 없는 임재를 누린다.

(2) 큰 속임수(28:11-15)

유일하게 마태복음에는 빌라도가 종교 당국의 요청에 따라 예수의 시신을 훔치는 것을 막기 위해 무덤에 경비병을 배치하게 하는 내용이 담겨 있다(27:62-66). 천사가 내려왔을 때 경비병들은 "그를 무서워하여 떨며 죽은 사람과 같이 되었다"(28:4; 계 1:17). 경비병들은 의식을 되찾자 예루살렘으로 돌아가 유대 지도자들에게 "일어난 모든 일", 즉 예수의 부활에 대해 증언했다(28:11).

예수께서 살아 있다는 반박할 수 없는 보고를 받았음에도 불구하고 당국은 은폐를 계획한다.

병사들이 과실로 인하여 죄책감을 느꼈다면 왜 그런 이야기를 만들어 내겠는가?

그들이 27:64에서 제자들이 시신을 훔쳐 갈 수도 있다고 빌라도에게 설명한 것과 동일한 계획이 그들의 공식적인 대응이 될 것이다. 이 작업을 수행하기 위해서는 모두가 동참해야 한다. 거래를 성사시키기 위해 당국은 병사들에게 "돈을 많이" 지불한다(28:12). 이와 동일한 그룹이 예수를 배반하는 대가로 유다에게 은 삼십을 지불했으며(26:3, 14-16), 이제 그들은 대중을 속이기 위해 왕의 몸값을 지불하고 있다. 그러한 행동은 이스라엘의 지도자들이 얼마나 악한지를 보여 준다. 부활의 진실, 즉 예수의 정체성과 사명의 진실을 발견한다고 해서 지도자들이 회개하는 것은 아니다. 그 대신 그들은 진실을 억누르고 왜곡시키려고 한다. 이 단락의 요점은 다음과 같이 씁쓸하게 끝난다.

> 이 말이 오늘날까지 유대인 가운데 두루 퍼지니라(마 28:15).

"유대인"으로 번역된 헬라어 단어 유다이오이(Iouaioi)는 요한복음과 사도행전 전반에 걸쳐 거의 150번이나 나오지만, 마태복음에서는 겨우 다섯 번(2:2; 27:11, 29, 37; 28:15) 나오며 마가과 누가에는 단 몇 번만 나올 뿐이다.

이것은 무엇을 말해 주고 있는가?

마태가 유다이오이라는 용어를 사용하기를 꺼리는 것은 진정한 하나님 백성, 즉 참된 영적 유대인의 본질을 강조하는 것일 수 있을까?

참된 이스라엘의 화신이신 예수를 자신과 동일시하는 사람들만이 참된 이스라엘이다.

(3) 지상 명령(28:16-20)

마태복음의 마지막 부분은 드라마틱한 내러티브의 적절한 결말이다. 병사들에게 거짓과 속임수를 퍼뜨리도록 위임한 종교 당국과 대조적으로(28:13), 신실한 인자이신 예수는 제자들에게 구원의 메시지를 전파하도록 위임하신다(28:19-20). 제자들은 앞서 26:32에서 언급되고 28:7에서 천사에 의해, 그리고 28:10에서는 예수 자신에 의해 반복된 약속을 성취하기 위해 갈릴리에서 그를 만난다.

여인들처럼 제자들도 예수를 보고 경배하며 예수께서 성육신하신 주님이심을 분명하게 보여 준다(28:17). 예수를 경배하는 일은 마태복음의 핵심 교리이다. 광야 시험 때 예수는 우상 숭배에 대한 마귀의 욕망을 정죄하신다(신 6:13을 인용한 4:9-10). 하나님만이 예배와 경배를 받으시기에 합당한 분이시다. 그러므로 마태복음 전반에 걸쳐 예수께서 예배의 대상이 될 때 청중은 마태가 예수를 이스라엘의 하나님으로 밝히고 있다고 가정해야 한다.

예수를 경배하는 것은 야웨를 경배하는 것이며 유일신 신앙은 온전하게 남아 있다. 예수께서 탄생하셨을 때 "동방 박사들"이 베들레헴에 와서 그에게 "경배하고"(2:2, 8, 11), 내러티브의 주요 지점마다 예수는 경배를 받는다(8:2; 9:18; 14:33; 15:25; 20:20). 마지막으로 내러티브의 끝부분에서 다시 한번 "경배"를 받으신다(28:9, 17).

예배와 경배가 예수의 전 생애의 처음과 끝을 장식한다. "동방 박사들"은 그가 누구이며 그가 성취하실 일 때문에 그를 경배하지만, 제자들은 그가 누구이며 그가 성취하신 일 때문에 그를 경배한다. 그러나 제자 중 일부는 여전히 믿음이 흔들려 "의심"하는데, 이는 그들이 아직 천국의 본질과 예수의 정체성을 온전하게 이해하지 못한 결과로 보인다. 그러한 통찰은 궁극적으로 오순절에 포착될 것이다.

이 단락은 많은 관심을 기울일 만한 가치가 있지만, 우리는 두 가지 점에만 초점을 맞추고자 한다.

첫째, 예수는 "산"에서 제자들에게 사명을 주셨으므로 마태는 이 사건을 산에서 있었던 이전의 모든 사건과 관련시키기를 원한다(4:8; 5:1; 8:1; 14:23; 15:29; 17:1, 9; 24:3; 26:30). 우리는 산상수훈에 대한 논의에서 구약의 산들이 그의 백성 가운데 계시는 하나님의 임재와 관련되어 있음을 알게 되었다.

예수께서 제자들과 "함께" 계실 것이라는 약속은 그들이 어떻게 그 임무를 수행할 권한을 부여받을 것인지를 가리킨다(28:20). 아담과 하와, 족장들, 이스라엘은 하나님의 영광을 땅끝까지 전파하는 데 실패하지만, 예수는 이 일에 성공하신다. 그의 신실하심으로 인해 하늘과 땅이 하나로 결합했다. 족장들(창 26:24; 28:15) 및 이스라엘(대상 22:18; 학 2:4-5)과 함께했던 동일한 하나님의 임재가 이제 제자들과 함께 갈 것이다.

예수는 내려오시면서 하늘도 함께 가져오셨다. 이사야 선지자가 예언한 바와 같이 "임마누엘" 또는 "하나님이 우리와 함께 계심"이 예수라는 인격체 안에 오셨다(사 7:14을 인용한 1:22-23). 예수 안에 내려와서 지금은 제자들 안에 거하시는 영광이 곧 열방에 임할 것이다. 마태복음의 마지막 부분이자 복음서 전체의 요점은 제자들과 "함께" 가시겠다는 예수의 약속이다.

둘째, 예수는 제자들에게 다니엘 7장의 승리하시는 인자로서 "모든 민족을 제자로 삼으라"라고 위임하신다. 28:18에 있는 다니엘 7:14에 대한 두드러진 암시를 고려하라.

"하늘과 땅(게스[*gēs*])의 모든 권세(엑수시아 [*exousia*])를 내게 주셨으니(에도테[*edothē*])(마 28:18).	"왕의 권세(엑수시아[*exousia*])가 그에게 주어졌고(에도테[*edothē*]) 이 땅(테스 게스[*tēs gēs*])의 모든 민족이 후세를 따라 그에게 주어졌으며 모든 존귀가 그를 섬기고 있다. 그리고 그의 권세는 영원한 권세이다"(단 7:14, 사역).

다니엘 7:14에서 동사 "주다"(디도미[*didōmi*])는 수동태로 되어 있는데 이는 인자가 넷째 짐승을 무찌른 까닭에 옛적부터 항상 계신 분(단 7:9-10)이 인자에게 통치할 권리 또는 "권세"를 부여하심을 가리키기 때문이다(단 7:11-12). 마태가 다니엘 7장을 반복해서 암시하는 것을 이해하려 하면서 우리는 마태가 예수를 처음에는 광야 시험 때 마귀를 결정적으로 물리치신 다니엘의 인자로 제시한다고 주장한 바 있다. 내러티브가 진행됨에 따라 천국도 확장된다. 천국의 이러한 "성장"은 마태복음에서만 볼 수 있다.

마태의 내러티브는 예수께서 마침내 아버지께 신실하게 순종함으로써 우주, 즉 "하늘과 땅"을 통치하실 권리를 얻으실 때 절정에 달한다(6:10; 11:25; 16:19; 18:18-19를 보라). 우연이 아닐 수도 있지만, 다니엘 4:17의 70인역은 다음과 같이 기록한다.

하늘(*tou ouranou*)의 주는 하늘에 있는(토 우라노[*tō ouranō*]) 모든 것과 땅(테스 게스[*tēs gēs*])에 있는 모든 것을 다스리실 권세(엑수시안[*exousian*])가 있으시다(NETS).

초기의 한 헬라어 번역에 따르면, 다니엘 7:14에 나오는 인자가 옛적부터 항상 계신 분과 함께 다스리실 권세를 얻은 것처럼 보인다. 그러므로 예수께서 광야 시험 때에 "하늘과 땅"을 다스리기 시작하시는 반면, 그의 신실한 삶과 죽음, 부활은 그에게 아버지의 우편에서 훨씬 더 크게 통치하실 권리를 얻게 한다.

끝으로 예수께서 이 시대 끝에 재림하실 때 인자로서의 그의 통치는 완성될 것이다. 부활하신 예수는 이제 "모든 권세"를 누리고 계신다. 예수는 죽음과 부활 이전에도 성육신하신 하나님으로서의 신분 때문에 확실히 권세를 가지셨지만(7:29; 9:6, 8; 10:1; 21:23-24, 27) 지금은 "모든 권세"를 가지신다. 이것은 그의 죽음과 부활 때문에 심판의 인을 떼기에 "합당하신" 분으로 판명되는 요한계시록의 어린양 묘사와 크게 다르지 않다(계 5:9, 12).

인자의 우주적 통치가 제자들에게 위임을 주는 근거이다. 그들은 "가서 모든 민족을 제자로 삼아"야 한다(28:19a). 영광이 그들과 "함께" 있을 것이고 그들이 인자의 승리하시는 통치 안에서 활동할 것이기 때문에 그들은 성공을 확신한다. 10:1의 첫 번째 명령에서 예수는 제자들에게 "더러운 귀신을 쫓아내며 모든 병과 모든 약한 것을 고치는 권능"을 주시지만, 오직 이스라엘 내에서만이다.

그는 특별히 "이방인의 길로도 가지 말고 사마리아인의 고을에도 들어가지 말라"라고 금하신다(10:5). 제자들은 "천국이 가까이 왔다"라고 이스라엘 사람들에게 선포해야 한다(10:7; 참조, 3:2; 4:17). 그러나 여기 내러티브의 마지막 부분에서 천국의 존재는 인자의 성공으로 인해 더 널리 퍼진다. 따라서 제자들은 이제 더 큰 권세를 부여받고 천국의 메시지를 "열방"에 전할 수 있다.

하나님 백성의 특징은 또한 세례를 통한 삼위일체 하나님에 대한 궁극적 충성이다(28:19b). 삼위일체의 세 위격은 하나님의 영광을 땅끝까지 이르도록 조화 속에서 일하셨다!

§ 마태복음: 주석

Albright, W. F., and C. S. Mann. *Matthew*. AB. Garden City, NY: Doubleday, 1971.
Allison, Dale C., Jr. *Matthew: A Shorter Commentary*. London: T&T Clark, 2004.
Blomberg, Craig L. *Matthew*. NAC. Nashville: Broadman, 1992.
Bruner, Frederick Dale. *Matthew: A Commentary*. Vol. 1, *The Christbook: Matthew 1–12*. Rev. ed. Grand Rapids: Eerdmans, 2004.
_____. *Matthew: A Commentary*. Vol. 2, *The Churchbook: Matthew 13–28*. Rev. ed. Grand Rapids: Eerdmans, 2004.
Carson, D. A. "Matthew." In *Matthew–Mark*, vol. 9 of *Expositor's Bible Commentary*, edited by Tremper Longman III and David E. Garland, rev. ed., 23–670. Grand Rapids: Zondervan, 2010.
Davies, W. D., and Dale C. Allison Jr. *A Critical and Exegetical Commentary on the Gospel according to Saint Matthew*. Rev. ed. 3 vols. ICC. Edinburgh: T&T Clark, 1988–97.
Filson, Floyd V. *The Gospel according to St. Matthew*. 2nd ed. BNTC. London: Adam & Charles Black, 1971.
France, R. T. *The Gospel according to Matthew*. Rev. ed. TNTC. Grand Rapids: Eerdmans, 1985.
_____. *The Gospel of Matthew*. NICNT. Grand Rapids: Eerdmans, 2007.
Garland, David E. *Reading Matthew*. Rev. ed. Macon, GA: Smyth & Helwys, 1999.
Gibbs, Jeffrey A. *Matthew 1:1–11:1*. CC. St. Louis: Concordia, 2006.
Green, Michael. The Message of *Matthew*. BST. Downers Grove, IL: InterVarsity, 2000.
Gundry, Robert H. *Matthew: A Commentary on His Handbook for a Mixed Church under Persecution*. Rev. ed. Grand Rapids: Eerdmans, 1994.
Hagner, Donald A. *Matthew*. 2 vols. WBC. Dallas: Word, 1993–95.
Harrington, Daniel J. *The Gospel of Matthew*. SP. Collegeville, MN: Liturgical Press, 2007.
Hauerwas, Stanley. *Matthew*. BTCB. Grand Rapids: Brazos, 2006.
Hill, David. *The Gospel of Matthew*. NCBC. Grand Rapids: Eerdmans, 1981.
Keener, Craig S. *A Commentary on the Gospel of Matthew*. Grand Rapids: Eerdmans, 1999.
_____. *Matthew*. IVPNTC. Downers Grove, IL: InterVarsity, 1997.
Luz, Ulrich. *Matthew*. 3 vols. Hermeneia. Minneapolis: Fortress, 2001–7.
Mills, Watson E. *The Gospel of Matthew*. Rev. ed. Lewiston, NY: Mellen, 2002.
Morris, Leon. *The Gospel according to Matthew*. PNTC. Grand Rapids: Eerdmans, 1992.
The Gospel of Matthew Matthew: Commentaries
Mounce, Robert H. *Matthew*. NIBC. Peabody, MA: Hendrickson, 1991.
Nolland, John. *The Gospel of Matthew*. NIGTC. Grand Rapids: Eerdmans, 2005.

Osborne, Grant R. *Matthew*. ZECNT. Grand Rapids: Zondervan, 2010.
Ridderbos, Herman N. *Matthew*. Bible Student's Commentary. Grand Rapids: Zondervan, 1987.
Turner, David L. *Matthew*. BECNT. Grand Rapids: Baker Academic, 2008.
Wilkins, Michael J. *Matthew*. NIVAC. Grand Rapids: Zondervan, 2004.
Witherington, Ben, III. *Matthew*. SHBC. Macon, GA: Smyth & Helwys, 2006.
Wright, N. T. *Matthew for Everyone: Part 1; Chapters 1–15*. Louisville: Westminster John Knox, 2004.
_____. *Matthew for Everyone: Part 2; Chapters 16–28*. Louisville: Westminster John Knox, 2004.

§ 마태복음: 논문 및 단행본

Allison, Dale C. *The New Moses: A Matthean Typology*. Minneapolis: Fortress, 1993.
Aune, David E., ed. *The Gospel of Matthew in Current Study*. Grand Rapids: Eerdmans, 2001.
Aus, R. D. *Matthew 1–2 and the Virginal Conception*. Lanham, MD: University Press of America, 2004.
Bacon, B. W. "The Five Books of *Matthew* against the Jews." *Expositor* 15 (1918): 56–66.
Barrett, C. K. "The House of Prayer and the Den of Thieves." *In Jesus und Paulus: Festschrift für Werner Georg Kümmel zum 70. Geburtstag*, edited by E. E. Ellis and E. Grasser, 13–20. Gottingen: Vandenhoeck & Ruprecht, 1978.
Baxter, Wayne. *Israel's Only Shepherd: Matthew's Shepherd Motif and His Social Setting*. LNTS 457. London: Bloomsbury T&T Clark, 2012.
Beare, Francis Wright. "The Mission of the Twelve and the Mission Charge: Matthew 10 and Parallels." *JBL* 89 (1970): 1–13.
Beaton, Richard. *Isaiah's Christ in Matthew's Gospel*. SNTSMS 123. Cambridge: Cambridge University Press, 2004.
Betz, H. D. *The Sermon on the Mount: A Commentary on the Sermon on the Mount, Including the Sermon on the Plain (Matthew 5:3–7:27 and Luke 6:20–49)*. Hermeneia. Minneapolis: Fortress, 1995.
Blomberg, Craig L. "Interpreting Old Testament Prophetic Literature in Matthew: Double Fulfillment." *TJ* 23 (2002): 17–33.
_____. "*Matthew*." In *Commentary on the New Testament Use of the Old Testament*, edited by G. K. Beale and D. A. Carson, 1–110. Grand Rapids: Baker Academic, 2007.
Broadhead, Edwin K. *The Gospel of Matthew on the Landscape of Antiquity*. Tubingen:

Mohr Siebeck, 2017.

Brown, Jeannine K. *The Disciples in Narrative Perspective: The Portrayal and Function of the Matthean Disciples*. AcBib 9. Boston: Brill, 2002.

Brown, Raymond E. *The Birth of the Messiah: A Commentary on the Infancy Narratives in the Gospels of Matthew and Luke*. 2nd ed. New York: Doubleday, 1993.

Caragounis, Chrys C. *Peter the Rock*. BZNW 58. Berlin: de Gruyter, 1990.

Carson, D. A. *The Sermon on the Mount: An Evangelical Exposition of Matthew 5–7*. Grand Rapids: Baker, 1978.

Carter, Warren. *Households and Discipleship: A Study of Matthew 19–20*. JSNTSup 103. Sheffield: JSOT Press, 1994.

_____. *Matthew and Empire: Initial Explorations*. Harrisburg, PA: Trinity Press International, 2001.

Chae, Young S. *Jesus as the Eschatological Davidic Shepherd: Studies in the Old Testament, Second Temple Judaism, and in the Gospel of Matthew*. WUNT 2/216. Tubingen: Mohr Siebeck, 2006.

Charette, Blaine. *Restoring Presence: The Spirit in Matthew's Gospel*. JPTSup 18. Sheffield: Sheffield Academic, 2000.

_____. *The Theme of Recompense in Matthew's Gospel*. JSNTSup 79. Sheffield: JSOT Press, 1992.

_____. "'To Proclaim Liberty to the Captives': Matthew 11.28–30 in the Light of Old Testament Prophetic Expectation." *NTS* 38 (1992): 290–97.

Cope, O. Lamar. *Matthew: A Scribe Trained for the Kingdom of Heaven*. New York: Ktav, 1977.

Crowe, Brandon D. *The Obedient Son: Deuteronomy and Christology in the Gospel of Matthew*. BZNW 188. Berlin: de Gruyter, 2012.

Deutsch, Celia. *Hidden Wisdom and the Easy Yoke: Wisdom, Torah and Discipleship in Matthew 11.25–30*. JSNTSup 18. Sheffield: JSOT Press, 1987.

Donaldson, Terence L. Jesus on the Mountain: *A Study in Matthean Theology*. JSNTSup 8. Sheffield: JSOT Press, 1985.

Duling, Dennis C. *A Marginal Scribe*: Studies in *the Gospel of Matthew in Social-Scientific Perspective*. Eugene, OR: Cascade Books, 2012.

Dvořaček, Jiři. *The Son of David in Matthew's Gospel in the Light of the Solomon as Exorcist Tradition*. WUNT 2/415. Tubingen: Mohr Siebeck, 2016.

Edwards, Richard A. *Matthew's Narrative Portrait of the Disciples*. Valley Forge, PA: Trinity Press International, 1997.

Erickson, R. J. "Divine Injustice? *Matthew*'s Narrative Strategy and the Slaughter of the Innocents (*Matthew* 2.13–23)." *JSNT* 64 (1996): 5–27.

France, R. T. *Jesus and the Old Testament*. Grand Rapids: Baker, 1982.

_____. *Matthew: Evangelist and Teacher*. Downers Grove, IL: InterVarsity, 1998.

Garland, David E. *The Intention of Matthew 23*. NovTSup 52. Leiden: Brill, 1979.

Gench, Frances Taylor. *Wisdom in the Christology of Matthew*. New York: University Press of America, 1997.

Gerhardsson, Birger. *The Testing of God's Son (Matt 4:11 & Par.): An Analysis of an Early Christian Midrash*. Coniectanea Biblica: New Testament Series 2.1. Lund: Gleerup, 1966.

Gibbs, J. A. "Israel Standing with Israel: The Baptism of Jesus in Matthew's Gospel (Matt 3:13–17)." *CBQ* 64 (2002): 511–26.

Green, H. Benedict. *Matthew, Poet of the Beatitudes*. JSNTSup 203. Sheffield: Sheffield Academic, 2001.

Guelich, Robert A. *The Sermon on the Mount: A Foundation for Understanding*. Waco: Word, 1982.

Gundry, Robert H. *Peter: False Disciple and Apostate according to Saint Matthew*. Grand Rapids: Eerdmans, 2015.

_____. *The Use of the Old Testament in St. Matthew's Gospel with Specific Reference to the Messianic Hope*. NovTSup 18. Leiden: Brill, 1967.

Gurtner, Daniel M. "The Gospel of Matthew from Stanton to Present: A Survey of Some Recent Developments." In *Jesus, Matthew's Gospel and Early Christianity: Studies in Memory of Graham N. Stanton*, edited by Daniel M. Gurtner, Joel Willitts, and Richard A. Burridge, 23–38. London: T&T Clark, 2011.

_____. *The Torn Veil: Matthew's Exposition of the Death of Jesus*. SNTSMS 139. Cambridge: Cambridge University Press, 2006.

Gurtner, Daniel M., and John Nolland, eds. *Built upon the Rock: Studies in the Gospel of Matthew*. Grand Rapids: Eerdmans, 2008.

Hagner, Donald A. "Matthew: Christian Judaism or Jewish Christianity?" In *The Face of New Testament Studies: A Survey of Recent Research*, edited by Scot McKnight and Grant R. Osborne, 263–82. Grand Rapids: Baker Academic, 2004.

Ham, C. *The Coming King and the Rejected Shepherd: Matthew's Reading of Zechariah's Messianic Hope*. Sheffield: Sheffield Phoenix, 2005.

Hamilton, Catherine Sider. *The Death of Jesus in Matthew: Innocent Blood and the End of Exile*. SNTSMS 167. Cambridge: Cambridge University Press, 2017.

Hannan, Margaret. *The Nature and Demands of the Sovereign Rule of God in the Gospel of Matthew*. LNTS 308. London: T&T Clark, 2006.

Hare, Douglas R. A. *The Theme of Jewish Persecution of Christians in the Gospel according to St. Matthew*. Cambridge: Cambridge University Press, 1967.

Hengel, Martin. *The Charismatic Leader and His Followers*. Translated by J. Greig. New York: Crossroad, 1981.

Hood, Jason B. *The Messiah, His Brothers, and the Nations* (*Matthew* 1.1-17). London: T&T Clark, 2011.

Hubbard, Benjamin J. *The Matthean Redaction of a Primitive Apostolic Commissioning: An Exegesis of Matthew* 28:16-20. SBLDS 19. Missoula, MT: Society of Biblical Literature, 1974.

Huizenga, Leroy A. *The New Isaac: Tradition and Intertextuality in the Gospel of Matthew*. Leiden: Brill, 2012.

Jackson, Glenna S. *"Have Mercy on Me": The Story of the Canaanite Woman in Matthew* 15:21-18. JSNTSup 228. Sheffield: Sheffield Academic, 2002.

Jeremias, Joachim. *The Sermon on the Mount*. Translated by N. Perrin. Philadelphia: Fortress, 1963.

Jones, Ivor H. *The Matthean Parables: A Literary and Historical Commentary*. Studien zum Neuen Testament 80. New York: Brill, 1995.

Kingsbury, Jack Dean. *Matthew as Story*. 2nd ed. Philadelphia: Fortress, 1988.

_____. *Matthew: Structure, Christology, Kingdom*. Philadelphia: Fortress, 1975.

_____. "Observations on the 'Miracle Chapters' of Matthew 8-9." *CBQ* 40 (1978): 559-73.

_____. *The Parables of Jesus in Matthew 13: A Study in Redaction Criticism*. London: SPCK, 1969.

Knowles, Michael. *Jeremiah in Matthew's Gospel: The Rejected-Prophet Motif in Matthean Redaction*. JSNTSup 68. Sheffield: Sheffield Academic, 1993.

Kupp, David D. *Matthew's Emmanuel: Divine Presence and God's People in the First Gospel*. SNTSMS 90. Cambridge: Cambridge University Press, 1996.

Kynes, W. *A Christology of Solidarity: Jesus as the Representative of His People in Matthew*. Lanham, MD: University Press of America, 1991.

Laansma, J. *"I Will Give You Rest": The "Rest" Motif in the New Testament with Special Reference to Mt 11 and Heb 3-4*. WUNT 2/98. Tubingen: Mohr Siebeck, 1997.

Lambrecht, Jan. *The Sermon on the Mount: Proclamation and Exhortation*. Wilmington, DE: Michael Glazier, 1985.

Leim, Joshua E. *Matthew's Theological Grammar: The Father and the Son*. WUNT 2/402. Tubingen: Mohr Siebeck, 2015.

Loader, W. R. G. "Son of David, Blindness, Possession, and Duality in Matthew." *CBQ* 44 (1982): 570-85.

Luz, Ulrich. *Studies in Matthew*. Grand Rapids: Eerdmans, 2005.

_____. *The Theology of the Gospel of Matthew*. Cambridge: Cambridge University Press,

1995.

Marcus, J. "The Gates of Hades and the Keys of the Kingdom (Matt 16:18–19)." *CBQ* 50 (1988): 443–55.

Meier, J. P. *Law and History in Matthew's Gospel: A Redactional Study of Mt. 5:17–48.* Rome: Biblical Institute Press, 1976.

_____. *The Vision of Matthew: Christ, Church, and Morality in the First Gospel.* New York: Paulist Press, 1979.

Menken, Maarten J. J. *Matthew's Bible: The Old Testament Text of the Evangelist.* Leuven: Leuven University Press, 2004.

Morosco, Robert E. "Redaction Criticism and the Evangelical: Matthew 10 as a Test Case." *JETS* 22 (1979): 323–31.

Moses, A. D. A. *Matthew's Transfiguration Story and Jewish-Christian Controversy.* JSNTSup 122. Sheffield: Sheffield Academic, 1996.

Moss, Charlene McAfee. *The Zechariah Tradition and the Gospel of Matthew.* BZNW 156. Berlin: de Gruyter, 2008.

Newport, Kenneth G. C. *The Sources and Sitz im Leben of Matthew 23.* JSNTSup 117. Sheffield: Sheffield Academic, 1995.

Neyrey, Jerome H. *Honor and Shame in the Gospel of Matthew.* Louisville: Westminster John Knox, 1998.

Novakovic, Lidija. *Messiah, the Healer of the Sick: A Study of Jesus as the Son of David in the Gospel of Matthew.* WUNT 2/170. Tubingen: Mohr Siebeck, 2003.

O'Leary, Anne M. *Matthew's Judaization of Mark: Examined in the Context of the Use of Sources in Graeco-Roman Antiquity.* LNTS 323. London: T&T Clark, 2006.

Olmstead, Wesley G. *Matthew's Trilogy of Parables: The Nation, the Nations and the Reader in Matthew 21:28–22:14.* SNTSMS 127. Cambridge: Cambridge University Press, 2003.

Orton, David E. *The Understanding Scribe: Matthew and the Apocalyptic Ideal.* JSNTSup 25. Sheffield: JSOT Press, 1989.

Overman, J. Andrew. *Matthew's Gospel and Formative Judaism: The Social World of the Matthean Community.* Minneapolis: Fortress, 1990.

Pennington, Jonathan T. *Heaven and Earth in the Gospel of Matthew.* NovTSup 126. Leiden: Brill, 2007.

Piotrowski, Nicholas G. *Matthew's New David at the End of Exile: A Socio-Rhetorical Study of Scriptural Quotations.* NovTSup 170. Leiden: Brill, 2016.

Powell, Mark A. *God with Us: A Pastoral Theology of Matthew's Gospel.* Minneapolis: Fortress, 1995.

Przybylski, Benno. *Righteousness in Matthew and His World of Thought.* Cambridge: Cambridge University Press, 1980.

Reeves, Rodney. "The Gospel of Matthew." In *The State of New Testament Studies: A Survey of Recent Research*, edited by Scot McKnight and Nijay K. Gupta, 275-96. Grand Rapids: Baker Academic, 2019.

Riches, *John*, and David C. Sim, eds. *The Gospel of Matthew in Its Roman Imperial Context*. London: T&T Clark, 2005.

Runesson, Anders. *Divine Wrath and Salvation in Matthew: The Narrative World of the First Gospel*. Minneapolis: Fortress, 2016.

Runesson, Anders, and Daniel M. Gurtner, eds. *Matthew within Judaism: Israel and the Nations in the First Gospel*. ECIL 27. Atlanta: SBL Press, 2020.

Saldarini, Anthony J. *Matthew's Christian-Jewish Community*. Chicago: University of Chicago Press, 1994.

Schreiner, Patrick. *The Body of Jesus: A Spatial Analysis of the Kingdom in Matthew*. LNTS 555. London: Bloomsbury T&T Clark, 2016.

_____. *Matthew, Disciple and Scribe: The First Gospel and Its Portrait of Jesus*. Grand Rapids: Baker Academic, 2019.

Schweizer, Eduard. "Matthew's Church." In *The Interpretation of Matthew*, edited by G. Stanton, 129-55. Philadelphia: Fortress, 1983.

Senior, Donald P. *The Passion Narrative according to Matthew: A Redactional Study*. Leuven: Leuven University Press, 1982.

Sim, David C. Apocalyptic Eschatology in *the Gospel of Matthew*. SNTSMS 88. Cambridge: Cambridge University Press, 1996.

_____. *The Gospel of Matthew and Christian Judaism: The History and Social Setting of the Matthean Community*. Edinburgh: T&T Clark, 1998.

Soares-Prabhu, George M. *The Formula Quotations in the Infancy Narrative of Matthew*. Rome: Biblical Institute Press, 1976.

Stanton, Graham N. *A Gospel for a New People: Studies in Matthew*. Edinburgh: T&T Clark, 1992.

_____, ed. *The Interpretation of Matthew*. Rev. ed. Edinburgh: T&T Clark, 1995.

_____. "The Origin and Purpose of Matthew's Gospel: Matthean Scholarship from 1945 to 1980." *ANRW*, part 2, Principat, 25.3:1889-1951.

Stendahl, Krister. *The School of St. Matthew and Its Use of the Old Testament*. Philadelphia: Fortress, 1968.

Stock, Augustine. *The Method and Message of Matthew*. Collegeville, MN: Liturgical Press, 1994.

Strecker, Georg. *The Sermon on the Mount: An Exegetical Commentary*. Translated by O. C. Dean Jr. Nashville: Abingdon, 1988.

Suggs, M. J. Wisdom, *Christology, and Law in Matthew's Gospel*. Cambridge, MA: Harvard University Press, 1970.

Thompson, William G. *Matthew's Advice to a Divided Community: Matt 17, 22-18, 35*. AnBib 44. Rome: Pontifical Biblical Institute, 1970.

Verseput, Donald J. "The Faith of the Reader and the Narrative of Matthew 13:53-16:20." *JSNT* 46 (1992): 3-24.

_____. *The Rejection of the Humble Messianic King: A Study of Matthew 11-12*. Europaische Hochschulschriften 23. Frankfurt: Peter Lang, 1986.

Viviano, Benedict T. "Social World and Community Leadership: The Case of Matthew 23:1-12, 34." *JSNT* 39 (1990): 3-21.

Weaver, Dorothy J. *Matthew's Missionary Discourse: A Literary Critical Analysis*. JSNTSup 38. Sheffield: JSOT Press, 1990.

Wilkins, Michael J. *The Concept of Disciple in Matthew's Gospel as Reflected in the Use of the Term Mathētēs*. NovTSup 59. Leiden: Brill, 1988.

_____. *Discipleship in the Ancient World and in Matthew's Gospel*. Grand Rapids: Baker, 1995.

Willitts, Joel. *Matthew's Messianic Shepherd-King in Search of "the Lost Sheep of the House of Israel."* BZNW 147. Berlin: de Gruyter, 2007.

Wilson, Alistair I. *When Will These Things Happen? A Study of Jesus as Judge in Matthew 21-25*. Milton Keynes, UK: Paternoster, 2004.

Yang, Yong-Eui. *Jesus and the Sabbath in Matthew's Gospel*. JSNTSup 138. Sheffield: Sheffield Academic, 1997.

Zacharias, H. Daniel. *Matthew's Presentation of the Son of David: Davidic Tradition and Typology in the Gospel of Matthew*. London: Bloomsbury T&T Clark, 2016.

제2장

마가복음

I. 개론[1]

1. 저자와 저작 시기

우리 성경에는 이 복음서의 제목에 마가라는 이름을 붙이지만 마가는 본래 열두 제자 중 한 사람이 아니었다.

그가 예수의 지상 사역을 목격하지 않았다면 어떻게 복음서를 기록할 수 있었을까(행 1:21-22 참조)?

그 대답은 아마도 2세기 교회 지도자 파피아스(Papias)가 언급한 설명에 있을 것이다. 그는 사도 요한 또는 "장로"(presbyter)에게 들은 말을 회상하면서 다음과 같이 말한다.

> 그리고 장로[요한]는 이렇게 말하곤 했습니다. 마가는 베드로의 통역가가 되었고 그가 기억한 모든 사항을 정확하게 기록했습니다. (그러나) 실제로는 주님이 말씀하시고 행하신 내용을 순서대로 기록한 것은 아니었습니다. 그는 주님의 말씀을 직접 듣지도 못했으며 그를 직접 따르지도 않았지만, 제가 말씀드린 대로 나중에 베드로를 따랐기 때문입니다. 베드로는 필

---

[1] 이 개론은 Benjamin Gladd, "Mark," in *A Biblical-Theological Introduction to the New Testament: The Gospel Realized*, ed. Michael J. Kruger (Wheaton: Crossway, 2016), 65-66을 각색한 것임. 출판사의 허가를 받아 사용함.

요에 따라 가르침을 주곤 했지만, 주님의 말씀을 (순서대로) 정리해 두지는 않았습니다. 따라서 마가가 들었던 주요 내용을 기억나는 대로 이런 식으로 써 내려간 것은 전혀 그의 잘못이 아닙니다. 그가 주의를 기울인 한 가지가 있는데, 그것은 자신이 들었던 내용을 하나도 빠뜨리지 않으며 거짓으로 진술하지 않으려는 것이었습니다.[2]

이 인용문을 통해 우리는 두 가지 중요한 통찰을 얻을 수 있다.

첫째, 마가라는 인물이 두 번째 복음서를 기록했다.
둘째, 마가는 이러한 사건들을 직접 목격한 것이 아니라, 사도 베드로를 통해 목격자 증언(eyewitness testimony)을 들었다.

마가는 열두 제자에 속하지는 않았지만 바울과 베드로의 동료였다. 우리는 이 마가를 여러 사도와 밀접하게 교류했던(골 4:10; 딤후 4:11; 몬 24; 벧전 5:13) 바나바의 조카인 사도행전의 요한 마가(John Mark, 행 12:12, 25; 13:5, 13; 15:37)와 같은 인물로 보아야 할 것이다. 일부 현대 학자는 요한 마가가 두 번째 복음서를 저술했다는 점을 의심하지만, 마가복음 안에 있는 몇 가지 내적 암시와 초기 교회의 외적 증거를 뒤집을 만한 충분한 증거는 없다.

마가복음의 저작 시기는 공관복음서, 예언의 본질, 그리고 몇 가지 다른 세부사항 사이의 관계를 어떻게 이해하느냐에 달려 있다. 대부분의 현대 학자들은 마가의 연대를 70년대 초중반으로 추정하는데 그 이유는 AD 70년의 성전 파괴를 주로 예고하는 사건인 감람산 담화를 "사건 후의 예언"(vaticinium ex eventu)으로 보기 때문이다.

예수께서 육신을 입은 하나님이시고 아버지와 함께 영원하시며 우주의 창조자라면 성전 멸망을 예고하실 능력이 있다. 그렇다면 마가복음의

---

[2] Eusebius, *Hist. eccl.* 3.39.15, in *Ecclesiastical History*, vol. *1, Books 1–5*, trans. Kirsopp Lake, Loeb Classical Library (New York: Putman, 1926), 297.

기록 시기를 50년대 후반과 60년대 초반으로 추정하는 것이 더 낫다. 왜 냐하면, 마태와 누가가 각각 복음서를 작성할 때 마가복음을 자료로 사용할 시간이 충분히 확보되며 감람산 담화를 적법한 예언으로 간직하기 때문이다.

2. 저작 목적

아마도 로마에서 이 복음서를 기록하고 있는 마가는 구약과 유대인의 메시아 기대를 새롭게 설정한다. 정치적 승리와 육체적 승리가 아니라 오직 고난과 패배만이 메시아 통치의 표시이다. 고난을 받는 메시아를 따르는 자들은 마찬가지로 그의 발자취를 따라 그와 함께 고난을 겪을 것이다.

메시아이신 예수는 또한 포로 된 이스라엘을 죄와 사망의 족쇄에서 구속하시고 그들을 새 창조의 땅에 심으실 이사야의 주이며 고난의 종이기도 하다. 마태가 하나님 나라의 성장을 강조하고 누가가 그 범위를 강조하는 반면 마가는 하나님 나라의 준비 및 비밀스러운 도래를 전개한다.

3. 개요

일반적으로 말하면, 마가의 내러티브는 지리적으로 요단강에서의 예수의 세례로부터 그의 갈릴리 사역을 거쳐 계속해서 예루살렘까지 진행된다. 갈릴리에서 예수는 유대인과 이방인 모두에게 환영을 받는다. 아이러니하게도 예루살렘은 고난과 죽음의 장소이다. 다윗의 도시(예루살렘)는 자신의 메시아를 받아들이는 대신 그를 조롱하고 결국 십자가에 못 박는다. 마가의 가장 두드러진 특징 중 하나는 그의 삼부작 '드라마'이다. 프랜스(R. T. France)는 마가복음이 세 개의 "극적인 막"(dramatic acts)으로 구성된다고

설득력 있게 주장한다(1:14-8:21; 8:22-10:52; 11:1-16:8).[3]

프롤로그(1:1-13)
  메시아이시며 하나님의 아들이신 예수(1:1)
  출애굽기, 말라기, 이사야가 전하는 복음(1:2-3)
  회개의 세례(1:4-11)
  정결하게 하는 창조(1:12-13)

제1막: 갈릴리에서의 예수(1:14-8:21)

예수의 갈릴리 사역의 시작(1:14-45)
  하나님의 나라가 가까이 왔다(1:14-15)
  따르라는 부르심(1:16-20)
  회당을 정결하게 하심(1:21-28)
  메시아 비밀(1:29-39)
  나병 환자를 정결하게 하심(1:40-45)

갈릴리에서 환영받으시는 예수(2:1-3:6)
  예수께서 중풍병자를 용서하시다(2:1-12).
  레위의 부르심(2:13-17)
  포도주 가죽 부대(2:18-22)
  제사장-왕이신 예수(2:23-28)
  유대 지도자들이 음모를 꾸미다(3:1-6)

---

[3] R. T. France, *The Gospel of Mark: A Commentary on the Greek Text*, NIGTC(Grand Rapids: Eerdmans, 2002), 11-15.

나사렛 예수는 누구인가?(3:7-35)
    열둘을 부르심(3:7-19)
    친구와 가족에 의한 배척(3:20-35)

하나님 나라의 본질(4:1-41)
    하나님 나라 비유(4:1-34)
    풍랑을 잔잔하게 하심(4:35-41)

부정한 것에서 정결한 것으로(5:1-43)
    거라사인의 귀신 들린 자(5:1-20)
    혈루증 걸린 여인의 치유와 야이로 딸의 소생(5:21-43)

갈릴리에서 고조되는 적대감(6:1-56)
    나사렛에서의 배척(6:1-6)
    열둘의 임명과 세례 요한의 죽음(6:7-29)
    오천 명을 먹이심(6:30-44)
    물 위를 걸으시는 예수(6:45-56)

마음의 더러움과 이방 민족의 회심(7:1-37)
    위선적 지도자들(7:1-13)
    참된 더러움(7:14-23)
    수로보니게 여인의 믿음(7:24-30)
    귀먹고 말 더듬는 사람을 고치심(7:31-37)

사천 명을 먹이심과 계속되는 무지(8:1-21)
    사천 명을 먹이심(8:1-10)
    제자들의 계속되는 무지(8:11-21)

제2막: 예루살렘으로 올라가시는 예수(8:22-10:52)

소경이 (거의) 볼 수 있다(8:22-9:1)
　제자들의 치유(8:22-30)
　인자는 고난을 받아야 한다(8:31-33)
　고난받는 인자를 따름(8:34-9:1)

고난받는 하나님의 아들(9:2-50)
　변모 사건(9:2-13)
　산에서의 이스라엘의 불신(9:14-50)

유대에서의 불신과 믿음(10:1-52)
　바리새인과 이혼에 관한 그들의 질문(10:1-16)
　이사야의 고난의 종을 통한 하나님 나라 입장(10:13-45)
　맹인 바디매오(10:46-52)

제3막 예루살렘에서의 예수(11:1-16:8)

성전의 왕이자 재판관이신 예수(11:1-26)
　승리의 입성(11:1-11)
　무화과나무와 이스라엘 성전에 대한 심판(11:12-26)

성전의 진정한 목적(11:27-12:44)
　성전을 심판할 권위(11:27-33)
　악한 포도원 농부 비유(12:1-12)
　실패한 함정(12:13-34)
　선재하는 제사장-왕으로서의 예수; 과부의 헌금(12:35-44)

이스라엘 성전에 대한 최후의 심판과 재림(13:1-37)
    새 성전에 대한 몰이해와 옛 성전의 파괴(13:1-4)
    성전이 파괴될 때까지의 사건들(13:5-23)
    인자의 도래(13:24-31)
    인자의 알려지지 않은 도래(13:32-37)

마지막 시간(14:1-72)
    왕으로 기름 부음을 받다(14:1-11)
    최후 만찬(14:12-31)
    겟세마네에서 깨어 있지 못함(14:32-42)
    공회에 의한 체포와 재판(14:43-65)
    신실하지 못한 베드로(14:66-72)

예수의 죽음과 매장(15:1-47)
    예수, 빌라도, 십자가 처형(15:1-32)
    예수의 죽음과 휘장의 찢어짐(15:33-39)
    십자가 곁의 여인들(15:40-41)
    예수의 매장(15:42-47)

빈 무덤(16:1-8)
    빈 무덤과 "우편에 앉은 천사"(16:1-5)
    두려움과 흥분(16:6-8)
    더 긴 결말(16:9-20)

II. 본문 해설

1. 프롤로그(1:1-13)

1) 메시아이시며 하나님의 아들이신 예수(1:1)

두 번째 복음서의 첫 줄은 전체 내러티브의 기조를 설정해 준다.

> 하나님의 아들 예수 그리스도의 복음의 시작(막 1:1, 헬라어 본문에는 "이다"라는 서술어가 없음-역주).

"복음"(gospel)을 정의하기 전에 먼저 "시작"이라는 말로 마가가 무엇을 의미하는지 이해해야 한다.
 왜 마가는 "시작"을 복음과 연관시키는가?
 우리는 이것을 두 가지 방식으로 이해할 수 있다. 제한적 의미에서 복음의 "시작"(프롤로그[1:1-13])이거나 넓은 의미에서의 "시작"(복음서 전체[1:1-16:8])이다. 마가가 프롤로그(서막)에서 구약의 인용문을 세례 요한과 직접 연결하고 있으므로 좁은 의미의 "시작"을 염두에 두고 있는 것으로 보인다. 그렇긴 하지만 프롤로그는 전체 내러티브를 알려 준다.
 "복음"(gospel)이라는 단어 또한 매우 중요한 용어이다. 마가복음 1:1은 복음이 "메시아 예수"에 관한 것이라고 말한다. 좁은 의미에서의 "복음"이라는 용어는 오로지 예수의 삶, 죽음, 그리고 부활의 메시지만을 가리킨다(고전 15:2-4).
 그러나 더 넓은 의미에서 이 단어는 또한 예수의 죽음과 부활 및 그 의미나 결과를 포착하기도 한다. 예를 들면, 1:15에서 "복음"(good news)은 "하나님의 나라"와 한 쌍을 이룬다. 하나님 나라의 침입은 예수께서 그의 죽음과 부활에서 이루신 일의 결과이다.

크레이그 블룸버그(Craig Blomberg)는 심지어 다음과 같이 주장한다.

> 마가는 '복음'이라는 단어를 … 예수 그리스도가 주신 메시지라기보다는 예수에 관한 이야기를 가리키는 용어로 사용한 최초의 그리스도인이었을 것이다.[4]

복음은 "하나님의 아들 예수 그리스도"에 관한 것이다(1:1). 1세기 유대인들은 메시아가 도래하면 어떤 일을 성취하실 것인지에 대한 특정 기대가 있었다. 그러한 기대 중 가장 중요한 것은 로마의 억압적 통치를 전복하는 일이었다. 이방인들이 이스라엘을 섬길 것이지 그 반대가 아니다. 그러나 예수의 메시아 되심에 대한 마가의 묘사(사실상 모든 복음서의 묘사)는 유대인이 가장 기대했던 것과는 다르다.

예수께서 이스라엘의 메시아이심은 분명하지만, 정복하는 정치적 왕으로서 손에 칼을 들고 오시지 않는다. 그는 자신의 생명을 자기 백성을 위한 희생 제물로 내어 주는 메시아로 도래하신다(10:45). 그러나 여기에 마가의 내러티브의 탁월함이 있다. 즉, 예수께서 자신의 속죄 죽음을 통해 실제로 왕으로서 그의 통치를 실행할 것이라는 점이다. 겉으로 보기에 예수의 죽음은 완전한 실패로 보인다. 그러나 실제로는 그는 죽음과 패배의 한가운데서 통치하신다.

마가복음은 처음부터 끝까지 예수께서 어떻게 이스라엘의 왕이시며 동시에 이사야의 고난받는 종인지를 설명한다. 그는 다윗의 왕적 아들이시며(사 9:6) 하나님의 어린양(sacrificial Lamb)이시다(사 53:7).

복음은 "메시아 예수"에 관한 것인 동시에 "하나님의 아들" 예수에 관한 것이기도 하다. "하나님의 아들"이라는 칭호가 원문의 일부인지에 대해서는 약간의 의문이 있지만 많은 주석과 대부분의 영어 번역본에는 이 칭호가 포함되어 있다(ESV, HCSB, NASB, NIV, NLT 등).

---

4 Craig L. Blomberg, *Jesus and the Gospels: An Introduction and Survey*, 2nd ed. (Nashville: B&H, 2009), 134.

"하나님의 아들"이라는 칭호는 소수의 구약 본문에서 왕가의 의미를 담고 있으므로 여기에서 의미가 통한다(삼하 7장; 시 2편). 구약의 왕들은 하나님을 대리하는 역할을 했기 때문에, 하나님의 "아들"로 여겨졌다. "하나님의 아들"이라는 칭호에도 물론 신적 차원이 포함되어 있을 것이다. 예수는 하나님의 독특한 "아들"이시다(요 3:16 참조).

리처드 보캄(Richard Bauckham)은 "하나님의 아들"이라는 칭호를 다음과 같이 올바르게 정의한다.

> [하나님의 아들은] 단순히 임명된 예수의 지위나 직책만이 아니라 아버지와 아들을 하나로 묶는 심오한 관계를 가리킨다.[5]

메시아와 하나님의 아들이라는 두 칭호는 두 번째 복음서의 전체 내러티브를 형성한다. 마가는 청중이 이 두 개의 칭호에 대해 깊이 숙고하고 그것에 비추어 예수의 사역 전체를 파악하기를 기대한다. 이러한 두 가지 목적은 요한복음 20:31에서 언급된 요한복음의 기록 목적과 크게 다르지 않다.

> 오직 이것을 기록함은 너희로 예수께서 하나님의 아들 그리스도(메시아)이심을 믿게 하려 함이요 또 너희로 믿고 그 이름을 힘입어 생명을 얻게 하려 함이니라(요 20:31).

물론, 요한복음은 예수의 독특한 아들 되심에 대한 보다 더 깊은 통찰을 제공하지만, 네 번째 복음서의 많은 내용을 마가복음에서도 찾을 수 있다.

---

[5] Richard Bauckham, *Who Is God? Key Moments of Biblical Revelation* (Grand Rapids: Baker Academic, 2020), 98.

2) 출애굽기, 말라기, 이사야가 전하는 복음(1:2-3)

세 가지 주요 구약 참고문(출 23:20; 말 3:1; 사 40:3)은 프롤로그의 틀을 형성하고 다음 내용에 대한 궤적을 설정한다. 마가는 이 두 인용문과 하나의 암시를 함께 묶은 유일한 복음서 저자이다. 마태와 누가는 그것들을 분리하여 서로 다른 맥락에 둔다(사 40:3을 인용하는 마 3:3; 출 23:20과 말 3:1을 인용하는 마 11:10 / 사 40:3을 인용하는 눅 3:4; 출 23:20과 말 3:1을 인용하는 눅 7:27).

왜 마가는 출애굽기 23:20, 말라기 3:1, 이사야 40:3을 독특하게 결합했으며 그의 복음서 시작 부분에 그것들을 넣었을까?

우리는 먼저 1절과 2절의 정확한 관계를 고려해야 한다. "선지자 이사야"(1:2)라는 문구는 첫 구절 전체를 설명하는 것으로 보인다. 몇몇 영어 번역본은 1절 뒤에 마침표를 찍어 두 구절을 분리하는데(ESV, HCSB, NASB, NRSV) 이는 별 도움이 되지 않는다. 마가는 청중이 두 구절을 하나의 단위로 읽기를 원한다.

> 선지자 이사야의 글에 기록된 것처럼(카토스[*kathōs*]) 하나님의 아들 예수 그리스도의 복음의 시작(막 1:1, NLT 참조).

그 결과는 다음과 같다. "복음"은 이사야서에 의존하고 또 설명된다. 우리는 1:2에서 단서를 얻어 내러티브의 각 주요 단락이 어떻게 이사야서에 예언된 대로 종말론적 메시아요 하나님의 아들이신 예수와 관련되는지 신중하게 고려할 것이다.

프롤로그의 또 하나의 난점은 1:2a에 언급된 "선지자 이사야"라는 문구이다.

왜 단지 이사야의 이름만 언급하는가?

출애굽기와 말라기는?

마가는 자신의 내러티브에서 사건을 '샌드위치' 방식으로 전개하는 경향이 있다(예컨대, 3:20-35; 5:21-43; 6:7-30; 11:12-25). 포함법(intercalation)으로 알려진 이 문학적 기법이 이사야 인용문과 함께 여기에 사용된 것으로 보인다.[6] 마가는 먼저 "이사야"를 인용하고 그다음에 출애굽기 23:20과 말 3:1을 인용한다.

> 선지자 이사야의 글에 기록된 것처럼(막 1:2a).
>
> 보라 내가 내 사자를 네 앞에 보내노니
> 그가 네 길을 준비하리라(막 1:2b; 출 23:20; 말 3:1 인용).
>
> 광야에서 외치는 자의 소리가 있어 이르되
> 너희는 주의 길을 준비하라
> 그의 오실 길을 곧게 하라(막 1:3; 사 40:3 인용).

마가는 이사야 40:3에 비추어 출애굽기 23:20과 말라기 3:1을 읽도록 의도한다. 이제 이러한 언급의 직접적 맥락을 간략하게 검토한 다음 우리가 관찰한 내용을 마가복음과 관련시키고자 한다.

(1) 출애굽기 23장

출애굽기 23:20-33에 따르면, "사자"(messenger, 아마도 천사의 모습이었을 것이다[출 3:2; 14:19; 32:34; 33:2; 수 5:13-15; 삿 2:1-3; 6:11-24을 보라])는 약속의 땅으로 가는 길에 이스라엘을 보호할 것이다.

> 내가 사자를 네 앞서 보내어 길에서 너를 보호하여 너를 내가 예비한(헤토이마사[*hētoimasa*]) 곳에 이르게 하리니(출 23:20).

---

[6] Rikki E. Watts, *Isaiah's New Exodus in Mark* (Grand Rapids: Baker Academic, 2000), 89.

그들의 사악함과 우상 숭배로 인해 사자는 가나안 사람들과 싸울 것이다. 그러나 그 사자의 약속은 이스라엘의 행동에 달려 있다. 만약 이스라엘이 사자의 말을 듣는다면 하나님이 그들을 대신하여 싸우시고 그들에게 복을 주실 것이다(출 23:22). 그러나 이스라엘이 이교도 민족의 행동을 본받는다면, 하나님은 이스라엘 민족을 저주하실 것이다(출 23:32). 사자는 그들을 "내가 예비한 곳"으로 안내할 것이다.

이 말은 그 앞의 출애굽기 15:17에서 하나님의 임재의 미래 거처인 약속의 땅에 대한 언급으로 나온다.

> 주께서 백성을 인도하사 그들을 주의 기업의 산에 심으시리이다 여호와여 이는 주의 처소를 삼으시려고 예비하신 것이라 주여 이것이 주의 손으로 세우신(헤토이마산[hētoimasan]) 성소로소이다(출 15:17).[7]

따라서 하나님은 이스라엘 백성이 하나님의 명령에 순종하면 그들을 은혜롭게 인도하여 약속의 땅으로 들어가 원수를 물리치고 그들과 함께 거할 것이라고 약속하셨다.

(2) 말라기 3장

말라기 3장은 출애굽기 23장에서 가져왔지만, 포로기 이후 이스라엘의 행동에 비추어 재구성한 것이다. 하나님의 백성은 서로를 공평하게 대하기를 거부하고 하나님의 율법을 다양한 방법으로 계속해서 어긴다. 출애굽기 23장에 따르면 하나님은 가나안 족속에게 벌을 내리시기 위해 그의 사자를 보내신다. 이제 말라기는 이스라엘의 불의를 고발하고 하나님은 그들에게 심판을 내리실 것이다(말 1:6-10, 12-14 등).

말라기 3:1-6에서 사자는 주님의 심판을 위해 이스라엘을 준비시킨다. 말라기의 예언 중심에는 언약공동체를 연단하셔서 그들과 함께 거하고자

---

[7] T. Desmond Alexander가 출애굽기 15:17과 23:20을 올바르게 연결한다. Alexander, *Exodus*, AOTC (Downers Grove, IL: InterVarsity, 2017), 533.

하시는 하나님의 열망이 있다.

> 만군의 여호와가 이르노라 보라 내가 내 사자를 보내리니 그가 내 앞에서 길을 준비할 것이요 또 너희가 구하는 바 주가 갑자기 그의 성전에 임하시리니 곧 너희가 사모하는 바 언약의 사자가 임하실 것이라 그가 임하시는 날을 누가 능히 당하며 그가 나타나는 때에 누가 능히 서리요 그는 금을 연단하는 자의 불과 표백하는 자의 잿물과 같을 것이라. 그가 은을 연단하여 깨끗하게 하는 자 같이 앉아서 레위 자손을 깨끗하게 하되 금, 은같이 그들을 연단하리니 그들이 공의로운 제물을 나 여호와께 바칠 것이라 그때에 유다와 예루살렘의 봉헌물이 옛날과 고대와 같이 나 여호와께 기쁨이 되려니와(말 3:1-4).

이 단락에 따르면, 악한 이스라엘 백성에 대한 하나님의 심판에는 구원의 목적이 있는데 곧 그들의 거룩함이다. 거룩하신 하나님은 거룩하지 않은 백성과는 함께 거하실 수 없으므로 그의 "사자"를 임명하여 그가 먼저 가서 이스라엘이 하나님의 도래를 준비하도록 하신다.

역사의 마지막에 예언자 말라기는 주께서 오셔서 깨끗/정결하게 하시고 구속하실 것이라고 예언한다. 이스라엘은 우상 숭배와 사회적 불의(말 1:6-10, 12-14 등)로 가득 차 있으며 회개를 거부하는 악한 이스라엘 백성, 특히 그 지도자들은 심판을 받을 것이다(말 3:5; 4:1-3).

그러나 이스라엘 중 주께로 돌이키는 사람들은 다가오는 하나님의 종말 심판에서 벗어날 것이다. 말라기에 언급된 사자는 주님의 도래를 위해 이스라엘을 "준비"한다. 단지 이스라엘 내의 소수, 즉 남은 자만이 회개하고 하나님의 진노를 피할 것이다(4:6). 그러한 정결의 결과는 말라기 3:3에서 찾을 수 있는데 그때 하나님은 마침내 새 창조 안에서 인류와 함께 거하신다.

> 그들이 공의로운 제물을 나 여호와께 바칠 것이라(말 3:3).

(3) 이사야 40장

이사야 40장은 이사야서 전체의 전환점이 된다. 40-66장에서는 이 책의 전반부에서 예상한 바와 같이(예컨대, 사 2:2-5; 24:1-25:12), 이스라엘이 바벨론 포로에서 해방될 것을 예언하고 이스라엘의 구속을 두 번째 출애굽으로 새롭게 구성한다(사 40:10-11; 51:9; 52:10).

하나님은 첫 번째 출애굽에서 사용하신 패턴을 따라 자기 백성을 바벨론에서 약속의 땅으로 인도하실 것이라고 약속하신다(49:9). 그런 다음 그들이 도착하면 하나님은 새 하늘과 새 땅을 창조하실 것이다(사 65:17-25; 66:22-23). 심지어 예언자 이사야는 하나님께서 종들을 통해 어떻게 새로운 출애굽을 이루실 것인지에 대해 예언하기까지 한다(사 42:1-9; 49:1-6; 50:4-9; 52:13-53:12).

이사야 40:3은 하나님께서 자기 백성을 바벨론에서 구원하여 광야를 지나 약속의 땅으로 인도하실 것임을 예언적으로 기대하고 있다.

> 외치는 자의 소리여 이르되 너희는 광야에서 여호와의 길을 예비하라 사막에서 우리 하나님의 대로를 평탄하게 하라(사 40:3).

몇 구절 뒤에 우리는 이스라엘 구원의 목적에 도달하게 된다.

> 여호와의 영광이 나타나고 모든 육체가 그것을 함께 보리라 이는 여호와의 입이 말씀하셨느니라(사 40:5).

하나님은 새 창조 안에서 그들과 함께 거하실 수 있도록 자기 백성들을 속박에서 구원하셨다(사 65:17; 66:22).

(4) 결론

마가는 1:2b-3에서 출애굽기 23장, 말라기 3장, 그리고 이사야 40을 함께 결합함으로써 다음과 같은 몇 가지 목적을 이루려고 한다.

첫째, 그는 자신이 전하는 복음의 종말론적 차원을 강조한다. 말라기 3장과 이사야 40장은 각자의 문맥에서 명시적으로 종말에 일어날 예언이다. 예수의 죽음과 부활은 대환난, 하나님의 이방인 정복, 압제자로부터 이스라엘의 구원, 이스라엘의 회복과 부활, 새 언약, 약속된 성령, 새 창조, 새 성전, 메시아적 왕, 그리고 하나님 나라의 수립을 정식으로 시작한다.

둘째, 말라기 3장에 따르면 사자는 하나님의 거룩한 임재의 도래를 위해 이스라엘을 "정결하게/깨끗하게" 해야 한다. 마가복음은 이스라엘이 그러한 정결이 필요하다는 점을 독자들에게 확신시켜야 한다. 내러티브의 각 주요 교차점에서 마가는 이스라엘, 이방 민족, 그리고 모든 피조물의 부정한 상태를 강조한다.

셋째, 인류와 창조 질서의 정결은 끝에서 두 번째 목표(penultimate goal)이다. 정결의 최종적 목표(ultimate goal)는 하나님의 영광에 거하는 것이다. 하나님은 함께 거하시기 위해 정결하게 하신다. 따라서 마가복음의 주요 요점 중 하나는 다음과 같다. 예수는 참된 하나님의 임재에 합당한 처소를 창조하시려는 목적으로 인류와 피조물을 정결하게 하신다.

이제 마가복음의 주요 윤곽에 대한 배경을 살펴보았으므로 프롤로그(1:1-13)에서 세례 요한의 역할을 더 충분히 이해할 수 있다. 요한은 심판의 "사자"(말 3:1) 및 이스라엘의 두 번째 출애굽을 선포하는 "소리"(사 40:3)와의 연속성 가운데 있다. 요한의 목적은 두 가지이다.

하나는 다가오는 하나님의 심판에 대해 이스라엘을 준비시키는 일이다 (출 23:20; 말 3:1).
다른 하나는 이스라엘의 회복과 새 창조의 도래를 알리는 일이다 (사 40:3).

심판을 피하기 위해서는 이스라엘이 자신의 의복을 더럽힌 죄악의 행동을 회개하고 주님께로 돌아와야 한다.

심지어 요한의 외모와 음식은 그의 심판의 예언과도 일치한다. 그것들은 열왕기하 1:8에 나오는 엘리야의 옷차림을 떠오르게 한다.

> 그(엘리야)는 털 옷을 입고 허리에 가죽띠를 띠고 있었다(왕하 1:8, 사역).

엘리야는 이스라엘의 우상 숭배의 어두운 시기에 그들에게 회개를 요청하는 사역을 감당했다. 그러나 요한은 또한 하나님의 심판 너머를 보고 이사야가 오랫동안 기다려 온 이스라엘의 새로운 출애굽과 열방의 회복을 선포한다.

3) 회개의 세례(1:4-11)

1:5에 따르면 세례 요한의 사역은 긍정적 결과를 가져온다.

> 온 유대 지방과 예루살렘 사람이 다 나아가 자기 죄를 자복하고 요단강에서 그에게 세례를 받더라(막 1:5).

매우 의미심장한 이 구절은 일부 이스라엘 사람들이 요한의 세례에 애착을 갖고 지금은 없어진 성전과 그 희생 제사 제도에 등을 돌리고 있음을 보여 준다. 구약과 유대교에 따르면 제의적 정결은 어느 정도 이스라엘 가운데 계신 하나님의 임재와 관련이 있다(예컨대, 레 15:5-27; CDa X, 10-14).

의식적 정결에 대한 마가의 강조점을 이해하기 위해 광야에 있었던 이스라엘 진영의 지리를 간략하게 살펴보기로 하자. 진영의 중심에는 하나님이 거하시는 성막이 있다.[8] 뜰, 성소, 지성소를 포함하여 전체 구조물이 거룩하게 여겨진다. 그러나 거룩한 성막 내에서도 오직 뒤에 있는 방만이

---

[8] 이 단락은 Benjamin L. Gladd, *From Adam and Israel to the Church: A Biblical Theology of the People of God,* Essential Studies in Biblical Theology (Downers Grove, IL: InterVarsity, 2019), 16을 각색한 것임.

가장 거룩하게 여겨진다. 성막의 뜰 밖에 있는 이스라엘 진영은 "깨끗/정결하고" 진영 밖의 모든 것은 "부정"하다. 이와 같이 거룩함, 정결함, 부정함이라는 세 단계의 등급이 있다.

이스라엘의 정결법을 검토할 때 부정한 것을 결정하는 일은 꽤 까다롭다.

어떤 측면에서 부정은 부도덕한 활동(살인이나 도둑질과 같은)이나 우상숭배와 관련된 행동(피를 마시는 일과 같은; 레 17-20장)을 가리킬 수 있다.

또 다른 측면에서 부정은 피부병이나 체액 손실과 같이 완벽하지 않거나 불완전한 모든 것을 가리킬 수 있다(레 11-15장). 후자의 경우 도덕적 요인이 반드시 고려되는 것은 아니다.

두 경우 모두에서 부정함의 요점이 중요하다. 즉, 하나님은 순결하고 완전하고 질서 정연한 것만 받으신다는 점이다. 그러나 거룩함의 문제는 정결함보다 한 단계 위에 있다. 거룩함은 하나님의 영광과 결부된다(→ 막 2:13-17).

따라서 세례 요한은 "회개"의 세례를 베풂으로써 이스라엘 전체의 제의적 체계에 도전하며 이스라엘이 완전한 의식적 정결과 거룩하신 하나님 앞에서 거할 수 있는 능력을 누리도록 초대하고 있다. 마가의 내러티브가 전개되면서 우리는 이스라엘과 그 성전이 지금 한 사람 안에서 재구성될 것임을 발견하게 된다.

1:8에 따르면 요한은 오실 분이 이스라엘에 "성령"으로 "세례를 베푸실" 것이라고 고백한다. 요한의 세례가 대단한 만큼 "그(요한)는 새롭게 이용할 수 있는 성령이라는 세제로 완전히 정결하게 씻으실 분이 곧 오실 것이라는 기대를 표명한다."[9]

---

9 Matthew Thiessen, *Jesus and the Forces of Death: The Gospels' Portrayal of Ritual Impurity within First-Century Judaism* (Grand Rapids: Baker Academic, 2020), 23.

그 후 마가는 이스라엘의 세례(1:4-8)에서 예수의 세례(1:9-11// 마 3:13-17// 눅 3:21-22// 요 1:29-34)로 넘어간다. 네 복음서 모두 이스라엘에 있는 사람들이 먼저 세례를 받고 그다음에 예수께서 세례를 받는다고 지적한다. 두 그룹 간의 관계는 숙고할 만한 가치가 있다. 이스라엘의 세례는 그의 세례를 위한 준비이다. 즉, 예수는 이스라엘 백성과 동일시된다.

예수는 죄를 고백하지는 않지만, 정결의 필요성을 공유하신다(identify). 의식적으로 이미 정결한 그는 자비롭게도 죄 용서의 필요성을 공유하시기 위해 요단강을 지나가시려고 한다. 이러한 죄 용서의 처방을 그는 몇 단락 후에 중풍병자에게 직접 제공할 것이다(2:1-12).

1:9-10에 따르면 요한은 요단강에서 예수께 세례를 베푼다. 예수께서 세례를 받을 때 하늘이 "갈라진다"(torn open). 이는 그의 죽음과 휘장의 찢어짐을 예고하는 특이한 표현이다(15:38). 마가의 청중은 하늘이 "갈라진다"라는 말을 숙고할 때 이사야 13:10; 24:1-6; 34:4; 에스겔 32:6-8; 요엘 2:10 등과 같은 묵시적 본문을 연상했을 것이다. 그러나 그러한 본문 중에서도 가장 중요한 것은 이사야 64:1이다(63:19b MT/LXX).

주님께서 하늘을 가르시고 내려오시면 산들이 주님 앞에 떨 것입니다(사 64:1, 표준새번역).

이사야 63:15에서 이사야의 탄식은 첫 번째 출애굽의 역사적 회상에서 두 번째 출애굽에 대한 기대로 전환된다. 선지자는 주님께서 "하늘에서 굽어 살피시며 주의 거룩하고 영화로운 처소에서 보"시기를 간청한다. 몇 구절 뒤인 64:1에서 선지자 이사야는 하나님께서 시내산에서 그랬듯이 "하늘을 가르고 강림하시기"를 요청한다.

옛 70인역(OG)이 "가르다/찢다"라는 단어 대신 아노이케스(*anoixēs*, "열리다")를 사용하지만(마 3:16; 눅 3:21 참조), 다른 70인역 개정판에서는 에레카스(*erēxas*, "찢다")가 사용되는데 이 단어가 마가복음 1:10에 훨씬 더 가까운 독법/읽기이다. 그렇다면 예수는 세례를 받으실 때 처음에 하나님이 새롭고 최종적인 출애굽을 실행해 주시기를 바라던 선지자 이사야의 소망을 이루신다.

성령이 "비둘기같이" 예수께 내려오신다. 성령의 강림은 역사의 종말에 성령의 오심을 예견하는 많은 구약 본문을 성취한다(예컨대, 욜 2장; 겔 37:4-14). 이사야 32:15은 심지어 성령 강림을 (아름다운) "밭"(에레모스[erēmos])과 연결한다. 참된 이스라엘로서 예수는 자신의 개인적인 오순절(Pentecost, 행 1-2장 참조)을 경험한다. 마가는 성령을 "비둘기"로 묘사하는데 이는 아마도 하나님께서 세상을 새롭게 창조하셨던 창세기의 홍수를 가리키는 것 같다(창 8:8-12). 그렇다면 마가는 예수를 새 창조의 정점에 있는 회복된 하나님의 백성, 즉 신실한 이스라엘로 제시한다.

예수께서 물에서 나오실 때 하나님은 다음과 같이 선언하신다.

> 너는 내 사랑하는 아들이라 내가 너를 기뻐하노라(막 1:11).

이 문구는 적어도 이스라엘의 메시아 도래를 예언하는 두 구절인 시편 2:7과 사무엘하 7장을 상기시킨다. 어느 정도 마가는 청중이 예수의 세례를 예수의 공식적 위임(formal commissioning)으로 간주하도록 의도한다.

하나님은 그의 아들이 오랫동안 기다려 온 메시아의 성취임을 선언하시고 아담과 이스라엘이 불신실했던 바로 그곳으로 그를 보내셔서 신실하게 하고자 하신다. 예수는 이스라엘 백성의 1세대가 홍해를 건넜고 2세대가 요단강을 건너 전진했듯이 요단강을 통과하신다. 이스라엘을 포로 상태로부터 끌어내시기 위해 그는 이스라엘의 역사를 되풀이해야 한다.

이어서 성령은 "그를 광야로 몰아내셨다"(에크발레이[ekballei], 1:12 HCSB 역). 마가가 "몰아/쫓아내다"(에크발로[ekballō])라는 동사를 사용한 것을 보고 독자들은 이상하게 여길 수 있다. 마태와 누가는 이 사건에 대해 "이끌다"(아고[agō])라는 동사를 사용한다.

> 예수께서 성령에 이끌리어 … 광야로 가사(마 4:1// 눅 4:1).

마가가 사용한 "몰아내다"라는 동사는 마가복음에 16번 나오는데, 그중 10번이 귀신 축출에서 언급된다. 아마도 마가가 이 동사를 사용한 이유는 예수의 광야 시험에 구속사적(redemptive-historical) 강조점을 부여하기 위함인 것 같다. 예수는 사탄의 시험/유혹을 신실하게 견뎌 내심으로 마귀와 그 부하들에 대한 권세를 얻게 된다.

그래서 성령은 예수께서 부정한 영을 쫓아내실(drive out) 수 있도록 예수를 광야로 몰아내신다(drives). 더 나아가 이사야 63장은 광야에서의 이스라엘의 불신실함, 즉 "주의 성령을 근심하게 한" 행동을 회상한다(63:10; 참조, 시 78:40). 아마도 예수의 광야 시험에서 성령의 임재는 광야에서 있었던 이스라엘의 반역을 상기시키는 것 같다.

그러나 예수는 성령을 거역하지 않고 오히려 그분께 순종하실 것이다. 광야의 시험 장면이 마가의 내러티브에서 단 한 구절밖에는 안 되지만 마가복음의 나머지 부분에 심오한 영향을 끼친다. 오랫동안 기다려 온 이스라엘의 왕이자 성육신하신 주님으로서 예수는 사탄과의 전쟁에서 승리하신다(→ 눅 4:1-13).

4) 정결하게 하는 창조(1:12-13)

예수께서 성공하신 결과로 마가는 특이한 세부 내용을 언급한다. 예수는 "들짐승과 함께 계시니 천사들이 수종들더라"(1:13// 마 4:1-11// 눅 4:1-13). 아마도 짐승들이 포함된 것은 별로 이상하지 않을 것이다. 예수 사역의 주요 차원은 하나님께서 인류와 피조물과 함께 거하실 수 있도록 환경에서 모든 악한 오염 물질을 정화하는 데 있다.

예수는 광야의 시험/유혹에서 악마를 물리치심으로써 인류와 피조물로부터 아담의 타락이 끼친 영향을 제거하기 시작한다.

마가가 귀신을 "부정한 것"으로 여긴다면(1:23, 27; 3:11, 30; 5:2; 6:7; 9:25), 그들의 우두머리인 악마/마귀는 얼마나 더 부정할 것인가?

아마도 우리는 악마에 대한 예수의 승리를 레위기에 포함된 다양한 희생 제사를 배경으로 보아야 할 것이다(→ 눅 5:27-39). 예수는 우주에서 오랫동안 더럽혀진 자들을 제거하기 시작함으로써 자신의 메시아이자 제사장의 역할을 실행하신다.

마지막 세부사항을 살펴보자. 들짐승을 언급함으로써 창조 질서가 하나님과 화해하기 시작했음을 지적한다. 새 창조가 역사 속으로 들어왔다(사 11:6; 65:25). "천사들이 (그를) 수종들더라"라는 말도 영적 영역을 떠올리게 한다. 시험/유혹은 눈에 보이는 것과 보이지 않는 창조된 질서 전체에 충격파를 보낸다.

따라서 예수께서 광야의 시험/유혹에서 사탄을 성공적으로 물리치셨을 때 그는 물질적 현실과 영적 현실을 포함하여 하나님과 우주를 화해시키기 시작하셨다(골 1:20 참조). 그렇다면 다음 단락에서 사탄의 부하들에 대한 예수의 승리와 타락의 저주에 대한 반전을 마가가 명백히 강조한다고 해서 그리 놀라운 일은 아니다(1:21-45).

마가복음 1장에 나타난 예수의 정체성에 대한 또 다른 독특한 차원이 앞의 말라기 3장과 이사야 40장의 두 인용문에 비추어 분명하게 드러난다. 말라기 3장에서 하나님은 사자(messenger)를 뒤따라 이스라엘을 심판한다.

> 너희가 구하는 바 주가 갑자기 그의 성전에 임하시리니(말 3:1).

마가복음 1장에 따르면 사자 뒤에 오시는 분은 예수이시다. 즉, 예수와 이스라엘의 하나님이 명백하게 동일시된다.

이사야 예언의 경우도 마찬가지이다. 이사야 40:3에는 주께서 자기 백성을 포로에서 구속하시고 새롭게 하시는 과정을 시작하기 위해 오셨다고 선언한다. 마가복음 1장에서도 예수는 이와 동일한 역할을 하신다. 마가는 그의 복음서 처음부터 예수를 이스라엘의 하나님과 동일시하면서 예수께서 육신을 입으신 하나님이라고 확증한다. 그는 하나님의 아들이시다(1:1)!

2. 제1막: 갈릴리에서의 예수(1:14-8:21)

1) 예수의 갈릴리 사역의 시작(1:14-45)

(1) 하나님의 나라가 가까이 왔다(1:14-15)

"그리고 즉시"(카이 유튀스[kai euthys])라는 내러티브 장치로 마가복음의 첫 번째 단계는 빠른 속도로 진행된다. 마태, 누가, 요한은 그들의 내러티브에서 카이 유튀스를 한 번 사용하지만, 마가는 이 독특한 문구를 그의 복음서에서 25번 사용하는데 특히 1장에서만 9번 사용한다(1:10, 12, 18, 20, 21, 23, 29, 30, 42). 반복을 피하기 위해 영어 번역은 종종 각각의 경우를 모두 번역하지는 않는다. 이러한 문학적 장치는 내러티브를 빠르게 진전시켜 마가의 독자들이 행동을 통해 예수를 알게 하는 기능을 한다.

1:14에 따르면 요한은 "옥에 갇혔거나" 더 나은 번역으로는 "넘겨졌다". 이 섬뜩한 세부 설명은 나중에 복음서에서 예수께서 넘겨질 무대를 설정한다(3:19; 9:31; 10:33 등).

요한이 예수의 도래를 선포한다는 이유로 박해를 받는다면 예수 자신은 얼마나 더 박해를 받을 것인가?

요한이 감옥에 갇힌 직후에 예수는 아마도 박해를 피하기 위해 북부 갈릴리로 도피하신다. 예수는 자신이 결국 동족의 손에 죽게 될 것을 잘 알고 계시지만(9:31; 10:33; 14:41) 해야 할 일이 있다.

지금까지는 구약(이사야, 출애굽기, 말라기), 세례 요한, 그리고 하나님 세 당사자가 말해 왔다면, 이제 처음으로 예수께서 말씀하신다. 또한, 그가 (처음으로) 선포하신 내용은 놀라운 것이다.

> 때가 찼고 하나님의 나라가 가까이 왔으니 회개하고 복음을 믿으라(막 1:15; 사 52:7을 보라).

학자들은 "가까이 왔다"(엥기켄[ēngiken])라는 주요 동사의 정확한 의미에 대해 논쟁을 벌였는데 이 단어가 공간적 또는 시간적 개념을 수반할 수 있기 때문이다(11:1; 14:42 참조). 아마도 두 개념 모두를 포함할 수도 있다. 이제 많은 사람이 마가가 여기에서 하나님 나라의 이미와 아직 아닌(already-not-yet)의 측면을 언급하고 있다고 확신한다.

하나님 나라의 시간적 특성과 관련하여 종말의 하나님 나라는 예수께서 처음 오셨을 때 부분적으로 성취되거나 시작되는 요소를 포함한다("때가 찼다"라는 문구가 포함된 점에 주목하라). 그러나 하나님의 나라는 1세기에 완전한 상태로 임하지 않는다. 예수께서 재림하실 때 하나님은 새 하늘과 새 땅에 하나님의 영원한 나라를 완성하실 것이다.

하나님 나라의 공간적 차원과 관련하여 하나님의 천상 통치는 예수의 초림 때 나사렛 예수 안에서 세상에 침범하기 시작한다. 역사의 종말에 하늘은 완전한 상태로 내려올 것이다.

사탄에 대한 승리는 예수께서 이 땅에 하나님의 나라를 세우실 수 있는 길을 열어 준다. "하나님의 나라"라는 중요한 진술은 4장에서 추가로 설명되는데, 거기에서 우리는 하나님 나라의 본질과 그것이 구약과 어떤 점에서 연속적이고 또 불연속적인지에 대해 더 많이 알게 된다. 현재로서는 마가의 독자들은 예수의 메시지에 귀를 기울이고 "복음"(good news)을 믿어야 한다. 1:1에서 마가복음을 여는 "복음"은 예수께서 선포하시는 복음과 동일하다.

(2) 따르라는 부르심(1:16-20)

마태복음과 누가복음의 경우처럼 마가복음에서도 시험(1:12-13), 복음의 선포(1:14-15), 그리고 제자의 부르심(1:16-20)이라는 자료의 배열로 구성된다. 예수께서 제자들을 부르신 것은 그의 하나님 나라 메시지의 결과인 것으로 보인다(→눅 5:1). 효과적인 메시지는 필연적으로 제자 공동체를 생성한다. 세 권의 공관복음서 모두에서 베드로는 초기 제자 그룹 중 첫 번째로 언급된다(마 4:18-22// 막 1:16-20// 눅 5:3-11). 세 복음서 모두에서 베드로의 목소리가 지배적이라는 점을 고려하면 이는 놀라운 일이 아니다.

우리는 또한 베드로가 직업상 어부이고 아마도 가버나움에서 살았을 것이라는 점을 알게 된다(1:29-34). 이는 마가복음이 다른 두 공관복음서에는 없는 항해에 관한 세부 설명을 왜 그렇게 많이 포함하고 있으며 왜 이 복음서가 갈릴리 바다의 북부 주변에서 예수의 움직임을 놀랄 만큼 잘 인식하고 있는지 그 이유를 설명해 준다.

공생애를 시작할 즈음 예수는 베드로(시몬), 안드레, 야고보, 요한을 불러 자신을 따르게 하신다(1:16-20). 제자도는 이 두 번째 복음의 핵심 관심사이다. 마가의 청중은 나사렛 예수를 따르는 데 필요한 요구사항을 숙고해야 한다. 내러티브가 진행되면 될수록 판돈은 더 높아진다.

비용은 얼마인가?

전부(everything)이다.

예수께서 제자들을 "사람을 낚는 어부"로 부르신 것은 예레미야 16:16을 떠오르게 할 수도 있다.

> 보라 내가 많은 어부를 불러다가 그들(포로 중에 있는 이스라엘 백성)을 낚게 하며(렘 16:16).

예레미야 6장에 따르면, 이러한 어부들은 두 가지 목적과 관련되어 있다. 하나는 하나님이 흩어진 이스라엘 백성을 "그 땅으로 인도하여 회복하실 수" 있도록 그들을 찾는 일이고 다른 하나는 "그들의 악행을 배로 갚으시도록" 그들을 추적하는 일이다(렘 16:15, 18).

예레미야 16장이 예수의 낚시 은유의 배경이 되는 한 부분을 형성한다면, 유사하게 예수의 제자들도 회복과 심판의 전령 역할을 할 것이다. 하나님께서는 제자들의 메시지에 긍정적으로 반응하는 사람들은 회복하실 것이고 그렇지 않은 사람들은 심판하실 것이다.

(3) 회당을 정결하게 하심(1:21-28)

마가는 1장의 나머지 부분을 예수의 병자 치유와 귀신 축출의 몇 가지 사건으로 채운다. 1:21-28에 언급된 첫 번째 사건은 매우 전형적인(paradigmatic) 사건이라 할 수 있다. 우리는 여기서 복음서의 다른 곳에서 나오는 주제를 인식할 수 있다(// 눅 4:31-37).

피터 볼트(Peter Bolt)는 마가복음이 "1세기 세계의 삶의 단면을 보여 주는" "열세 명의 탄원자(suppliants) 그룹"을 제시한다고 주장한다.[10] 전체적 요점은 "그들이 함께 매우 궁핍한 세상, 즉 죽음의 그늘하에 있는 세상을 보여 준다"라는 것이다.[11] 이러한 개인들로는 더러운 귀신 들린 남자(1:21-28), 열병으로 앓는 여인(1:29-31), 손 마른 사람(3:1-6), 거라사인의 귀신 들린 사람(5:1-20), 죽어 가는/죽은 야이로의 딸(5:21-23, 35-43), 혈루증 앓는 여인(5:24-34), 귀신 들린 이방 여인의 딸(7:24-30), 귀먹고 말 더듬는 사람(7:31-37), 벳새다의 맹인(8:22-26), 귀신 들린 아이(9:14-29), 맹인 바디매오(10:46-52) 등이 포함된다.[12]

마가는 청중에게 첫 번째 탄원자의 때와 장소에 대한 단서를 제공한다. 귀신 축출은 가버나움에서 일어나는데, 이곳은 예수의 갈릴리 사역에서 허브 역할을 한 지역으로 약 1,000명의 유대인 주민[13]이 살고 있던 유명한 어촌 마을이다(2:1; 9:33).

1세기의 회당은 지역 유대인의 생활과 문화의 중심지였는데, 이곳에서 민사 소송이 판결되고 아이들이 교육을 받았으며 무엇보다도 사람들이 기도하고 예배를 드렸다. 마가는 이 사건이 안식일에 일어났다고 지적한다(1:21). 아마도 안식일에 종종 방문자에게 권면할 기회가 주어졌기 때문일

10　Peter G. Bolt, *The Cross from a Distance: Atonement in Mark's Gospel*, NSBT 18 (Leicester, UK: Apollos, 2004), 38.
11　Bolt, *Cross from a Distance*, 38.
12　Bolt, *Cross from a Distance*, 38.
13　Sharon Lea Mattila, "Capernaum," in *T&T Clark Encyclopedia of Second Temple Judaism*, ed. Daniel M. Gurtner and Loren T. Stuckenbruck (London: Bloomsbury T&T Clark, 2020), 2:130.

것이다(행 13:15을 보라).**14**

우리는 이 전형적인 사건으로부터 세 가지 중요한 통찰을 얻을 수 있다.

첫째, 메시아이시며 하나님의 거룩한 아들이신(1:24) 예수는 광야의 시험/유혹에서 승리하셨기 때문에 악마의 세계를 정복하고 다스릴 수 있는 권세와 비길 데 없는 선지자로서 하나님 자신처럼 말할 수 있는 권세가 있다(1:22).

둘째, 예수의 정체성에 대한 놀라운 통찰을 가진 귀신들과는 달리 유대 사람들은 예수께서 참으로 누구이신지 파악하는 데 어려움을 겪는다.

셋째, 예배의 집(회당)에 귀신이 있다는 점(다름 아닌 안식일에)은 이스라엘의 영적 상태를 지적한다. 회당이 유대인의 모든 삶과 문화를 구현한다면 이스라엘의 주요 관심사는 로마가 아니라 사탄에게 속박되어 있다는 점이다.

(4) 메시아 비밀(Messianic Secret, 1:29-39)

마가복음 1장은 일련의 치유와 귀신 축출로 계속 진행된다(// 마 8:14-17// 눅 4:38-41). 베드로의 장모가 치유되고(1:30-31) 더 많은 귀신이 "쫓겨난다"(1:34). 왕으로서 예수는 땅에서 모든 대적을 제거함으로써 이 땅에 그의 왕국을 체계적으로 세우고 계신다.

1:34에서 우리는 수수께끼 같은 진술에 접하게 된다.

> 귀신이 자기를 알므로 그 말하는 것을 허락하지 아니하시니라(막 1:34).

우리는 예수께서 "그리스도"(즉, 메시아)라는 베드로의 정확한 신앙고백 직후에 나오는 8:30에서도 이와 유사한 관찰을 할 수 있다.

---

14 Craig S. Keener, *Acts: An Exegetical Commentary*, vol. 2, 3:1–14:28 (Grand Rapids: Baker Academic, 2013), 2045.

> 이에 자기의 일을 아무에게도 말하지 말라 경고하시고(막 1:44; 9:9 참조).

왜 예수는 이스라엘이 오랫동안 기다려 온 왕으로서 자신의 정체를 다른 사람들에게 알리지 말라고 금하시는 것일까?

예수는 자신이 이스라엘을 영적 억압에서 해방하러 오신 구원자임을 이스라엘이 알기를 원하지 않으시는 것일까?

그 대답은 예수께서 이스라엘이 오랫동안 기다려 온 메시아에 대한 기대를 성취하셨는가에 달려 있다. 마가의 내러티브에서 잘 알려진 "메시아 비밀"이라 명명된 이 특징은 예수께서 자신의 메시아 됨에 대한 청중의 이해를 바꾸고 초점을 다시 맞추려는 의도를 가리킨다(→ 4:1-20).

다음날 동이 트기 전, 예수는 집을 떠나 한적한 곳을 찾아 기도하셨다(1:35// 눅 4:42-43). 제자들이 곧 그를 찾아 집으로 돌아가자고 재촉한다.

> 모든 사람이 주를 찾나이다(막 1:37).

제자들은 예수께서 베드로의 집으로 다시 돌아오셔서 계속해서 병자를 고치시고 귀신을 쫓아내시기를 원한다. 그러나 예수께서는 다른 의도가 있으셨다. 예수는 갈릴리의 다른 "가까운 마을"을 다니시면서 하나님 나라의 도래에 관한 복음을 선포하기를 원하신다. 이 일이야말로 그가 이 땅에 오신 정확한 이유이기 때문이다(1:38). 한마디로 하나님은 자신의 영원한 나라가 땅끝까지 확장되기를 원하신다.

(5) 나병 환자를 정결하게 하심(1:40-45)

이 장은 나병에 걸린 사람을 치유하시는 예수의 기이한 사건으로 끝을 맺는다(1:40-45// 마 8:2-4// 눅 5:12-14). 이 인물은 부정한 사람으로 간주되기 때문에 동료 유대인들과 접촉할 수 없다(레 13:45-46; 14:2-3). 간단히 말해서, 그는 아웃사이더(outsider)이다. 예수는 그를 치유하심으로써(아이러니하게도 접촉을 통해!) 이 사람과 그의 공동체 사이에 잃어버린 교제를 회복시키신다. 그렇다면 이스라엘에 참으로 가입할 수 있는 길은 오직 예수를 통해서만 발견된다.

또한, 예수께서 이 나병 환자를 "깨끗/정결하게" 하신 분임을 주목하라(1:41). 이스라엘 백성은 제사 제도에 따른 각종 의식과 제사장의 선포를 통해 정결하게 되지만, 이제 예수는 자신을 진정한 정결을 제공할 수 있는 참된 희생 제물로 밝히고 계신다. 그러나 예수는 개인을 정결하게 하실 뿐만 아니라 "깨끗함을 받으라"라고 선언하심으로써 암묵적으로 제사장과 이스라엘의 참된 성전의 역할도 하신다.

종합해 보면, 1:21-45에 언급된 모든 사건은 예수께서 종말론적 왕(귀신을 다스리시는)이요, 제사장(나병 환자를 깨끗하게 하시는), 그리고 예언자(비길 데 없는 권위로 말씀하시는)이심을 입증해 준다.

2) 갈릴리에서 환영받으시는 예수(2:1-3:6)

1장에서의 예수의 기적과 귀신 축출에 대한 소식은 자연스럽게 상당한 대중의 관심을 불러일으킨다(1:28, 33, 37, 45). 1장에 나타난 이러한 대중적 관심은 2-3장에서 예수와 유대 지도자들 간의 갈등에 대한 토대를 마련하는데 예수를 죽이기로 결정하는 3:6에서 절정에 이른다. 앞으로 전개될 다섯 개의 에피소드에서 마가는 유대 지도자들의 존재와 적대감을 강조한다(2:6-7, 16, 18, 24; 3:6).

(1) 예수께서 중풍병자를 용서하시다(2:1-12)

중풍병자의 치유(2:1-12// 마 9:2-8// 눅 5:18-26)로 인해 예수는 유대 당국과 직접 접촉하게 된다. 1:22에서는 단지 암시만 되었던 일이 일어난 것이다. 2:1-12에서 중풍병자의 치유 사건을 이전 문맥과 연결하는 한 가지 주제는 화해(reconciliation)이다. 나병 환자가 치유 기적을 통해 (외적으로) "깨끗하다"라고 선언되어 사회에 다시 통합될 수 있었다면, 중풍병자는 예수를 통해 (내적으로) 죄 용서를 받는다. 나병 환자는 그의 공동체와 화해하는 반면, 중풍병자는 하나님과 화해하게 된다. 두 경우 모두 화해는 나사렛 예수로부터 흘러나온다.

2장 첫 부분에서 예수는 다시 가버나움에서 사역하시고 그의 주변에 많은 사람이 모여들었다. 그는 "그들에게 말씀을 전했지만" 그 메시지에 대한 자세한 내용은 나와 있지 않다(2:2). 아마도 마가는 독자들에게 1:15, 21, 39에 나오는 예수의 하나님 나라 선포를 이곳의 그의 가르침과 연결하려는 의도가 있었을 것이다.

그는 너무 인기가 많아서 집 안에서는 "문 앞까지도"(2:2) 사람들이 들어설 자리가 없을 정도였다. (서구 문화와는 달리) 주거 공간이 귀했던 1세기의 사람들은 외부 계단을 통해 지붕에 접근할 수 있었다. 친구가 치유되기를 간절히 바랐던 네 사람이 그를 침상에 누인 채로 계단으로 끌어올려 지붕 일부를 걷어 내고 예수께서 가르치고 계신 아래로 그를 달아 내린다. 그들의 믿음이 분명하게 드러난다(2:5).

예수께서 중풍병자를 용서하신 일은 숨 막힐 정도로 놀라운 일이었다. 용서에는 두 가지 중요한 측면이 수반된다.

첫째, 용서는 희생 제도 및 성전과 관련이 있다. 간단히 말해서, "피 흘림이 없은즉 사함이 없느니라"(히 9:22; 참조, 레 17:11). 그러므로 용서에는 희생 제물이 필요하다.

그러나 이곳 마가복음 2장에서 희생 제물은 어디에 있는가?

확실히 그것은 예루살렘 성전에서 발견되지 않는다(11:15-18을 보라).

세례 요한에 따르면 단번에 드리는 새로운 희생 제물이 임박해 있다. 그의 세례가 결정적인 "죄 용서"를 제공했음을 기억하라(1:4). 마가가 이 희생 제물의 구체적 정체를 밝히지는 않았지만, 내러티브가 전개됨에 따라 우리는 그것이 다름 아닌 예수라는 사실을 발견하게 된다. 여기 2:5에서 제공된 용서는 앞으로 있을 십자가에서의 예수의 속죄 죽음에 근거한다.

둘째, 예수는 하나님이시기 때문에 용서를 베푸신다. 그분께만 사람이 무죄이며 옳다고 선언할 권리가 있다. 요컨대, 하나님만이 의롭게 하실 수 있다. 이것이 바로 유대 지도자들이 정확히 속으로 품고 있던 생각이었다.

> 이 사람이 어찌 이렇게 말하는가 신성모독이로다 오직 하나님 한 분 외에는 누가 능히 죄를 사하겠느냐(막 2:7; 참조, 11:25).

마가는 1:1에서 밝힌 자신의 약속을 이행하기 시작하여 예수께서 실제로 어떻게 "하나님의 아들"이신지를 입증한다. 즉, 예수께는 용서하실 수 있는 권세가 있다. 여기에서 다소 모호하게 사용된 "하나님"이라는 명칭(2:12)은 심지어 마가가 예수를 이스라엘의 주님과 동일시하고 있다는 신호일 수도 있다. 이 사건의 요점은 군중들이 "하나님께 영광을 돌리며 이르되 우리가 이런 일을 도무지 보지 못하였다"라고 외치는 2:12에서 찾을 수 있다.

(2) 레위의 부르심(2:13-17)

다음에 나오는 에피소드인 레위(또는 "마태")의 부르심은 레위의 직업 때문에 도발적이다. 그는 세리였다(2:13-17// 마 9:9-13// 눅 5:27-32). 1세기의 세리들은 (오늘날 못지않게!) 상당히 인기가 없었다. 그들이 궁극적으로 로마의 요구에 응했기 때문이다. 예수는 레위가 "세관에 앉아 있는" 것을 발견하시고 갑자기 자신을 "따르라"고 명령하신다(2:14).

마가는 레위의 말은 한마디도 기록하지 않은 채 레위가 시몬과 안드레처럼 "일어나 따르니라"라고 청중에게 알린다(2:15; 참조, 1:17-18). 이어서 내러티브는 빠르게 진행되어 레위의 집으로 향하는데, 그곳에서 예수와 그의 제자들이 다른 세리 및 죄인들과 교제하는 모습이 목격된다(2:15-16).

엄격한 유대인이 부정하다고 여기는 모든 사람을 멀리한 세상에서 예수께서 이 두 그룹과 친밀한 교제를 나누신 것은 유대 지도자들의 눈에는 경악할 일이었다(2:16). 그러나 마가는 이미 예수를 부정한 자를 정결하게 하시고(1:40-45) 죄인에게 용서를 베푸시는(2:1-12) 분으로 제시했으므로 이러한 그룹과 그의 교제는 놀라운 의미가 있다.

이 언약적 식사(covenant meal)의 중요성을 간과해서는 안 되며 마가복음의 내러티브에서 이 식사가 차지하는 위치는 더욱더 분명하다. 그러나 우리가 이 식사를 직접 문맥에서 살펴보기 전에 레위기에 언급된 언약적 식사의 본질과 그것들이 일반적 희생 제물 논의와 어떻게 관련되어 있는지 인식해야 한다.

오경, 특히 레위기의 지배적 패턴은 죄/더러움 → 제거/속죄 → 하나님의 언약적 임재의 삼중 구조의 순환이다. 거룩하신 하나님이 그의 백성과 함께 거하시기 위해서는 죄가 제거되어야 한다. 이스라엘의 희생 제사 제도의 복잡한 특성은 속죄(속죄제와 속건제, 예컨대, 레 4:1-5:16)에서 거룩(번제-예컨대, 레 6:8-13), 교제(공물과 화목제, 예컨대, 레 7:11-21)로의 이동으로 이해되어야 한다.[15]

다양한 희생 제사와 제물의 목적은 언약의 식사 안에서 하나님과 함께 거하는 것이다.

> 하나님을 향한 제의적 접근 또한 전례의 마지막 희생 제사인 화목제를 설명한다. 화목제의 하이라이트는 공동 식사였다. 희생 고기 일부는 예배자에게 돌려주게 되며 예배자는 가족 및 친구들과 함께 하나님 앞에서 거룩한 잔치를 즐길 것이다. 야웨의 집에 들어간 사람은 비길 데 없는 환대를 즐긴다.[16]

세 명의 복음서 저자는 모두 부정한 마귀를 피조물로부터 제거하시고(마 4:1-11// 막 1:11-12// 눅 4:1-13), 이후 죄의 다양한 내적이고 외적인 결과들로부터 인류를 정결하게 하시며(마 4:23-25; 8:1-9:8// 막 1:21-2:12// 눅 4:31-44; 5:12-26), 마침내 언약의 식사에서 인류와 함께 식사를 하시는(마 9:9-17// 막 2:13-17// 눅 5:27-39) 예수의 기본 움직임을 따른다. 공관복음에 나

---

15 L. Michael Morales, *Exodus Old and New: A Biblical Theology of Redemption*, ESBT 2 (Downers Grove, IL: InterVarsity, 2020), 92-98을 보라.
16 Morales, *Exodus Old and New*, 96 (강조체 추가).

오는 식사는 아담의 죄와 그 결과에 대한 예수의 승리를 지적한다는 점에서 예수 사역의 핵심이다. 언약의 식사는 또한 새 예루살렘에서 누릴 완전한 식사를 예기한다(계 19:17-19).

(3) 포도주 가죽 부대(2:18-22)

낡은 것이 새것에 자리를 양보할 때가 왔다. 그렇다면 다음 단락에서 낡은 가죽 부대와 새 가죽 부대의 주제가 다루어지는 것은 적절하다(2:18-22// 마 9:14-17// 눅 5:33-38). 예수 사역의 많은 부분이 여기에서 설명되고 있다. 구약과 제2성전 유대교 전반에 걸쳐 포도주와 잔치는 새 창조의 확립을 기념한다(예컨대, 사 25:6; 렘 31:12-14; 호 14:7; 욜 3:18; 암 9:13-14; 바룩2서 29:5).

귀신을 내쫓으시고 상한 자를 치유하시며 죄인을 용서하심으로써 예수는 새 시대가 실제로 도래했음을 알리신다. 이처럼 새 시대가 도래했다면 뭔가 바뀌어야 한다. 모세 언약의 다양한 율법과 그 율법이 이스라엘의 하나님 및 주변 민족들과의 신정 관계(theocratic relationship)를 규제하는 방식은 이제 나사렛 예수 안에서 궁극적으로 성취되고 있다. 이스라엘의 메시아이자 하나님의 아들이신 예수(1:1)는 이제 인류가 하나님과 관계를 맺는 유일한 길이다.

(4) 제사장-왕이신 예수(2:23-28)

다음 두 단락에서 전개되는 안식일 논쟁은 바로 이 주제를 가시적으로 다루고 있다(2:23-28; 3:1-6// 마 12:1-14// 눅 6:1-11). 이스라엘과 주변 이웃 이교도 사이의 한 가지 결정적 차이는 안식일에 쉰다는 점이다. 하나님은 이스라엘에 주중의 정상적 일에서 물러나 그분의 주권적 능력을 묵상하며 그분 자신의 안식을 곰곰이 생각하라고 명령하신다(창 2:2; 출 20:8-11).

주님만이 창조주이시며 주권적 왕이시므로 안식일 계명은 이 귀중한 진리를 구체적으로 기념한다. 첫 번째 안식일 논쟁에서는 예수와 제자들이 "밀밭 사이로" 지나가고 있을 때 유대 지도자들이 그들의 잘못을 지적한다(2:23-24). 유대 지도자들의 지적이 제자들이 이삭을 거두었기 때문인지 (눅 6:1 참조) 아니면 안식일에 너무 멀리 여행했기 때문인지는 분명하지 않다. 어떤 경우이든 유대 지도자들은 예수와 제자들이 모세 율법의 핵심 교리를 어겼다고 비난한다. 예수의 반응은 아마도 우리가 기대한 것과는 다를 수도 있다. 왜냐하면, 그는 다윗왕의 생애에서 일어난 이상해 보이는 사건을 통해 그들의 행동을 정당화하시기 때문이다.

마가복음 2:25에 언급된 "(너희는) … 한 일을 읽지 못하였느냐"라는 수사학적 의문문은 마가복음 전체에서 세 번 나타나는데 모두가 구약의 의미를 제대로 이해하지 못한 유대 지도자들에 대한 책망의 문맥이다(2:25; 12:10, 26). 예수는 구약 자체가 이미 그 일을 예상했기에 유대 지도자들이 자신의 행동을 파악했어야 했다고 주장하시는 것이다.

예수는 사무엘상 21:1-6에서 다윗이 제사장 아히멜렉에게 성전에 있는 진설병을 먹어도 되는지 물은 사건(그것은 제사장만이 누릴 수 있는 특권[레 24:5-9])을 끌어내신다. 흥미롭게도 사무엘상 21장에는 대제사장 아히멜렉이 등장하는데, 예수는 제사장 아비아달을 언급하신다. 문제를 더 어렵게 만드는 것은 구약에서 아비아달과 아히멜렉의 관계가 그리 간단하지 않다는 점이다.

사무엘상 22:20과 30:7에서는 아비아달이 아히멜렉의 아들이라고 말하지만, 역대상 18:16에는 아히멜렉이 아비아달의 아들이라고 진술한다(개역개정에는 아비멜렉으로 번역됨-역주).

어느 진술이 맞는가?

마태와 누가는 병행 구절에서 이러한 문제를 회피하기 위해 이름을 모두 생략해 버린다. 다수의 역사적 재구성을 통해 이 문제를 해결하려는 시도 대신에 우리는 여기에서 마가의 의도가 상당히 작용하고 있다고 결론 내려야 할 것 같다.

마가는 아비아달이라는 이름이 청중을 혼란에 빠뜨리고 "누가 참된 제사장인가"라는 중대한 질문을 제기하리라는 것을 안다. 대답은 우리가 이미 마가복음에서 살펴보았듯이 나사렛 예수이시다. 그러나 예수는 단순히 진정한 제사장일 뿐만 아니라 진정한 제사장-왕이시다.

이 단락의 또 다른 의미를 파악하기 위해 우리는 구약으로 더 깊이 들어가 원래의 문맥에서 봉헌된 진설병(consecrated bread)의 본질을 고려해야 한다. 출애굽기 25:30에 따르면 진설병은 성소(Holy Place)의 상 위에 "항상" 두어야 한다. 또한, 레위기 24:5-9에는 제사장들이 열두 지파를 상징하는 떡 열두 덩이를 성소의 상위에 두 줄로 진설해야 한다고 말하고 있다. 이 떡/빵은 "아론과 그의 자손에게 돌리고 그들은 그것을 거룩한 곳에서 먹" 어야 한다(레 24:9).

더 나아가 종종 간과되곤 하지만 그 떡은 순금으로 만든 다양한 대접, 항아리, 전제(drink offerngs)에 사용되는 그릇 옆에 둔다(출 25:29). 제사장들은 전제를 드릴 때 포도주를 이 항아리에 보관해야 한다(민 15:7). 그렇다면 우리가 떡과 포도주에 참여하는 것은 이스라엘에 대한 하나님의 신실하심과 친밀한 임재를 나타내는 영원한 언약 식사이다.

마지막으로 레위기 24:8에서는 안식일마다 진설병을 영원한 언약으로 유지하라고 명령한다.

> 안식일마다 이 떡을 여호와 앞에 항상 진설할지니 이는 이스라엘 자손을 위한 것이요 영원한 언약이니라(레 24:8).

진설병 외에 다른 두 가지, 즉 할례(창 17:13, 19)와 안식일(출 31:16)이 정확히 "영원한 언약"이라는 자격을 부여받는다.[17]

구약에 비추어 볼 때, 마가복음 2:23-28의 안식일 논쟁은 매우 큰 의미가 있으며 마가의 직접 문맥에서 몇 가지 요소를 하나로 묶는다.

첫째, 명실상부한 제사장이자 왕(priest-king, 삼하 6:14)인 다윗이 떡을 먹고 동료 병사들에게 줄 수 있는 권한을 받은 것처럼 이제 다윗의 후손인

---

[17] Gordon J. Wenham, *The Book of Leviticus*, NICOT (Grand Rapids: Eerdmans, 1979), 310.

예수도 제자들에게 곡식을 먹도록 정식으로 허가한다. 예수의 권위는 그가 다윗의 자손이요 "인자"(단 7:13 참조)이심을 근거로 한다. 자신을 "안식일의 주인"(2:28)으로 선언하심으로써 예수는 모든 피조물이 그의 성전 또는 집이며 제자들이 그 안에서 봉사한다는 매우 놀라운 진술을 하신다.

"하나님의 전"(house of God)이라는 표현은 이사야에서 두드러지게 나타나며 종종 이스라엘의 종말론적 성전을 가리키고는 한다(사 2:2, 3; 56:7). 하나님 나라의 메시지가 예수와 그를 따르는 자들을 통해 전해지듯이 하나님의 종말론적 성전은 땅끝까지 확장된다(마 12:6을 보라).

둘째, 예수는 또한, 사무엘상 21장을 상기시키시는데 거기에는 안식일 및 할례와 자연스럽게 상호 연관되는 "영원한 언약"이 포함되어 있기 때문이다. 안식일 준수와 진설병(bread of the Presence)은 밀접한 관련이 있다. 예수께서 참된 성전, 참된 진설병이라면, 그는 또한 참된 안식일의 쉼/안식이시다.

셋째, 진설병은 또한 포도주와 밀접하게 결부되어 있다. 종합해 보면, 진설병과 포도주는 하나님과 이스라엘 간의 언약 식사를 상징한다. 앞의 문맥에서 예수는 레위의 집에서 "세리" 및 "죄인들"과 식사를 하신 다음(2:13-17) 새 시대가 도래했기 때문에 "새 포도주"를 "낡은 부대"에 넣을 수 없다고 설명하신다(2:18-22). 제자들은 "이삭을 따서" 먹음으로써 성육신하신 주님이신 예수와 함께 언약의 식사를 즐기고 있다.

(5) 유대 지도자들이 음모를 꾸미다(3:1-6)

안식일 논쟁은 예수(제자들이 없음에 주목하라)가 안식일에 회당에 들어가시는 3:1-6에서 절정에 이른다. 회당에서 발생한 이 사건은 갈릴리 회당에서 시작된 그의 사역 초기 단계를 마무리하는 적절한 결론의 기능을 수행한다(1:21, 29, 39). 마가는 "손 마른 사람"을 언급함으로써 이 사건의 배경을 설정한다(3:1). 이 사람은 피의 문제를 안고 있던 여인(5:25)과 마찬가지로 육체적 고통을 겪고 있었다. 그는 온전한 사람이 아니다(왕상 13:4 참조).

유대 지도자들은 다시 한번 경계하며 "안식일에 그 사람을 고치시는가 주시"했다(3:2). 그들은 마음속으로 덫을 놓아 예수께서 그곳으로 곧바로 들어가기를 고대한다. 종교 지도자들의 의도를 잘 아시는 예수는(2:8 참조) 그 사람에게 "한가운데에 일어서라"고 명하신다(3:3).

그들은 오히려 자신들이 덫으로 걸어 들어가고 있다는 사실을 거의 깨닫지 못한다!

그 사람을 고치기 전에 예수는 반대자들에게 묻는다.

> 안식일에 선을 행하는 것과 악을 행하는 것, 생명을 구하는 것과 죽이는 것, 어느 것이 옳으냐(막 3:4).

만일 그들이 "선을 행하는 것이 옳다"라고 대답한다면 예수의 행동은 정당화되고 자신들이 잘못되었음이 입증될 것이다. 만일 그들이 "악을 행하는 것이 옳다"라고 대답한다면 그 또한 틀린 대답일 것이다. 어떤 대답도 자신들에게 불리한 진술임을 알기에 지도자들은 단순히 "잠잠할" 뿐이다.

예수께서 지도자들에게 던지는 질문은 아이러니로 가득 차 있으며 마가의 내러티브의 마지막을 짐작하게 한다. "죽이는 것"과 "악을 행하는 것" 사이의 연결은 확실히 종교 지도자들에 의한 예수의 죽음을 예감하게 한다. 동일한 단어(아포크테이노[apokteinō])가 그의 죽음을 언급하는 주요 구절에서 발견되고 있기 때문이다(9:31; 10:34; 12:7; 14:1).

이 단락의 마지막 부분(사실상 이 단락의 요점)에서 종교 지도자들은 "어떻게 하여 예수를 죽일까" 음모를 꾸민다(3:6). 여기서 "죽이다"(아폴뤼미 [apollymi]라는 단어는 귀신의 무리가 예수께 "(당신이) 우리를 멸하러 왔나이까"라고 묻는 1:24을 상기시킨다. 이 두 문맥 모두에서 이 용어는 군사적 의미를 포함하고 있다.

이처럼 유대 지도자들은 메시아이시며 하나님의 아들이신 예수에 대한 전면적 공격의 토대를 마련한 것으로 묘사된다(11:18; 12:12; 14:1, 55; 참조,

요 5:18). 그들은 그를 이스라엘의 적으로, 그리고 암암리에 하나님의 적으로 인식한다. 그러나 실제로 상황은 완전히 역전된다. 예수는 진정한 하나님의 아들이시고 유대 지도자들이 적이다. 마가 이야기의 끝에서 예수는 죽임을 당하실 것이지만 그의 죽음은 다른 사람에게 생명을 주는 행위의 절정이 될 것이다.

마가는 3:5에서 종교 당국이 왜 예수와 그의 메시지에 적대적인지 그 이유를 밝힌다.

> (예수께서) 그들의 마음이 완악함을 탄식하사 노하심으로 그들을 둘러 보시고(막 3:5).

여기에 나타난 표현은 이사야 6:10과 놀라울 정도로 유사하다.

> 이 백성의 마음을 둔하게 하며 ⋯ 염려하건대 그들이 눈으로 보고 귀로 듣고 마음으로 깨닫고 다시 돌아와 고침을 받을까 하노라(사 6:10).

이 구절은 또한 4:12에서도 두드러지게 나타난다.

곧 알게 되겠지만, 이사야 6장은 우상을 숭배하는 이스라엘에 대한 심판의 예언이다. 이스라엘이 거짓 신들을 섬겼으므로 참하나님께서 그들을 그들이 섬기는 바로 그 대상으로 바꾸셨다. 여기 3:5에서 이사야 6:10을 암시한 요점은 이사야의 심판 예언이 예수 시대에도 그대로 유효하고 건재하다는 것이다.

1세기의 이스라엘은 BC 8세기에 그랬던 것처럼(아마도 훨씬 더), 여전히 우상을 숭배하고 있다. 그들은 물질적 우상이 아니라 인간의 전통과 같은 상징적 우상에 절하고 있다(생명을 희생시키면서도 안식일을 지키는 일에 몰두할 정도로).

그러나 우리는 예수의 선하심을 놓쳐서는 안 된다. 지도자들이 "악을 행하고", "죽이는 일"에 여념이 없더라도 예수는 "선을 행하고", "생명을 구하는 것"이 특징이다. 이 단락은 지금까지 예수의 사역을 멋지게 요약해 준다. 예수는 인간의 몸과 영혼 전체를 회복하는 데 전념하신다. 새 창조가 역사 속으로 침입했으며 예수는 개개인을 새 시대에 참여하도록 체계적으로 변화시키고 계신다.

손 마른 사람의 손을 완전히 회복하는 능력은 그 유례를 찾아볼 수 없다. 예수는 한 사람의 예언자로서, 즉 이 땅에서 하나님을 대신하여 이 기적을 행하시는 것이 아니다. 그는 육신을 입은 하나님으로서 그 일을 행하신다. 왜냐하면, 생명을 주는 일은 오직 하나님만이 하실 수 있기 때문이다(신 32:39; 느 9:6).

3) 나사렛 예수는 누구인가?(3:7-35)

(1) 열둘(Twelve)을 부르심(3:7-19)

내러티브는 회당에서 벗어나 예수께서 "제자들과 함께" 물러가신 갈릴리 바다로 이동한다(3:7). 유대인 엘리트들이 예수를 배척한 것과는 대조적으로, 각처에서 모여든 일반 대중은 치유를 위해 그에게로 나아온다(3:8; 참조, 1:45). 이스라엘의 성경을 안다고 자부하던 유대 지도자들은 예수의 정체에 눈이 먼 반면 군중은 빠르게 그를 따랐다(3:7).

마가는 군중이 어디에서 왔는지를 남쪽에서 시작하여 시계 반대 방향으로 다음과 같이 밝힌다.

유대와 예루살렘과 이두매와 요단강 건너편과 또 두로와 시돈 근처에서(막 3:8).

이러한 지역을 언급하는 것은 마가가 지금까지의 내러티브를 하나의 절정으로 끌어올리려는 것일 수도 있다. 오직 예루살렘과 유대로부터 온 사람들이 요한을 따르기 위해 나아왔지만(1:5), 이스라엘의 상당 부분이 예수의 하나님 나라 메시지에 긍정적으로 반응하고 있다(// 마 12:15-16// 눅 6:17-19).

이전에 1:34에서 군중과 만난 것처럼, 예수는 "많은 무리"를 치유하시고 귀신을 쫓아내신다. 여기에서 "하나님의 아들"이라는 칭호가 다시 한 번 나타난다. 이는 이 문구의 두 번째 용례요 귀신들이 예수의 정체를 명시적으로 밝히는 두 번째 부분이다.

> **하나님의 아들 예수 그리스도의 복음의 시작**(막 1:1).
>
> 나사렛 예수여 우리가 당신과 무슨 상관이 있나이까 우리를 멸하러 왔나이까 나는 당신이 누구인 줄 아노니 하나님의 거룩한 자니이다(막 1:24).
>
> 더러운 귀신들도 어느 때든지 예수를 보면 그 앞에 엎드려 부르짖어 이르되 당신은 하나님의 아들이니이다(막 3:11).

귀신들은 예수와 그의 사역에 적대적이지만, 하나님의 거룩한 아들로서의 그의 정체성에 대한 날카로운 통찰력을 지니고 있다(1:24). 이 때문에 예수는 그들에게 "다른 사람에게 자기를 나타내지 말라"고 금하신다(3:12). 그의 정체와 사명은 십자가와 부활 이후에 비로소 완전히 파악될 수 있다. 그의 사역이 지닌 특징은 정치적인 승리가 아니라 고난과 패배이다 (→ 1:29-34).

상징(symbolism)이 가미된 장면에서 예수는 산에 올라 열두 제자를 모으신다(3:13-19// 마 10:2-4// 눅 6:14-16). 마가의 내러티브가 이 지점까지 다소 빠르게 진행되었지만, 종종 그는 예수와 그의 동료들이 어디에 있었는지 생생하게 회상시킨다. 그들은 "갈릴리 바닷가에"(1:16; 2:13; 3:7), 많은 회당에(1:21, 39; 3:1), 베드로의 집에(1:29), 또 다른 "집에"(또는 아마도 베드로의 집; 2:1), 레위의 집에(2:15), 밀밭에(2:23) 있었다.

그렇다면 마가는 처음으로 예수께서 산에 오르신 것을 언급한다. 어떤 의미에서 내러티브는 이 심오한 사건을 기다려 왔다. 3:13의 예수께서 "산에 오르사"라는 표현은 모세가 시내산에 오르고(출 24:12-13, 15, 18; 34:1-2)

주님이 이스라엘과의 관계를 마무리하시는(→ 마 5:1-12) 출애굽기 24장을 암시할 수도 있다.

상징적으로 열둘은 진정한 이스라엘, 즉 핵심이 되는 열두 지파를 구성한다. 사도행전 1:15-26에서 유다를 맛디아로 대체하는 사건은 상징적으로 열둘이 야곱의 아들들의 후손인 열두 지파를 반영한다는 점을 가리킨다(창 29:32-30:24; 35:18). 모세가 이스라엘 민족을 시내산에 모으고 그들에게 열방을 축복하라고 명한 것처럼, 이제 예수는 열둘을 선택하시어 그들에게 하나님 나라의 메시지를 선포하시고 귀신을 쫓아낼 권세를 맡기신다(3:14-15).

이스라엘 백성이 시내산에서 야웨와 구속력이 있는 관계를 맺을 때 모세는 그들에게 언약 규정을 지키라고 명령한다. 하나님의 백성으로서 그들의 정체성의 필수적인 부분은 열방을 "축복하고" 그들을 언약공동체로 환영하는 역할이다.

> 너희(이스라엘)가 내 말을 잘 듣고 내 언약을 지키면 너희는 모든 민족 중에서 내 소유가 되겠고 너희가 내게 대하여 제사장 나라가 되며 거룩한 백성이 되리라(출 19:5-6).

그러나 이스라엘 지파들은 언약의 신실함을 유지하지 못하고 열방의 복이 되지 못한다. 예수는 이 두 가지 의무를 다 이루셨다. 그는 마지막 아담이요 참이스라엘로서 하나님의 율법을 신실하게 지키시고 이방인들을 하나님의 백성으로 인도하신다. 그런 다음 예수는 이스라엘을 자신 안에서 재구성하시고 자신의 신실함을 확인하시기 위해 열두 제자를 부르신다.

제자들이 받은 사명의 내용과 관련해서 우리는 왜 예수께서 그들을 "전도도 하고" "귀신을 쫓아내는 권세도 주셔서" 보내시는지를 고려해야 한다(3:14-15). 전도와 귀신 축출은 밀접한 관련이 있다. 마귀의 세력에 대한 정복은 예수께서 40일 광야 시험에서 시작하신 하나님의 종말론적 선포를 통해 일어난다. 흥미로운 점은 마가의 내러티브에서 열둘을 임명하는 위치이다.

예수는 이미 여러 차례에 걸쳐 복음을 전하고 귀신들을 쫓아내셨지만(1:14, 21-28, 34, 39, 2:1, 3:10), 이제는 제자들이 공식적 자격으로 예수 사역의 핵심을 확장할 때가 왔다. 다시 말해서, 예수의 성공적 활동은 열두 제자 임명의 토대가 된다. 제자들을 임명하기 위해서는 광야에서의 성공이 필요하다. 마가복음의 처음 몇 장에서 제자들이 언급은 되었지만, 배경 인물에 불과했다. 그러나 여기서부터는 그들이 전면에서 활동할 것이다.

(2) 친구와 가족에 의한 배척(3:20-35)

3장의 나머지 부분은 예수의 가족과 유대 지도자들 간의 상호 작용에 초점을 맞추고 있다. 마가는 다시 한번 그의 자료를 독특한 샌드위치 기법을 사용하여 배치한다.

- 예수의 가족에 의한 배척(3:20-21)
- 유대 지도자들에 의한 배척(3:22-30)
- 예수의 가족에 의한 배척(3:31-34)

마가의 배열을 고려할 때 독자들은 예수와 그의 가족과의 상호 작용을 유대 지도자들과의 논쟁에 비추어 해석해야 한다. 예수의 인기에도 불구하고(3:8) 불신앙이 만연되어 있다. 심지어 예수의 가족조차도 예수의 정체를 파악하는 데 어려움을 겪고 있다는 점에서 유대 지도자들과 유사하다. 사실상 그들은 예수에 대해 적대적이다.

예수께서 산 위에서 열두 제자를 임명하신 후 한 집으로 들어가시니 무리가 다시 모여들었다(3:20). 마가는 독자들에게 예수의 가족을 소개하는데, 다행스럽게도 첫인상은 때로 오해의 소지가 있다. 마가는 예수의 가족이 행동한 동기를 다음과 같이 밝히는 유일한 복음서 저자이다.

> 예수의 친족들이 듣고 그를 붙들러 나오니 이는 그가 미쳤다 함일러라(막 3:21// 마 12:46-50// 눅 8:19-21).

예수의 정체성을 둘러싼 신비감이 점점 커지고 있다. 그의 가족조차 그의 사역에 당황하며 그의 정체를 파악할 수 없다면 누가 알 수 있겠는가?

마가는 즉시 유대 지도자들과의 논쟁으로 전환하면서 서기관들의 기원을 "예루살렘에서"라고 언급한다(3:22). 나사렛 출신인 예수의 가족과 달리 이러한 종교 지도자들은 예수를 선동죄로 고발하고 그를 십자가에 못 박을 도시인 예루살렘에서 내려왔다. 이러한 지도자들은 예수를 "바알세불이 지폈다"(3:22)라고 비난한다. 우리는 "바알세불"(Beelzebul)이라는 이 수수께끼 같은 명칭의 정확한 의미를 알 수 없지만(T. Sol. 3:2-5), 마가는 그것을 "귀신의 왕"이라는 문구로 세련되게 표현한다. 이처럼 유대 지도자들은 예수가 귀신을 쫓아내기 위해 고위 지위의 귀신과 제휴했다고 고발한다.

예수는 이어지는 두 비유를 "사탄이 어찌 사탄을 쫓아낼 수 있느냐"라는 질문으로 시작하신다(3:23). 첫 번째 비유에서는 분열로 점철된 왕국은 지속할 수 없다는 점을 지적하신다(3:24). 성공적 군사 작전에 내전은 설 자리가 없다. 그런 다음 예수는 "자신의 약탈물"을 보호하려는 "강한 자"가 등장하는 두 번째 비유로 전환하신다. 그 집의 세간을 강탈하기 위해서는 먼저 강한 자를 결박해야 한다.

아마도 강한 자 비유는 선지자 이사야가 이스라엘이 바벨론 포로에서 귀환할 것을 기대하는 이사야 49:24-26을 상기시키는 것 같다.[18] 이사야 49:22-23에 따르면 이스라엘이 약속의 땅으로 돌아가는 것을 민족들이 도울 것이다. 그런 다음 24절에서는 이렇게 질문한다.

> 용사가 빼앗은 것을 어떻게 도로 빼앗으며 승리자에게 사로잡힌 자를 어떻게 건져낼 수 있으랴(사 49:24).

---

18 Watts, *Isaiah's New Exodus*, 146–52.

이 질문에 대한 대답은 확고하게 "없다"이다. 바벨론보다 더 강력한 제국은 없다. 그러나 하늘에서 세상 통치자들의 음모를 비웃으시는 분이 계시다(시 2:4). 그의 이름은 야웨이시며 그의 백성을 바벨론의 속박에서 구원하실 것이다. 이사야 49:25에서는 다음과 같이 예언한다.

> 용사의 포로도 빼앗을 것이요 두려운 자의 빼앗은 것도 건져낼 것이니(사 49:25).

이스라엘의 하나님은 역사의 마지막에 그의 백성을 위해 싸우시고 그들을 새 창조에 심으시며 그곳에서 영원히 그들과 함께 거하실 것이라고 약속하신다.

신약의 저자들에 따르면 이스라엘의 진정한 적은 "바벨론"이나 로마가 아니라 진정 영적으로 강한 자인 사탄이다. 그는 이스라엘을 포로로 잡고 있다. 이사야 49장은 야웨를 강한 자를 정복하여 이스라엘을 놓아주시는 분으로 밝히지만, 마가는 예수를 이스라엘의 구원자로 밝히고 있다. 예수는 이스라엘을 영적인 노예 상태에서 해방하기 위해 오신 성육신하신 이스라엘의 주이시다.

예수께서 강한 자를 "결박하시고" 하나님의 백성을 풀어 주실 때가 왔다. 강한 자 비유는 예수께서 행하신 귀신 축출의 의미를 설명한다. 그것은 1:21-25의 가버나움에서 일어난 귀신 축출의 참된 의미를 설명하고 5:1-20의 거라사인의 귀신 축출을 예고한다.

3장의 끝부분에서 예수와 가족 간의 상호 작용이 재개된다. 유대의 서기관들처럼 예수의 가족도 예수의 정체와 사명의 핵심을 이해하지 못한다. 그의 가족이 집 "밖에 서서"(상징적 위치에 주목) 그를 찾는 동안(3:31-32), 그의 제자들은 집 안에서 그를 둘러싸고 앉아 있다.

예수는 영적 가족이 육체적 가족을 능가한다고 대담하게 주장하시는데 이는 유대감이 매우 강한 유대 문화에서 가장 문제가 될 수 있는 진술 중 하나이다. "하나님의 뜻대로 행하는 자"만이 참된 이스라엘의 진정한 구성원으로 여겨진다는 선언은 지금까지 진행된 전체 내러티브의 클라이맥스(climax)이다(3:35).

예수는 이스라엘을 구원하시고 영적 속박에서 벗어나게 하시려고 오셨지만 진정으로 그를 따르는 사람들만이 하나님의 복을 누릴 것이다. 나사렛 예수에 대한 충성은 모든 것을 버리고 그를 따를 것을 요구한다(1:16-20; 2:13-17). 마가의 내러티브가 전개됨에 따라 청중은 진정한 제자가 된다는 것이 무엇을 의미하는지 더 많이 알게 될 것이다.

4) 하나님 나라의 본질(4:1-41)

마가는 이사야서가 "예수에 관한 좋은 소식"을 예고하고 있다고 선언하며 그의 복음서를 시작한다.

그러나 이사야(그리고 구약의 나머지 부분)가 예수를 예고한다면 왜 그렇게 많은 사람, 특히 당시의 유대인 학자들이 그를 거부하는가?

예수를 예언하고 있는 성경을 연구하는 데 능숙한 사람들이 그를 강력하게 대적하는 장본인들이다.

3장의 마지막 부분에서 우리는 예수의 가족조차도 그의 정체성으로 인해 큰 어려움을 겪고 있음을 알게 되었다.

예수와 하나님의 나라에 대한 그의 메시지가 왜 그렇게 문제가 되는가?

이러한 감지된 긴장 상태는 마가의 내러티브에서 중요한 전환점을 나타내는 4장에서 다소 완화된다. 이 4장은 하나님 나라에 대한 예수의 가르침의 본질과 그의 제자들과 다른 사람들이 어떻게 그의 메시지를 받아들여야 하는지를 이해하는 데 매우 중요하다.

(1) 하나님 나라 비유(4:1-34)

4장까지 마가의 내러티브는 한 사건에서 다른 사건으로 분주하게 움직이는 예수와 그를 따르는 자들과 함께 빠르게 이동되었다. 마침내 여기서 내러티브는 느려지고 예수는 길게 말씀하신다. 세 가지 비유가 주어지는데, 그중 첫 번째 비유는 이 장의 거의 절반을 차지한다(4:3-20// 마 13:1-

23// 눅 8:4-15). 패러다임(paradigm) 역할을 하는 씨들 비유(parable of the seeds/ 또는 "씨 뿌리는 자 비유"-역주, 4:1-8, 13-20)는 다음과 같은 절박한 질문에 대답한다.

예수라는 인물이 진정으로 구약의 기대를 성취한다면 왜 대부분의 사람이 그를 거부하는가?

또다시 예수는 갈릴리 바닷가에서 무리를 가르친다. 직업상 어부인 베드로가 두 번째 복음서 배후에 있는 주요 목격자일 가능성이 크기 때문에 마가는 예수께서 갈릴리 바다와 관련해서 어디에 계시는지에 대해 민감하다(1:16; 2:13; 3:7; 4:35-41; 5:1, 13; 6:47-49; 7:31). 예수께서 무리에게 씨 비유를 전하신 후에(4:2-9), 그의 주변에 함께 있던 제자들과 다른 사람들은 예수께 그 비유에 관해 물으며 해석해 주시기를 바란다(4:10).

예수는 "하나님 나라의 비밀을 너희에게는 주었으나 외인에게는 모든 것을 비유로 하나니"라는 기이한 대답을 주신다(4:11). 그렇다. 예수는 그의 제자들에게는 비유의 의미를 밝히시지만, 외부인들에게는 해석해 주기를 거부하신다.

마가복음은 이미 알려진 대로 "내부인"(insiders)과 "외부인"(outsiders)을 구분한다. 내부인은 예수의 정체와 메시지를 어느 정도 이해하는 반면, 외부인은 그러한 통찰력이 부족하다. 마가복음의 독특한 점은 제자들을 다소간 꾸밈없이 평가한다는 것이다. 때때로 제자들은 예수의 정체에 대해 무지하고 심지어 둔감해 보이기까지 한다(8:17-21). 그러나 열둘은 또한 어느 정도 통찰력이 있기도 하다(8:27-29).

마가에 따르면, 제자들은 내부인과 외부인 사이에서 동요한다. 마가는 그의 독자들에게 예수의 말씀을 굳게 붙들고 그의 어려운 가르침과 행동을 신뢰해야 한다는 점에서 제자들이 예수의 본질과 그의 사역을 어떻게 이해하고 있는지를 염두에 두도록 격려한다. 한마디로 예수의 가르침이 저명한 사도들에 의해 몹시 오해될 때에도 청중은 예수를 따라야 한다.

마가는 청중이 자신의 내러티브를 읽고 또 읽도록 격려함으로써 예수의 가르침과 행동을 좀 더 깊이 이해할 수 있도록 한다. 수난 주간(passion week)은 내러티브의 초기 부분을 열어 주고 내러티브의 초기 부분은 수난 주간을 열어 준다.

예수는 공식적으로 이사야 6:9-10을 인용한 다음 그것을 4:11의 외부인에 적용하신다. 이 외부인 그룹은 유대 지도자들, 현 상태의 예수 가족(3:20-21, 31-35), 그리고 예수의 메시지를 거부하는 모든 사람 등 세 집단으로 구성된 것으로 보인다. 이사야 6장의 직접 문맥이 마가복음 4장의 세부 내용 중 일부를 채워 줄 수 있다.

하나님은 선지자 이사야에게 이스라엘이 그들이 섬기는 우상들처럼 눈 멀고 못 듣고 있다고 알려 주신다(사 6:9-10; 참조, 신 29:3-4; 렘 5:21; 겔 12:2; 시 115:4-8; 135:15-18). 이스라엘 백성은 그들이 숭배하는 대상인 우상처럼 되었다. 이사야서의 앞부분에 하나님은 이스라엘을 우상 숭배하는 나무에 비유하셨다.

> 너희가 기뻐하던 상수리나무로 말미암아 너희가 부끄러움을 당할 것이요
> 너희가 택한 동산으로 말미암아 수치를 당할 것이며
> 너희는 잎사귀 마른 상수리나무 같을 것이요
> 물 없는 동산 같으리니(사 1:29-30).

이스라엘 백성이 "신성한 상수리나무"를 숭배했기 때문에 하나님은 그들을 "잎사귀 마른 상수리나무"로 바꿔 버리신다. 그러므로 6:1-13에서 하나님께서 이사야에게 위임하신 사명은 심오한 심판을 수반한다. 이스라엘이 우상을 숭배함으로 하나님은 이스라엘을 그들이 숭배하는 바로 그 우상으로 변화시키겠다고 약속하신다. 같은 언약의 경륜(covenantal administration) 아래에서는 이러한 심판은 되돌릴 수 없다. 바벨론 포로생활에서 돌아올 때 비로소 이스라엘은 새로운 언약 아래에서 그리고 오랫동안 기다려 온 "종"의 사역을 통해 다른 조건 아래에 있게 될 것이다.

유대 지도자들은 예수께서 귀신들과 제휴했다고 비난함으로써 예수를 완전히 거부하고 있다. 그들은 육체적으로가 아니라 영적으로 눈이 멀고

귀가 먹은 상태이다.

그렇다면 그들의 우상은 무엇인가?

이스라엘 성경의 저자(Author)이신 하나님을 경배하는 대신 그들은 성경 자체를 경배하고(요 5:39을 보라), 모세 언약의 핵심에 순종하는 대신 그들은 그 주위에 울타리를 세웠다(7:1-23).

이사야 6:9-10을 유대 지도자들에게 적용함으로써 예수는 자신의 예언적 음성을 이사야의 전통에서 찾으신다. 그는 두 번째이자 더 위대한 이사야로서 1세기까지 유효한 심판의 예언을 전달하신다. BC 8세기에 유효했던 말씀이 1세기에도 여전히 유효하다. 이것이 바로 마가복음 4:12에서 목적 접속사(히나[hina])로 도입되는 목적절("이는…함이라")이 포함되는 이유를 설명한다(마 13:13// 눅 8:10// 요 12:38 참조). 외부에 있는 사람들이 우상 숭배와 불신앙으로 더욱 완고해질 정도로 예수는 비유로 말씀하시고 행동하신다.

마가가 4:12에서 이사야 6장을 사용한 것은 또한 유형론(typology)과 언어적 성취의 조합일 가능성이 크다. 이사야의 예언 경력은 유형론적으로 예수의 사역을 예고하며, BC 8세기의 무감각해진 이스라엘 백성은 1세기의 무감각해진 유대 지도자들에 상응한다. 더 나아가 이사야의 예언은 BC 8세기에 끝나는 것이 아니라 1세기에도(심지어 오늘날에도) 계속 유효하므로 우리는 또한 마가의 해석학적 사용을 언어적 예언(verbal prophecy)의 직접적 성취로 분류할 수 있다.

마가의 내러티브 첫 부분에 나오는 이사야 40장, 출애굽기 23장, 말라기 3장의 인용문을 상기해 보라. 이사야 40장 구절이 이스라엘이 포로생활에서 돌아올 것을 긍정적으로 예언하는 반면, 말라기 3장의 인용문은 상당한 양의 심판을 수반한다. 주께서 악한 이스라엘을 심판하기 위해 오신다.

> 그가 임하시는 날을 누가 능히 당하며 그가 나타나는 때에 누가 능히 서리요(말 3:2-4; 참조, 4:1).

마가가 예수를 말라기 3장의 "주"와 동일시하기 때문에, 예수께서 신적 심판관의 역할을 계속하고 있다는 점은 타당하다. 마가의 내러티브는 지금까지 종말론적 심판자로서 예수의 역할에 대한 암시를 제공했다(2:8-10, 17). 마가는 심지어 3:5에서 이사야 6:10을 암시하기도 했다. 그러나 여기서 처음으로 하나님의 심판이 명시적으로 드러난다.

예수의 많은 비유와 행위는 베일에 가려져 있으며 일부는 숨겨져 있기도 하다. 4:9에서 제자들에게 주신 예수의 명령을 생각해 보라.

> 들을 귀 있는 자는 들으라(막 4:9).

볼 수 있는 영적 눈을 가진 성도들은 예수의 메시지를 대체로 이해하지만, 영적으로 눈이 먼 불신자들은 이해할 수 없다. 제자들이 내부인과 외부인 사이에서 흔들리고는 있지만, 유대 지도자들 대부분은 처음부터 완고해져서 전혀 인식할 수 없는 것처럼 보인다.

결과적으로 어떤 사람들에게는 하나님 나라의 본질이 일시적으로는 감추어져 있는 반면(제자들), 다른 사람들에게는 영구적으로 감추어져 있다(유대 지도자들). 비유의 본질에 대한 그랜트 오스본(Grant Osborne)의 다음과 같은 논평은 상당히 적절하다.

> 비유는 하나님 나라에 대한 예수의 새로운 세계 비전에 참여하도록 청자/독자를 만나고, 해석하고, 초대한다. 비유는 우리가 결코 중립을 지키도록 허용하지 않는 '언어 사건'(speech-event)이다. 비유는 우리의 관심을 사로잡고 예수 안에 있는 하나님 나라의 현존과 긍정적이든(막 4:10-12에 있는 예수 '주위에' 있는 사람들), 부정적이든('외부'인들) 상호 작용하지 않을 수 없게 만든다.[19]

---

19 Grant R. Osborne, *The Hermeneutical Spiral: A Comprehensive Introduction to Biblical Interpretation*, rev. ed. (Downers Grove, IL: InterVarsity, 2006), 294–95.

다니엘이 느부갓네살의 꿈에 대한 해석을 알려 준 것처럼(단 2:31-45; 4:19-27), 예수도 제자들과 일부 사람들에게 비유를 해석해 주신다(4:14-20). 소수의 개인만이 진정한 믿음을 가지고 있기에 소수의 개인만이 그의 정체와 사명을 파악할 수 있다. 유대 지도자들은 그러한 믿음이 없으며 적어도 내러티브의 현시점에서는 예수의 가족도 마찬가지이다. 그를 진정으로 신뢰하고 따르는 사람들만이 그를 이해할 것이다.

이어서 나오는 세 가지 비유는 간략하지만 하나님 나라의 본질과 예수의 메시아 되심을 설명해 준다(→ 마 13:1-52). 두 번째 비유는 4:11에 언급된 "비밀"(mystery)이라는 용어를 확장하거나 설명하는 것일 수 있다.

> 숨겨둔 것은 드러나고 감추어 둔 것은 나타나기 마련이다(막 4:22, 표준새번역).

4:11이 왜 그렇게 "비밀"과 연결되어 있는지 그 이유는 다니엘서에 나와 있다.

"비밀"(미스테리온[*mystērion*])이란 용어는 다니엘서, 특히 2장과 4장에서 유래한다. 거기에서 "비밀"은 이전에는 숨겨져 있었지만, 지금은 드러난 종말론적 지혜를 말한다. 이 계시는 두 단계로 드러나는데 초기 계시와 이후의 해석 계시(subsequent interpretive revelation)이다. 다니엘에 따르면 비밀의 내용에는 패역한 민족들에 대한 하나님의 종말론적 심판과 영원한 하나님 나라의 수립이 포함된다(단 2:29-47; 참조, 7:1-27).

신약성경의 저자들은 새롭고 놀라운 요소를 포함하는 계시를 밝히기 위해 미스테리온이라는 용어를 사용한다(예컨대, 롬 11:25; 16:25; 고전 2:7; 15:51; 엡 3:3-4). 하나님은 주로 구약의 언약공동체에 특정 교리를 숨기시지만, 이제 신약에서는 그것들을 계시하셨다. 그렇다면 예수께서 하나님께서 제자들에게 "하나님 나라의 비밀"(4:11)을 주셨다고 단언하실 때 이는 그들이 구원사(history of redemption)의 독특한 지점에 서 있음을 의미한다. 하나님 나라가 예수의 사역에서 펼쳐지는 방식은 구약에서는 대체로 "숨겨진" 것이었다.

마가복음 4장의 나머지 두 비유는 "비밀"을 추가로 설명한다. 구약의 선지자들은 세계 역사의 마지막에 있을 하나의 완결된 시점에서 하나님의 적들을 결정적으로 전복할 하나님 나라의 설립을 기대했다(예컨대, 창 49:9-10; 민 24:14-19; 단 2:35, 44-45). 반면에 예수는 자신이 시작하고 있는 하나님 나라가 점진적으로 싹이 나고 자라는 들판의 씨와 같거나(4:27), 천천히 자라지만 나중에는 모든 정원의 식물 중 가장 큰 식물이 되는 겨자씨와 같다(4:32)고 설명하신다.

예수는 놀랍게도 하나님 나라가 갑자기 도래하는 것이 아니라고 진술하신다. 역설적이지만 두 개의 영역, 즉 하나님 나라에 속한 사람들과 마귀에 속한 사람들이 동시에 공존한다. 하나님은 1세기에 그의 아들 안에서 하나님 나라를 시작하시고 역사의 마지막 날 그의 아들이 재림하실 때 그 나라를 완성하실 것이다.

이런 점에서 우리는 4장에 나오는 세 개의 비유(parables)와 두 개의 유비(analogies)를 다음과 같이 개략적으로 설명할 수 있다.

비유	의미
씨들 비유(4:3-8, 13-20)	참된 믿음의 본질
등불 유비(4:21-23)	중첩된 시대(overlap of the ages)의 신비한 특성
저울 유비(4:24-25)	하나님 나라의 계시를 받는 책임
씨 비유(4:26-29)	시작된 하나님 나라의 느린 성장
겨자 씨 비유(4:30-32)	시작된 하나님 나라의 느린 성장 그러나 궁극적 지배

비유는 또한 이스라엘의 메시아로서 예수의 정체성에도 적용될 수 있다. 그의 메시아 되심이 확실히 구약 예언의 성취이지만(1:1-3), 그가 구약을 성취하시는 방법은 "비밀스럽다"(mysterious). 헤르만 리델보스(Herman Ridderbos)의 다음과 같은 결론은 타당하다.

엄밀히 말하면, 예수 그리스도의 이 숨겨진 위대함이 복음서의 주제이며 하나님 나라의 본질을 결정하는 것도 바로 이 위대함이다.[20]

각각의 복음서가 명확하게 보여 주듯이, 특히 마가복음이 예수는 죽음을 향해 나아가는 왕이시다(king in death). 그는 고난을 통해 다스리신다. 고난받는 메시아가 소수의 구절에서(예컨대, 사 52:13-53:12; 단 9:25-26; 슥 12:10), 그리고 다윗왕과 같은 저명한 인물과의 다양한 유형론적 연관성을 통해 예고되지만(→ 요 2:13-25), 메시아의 고난은 구약에서 중심적 역할을 하지 않는다. 1세기 유대인의 대다수는 메시아가 하나님의 저주를 짊어지고 십자가에 못 박힐 수 있다는 사실을 상상할 수도 없었다. 하물며 패배에 굴복하면서 통치권을 행사하는 영광스러운 신적 통치자는 더더욱 상상할 수 없었다.

마지막 비유는 예수께서 제자들에게 "그들이 알아들을 수 있는 대로" 더 많은 가르침을 주시는 것으로 마무리된다(4:33). 여기서 "알아듣다"로 번역된 아쿠에인(akouein)은 4장 전체에서 "듣다"로 번역된 단어와 같은 단어이다(4:3, 9, 12, 15-16, 18, 20, 23-24). 요점은 제자들과 무리 중 일부가 실제로 하나님 나라 비유를 "듣거나" 이해했지만, 제한된 의미로만 또는 "그들이 할 수 있는 만큼" 이해했다는 것이다.

34절은 오직 제자들만이 비유 해석에 관여하고 있었다는 점을 지적한다. "그(예수)는 홀로 제자들과 함께 계실 때에 모든 것을 설명하셨다."(사역). 이 마지막 구절은 제자들에 대한 부정적 관점을 완화시키는데, 그들만이 하나님 나라의 본질에 관해 더 상세한 계시에 접근할 수 있기 때문이다.

제자들은 예수께서 하나님 나라의 본질에 관해 계시해 주신 내용을 "주의 깊게 숙고"해야 한다. 두 번째 복음서의 내러티브가 진행됨에 따라 제자들만이 놀라운 계시 사건을 목격하게 될 것이지만 그들은 그 계시에 적

---

[20] Herman N. Ridderbos, *When the Time Had Fully Come: Studies in New Testament Theology* (Jordan Station, ON: Paideia, 1982), 16.

절하게 반응해야 하고 전적으로 예수를 신뢰해야 한다. 계시를 경험하고도 예수를 따르지 않으면 자신의 특권이 취소될 위험이 있다(4:25).

(2) 풍랑을 잔잔하게 하심(4:35-41)

마가는 다음 에피소드를 "그날"로 시작함으로써 독자들이 하나님 나라의 본질을 풍랑을 잔잔하게 하신 기적에 비추어 이해하기를 원한다(// 마 8:23-27// 눅 8:22-25). 어떤 점에서 하나님 나라의 시작/출범은 풍랑의 잠잠함에 영향을 끼치고 제자들(그리고 독자들)에게 예수를 훨씬 더 강력하게 신뢰하도록 초청한다.

비록 제자들이 예수의 비유와 유비를 듣고 하나님 나라의 몇 가지 요소를 파악했을지라도 우리는 그들이 예수의 완전한 정체를 이해하기 위해서는 갈 길이 멀다는 점을 곧 알게 될 것이다.

4장은 예수께서 제자들에게 "저편", 즉 갈릴리 바다 남동쪽 지역으로 건너가라고 명령하는 것으로 끝이 난다(4:35). 예수께서 남쪽으로 가려고 하신 이유는 조금 후 5장에서 알게 될 것이다. 중요한 것은 마가가 예수와 제자들이 "무리를 떠나"(4:36) 있었다는 것을 설명하고자 한다는 점이다. 이 그룹은 이전 단락에서 비유 해석과 추가적 계시에 관여하지 못했던 사람들이다(4:1, 10).

이와 같이 풍랑을 잔잔하게 하신 기적에 대한 서론은 오직 제자들만이 앞에 놓여 있는 사건에 관여할 수 있음을 미묘하게 알려 준다. 그러나 문제는 열둘이 그 사건을 인지하거나 "이해하고"(아쿠에인) 예수를 헌신적으로 따를 것인가 하는 것이다.

곧 바다에 풍랑이 몰아쳐 "배가 거의 물에 잠길 지경"이었다(4:37). 우리는 1:16-20에서 제자 중 네 사람(베드로, 안드레, 야고보, 요한)이 직업상 어부였으므로 그들이 그러한 혹독한 날씨에 익숙할 것으로 예상할 수 있다. 그러나 제자들이 예수를 깨우며 "우리가 죽게 된 것을 돌보지 아니하시나이까"라고 물을 때 우리는 이것이 평범한 폭풍우가 아님을 알게 된다(4:38). 제자들은 자신들이 큰 위험에 처한 것을 알고 있다.

제자들의 질문 내용은 그들이 긍정적 대답을 기대하고 있음을 암시한다. 그 질문은 "우리가 죽어 가고 있는 것이 걱정되시죠, 그렇죠"라고 바꾸어 말할 수 있다. 어떤 의미에서 이 질문은 예수의 정체성과 사명에 대한 공격이다.

예수께서 참으로 자신이 주장하는 그런 분이라면 왜 그들의 상황에 무관심하신 것일까?

또한, 무엇보다 그는 왜 잠을 자고 있는 것일까?

우리는 구약성경에 비추어 풍랑의 상징적 가치를 고려해야 한다. 바다의 폭풍우 상황은 하나님의 백성을 대적하는 적대 세력을 상징한다(예컨대, 시 74:13-14; 겔 32:2; 단 7:2). 제자들이 풍랑의 한가운데서 어떤 결론을 도출하지 못할지라도 갈릴리 바다의 풍랑은 하나님 나라를 시작하려는 예수의 계획에 반대하는 악마 무리를 상징한다.

놀랍게도 예수는 "고물에서 베개를 베고" 깊이 잠들어 계신다.

특히, 복음서 저자들이 일반적으로 사건을 서술할 때 그러한 부수적인 세부사항을 밝히지 않는데 예수는 왜 이런 식으로 행동하시는 것일까?

풍랑이 하나님의 백성에 대한 적대감을 상징하는 반면, 잠은 위험 가운데서도 신뢰를 나타낸다.

시편 3:4-6에는 다음과 같이 기록되어 있다.

> 내(다윗)가 나의 목소리로 여호와께 부르짖으니 그의 성산에서 응답하시는도다 내가 누워 자고 깨었으니 여호와께서 나를 붙드심이로다 천만인이 나를 에워싸 진 친다 하여도 나는 두려워하지 아니하리이다(시 3:4-6 참조).

깊고 편안한 잠은 하나님의 주권적 손길에 대한 신뢰를 구체적으로 표현한다.

풍랑 속에서 주무심으로써 다윗의 자손 예수는 심각한 육체적, 영적 위험 속에서도 아버지의 보호에 대한 완전하고도 확고한 신뢰를 보여 주신다. 예수는 참으로 믿음으로 행하고 보는 것으로 행하지 아니하신다(고후

5:7). 주석자들이 종종 지적하듯이 이 이야기는 요나가 하나님의 부르심을 피해 다시스로 가는 도중에 풍랑 가운데서 잠을 잤던 장면을 상기시킨다 (욘 1장).

그러나 두 이야기를 좀 더 자세히 읽어 보면 예수는 요나와 상당히 다르시다는 결론에 이른다. 요나는 잘못된 이유(하나님의 부르심을 피해 달아남[욘 1:1-6])로 잠을 자지만, 예수는 올바른 이유(주님을 신뢰함)로 주무신다. 요나의 실패는 예언적으로 예수의 신실하심을 예고한다.

예수는 "잠잠하라 고요하라"(4:39)는 말씀 몇 마디로 풍랑을 잔잔하게 하실 수 있다. 구약에 따르면 하나님은 이스라엘의 신적 전사로 홀로 사나운 바다를 잔잔하게 하신다. 예를 들어, 시편 89편은 다음과 같이 기록하고 있다.

> 무릇 구름 위에서 능히 여호와와 비교할 자 누구며 신들 중에서 여호와와 같은 자 누구리이까 하나님은 거룩한 자의 모임 가운데에서 매우 무서워할 이시오며 둘러 있는 모든 자 위에 더욱 두려워할 이시니이다 여호와 만군의 하나님이여 주와 같이 능력 있는 이가 누구리이까 여호와여 주의 성실하심이 주를 둘렀나이다 주께서 바다의 파도를 다스리시며 그 파도가 일어날 때에 잔잔하게 하시나이다 주께서 라합을 죽임 당한 자 같이 깨뜨리시고 주의 원수를 주의 능력의 팔로 흩으셨나이다(89:6-10; 참조, 시 65:5-7).

자신을 이스라엘의 신적 전사로 밝히심으로써 예수는 두 가지 명령으로 풍랑을 잔잔하게 하신다. 이러한 두 가지 명령은 이상하게도 바다를 향하고 있다.

왜 바다에 말을 거시는 것일까?

바다가 무엇을 나타내는지 상기해 보라. 하나님의 백성을 대적하기 위해 모인 악의 세력들이다. 그러므로 예수는 지금 귀신들에게 바다를 떠나라고 명령하고 계시는 것이다.

"잠잠하라"와 "순종하라"라는 말은 귀신 축출의 문맥에서 1:25과 1:27에도 나온다(// 눅 4:35). 예수께서 사람들에게서 귀신을 쫓아냈듯이, 그는 피조물에게서 귀신들을 쫓아내고 계신다. 갈릴리 바다에서 일어난 이 사건은 제자들을 향한 예수의 행동이 아니라 피조물 전체를 향한 예수의 행동에 관한 것이다. 예수는 광야에서 사탄에게 승리하심으로써 본격적 승리의 공격에 착수하실 수 있다. 1:12-13에서 예수께서 광야에서 거둔 승리로 피조물이 정결하게 되어 "들짐승" 및 천사들과 교제할 수 있게 되었다는 사실을 기억하라.

여기에서 예수는 바다로부터 악을 제거하신다. 1:12-13에서 예수께서 땅을 정결하게 하신 것처럼 4:35-41에서는 바다를 정결하게 하신다. 성경에서 땅과 바다는 모든 피조물을 나타내는 제유법(synecdoche, 일부로써 전체를, 또는 전체로서 일부를 나타내는 비유적 표현법)의 기능을 한다(예컨대, 시 95:5; 욘 1:9; 합 2:6; 마 23:15; 계 7:1-3; 10:2, 5, 8). 우리가 여기에서 발견할 수 있는 것은 십자가와 부활에서 절정에 이를 구원, 즉 전체 창조 질서에 대한 구원의 시작이다.

이와는 별도로 마가의 풍랑을 잔잔하게 하신 이야기는 마태와 누가의 내러티브에는 포함되지 않은 몇 가지 세부 내용을 담고 있다. 예를 들어, 마가는 4:36에서 "다른 배들"이 있었음을 언급하며 나중에는 예수께서 "고물에서 베개를 베고 주무셨다"라고 말한다(4:38a). 이러한 단서들은 전문 어부인 베드로(1:16)가 마가가 사용한 목격자 증언의 출처임을 암시한다.

같은 사건을 기록하고 있는 마태복음에는 "믿음이 작은 자들아"(마 8:26)라는 예수의 진술이 포함되어 있지만, 마가의 내러티브에는 "(너희가) 아직도 믿음이 없느냐"(4:40, 표준새번역)라고 표현되어 있다. 두 번째 복음서는 적어도 표면적으로는 제자들을 더 가혹하게 묘사한다. 제자들은 풍랑이 잠잠해진 기적을 통해 일어난 일을 "듣거나" "이해하는 데"(4:24) 많은 어려움을 겪고 있다.

이 이야기는 "그가 누구이기에 바람과 바다도 순종하는가"라는 제자들이 던진 질문으로 끝난다(4:41). 예수의 정체와 사명이 그들의 기대를 뛰어넘는 것은 분명하다. 다시 한번 우리는 두 번째 복음에서 "하나님의 아들"

과 "메시아"라는 칭호가 함께 나오는 것을 발견한다(1:1). 마가는 예수께서 풍랑을 잔잔하게 하시는 모습(하나님의 아들)을 보여 줌으로써 예수를 신적 전사와 능숙하게 동일시했고, 풍랑 속에서도 잠자는 모습(메시아)을 보여 줌으로써 다윗의 자손으로서의 왕족 혈통을 부각했다.

우리가 마가복음의 첫 부분에 나오는 이사야 40장 인용문을 마가복음 전체에 대한 패러다임으로 진지하게 고려한다면, 여기서 예수께서 이스라엘의 적을 정복하고 그들을 이사야의 출애굽에서 약속의 땅으로 인도하시는 메시아로 간주된다(사 43:2; 51:9-11). 제자들은 그들이 걱정하는 것처럼 익사하고 있지 않다.

전혀 아니다!

그들(과 피조물)은 구원받고 있다.

5) 부정한 것에서 정결한 것으로(5:1-43)

(1) 거라사인의 귀신 들린 자(5:1-20)

갈릴리 바다의 물리적 풍랑은 끝났을지 모르지만, 영적 의미에서의 풍랑은 여전히 일어나고 있다. 내러티브는 예수와 제자들이 "거라사인의 지방"(5:1)에 이르러 배에서 내림으로 매끄럽게 이어진다. 예수께서 귀신 들린 사람과 만난 장소에 대한 세 가지 본문 이문이 있다.

- "거라사인"(Gerasenes) 지방
- "가다라인"(Gadarenes) 지방
- "겔게사인"(Gergesenes) 지방

거라사(Gerasa, 또는 Jerash) 마을은 갈릴리 바다 남동쪽으로 약 30마일 떨어진 곳에 있고, 가다라(Gadara)는 갈릴리 바다 남동쪽으로 6마일 떨어진 곳에 있으며(마 8:28 참조), 겔게사(Gergesa)는 갈릴리 바다 제방의 동쪽 면에 있다. "거라사인"(게라세논[*Gerasēnōn*])이란 읽기가 가장 강력한 사본 지지를 받고 있고, "가다라인"(가다레논[Gadarēnōn])이라는 읽기는 일반적으로 견고하며, "겔게사"(겔게세논[Gergesēnōn])라는 읽기가 가장 약하다.

대체로 "거라사인"이란 읽기가 선호되며 우리는 마가가 "지방"(텐 코란 [tēn chōran])이란 단어를 사용한 것을 놓쳐서는 안 된다. 이 마을은 약 30마일이나 떨어져 있지만, 그 넓은 영토가 예수와 제자들이 배에서 내리는 곳까지 뻗어 있다고 생각할 수 있다. 결국, 가장 중요한 것은 마가의 독자들이 데가볼리(Decapolis)라는 이 사건의 넓은 장소 언급에 즉시 충격을 받을 것이라는 점이다(5:20).

여기 5:1-20에 언급된 귀신 축출 사건과 풍랑을 잔잔하게 하신 기적 사이의 연관성은 분명하다. 두 사건 모두 예수께서 악마의 세력을 지배하고 있으며 타락으로 잃어버린 것을 되찾고 있음을 보여 준다. 이 귀신 축출 이야기의 독특한 점은 마가가 이 이야기에 할애하는 분량(5장의 거의 절반)과 그 일이 데가볼리 지방에서 일어났다는 점이다.

1:15-4:34의 내러티브는 예수와 제자들의 본거지 역할을 하는 가버나움과 함께 갈릴리 바다 서쪽에서 사역하는 내용을 서술한다. 그러나 이제는 예수와 그 일행은 "바다 건너편" 이방인이 거주하는 지방으로 과감히 나아간다.

4장에서는 제자들이 두드러진 역할을 하지만 5:1-20에서는 제자들은 배경으로 사라지고 이 자료의 대부분은 오직 예수와 귀신 들린 자 두 개인과만 관련된다(// 마 8:28-34// 눅 8:26-39). 이 두 당사자에 내러티브의 초점을 맞춤으로써 마가는 독자가 그들의 상호 작용에 주의를 기울이기를 원한다.

1:21-28의 회당에서 일어난 귀신 축출 사건과 여기 5:1-20에 나오는 귀신 축출 사건은 놀랍도록 유사하다.

1:21-28에 나타난 귀신 축출 사건	5:1-20에 나타난 귀신 축출 사건
더러운 귀신(spirit) 들린 사람(1:23)	더러운 귀신(spirit) 들린 사람(5:2)
귀신은 "우리가 당신과 무슨 상관이 있나이까"라고 묻는다(1:24)	귀신은 "나와 당신이 무슨 상관이 있나이까"라고 묻는다(5:7)
귀신은 예수를 "나사렛 예수"와 "하나님의 거룩한 자"라고 밝힌다(1:24)	귀신은 예수를 "지극히 높으신 하나님의 아들"이라고 밝힌다(5:7)
예수는 귀신에게 "그 사람에게서 나오라"라고 명령하신다(1:25)	예수는 귀신에게 "그 사람에게서 나오라"라고 명령하신다(5:8)
무리가 놀라움으로 반응한다(1:27)	무리가 놀라움으로 반응한다(5:20)
승리의 메시지가 갈릴리 사방에 퍼진다(1:28)	승리의 메시지가 데가볼리에 퍼진다(5:20)

그러므로 마가는 우리가 이 두 사건을 함께 읽기를 원한다. 첫 번째 사건은 유대인의 예배 장소(회당)에서 일어났고, 두 번째 사건은 이교도의 우상 숭배와 부정(uncleanness)으로 가득 찬 땅(데가볼리의 무덤)에서 일어난다. 두 사건의 목적은 하나님의 임재를 누리기 위한 정결함(cleansing)이다.

예수와 열둘이 배에서 내릴 때 "더러운 영을 가진"(with an impure spirit) 사람이 예수에게 다가와서 말을 건다(5:2, 개역개정에는 "더러운 귀신 들린"으로 번역됨-역주). 우리는 이미 더러운/부정한(아카다르토스[akathartos])이란 단어가 마가복음의 핵심 용어이며 하나님의 임재에 부적합한 사람들과 피조물의 현재 상태를 구체적으로 표현한다는 점을 살펴보았다. 한 학자는 마가의 귀신에 대한 표현의 독특성에 대해 다음과 같이 진술한다.

이 표현["더러운 영"]은 기독교 이전 시대의 비-유대인 문헌에는 유례가 없다.[21]

마가는 귀신 들린 자의 비참한 상황을 묘사하는 데 세 구절을 할애한다(5:3-5).

두 가지 핵심 주제가 즉시 독자들에게 전달된다.

---

21 Loren T. Stuckenbruck, *The Myth of Rebellious Angels: Studies in Second Temple Judaism and New Testament Texts* (Grand Rapids: Eerdmans, 2017), 174.

첫째, 귀신 들린 사람은 제압할 수 없다. 군대/군단(Legion)에 의해 굴복된 사람은 영적으로나 육체적으로 악마의 노예이다.
둘째, 귀신 들린 사람은 더러운 악취가 풍기는 곳(무덤, 돼지 등)에 거한다.

아무도 그를 "제압"할 수 없음에도 귀신 들린 사람은 예수께 달려와 "절한다"(5:6). "절하다"는 말은(fall on his knees) 분명한 복종의 행위이다. 그는 예수의 지위가 더 높다는 것을 알고는 다음과 같이 묻는다.

> 지극히 높으신 하나님의 아들 예수여 나와 당신이 무슨 상관이 있나이까(막 5:7).

1:23-26에 나오는 귀신 들린 사람처럼 이 사람 또한 예수의 이름을 부름으로써 그에게서 통제권을 빼앗으려고 시도한다. 고대 세계에서 특히 귀신 축출의 맥락에서 사람의 이름을 알리는 행위는 그 사람에 대한 권위를 얻기 위한 전술이다.

"지극히 높으신 하나님의 아들"이란 칭호는 몇 가지 이유로 주목할 만하다.

첫째, 이 칭호는 4:41에서 제자들이 제기한 질문에 반어적으로 대답한다.

> 그들이 심히 두려워하여 서로 말하되 그가 누구이기에 바람과 바다도 순종하는가
> (막 4:41).

이에 대한 대답은 "지극히 높으신 하나님 아들"로서 1:1에 언급된 "하나님의 아들"과 유사한 칭호이다. 귀신 들린 사람은 제자들보다 예수의 정체에 대해 더 잘 알고 있다.

둘째, 이 칭호는 구약에서 전적으로 이스라엘의 하나님을 언급하는 소수의 경우에 발견된다(예컨대, 창 14:18; 시 78:35). 그렇다면 예수는 단지 사람만이 아니라(4:41) 육신을 입은 하나님이시다. 이것이 바로 귀신 들린 사람이 예수의 우월성을 인정하는 이유이다. 예수는 단지 이스라엘의 메시아만이 아니시다. 그는 우주의 주권적 통치자이시다. 예수의 메시아 되심의 비밀은 여전히 밝혀지고 있다.

우주의 통치자로서 예수는 상황을 뒤집어 귀신의 이름을 물으신다. 우리는 그 귀신의 이름이 "군대/군단"(Legion)이라는 것을 알게 되는데, 이는 병사 6,000명으로 이루어진 군대 사탄을 가리키는 용어이다. 그렇다면 여기서는 전쟁이 문제가 된다. 그러나 이것은 단순한 전쟁이 아니다. 이것은 육신을 입으신 야웨와 악의 세력 간 종말론적 전쟁이다.

신적 전사로서 예수는 의도적으로 하나님의 통치와 권위에 현저하게 적대적인 영역으로 나아가신다. 그는 단순한 명령 한마디로 적들을 물리치시고 그들을 근처의 "돼지 떼"로 보내신다(5:11-13a). 마가는 거의 이천 마리의 돼지가 갈릴리 바다로 돌진하여 거기에서 "몰사"했다고 기록한다(5:13b).

이 사건이 예수께서 적대적 영들을 심판하셔서 바다에서 쫓아내신 풍랑을 잔잔하게 하신 사건(4:35-41) 바로 뒤에 있음을 기억하라. 이처럼 귀신 들린 돼지들이 바다로 돌진할 때 마가는 이 귀신들이 동료들과 함께 심판을 받았다고 결론 내린다.

이스라엘 성경을 사려 깊게 읽는 독자라면 또한 이 사건을 바로의 군대를 익사시킨 인상적 사건과 연결할 수도 있을 것이다. 이 두 이야기 사이의 개념상 유사점이 놀랍다.

출애굽 사건(출 14:15-15:21)	귀신 축출 사건(막 5:1-20)
이스라엘의 육체적 적 = 애굽 군대(14:24, 28)	이스라엘의 영적 적 = 군대(군단[5:9])
바다에서 익사한 적(14:27-28)	바다에서 익사한 적(5:13)
이스라엘의 전사이신 야웨가 바로의 군대를 심판하신다(15:3)	이스라엘의 전사 또는 주이신 예수께서 사탄의 군대를 심판하신다(5:19)
애굽인의 심판으로 인해 하나님이 영광을 받으신다(14:17-18, 31)	군대의 심판으로 인해 예수께서 영광을 받으신다(5:20)
여러 민족이 하나님의 비길 데 없는 능력을 인정한다(15:14)	데가볼리 사람들이 예수의 비길 데 없는 능력을 인정한다(5:20)

만일 출애굽기 14-15장이 마가의 마음속에 있다면 여기 5장에 나오는 귀신 축출 사건은 그의 복음서 전체에서 매우 중요하다. 마가는 예수께서 두 번째 출애굽에 대한 이사야의 약속을 성취하시는 분임을 입증한다. 성육신하신 주님으로서 예수는 이스라엘을 영적 애굽인들의 손아귀에서 구원하신다. 즉, 그는 강한 자(즉, 사탄[3:27; 사 49:24-25])를 결박하실 것이라는 이사야의 예언을 성취하심으로 구원을 확보하셨다.

이러한 구원은 주로 유대 지역에서 일어났다. 이제 예수는 이방인의 영토로 들어가심으로써 우리는 그가 또한 이방 민족을 영적인 억압에서 건져 내시는 일에도 관심이 있음을 알게 된다. 구원의 순서에도 주목하라. 유대인이 먼저이고 그다음이 이방인이다(행 3:26; 13:46; 롬 1:16을 보라). 두 번째 출애굽에 대한 이사야의 기대는 계속해서 성취되고 있다.

이러한 맥락에서 볼 때 마가는 또한, 5:5과 5:11에서 이사야 65:4-7을 암시할 수도 있다.

이사야 65:4, 7	마가복음 5:5, 11
"그들이(우상 숭배하는 이스라엘 백성) 무덤 사이에 앉으며 은밀한 처소에서 밤을 지내며 돼지고기를 먹으며 가증한 것들의 국을 그릇에 담으면서 …그들이 산 위에서 분향하며 작은 산(hills) 위에서 나를 능욕하였음이라."	"밤낮 무덤 사이에서나 산에서나 늘 소리 지르며 돌로 자기의 몸을 해치고 있었더라 … 마침 거기 돼지의 큰 떼가 산 곁(hillside)에서 먹고 있는지라."

마가는 우상 숭배하는 이스라엘에 관한 구절을 전략적으로 채택하여 귀신 들린 사람에게 적용한다. 그러나 중요한 것은 예언의 마지막 부분에 나오는 이사야의 약속이다. 주님은 이스라엘에 다음과 같이 약속하신다.

> 나도 내 종들을 위하여 그와 같이 행하여 다 멸하지 아니하고 내가 야곱에게서 씨를 내며 … 나의 종들이 거기에 살 것이라(사 65:8-9).

이사야 65장을 염두에 둔다면 예수는 귀신을 쫓아내실 때 이사야의 예언을 성취하고 계신다. 그 고난받는 종으로서(10:45)의 예수는 작은 "종들"의 공동체를 창조하고 계신다(사 65:13-15 참조). 마귀의 종이 된 모든 이방인을 대표하는 이 사람은 이제 구원받은 이스라엘의 일부로 간주된다.

(2) 혈루증 걸린 여인의 치유와 야이로 딸의 소생(5:21-43)

예수는 이방인의 지역으로 가서 자신이 시작하신 일을 완수하셨으므로 이제 제자들과 함께 갈릴리 바다를 건너 유대 땅으로 돌아오신다(5:21). 이는 예수께서 지금까지 두 번째로 호수를 건넌 예이다(4:35 참조).

여기 5장의 후반부에서 마가의 샌드위치 기법이 다시 한번 나타난다.

- 야이로의 딸 이야기(5:21-24)
- 혈루증 앓는 여인의 이야기(5:25-34)
- 야이로의 딸 이야기(5:35-43)

세 권의 공관복음 모두 이 두 가지 사건을 연결함으로써 독자가 함께 해석할 수 있도록 한다(// 마 9:18-26// 눅 5:21-43).

예수께서 배에서 내리시자 유대인들 사이에서 그의 인기는 여전하다. 회당장이자 공동체의 존경받는 일원인 야이로라 하는 사람이 예수를 쫓아와 그 "발아래" 엎드린다(5:22; 참조, 5:6). 흥미롭게도 야이로는 일반인이 아닌 사람으로서(그리고 제자에 속하지 않은 사람[3:16-19]으로서) 이름이 거론

된 최초의 인물이다.

리처드 보캄(Richard Bauckham)은 복음서에서 한 개인의 이름이 예상치 않게 공개될 때는 그 사람이 그 이야기의 목격자임을 나타낸다고 설득력 있게 주장한다.[22] 이러한 통찰은 여기에서 야이로와 잘 들어맞는다(딸의 이름은 밝혀지지 않은 채로 남아 있음). 마가는 자신의 복음서를 조사하면서 예수와 직접 대면한 사람들과 인터뷰했다. 야이로는 기적을 일으키시는 예수의 능력을 인정하고 예수 앞에 엎드린다. 이는 예수의 우월한 지위를 인정하는 행위이다.

"열두 해를 혈루증으로 앓아 온"(5:25) 여인의 등장으로 내러티브는 갑자기 중단된다. 레위기 15:25-28에 따르면 이 여인은 영구적으로 부정하여 사회로부터 배척당했을 것이다. 그녀는 12년 동안(5:25, 26), 즉 병든 야이로의 어린 딸이 살아왔던 기간(5:42)과 같은 기간 동안 고통을 겪어 왔다. 그녀의 절박함은 예수의 옷에 "손을 대고자 하는" 열망에서 분명하게 나타난다(3:10 참조).

그녀가 예수의 옷에 한 번이라도 손을 대면 예수는 의식적 측면에서 부정하게 될 것이다. 그러나 그녀가 만짐으로 예수께서 부정해진 것이 아니라 오히려 그녀가 정결하게 된다. 그녀가 보여 준 구체적인 믿음을 통해 그녀는 공동체에 복귀하여 사회에 다시 통합할 수 있게 된다. 절정에 이르러 예수는 그녀에게 "평안히 가라"(5:34)고 명령하신다.

하나님과 인류 사이의 평화(peace)는 구약의 많은 부분, 특히 이사야의 배후에 있는 추진력이다. 이 평화는 일반적 평화가 아니라 종말론적 평화이다(사 53:5; 54:13; 57:19; 66:12). 아마도 예수의 명령 배후에는 이사야 52:7이 있을 것이다.

> 좋은 소식을 전하며 평화를 공포하 … 는 자의 산을 넘는 발이 어찌 그리 아름다운가
> (사 52:7; 참조, 막 1:15).

---

[22] Richard Bauckham, *Jesus and the Eyewitnesses: The Gospels as Eyewitness Testimony* (Grand Rapids: Eerdmans, 2006), 39–66.

예수는 이 여인을 회복시켜 하나님의 임재를 누릴 수 있게 하신다.

내러티브는 야이로와 그의 딸 이야기로 돌아간다. 야이로에게 있어서 최악의 악몽은 자신의 딸이 죽었다는 소식을 듣는 5:35에서 확인된다. 그의 눈과 제자들의 눈에는 더 이상 할 수 있는 일이 아무것도 없었다. 그러나 예수는 그들의 의심을 깨치고 야이로에게 명령하신다.

두려워하지 말고 믿기만 하라(막 5:36).

야이로는 혈루증을 앓고 있던 여인과 동일한 믿음을 지녀야 한다(5:34; 참조, 1:15; 2:5; 9:23; 10:52; 11:22-24). 그는 오직 예수만이 죽은 자를 일으켜 세울 수 있는 능력이 있음을 신뢰해야 한다.

처음으로 예수는 베드로, 야고보, 요한만이 이 기적의 현장에 동참하도록 허용하신다(5:37).

나머지 9명의 제자는 어떤가?

공관복음에서 베드로, 야고보, 요한은 비범한 사건에 동참한 친밀한 세 명의 내부 그룹으로 간주된다(3:16-17; 9:2; 14:33). 4:24-25에서 예수께서 더 많은 계시를 받은 사람들은 그에 따라 행동할 책임이 있다고 약속하신 것을 기억하라.

그들에게는 더 많은 것이 기대된다. 앞으로 수십 년 동안 베드로와 요한은 초기 기독교 운동의 두 기둥이 될 것이다. 공관복음과 사도행전에서 베드로가 끼친 영향력은 막대하며 성 요한(Saint John)은 그의 이름이 담긴 요한복음, 세 개의 요한서신, 그리고 아마도 요한계시록을 연이어 기록할 것이다.

예수는 세 제자와 그 소녀의 부모를 데리시고 그녀가 죽은 채로 누워 있는 방으로 들어가신다(5:40). 예수는 소녀의 손을 잡고 아람어로 "달리다 굼"(Talitha koum)이라고 말씀하신다. 그런 다음 마가는 이 아람어를 다음과 같이 번역해 준다.

> 번역하면 곧 내가 네게 말하노니 소녀야 일어나라 하심이라(막 5:41).

아람어는 이 당시 팔레스타인의 주도적 언어였으므로 예수는 그의 사역 내내 주로 아람어로 말씀하신다(3:17; 7:11, 34; 10:46; 14:36).

그러나 마가는 여기에서 왜 아람어를 공개해야 한다고 느꼈을까?

확신할 수는 없지만, 부분적으로는 이 사건이 지닌 중요성 때문이었을 수도 있다. 아주 간단히 말해서, 죽은 자를 일으킬 수 있는 일은 오직 하나님만이 하실 수 있는 일이다(요 5:19-30 참조). 엘리야와 엘리사가 사람을 죽은 자 가운데서 일으켰지만(왕상 17:19-22; 왕하 4:29-35), 그들은 단지 중재자로서 역할만 했을 뿐이다. 그러나 여기에서의 기적은 질적으로 차이가 난다. 예수는 하나님의 능력을 소환하지 않는다.

5:30에서 발견할 수 있는 치유 능력과 마찬가지로 하나님의 창조적인 능력은 예수 자신, 즉 생명을 주시는 하나님의 아들(1:1)에게서 흘러나온다. 이 소녀를 다시 살림으로써 예수는 자신이 성육신하신 주님이심을 명백하게 주장하시며 마가는 이 기적을 인증하기 위해 아람어 문구를 보존한다.

이 기적은 또한 마가복음의 끝부분에 나오는 예수 자신의 부활을 예고하기도 한다. 예수께서 육신이 되신 하나님이시기 때문에 죽은 자를 일으키시는 능력이 있다면 죽은 자 가운데서 자기 자신을 일으키실 능력도 있으시다. 더욱이 신약은 삼위일체의 세 위격 모두 부활에 참여한다고 확증한다(롬 1:4; 갈 1:1을 보라).

이어서 마가는 이 소녀의 나이가 대략 "열두 살" 정도의 미성년자라고 지적한다(5:42). 여기에서 혈루증을 앓고 있던 여인과 이 소녀는 함께 1세기의 주변 인물(marginal figures)을 대표한다. 그들의 지위가 낮다는 점 말고도 그들은 모두 부정한 인물이다(레 15:25-28; 민 19:11). 두 경우 모두 예수는 부정하다고 여겨지던 사람들을 정결/깨끗하다고 선언하신다. 하나님의 임재가 움직이고 있다.

6) 갈릴리에서 고조되는 적대감(6:1-56)

(1) 나사렛에서의 배척(6:1-6)

이방인의 영토인 데가볼리에서 예수께서 그렇게 큰 성과를 거두었다면, 예수의 성공이 고향 나사렛에서도 이어질 것으로 가정할 수 있다. 그러나 사실은 그렇지 않다. 예수는 "고향" 나사렛을 향해 남서쪽으로 가시면서 갈릴리 서쪽 지역에서 그의 사역을 계속하신다(6:1). 이것은 예수의 고향에 대한 첫 번째 언급이다.

이와 유사한 사례를 3:20-21과 3:31-34에서도 볼 수 있는데 거기에서 그의 가족은 그의 사역에 반대하는 것으로 보인다. 예수의 가족이 그의 정체를 파악하는 데 어려움이 있다면 그의 고향 사람들이 그 전례를 따르는 것은 놀라운 일이 아니다.

6:1-5의 내러티브는 1:21-28에서 예수께서 가버나움에서 거둔 성공과 병치되어 있는 것으로 보인다.

마가복음 1:21-28	마가복음 6:1-5
가버나움(1:21)	나사렛("고향", [6:1])
안식일에(1:21)	안식일에(6:2)
회당에서(1:21)	회당에서(6:2)
군중이 "놀란다"(1:22, 27)	군중이 "놀란다"(6:2)
군중이 한 가지 질문을 한다(1:27)	군중이 여섯 가지 질문을 한다(6:2-3)
예수께서 기적을 행하신다(1:23-26)	예수께서 어떤 기적도 행하시지 않는다(6:5)

6:1-5의 에피소드를 이런 방식으로 서술함으로써 마가는 독자들에게 나사렛 사람들과 대조적으로 가버나움 사람들이 어떻게 예수의 사역에 반응했는지에 대해 감명을 받아야 한다는 신호를 보낸다. 아이러니하게도 그를 가장 잘 아는 사람들이 그의 말씀을 받아들이는 데 가장 어려움을 겪는다.

예수의 가족이 3장에서는 이름 없이 등장하는 반면 마가는 여기에서 그의 어머니와 형제들의 이름을 공개한다. 그들의 이름은 차례대로 마리아, 야고보, 요셉, 유다, 시몬이다(자매들의 이름은 나오지 않음). 그의 이복형제 중 두 명인 야고보와 유다는 결국 신약에 보존된 두 개의 서신을 기록할 것이다. 야고보는 또한 사도행전에서 매우 중요한 인물로 나타나며 예루살렘 초기 교회의 지도자가 된다(행 15장).

에피소드는 예수께서 "그들이 믿지 않음을 이상히" 여기시는 것으로 끝난다(6:6). 그러한 불신앙은 마가복음의 내러티브 전반에 걸쳐(2:5; 5:34, 36; 9:24; 10:52) 예수에 대한 큰 "믿음"을 나타내는 사람들과 극명한 대조를 보인다. 기적을 위해서는 믿음이 필요하다.

그러나 예수의 가족과 공동체는 왜 그토록 많은 의심으로 어려움을 당할까?

그들이 가장 먼저 그를 믿어야 하지 않겠는가?

그 대답은 "선지자가 자기 고향과 자기 친척과 자기 집 외에서는 존경을 받지 못함이 없느니라"라는 예수의 반응에 있다(6:4). 이 사건에 대한 누가의 이야기(눅 4:25-27)가 도움이 되는데, 거기에서 예수는 엘리야와 엘리사를 받아들인 두 이방인 사렙다의 과부 및 나아만과는 대조적으로 이스라엘이 이 선지자들을 거부한 구약의 두 가지 사례를 인용한다(왕상 17:7-24; 왕하 5:1-14). 그러나 우리는 예수께서 "소수의 병자에게 안수하여 고치"심으로써 나사렛 내의 남은 자를 회복하셨음을 기억해야 한다(6:5).

이처럼 나사렛의 불신앙은 이스라엘은 자신의 선지자들을 거부하고 이방인은 믿음에 이르게 되는 구약의 전통과 정확히 들어맞는다(5:1-20). 심지어 이러한 구약의 사건은 나사렛에서의 예수에 대한 배척과 가장 큰 배척인 자신의 메시아를 십자가로 보낸 이스라엘의 배척(12:1-12 참조)을 예언적으로 예고하고 있다고 주장할 수도 있다. 나사렛에서의 그런 배척은 예수의 예상치 않은 메시아 되심(messiahship), 곧 유대인의 틀을 깨뜨리는 메시아 되심을 강조한다.

(2) 열둘의 임명과 세례 요한의 죽음(6:7-29)

마가의 독자들 마음에 거부감이 있는 가운데 우리는 이제 제자들의 두 번째 위임을 발견하게 된다(// 마 10:1, 5-42// 눅 9:1-6). 이전의 첫 번째 위임에서는 각 제자의 이름이 거명되었고(3:13-19) 모든 제자에게 "귀신을 내쫓는 권능"(3:15)이 부여되었다. 여기에서의 위임은 인류와 하나님의 피조물을 더럽히는 "더러운 귀신(spirits)을 제어하는 권능"과 함께 주어진다 (1:23, 26-27; 3:30; 5:2, 8, 13; 7:25; 9:25 참조). 제자들은 각 두 명씩 나누어진다 (6:7).

왜 두 명씩일까?

신명기에 따르면 법정에서 증언하려면 적어도 두 사람이 필요한데 다음 구절이 법적 증언의 목적을 설명한다.

> 죽일 자를 두 사람이나 세 사람의 증언으로 죽일 것이요 한 사람의 증언으로는 죽이지 말 것이며 이런 자를 죽이기 위하여는 증인이 먼저 그에게 손을 댄 후에 뭇 백성이 손을 댈지니라 너는 이와 같이 하여 너희 중에서 악을 제할지니라(신 17:6-7; 참조, 19:15, 19).

"너희 중에 악을 제거"하라는 문구는 신명기 전체의 핵심 주제이다 (13:5; 17:12; 19:13, 19; 21:21; 22:24; 24:7). 이스라엘 백성과 특히 제사장들은 진영 내에 있는 모든 형태의 부정을 경계해야 한다. 그러므로 법적 증언은 하나님 백성의 거룩함을 보존하여 하나님께서 그들의 공동체 가운데 거하실 수 있도록 하기 위한 것이다.

거룩하신 하나님은 거룩하지 않은 백성 가운데 거하실 수 없으시다. 그러므로 예수는 제자들에게 신속하게 움직여(6:8-9) 이스라엘 백성의 마음을 더럽히는 "악"을 찾아낼 수 있도록 두 사람씩 나가라고 명령하신다. 유대 지방에서 "회개"의 메시지를 선포한 세례 요한의 발자취를 따라(1:4-5) 제자들은 나가서 "회개하라"라고 선포한다(6:12).

마가의 내러티브가 진전됨에 따라 박해와 고난이 더 큰 동력을 얻는다. 세례 요한, 예수, 제자들 사이의 연관성이 여기 6:14-29에서 다시 공식화되는데, 마가는 헤롯 안디바(Herod Atipas)의 손에 요한이 죽었다는 사실을 설명하는 데 많은 시간을 할애한다(// 마 14:1-12// 눅 9:7-9). 예수의 사역이 세례 요한의 사역을 연상시킴으로 헤롯은 요한이 "살아났다"라고 놀랄 정도였다(6:16).

요한의 운명에 관한 이야기는 주목할 만한 주제로 가득 차 있지만, 그중 두 가지만 지적하고자 한다.

첫째, 요한의 사역은 예수 및 제자들의 사역과 마찬가지로 이스라엘과 그 지도자들에게(예컨대, 헤롯) 회개를 촉구하는 것으로 특징지어진다(6:17-18). 요한은 유대 사람들에게 하나님이 오셔서 그들과 함께 거하실 수 있도록 하나님께 돌아오도록 촉구한다. 제자들 역시 모든 형태의 불경건에 맞서라는 사명을 받는다.

둘째, 요한의 운명은 제자들에게, 그리고 궁극적으로는 예수를 위한 모델 역할을 한다. 적어도 세상의 기준에 따르면 제자들의 미래는 암울하다. 요한이 박해를 받았으므로 제자들은 그 외의 다른 것을 기대해서는 안 된다. 요한의 죽음과 예수의 죽음 사이에는 유사점이 많다. 둘 다 결백하지만 죽임을 당했다(6:20// 15:14). 두 경우 모두 세속 통치자는 처형을 명령하도록 압력을 받는다(6:21-25// 15:15). 요한과 예수의 시신은 모두 거두어져 무덤에서 장사되었다(6:29// 15:46). 예수를 죽은 자 가운데서 살아난 요한(6:16)으로 여긴 헤롯의 잘못된 믿음은 예수의 부활을 예고한다(16:6).

(3) 오천 명을 먹이심(6:30-44)

이야기 전체의 분위기를 조성하는 두 개의 중요한 구절이 오천 명을 먹이신 기적의 서두에 나오는데 이는 네 복음서 모두에 나오는 유일한 사건이다(// 마 14:13-21// 눅 9:10-17// 요 6:5-13). 마가는 오천 명을 먹이신 기적 이야기를 6:6b-13의 열두 제자 파송과 연결한다.

이 이야기의 첫 부분에서 "사도들"은 "자기들이 행한 것과 가르친 것"을 다 예수께 열정적으로 보고했다(6:30). 아마도 귀신을 쫓아내고 다른 사람을 치유한 임무의 성과에 대한 언급일 것이다. 다시 말해서, 제자들은 "더러운 귀신/영"(6:7)의 영역을 정결하게 하는 임무를 성공적으로 수행하여 예수께서 오천 명을 먹이실 때 하나님의 임재가 예수 안에 내려올 길을 열었다고 설명한다.

몰려드는 군중 때문에 예수와 제자들 사이의 친밀한 교제가 조기에 중단되었으므로 예수는 그들에게 "한적한 곳"(에레몬 토폰[erēmon topon])에 가서 "잠깐 쉬어라"(아나파우자스데[anapausasthe])고 제안하신다(6:31). 전체 구약(70인역)에서 이 두 단어, 즉 "광야"(에레모스[erēmos])와 "쉬다"/"거하다"(아나파우오[anapauō])라는 단어가 정확하게 나오는 곳은 이사야 32:16 한 곳뿐이다. 이사야 32:15-20은 종말론적 성령이 저주받은 땅에 강림하셔서 종말론적 새 창조를 설립할 것이라고 예언한다. 이사야 32:15-18에는 다음과 같이 기록되어 있다.

> 마침내 위에서부터 영을 우리에게 부어 주시리니 광야가 아름다운 밭이 되며 아름다운 밭을 숲으로 여기게 되리라
> 그때에 정의가 광야(에레모[erēmō])에 거하며(아나파우제타이[anapausetai]) 공의가 아름다운 밭에 거하리니
> 공의의 열매는 화평이요 공의의 결과는 영원한 평안과 안전이라
> 내 백성이 화평한 집과 안전한 거처와 조용히 쉬는 것에 있으려니와(사32:15-18).

이사야의 두 장 뒤에서 우리는 성령의 오심과 새 창조의 최종 결과에 대해서 더 많이 알게 된다.

> 광야(에레모스[erēmos])와 메마른 땅이 기뻐하며 사막(에레모스[erēmos])이 백합화같이 피어 즐거워하며 … 그것들이 여호와의 영광 곧 우리 하나님의 아름다움을 보리로다 (사 35:1-2).

하나님이 언약의 저주(covenant curses)를 뒤집으시고 새 창조를 이루신다는 전체 요점은 이스라엘의 하나님이 인류와 피조물과 함께 거하실 수 있다는 것이다. "광야"(에레모스[erēmos])라는 용어가 마가복음 1장에서 5번이나 나오고 전형적인 이사야 40:4의 인용문("광야[에레모/erēmō]에서 외치는 자의 소리")에서 발견된다는 점을 고려하라. 만일 예수께서 여기에서 이사야 32장과 35장을 염두에 두고 있으시다면, 우리는 아마도 오천 명을 먹이시는 기적 사건을 이사야 예언의 성취로 이해해야 할 것이다.

예수와 제자들이 무리를 피하려는 시도는 무리가 "그들보다 먼저" 그곳에 도착했으므로 좌절되었다(6:33). 예수는 무리를 보시고 "그 목자 없는 양 같음으로 인하여 불쌍히 여기"셨다(6:34). 예수는 다가올 다윗의 통치자(겔 34장; 슥 10장)에 대한 종말론적 기대라는 더 큰 궤적의 일부인 몇 개의 구약 본문을 인용하시는 것으로 보인다(민 27:17; 대하 18:16). 이스라엘의 메시아(1:1)이신 예수는 자신이 흩어진 이스라엘 지파들을 통합하고 의로 그들을 다스릴 때가 왔다는 것을 인정하셨다.

이야기가 진행됨에 따라 우리는 무리가 "한적한 곳"(에레모스[erēmos])에 있으며 거기에는 당연히 음식이 부족하다는 것을 발견하게 된다(6:32-33). 누가는 예수와 제자들이 벳새다 근처에 있었다고 말한다(눅 9:10).

제자들은 사람들이 스스로 먹을 것을 해결하고 근처에 있는 마을에서 음식을 살 것으로 생각하지만(6:36), 예수는 그들에게 직접 먹을 것을 주시려고 의도하신다. 주석가들은 충분한 근거를 가지고 광야에서 오천 명을 먹이신 예수를 시내산과 약속의 땅으로 가는 여정 중에 광야에서 이스라엘을 먹이신 여호와와 연결한다(요 6:1-15, 25-71 참조).

하나님이 광야에서 만나를 공급하신 것은 이스라엘 백성이 음식이 부족하다고 모세와 아론에게 불평한 데서 비롯된다. 하나님은 "하늘에서" 만나를 내려 그들을 은혜롭게 먹이신다(출 16:4). 출애굽기 16:6-7에는 자기 백성을 먹이신 하나님의 목적을 다음과 같이 언급한다.

너희가 여호와께서 너희를 애굽 땅에서 인도하여 내셨음을 알 것이요 … 너희가 여호와의 영광을 보리니(출 16:6-7a; 참조, 출 16:12).

만나는 이스라엘 백성의 삶에서 구현된 하나님의 은혜의 가시적(tangible) 표현이며, 궁극적으로 하나님은 그것을 통해 그의 백성을 자신의 영광스러운 임재 안으로 이끌기를 원하신다. 광야에서 오 천명(+여자들과 아이들)을 먹이심으로써 예수는 자신의 임재로 백성을 사랑으로 먹이시고 기르시는 성육신하신 주님이심을 보여 주신다.

우리는 또한 예수가 어떻게 유형론적으로 광야에서 하나님의 백성을 인도하고 섬기는 모세라는 인물로 간주되실 수 있었는지 곰곰이 생각해 보아야 한다. 비록 그가 떡과 생선으로 그들을 육체적으로 먹이시지만, 상징적으로는 하나님의 아들(1:1)로서 그의 영광스러운 임재로 그들을 먹이신다. 이는 구약이 매우 오래 전부터 약속해 온 것과 같은 임재이다. 두 번째 출애굽에서 예수는 그의 백성을 광야에서 인도하시고 그들을 참되고 영적인 약속의 땅으로 인도하고 계신다. 그곳에서 그들은 언젠가 부활의 때에 그와 완전하게 교제하게 될 것이다.

예수는 어떻게 자기 백성의 구원을 이루실지에 대한 미묘한 단서를 주신다. 바로 자신을 유월절 어린양으로 바침으로써이다. 6:41에 따르면 예수는 "축사하시고 떡을 떼어" 주셨다. 이와 유사한 표현이 14:22에 나오는 마지막 만찬에서 발견되는데 거기에서 예수는 "떡을 가지사 축사하시고 떼어 제자들에게 주시며 이르시되 받으라 이것은 내 몸이니라"라고 말씀하신다.

이와 같이 오천 명을 먹이신 사건은 또한 연례적 유월절 만찬을 상징하며 궁극적 유월절 희생 제물이신 예수의 죽음에서 절정에 이른다. 선지자 이사야는 고난의 종이 남은 자의 구원을 확보하고 새 창조를 가져올 것이라고 예언한다(사 52:13-53:12).

이 이야기의 끝에 제자들은 "남은 떡 조각과 물고기를 열두 바구니에 차게"(6:43) 거두었다.

왜 열두 바구니인가?

열둘(도데카[dōdeka])이라는 숫자는 다른 어떤 복음서보다 마가복음에서 더 많이 나오는데 15번이나 나온다(마=13번; 눅=12번; 요=6번). 이는 신약에서 요한계시록 다음으로 많이 나오는 수치이다(계=23번). 마가복음에 나오는 15번의 용례 중 12번은 열두 제자들 언급하며 나머지 3번은 혈루증에 걸린 여인(5:25), 야이로의 딸(5:42), 그리고 여기에서 바구니의 수(6:44)를 언급한다.

마가복음에서 "열둘"이라는 단어가 압도적으로 많이 사용된다는 점을 고려할 때 바구니의 수는 의미가 있으며 아마도 많은 상징을 담고 있을 것이다. 열두 제자가 참된 이스라엘을 상징한다면 열두 바구니는 예수께서 오천 명을 먹이신 일과 그의 희생적 죽음을 통한 참된 이스라엘의 성장(growth)을 상징할 수 있다. 생명을 주시는 그의 임재는 하나님의 영광을 보기 시작하는 새 창조의 남은 자를 창조한다(produce).

(4) 물 위를 걸으시는 예수(6:45-56)

내러티브는 오천 명을 먹이신 기적 사건에서 예수께서 물 위를 걸으신 유명한 사건으로 이동한다(// 마 14:22-32// 요 6:15-21). 마가는 6:45에서 "(그리고) 즉시"(카이 유튀스[kai euthys])라는 문구를 사용하여 이 두 이야기를 결합한다. 이 두 이야기가 무작위로 배열된 것처럼 보이지만, 후자의 이야기 내내 오천 명을 먹이신 기적 이야기가 마가의 마음속에 있다.

4:35-41의 풍랑을 잔잔하게 하신 기적 이야기에 언급된 많은 부분이 6:45-52에서도 반복된다. 예수는 제자들에게 자신보다 먼저 "벳새다"로 가라고 명하신다(6:45). 이는 지금까지 바다를 건너는 세 번째 여정이며 물 위에서 예수와 제자들의 대화에 초점을 맞춘 두 번째 에피소드이다. 4:35-41에서 발견되는 많은 주제가 여기에서도 반복된다. 우리는 첫 번째 이야기에서 마가가 풍랑을 잠잠하게 하심을 예수께서 이스라엘의 하나님으로서 제자들을 악마 세력의 손아귀에서 건지시는 두 번째 출애굽으로 재구성한 것을 발견했다(→ 4:35-41).

6:45-52의 이 사건은 그러한 구원의 실마리와 단서를 몇 가지 더 제공한다. 물 위를 걸으신 예수의 전체 에피소드는 출애굽과 시내산에서 모세와 이스라엘에 자신을 계시하신 하나님을 상당히 연상시킨다. 몇 가지 일반적인 유사점과 세 가지 언어적 연관성에 주목하라.

시내산(출애굽기)	물 위를 걸으심(6:45-52)
이스라엘은 시내산에서 세 진영으로 나뉜다. 맨 밑에는 이스라엘 민족(19:2), 중간에는 장로들(24:1), 맨 위에는 모세(19:3)	사람들은 세 진영으로 나뉜다. 무리는 땅에 남아 있고(6:45), 제자는 배 안에(6:46), 예수는 산 위에 계신다(6:46)
모세가 하나님을 만나기 위해 산꼭대기로 올라간다(19:3).	예수께서 기도하러 산 위에 올라가신다(6:46)
"이스라엘 자손은 바다 가운데서(엔 메소 테스 달라세스[*en mesō tēs thalassēs*]) 마른 땅으로 지나간지라"(15:19; 참조, 14:29; 15:8)	제자들은 "바다 가운데(엔 메소 테스 달라세스[*en mesō tēs thalassēs*])"의 배 안에 있다(6:47)
야웨가 바다를 통제하신다(14:21-28)	예수께서 바다를 통제하신다(6:48)
야웨가 모세에게 "내가 나의 모든 영광을 네 앞으로 지나가게 하고(파르엘류소마이[*pareleusmai*])"(33:19, 표준새번역), "내가 다 지나갈 때까지(파르엘도[*parelthō*]) 너를 나의 손바닥으로 가리워 주겠다"(33:22, 표준새번역)라고 약속하신다.	예수께서 "그들을 지나가려고"(파르엘데인[*parelthein*]) 하셨다(6:48)
야웨가 자신을 모세와 이스라엘 백성에게 "나는 스스로 있는 자"(I am who I am, 에고 에이미[*egō eimi*])라고 밝히신다(출 3:13-14).	예수는 제자들에게 자신을 "내니"(에고 에이미[*egō eimi*])라는 말로 밝히신다

풍랑을 잔잔하게 하신 기적 이야기에서는 예수께서 이스라엘의 신적 전사(divine worrior)로 귀신들을 물리치시고 이사야의 기대를 성취하신다는 점에 강조점이 있다. 여기에서는 예수께서 적대 세력을 물리치신 것이 아니라(여기에도 확실히 있지만[6:48]) 제자들에게 자신의 정체를 계시한 점에 강조점이 있다.

풍랑을 잔잔하게 하신 기적 이야기에서는 하나님께서 피조물과 인류와 함께 거하실 수 있도록 예수께서 피조물을 정결하게 하신다는 점에 초점이 맞추어져 있다. 여기에서는 마가가 현재 피조물과 함께 거하시는 성육신하신 야웨(Yahweh)로서 예수를 강조한다. 첫 번째 출애굽에서 하나님은 이스라엘 백성에게 자신을 "야웨"로 계시하셨고 여기 두 번째 출애굽에서 하나님은 자신을 다시 한번 그러나 좀 더 강력하고 친밀한 방식으로, 즉 그의 아들(Son) 안에서 계시하신다. 첫 번째 출애굽에서 자신에 대한 하나님의 계시는 두 번째 출애굽에서 자신에 대한 예수의 계시를 예고한다.

마가의 내러티브에 따르면 그러한 대담한 계시에 대한 제자들의 반응은 적어도 놀라운 일이 아니다.

> 그들이(제자들이) 마음에 심히 놀라니 이는 그들이 그 떡 떼시던 일을 깨닫지 못하고 도리어 그 마음이 둔하여졌음이러라(막 6:51-52).

예수께서 풍랑을 잔잔하게 하셨을 때처럼 제자들은 예수께서 진정 누구신지에 대해 어두움으로 남아 있다.

그들은 이스라엘의 고난받는 "메시아"이자 신적인 "하나님의 아들"(1:1)로서의 예수 정체를 파악하는 데 큰 어려움을 겪고 있다. 6:53에 따르면, 제자들은 오천 명을 먹이신 사건에서 어떤 결론을 도출했어야 했지만 그들의 "마음이 둔하여"(hardened)졌기 때문에 그렇게 할 수 없었다. 마가의 독자들은 다음과 같은 어려운 질문에 직면하게 된다.

제자들은 외부인(outsiders)인가?

그리고 이사야 6:9-10의 중대한 예언을 성취하고 있는가?

제자들은 호수의 북동쪽에 있는 벳새다로 항로를 정했지만(6:45), 호수의 북서쪽 해안 평야인 게네사렛에서 내린다.

마가가 지리를 혼동했는가?

일부 학자는 그렇게 생각하지만, 더 간단한 대답이 가장 설득력이 있다. 즉, 제자들의 배가 맹렬한 풍랑(6:48) 때문에 항로를 벗어났다는 것이다.

7) 마음의 더러움과 이방 민족의 회심(7:1-37)

(1) 위선적 지도자들(7:1-13)

우리는 악마가 어떻게 피조물과 인류를 타락시켜 하나님 앞에서 그들을 가로막는지 살펴보았다. 이제 우리는 또 다른 더럽힘의 근원으로 인간의 마음을 발견한다(// 15:1-20). 7장의 전반부는 예수와 "예루살렘에서 온"(7:1) 유대 지도자들과의 상호 작용에 할애된다. 예루살렘이 고난과 죽음으로 특징지어지기 때문에, 이 장은 적대적 분위기로 시작된다(3:6, 22 참조). 유대 지도자들은 제자 중 일부가 사전에 손을 씻지 않고 음식을 먹는 것을 보고 놀란다(7:2). 유대의 구전 전통에 따르면 이러한 행위는 의식상 사람을 부정하게 만든다.

예수는 그러한 율법주의를 타파하시고 이사야 말씀의 성취로 이사야 29:13을 인용하신다.

> 이사야가 너희 외식하는 자에 대하여 잘 예언하였도다 기록하였으되 이 백성이 입술로는 나를 공경하되 마음은 내게서 멀도다(사 7:6).

이사야 29장에서 선지자는 이스라엘의 영적 지도자들이 악한 이스라엘과 그 주변 민족들을 심판하시고 의로운 남은 자를 구원하시려는 하나님의 계획을 이해하지 못했기 때문에 그들을 비난했다(사 29:10-12). 이러한 지도자들은 그들의 피상적인 종교 때문에 하나님의 구원 계획을 이해할 수 없다.

놀랍게도 예수는 이사야가 궁극적으로 1세기 유대 지도자들을 염두에 두었다고 지적하신다!

우리는 여기 7:6에 언급된 이사야 29:13의 인용문을 앞의 4:12에 언급된 이사야 6:9-10의 인용문과 연결해야 한다. 이 두 이사야 본문 모두 우상 숭배와 결부되어 있기 때문이다.

우리는 여기 7장에서 이스라엘 백성이 처음에 어떻게 우상 숭배에 현혹되었는지를 발견한다(4:12). 그들은 그것을 우상 숭배하는 그들의 지도자들로부터 배웠다(7:6-7). 이스라엘의 지도자들은 금으로 만든 물리적 우상에게 절한 것이 아니라, 그들 자신이 만든 전통이라는 비유적 우상을 섬기는 죄를 범했다.

(2) 참된 더러움(7:14-23)

인간의 전통이 사람을 진정으로 더럽게 하는 것이 아니라면 무엇이 더럽게 하는가?

예수는 7:16에서 무리에게 말씀하시면서 이 질문에 대한 대답을 주신다.

> 사람 안에서 나오는 것이 사람을 더럽게 하는 것이니라(막 7:16).

이 말은 그것이 지닌 함축적 의미 때문에 놀라운 진술이다. 모세의 율법은 사람이 외부적 오염 물질로 인해 의식적으로 더러워질 수 있다고 가르치지만, 예수는 부정함의 더 깊은 차원, 즉 인간의 마음까지 파헤치신다.

예수는 모세의 율법이 근본적으로 악한 마음을 정결하게 할 수 없다고 지적하신다.

그러나 율법이 정결하게 할 수 없다면 무엇이 정결하게 할 수 있는가?

그 대답은 무엇(what)에 있는 것이 아니라 누구(who)에 있다. 짐승 희생으로는 도저히 하지 못할 것이다. 참된 거룩은 오직 이사야의 종의 희생적 죽음 안에서만 찾을 수 있다(10:45; 사 52:13-53:12).

마가복음은 우리가 반복해서 살펴보았듯이 정결을 배경으로 예수의 사역을 따라가는 데 목적이 있다. 세례 요한, 예수, 제자들은 하나님의 영광이 내려오기 위해 정결하게 한다. 여기 7장에서 우리는 정결하게 하는 그들의 사역의 중요한 차원에 대해 알게 된다. 즉, 더러움의 또 다른 근원은 인간의 마음이라는 점이다.

하나님이 인류와 함께 친밀하게 거하시려면 모든 악으로부터 마음이 정결하게 되어야 한다. 예수의 사역은 무엇보다도 속 사람(inner person)의 구원을 지향한다. 귀신을 쫓아내고 병을 고치는 것은 근본적으로 하나님의 백성을 정결하게 하려는 의도이다.

여기에서 예수의 율법관이 함축하고 있는 한 가지 의미는 이제 "모든 음식물"이 "깨끗하다"는 선언이다(7:19). 이스라엘의 음식 규정은 예수 안에서 성취되었으므로 더 이상 새 시대의 하나님 백성에게 요구되지 않는다. 그러한 음식 규정은 이스라엘 백성을 이웃과 분리시킨다(레 11장; 신 14장).

이제 하나님의 백성은 더 이상 외적 규정이 아니라 예수를 믿는 내적 믿음으로 정의되어 유대인과 이방인이 서로 진정한 교제를 누릴 수 있는 길이 열릴 때가 도래했다. 음식 규정의 해제가 다음 단락에 나오는 이방 여인의 믿음과 관련되는 것은 우연이 아니다(7:24-30).

우리는 예수의 제자들과의 대화에서 중요한 차원을 간과해서는 안 된다. 7:17-18에서 그는 무리를 떠나 "집"으로 들어가신다. 이 집이 누구의 집인지는 나와 있지 않지만, 예수께서 7:16에서 이미 말씀하신 내용을 좀 더 상세하게 설명하려 하신다는 인상을 받는다(4:34에 언급된 그의 가르침과 같이). 제자들이 예수께 "이 비유"에 관해 묻자(7:17) 예수는 탄식하시면서 다음과 같이 대답하신다.

> 너희도 이렇게 깨달음이 없느냐(막 7:18).

이 표현은 제자들이 씨들 비유를 이해하는 데 어려움을 겪는 4:13의 내용과 유사하다.

> 너희가 이 비유를 알지 못할진대(막 4:13).

제자들은 내러티브의 핵심 분기점(4:41; 6:37, 52)에서 그의 가르침과 기적 안에서 예수의 정체를 이해하는 데 어려움을 겪어 왔으며 여기에서도 계속 그렇게 한다.

그들은 언제쯤 눈먼 상태에서 치유될 수 있을까?

(3) 수로보니게 여인의 믿음(7:24-30)

예수는 호수의 북쪽 지역을 떠나 이방인들이 거주하는 해안 지역인 두로 지방으로 가신다(7:24// 마 15:21-28). 이것은 예수께서 이방인 영토로 들어가신 두 번째 여정이며(5:1-20) 그의 주의 깊은 움직임은 다음과 같은 몇 가지 이유 때문일 수 있다.

첫째, 이제 모든 음식이 "깨끗"하므로(7:19), 예수는 유대인과 이방인의 장벽을 허물고 계신다.

둘째, 진정한 더러움은 외부에서 비롯되는 것이 아니므로(7:15, 18-19), 이방인 지역으로 여행한다고 해서 의식적으로 예수와 제자들은 더럽혀지지 않을 것이다.

예수는 한 집에 은둔하려 하셨으나 그럴 수 없으셨다. 한 이방 여인이 그에게 다가와 그녀의 딸에게서 "더러운 귀신/영"을 쫓아내 달라고 간청했기 때문이다(7:25-26). 다시 한번 마가는 귀신과 더러움 사이의 강한 연관성을 드러낸다(1:23, 26; 3:11, 30; 5:2, 8, 13; 6:7; 9:25 참조).

예수는 "자녀의 떡을 취하여 개들에게 던짐이 마땅치" 않기 때문에(7:27) 여인의 간청을 들어주지 않으신다. 즉, 이스라엘 백성(자녀들)이 먼저(프로톤[prōton]; // 마 15:24) 배불리 먹을 자격이 있다는 것이다. 예수는 아마도 일반적 구원의 순서, 즉 먼저 이스라엘이 그리고 그다음이 이방 민족이라는 구약에서 예고하는 순서를 말씀하시는 것으로 보인다(예컨대, 사 2:2-4; 60:1-14; 미 4:1-5).

그러나 여인은 "상 아래 개들(이방인)도 아이들이 먹던 부스러기를 먹나이다"라고 대답한다(7:28). 구원의 시기에 있어서 이스라엘이 우선권을 가졌음에도 불구하고 이방인도 "후일에" 이스라엘 백성과 동등하게 된다(사

56:6-7; 66:18-21). 이방 여인은 이러한 구원사적 순서를 포착하여 그에 대한 보상을 받는다. 이 여인의 놀라운 통찰력을 보신 후 예수는 즉시 그녀의 딸에게서 귀신을 쫓아내신다. 예수께서 이 어린 딸을 정결하게 하심으로써 하나님의 영광이 이방인 땅에 싹트고 있다.

(4) 귀먹고 말 더듬는 사람을 고치심(7:31-37)

이상하게도 예수와 그 일행은 먼저 북쪽 시돈으로 향하다가 시돈을 거쳐 데가볼리 지방으로 돌아가는 길에 남쪽으로 방향을 돌려 갈릴리 바다로 향한다(7:31).

왜 이렇게 먼 길을 택할까?

일부 학자가 여기에서 마가가 지리를 혼동한 것으로 간주하지만, 아마도 마가는 예수의 여정을 상당히 의도적으로 전개하고 있는 것으로 보인다.

우리는 예수께서 하나님의 임재 도래를 위해 이스라엘과 이방 민족을 체계적으로 정결케 하고 준비시키고 있다고 내내 주장해 왔다.

복음서에서 예수께서 방문하신 것으로 기록된 최북단 도시인 시돈을 통과하시는 예수의 여정이 예수의 회복의 범위를 의미한다면 어떻게 될까?

시돈과 데가볼리는 모든 민족의 회복을 상징하는 제유법(전체를 위한 부분)으로 기능할 수도 있다.

데가볼리에 있는 동안 예수는 귀먹고 말 더듬는 사람을 고쳐 주신다(// 마 15:29-31). 내러티브에서 이 치유 사건의 배치는 주목할 만하다. 그 사람(아마도 이방인)은 귀가 먹었고 거의 말을 할 수 없었다(7:32). 우리가 여러 번 지적한 것처럼, 마가복음에 나타난 지각적 완고함(sensory obduracy)은 이사야 6:9-10에서 유래한다. 외부인들, 특히 유대 지도자들은 듣지 못하고 마음이 완고한 사람들로 특징지어진다(3:5; 4:12; 7:6-7). 심지어 제자들조차도 때때로 불신앙의 죄를 범하기도 한다(4:12; 6:52; 8:17-18).

이 기적이 독특한 이유는 마가가 그 사람을 묘사하는 방식 때문이다. 그는 모길라론(mogilalon, '거의 말할 수 없다', 개역개정에는 "말을 더듬다"로 번역됨-

역주)이라는 단어를 사용하는데, 이 용어는 신약과 70인역 전체에서 딱 한 번만 나온다. 이 용어는 이사야 35:5에서 찾을 수 있는데 거기에서 이사야 선지자는 저주의 역전(reversal of curses)과 새 창조의 침입을 예언한다. 직접 문맥에서 나온 다음의 몇 구절이 주목할 만하다.

> 겁내는 자들에게 이르기를 굳세어라, 두려워하지 말라
> 보라 너희 하나님이 오사 보복하시며 갚아 주실 것이라
> 하나님이 오사 너희를 구하시리라 하라
> 그때에 맹인의 눈이 밝을 것이며 못 듣는 사람의 귀가 열릴 것이며
> 그때에 저는 자는 사슴 같이 뛸 것이며 말 못하는 자의 혀(글로싸 모길라론[glōssa mogilalōn])
> 는 노래하리니 이는 광야에서 물이 솟겠고 사막에서 시내가 흐를 것임이라(사 35:4-6).

만일 이사야 35장이 이 치유 사건의 배후에 있다면, 하나님의 아들(1:1) 이신 예수는 이사야 예언의 성취로 말 더듬는 자에게 "오셔서" "구원하시는" 하나님과 동일시되어야 한다. 더욱이 귀먹고 말 더듬는 사람의 치유는 또한 열방의 회복과 그들 가운데 거하기를 원하시는 하나님의 오랜 열망을 상징한다.

8) 사천 명을 먹이심과 계속되는 무지(8:1-21)

(1) 사천 명을 먹이심(8:1-10)

8:1-10에서 무리를 먹이신 사건은 이방인들도 하나님의 회복된 백성의 일부가 되게 하려는 예수의 결정을 이어 간다(// 마 15:32-39). 8:1의 이전 문맥과의 부드러운 연결("그 무렵에")은 마가의 청중이 이 기적 사건을 두로와 데가볼리에서 행한 그의 기적에 비추어 읽도록 격려한다(7:24-37). 이 기적의 목적은 마가의 청중에게 이방인들이 종말론적 하나님 나라의 이등 시민이 아니라 하나님의 회복된 이스라엘에 온전히 참여한다는 것을 확인해 주는 데 있다. 사천 명을 먹이신 기적 이야기는 앞에 나온 오천 명

을 먹이신 기적 이야기와 일반적으로 유사한 내용으로 전개된다.

오천 명을 먹이신 기적 이야기 (6:30-44)	사천 명을 먹이신 기적 이야기(8:1-11)
무리가 "모였다"(6:30)	무리가 "모였다"(8:1)
예수께서 무리를 "불쌍히" 여기셨다(6:34)	예수께서 무리를 "불쌍히" 여기셨다(8:2)
기적이 "한적한 곳"에서 일어난다(6:32)	기적이 "광야/빈들"에서 일어난다(8:4)
제자들이 의심한다(6:37)	제자들이 의심한다(8:4)
식사는 떡 다섯 개와 물고기 두 마리로 시작한다(6:38)	식사는 떡 일곱 개와 "작은 생선 두어 마리"로 시작한다(8:5, 7)
예수께서 "축사하시고" 떡을 떼어 주신다(6:41).	예수께서 "축사하시고" 떡을 떼어 주신다(8:6)
무리가 "배불리 먹는다"(6:42)	무리가 "배불리 먹는다"(8:8)
음식 열두 바구니가 남는다(6:43)	음식 일곱 바구니가 남는다(8:8)

마가가 독자들이 두 기적 사건을 함께 읽기를 바란다면 우리는 유사한 결론을 내릴 수 있다. 성육신하신 이스라엘의 하나님으로서 예수는 하나님의 임재로 이러한 이방인들을 먹이신다는 것이다. 예수는 5:1-20에서 데가볼리 전체 지역에서 악을 정결케 하기 시작하신 이래 이제 그의 임재로 이 지역을 채우기 시작하신다. 오천 명을 먹이심으로 예수는 유대 민족을 하나님의 영광으로 채우시고 그들에게 하나님의 종말론적 백성의 지위를 주신다. 예수는 데가볼리의 이방인들에게도 똑같이 하신다.

(2) 제자들의 계속되는 무지(8:11-21)

사천 명을 먹이신 후 예수와 일행은 "달마누다 지방"으로 가신다(8:10). 이것은 내러티브에서 다섯 번째로 나오는 호수 횡단이다. 많은 사람이 달마누다가 호수의 북서쪽 어딘가를 가리킨다고 생각하지만, 학자들은 달마누다의 위치에 대해 확신을 갖지 못한다.

바리새인들이 예수께 나아와 "하늘로부터 오는 표적"을 행하여 그의 사역의 정당성을 입증하기를 요청한다(8:11). 예수는 믿지 않는 유대 지도자들의 변덕에 의존하지 않으시므로 그런 일을 하지 않으신다. 그는 서커스의 배우가 아니시다.

여섯 번째이자 마지막 호수 횡단을 통해 예수는 벳새다로 가신다(8:22). 호수를 건너는 동안 예수는 누룩에 대한 비유를 사용하여 제자들에게 유대 지도자들과 헤롯의 적대감이 커지는 것에 대해 경고하신다(8:15// 마 16:5-12). 대화의 중심에는 헤롯과 유대 지도자들이 그들의 악한 마음과 하나님 나라에 대한 적개심 때문에 "누룩"(yeast) 또는 오염 물질이라는 예수의 진술이 있다(3:6; 6:14-29; 8:11; 12:13을 보라).

누룩은 종종 좋은 것(마 13:33)이든 나쁜 것(예컨대, 고전 5:6; 갈 5:9)이든 다른 사람에게 영향을 끼치는 일과 연관되곤 한다. 마가복음은 하나님의 백성과 창조된 질서를 더럽히는 또 다른 오염원을 폭로하는데 그것은 바로 부패한 지도력이다. 누룩이 온 덩이의 떡에 퍼지는 것처럼, 이스라엘의 영적, 정치적 지도자들의 악함이 언약공동체에 스며들어 민족 전체가 그 지도자들의 속성을 구현하고 있다.

제자들은 떡의 물리적 차원에만 초점을 맞춤으로써 누룩 비유가 지닌 영적 의미를 놓치고 있다(8:16). 그들이 깨닫지 못하므로 예수는 이사야의 글을 한 번 더 인용하신다.

> 아직도 알지 못하며 깨닫지 못하느냐 너희 마음이 둔하냐 너희가 눈이 있어도 보지 못하며 귀가 있어도 듣지 못하느냐 또 기억하지 못하느냐(막 8:17-18; 참조, 렘 5:21; 겔 12:2).

예수의 말씀은 그가 이사야 6:9-10의 예언, 즉 마가복음에서 "외부인들"이 성취하기 시작하는 예언(3:5; 4:12; 7:6)을 제자들에게 적용하는 것이기에 매우 흥미롭다. 이것은 또한 예수께서 지각적 둔함의 언어를 제자들에게 적용하신 두 번째 용례이다(6:52 참조). 정신을 바짝 차리게 하는 예수의 말씀으로 마가는 그의 복음서 첫 번째 주요 단락을 종결한다. 그렇다면 믿지 않는 유대 지도자들의 누룩이 제자들의 마음에 스며들기 시작하는 것처럼 보인다.

어떻게 그것을 멈출 수 있을까?

제자들은 예수께서 참으로 메시아요 하나님의 아들(1:1)이심을 이해할 것인가?

3. 제2막: 예루살렘으로 올라가시는 예수(8:22-10:52)

1) 소경이 (거의) 볼 수 있다(8:22-9:1)

(1) 제자들의 치유(8:22-30)

벳새다에서 한 무리의 사람이 맹인 한 사람을 예수께 데리고 와 고쳐 달라고 요청한다. 이 사건은 마가만이 기록하고 있다. 이 기적 사건은 내러티브에서 차지하는 위치와 두 단계의 치유 특성 때문에 중요하다. 예수께서 종종 맹인을 치유하는 다른 공관복음서와는 달리(예컨대, 마 11:5; 15:30; 눅 4:18; 7:21) 마가의 내러티브에서는 두 번에 걸친 맹인 치유만 나올 뿐이다(8:22-25; 10:46-52).

예수는 그 사람을 치유하려고 시도하지만, 그의 성공은 놀랍게도 제한적이다.

> 그(맹인)가 쳐다보며 이르되 사람들이 보이나이다 나무 같은 것들이 걸어가는 것을 보나이다 하거늘(막 8:24).

그래서 예수는 두 번째로 눈에 안수하셨고 이번에는 그 사람이 완전히 치유되었다. 지금까지 마가복음에서 예수는 귀신을 쫓아내시고 많은 사람을 고치시며 죽은 사람을 일으키시고 풍랑을 잔잔하게 하셨다.

그런데 왜 그 남자를 치유하는 데 두 번의 시도가 필요한가?

예수의 능력이 점점 약해지고 있는가?

대답은 바로 기적의 배열에 있다. 이 치유 이적 바로 앞에서 예수는 제자들에게 맹인이라는 이름표를 붙이셨다.

> 아직도 알지 못하며 깨닫지 못하느냐 … 너희가 눈이 있어도 보지 못하며… (막 8:17-18).

맹인의 두 단계 치료는 두 단계에 걸친 제자들의 실명에 대한 치료를 상징한다. 치유의 첫 단계는 다음과 같은 뒤에 이어지는 이야기에서 찾을 수 있는데(// 마 16:13-16// 눅 9:18-20), 거기에서 베드로는 예수야말로 참으로 오랫동안 기다려 온 메시아시라는 절정의 고백을 한다.

> 제자들에게 물어 이르시되 사람들이 나를 누구라고 하느냐(막 8:27).

제자들이 가장 유력한 후보자 목록을 제시한 후 예수는 제자들에게 "너희는 나를 누구라 하느냐"(8:29)라고 날카롭게 물으신다. 벨을 누르고 베드로가 다음과 같이 대답한다.

> 당신(개역개정에는 "주"로 번역됨-역주)은 그리스도이시니이다(막 8:29).

"그리스도"라는 단어는 헬라어 크리스토스(*christos*)로 "기름 부음을 받은 자" 또는 "메시아"를 의미한다. 베드로는 예수께서 실제로 이스라엘을 해방하기 위해 오신 그토록 고대하던 메시아라고 고백한다.

베드로가 예수를 "하나님의 아들"은 빼고 오직 "메시아"로만 밝히는 것에 주목하라. 마가는 예수께서 어떻게 이스라엘의 왕이시며 하나님의 아들이신지를 보여 주실 것이라고 약속했다(1:1; 참조, 마 16:16). 따라서 베드로와 제자들이 파악해야 할 예수의 또 다른 측면이 남아 있다. 베드로의 패기는 예수께서 제자들에게 "자기의 일을 아무에게도 말하지 말라"고 경고하심으로써 재빨리 억제된다(8:30).

왕으로서의 예수의 정체는 그가 사람들이 기대하던 왕의 틀을 깨시기 때문에 비밀로 유지되어야 한다(1:34; 5:43; 7:36; 9:9 참조). 그는 박해와 고난으로 점철된 하나님 나라를 여는 고난받는 메시아이시다. 제자들의 실명을 치유하는 첫 번째 단계가 이제 완성된다. 그들은 이제 예수를 좀 더 분명하게 보지만, "나무 같은 것들이 걸어가는 것"(8:24)처럼만 볼 수 있을 뿐이다. 이어지는 이야기에서 우리는 그들의 추가적인 맹점을 발견하게 된다.

(2) 인자는 고난을 받아야 한다(8:31-33)

31절은 마가의 내러티브 두 번째 부분에 나오는 세 번의 수난 예고 중 첫 번째 수난 예고인데 여기에서부터 어조가 바뀐다.

마가복음 8:31	마가복음 9:31	마가복음 10:33
"인자가 많은 고난을 받고 장로들과 대제사장들과 서기관들에게 버린 바 되어 죽임을 당하고 사흘 만에 살아나야 할 것을 비로소 그들에게 가르치시되".	"인자가 사람들의 손에 넘겨져 죽임을 당하고 죽은 지 삼일만에 살아나리라".	"인자가 대제사장들과 서기관들에게 넘겨지매 그들이 죽이기로 결의하고 이방인들에게 넘겨 주겠고".

예수의 수난 예고에는 어떤 수수께끼나 비유가 없다. 예수는 임박한 자신의 운명을 제자들에게 "분명히" 알려 주신다(8:32a). 마가가 그의 복음서 첫 부분에서 예수의 고난, 죽음, 부활에 대한 흔적만 남겼지만(2:5-10; 3:20-35; 6:1-6, 14-29), 그의 두 번째 막에서는 예수 사역의 마지막 국면인 이 세 가지 측면에 초점이 맞춰진다(// 마 16:21-28// 눅 9:22-27).

베드로는 그것들 중 하나도 제대로 이해하지 못할 것이다(8:32b). 베드로(그리고 제자들)에 의하면, 예수께서 하나님의 보내심을 받은 것은 이스라엘과 열방을 통치하기 위함이지 그들의 통치를 받기 위함이 아니었다. 예수는 베드로가 아니라 진정한 범인인 사탄에게 말씀하고 계신다. 이 말은 베드로가 마귀에게 사로잡혔다는 의미가 아니다. 오히려 베드로의 반대는 예수 사역에 대한 세속적 관점과 일치한다. 제자들은 신실한 고난이 예수께서 사탄을 정복할 수단임을 파악하는 데 어려움을 겪고 있다.

이와 같이 베드로는 다음과 같은 두 가지 이유로 예수의 고난에 대해 반대한다.

첫째, 고난은 자신의 메시아적이고 정치적인 열망에 위배된다.

둘째, 그것은 마귀의 통치를 방해한다. 베드로는 분명 사탄에 동조하지는 않지만, 예수의 임박한 죽음에 반대함으로써 자신도 모르게 사탄의 의제를 지지하고 있는 셈이다.

(3) 고난받는 인자를 따름(8:34-9:1)

이스라엘의 메시아요 하나님의 아들로서 예수의 정체가 고난과 결부되어 있다면 제자들이 그 뒤를 따르는 것은 당연하다. 예수께 타당한 것은 제자들에게도 타당하다. 진정한 제자라면 누구나 기꺼이 "자기 십자가를 지고 나를 따를" 수 있어야 한다(8:34). 제자들에게(그리고 마가의 청중에게) 이 일은 거부, 박해, 소외(marginalization)를 수반하기 때문에 삼키기 어려운 알약이다. 하나님 나라에 들어가려면 세상 나라에서 기꺼이 배척을 당할 각오를 해야 한다.

예수의 제자도는 다음과 같은 선언으로 종결된다.

> 누구든지 이 음란하고 죄 많은 세대에서 나와 내 말을 부끄러워하면 인자도 아버지의 영광으로 거룩한 천사들과 함께 올 때에 그 사람을 부끄러워하리라(막 8:38).

이 구절은 다니엘 7:13-14을 암시하는데, 거기에서는 신비한 신적 인물인 "인자"(son of man)가 하늘에서 즉위하여 "권세와 영광과 주권"을 부여받는다.

옛적부터 항상 계신 분(Ancient of Days)은 기괴한 네 번째 짐승(즉, 로마; 단 7:11)을 물리친 인자에게 상을 주신다. 후에 다니엘 7장에서 우리는 의로운 이스라엘 백성의 남은 자 또는 "거룩한 백성"이 인자와 동일시되는 것을 발견한다. 인자에게 유효한 것이 거룩한 백성에게도 유효하다(단 7:18).

거룩한 백성이 고난을 받으므로(단 7:21-22, 25) 인자도 고난을 받아야 한다고 추론해야 할 것이다(막 8:31; 9:31; 10:33). 몇 구절 앞에서 예수는 제자들에게 "인자가 많은 고난을 받"아야 한다고 말한 바 있다(8:31). 이제 그는 인자가 "아버지의 영광으로" 올 것이라고 지적하신다(8:38). 마가는 이 단락에서 고난과 영광을 긴밀하게 결합하며 다니엘 7장은 이러한 두 현실을 모두 어렴풋이 예고한다.

예수는 장차 "아버지의 영광으로" 오실 때 다니엘 7:13의 예언을 성취하고 한 사람이 의로운 "거룩한 백성"의 예언을 성취하는지를 결정함으로써 그 사람의 하나님 나라에 대한 헌신의 정당성을 입증할 것이다. 다니엘 7:21-22에 따르면, 옛적부터 항상 계신 이가 거룩한 백성에게 유리한 판결을 내리시지만, 마가복음 8:38에서는 예수께서 거룩한 백성에 대한 심판을 내리실 것이다. 구별은 되지만, 예수는 여기에서 기능적으로 옛적부터 항상 계신 분과 동일시된다.

한 장 안에서 마가는 예수를 은혜로운 치유자(8:22-26)요 주권적 종말 심판자(8:38)로 묘사한다. 8:38의 어휘는 나중에 예수께서 AD 70년에 있을 성전의 멸망(과 아마도 그의 재림)을 예고하는 13:26-27에서도 채택된다. 그러므로 여기 8:38에서 예수께서 성전 파괴를 염두에 두고 계신다는 견해의 좋은 사례를 발견할 수 있다. 전체 요점은 그를 따르는 자들이 비범한 고난의 한가운데서도 인내해야 한다는 점이다. 예수께서 고난 가운데서 다스리시는 것처럼 그를 따르는 자들도 그러할 것이다.

2) 고난받는 하나님의 아들(9:2-50)

(1) 변모 사건(9:2-13)

다니엘서에 언급된 인자의 즉위와 그에 따른 심판은 마가의 마음 중심에 계속 남아 있다. 이는 마가가 예수의 사역 중 가장 주목할 만한 사건 중 하나인 변모 사건에 대해 상세히 설명하는 것을 통해 확인된다. 마가는 이 사건을 "엿새 후에"라는 시간적 표현으로 시작한다(8:2). 마가복음에서 6이라는 숫자가 나타나는 것은 여기가 유일하며 우연이 아닐 수도 있다.

출애굽기 24:15-16에 따르면 모세는 7일째 소환되는 날까지 6일 동안 시내산에서 기다렸다(창 1-2장 참조). 예수의 변모 이야기는 이스라엘이 시내산에서 진을 치고 있는 동안 모세가 산꼭대기에 올라가 하나님의 영광을 경험하는 구약 이야기를 강하게 연상시킨다(출 19-31장).

또한, "엿새 후"라는 시간 표시가 이전 단락을 변모 사건과 연결한다. 예수는 인자로서 "아버지의 영광으로" 오실 것이며(8:38), 그의 제자 중 일부는 "하나님의 나라"가 "권능으로" 임하는 것을 경험할 것이다(9:1). 공관복음서는 모두 변모 사건 앞에 같은 사건을 배열한다(마 16:21-28// 막 8:31-9:1// 눅 9:22-27). 그러므로 어떻게든 변모 사건은 악을 심판하고 참된 제자들의 정당성을 입증하기 위한 인자의 도래를 선취하는(proleptic) 행위이다.

야이로의 딸을 소생시킨 사건의 경우처럼 베드로, 야고보, 요한만이 예수의 변형을 직접 경험한다(5:37 참조). 마가의 옷에 대한 묘사는 마태(17:2)와 누가의 기록(눅 9:29)보다 더 생생하다.

> 그 옷이 광채가 나며 세상에서 빨래하는 자가 그렇게 희게 할 수 없을 만큼 매우 희어졌더라(막 9:3).

왜 마가는 예수의 옷에 대해 그렇게 생각지도 못할 정도의 세부사항을 포함했을까?

다니엘 7장이 마가의 이전 단락(8:31, 38-9:1)의 구약 배경의 일부라면, 예수의 광채가 날 정도의 흰옷은 다니엘 7:9에 나오는 옛적부터 항상 계신 이의 옷차림을 떠올리게 할 수도 있다.

> 왕좌가 놓이고 옛적부터 항상 계신 이가 좌정하셨는데 그의 옷은 희기가 눈 같고 …
> (단 7:9).

흰옷은 구약과 유대교에서 흔하게 나타나며 종종 천사적 메신저를 가리킨다(예컨대, 1 En. 71:1; 2 En. 37:1; 참조, 마 28:3; 막 16:5; 요 20:12). 그러나 여기에서 마가의 묘사가 독특한 것은 마가복음 8-9장에 다니엘 7장의 색채가 두드러지게 나타난다는 점이다.

더욱이 구약에서 의복은 통치권을 나타내는 표시이다. 구약은 "야웨(YHWH)의 의복을 사용하여 왕권을 확립하고 확증하는 의사소통을 한다."[23] 성육신하신 "옛적부터 항상 계신 분"으로서 예수는 열방을 통치하고 하나님의 영원한 나라를 설립하도록 위임받으셨다(단 2:44-45).

이 사건의 주요 요점인 예수에 관해 하나님께서 제자들에게 선언하신 내용을 생각해 보라.

> 이는 내 사랑하는 아들이니 너희는 그의 말을 들으라(막 9:7).

이 표현은 하나님께서 예수께서 다윗의 참된 후계자(시 2:7; 삼하 7:14)임을 알리시는 예수의 세례 당시(1:11)와 매우 유사하다. 그러나 이 선언과 그의 공개 세례 때의 선언 사이에는 중요한 차이점이 있다. 변모 사건에서 예수는 분명 신적으로 묘사된다. 영광이 그에게서 발산된다. 예수의 세

---

[23] Shawn W. Flynn, "YHWH's Clothing, Kingship, and Power: Origins and Vestiges in Comparative Ancient Near Eastern Contexts," in *Dress and Clothing in the Hebrew Bible: "For All Her Household Are Clothed in Crimson*," ed. Antonios Finitsis, LHBOTS 679 (London: T&T Clark, 2019), 28.

례 때에는 예수께서 주로 이스라엘의 메시아로 여겨지지만, 여기에서 그는 하나님의 신적 아들이시다. 종합해 보면, 예수께서 하나님의 "아들"이라는 두 선언은 1:1에 언급된 두 칭호를 요약한다.

마가는 또한 "엘리야가 모세와 함께… 예수와 더불어 말"하고 있었다고 덧붙인다(9:4). 이 두 인물이 언급되는 이유가 완전히 분명하지는 않지만, 아마도 이 두 예언자는 구약 전체를 언급하는 것처럼 보인다. 예수는 율법과 선지자보다 더 위대하신 분이다. 그는 더 위대한 모세(율법 수여자)이시며 더 위대한 엘리야(선지자)이시다.

더욱이 모세와 엘리야는 모두 시내산에서 신의 현현을 경험한다(출 19장; 왕상 19:8-18). 그러나 마태와 누가가 자연스럽게 모세를 엘리야 앞에 두는 반면(마 17:3// 눅 9:30), 마가는 이상하게도 엘리야를 모세 앞에 나열한다. 마가는 말라기 3-4장을 시야에서 놓치지 않았을 수 있다. 말라기에 따르면, "사자"의 모습은 분명히 엘리야와 동일시된다.

> 보라 여호와의 크고 두려운 날이 이르기 전에 내가 선지자 엘리야를 너희에게 보내리니 (말 4:5; 참조, 말 3:1).

예수의 변모 직후 제자들은 바로 이 주제를 끄집어낸다. 요점은 마가가 위대한 "주의 날"이 도래하기 전에 하나님 백성의 정결이라는 중요 주제에 청중이 계속 관심을 가지도록 한다는 데 있다.

무엇보다도 우리는 변모 사건의 요점을 놓쳐서는 안 된다. 즉, 성육신하신 하나님으로서 예수는 이사야의 두 번째 출애굽 예언을 성취함으로써 인류와 피조물을 구원하시고 통치하시며 함께 거하신다는 것이다. 이사야 64:1은 적어도 개념상 차원에서 변모 사건에서 일어나는 일과 놀라울 정도로 유사하다. 이사야 선지자가 하나님께 "산들이 그분 앞에서 떨도록 하늘을 가르고 내려오시기를"(사역) 간청하기 때문이다. 예수는 성육신하신 야웨로서 이러한 예언적 기대를 성취하신다.

마가는 변모 사건이 일어난 정확한 위치를 밝히고 있지 않지만(몇몇 현대 학자는 헬몬산[Mount Hermon]이나 메론산[Mount Meron]으로 제안함), 아마도 갈릴리 북쪽에서 일어났다고 가정해야만 할 것이다. 마가복음 9:30에는 예수께서 가버나움으로 가는 길에 "갈릴리를 통과하여"(사역) 가셨다고 설명한다. 마가 내러티브의 대부분은 두 산, 즉 예수께서 변형되신 산(9:2-8)과 예수께서 십자가에 달리신 시온산(Mount Zion, 15:21-41) 사이에서 전개된다.

첫 번째 산에서 하나님이 예수를 자신의 "아들"로 선언하시지만(9:7), 두 번째 산에서는 백부장이 예수를 "하나님의 아들"로 선언한다(15:39). 첫 번째 산에서 예수께 주신, 구원하고, 통치하고, 피조물과 함께 거하라는 하나님의 위임이 두 번째 산의 십자가에서 이루어진다.

(2) 산에서의 이스라엘의 불신(9:14-50)

산에서 내려온 후 예수와 세 제자는 나머지 제자들과 만난다(// 마 17:14-19// 눅 9:37-45). 많은 무리가 모였고, "서기관들"이 "그들과 더불어 변론"하는 것을 보았다(9:14). 논의의 중심은 귀신을 쫓아내지 못하는 제자들의 무능력이다(9:17-18). 예수의 좌절은 그가 이전에 3:14-15과 6:7에서 제자들에게 부여하신 위임에서 비롯된다.

제자들이 이전에는 귀신을 쫓아내는 데 성공했는데(6:13, 30), 왜 여기 9장에서는 실패하는가?

시내산 이야기에서 모세가 산에 남아 있을 때 이스라엘 백성이 불안한 나머지 아론을 설득하여 금송아지를 만들게 했다는 사실을 기억하라(출 32:1-4). 이스라엘 백성의 우상 숭배 결과는 그들이 경배하는 바로 그 대상으로 변모하는 것이다.

모세는 이스라엘의 첫 번째 세대를 "목이 뻣뻣한" 백성이라고 부른다(출 32:11; 33:3). 여기에서 예수는 같은 방식으로 제자들을 우상 숭배하는 자들과 "믿음이 없는 세대"로 언급하신다(9:19). 그의 표현은 신명기 32:20-21의 내용과 상당히 유사한데, 거기에서 주님은 이스라엘의 첫 세대로부터 자신의 임재를 왜 거두려고 하시는지 그 이유를 다음과 같이 설명하신다.

> 내가 내 얼굴을 그들에게서 숨겨 그들의 종말이 어떠함을 보리니 그들은 심히 패역한 세대요 진실이 없는 자녀임이로다 그들이 하나님이 아닌 것으로 내 질투를 일으키며 허무한 것(worthless idols)으로 내 진노를 일으켰으니(민 14:27 참조).

첫 번째 출애굽에서 유효한 것은 두 번째 출애굽에서도 유효하다. 산기슭에 진을 치고 있던 이스라엘 백성의 대부분이 모세와 하나님을 기다리다가 지쳐서 우상 숭배를 저지른 것처럼, 남은 제자들은 불신앙으로 인해 불안해한다. 예수께서 이 기적 이야기의 끝부분에서 지적하시듯이 제자들은 기도가 부족하여 귀신을 쫓아낼 수 없었다(9:29; 참조, 11:24).

즉, 그들은 자신들의 사역을 통해 동료 유대인과 주변 민족들로 확장되는 귀신의 영역에 대한 예수의 권위를 신뢰하지 못한다. 예수와 협력하여 사역하는 대신에 그들은 예수와는 별도로 행동하며 자신들의 방식대로 귀신을 쫓아내려고 시도한다. 두 번째 출애굽에서 제자들의 부분적 실명(blindness)이 계속됨으로써 그들은 하나님의 구원 행위를 분별하지 못한다.

그다음에 예수는 남쪽으로 가시는데, 그곳에서 그와 제자들은 갈릴리를 가로질러 가려고 한다(9:30). 그는 제자들에게 두 번째 수난 예고에 대해 언급하셨지만(9:31; 참조, 8:31; 10:33-34), 제자들은 다시 한번 그의 예고를 이해하지 못한다(9:32// 마 18:1-5// 눅 9:46-48).

9장의 나머지 부분은 종말론적 하나님 나라의 본질에 관한 제자들의 몰이해라는 주제를 계속 이어 간다. 제자들은 여전히 예수의 통치가 정치적 힘으로 이루어지길 기대하고 있다. 제자들의 동기가 잘못된 것은 분명하지만 그들이 하나님 나라의 정치적 차원을 꼭 집어 지적하는 것은 타당하다. 그러나 그 차원은 새 하늘과 새 땅을 기다리고 있다(계 21-22장). 두 시대가 겹치는 동안 종말론적 하나님 나라는 정치적, 군사적 힘이 아니라 고난과 패배가 그 특징이다.

우리는 4:10-32에 약술된 종말론적 하나님 나라의 "비밀스러운" 본질로 다시 돌아왔다. 하나님 나라에 들어가기 위해서는 예수의 태도를 구현하고 "모든 사람의 종"이 되어야 한다(9:35). 예수는 이사야의 예언을 이루시는 완전한 고난의 종이시며(사 52:13-53:12를 인용하는 마 10:43-45), 그의 참된 제자들은 그의 고난 패턴을 본받을 것이다.

사회적 지위가 낮은 어린아이도 두 팔 벌려 하나님 나라에서 환영받는다(9:36-37, 42). 하나님 나라로 들어가는 일이 최고의 우선순위가 되어야 한다(9:43-47a). 왜냐하면, 불신자들은 "그들을 파먹는 구더기들도 죽지 않고 불도 꺼지지 않는"(사 66:24을 인용하는 9:47b-8, 표준새번역) 지옥 형에 처해지기 때문이다. 이보다 더 큰 위험은 없다.

3) 유대에서의 불신과 믿음(10:1-52)

(1) 바리새인과 이혼에 관한 그들의 질문(10:1-12)

9장에 언급된 마지막 장소인 가버나움을 떠나(9:33) 예수는 다시 남쪽으로 향하여 "유대 지경과 요단강 건너편으로" 가신다(10:1). 1:14-9:50까지 마가는 갈릴리와 그 주변에서 행해진 예수의 사역에 초점을 맞추었다. 이제 예수는 자신이 곧 죽을 것임을 알고 단호하게 남쪽으로 향하신다.

바리새인들이 그를 찾아 다음과 같이 물음으로써 그를 "시험"(페이라존테스[*peirazontes*])하기 시작한다.

> 사람이 아내를 버리는 것이 옳으니이까(막 10:2).

여기서 사용된 "시험"이라는 단어는 마가복음에서 네 번 나온다. 첫 번째 용례는 사탄이 예수를 "시험" 또는 "유혹"하는 1:13에 나오며, 나머지 세 번은 예수를 함정에 빠뜨리려는 유대 지도자들과 그들의 노력과 관련이 있다(8:11; 10:2; 12:15). 그렇다면 아마도 마가는 예수를 타도하는 데 사탄과 유대 지도자들이 서로 동조하고 있음을 보이려는 것 같다(// 마 19:1-9).

왜 유대 지도자들이 예수께 이혼에 대해 물을까?

6장에서 세례 요한은 헤롯이 나바테아 왕의 딸과 이혼하고 자기 형제의 아내인 헤로디아와 재혼한 것에 반대한다(6:17). 요한은 헤롯에게 "동생의 아내를 취하는 것이 옳지 않다"라고 말한다(6:18; 참조, 레 18:16; 20:21).

따라서 바리새인들은 예수께 이혼에 대해 질문함으로써 헤롯이 예수에 대해 분노를 일으키도록 자극하려 했을 수도 있다.[24] 이것은 바리새인들이 제기한 악의 없는 질문이 아니라 정치적 동기에서 나온 질문이다. 3:6에서 바리새인들은 헤롯당과 협력하여 "어떻게 하여 예수를 죽일까" 모의했다. 이혼 문제는 이러한 목적을 위한 전략적 수단이다.

1세기 유대인들 사이에서 이혼의 타당성은 이미 결정된 문제였다. 결정되지 않은 것은 힐렐 학파와 샴마이 학파라는 두 사상 학파의 이혼 사유에 관한 문제였다(→ 마 19:3). 신명기 24:1에 따르면 남편은 아내에게 "수치되는(indecent) 일이 있음을 발견"하면 이혼할 수 있다. "수치되는 일"이라는 문구는 이해하기가 쉽지 않으며 현대 주석자들은 다양한 견해를 제시한다.

신명기 24:1-4의 요점은 아내가 이용당하지 않도록 그녀의 존엄성을 보호하는 데 있다. 데이비드 갈랜드(David Garland)는 다음과 같이 주장한다.

> 이혼 증명서에 관한 규정은 아내를 잔인한 유기로부터 보호했다. 그것은 아내가 부득이 재혼했을 때 간음 혐의로부터 아내를 자유롭게 했고 첫 번째 남편이 그녀를 되찾으려 그녀의 새로운 결혼을 파괴하는 것을 방지해 주었다. 그것은 아내 교환(wife-swapping)처럼 보일 수 있는 모든 시도를 억제했다. 그러므로 그 법은 이혼과 관련된 사회적 격변을 최소화하기 위한 것이었다.[25]

예수는 바리새인의 질문에 "모세가 어떻게 너희에게 명하였느냐"라는 반문으로 대답하신다(10:3). 그러자 바리새인들은 이혼을 지지하는 신명기

24　Craig A. Evans, *Mark 8:27–16:20*, WBC 34B (Nashville: Nelson, 2006), 81.
25　David Garland, *Mark*, NIVAC (Grand Rapids: Zondervan, 1996), 379.

24장을 언급한다(10:4). 외관상 모세는 그들의 편이다. 그러나 예수는 "너희 마음이 완악함으로 말미암아 이 명령을 기록하였거니와"라는 매우 흥미로운 주장을 펼치신다. 이후 계속해서 창세기 1:27과 2:24을 인용하신다. 이 구절에서 예수께서 구약을 놀랍게 사용하신 점에 관해 여러 가지를 지적할 수 있지만, 다음 두 가지 간략한 결론만 끄집어내고자 한다.

첫째, 신명기 24장에 언급된 이혼 허용은 언약공동체 내에서 장기적인 해결책으로 의도된 것이 아니다. 그러한 처방은 "[이스라엘 백성]의 마음이 완악함으로 말미암아" 주어진 것이었다. 잘못은 하나님의 율법에 있는 것이 아니라 이스라엘 백성의 마음에 있다. 모세의 경륜(economy)하에서 하나님의 백성은 통합된 공동체로서 일반적으로 결혼에 대한 하나님의 궁극적 의도를 보존할 수 없었다(창 2:24).

예수는 신명기 24:1-4을 창세기 1:27과 2:24의 렌즈를 통해 해석하신다. 성령께서 이스라엘 백성의 마음에 할례를 베푸셔서 그들이 하나님의 창조 계획에 순응할 수 있게 해 주셔야만 한다(신 30:5-6). 구약 전반에 걸쳐(신 31:16-17; 말 2:15) 이스라엘 백성의 결혼 개념에 대한 모델이 된 창세기 2:24은 신약에서 하나님의 본래 계획으로 지지된다(고전 6:16; 엡 5:31).

둘째, 예수는 "모세가 어떻게 너희에게 명하였느냐"(10:3)와 "너희 마음이 완악함으로 말미암아…기록하였거니와"(10:5)라고 말씀하심으로써 바리새인들을 이스라엘 백성의 첫 번째 세대와 동일시하신다. 유대 지도자들의 지각적 완고함(sensory obduracy)은 마가복음의 핵심 주제 중 하나이며 여기에서 다시 한번 나타난다(3:5; 4:12; 7:6-7).

신명기 29:2-4에 따르면 이스라엘 백성의 첫 번째 세대는 출애굽 과정에서 하나님의 비길 데 없는 능력을 직접 경험했지만, 그 의미를 파악하지 못하고 하나님의 약속을 신뢰하지 못했다. 거기에는 다음과 같이 기록되어 있다.

여호와께서 애굽 땅에서 너희의 목전에 바로와 그의 모든 신하와 그의 온 땅에 행하신 모든 일을 너희가 보았나니 곧 그 큰 시험과 이적과 큰 기사를 네 눈으로 보았느니라 그러나 깨닫는 마음과 보는 눈과 듣는 귀는 오늘까지 여호와께서 너희에게 주지 아니하셨느니라(신 29:2-4).

첫 번째 출애굽의 의미를 파악하지 못했던 이스라엘 백성의 첫 번째 세대처럼 유대 지도자들은 두 번째 출애굽에 나타난 하나님의 강력한 행위를 이해하지 못한다.

(2) 이사야의 고난의 종을 통한 하나님 나라 입장(10:13-45)

이어지는 두 단락은 누가 종말론적 하나님 나라를 물려받을 자격이 있는가에 대한 문제를 다룬다(// 마 19:13-30// 눅 18:15-30).

첫 번째 단락은 어린아이들의 하나님 나라 입장과 관련이 있다(10:13-16). 어린아이들은 사회에서 특별한 지위를 누리지 못하기 때문에 하나님 나라에서 환영받는다. 그들은 내세울 것도 없고 자랑할 것도 없다. 그들이 할 수 있는 것이라고는 예수께 매달려 전적으로 그를 의존하는 일이다. 하나님 나라로 들어가려는 사람들은 "어린아이와 같"아야 한다(10:15).

두 번째 단락의 스펙트럼 반대쪽 끝에는 어려서부터 하나님의 모든 계명을 "지킨" 사람이 있다(10:17-21). 종종 "부유한 젊은 관원"으로 불리는 이 사람은 자랑할 것이 있다고 생각하는데 그것은 자기 자신의 의이다. 그러나 외모는 종종 기만적이다. 자신의 부를 다른 사람을 섬기는 데 사용하는 대신 그는 그것을 쌓아 두었다(10:21-22). 사실 이 남자는 궁극적으로 이웃을 사랑하지 못했기 때문에 확고하게 설 수 있는 것이 아무것도 없다. 제자들은 여전히 이 기본적인 문제와 씨름하고 있다. 하나님 나라로 들어가려면 모든 것을 버리고 흔들리지 않고 예수를 따라야 한다(10:29-31).

여기서 마가는 청중에게 예수와 하나님 나라에 대한 개인적 헌신을 숙고하도록 강요한다. 그들이 진정으로 모든 것을 버리고 예수를 따랐는지

자문해 보아야만 한다.

우리는 10:32-34에서 세 번째이자 마지막 수난 예고를 만나게 된다(// 마 20:17-19// 눅 18:31-33). 마가는 예수와 그 일행이 예루살렘으로 올라갈 때 "예수께서 그들 앞에 서서" 가신다고 언급한다. 세 번째 수난 예고에는 처음 두 개의 수난 예고에는 제공되지 않은 몇 가지 세부사항이 포함되어 있다. 이 세 번째 수난 예고는 예수께서 자신이 배반당하고 로마에 의해 죽임당할 장소를 예루살렘으로 밝힘으로써 시작된다(10:32).

요한복음에 따르면 예수는 유월절을 지키기 위해 사역 기간 동안 예루살렘을 몇 차례 방문하셨지만(요 2:13; 6:4; 12:1), 마가복음(과 다른 두 공관복음서)에는 예루살렘으로의 여행이 한 번만 포함되어 있다.

10:32에 따르면, 마가는 유월절을 지키기 위해 예루살렘으로 향하는 행렬이 어떤지를 말해 준다. 예수께서 그들 앞에 서서 그들을 "이끌고" 있다. 아마도 상징적 차원에서 예수의 행동은 출애굽기 23:20에 나오는 사자의 모습을 상기시킬 수도 있다.

> 내가 사자를 네 앞서 보내어 길에서 너를 보호하여 너를 내가 예비한 곳에 이르게 하리니(출 23:20).

출애굽기 23장에 나오는 사자는 가나안 땅을 점령하고 있는 이교도 민족들과 전쟁을 벌여 이스라엘 백성을 "내가 예비한 곳", 즉 거대한 성소로 묘사되는 약속의 땅으로 호위하는 임무를 맡고 있다(출 15:17 참조).

출애굽기 23:20이 두 번째 복음서를 이해하기 위한 핵심 본문이기 때문에(1:2), 마가는 여기에서 출애굽기 23장을 염두에 두고 있을 가능성이 크다. 그는 예루살렘으로 가는 행렬의 순서를 언급하는 유일한 복음서 저자이다. 따라서 아마도 마가는 예수를 그의 죽음과 부활을 통해 적들을 물리칠 종말론적 전투를 향해 나아가는 전사로 묘사하고 있을 것이다.

각각의 수난 예고 후에 제자들은 예수의 정체와 하나님 나라의 본질을 올바로 이해하는 데 어려움을 겪는다(8:31-33; 9:31-37; 10:33-45). 야고보와 요한이 종말론적 하나님 나라에서 영광의 자리를 물려받는 데 열중하자 (10:35-37) 예수는 하나님 나라가 열방의 통치와는 다르다고 지적하신다. 영광의 자리에 있기를 원하는 자들은 먼저 종이 되어야 한다(10:43-44). 그런 다음 예수는 두 번째 복음서에서 가장 중요한 구절 중 하나인 이사야 53:10-12을 암시하신다.

마가복음 10:45	이사야 53:10-12
"인자가 온 것은 섬김을 받으려 함이 아니라 도리어 섬기려 하고 자기 목숨을 많은 사람의 대속물로 주려 함이니라."	"여호와께서 그에게 상함을 받게 하시기를 원하사 질고를 당하게 하셨은즉 그의 영혼을 속건제물로 드리기에 이르면…나의 의로운 종이 자기 지식으로 많은 사람을 의롭게 하며 또 그들의 죄악을 친히 담당하리로다 … 그가 자기 영혼(life)을 버려 사망에 이르게 하며 범죄자 중 하나로 헤아림을 받았음이니라 그러나 그가 많은 사람의 죄를 담당하며."

이사야서의 이 구절은 "종의 노래"라는 더 큰 단락의 일부이다(42:1-9; 49:1-6; 50:4-9; 52:13-53:12). 이 이사야의 종은 이스라엘 민족을 대표하여 "많은 사람"을 위해 부당하게 고난을 당한다. 하나님은 한 개인을 저주하심으로써 그가 많은 사람을 축복할 수 있게 하신다. 한 사람이 다른 사람들을 위해 죽는다. 종의 대속적 죽음은 하나님이 자기 백성을 포로 상태에서 구속하시고 그들을 새 창조 안에서 회복시키시는 수단이다.

마가의 삼부작 드라마의 마지막 막은 독자에게 이사야의 종 역할을 담당하시는 예수에 대해 명확하게 정의된 초상을 남긴다.[26] 그는 이사야의 기대를 성취하시는 고난받는 메시아이시다. 그의 사역의 모든 측면은 그의 죽음과 부활을 통해 해석되어야 한다. 이야기의 끝을 알면 시작과 중간

---

26 이 단락은 G. K. Beale and Benjamin L. Gladd, *The Story Retold: A Biblical-Theological Introduction to the New Testament* (Downers Grove, IL: InterVarsity, 2020), 91을 각색한 것이다.

부분이 명확해지는 법이다.

마가복음의 제1막에 나타난 일련의 유대인들과의 대결은 그의 죽음으로 이어지는 하나의 궁극적 대결에서 절정에 도달한다. 그러나 고난과 패배를 통해 예수는 사실상 그의 메시아적 통치를 실행하고 계신다. 패배의 한가운데 승리가 있고 고난의 한가운데 영광이 있으며 약함의 한가운데 능력이 있다. 이사야의 말에 따르면 종은 자신의 죽음 안에서 "강한 자와 함께 탈취한 것을 나"눌 것이다(사 53:12).

(3) 맹인 바디매오(10:46-52)

예수의 왕권은 맹인 바디매오 또는 "디매오의 아들"의 치유 이야기에서도 선봉에 서 있다(10:46-52// 마 20:29-34// 눅 18:35-43). 이 치유 이적은 승리의 입성(11:1-10) 전 마지막 사건이다. 예수께서 그를 치유하시기 전에 바디매오는 "다윗의 자손 예수여 나를 불쌍히 여기소서"(10:48; 참조, 11:10; 12:35)라고 소리친다.

마가는 그의 복음서에서 두 명의 맹인 치유에 관해서만 서술하는데 하나는 맹인의 두 단계 치유(8:22-25)이고 다른 하나는 바디매오의 치유(10:46-52)이다. 첫 번째 맹인 치유가 제자들의 두 단계 치유를 상징한다면, 아마도 바디매오의 치유는 유대인(제자들을 포함한)과 이방인의 남은 자(remnant)에 대한 궁극적 치유를 상징할 것이다.

마가는 분명히 바디매오의 치유를 예수의 메시아 되심과 관련시킨다.

그러나 그 이유는 무엇일까?

다른 식으로 질문하면, 맹인 치유와 하나님 나라의 침입은 어떤 관계에 있을까?

이사야 35:5에 따르면, 하나님께서 자신의 언약공동체를 새 창조에 적합하게 만들고 계시기 때문에, "그때에 맹인의 눈이 밝을 것이며 못 듣는 사람의 귀가 열릴 것"이다. 그들을 포로 상태에서 끌어내심으로써 그는 타락의 결과를 역전시키시고 그의 백성의 몸을 다시 만드셔서 그들이 "여호와의 영광을 볼 때"(사 35:2; 참조, 사 61:1-2; 마 11:2-5) 그와 함께 거할 수 있도록 하신다.

하나님의 백성은 새 하늘과 새 땅에 거할 것이기 때문에 새롭게 창조되어야 한다. 그렇다면 바디매오의 치유는 예수께서 아담과 하와의 타락을 원상회복하고 그를 하나님의 나라로 받아들이는 상징적 표현이다.

이 장은 제자들이 그들의 그물을 버려두고 예수를 따른 것처럼(1:18, 20; 10:28), 바디매오가 겉옷을 내버리고 예수를 따르는 것으로 끝이 난다. 그러나 마가복음에서는 예수를 따르려면 모든 것을 버려야 한다. 복음서에 나오는 이름들은 그 사건과 관련된 목격자들의 정체를 드러낼 수도 있으며(5:22 참조), 그 이름이 포함됨으로써 그후 몇 년 동안 예수에 대한 그의 헌신을 확증할 수도 있다. 그러므로 마가의 청중은 바디매오를 본받아 예수가 참으로 오랫동안 기다려 온 "다윗의 자손"이심을 고백하고 아무런 조건 없이 그를 따르라는 격려를 받는다.

4. 제3막 예루살렘에서의 예수(11:1-16:8)

1) 성전의 왕이자 재판관이신 예수(11:1-26)

마가의 내러티브 전반부(1-10장)는 후반부(11-16장)에서 일어날 일의 토대를 마련한다. 예수 사역의 중심에는 이스라엘 성전에 대한 심판과 새 성전의 시작이 있다. 1-10장에는 이러한 근본적 변화를 예고하고 11-16장에는 옛 성전으로부터 새 성전으로의 전환이 어떻게 일어나는지를 공개한다.

(1) 승리의 입성(11:1-11)

마가복음은 승리의 입성 때 이스라엘의 왕이 시온에 도착할 것을 고대해 왔다(// 마 21:1-9// 눅 19:29-38// 요 12:12-15). 오랫동안 기다려 온 메시아가 예루살렘에서 즉위하는 것이 이사야서의 핵심 교리인데, 왜냐하면 그가 예루살렘을 중심으로 하는 이 땅에서의 하나님의 우주적 통치를 순수하게 대표하기 때문이다(예컨대, 사 9:6-7). 이사야 52:7은 이러한 예언적 희망을 대표적으로 잘 보여 준다.

> 좋은 소식을 전하며 평화를 공포하며 복된 좋은 소식을 가져오며 구원을 공포하며 시온을 향하여 이르기를 네 하나님이 통치하신다 하는 자의 산을 넘는 발이 어찌 그리 아름다운가(사 2:2-5; 미 4:1-5; 슥 14:16-21 참조).

우리가 여기 11장의 승리 입성에 나타난 예수의 행동을 고려하려면 하나님께서 언젠가 그의 백성을 회복시키시고 예루살렘에서 그들을 통치하실 것이라는 1세기의 압도적 기대에 비추어 그렇게 해야 한다.

수난 주간의 주일(Sunday)에는 예수 사역에서 가장 공개적인 시위 중 하나가 일어난다. 감람산에 계신 예수는 제자들을 동쪽 벳바게로 보내신다(11:1). 예루살렘 입성을 준비하면서 예수는 두 제자에게 아무도 타 보지 않은 나귀 새끼를 마련하도록 명령하신다(11:2-3). 예수는 아무도 탄 적이 없는 나귀 새끼가 "매여" 있을 것이라고 말씀하시는데 이는 창세기 49:10-11을 상기시킨다.

> 규(scepter, 왕의 홀)가 유다를 떠나지 아니하며 통치자의 지팡이가 그 발 사이에서 떠나지 아니하기를 실로가 오시기까지 이르리니 그에게 모든 백성이 복종하리로다. 그의 나귀를 포도나무에 매며 그의 암나귀 새끼를 아름다운 포도나무에 맬 것이며(창 49:10-11).

창세기 49장의 예언은 예수께서 이스라엘과 열방에 대한 통치권을 공개적으로 알리시는 승리의 입성에서 궁극적으로 성취된다.

승리의 입성은 분명 스가랴 9장을 암시한다. 실제로 마태복음은 그것을 인용하기까지 한다(마 21:4-5). 스가랴 9장의 직접 문맥은 예수의 행동을 좀 더 충분히 이해하는 데 도움을 준다. 스가랴 9장에서는 하나님의 절대적 주권이 발휘된다. 스가랴 선지자는 하나님께서 이스라엘의 이웃 민족들의 영토를 박탈하실 것이라는 심판의 예언을 내린다(슥 9:1-7). 심판 예언의 마지막 구절은 "내(야웨)가 내 집(temple)을 둘러 진을 쳐서 적군을 막아 거기 왕래하지 못하게 할 것이라"(슥 9:8)이다.

하나님은 이방 민족이 자신의 집을 더럽히지 못하게 하실 것이며 따라서 자신의 거룩한 이름을 보존하기 위해 무슨 일이든 하실 것이다(슥 2:5 참조).

스가랴는 다음 구절에서 주제를 전환하여 이스라엘을 보존하시는 메시아의 통치를 강조한다.

> 시온의 딸아 크게 기뻐할지어다 … 보라 네 왕이 네게 임하시나니 그는 공의로우시며 구원을 베푸시며 겸손하여서 나귀를 타시나니 나귀의 작은 것 곧 나귀 새끼니라(슥 9:9).

왕이 예루살렘에 도착하는 방식은 매우 독특하다. 겸손하여서 나귀를 타신다.

우리는 그보다 앞서 열왕기상 1:32-33에서 같은 행동을 찾을 수 있다.

> 그들(사독, 나단, 브나야)이 왕 앞에 이른지라 왕이 그들에게 이르되 너희는 너희 주의 신하들을 데리고 내 아들 솔로몬을 내 노새에 태우고 기혼으로 인도하여 내려가고(왕상 1:32-33).

스가랴 9장과 열왕기상 1장에는 약하거나 무능한 통치자가 아니라 평화의 통치자를 묘사하고 있다(슥 9:10을 보라).

스가랴 9장의 문맥이 마가의 인용문에 그대로 유지된다면 이스라엘의 메시아로서 예수의 정체성은 밝게 빛난다. 나귀를 타고 오심으로써 예수는 처음에는 전쟁에서 이기셨고 메시아적 평화의 시대가 도래했음을 상징적으로 선언하신다. 종려나무 가지와 옷을 예수 앞에 놓는 순례자들(11:8)은 왕족 앞에서 유사한 행동을 하는 장면을 상기시킨다(왕하 9:13; 1 Macc. 13:51; 2 Macc. 10:7). 그러나 스가랴 9:1-7에 요약된 이스라엘의 적들은 궁극적으로 로마가 아니라 하나님의 진정한 적인 사탄과 그의 귀신들을 가리킨다.

마가의 내러티브에서 중요한 주제인 메시아 비밀이 이제 모두가 들을 수 있도록 베일을 벗는다. 더 이상 조용한 속삭임은 없다. 예수께서 오랫동안 기다려 온 이스라엘의 왕이심을 옥상에서 외칠 때가 왔다.

예수께서 이렇게 접근 방식을 변경하시는 이유가 무엇일까?

예수께서 갈릴리에서의 사역 대부분에서 그의 메시아 되심을 선포하는 사람들을 침묵하게 하셨으면서 승리의 입성 때에는 공개적으로 알리시는 이유는 무엇일까?

좋은 대답이 많지만 여기서는 두 가지로 충분할 것이다.

첫째, 이스라엘의 메시아로서의 자신의 정체를 숨김으로써 예수는 메시아 기대를 교정할 기회를 만드신다. 1세기에 유대인의 메시아에 대한 기대는 놀라울 정도로 다양하지만, 신성을 주장하거나 고난이 그의 사역의 특징이라고 하는 메시아는 등장하지 않는다. 십자가와 부활이 며칠 남지 않은 지금 예수는 자신을 따르는 자들이 이스라엘의 메시아(와 하나님의 신적 아들)라는 렌즈를 통해 자신의 전체 사역을 보기 원하신다.

둘째, 예수께서 승리의 입성을 통해 이스라엘의 메시아라고 명백하게 주장하시므로 정치적이고 종교적인 충돌은 확실하다. 이스라엘은 여전히 로마의 수중에 있으며 유대인들은 예배에 있어 상당한 종교적 자유를 누리지만 로마의 권위를 강탈하려고 시도해서는 안 된다. 예수께서 나귀를 타고 예루살렘으로 들어오심으로써 그의 왕권은 불가피하게 로마와의 갈등으로 이어질 것이다. 로마인들의 눈에는 오직 한 명의 가이사만 있을 뿐이다.

우리는 또한 예수와 유대 지도자들 사이의 적대감이 점점 더 커지는 것을 보았다. 마가의 내러티브 첫 부분에서 이미 지도자들이 단호하게 "예수를 죽이려고" 모의하고 있음을 알게 된다(3:6). 예수의 신성 주장은 그의 말과 행동에서 피할 수 없다(2:7). 안식일에 치유하는 일과 "안식일의 주인"(2:28)이라는 자기 진술은 마땅히 죽을 만하다고 여겨진다. 예수는 그들이 굳게 붙잡고 있는 종교적 신념의 핵심을 강타하고 계시는 것이다.

1세기 유대인 역사가 요세푸스는 약 3백만 명의 방문객이 유월절을 지키기 위해 예루살렘으로 몰려들었다고 주장했다(J. W. 2.280. 6.425). 그러나 오늘날 많은 학자가 실제 숫자가 대략 20만 명 또는 30만 명쯤 되었다고 생각한다.[27] 예수께서 나귀를 타고 들어가시자 예수 주변으로 모여드는 떠들썩한 무리가 곧 소동을 일으킨다. 이 사람들은 일주일 일찍 도착하는 것이 일반적이었기 때문에 금요일 유월절을 축하하기 위해 일요일에 도시에 도착한다.

마가는 순례자들이 시편 118:25-26(11:9-10)을 불렀다고 밝히는데 이 구절은 할렐 시편(Psalms of Hallel) 또는 이집트 할렐(Egyptian Hallel)이라고 하는 시편 모음집의 한 구절이다(시 104-6편; 120-36편; 146-50편). 순례자들은 이러한 시편을 초막절, 오순절, 그리고 유월절 첫날에 불렀다.

이러한 노래들은 이스라엘의 출애굽을 회상하고 두 번째 더 위대한 구원을 예고하기 때문에 이집트 할렐이라는 이름을 지니고 있다. 이러한 순례자들은 메시아적 정체성을 분명히 드러내는 나귀를 타신 예수의 상징적 몸짓을 목격할 때 예수께서 바로 그때 거기에서 다윗의 왕좌에 오르시어 로마의 무거운 멍에를 벗어던지실 것이라고 확신한다.

마가의 내러티브는 순례자들이 시편 118편을 암송하는 장면에서 예수께서 성전 경내로 들어가는 장면으로 갑자기 전환된다. 마태와 누가는 승리의 입성을 예수의 성전 심판과 직접 연결하는 반면(마 21:10-17// 눅 19:45-46), 마가는 유일하게 예수께서 성전에 들어가셔서 "모든 것을 둘러보시고" 성 밖으로 물러나 베다니에서 제자들과 함께 밤을 지내신다는 내용을 포함한다(11:11).

---

[27] 예컨대, Eckhard J. Schnabel, *Jesus in Jerusalem: The Last Days* (Grand Rapids: Eerdmans, 2018), 157.

여기에서 "둘러보다"로 번역된 그리스어 단어(페리블레포[*periblepō*])는 신약에서 일곱 번만 발견되는데, 그중 여섯 번은 마가복음에 나온다. 그 여섯 번 중 하나를 제외한 모든 용례의 주체는 예수이며(3:5, 34; 5:32; 10:23; 11:11), 11:11을 제외하고는 그는 단지 사람들을 "둘러보신다." 요점은 마가가 종종 주변에 있는 사람들을 살피는 예수를 묘사하고 있다는 것이다. 그러나 이번에는 예수께서 사람들이 아니라 그의 주변을 조사하고 계신다. 3:5에서 그가 "노하심으로" 유대 지도자들을 둘러보신 것처럼, 여기에서는 성전의 현 상태를 평가하신다. 마가의 독자들은 곧 무슨 일이 일어날지 궁금해한다.

(2) 무화과나무와 이스라엘 성전에 대한 심판(11:12-26)

내러티브는 "이튿날"(11:12), 즉 수난 주간의 월요일로 나아간다. 마태는 저주를 성전 심판 사건 뒤에 배열하고 그것을 하나의 사건으로 서술하는 반면, 마가는 저주를 두 사건으로 나누어 샌드위치 구조로 성전 심판 주위를 두른다.

- 무화과 나무 저주(11:12-14)
- 성전 심판(11:15-19)
- 무화과 나무 저주(11:20-21)

예수의 무화과 나무 저주는 그의 사역의 많은 부분과 마찬가지로 극화된 비유와 같다. 구약은 종종 이스라엘 민족을 무화과나무에 비유하곤 한다(예컨대, 렘 24:5; 호 9:10). 따라서 우리는 예수께서 지금 그 관례를 따르고 있다고 가정해야만 한다. 예레미야 8:13에 따르면, 하나님은 이스라엘의 우상 숭배를 저주하시면서(렘 8:2을 보라), 그들의 수확물을 빼앗을 것이라고 약속하신다.

나 주의 말이다. 그들이 거둘 것(수확)을 내가 말끔히 치우리니, 포도 덩굴에 포도송이도 없고, 무화과나무에 무화과도 없고, 잎까지 모두 시들어 버릴 것이다. 그러므로 내가 그들에게 준 것들이 모두 사라져 버릴 것이다(렘 8:13, 표준새번역, 참조, 렘 29:17; 미 7:1).

그렇다면 이와 같은 방식으로 예수께서 무화과나무를 저주하실 때 하나님의 진노가 그 민족에게 임했음을 상징적으로 보여 주고 계신다. 11:20-21에서 나무가 뿌리채 말라(시들어) 예레미야 8:13과의 연관성을 유지한다는 점에 주목하라. 하나님은 이스라엘에 열매를 기대하시지만, 이스라엘은 열매를 맺지 못한다.

구약의 예언자들은 무화과나무의 저주를 이스라엘이 하나님의 저주를 받아 바벨론 포로로 보내지는 사건과 연관시킨다. 여기에서 우리는 같은 선상의 추론을 발견한다. 이스라엘 민족, 특히 그 지도자들은 하나님의 말씀보다 인간의 전통을 신뢰함으로써 우상 숭배의 죄를 저질렀다.

예수는 이스라엘의 성전을 심판하고 그 민족을 단번에 심판하실 것이다. 마가는 무화과나무 사건과 성전 심판(temple judgment) 사건(11:15-19)을 샌드위치 구조로 표현함으로써 독자들이 이 두 사건을 연결하도록 요구한다. 예수는 그들이 성전을 남용하고 이방인이 그곳에서 예배하는 것을 막았기 때문에, 그 민족에게 하나님의 저주를 내리신다(사 56:7; 렘 7:11을 인용하는 11:17).

이러한 우상 숭배와 배척에 반응하여 예수는 돈 바꾸는 사람들을 뜰에서 쫓아내며 "아무나 물건을 가지고 성전 안으로 지나다님"을 금하신다(11:16// 마 21:12-16// 눅 19:45-47// 요 2:13-16). 희생 제물을 구입할 수 없다면 의식적으로 정결하게 될 수 없고 거룩하신 하나님의 임재 안에 거할 수 없다. 15절에는 예수께서 "매매하는 자들을 내쫓으시며"(에크발레인[ekballein])라고 말한다. 두 번째 복음서에서 "내쫓다"(에크발로[ekballō])라는 동사의 용례 중 3분의 2가 귀신 축출과 짝을 이룬다. 예를 들어보자.

> 예수께서 각종 병이 든 많은 사람을 고치시며 많은 귀신을 내쫓으시되 귀신이 자기를 알므로 그 말하는 것을 허락하지 아니하시니라(막 1:34).

> 이에 온 갈릴리에 다니시며 그들의 여러 회당에서 전도하시고 또 귀신들을 내쫓으시더라 (막 1:39).

> 예수께서 그들을 불러다가 비유로 말씀하시되 사탄이 어찌 사탄을 쫓아낼 수 있느냐 (막 3:23).

> 많은 귀신을 쫓아내며 많은 병자에게 기름을 발라 고치더라(막 6:13).[28]

우리는 귀신 축출이 하나님께서 인류 및 피조물과 함께 거하실 수 있도록 모든 부정한 것을 쫓아내려는 예수의 핵심 관심과 결부되어 있다고 주장했다. 우리가 명심해야 할 것은 귀신 축출은 추방뿐만 아니라 심판, 즉 예수께서 광야에서 신실하게 순종하신 일(1:13)에 근거한 심판이기도 하다는 점이다.

예수께서 돈 바꾸는 사람들을 물리적 차원에서 내쫓은 일이 실제로 영적 차원에서 귀신을 내쫓은 일일 수 있을까?

광야의 유혹 이야기 이후 마가복음의 첫 번째 귀신 축출은 가버나움의 지역 예배 처소인 회당에서 일어난다(1:21-28). 만약 이 연결이 유효하다면 마가는 두 가지 귀신 축출 사건으로 예수 사역의 시작과 끝을 구성한다. 예수는 그의 사역을 갈릴리에서 귀신을 내쫓는 일로 시작하여 예루살렘에서 귀신을 내쫓는 일로 마친다. 이것은 우연일 가능성이 거의 없다.

11:17의 이야기는 돈 바꾸는 자들이 추방된 직후 예수께서 성전 건물 어딘가에서 가르치시는 것으로 진행된다. 분명히 성전 당국은 상황을 즉시 수습하여 사업이 평소처럼 계속될 수 있도록 했을 것이다. 예수께서 근

---

28 1:39; 3:15, 22; 5:40; 7:26; 9:18, 38 참조.

처에서 가르치실 때 마가는 모인 군중에게 하신 그의 가르침 중 일부만을 공개한다.

> 이에 가르쳐 이르시되 기록된 바 내 집은 만민이 기도하는 집이라 칭함을 받으리라고 하지 아니하였느냐 너희는 강도의 소굴을 만들었도다 하시매(막 11:17).

예수는 두 개의 중요한 구약 구절인 이사야 56:7과 예레미야 7:11을 인용하신다. 이 두 본문을 함께 짝지어 배열한 점은 1:2b-3에서 출애굽기 23장, 말라기 3장, 그리고 이사야 40장을 함께 모아 놓은 경우와 유사하다. 즉, 긍정적 본문 하나와 부정적 본문 하나이다.

인용문(70인역)	의미
"내가 곧 그들을 나의 성산으로 인도하여 기도하는 내 집에서 그들을 기쁘게 할 것이며 그들의 번제와 희생을 나의 제단에서 기꺼이 받게 되리니 이는 내 집은 만민이 기도하는 집이라 일컬음이 될 것임이라"(사 56:7)	"종말에" 이방인들은 성전에서 주님을 예배할 것이다
"(Brenton [Theo.]) 내 이름으로 일컬음을 받는 이 집이 너희 눈에는 도둑의 소굴로 보이느냐 보라 나 곧 내가 그것을 보았노라 여호와의 말씀이니라"(렘 7:11)	이스라엘 백성은 그들의 우상 숭배와 성전에 대한 신뢰, 그리고 의의 부족으로 바벨론으로 포로로 잡혀갈 것이다

이사야 56:7은 성전이 이방 민족들이 집결하는 지점이 될 것이라는 종말론적 예언이다(사 56:3-8). 아이러니하게도 모든 민족을 축복하기 위한 집인 성전이 1세기에는 이방 민족들이 예배하지 못하도록 막는 데 사용되었다. 성전은 주님의 임재로 들어가는 관문 역할을 하는 대신 오히려 난공불락의 성벽이 되어 버렸다.

수난 주간 월요일에 성전을 심판하신 예수의 행동은 이사야의 구두 예언을 성취한다. 그는 동시에 예루살렘 성전을 심판하시고 새 창조의 종말론적 성전을 설립하신다. 새롭게 세워진 이 성전에서 이방인들과 버림받은 자들이 하나님 앞에 모여 기쁨으로 외친다(사 56:3-8). 하나님은 더 이상 물리적 구조에서 부분적으로 거하지 않으실 것이다. 그는 사람들과 모든 피조물 안에 거하실 것이다.

두 번째 구약 인용문에서 예레미야는 성전에 대한 잘못된 신뢰와 영적으로 태만한 삶에 대해 이스라엘 백성을 질책한다(렘 7:11). 예레미야 7장은 주님께서 이스라엘을 바벨론에 포로로 보내실 때 직접적 의미로 성취되지만(렘 10:17-22), 포로로 보내지는 예언의 패턴은 여기 마가복음 11장에서 유형론적으로 채택된다. 1세기의 유대 백성은 예레미야 시대의 그들 조상의 죄를 반복하고 있다. 그들의 조상들처럼 유대인들도 주님보다는 오히려 성전을 신뢰함으로써 우상 숭배의 죄를 저질렀다.

성전을 심판하시는 예수의 행동은 11-16장 전체를 관통하며 수난 주간의 핵심을 구성한다. 각 주요 단락에서 예수는 옛 우상 숭배 성전을 심판하고 동시에 새로운 종말론적 성전을 설립하신다.[29]

예루살렘에 있는 물리적 성전	새로운 종말론적 성전
"강도의 소굴"(렘 7:11을 인용하는 11:17)	"기도의 집"(사 56:7을 인용하는 11:17)
"이 산"(11:23)	제자들은 "서서 기도할 때에 … 용서"해야 한다(11:25).
포도원의 "망대"(12:1)	"모퉁이돌"로서의 예수(12:10)
"모든 번제물과 기타 제물"(12:33)	사랑의 두 계명(12:30-31)
서기관들이 "과부의 가산을 삼키며 외식으로 길게 기도한다"(12:40)	
성전 "헌금함"에 돈을 "많이 넣는" "여러 부자들"(12:41)	"한 가난한 과부는 … 두 렙돈 곧 한 고드란트를 넣는다"(12:42)

예수의 성전 심판에 대한 유대 지도자들의 반응은 마가의 내러티브 첫 부분에 나오는 반응과 동일하다. 그들은 예수를 죽이려고 한다(11:18; 참조, 3:6). 세 개의 수난 예고가 실현되기 시작한다(8:31; 9:31; 10:33-34). 마가는

---

29 이러한 비교와 11-12장에 나오는 성전에 대한 많은 일반적 통찰에 대해 나는 John Paul Heil ("The Narrative Strategy and Pragmatics of the Temple Theme in Mark," *CBQ* 59 [1997]: 76-100)에 빚지고 있다.

성전 당국과 "서기관들"이 그렇게 하려는 동기가 무엇인지 설명한다.

> 무리가 다 그의 교훈을 놀랍게 여기므로 그를 두려워함일러라(막 11:18).

지도자들은 예수께서 유대인들 사이에서 상당한 인기를 얻고 있음을 인정한다. 그의 기적과 가르침은 유례를 찾아볼 수 없으며 많은 유대인이 그가 주장하는 바로 그 사람이라고 확신한다. 그렇다면 문제는 종교적이고 정치적인 영향력으로 귀결된다. 예수의 사명은 유대 지도자들과 상충하기 때문에, 대중이 예수의 편에 선다면 지도자들은 그 민족에 대한 영향력을 잃게 된다. 이는 지도자들이 단순히 삼키기에는 너무 큰 위험이었다.

무화과나무에 대한 저주의 후반부(11:20)에 이어 예수는 제자들에게 "하나님을 믿으라"라고 명령하시며 제자들이 "이 산 더러 들리어 바다에 던져지라"라고 말할 때 의심하지 말고 믿으라고 명령하신다(11:22-23// 마 21:19-22). 이상해 보이는 이 가르침은 구약의 산 개념과 잘 맞아떨어진다.

구약에서는 종종 하나님의 임재가 산과 연관이 되곤 한다. 에덴동산은 하나님이 아담과 하와와 함께 거하셨던 첫 번째 산이었다(창 2:8-14; 겔 28:13-14). 시내산 자체도 또한 웅장한 성전이다(출 3:5; 19-24). 심지어 이사야 선지자는 이스라엘과 열방이 "말일에" "여호와의 전의 산"으로 모여들 것이라고 지적한다(사 2:2; 참조, 미 4:7).

이와 같이 여기 11:23에서 "산"은 예루살렘에 있는 이스라엘의 물리적 성전으로 이해되어야 한다. 예수는 제자들에게 방금 일어난 일, 즉 이스라엘 성전의 영적 파멸(11:15-17)을 받아들이도록 명령하신다. 특히, 기도와 용서는 성전과 밀접한 관련이 있지만 이제 예수는 제자들에게 예루살렘에 있는 물리적 성전과는 상관없이 이 두 가지 특권을 누릴 수 있는 권한을 부여하신다.

2) 성전의 진정한 목적(11:27-12:44)

11:27-12:44에서 수난 주간 화요일에 성전 경내에서 일어난 예수와 유대 지도자들 사이의 긴 대화가 다루어진다. 이질적으로 보이는 이러한 각각의 대화는 예수와 그를 따르는 자들 안에 있는 종말론적 성전의 정당성과 존재를 단언한다.[30]

(1) 성전을 심판할 권위(11:27-33)

유대 지도자들은 다음과 같은 질문으로 예수와 맞선다.

> 무슨 권위로 이런 일을 하느냐(막 11:28// 마 21:23-27// 눅 20:1-8).

그들은 예수께서 하나님이 그들과 맺으신 언약의 핵심인 예배 장소를 왜 비난하시는지 그 이유를 알기 원한다. 예수는 머뭇거림이 없이 현명한 수수께끼로 반응하신다(11:29-30). 만일 지도자들이 세례 요한을 정말로 하나님이 보내신 자로 인정한다면, 예루살렘 성전의 핵심 기능인 죄 사함을 대체하기 위한 세례 요한의 세례를 받아들이기를 거부했기 때문에 스스로를 고발하는 셈이다. 만일 지도자들이 하나님께서 요한을 부르지 않았다고 주장한다면 요한의 예언적 부름에 긍정적으로 반응하는 많은 유대인과 맞서는 셈이다.

지도자들은 결국 모른다고 주장하므로 예수 역시 그들에게 대답하기를 거부하신다. 그러나 마가의 청중은 "무슨 권위로 이런 일을 하느냐"라는 지도자들의 질문에 답변할 수 있는 훌륭한 위치에 있다. 이제 마가의 독자들은 예수께서 이스라엘의 메시아와 하나님의 신적 아들(1:1)이라는 권위로 활동하신다는 것을 안다.

---

30 Heil, "Narrative Strategy," 81–89.

그러한 분으로서 예수는 우상 숭배하는 이스라엘의 예배 장소를 심판하실 모든 권리가 있다. 예수는 정확히 말라기 3:1이 예언하는 일을 하고 계신다.

> 너희가 구하는 바 주가 갑자기 그의 성전에 임하시리니(말 3:1).

성육신하신 이스라엘의 주님으로서 예수는 성전을 심판하심으로써 말라기의 예언을 성취하신다.

(2) 악한 포도원 농부 비유(12:1-12)

여전히 성전 경내에서 예수는 무리와 유대 지도자들을 계속해서 가르치신다(12:1). 우리는 12:12을 통해 예수께서 악한 포도원 농부(소작인)의 비유를 일반 무리가 아닌 "대제사장들과 서기관들과 장로들"에게 하고 계심을 알게 된다. 이 비유는 두드러지며 수난 내러티브에서 그 위치가 뚜렷이 드러난다(12:1-12// 마 12:33-46// 눅 20:9-19).

이 비유는 "포도원"을 만들어 그것을 "농부들에게" 세로 주는 땅 주인을 묘사한다(12:1). 주인은 포도원 "소출의 얼마"를 거둬들일 때가 되자 한 "종"을 보냈다(12:2). 그러나 농부들은 그들 붙잡아 때리고 빈손으로 돌려보냈다(12:3). 주인은 더 많은 종을 보냈지만, 농부들은 악행으로 그들의 패턴을 계속 이어 나갔다(12:4-5).

그러자 주인은 농부들이 자기 아들은 "존대하리라"라고 생각하며 "그가 사랑하는 아들"을 보냈다(12:6). 그러나 농부들은 그를 잡아 죽여 결국 "포도원 밖에" 내던졌다(12:8). 아들의 죽음이 마지막 결정타였다. 이 비유는 "포도원을 다른 사람들에게 주리라"라는 주인의 결정에서 절정을 이룬다(12:9). 이 비유의 구약 배경을 이해하게 되면 그 의미가 더 분명해진다. 구약에서는 종종 이스라엘을 포도원에 비유하지만(시 80:8-18; 사 27:2-6; 렘 2:21; 12:10; 겔 19:10-14; 호 10:1), 이사야 5장과 마가복음 12장 사이의 몇 가지 접점이 있다.

이사야 5장	마가복음 12장	의미
하나님은 포도원을 만드신다 (1-2절)	한 사람이 포도원을 만든다 (1절)	하나님은 이스라엘을 그분의 언약공동체로 세우신다
포도원은 포도원을 망쳐 놓은 지도자들 때문에 열매를 맺지 못한다(3:14)	농부들이 포도원을 상속받기 위해 종들을 박해한다(2-8절)	민족의 지도자들이 하나님의 백성을 학대하고 이기적으로 통치한다
하나님은 포도원을 제거하신다(5-6절)	포도원이 "다른 사람들에게" 주어진다(9절)	하나님이 민족과 그 지도자들을 심판하실 것이다

이사야 5장은 포도원(즉, 이스라엘)을 경작하시는 하나님에 대한 가장 상세한 설명 중 하나이다.

> 나는 내가 사랑하는 자를 위하여 노래하되
>
> 내가 사랑하는 자의 포도원을 노래하리라
>
> 내가 사랑하는 자에게 포도원이 있음이여
>
> 심히 기름진 산에로다
>
> 땅을 파서 돌을 제하고 극상품 포도나무를 심었도다
>
> 그중에 망대를 세웠고 또 그 안에 술틀을 팠도다
>
> 좋은 포도 맺기를 바랐더니
>
> 들포도를 맺었도다(사 5:1-2).

이스라엘 민족은 왜 주님의 경작에도 불구하고 "나쁜 열매만" 맺을까? 이사야는 그의 책 앞 부분에서 이 긴급한 질문에 대답한다. 3:12-14에 따르면 민족의 지도자들에게 책임이 있다.

> 네 지도자들이 길을 잘못 들게 하며, 가야 할 길에서 벗어나게 하는구나(사 3:12b, 표준새번역; 참조, 사 1:10, 23-26).

이사야 3:14에서는 포도원도 언급한다.

> 나의 포도원을 망쳐놓은 자들이 바로 너희(장로들)다(사 3:14b).

그러나 이사야 5장의 포도원에는 지도자들뿐만 아니라 민족 전체도 포함된다(사 5:7).

지도자들이 이스라엘 민족을 타락시키므로(사 5:18-24), 하나님은 그것을 "황폐하게" 하시며 그 위에 심판을 내리겠다고 약속하신다(사 5:6; 참조, 렘 5:17; 암 4:9; 미 1:6; 슥 1:13). 이사야 5:2-5의 아람어 번역은 망대를 다음과 같이 해석한다.

> 내가 그들 가운데 내 성소를 짓고 속죄하기 위해 내 제단을 주었다… 내가 그들의 성소를 허물 것이다(사 5:2-5; 참조, 4Q500, 2-4).

이 초기 유대적 해석은 "망대" 또는 이스라엘의 성전이 결국에는 파괴될 것이라고 주장한다.

이사야 5장과 마가복음 12장 모두에서 하나님은 포도원을 소유하고 세우시지만, 포도원은 원하는 결과를 내지 못한다. 이사야 5장에 따르면 포도원은 열매를 맺지 못하지만, 마가의 이야기에 나오는 포도원은 열매는 맺지만, 농부들에 의해 방해를 받는다. 야웨께서 이사야의 포도원을 멸하시지만 마가복음에서는 "다른 사람들에게" 주신다(12:9).

그럼에도 불구하고 악한 농부들 비유는 성전 파괴에 대한 신학적 근거를 제공한다. 유대 지도자들이 이스라엘을 그릇된 길로 인도하고 예언자들(종들)을 박해함으로써(그 박해는 사랑하는 아들[1:11; 9:7 참조]의 살해로 그 절정에 달함) 그 비열한 특성을 드러냈기 때문이다. 악한 농부들은 하나님의 의로운 종들(구약의 예언자들)과 궁극적으로는 예수를 박해함으로써 포도원의 소유권을 차지하려고 한다. 그러므로 하나님은 포도원의 소유권을 새 성전에 참여하는 사람들("다른 사람들")에게 넘겨 주실 것이다.

유대 지도자들은 언약공동체를 섬기고 하나님의 통치를 중재하는 대신 민족을 지배하고 하나님으로부터 독립하려고 시도한다. 마가복음 12:7이 그들의 계획을 간결하게 말해 준다.

> 이는 상속자니 자 죽이자 그러면 그 유산이 우리 것이 되리라(막 12:7).

마가가 이사야 5장을 유형론적으로 인용하는 좋은 사례일 수 있다. 이스라엘의 지도자들과 그 민족에 대한 하나님의 징벌은 이스라엘의 바벨론 포로로 귀결된다. 이러한 심판 행위는 그들이 그분의 아들을 십자가에 못 박을 때 하나님께서 그 민족과 유대 지도자들을 영원한 영적 유배로 보내신다는 하나님의 예언적 패턴이 된다.

시편 118편의 인용문이 이 비유의 마지막 부분(12:10-11)에 방점을 찍어 예수의 죽임이 아이러니하게도 하나님이 그의 백성들 가운데 임재하실 수단임을 보여 준다. 더 이상 예루살렘 성전이 아니라 예수라는 인물이 하나님 임재 장소이다. 시편 118편에 따르면 화자는 하나님의 언약에 대한 신실하심(시 118:1-4)과 그분의 의로우심(시 118:19-21) 때문에 "열방"(시 118:5-14)의 손에서 구원된다. 시편 기자는 처음에는 버림받았지만/거부되었지만, 하나님께서 그를 모퉁잇돌(coping stone 또는 cornerstone)로 삼으셔서 뛰어난 지위를 누리게 하셨다.

시편 118편과 마가복음 12장의 문맥 사이에는 상당한 연속성이 존재한다. 주님은 시편 기자를 자신의 신실하심 때문에 구원하신 것처럼, 예수를 자신의 의로우심 때문에 적들(유대 지도자들)로부터 구원하실 것이다. 또한, 시편 118:22에는 인류가 버린 것을 하나님은 원하신다는 개념도 포함되어 있다. 궁극적으로 하나님께서 "모퉁잇돌"의 위치로 높이시는 "버림받는 돌"은 사람들에는 버림받았지만, 하나님 보시기에는 영광스러운 어떤 것 또는 어떤 사람으로 하나님이 자신의 성전을 건축하신다는 개념을 전달한다(시 118:22-29).

악한 농부 비유 어디에도 높여짐(exaltation)이나 정당성 입증(vindication)의 개념은 나타나지 않는다. 이 개념은 마가의 시편 118편 사용을 통해서만 제시된다. 마가는 여기에서도 유형론적으로 생각하고 있을 것이다. 하나님은 부활을 통해 예수를 존귀한 지위로 높이시겠다고 약속하시는데, 이 부활은 그의 백성들 가운데 종말론적 성전을 공식적으로 시작하는 사건이다(행 4:11; 벧전 2:7 참조). 이사야 5장과 시편 118편에 따르면 구약은 유형론적으로 이스라엘과 그 지도자들에 대한 하나님의 심판과 메시아의 버림받음(rejection)과 정당성 입증(vindication)을 통해 자기 백성을 재건하실 것을 예고한다.

유대 지도자들은 즉각적으로 이 비유의 의미를 알아차렸다. 비록 그들의 마음이 예수 안에 나타난 하나님의 구원 행위에는 완고해진 상태였지만(3:5; 7:6; 10:5), 그들은 여전히 비유의 의미를 파악하여 "이 비유가 자기들을 가리켜 말씀하심인 줄" 알았다(12:12). 무리가 있었기 때문에 그들은 그 자리에서 그를 붙잡을 수는 없었지만 무언가 조치를 취해야만 했다.

(3) 실패한 함정(12:13-34)

12장의 나머지 부분은 주로 악한 농부 비유 결과인데, 이는 유대 지도자들을 겨냥한 것이다(12:12). 이어지는 두 에피소드는 아마도 성전 경내에서 화요일에 일어났을 것이다(12:13-27// 마 22:15-33// 눅 20:20-38). 종교 당국은 예수를 체포하기 위해 함정에 빠뜨리려고 한다. 지도자들이 "예수의 말씀을 책잡"(12:13)을 수 있다면 군중이 있어도 그를 공개적으로 체포할 권한이 있다.

첫째 에피소드는 본질상 더 정치적이며 유대(Judea) 거주자에게만 적용되는 세금인 로마의 인두세를 지불하는 것이 합법적인가에 관한 문제이다. 예수는 갈릴리 출신이시기 때문에 이 세금을 낼 책임이 없으실 것이다.

세금을 내는 데 사용된 데나리온의 한 면에는 "신이 된 아우구스투스(Augustus)의 아들 아우구스투스 테베리우스 카이사르"(Augustus Tiberius Caesar)라는 비문이 새겨진 가이사의 인장이 있다.[31] 이러한 주장은 유대의

---

[31] Everett Ferguson, *Backgrounds of Early Christianity*, 3rd ed. (Grand Rapids: Eerdmans, 2003), 92.

엄격한 유일신론과 상충된다. 정치적 측면에서 이 동전은 또한 팔레스타인에 대한 로마의 권위를 상기시켜 주는 것이기도 한데, 이는 헤롯당(로마는 헤롯을 가신으로 통치하도록 임명)과는 다소 잘 어울릴 것이지만, 바리새인들을 동요하게 할 것이다.

재치 있게 예수는 지도자들에게 데나리온 하나를 보이라고 요청하신다. 지도자들이 이러한 동전을 들고 다닌다는 사실이 드러나는데, 이는 그들이 암묵적으로 로마의 권위를 인정하고 있기 때문이다.

"가이사의 것은 가이사에게, 하나님의 것은 하나님께 바치라"(12:17)라는 예수의 유명한 말씀 중 하나는 양쪽 다 일정한 관련이 있다.

한편으로, 예수는 통치 당국과 평화롭게 살아야 한다는 점을 인정한다. 다른 한편으로, 하나님께 궁극적 충성을 바쳐야 한다고 지적하신다(참조, 롬 13:1-7; 벧전 2:13-14).

바리새인과 헤롯당은 예수를 잡으려고 시도하지만 예수는 상황을 역전시켜 그들을 그들의 계략에 가두신다.

두 번째 에피소드는 부활에 관한 것이다. 오경만 성경으로 여기면서 부활을 부인하는 종파인 사두개인들이 예수께 수혼제(levirate marriage) 문제에 관한 복잡한 질문을 제기한다. 신명기 25:5-6에 따르면, 죽은 사람의 형제들은 상속자가 없는 경우 성(family name/씨)을 보존하기 위해 형수와 결혼해야 한다(참조, 창세기 38:8).

그래서 사두개인들은 일곱 남편 중 누가 새 시대의 아내와 결혼하게 될 것인지 묻는다(12:20-23). 예수는 새 창조에는 결혼이 없을 것이기에 사두개인들이 크게 잘못 생각하고 있다고 대답하신다(12:25). 더욱이 그는 오경의 잘 알려진 구절, 즉 출애굽기 3장에 근거하여 부활의 정당성을 단언하신다. 부활은 확실하다. 왜냐하면, 하나님의 언약에 대한 신실하심이 그분이 족장들을 새 생명으로 일으키실 것을 보장하기 때문이다.

(4) 선재하는 제사장-왕으로서의 예수; 과부의 헌금(12:35-44)

"서기관 중 한 사람"과의 가장 큰 계명에 관한 대화는 유대인 지도자들 모두가 예수를 죽이기로 결심한 것은 아니라는 점을 보여 준다(12:28-34; → 마 22:34-40). 12:35-37에서 예수는 계속해서 공세를 취하신다(// 마 22:41-46// 눅 20:41-44). 그는 "메시아가 다윗의 자손"(12:35)이라는 지도자들의 믿음을 문제 삼으신다.

구약은 메시아가 다윗의 자손일 것이라고 명시적으로 말하고 있으며(예컨대, 사 11:1), 마가의 내러티브는 그 점에 대해 지지해 왔다(10:47-48; 11:9-10). 그러나 예수는 시편 110:1을 지목하시고 선재하시는 분(preexistent one)으로서의 메시아에 대해 더 넓은 이해를 옹호하신다.

> 다윗이 성령에 감동되어 친히 말하되
> 주께서 내 주께 이르시되 내가 네 원수를 네 발 아래에 둘 때까지 내 우편에 앉았으라
> 하셨도다(막 12:36).

학자들은 시편 110:1의 의미와 예수께서 여기에서 그것을 사용하신 이유에 대해 격렬하게 논쟁한다. 신약에서 가장 많이 인용되는 구약 구절인 시편 110:1은 그 자체로 하나의 수수께끼이다. 그러나 두 번째로 언급된 "주"(도니['doni])를 불가사의한 신적 인물(참조, 수 5:14)로 읽는 것에 찬성하는 좋은 견해가 제시될 수 있다. 따라서 시편 110:1에서 다윗은 야웨(yhwh)께서 신적 인물(도니)에게 말씀하시고 그를 우주의 왕으로 야웨의 "우편"에 앉히실 종말 사건에 관해 예언한다.

그러한 영예와 권력의 지위는 오직 이스라엘의 하나님만을 위한 것이다. 그분 홀로 우주를 통치할 권리를 가지고 계신다. 하나님이 또 다른 개인을 임명하시는 일은 다니엘 7:13-14을 제외하면 구약에서 그 유례를 찾을 수 없다. 거기에서 인자는 구름을 타고 옛적부터 항상 계신 분께로 올라가 통치권을 상속받는다(참조, 겔 1:26).

이 구절은 마가복음에서 예수의 신성을 지적하는 첫 번째 구절이 아니다. 내러티브 전반에 걸쳐 예수는 용서를 선언하시고(2:7), 안식일에 대한 권한을 행사하시며(2:27-28), 풍랑을 잔잔하게 하시고(4:35-41), 죽은 자를 일으키시며(5:41), 오천 명 및 사천 명을 먹이시고(6:41; 8:7), 물 위를 걸으시는 (6:48) 능력으로 이스라엘의 주님(Lord)으로 묘사되며, 변모 사건(9:2-6)에서 그의 영광을 나타내신다. 우리가 잊지 않도록 마가는 독자들에게 예수께서 "메시아"이시며 신적 "하나님의 아들"(1:1)이시라는 점을 확신시키려 한다.

예수께서 시편 110:1을 사용하신 것은 두 가지 주목할 만한 문제를 제기한다.

첫째, 본래 구약의 문맥에서 이 구절의 정확한 의미는 상당히 불가사의하다. 받는 분("내 주")의 정체가 구약에서는 모호하지만 신약에서는 이분이 그리스도이심을 분명히 한다. 따라서 우리는 궁극적으로 이 구절을 예수의 선재를 언급하는 구절로 이해해야 한다(히 1:3, 13을 보라).

둘째, 시편 110:1은 선재하시는 신적 인물의 즉위에 관한 예언이다. 그러나 이 예언에는 제사장적 측면도 포함되어 있다. 시편 110:4에는 다음과 같이 기록하고 있다.

> 여호와는 맹세하고 변하지 아니하시리라
> 이르시기를 너는 멜기세덱의 서열을 따라
> 영원한 제사장이라 하셨도다(시 110:4).

그러므로 시편 110편은 언젠가 하나님의 적들을 통치하시고 제사장 역할을 하실 선재하시는 분의 대관식을 수수께끼같이 예고한다(히 7:3, 17, 21을 보라).

예수께서 시편 110:1을 사용하신 것은 그의 사역의 많은 부분을 요약하고 있기 때문에 주목할 만하다. 예수는 모든 형태의 적대감(hostility)을 다스릴 권리를 상속받으러 오신 "주님"(도니['doni])이시기 때문에 시편 110:1

을 성취하신다. 그러나 시편 110:1을 하나의 패러다임으로 만드는 것은 하나님의 영원한 통치에 대한 "이미와 아직 아닌"(already-not-yet)의 기대이다. "주님"(도니)은 "내가 네 원수를 네 발 아래에 둘 때까지"(아드['ad]) 통치하실 것이다.

외관상 여기 110:1에 언급된 "주님"(도니)이라는 분은 야웨가 이스라엘의 적들을 완전히 심판하시기 전에 야웨의 우편에 앉으실 것(즉, 하나님의 통치에 참여하실 것)이다. 이는 4:26-32에 나오는 "하나님 나라의 비밀"과 크게 다르지 않다.

예수는 또한 시편 110:4의 제사장적 측면을 성취하신다. 마가는 내러티브 전체에 걸쳐 예수께서 어떻게 제사장이요 왕이신지를 보여 주려고 큰 노력을 기울였다. 제사장 겸 왕으로서 예수는 무화과나무를 저주하셨고 이스라엘 성전을 심판하셨으며 이제 죽음과 부활을 통해 새 성전의 시작을 보장하신다. 무엇보다도 마가의 독자들은 선재하시는 제사장-왕으로서 예수의 정체가 근본적으로 새로운 교리가 아니라 구약 자체에서 불가사의하게 예견된 것이라는 점을 인식해야 한다.

12장은 부자들이 많은 돈을 헌금하는 것과 대조적으로 한 과부가 "두 렙돈"(12:42)을 헌금하는 이상해 보이는 이야기로 절정에 이른다(12:41; → 눅 21:1-4). 여기에서 부자들은 아마도 10:17-25에 언급된 부자와 11:17에 나오는 "강도들"과 동일시되어야 하는데, 그들은 희생 제물을 구매하여 예루살렘 성전에서 예배하려는 사람들을 착취한다. 예수는 제자들에게 돈을 쌓아 두는 창고에서가 아니라 믿음으로 하나님께 드리는 과부를 본받으라고 격려한다.

3) 이스라엘 성전에 대한 최후의 심판과 재림(13:1-37)

(1) 새 성전에 대한 몰이해와 옛 성전의 파괴(13:1-4)

흔히 감람산 강화(Olivet Discourse)라고 불리는 13장은 수난 주간 수요일에 감람산에서 일어난다(13:3). 11:27에서부터 12:44까지의 모든 자료는 성전에서 일어난다. 13:1에 따르면 예수와 제자들은 이제 성전에서 나가신다. 제자들은 "보소서 이 돌들(리도이[*lithoi*])이 어떠하며 이 건물들이 어떠하니이까"라고 외친다. 마가의 내러티브를 주의 깊게 읽은 사람은 시편 118:22-23에서 자신을 "건축자들이 버린 돌"로 밝히신 예수의 이전 예언을 즉시 기억할 것이다.

마가복음 12:10-11(시 118:22-23 인용)	마가복음 13:1
"너희가 성경에 건축자(호이 오이코도문테스[*hoi oikodomountes*])이 버린 돌(리돈[*lithon*])이 모퉁이의 머릿돌이 되었나니 이것은 주로 말미암아 된 것이요 우리 눈에 놀랍도다."	"예수께서 성전에서 나가실 때에 제자 중 하나가 이르되 선생님이여 보소서 이 돌들(리도이 *lithoi*)이 어떠하며 이 건물들(오이코오마이[*oikodomai*])이 어떠하니이까."

13:1에서 제자들은 우상 숭배하는 예루살렘 성전의 "돌들"과 "건물들"에 입이 떡 벌어졌지만, 12:10-11에서 참된 성전, 즉 "건축자들"이 버린 "돌"로 묘사된 예수께서 궁극적으로 인정받을 가치가 있다. 우리는 이 비교에 근거하여 다음과 같은 두 가지 점을 관찰할 수 있다.

첫째, 제자들은 잘못된 것에 경탄하고 있다. 그들은 하나님의 강력한 행위에 부분적으로 완고해진 채로 남아 있으며, 예수께서 참된 성전이시며 예루살렘에 있는 물리적 성전이 하나님의 심판 아래에 있다는 점을 아직 충분히 이해하지 못하고 있다. 한마디로 제자들은 11:12-44에서 예수께서 돈 바꾸는 자들을 쫓아내시고 성전에서 가르치신 일의 의미를 크게 놓치고 있다.

둘째, 이스라엘의 지도자들(과 민족 대다수)은 하나님의 보배로운 "돌"이신 예수를 거부하고 그의 말씀을 듣지 않기 때문에 하나님은 결국 이스라엘의 "돌들", 즉 예루살렘 성전을 심판하실 것이다.

여기 13:1-37에 나오는 감람산 강화(// 마 24:1-25:46// 눅 21:5-36)는 신약 전체에서 가장 까다롭고 논란이 되는 단락 중 하나이다. 이 단락의 어려움은 사건들의 정확한 순서를 추적하여 궁극적으로는 그것들을 구약과 연관시켜 13:1-4에 나오는 마가의 내러티브와 연결하는 데 있다. 상세한 설명은 이 책의 범위를 벗어나지만 우리는 적어도 방향을 잡을 수는 있다.

제자들의 예루살렘 성전에 대한 열광적 찬양에 대한 반응으로 예수는 그들의 감탄에 젖은 담요를 던지신다.

> 네가 이 큰 건물들을 보느냐 돌 하나도 돌 위에 남지 않고 다 무너뜨려지리라 하시니라 (막 13:2).

분명히 예수는 여기서 성전의 몰락을 예고하고 계시는데, 이는 수십 년 후 AD 66-70년에 일어난 첫 번째 유대인 반란의 절정 때 일어난 사건이다. 따라서 마가의 청중은 감람산 강화 대부분이 성전의 물리적 파괴를 다룬다고 가정해야 한다. 그렇다면 13장에 나오는 내용은 성전에서 행하신 일과 그의 가르침(11:1-12:44)을 확장한다.

예수는 돈 바꾸는 사람들을 쫓아내실 때(11:15-17) 성전을 심판하는 과정을 시작하시고 13장에서는 그가 시작하신 일을 마치겠다고 약속하신다. 제자들은 호기심 이상의 반응을 보인다. 베드로, 안드레, 야고보, 요한 네 제자는 "어느 때에 이런 일이 있겠사오며 이 모든 일이 이루어지려 할 때에 무슨 징조가 있"을지 알기를 원한다(13:4).

13:4에서 제자들이 제기한 두 가지 질문은 동의어로 이해해야 한다.[32] 즉, 두 개의 질문 모두 성전 파괴에 대한 13:2의 예수의 말씀에 대한 설명을 구한다. 첫 번째 질문은 사건의 시기에 관한 것이고 두 번째 질문은 그 사건이 도래하기 전의 "징조"(sign)를 언급한다.

강화는 세 부분으로 나뉘며 우리는 각 부분에 대해 차례로 간략하게 설명하고자 한다.

---

[32] Robert H. Stein, *Jesus, the Temple, and the Coming Son of Man* (Downers Grove, IL: InterVarsity, 2014), 63-69.

13:5-23	AD 70년 성전이 파괴될 때까지의 사건들
13:24-31	인자의 도래
13:32-37	알려지지 않은 인자의 도래

(2) 성전이 파괴될 때까지의 사건들(13:5-23)

감람산 강화에서 예고된 많은 사건은 제자들, 즉 예수의 가르침을 직접 듣는 청중이 살아 있는 동안에 일어나며(13:1-4), AD 70년 로마 장군 티투스(Titus)가 예루살렘을 파괴함으로써 절정에 이른다. 더욱이 13:5-23에 묘사된 사건은 비록 성전 파괴 이전에 있었지만, 본질상 종말론적 특성을 띤다.

일반적으로 말하면, 그리스도의 초림과 재림 사이에 일어나는 모든 사건은 종말론적인 것으로 이해해야 한다. 예수의 사역은 마지막 때의 대환난을 시작한다. 많은 구약 구절을 인용하여 예수는 13:5-23에서 환난이 그들의 생애에 처음으로 성취되고 있다고 설명하신다. 종말론적 환난의 시작은 거짓 가르침과 박해라는 두 가지 방식으로 나타날 것이다.

거짓 메시아들은 언약공동체에 침투하려고 시도할 것이다.

> 많은 사람이 내 이름으로 와서 이르되 내가 그라 하여 많은 사람을 미혹하리라(막 13:6; 참조, 단 9:27; 11:31-32).

전쟁과 우주의 교란은 거짓 가르침과 관련된다(13:8, 24; 사 13:10; 34:4; Sib. Or. 12:157; 13:10; Josephus, J. W. 1.377; 필로, Prov. 2.41). 예수는 제자들에게 이러한 일들은 단지 "재난의 시작"(13:8; 참조, 사 13:8)일 뿐이므로 계속해서 믿음으로 인내해야 한다고 경고하신다. 즉, 이러한 종말론적 현실은 예루살렘에 대한 하나님의 심판 초기 단계에 불과하다.

일반적 현실에서 구체적 현실로 이동하면서 이 강화는 어떤 종말론적 환난의 현실이 제자들에게 일어날 것인지에 초점이 맞추어진다(13:9-13). 이 단락에서 2인칭 복수형 "너희"가 반복되는 것에 주목하라. 여기에서

"넘겨 주다"(13:9)라는 말은 요한과 예수에 대한 유대의 적대감을 묘사하기 위해 사용된다.

세례 요한	"요한이 잡힌 후(토 파라도데나이[to paradothē-nai])"(1:14)
예수	"인자가 사람들의 손에 넘겨져(파라디도타이[paradidotai])"(9:31)
제자들	"사람들이 너희를 공회에 넘겨 주겠고(파라도수신[paradōsousin]) 너희를 회당에서 매질하겠으며"(13:9)

제자들은 세례 요한과 궁극적으로는 예수께서 확립하신 고난의 패턴에 참여할 것이다. 언약 백성에 대한 종말론적 적대감은 하나님이 그 나라에 진노를 쏟으시기 전에 점점 더 증가할 것이다.

마가복음 13:14은 이 강화의 전환점이다.

> 멸망의 가증한 것이 서지 못할 곳에 선 것을 보거든(읽는 자는 깨달을진저) 그때에 유대에 있는 자들은 산으로 도망할지어다(막 13:14).

이 말은 다니엘서에 대한 두 개의 명시적 언급(13:14, 26) 중 첫 번째에 해당한다. 다니엘 9:27, 11:31, 12:11에 언급된 "멸망의 가증한 것"은 하나님의 백성이 종말론적 환난을 당하는 동안 이스라엘의 적대자가 민족의 대다수를 속이고 의인을 박해할 때 세워진다(단 8:23-25; 9:27; 11:31-35). 이 적대자는 하나님의 성전을 더럽히고 "스스로를 높여 모든 신보다 크다" 할 것이다(단 11:36).

다니엘서의 이 수수께끼 같은 언급("멸망의 가증한 것") 사용은 마가의 내러티브에서 이해할 만하다(→ 마 24:4-35). 예수는 갈릴리 사역에서 성령을 통해 그들 가운데 거하실 수 있도록 창조된 질서와 그의 백성을 정결하고 깨끗하게 하신다. 그러나 우리가 여기 13:14에서 발견하는 것은 다니엘 9:27, 11:31, 12:11의 성취로 인한 완전한 더러움이다.

이러한 더러움은 이중적일 수 있다.

첫째, 그것은 AD 70년에 로마 병사들이 성전에서 이교도 제물을 바치는 모습을 가리킬 수 있다(Josephus, J.W. 6.316을 보라).
둘째, 그것은 이스라엘 자체가 가증한 것이 되는 것을 나타낼 수 있다. 이스라엘이 가증한 성전을 섬기므로 가증한 것이 되었다(→ 마 24:15).

우리가 이 까다로운 문구를 어떻게 해석하든 이는 돌이킬 수 없는 종말론적 더러움을 가리킨다. 여기에는 그 민족에 대한 어떤 정화의 길도 없다. 이스라엘은 자신의 사악함과 예수의 구원 메시지에 대한 거부 때문에 하나님의 진노라는 가마솥에 빠졌다.

하나님의 진노를 피하는 길은 세례 요한과 예수께 긍정적으로 응답하는 것을 전제로 한다(1:4, 15). 그러나 그 민족의 대다수와 그 지도자들은 그렇게 하지 못하고 있다. 곧 그들은 바로 그 하나님의 아들을 십자가에 못 박을 것이다. 인자이신 예수는 AD 70년에 오셔서 하나님의 신정국가를 심판하시고 끝내실 것이다.

(3) 인자의 도래(13:24-31)

다음 단락의 시기(13:24-31)는 결정하기가 매우 어렵다. 어떤 주석가들은 인자의 도래가 장차 그리스도의 재림 때 일어날 것이라 주장하며 그것을 이어지는 단락인 13:32-36과 연결한다. 그러나 다른 주석가들은 하나님 아들의 도래가 AD 70년에 일어난다고 주장하며 그것을 이전 단락인 13:5-23에 덧붙인다.

결국, 감람산 강화에 포함된 사건들은 서로 맞물려 있으므로 한쪽을 선택할 필요가 없을 수도 있다. 그 사건들이 모호한 것 자체가 의도적이다. AD 70년에 있을 성전에 대한 하나님의 심판에 유효한 것은 역사의 마지막에 있을 우주에 대한 하나님의 심판에도 유효하다. 성전은 우주를 상징하기 때문이다. 따라서 매우 실제적인 의미에서 인자는 우상 숭배하는 이스라엘 민족을 심판하시기 위해 AD 70년에 도래하지만 1세기 말경 그의 도래는 역사의 마지막에 있을 미래의 도래를 예시해 준다.

13:24의 우주적 언어는 한 이방 민족의 몰락과 다른 민족의 설립을 비유적으로 언급하는 구약 여러 곳에서 나타난다(예컨대, 사 13:10-13; 24:1-6, 19-23; 34:4; 렘 4:23-28; 겔 32:6-8). 하늘에서 발생하는 큰 화재는 한 역사적 시기가 다른 시기로 넘어갈 때 일어나는 지상의 혼돈을 반영한다. 이 언어는 여기 13장에서 적절한데, 이스라엘 민족이 신정국가로서 종말을 고하고 예수 안에서 자신의 정체성을 찾은 성도들의 공동체가 새롭게 시작되기 때문이다(욜 2:28-32을 인용하는 행 2:17-21 참조).

마가복음 13:26은 다음과 같이 설명한다.

> 그때에 인자가 구름을 타고 큰 권능과 영광으로 오는 것을 사람들이 보리라(막 13:26).

이 진술은 다니엘 7:13의 일부를 인용한 것이다.

> 내가 또 밤 환상 중에 보니 인자 같은 이가 하늘 구름을 타고 와서(단 7:13).

마가복음 13:26에서 다니엘 7:13을 언급한 것은 "네 번째 짐승"에 대한 인자의 종말론적 심판의 성취를 나타낸다(단 7:7, 11-12, 26).

다니엘 7장의 직접 문맥에 따르면, 인자의 심판은 아마도 "하나님의 적들이 심판을 받고 멸망되는 … 모든 우주적 분쟁의 진원지"인 예루살렘에서 일어날 것이다.[33] 마가복음 13장에 나오는 네 번째 짐승은 다니엘이 상상하는 것처럼 이방 민족이 아니라 이스라엘 민족과 성전이다. 아이러니하게도 이스라엘은 이교 민족들과 구별할 수 없게 되었으므로 이교도의 네 번째 짐승의 일부로 확인된다.

---

33 Crispin H. T. Fletcher-Louis, "The High Priest as Divine Mediator in the Hebrew Bible: Daniel 7:13 as a Test Case," *SBLSP* 36 (1997): 173.

그러나 이 심판은 제자들의 먼 미래를 위해 보류되는 것이 아니다. AD 70년의 인자의 도래는 지상에 종말론적 하나님 나라의 실현과 하나님의 참된 백성의 회복을 예고한다(단 7:22, 27). 마가복음 13:27에는 다음과 같이 기록하고 있다.

> 또 그때에 그가 천사들을 보내어 자기가 택하신 자들을 땅끝으로부터 하늘 끝까지 사방에서 모으리라(막 13:27).

이스라엘의 흩어진 지파들의 모임을 가리키는 일련의 구약 구절이 이 진술 배후에 있다(예컨대, 신 30:4; 사 43:5). 나사렛 예수를 따르는 사람들은 AD 70년에 승리를 거두고 하나님의 회복된 이스라엘을 구성할 것이다. 하나의 왕국이 무너지고 또 다른 왕국이 일어난다.

(4) 인자의 알려지지 않은 도래(13:32-37)

감람산 강화의 마지막 단락은 AD 70년 이후의 시간을 가리키는 것처럼 보인다.

> 그러나 그날과 그때는 아무도 모르나니 하늘에 있는 천사들도, 아들도 모르고 아버지만 아시느니라(막 13:32).

이는 놀라울 정도로 풍성하면서도 어려운 구절이다. 13:5-31이 다양한 "징조"와 시간적 지표로 표시되는 반면, 이 단락은 시간상으로 분명하지 않다. 예수도 "그날"에 대해 모른다는 사실 때문에 독자들은 의아해한다. (행 1:7 참조).

어떻게 하나님의 아들이 모를 수 있을까?

그는 전지하신 분이 아닌가?

이는 마가가 구원사에 있어서 예수와 아버지가 상호 간에 관계를 맺고 계시는 방식인 이른바 "경륜적"(economic) 삼위일체를 지적하는 것일 수도 있다. 삼위일체의 삼위가 모두 하나님이시며, 시간 밖에서는 동일한 신적 본질 ("내재적"[immanent] 삼위일체)을 소유하고 계신다는 것은 사실이지만, 삼위가 구속사의 과정에서 서로 관계를 맺으시는 방식은 기능적으로 다르다.

여기에서 예수는 그의 인성 안에서는 자신의 재림을 일시적으로 알지 못하신다. 그러나 그러한 무지는 바로 앞의 13:31과 함께 등장하는데, 거기서 그는 당당하게 자신의 말씀을 하나님의 말씀과 동등한 위치에 두신다.

> 천지는 없어지겠으나 내 말은 없어지지 아니하리라(막 13:31; 참조, 사 40:8; 51:6).

4) 마지막 시간(14:1-72)

(1) 왕으로 기름 부음을 받다(14:1-11)

14장은 화자가 유월절 기간을 표기하는 것으로 시작한다.

> 이틀이 지나면 유월절과 무교절이라(막 14:1).

유월절은 니산월 14일 해질 때 시작하며(출 12-13장; 민 9:1-15), 이스라엘이 애굽에서 구원받은 일과 하나님께서 문설주에 희생양의 피를 칠한 사람들을 넘어가신 일을 상기시킨다(→ 요 19:17-37).

마가는 유대 지도자들의 반역을 유월절 축제와 관련시킨다. 아이러니하게도 유대 지도자들은 예수를 "죽임"으로써 회개하고 그를 신뢰하는 사람들을 해방시켜 줄 궁극적 유월절 제물을 죽이게 될 것이다.

그의 임박한 죽음을 준비하면서 내러티브는 베다니에서 일어난 기름 부음의 이야기로 이동한다. 거기에서 예수는 "나병환자 시몬의 집"에서 식사를 하신다(14:3). 이 사건은 아마도 이전 토요일 밤(니산월 9일)에 일어났을 것이지만, 마가와 마태는 예수를 유대 지도자들과의 직접 갈등으로 이끌기 위해 이 사건을 그 주간 후반에 둔다(// 마 26:2-16// 요 12:1-8).[34] 이 사건의 상징적 의미에 비추어 종교 지도자들은 응답해야 한다.

우리는 시몬이 과거에는 나병 환자였으나 예수께 고침을 받았으며(1:40 참조) 후에 베다니에서 이 사건의 목격자가 되었다고 가정할 수 있다. 이 사건에 대한 요한의 버전에는 "여자"(14:3)를 마리아로 밝히고 그녀의 자매와 오빠인 마르다와 나사로가 포함된다(요 12:3). 믿지 않는 유대 지도자들과는 극명하게 대조적으로 마리아는 예수에 대한 감사를 표현하는 행위로 그에게 값비싼 향유를 붓는다.

"예수의 머리에" 기름을 부음으로써 그녀는 그가 오랫동안 기다려 온 "기름 부음 받은 자"를 의미하는 메시아라고 단호하게 선언한다(14:3; 참조, 1:1). 아이러니하게도 그녀의 기름 부음은 또한 그의 장례를 준비하기도 한다(14:8; 참조, 16:1).

예수께서 이스라엘의 종말론적 왕이라는 마리아의 선언은 그에 대한 배반을 촉진하게 한다(14:10-11). 이번이 마가가 유다를 언급하는 두 번째이다. 첫 번째는 3:19에 있는 목록의 마지막에 열거되었는데, 여기에서 그는 "예수를 판 자"로 묘사된다. 내러티브 시작 부분에서 그러한 코멘트를 삽입함으로써 마가는 그 이후로 그림자 속에 잠복해 있던 적대자를 소개한다. 지금에서야 마리아의 상징적 선언 때문에 그가 주목을 받는다.

마가는 예수를 이스라엘의 왕으로 제시하기 위해 기름 부음을 그의 내러티브 안에 집어넣는다. 이스라엘의 왕은 가장 가까운 동료 중 한 사람에게 배신당해 그 민족의 지도자들 손에서 유월절 희생 제물로 죽을 것이다(14:10). 이 이야기는 대제사장들이 자신들의 대의에 대한 유다의 헌신을 "기뻐"하는 것으로 끝난다. 이제 몇 시간밖에 남지 않았다.

---

[34] Schnabel, *Jesus in Jerusalem*, 155.

(2) 최후 만찬(14:12-31)

예수께서 궁극적 유월절 희생 제물이시고 제자 중 한 사람에게 배반당하실 것이라는 점이 확인된 후(14:1-11) 내러티브는 유월절을 지키는 이야기로 진행된다(// 마 26:17-35// 눅 22:7-23). 유월절 식사는 목요일 밤 해질 때 시작되지만 학자들 간에는 최후 만찬 시기와 유월절 만찬과의 관계에 대해 많은 논쟁이 있다.

최후 만찬은 유월절 식사였는가?
아니면 그 전에 있었는가?
공관복음과 요한복음은 서로 상충되는 내러티브를 제시하고 있는가?
(요 18:28; 19:14 참조)

이것들은 까다로운 질문들이며 주석가들은 다양한 견해를 제공한다.

한 견해는 예수께서 최후 만찬에서 어린양 없이 유월절을 하루 일찍 지키셨다는 것이다. 왜냐하면, 그가 구원사의 새로운 국면을 시작하고 있기 때문이다. 그가 진정한 유월절 양이시므로 의도적으로 절기를 수정하신다. 금요일에 일어난 그의 죽음은 성전에서 유월절 양을 도살한 것과 일치한다.

다른 견해는 예수께서 목요일 해질 때 시작하는 니산월 14일에 실제로 유월절을 지켰다고 주장한다.

또다른 견해는 더 나은 견해로, 예수께서 갈릴리 사람이기 때문에 하루 일찍 유월절 식사를 거행했다는 것이다. 군중 때문에 갈릴리 사람들은 하루 일찍 희생 제물을 바치는 일이 허용되었다. 더욱이 AD 30년에는 초승달(new moon)이 뜨는 시기 때문에 유월절이 서로 다른 두 날에 거행되었을 것이다(→ 요 13:1-17).

어떤 경우이든 제자들이 희생양을 마련하여 그것을 성전으로 가져가면 제사장들이 그것을 제물로 바치고 그 피를 제단 밑에 뿌린다(대하 35:15-20; Jub. 49:16-21). 그런 다음 제자들은 도살한 짐승의 고기를 다락방으로 가지고 가서 그곳에서 먹을 것이다. 예수와 제자들은 밤에 성내에서 유월절 식사를 한다(14:13; 참조, 신 16:5-8; m. Pesah. 5.10).

그들이 식사하는 동안 예수는 그들 중 한 사람이 자신을 "팔"/배반할 것이라고 알린다. 이 식사에 대한 마가의 이야기에는 유다의 이름이 언급되지 않고 제자들에게는 어둠 속에 남겨져 있지만(참조, // 마 26:25// 요 13:26), 청중은 유다가 배신자였음을 충분히 알고 있다. 예수는 다음과 같이 말씀하신다.

> 인자는 자기에 대하여 기록된 대로 가거니와 인자를 파는 그 사람에게는 화가 있으리로다(막 14:21).

여기서 예수는 수난 예고를 확언하시지만(8:31; 9:31; 10:33-34), "기록된 대로"라는 중요한 요소 하나를 덧붙인다. 예수는 고난받는 메시아를 예고하는 소수의 구약 구절이나(예컨대, 단 9:25-26; 슥 12:10), 종말론적 적대자가 "성도들과 더불어 싸워" 그들을 물리치는 다니엘 7:21을 염두에 두셨을 수 있다. 이러한 성도들은 그 앞의 다니엘 7:13에 언급된 "인자"로 대표되는데 우리는 그도 마찬가지로 고난을 겪고 있다고 가정해야 한다.

하나님의 주권은 인간의 책임과 밀접하게 연결되어 있다. 이는 유다가 예수를 배반한 자신의 행위에 책임이 있다는 점에서 분명하게 드러난다.

놀랍게도 예수는 자신을 궁극적 유월절 어린양이라고 밝히신다. 마가의 내러티브는 그가 또한 이스라엘을 노예 상태에서 해방하겠다고 약속하신 이스라엘의 주님이심을 보여 준다. 예수는 제물로 바쳐진 어린양이시며 육신이 되신 이스라엘의 하나님이시다. 출애굽기 12장에 따른 유월절 의식의 거행에 작용하는 주요 원칙은 하나님 백성의 거룩함이다.

희생 제물의 죽음, 그 피를 문설주에 바르는 행위, 그것을 먹는 일은 모두 궁극적 목적, 즉 하나님의 임재를 위한 이스라엘의 거룩함을 성취한다. 이스라엘의 각 가족은 식사를 시연함으로써, 집단적으로 말하면 그들은 하나님의 임재 안에 거하는 제사장의 역할을 한다.[35] 이러한 렌즈를 통해 볼 때 마지막 유월절은 마가의 이야기에 놀랍게 들어맞는다. 우리는 내러티브를 통해 예수께서 체계적으로 인류와 창조된 질서를 정결하게 하여 하늘이 내려오게 할 수 있도록 하신다는 것을 발견했다.

도시를 떠나 예수와 일행은 기드론 골짜기를 건너 감람산으로 향한다(14:26). 도중에 예수는 정신이 번쩍 들게 하는 현실을 다음과 같이 예언하신다.

> 너희가 다 나를 버리리라 이는 기록된 바 내가 목자를 치리니 양들이 흩어지리라 하였음이니라(막 14:27).

이 중요한 예언은 스가랴 13:7에서 인용된 것이다. 여기에서 이 구절의 사용 동기는 복잡하지만, 다음과 같은 세 가지 점만 관찰할 것이다.

첫째, 스가랴 13장의 넓은 맥락은 주님께서 "죄와 더러움에서"(슥 13:1) 정결하게 하겠다고 약속하신 이스라엘 백성의 정결이다.

둘째, 13:7에 따르면, 하나님은 한 "칼"에게 "깨어서 … 내 목자를 치라"라고 명령하시는 반면, 마가복음 14:27에서는 하나님이 명시적 대행자이시다.

> 내가 목자를 치리니(막 14:27).

---

[35] L. Michael Morales, *Who Shall Ascend the Mountain of the Lord? A Biblical Theology of the Book of Leviticus*, NSBT 37 (Downers Grove, IL: InterVarsity, 2015), 81–82.

셋째, "양"의 "흩어짐"은 하나님 백성의 혼란과 동요를 언급하는데 이는 그들에게 지도자, 즉 목자의 지도가 없기 때문이다. 양의 대다수는 멸절되고(슥 13:8), 나머지 양들은 혹독한 시험을 당한 후 "내(주님의) 이름을 부를" 것이다(슥 13:9).

스가랴 13:7의 사용은 마가복음의 주제와 일치한다. 제자들은 예수의 메시지, 그의 행동, 그리고 궁극적으로는 그의 정체성을 이해하기 위해 끊임없이 고군분투해 왔다. 따라서 스가랴의 예언을 성취하여 하나님이 그의 백성의 진정한 목자인 그의 아들을 치실 때 그들이 예수를 버릴 것이라는 점은 놀라운 일이 아니다(6:34 참조). 그러나 그들의 시험은 그들의 연단을 위한 것이며, 결국 예수께서 참으로 누구신지 깨닫게 하기 위한 것이다(말 3:1을 인용하는 1:2과 계 1:7을 보라). 예수께서 부활하실 때 그들은 마침내 그가 주님이심을 고백하게 될 것이다.

(3) 겟세마네에서 깨어 있지 못함(14:32-42)

그들의 지도자를 결코 버리지 않겠다는 제자들의 다짐(14:29-31)은 오래가지 못한다. 그들은 이제 감람산에 있는 겟세마네 동산으로 가는데(14:32), 거기에서 그들은 곧 그들의 지도자를 실망시킨다(// 마 26:36-46// 눅 22:40-46). 예수는 제자들을 두 그룹으로 나누신다.

첫 번째 그룹은 예수께서 기도하시는 동안 "앉아" 있어야 한다(14:32).
두 번째 그룹인 친밀한 세 사람(베드로, 야고보, 요한)은 "깨어" 있어야 한다(14:34; 참조, 13:37).

베드로가 그를 세 번 "부인"할 것(14:30)이라는 예수의 예언과 상응하여 제자들은 세 번 잠에 떨어진다(14:37, 39, 41).
제자들은 왜 커다란 위기 앞에서 깨어 있기가 어려웠을까?

그들은 "그들의 눈이 심히 피곤"(14:40)해서 어려움을 겪었다. 여기에는 상징적 의미가 있다. 제자들은 예수의 메시지와 행동, 특히 그의 고난에 대해 처음부터 눈이 멀어 있었다(예컨대, 4:41; 6:52; 8:18). 예수께서 부분적으로 그들의 실명을 고쳐 주셨을지라도(8:27-30), 그들은 여전히 "나무 같은 것들이 걸어 다니는"(8:24) 것처럼, 예수를 흐릿하게만 볼 뿐이다. 그들은 겟세마네 동산 상황의 구속사적 의미를 알지 못한다. 그들은 예수께서 주장하시는 대로 고난받는 왕이라는 사실을 인식했어야 했다.

(4) 공회에 의한 체포와 재판(14:43-65)

제자들에게 말씀하시는 예수를 중단시키며 유다는 그림자에서 나와 (14:43) 예수를 체포하는 데 중추적 역할을 한다(// 마 26:47-56// 눅 22:47-50// 요 18:3-11). "카이 유튀스"(*kai euthys*, "곧")라는 문구(14:43, 72, 15:1)로 인해 내러티브의 속도가 조금 빨라진다. 이 구절들은 함께 연결되어 아마도 예수의 죽음이 임박했음을 나타내는 것 같다.

마가는 파송된 무리가 싸울 준비가 되어 있고 "검과 몽치"로 무장되어 있다고 언급한다. 중요한 것은 누가 이 무리를 파견했는지도 알게 된다는 점이다. 그들은 "대제사장과 서기관들과 장로들"이다(14:43). 이 세 당사자 모두 민족 전체를 대표하고 공회(산헤드린)를 구성하는데, 따라서 책임이 전적으로 민족과 그 지도자들에게 있음을 보여 준다(8:31; 11:27; 14:53; 15:1 참조).

그런 다음 화자는 아이러니하게도 유다가 체포해야 할 병사들에게 신호를 보내기 위해 입맞춤(1세기 우정의 표현)을 사용했음을 밝힌다(14:44). 유다는 여기와 14:42에서 신실한 추종자나 제자의 반의어인 "예수를 파는 자"(파라디두스[*paradidous*], betrayer)라고 불린다. 예수께서 부르시어(3:19) 귀신을 쫓아내고 하나님 나라의 "복음"을 선포하는 일을 맡기고(6:7) 수많은 기적을 목격하게 하신 그 사람이 이제 그에게 등을 돌렸다. 마가의 청중은 유다라는 캐릭터를 마음에 새기고 자신들은 믿음을 확고하게 붙잡고 있는지 확인해야 한다.

제자 중 한 명(요 18:10에는 이 사람을 베드로라고 밝힘)이 칼을 휘둘러 병사 중 한 사람의 귀를 자른다(14:47). 이 행위로 인해 예수는 좌절감으로 분노한 무리에게 이렇게 말씀하신다.

> 너희가 강도를 잡는 것같이 검과 몽치를 가지고 나를 잡으러 나왔느냐(막 14:48).

대답은 아니오이다. 예수는 정치적 반란을 이끄시는 것이 아니다. 오히려 그는 영적 반란을 이끌고 계신다. 그의 나라는 폭력을 통해서가 아니라 복음 선포를 통해 확장된다. 50절은 불과 몇 시간 전에 말씀하신 14:27의 말씀을 성취한다.

> 제자들이 다 예수를 버리고 도망하니라(막 14:27).

사실상 그의 "양"은 이제 "흩어졌다"(슥 13:7). 이 이야기는 오직 두 번째 복음서에서만 발견되는 이상한 구절로 끝맺으며, 많은 주석가가 "베 홑이불을 버리고 벗은 몸으로 도망"하는 이 청년이 마가가 아닌가 생각한다(14:51-52). 그 역시 흩어진 제자들과 동일시된다.

이스라엘의 공식 통치 기구인 공회(Sanhedrin) 앞에서의 재판은 본질상 예비적 성격을 띤다. 공회 앞에서는 두 번의 재판이 열린다. 하나는 자정 이후에 열리고(14:55-64// 마 26:59-66), 다른 하나는 금요일 이른 아침에 열린다(눅 22:66-71). 첫 번째 재판은 밤에 열리며 증인들은 서로 모순되며 거짓 증언으로 가득 차 있다(14:55-56).

에크하르트 슈나벨(Eckhard Schnabel)은 다음과 같이 주장한다.

> 공회의 의원들은 그들이 원하는 평결이 무엇인지 알고 있었다. 그러나 평결을 어떻게 얻을 수 있고 언제 얻을 수 있는지는 알지 못했다.[36]

---

[36] Schnabel, *Jesus in Jerusalem*, 251.

결국, 그들은 예수께 불리한 어떤 증거도 찾을 수 없다(14:55). 마가의 내러티브 초반부에서 유대 지도자들이 "어떻게 하여 예수를 죽일까 의논"하기 시작한 것을 기억하라(3:6; 참조, 11:18). 이 재판은 그들의 사악한 노력의 정점이다.

이 이야기는 또한 예수께서 제자들에게 그들이 "공회에 넘겨(져서)… 권력자들과 임금들 앞에 서리니 이는 그들에게 증거가 되려 함이라"(13:9)라고 말씀하신 감람산 강화를 강하게 연상시킨다. 예수는 자신의 말씀을 성취하기 시작하신다. 공회 앞에서의 이 재판은 예루살렘 성전 파괴의 핵심 단계이다.

마가의 청중은 다음과 같은 한 줄의 거짓 증언을 잘 알고 있다.

> 우리가 그의 말을 들으니 손으로 지은 이 성전을 내가 헐고(카탈뤼소 톤 나온[*katalysō ton naon*]) 손으로 짓지 아니한 다른 성전을 사흘 동안에(디아 트리온 헤메론[*dia triōn hēmerōn*]) 지으리라(오이코도메소[*oikodomēsō*]) 하더라(막 14:58).

이 진술은 확실히 왜곡되었지만, 사실이며 곧 성취될 것이다. 15:29에서 십자가 근처에 있던 사람들은 예수를 "아하 성전을 헐고(카탈뤼온 톤 나온[*katalyōn ton naon*]) 사흘에 짓는다(오이코도몬 엔 트리신 헤메라이스[*oikodomōn en trisin hēmerais*])는 자여"라고 부른다. 두 구절 간의 표현이 거의 정확하다. 마가의 기록에는 예수께서 이런 언급을 하지 않으시지만, 요한복음 2:19에서는 나타난다. 마가의 내러티브에서 예수는 자신이 "사흘 후에" 다시 살아날 것이며(8:31; 9:31; 10:34), 새 성전의 "모퉁이의 머릿돌"이 될 것이고(12:10), 예루살렘 성전의 "돌 하나도 돌 위에 남지 않고" 다 무너뜨려질 것(13:2)이라고 세 차례 언급하신다.

종합해 보면, 예수의 사역의 많은 부분이 이 말씀에 달려 있다. 그는 죽음을 통해 "(인간의) 손으로 지은" 성전을 "헐" 것이며(행 7:48; 17:24; 19;26 참조), 부활을 통해 하나님의 종말론적 처소를 세울 것이다. 이는 오직 하나님만 만드실 수 있는 성소, 곧 성도들의 공동체이다.

심문은 대제사장이 예수께 "네가 찬송받을 이의 아들 그리스도냐"라고 물음으로써 절정에 이른다(14:61// 마 26:63). 우리는 마가가 예수께서 어떻게 "메시아/그리스도"이시며 "하나님의 아들"이신지를 탐구하겠다고 약속한 1:1로 다시 돌아왔다. 제자들은 예수를 이스라엘의 왕이자 하나님의 신적 아들로서 확인하는 데 큰 어려움을 겪었다.

그러나 대제사장은 귀신들이 예수를 올바르게 식별하는 것처럼(예컨대, 1:24; 5:7) 이 두 가지 실재를 분명히 인정한다. 예수는 자신의 정체를 확증하면서 간결하게 "내가 그니라"(I am)라고 말씀하신다(14:62). 이는 예수께서 자신을 출애굽기의 위대한 "I am"(3:13-14)인 성육신하신 야웨로 주장하는 6:50(개역개정에는 "내니"로 번역됨-역주)에서의 용례와 동일한 명칭이다.

더 나아가서 예수는 우리가 이미 살펴본 것처럼 하나님의 불가사의한 인물의 즉위를 언급하는 다니엘 7:13을 인용하신다(시 110:1 참조). 이것은 성전 파멸이 다니엘 7장의 "인자"의 도래와 연결되는 두 번째 용례이다. 13:26에서 인자의 오심은 AD 70년과 그다음 재림 시에 일어난다.

> 또 밤 환상 중에 보니 인자 같은 이가 하늘 구름을 타고 와서 옛적부터 항상 계신 이에게 나아가 그 앞으로 인도되매(단 7:13).

> 그때에 인자가 구름을 타고 큰 권능과 영광으로 오는 것을 사람들이 보리라(막 13:26).

> 인자가 권능자의 우편에 앉은 것과 하늘 구름을 타고 오는 것을 너희가 보리라(막 14:62).

아마도 마가는 독자들이 예수의 성전 파괴와 그의 죽음과 부활을 통한 새 성전의 설립을 다니엘 7:13과 연결 짓기를 원했을 것이다. 그렇다면 예수의 우주 통치를 위한 즉위는 이 죽음과 부활로 새로운 차원에 이른다. 13:26에서 예수는 "사람들이 볼 것이라"(옵손타이[opsontai])고 예고하는 반면, 14:62에서는 "너희가 볼 것이다"(옵세스테[opsesthe])라고 말한다.

유대 지도자들에게는 그것으로 충분했다. 그들은 이제 예수를 신성모독으로 고소할 수 있는데(14:64), 그것은 사형에 해당하는 범죄이다(레 24:10-23).

(5) 신실하지 못한 베드로(14:66-72)

14장은 베드로가 대제사장 집 뜰에서 예수를 세 번이나 부인하는 장면으로 끝난다(// 마 26:69-75// 눅 22:56-62// 요 18:16-18, 25-27). 외관상 베드로와 요한은 예수를 체포한 일행을 따라 가야바의 집으로 간 반면(요 18:15), 나머지 제자들은 도망간 것으로 보인다(베다니로?).

앞 단락에서 예수께서 집 안에서 심문을 받으실 때 베드로는 "예수를 멀찍이 따라"갔다(14:54). 베드로가 곧 "아랫사람들(간수들)과 함께 앉아 불을 쬐고" 있는 것을 보면 아마도 우리는 이 진술을 문자적이고 비유적으로 받아들여야 할 것이다(14:54). 아마도 이들은 불과 몇 분 전에 예수를 체포한 무리일 것이고 지금 베드로는 그들과 교제하고 있다(요 18:12, 18 참조). 여하튼 베드로의 부인은 여러 면에서 상처를 준다. 예수와 함께 죽을지언정 결코 예수를 버리지 않을 것이라는 항변에도 불구하고(14:27-31), 그는 예수를 따르기보다는 자신의 생명을 더 귀하게 여긴다.

더욱이 베드로의 부인은 예수의 신실한 증언과 극명한 대조를 이룬다. 그는 예수를 부인하지만, 예수는 자신의 정체성을 신실하게 증언하신다. 이제 우리는 부활 이후(16:7)까지 베드로와 제자들에 관한 이야기를 듣지 못할 것이다. 내러티브의 이 시점에서 마가의 청중은 자신의 삶을 점검하고 나사렛 예수를 따르는 대가를 고려해야 한다.

역경에 직면할 때 예수를 본받을 것인가 아니면 베드로를 본받을 것인가?

5) 예수의 죽음과 매장(15:1-47)

(1) 예수, 빌라도, 십자가 처형(15:1-32)[37]

다음날인 금요일 아침, 유대 지도자들은 예수를 빌라도 앞으로 데리고 가서 로마에 대항한 선동죄로 그를 사형으로 몰아가려고 시도한다(15:1-2; → 요 18:28-40).

사복음서는 모두 빌라도의 다양한 면을 기록하고 있는데, 이는 예수를 심문하고 판결하는 종교 당국의 선동 때문이었다(// 마 27:11-44// 눅 23:1-5, 13-25// 요 18:29-19:24). 유대 지도자들이 고발하는 핵심 내용은 예수의 신성에 관한 것이었다(14:61-65; 참조, 요 19:7). 유대인에게는 사형을 집행할 권한이 없었기 때문에 빌라도의 승인이 필요하다. 빌라도의 양면적 태도에도 불구하고 예수를 사형에 처하기로 한 유대 지도자들의 결심은 단호했다(15:13-15).

마가는 예수께서 조롱을 당하시는 동안 몇몇 왕실의 특징들을 언급함으로써 이스라엘의 메시아로서 예수의 정체성을 강조한다. 예를 들면, 자색 옷, 가시 관, "유대인의 왕 만세"(개역개정에는 "유대인의 왕이여 평안할지어다"로 번역됨-역주)라는 로마 병사들의 조롱, 병사들의 냉소적 절하기(15:16-20). 종합해 보면, 이러한 세부사항은 마가의 내러티브를 주의 깊게 읽는 독자에게 통렬한 아이러니를 남긴다. 예수를 조롱하면서 병사들은 왕으로서 그의 진정한 정체성을 인정한다.

십자가형은 내러티브 전체가 처음부터 이 사건을 예견하고 있었다는 점에서 마가복음에서 중심적 위치를 차지한다. 하나님의 왕적 아들로서 예수의 정체성은 십자가 처형에서 드러난다(15:21-41). 예수께서 오실 메시아에 대한 이스라엘의 기대를 새롭게 형성하시는 곳이 바로 그곳이다. 예수는 칼로 로마인들을 정복하시는 것이 아니라 십자가에서 죽으심으로써

---

[37] 마가복음 15장에 나오는 시편 22편에 대한 나의 논의는 Benjamin L. Gladd, "Mark," in *A Biblical-Theological Introduction to the New Testament: The Gospel Realized*, ed. Michael J. Kruger (Wheaton: Crossway, 2016), 87-89에서 가져옴. 허가를 받고 사용함.

왕의 통치를 집행하신다. 십자가는 하나님의 언약적 저주와 로마 정부에 대한 선동을 상징한다.

시편 22편은 십자가형에 이르기까지의 사건과 십자가형 그 자체에서 중심 역할을 하고 있다. 한 장 안에서 시편 22편이 세 번이나 인용된다.

마가복음 15장	시편 22편
"십자가에 못 박고 그 옷을 나눌새 누가 어느 것을 가질까 하여 제비를 뽑더라"(24절).	"내 겉옷을 나누며 속옷을 제비 뽑나이다"(18절).
"지나가는 자들은 자기 머리를 흔들며 예수를 모욕하여 이르되 아하 성전을 헐고 사흘에 짓는다는 자여"(29절).	"나를 보는 자마다 모욕을 퍼붓고 머리를 흔들면서 나를 조롱한다"(7절, 사역).
"제구시에 예수께서 크게 소리 지르시되 엘리 엘리 라마 사박다니 하시니 이를 번역하면 나의 하나님, 나의 하나님, 어찌하여 나를 버리셨나이까 하는 뜻이라"(34절).	"내 하나님이여 내 하나님이여 어찌 나를 버리셨나이까 어찌 나를 멀리하여 돕지 아니하시오며 내 신음 소리를 듣지 아니하시나이까"(1절).

마태와 마가는 예수께서 십자가에서 시편 22:1을 인용한 것으로 기록하고 있으며("나의 하나님, 나의 하나님 어찌하여 나를 버리셨나이까?") 복음서 저자들은 예수의 말씀(아마도 아람어)을 약간 다르게 표기한다. 시편 22편의 직접 문맥을 살펴보면 예수의 버림받음에 대한 부르짖음을 이해하는 데 도움이 된다. 시편 22편은 다윗이 기록했다고 명시되는데 수난 내러티브에서의 그 평판을 고려할 때 주목하는 것이 중요하다.

그러나 시편 22편 내에 포함된 다양한 장르가 이 시편을 더욱 독특하게 만든다. 시편 22편의 첫 부분은 화자가 괴로워하며 하나님께 개입해 달라고 간청하는 '기도 노래'(prayer song)이다. 또한, 염두에 두어야 할 것은 화자("나")와 이스라엘 공동체 간의 관계이다. 화자는 종종 그의 노래에서 공동체를 대표한다. 공동체는 화자의 '기도'를 반복함으로써 기도의 참여자가 될 것으로 기대된다.

1-21절은 기도 노래이고, 22-31절은 주님이 이루신 일을 기념하는 문학 형태인 '감사'로 분류된다. 22:2에서 다윗은 "응답하지 아니하시나이다"라고 말하지만, 21절에서는 "주께서 내게 응답하셨다"라고 말한다. 다

시 말해서, 22:22은 하나님께서 다윗의 도와달라는 외침에 결정적으로 행동하심으로써 응답하시는 전환점이다(마가복음 15장에서 언급된 세 개의 인용문 모두 시편 22편의 전반부에서 나온 것임에 주목하라).

시편 22:1은 곤경에 처한 다윗의 좌절을 묘사한다. 가장 필요한 순간에 하나님은 멀리 계신다. 다윗은 마치 하나님께서 그를 버리신 것처럼 느낀다. 하나님이 응답하지 않으시지만, 다윗은 하나님이 여전히 우주를 통치하심을 확신하면서(3절) 자신의 믿음을 굳건히 지킨다(22:4-5). 8절은 다윗의 적대자들의 빈정거리는 태도를 묘사한다.

그의 적대자들은 그를 비웃으며 "주께서 그(다윗)를 구하여 주시겠지. 그(다윗)가 주를 기뻐하니 주께서 그(다윗)를 건져 주시겠지"(사역)라고 말한다. 17-18절은 다윗의 적대자들이 마치 그가 이미 죽은 것처럼 그를 대하는 것으로 묘사한다.

시편 22편의 후반부에는 이방 민족의 회심을 묘사하는 예언이나 기대와 같은 내용이 나온다.

> 땅의 모든 끝이 여호와를 기억하고 돌아오며 모든 나라의 모든 족속이 주의 앞에 예배하리니 나라는 여호와의 것이요 여호와는 모든 나라의 주재심이로다(시 22:27-28).

다음의 두 가지 요소는 언급할 가치가 있다.

첫째, 민족들의 회심
둘째, 주님의 우주적 통치

마가복음 15장에 시편 22편의 세 인용문이 모두 나타나기 때문에, 그 시편이 마가 수난 주간, 특히 예수의 십자가 처형을 묘사하는 데 중심 역할을 할 가능성이 크다. 종종 구약의 구절은 신약 본문의 청사진 역할을 한다. 예를 들어, 우리는 이사야 40-66장이 어떻게 마가 내러티브의 많은 부분에서 청사진 역할을 하는지 살펴보았다. 동일한 기법이 여기 15장에서도 발견될 수 있는데 마가는 그의 자료를 시편 22편을 주의 깊게 읽고 배열한다.

유명한 다윗의 시인 시편 22편의 사용은 결코 우연이 아니다. 이 시편을 세 번 인용함으로써(15:25, 29, 34) 마가는 예수의 행동과 다윗의 행동을 분명히 연결한다. 시편 22편에 등장하는 다윗의 적대자들은 그들의 역사적 맥락에서 누구를 가리키든 간에 예언적으로 로마 병사들(15:24)과 "지나가는 자들"(15:29)에 해당하는 것으로 보인다.

전자는 분명히 이교도 이방인이지만 후자는 아마도 일부 유대인, 심지어 유대 지도자들을 포함할 것이다. 더욱이 버림받음에 대한 예수의 부르짖음은 다윗의 부르짖음에 상응한다. 버림받음에 대한 다윗의 감정은 유형론적으로 예수와 같은 감정을 예고하지만, 예수는 그것을 더 깊고 의미 있는 방식으로 경험하신다.

시편 22편의 전반적 문맥은 마가복음의 대리적 고난, 예수의 통치, 그리고 열방의 회심이라는 주제를 제시한다. 시편 22편에서 다윗의 고난은 어떻게든 이스라엘 백성의 고난(현재 또는 미래)과 연결되어 있다. 다시 말해서, 다윗은 한 개인으로서 고난받는 의로운 이스라엘 백성을 대신하여 고난을 받거나 적어도 그들과 동일시된다.

이와 마찬가지로 예수도 자신의 백성을 대신하여 고난을 받으신다. 그의 고난은 그와 그의 메시지를 믿고 신뢰하는 사람들을 대신한다. 더욱이 하나님의 최고 통치에 대한 시편 22편의 강조는 마가복음 15장에서도 계속된다. 그러나 이번에는 십자가에서 일어난 예수의 최고 통치로 그 초점이 이동했다. 마지막으로 시편 22편은 열방의 회심을 예고한다(22:27-28). 그렇다면 예수께서 시편 22:1을 인용하신 후 한 이방인, 즉 로마의 백부장이 십자가 옆에서 믿음을 고백한 것은 우연이 아닐 수도 있다.

마가가 시편 22편을 사용한 결과는 특히 그의 복음서의 이러한 전체 목적을 위해 중요하다. 마가는 독자들에게 이 나사렛 예수께서 실제로 오랫동안 기다려 온 이스라엘의 왕이시며 다윗의 자손이시라고 알린다. 죽음과 패배의 극심한 고통 속에서 예수는 동시에 육체적으로나 영적으로나 모든 권위 표현에 대한 최고 통치자이시다. 다윗의 경험은 지상 사역 전반에 걸친, 특히 십자가에 못 박히실 때 겪으실 예수의 경험을 예언적으로 예견한다.

다윗이 주변 사람들에게 박해를 받으면서 이스라엘을 통치하듯이, 예수 또한 동족에 의한 패배와 절망 가운데 통치하신다. 비록 예수와 비교할 때 희미하고 덜 명확하지만, 다윗의 행동은 십자가상에서의 그리스도의 경험을 위한 길을 열어 준다. 실제로 이스라엘의 메시아로서 예수께서 고난과 죽음을 경험해야 한다는 사실은 놀라운 일이지만, 구약의 전례가 없는 것은 아니다.

또한, 일부 주석가는 예수를 삼위일체의 내부 균열을 드러내는 것으로, 즉 예수께서 시편 22:1로 기도하실 때("나의 하나님 나의 하나님 어찌하여 나를 버리셨나이까") 아버지가 아들에게 등을 돌리신 것으로 해석하려는 유혹을 받고 있지만, 우리는 하나님이시면서 인간이신 예수께서 신적 저주를 담당하는 동안 그의 인성 안에서 하나님께 부르짖은 것으로 이해해야 한다.

(2) 예수의 죽음과 휘장의 찢어짐(15:33-39)

모든 복음서에 기록된 예수의 죽음(// 마 27:45-56// 눅 23:44-49// 요 19:29-30)은 시간적 지표로 시작된다.

> 제육시가 되매 온 땅에 어둠이 임하여 제구시까지 계속하더니(막 15:33).

시간을 밝힘으로써 마가는 어둠의 기적적이고 상징적인 특성을 강조한다. "어둠"으로 번역된 그리스어 스코토스(*skotos*)는 마가복음에서는 드물게 나타난다. 제육시(정오)는 여기에서만 나타나며 스코토스의 동사형태는 13:24에서 찾을 수 있다.

> 해가 어두워지며(스코티스데세타이[*skotisthēsetai*]) 달이 빛을 내지 아니하며(막 13:24).

우리는 13:24의 우주적 언어가 그 기원을 구약에 두고 있으며(예컨대, 사 13:10-13; 24:1-6, 19-23; 34:4; 렘 4:23-28; 겔 32:6-8), 죄 많은 민족이 멸망하고 다른 왕국이 설립되는 것을 상징적으로 묘사한다고 지적한 바 있다. 이러한 맥락에서 구약의 어둠은 또한 심판의 의미를 내포하고 있다(예컨대, 욜 2:2, 31; 습 1:14-15). 실제로 이집트에 내려진 아홉 번째 재앙은 온 땅을 덮는 절대적 어둠이었다(출 10:21-29).

따라서 마가는 정오의 어둠으로 이 이야기를 시작하여 예수의 죽음 전체를 하나님이 죄 없는 아들에게 종말론적 심판을 쏟아부어 그를 믿는 모든 사람이 구원을 받게 하시는 것으로 구성한다.

우주적 차원은 또한, 예수의 죽음 직후에 성소 휘장이 찢어지는 장면에서도 부각된다. 다시 한번 우리는 샌드위치 구조를 확인할 수 있다.

> 제육시가 되매 온 땅에 어둠이 임하여(막 15:33).

> 예수께서 큰 소리를 지르시고 숨지시니라(막 15:37).

> 이에 성소 휘장이 위로부터 아래까지 찢어져 둘이 되니라(막 15:38).

예루살렘 성전의 주요 특징 중 하나는 우주의 상징적 표현이다. 성전의 내부 휘장의 상징적 의미를 잘 아는 사람들은 즉각적으로 예수의 죽음과 우주를 연결할 것이다. 이스라엘의 성전은 바깥 뜰, 성소, 지성소 세 부분으로 구성되어 있다.[38] 각 부분은 우주적 실재에 해당한다. 바깥 뜰은 땅을 상징하고(출 20:24-25; 왕상 7:23-25), 성소는 눈에 보이는 하늘을 의미하며(출 25:8-9; 창 1:14), 지성소는 하나님께서 천사들과 함께 거하시는 보이지 않는 하늘을 나타낸다(출 25:18-22; 사 6:1-7).

---

[38] 성전에 관한 이 단락은 개념적으로 G. K. Beale, *The Temple and the Church's Mission: A Biblical Theology of the Dwelling Place of God*, NSBT 17 (Downers Grove, IL: InterVarsity, 2004), 38에 의존한다.

또한, 내부 휘장과 외부 휘장에도 그룹(cherubim)과 같은 우주적 상징이 직물에 짜여져 있으며 휘장의 색깔은 하늘을 상징하는 청색, 빨간색, 자주색이다(출 26:31). 1세기 유대인 역사가 요세푸스는 다음과 같이 설명한다.

> 그것은 청색, 고운 베실, 주홍색, 자주색으로 수놓아진 바벨론의 휘장이었으며 그 짜임새가 참으로 놀라웠는데 … 일종의 우주 형상이었다(*J. W.* 5.212).

요세푸스와 동시대인인 필로도 다음과 같이 말한다.

> 그(건축가)는 이 자수의 재료를 선택했다. … 세계를 구성하는 요소들인 땅과 물, 공기, 불의 수와 동일하고 그 요소들과 직접적으로 관계가 있는 재료를 선택한다(*Vit. Mos.* 2.88).

그렇다면 휘장이 찢어지는 것은 옛 우주가 찢어짐을 상징하며 하나님의 영광스러운 현존(presence)이 내려와 인류와 함께 거주하도록 허용해 줌을 상징한다. 이는 누가의 내러티브가 휘장의 찢어짐과 우주의 해체를 명시적으로 연결하는 이유를 설명한다.

> 때가 제육시쯤 되어 해가 빛을 잃고 온 땅에 어둠이 임하여 제구시까지 계속하며 성소의 휘장이 한가운데가 찢어지더라(눅 23:44-45).

창조된 질서를 깨끗하게 하고 정결하게 하는 예수의 사역은 그의 죽음에서 절정에 이른다. 휘장이 찢어진 것이 피조물에 대한 하나님 심판의 총체성을 상징하는 반면 그의 부활은 영원한 새 우주의 시작을 알리는 것이다. 심판과 새 창조라는 이 두 가지 주제는 지금까지 우리가 살펴본 예수의 사역, 특히 광야의 시험에서 마귀를 물리치신 사건(1:12-13)과 풍랑을 잔잔하게 하신 기적 사건(4:35-41)에서 본 많은 부분을 훌륭하게 요약하고 있다.

이러한 주제들은 그가 왜 사탄과 귀신들을 심판하고 쫓아내셨으며 인류와 창조된 질서를 회복하고 정결하게 하셨는지 그 이유를 설명해 준다. 또한, 마가가 왜 우상 숭배하는 예루살렘 성전을 심판하시고 예수와 그를 따르는 자들 안에 새 성전을 세우신 하나님께서 그렇게 많은 공간을 할애하는지 그 이유도 설명한다. 그는 구원하기 위해 심판하신다.

십자가 처형에 대한 마가의 이야기는 한 백부장의 고백에서 절정에 이른다.

> 예수를 향하여 섰던 백부장이 그렇게 숨지심을 보고 이르되 이 사람은 진실로 하나님의 아들이었도다 하더라(막 15:39).

여기에는 깊은 아이러니가 자리 잡고 있다. 예수의 죽음 이후 최초의 회심자는 아마도 이방인일 것이다. 그것도 어떤 다른 이방인이 아니라 백 명의 부하를 거느린 로마의 군인이었다. 그와 그의 병사들은 애초에 예수를 죽이는 데 어떤 역할을 했을 가능성이 크다.

우리가 이미 살펴본 것처럼 "하나님의 아들"이라는 칭호는 신적 존재의 함의를 내포하고 있다(1:1; 14:61). 따라서 이 백부장은 이 현실, 즉 일반적으로 그가 가지고 있던 로마 세계관에 적합한 개념을 인정하고 있는 것으로 보인다(로마인들은 카이사르 아우구스투스가 신이라고 믿었다). 이방인들은 마가의 내러티브에서 두드러지게 등장했으며(5:1-20; 7:24-30; 8:1-10), 이 주제가 여기에서 다시 나타나는 것은 이해하기 어렵지 않다.

예수는 앞에서 성전을 "만민이 기도하는 집이라 칭함을 받으리라"(사 56:7을 인용하는 11:17)라고 지적하셨는데 마침내 여기에서 그 결실을 보게 된다. 하나님의 임재가 하늘로부터 땅으로 돌진하는 가운데 그의 종말론적 임재를 처음으로 누릴 사람은 로마의 백부장이다. 더욱이 백부장의 고백은 그 문맥을 고려할 때 더욱더 극명하게 드러난다. 유대 지도자들과 그 민족이 신성모독자이자 선동가를 죽였다고 만족하고 있을 때 이 백부장은 예수의 참모습을 본다. 우리는 역할이 뒤바뀔 것을 예상할 수 있다.

끝으로 이 고백은 마가복음 1:1에 따라 마가가 예수를 "하나님의 아들 메시아"로 입증하려고 했다는 점에서 두 번째 복음서를 마무리한다. "하나님의 아들"이라는 칭호는 두 번째 복음서에서 세 가지 중요한 지점에서 나타난다(1:11; 9:7; 15:39). 요엘 마르쿠스(Joel Marcus)가 이 고백의 의미를 올바르게 인식한다.

> 백부장의 고백은 예수께서 하나님의 아들이라는 세 가지 구조상의 외침 중 하나이다. 이 외침은 유사한 형식으로 처음과 중간과 끝에 나타나 복음서 전체를 구성하는 핵심 요소로 보인다.[39]

비록 예수께서 인류에게 거부당하고 하나님의 저주를 받을지라도 마가는 청중이 예수를 메시아, 구원자, 하나님의 신적 아들로 받아들이기를 원한다. 예수께서 인류의 저주, 죄, 수치를 짊어지셔야만 아버지의 진노가 누그러질 수 있다.

"외부자들"은 예수를 로마에 대항하는 선동자요 거짓 메시아로 보기 때문에 그런 영적 인식이 없다(→ 4:11). 어떤 의미에서 십자가 자체가 극적 비유이며 그것의 참된 의미는 영적으로 눈먼 사람들에게는 여전히 감추어져 있다. 오직 볼 수 있는 눈을 가진 사람들만이 예수께서 실제로 메시아요 하나님의 신적 아들이심을 이해한다(고전 2:6-16 참조).

(3) 십자가 곁의 여인들(15:40-41)

로마의 백부장이 회심한 후 마가는 "멀리서 바라보는" 한 무리의 여인들이 있었음을 청중에게 알린다(15:40). 이 여인들은 예수를 따르는 데 있어 단호하다. 우리는 이 불굴의 세 여인의 이름을 알게 된다. 막달라 마리아, "작은 야고보와 요세의 어머니" 마리아, 그리고 살로메이다. 다음과 같은 세 가지 점에 주목할 만한 가치가 있다.

---

39 Joel Marcus, *Mark 8–16: A New Translation with Introduction and Commentary*, AB (New York: Doubleday, 2000), 1059.

첫째, 우리는 마가의 내러티브 중 여기에서 이 그룹에 대해 처음으로 접하게 된다. 마가는 그들이 예수께서 갈릴리에서 사역하는 동안 "그를 따르며(에콜루둔[ēkolouthoun]) 섬기던 자들(그[예수]의 필요를 돌본 자들)"이라고 말한다(15:41; 참조, 1:18; 2:14; 8:34). 그렇다면 우리는 이 여인들이 신실하다고 가정해야 한다. 그들은 예수 및 제자들과 많은 여행을 했으며 회개하고 하나님 나라의 메시지를 믿은 것처럼 보인다. 부활 내러티브에서 그들의 두드러진 역할은 이러한 관찰을 확인해 준다(16:1-8).

둘째, 마가가 이 세 여인의 이름을 거명하고 있으므로 우리는 그들이 십자가와 부활의 목격자가 된다고 가정해야 한다. 사복음서 모두 그들의 중요성을 강조한다(마 28:1// 눅 8:2; 24:10// 요 20:1-18).

셋째, 마가는 백부장의 믿음을 여인들의 신실함과 연결한다. 이 두 그룹은 1세기 유대교에서 사회적으로 열등한 위치에 있던 사람들이다. 하나님 나라의 본질은 예수께서 지적하신 바와 정확히 일치한다. 즉, 하나님 나라는 나중 된 자가 먼저 되고 먼저 된 자가 나중 되는 곳이다(예컨대, 9:35-37; 10:13-31).

(4) 예수의 매장(15:42-47)

15장의 마지막 부분은 아리마대 사람 요셉이 예수를 장사한 일을 다루고 있는데, 요셉은 "존경받는 공회원이요 하나님의 나라를 기다리는 자"였다(15:43// 마 27:57-61// 눅 23:50-56// 요 19:38-42). 우리는 아마도 아리마대 요셉이 예수에 관한 공회의 판결에 반대했거나 그 자리에 없었을 것이라고 짐작해야 한다(// 눅 23:51). 적어도 아리마대 요셉은 유대인 성도들의 남은 자를 상징한다.

그가 빌라도에게 예수의 시신을 달라고 요청하고, "하나님의 나라를 기다리는" 인물로 묘사된 것은 그가 진정으로 예수를 따르는 사람임을 알려 준다. 빌라도가 요셉에게 시신을 처리할 수 있도록 허용하자 요셉은 "세마포"에 싸서 "바위 속에 판 무덤에" 넣어 둔다(15:46).

유대인들은 이제 곧 해가 지면 유월절을 거행할 것이므로(15:42) 요셉은 서둘러야만 했을 것이다. 15:40에 언급된 세 명의 여인 중 두 명인 막달라 마리아와 "요세의 어머니" 마리아는 예수 둔 곳(예수께서 누워있는 곳)을 눈여겨본다.

6) 빈 무덤(16:1-8)

예수의 죽음이 마가의 내러티브에서 중심을 차지할 수도 있지만, 확실히 그의 이야기의 클라이맥스는 아니다. 마가의 부활 이야기는 상대적으로 간략할지라도(16:1-8), 신학적으로 매우 중요하다(// 마 28:1-8// 눅 24:1-10// 요 20:1-18). 예수의 부활은 새 하늘과 새 땅의 여명을 가져온다. 죽은 자 가운데서 살아나심으로써 예수는 그의 왕권과 부활이 실제로 사실임을 입증하신다. 유대 지도자들로 대표되는 이스라엘 민족을 포함한 많은 사람이 예수의 메시지를 수치스러운 것으로 여겼지만, 부활은 예수의 정체성과 사명을 입증한다.

(1) 빈 무덤과 "우편에 앉은 천사"(16:1-5)

"안식 후 첫날"인 주일(일요일) 이른 아침, 앞에서 언급한 세 여인이 예수의 몸에 기름을 바르기 위해 무덤에 도착한다(16:1-2). 여인들은 무덤으로 가까이 가면서 "누가 우리를 위하여 무덤 문에서 돌을 굴려 주리요"(16:3)라며 서로 묻는다. 1세기의 무덤은 종종 여러 사람의 시신을 매장하는 데 사용했으므로 사람들이 무덤을 봉인한 바위를 굴려 옮기는 일은 드문 일이 아니었다. 놀랍게도 여인들은 "매우 큰 돌"이 이미 옮겨져 있는 것을 발견한다(16:4).

그들은 무덤에 들어가서 "흰 옷을 입은 한 청년이 우편에 앉은 것을" 본다(16:5). 천사가 "우편에 앉은 것"(문자 그대로는 "오른쪽에 앉은 것")으로 묘사된 점은 다소 이상한 표현이다. 아마도 무덤 안쪽에 있는 돌 벤치(stone bench) 오른쪽을 가리키는 것 같지만 상징적 차원도 있을 수 있다.

요한복음에는 막달라 마리아가 흰옷 입은 두 천사를 보았는데 "하나는 (예수께서 누워 계신) 머리 편에, 하나는 발 편에 앉아" 있었다고 언급하지만 (요 20:12), 마가는 천사가 "우편에 앉은 것"으로 기록한 유일한 복음서 저자이다(// 마 28:2// 눅 24:4 참조). 마가복음에서 "앉다"(카데마이[kathēmai])와 "오른쪽" 또는 "우편"(덱시오스[dexios])이라는 단어가 함께 나오는 경우는 모두 세 곳이다.

> 다윗이 성령에 감동되어 친히 말하되 주께서 내 주께 이르시되 내가 네 원수를 네 발 아래에 둘 때까지 내 우편에(에크 덱시온[ek dexiōn] 앉았으라(카두[kathod]) 하셨도다 (막 12:36).

> 예수께서 이르시되 내가 그니라 인자가 권능자의 우편에 앉은(에크 덱시온 카데메논[ek dexiōn kathēmenon]) 것과 하늘 구름을 타고 오는 것을 너희가 보리라 하시니(막 14:62).

> 무덤에 들어가서 흰 옷을 입은 한 청년이 우편에 앉은(카데메논 엔 토이스 덱시오이스 [kathēmenon en tois dexiois]) 것을 보고 놀라매(막 16:5).

마가복음 12:36과 14:62은 시편 110:1을 참조하는데, 이 구절은 하나님의 우주적 보좌에 앉으실 불가사의한 신적 인물이 종말에 도래할 것을 예고하는 중요한 예언이다. 예수는 마가복음에서 이 예언을 두 번 인용하시고 두 번 다 자신이 그 인물이라고 주장하신다. 두 번째 구절(14:62)은 예수께서 다니엘 7:13을 시편 110:1과 연결하여 유대 지도자들이 이 사건이 일어나는 것을 "볼" 것이라고 예고하시기 때문에 특히 중요하다. 아마도 이 예언은 AD 70년에 일어날 성전 파괴에 대한 언급일 것이다(→ 13:26).
"우편에 앉은" 천사가 하나님의 우편에 앉아 있는 인자를 상징한다면 어떻게 될까?
천사의 옷이 "희다"라는 점에 주목하라. 이는 아마도 변모 사건 때 예수께서 입으신 "흰" 옷에 상응할 것이다(9:3; 16:5// 요 20:12). 다시 말해서,

천사의 자세는 마가복음이 드러내려고 했던 요점을 정확히 나타낸다. 즉, 예수는 죽음과 부활을 통해 이스라엘의 "메시아"이자 신적 "하나님의 아들"(1:1)로 통치하신다. 승천은 몇 주 뒤에 일어나겠지만, 그의 죽음과 부활로 인해 예수는 아버지와 나란히 우주를 통치할 권리를 가질 자격을 갖추게 되셨다.

또한, 이러한 사고 구조는 존재론적으로 하나님과는 구별되는 "주의 천사"가 지상에서 하나님의 유일한 대표자 역할을 하는 몇 가지 중요한 구절과도 일맥 상통한다(예컨대, 출 3:2; 민 22:22-27; 삿 6:11-12; 13:20-21). 천사는 주님이 하시는 일을 한다. 마태복음은 심지어 무덤의 돌 위에 앉아 있는 천사를 "주의 천사"(28:2)라고 부르기까지 한다.

마가복음의 부활 이야기는 축약된 상태로 다른 세 개의 복음서에서 발견되는 상세한 내용이 많이 없어 놀라움을 초래했지만, 우리가 그의 이야기에서 천사가 "우편에 앉아" 있다고 하는 기이한 상세 묘사를 고려하면 내러티브를 이해하는 데 큰 도움이 된다.

(2) 두려움과 흥분(16:6-8)

천사는 여인들에게 제자들에게 가서 다음과 같이 알리라고 명령한다.

> 예수께서 너희보다 먼저 갈릴리로 가시나니 전에 너희에게 말씀하신 대로 너희가 거기서 뵈오리라 하라(막 16:7).

천사는 여기에서 예수께서 부활 후에 자신이 제자들보다 "먼저 갈릴리로 가실" 것이라 약속하신 14:28을 언급하고 있다.

왜 갈릴리로 돌아갈까?

아마도 몇 가지 이유 때문일 것이다. 예수의 공생애 사역이 시작된 장소인 갈릴리로 돌아감으로써(1:14), 제자들은 이제 그들이 부르심을 받은 일, 즉 하나님께서 그들 가운데 거하실 수 있도록 사람들에게 회개를 촉구하는 소명을 계속할 수 있다. 제자들은 고향으로 돌아가서 이제 나사렛 예수에 관한 좋은 소식을 선포할 것이다. 그는 자신이 주장하시는 바로 그이시다. 예수는 갈릴리에서 정결과 갱신의 과정을 시작하셨다. 그렇다면 그곳에서 그들의 임무가 재개되는 것이 적절하다.

이상하게도 마가복음은 세 여인이 "몹시 놀라 떠는"(엑스타시스[ekstasis]) 것으로 끝난다(16:8a). 이러한 반응이 마가복음에서는 드문 일이 아니다. 예수께서 야이로의 딸을 죽은 자 가운데서 일으키실 때, 거기 모인 사람들은 "완전하게 놀랐다"(엑스타세이[ekstasei], 개역개정에는 "크게 놀라고 놀라거늘"로 번역됨-역주)(5:42; 참조, 4:41; 5:15, 33; 10:32). 그러나 다소 예상치 못한 점은 여인들의 침묵이다.

(그들이) 무서워서 아무에게 아무 말도 하지 못하더라(막 16:8b).

마가복음에서 두려움은 종종 기대/예상을 뛰어넘는 예수에 대한 제자들의 반응과 관련이 있다. 그는 풍랑을 잔잔하게 하시고(4:41), 귀신을 쫓아내시며(5:15), 혈우병을 앓는 여인을 고치시고(15:33), 물 위를 걸으실 수 있는(6:50) 능력을 가진 하나님의 신적 아들이시다. 그는 또한 고난으로 특징지어지는 메시아이시기도 하다(9:32; 10:32). 그래서 아마도 여인들은 그가 다시 한번 그를 따르는 자들의 기대를 뛰어넘기 때문에 "두려워"할 것이다.

구약에 따르면 일반 부활은 역사의 마지막에 일어날 것이며 모든 사람이 함께 부활할 것이다. 하나님은 의로운 성도들을 일으키시어 그들을 새 창조 안에서 회복하실 것이며 불의한 자를 일으키시어 그들에게 심판을 내리실 것이다(욥 19:26-27; 사 25:7-8; 26:19; 겔 37:1-14, 26-35; 단 12:2-3을 보라). 따라서 한 개인의 부활은 전혀 예상하지 못한 일일 것이다.

천사가 여인들에게 베드로와 제자들에게 예수께서 죽은 자 가운데서 살아나셨다고 말하라고 명령했음에도 불구하고 여인들은 "아무에게 아무 말도" 하지 못한다(16:8b).

그들이 천사의 말에 순종하지 않은 것일까?

아마도 거기에는 여러 가지 요인이 혼합되어 있을 것이다. 메시아 비밀이 마가의 내러티브를 관통하고 있음을 기억하라.

처음부터 예수의 정체에 관한 신비감과 수수께끼가 만연했으며 예수와 만나는 사람들은 종종 그의 정체성에 대해 고심한다. 이는 아이러니하게도 귀신들과 이방인들이 그의 제자들보다 예수의 정체를 더 잘 파악하는 경우에 특히 그렇다(예컨대, 1:24; 5:7; 15:39). 그러므로 세 여인이 제자들의 감정을 어느 정도 공유했다고 해서 그것은 전혀 놀라운 일이 아니었을 것이다. 또한, 많은 주석가가 마가복음의 마지막 장면은 청중이 제자들과 여인들이 멈춘 부분에서 다시 시작할 것을 훌륭하게 요청하고 있다고 주장한다. 예수를 진지하게 따르고 열방에 복음을 선포하라.

7) 더 긴 결말(16:9-20)

마가복음에서 더욱 긴급한 문제 중 하나는 16:9-20의 더 긴 결말이다. 대부분의 현대 영어 번역에는 이에 대한 몇 가지 설명이 포함되어 있다(요 7:53-8:11 참조). 마가복음의 네 가지 다른 결말이 우리에게 전해졌지만, 우리는 그중 두 가지만 논할 것이다.

대다수의 주석가는 많은 이유로 16:9-20을 본래의 마가복음에 포함하는 것에 반대하는데, 다음 세 가지를 가장 중요한 이유로 들 수 있다.

첫째, 더 짧은 결말에 대한 사본 증거(16:9-20을 생략한 사본들)가 특히 초기의 것이며 더 신뢰할 만하다(예컨대, 시내산 사본, 바티칸 사본). 라틴어, 시리아어, 그루지아어로 된 마가의 초기 번역본 또한 더 긴 결말을 생략하며 초기 교회의 일부 교부는 그것을 알지 못했음을 보여 준다.

둘째, 필사자들은 종종 본문에서 감지된 난점을 극복하기 위해 확장하거나 매끄럽게 하는 경향이 있다. 16:8의 갑작스러운 결말이 그러한 확장에 얼마나 적합한지 알 수 있다.

셋째, 마가의 더 긴 결말(16:9-20)에는 마가의 문체 및 내러티브와는 일치하지 않는 몇 가지 단어와 주제가 포함되어 있다. 그렇다면 충분한 이유로 16:9-20을 마가복음에 포함해서는 안 된다.

§ 마가복음: 주석

Boring, M. Eugene. *Mark*: A *Commentary*. NTL. Louisville: Westminster *John* Knox, 2006.
Brooks, James A. *Mark*. NAC. Nashville: Broadman, 1991.
Cole, R. Alan. *The Gospel according to Mark*. Rev. ed. TNTC. Grand Rapids: Eerdmans, 1989.
Collins, Adela Y. *Mark*. Hermeneia. Minneapolis: Fortress, 2007.
Cranfield, C. E. B. *The Gospel according to Saint Mark*. Rev. ed. Cambridge: Cambridge University Press, 1977.
Culpepper, R. Alan. *Mark*. SHBC. Macon, GA: Smyth & Helwys, 2007.
Donohue, J. R., and D. J. Harrington. *The Gospel of Mark*. SP 2. Collegeville, MN: Liturgical Press, 2002.
Dowd, Sharyn. *Reading Mark: A Literary and Theological Commentary on the Second Gospel*. Reading the New Testament. Macon, GA: Smyth & Helwys, 2000.
Edwards, James R. *The Gospel according to Mark*. PNTC. Grand Rapids: Eerdmans, 2002.
Evans, Craig A. *Mark 8:27-16:20*. WBC. Nashville: Nelson, 2001.
France, R. T. *The Gospel of Mark*. NIGTC. Grand Rapids: Eerdmans, 2002.
Garland, David. *Mark*. NIVAC. Grand Rapids: Zondervan, 1996.
Guelich, Robert A. *Mark 1-8:26*. WBC. Dallas: Word, 1989.
Gundry, Robert H. *Mark: A Commentary on His Apology for the Cross*. Grand Rapids: Eerdmans, 1993.
Hooker, Morna D. *The Gospel according to Saint Mark*. BNTC. London: A & C Black; Peabody, MA: Hendrickson, 1991.
Hurtado, Larry. *Mark*. NIBC. Peabody, MA: Hendrickson, 1989.
Kernaghan, Ronald J. *Mark*. IVPNTC. Downers Grove, IL: InterVarsity, 2007.
Lane, William L. *The Gospel according to Mark*. NICNT. Grand Rapids: Eerdmans, 1974.
Marcus, Joel. *Mark 1-8*: A New Translation with Introduction and Commentary. AB 27. New York: Doubleday, 2000.
_____. *Mark 9-16: A New Translation with Introduction and Commentary*. AB 27A. New York: Doubleday, 2009.
Stein, Robert H. *Mark*. BECNT. Grand Rapids: Baker Academic, 2008.

Strauss, Mark L. *Mark*. ZECNT. Grand Rapids: Zondervan, 2014.

Wessel, W., and M. L. Strauss. "*Mark*." In *Matthew–Mark*, vol. 9 of Expositor's Bible Commentary, rev. ed., edited by Tremper Longman III and David E. Garland, 671–988. Grand Rapids: Zondervan, 2010.

Witherington, Ben, III. *The Gospel of Mark: A Socio-Rhetorical Commentary*. Grand Rapids: Eerdmans, 2001.

§ 마가복음: 논문 및 단행본

Achtemeier, P. J. "'And He Followed Him': Miracles and Discipleship in *Mark* 10:46–52." Semeia 11 (1978): 115–45.

Ambrozic, A. M. *The Hidden Kingdom: A Redaction-Critical Study of the References to the Kingdom of God in Mark's Gospel*. CBQMS 2. Washington, DC: Catholic Biblical Society of America, 1972.

Anderson, Janice Capel, and Stephen D. Moore. *Mark and Method*. Minneapolis: Fortress, 2008.

Barrett, C. K. "The Background of Mark 10:45." *In New Testament Essays: Studies in Memory of T. W. Manson*, edited by A. J. B. Higgins, 1–18. Manchester: Manchester University Press, 1959.

Beavis, M. A. *Mark's Audience: The Literary and Social Setting of Mark* 4.11–12. JSNTSup 33. Sheffield: JSOT Press, 1989.

Best, Ernest. *Mark: The Gospel as Story*. Edinburgh: T&T Clark, 1983.

_____. *The Temptation and the Passion: The Markan Soteriology*. 2nd ed. SNTSMS 2. Cambridge: Cambridge University Press, 1990.

Blount, Brian K. *Go Preach: Mark's Kingdom Message and the Black Church Today*. Maryknoll, NY: Orbis Books, 1998.

Bock, D. L. *Blasphemy and Exaltation in Judaism: The Charge against Jesus in Mark* 14:53–65. Grand Rapids: Baker, 1998.

Bolt, P. G. *The Cross from a Distance: Atonement in Mark's Gospel*. NSBT 18. Downers Grove, IL: InterVarsity, 2004.

Bond, Helen K. *The First Biography of Jesus: Genre and Meaning in Mark's Gospel*. Grand Rapids: Eerdmans, 2020.

Booth, R. P. *Jesus and the Laws of Purity: Tradition History and Legal History in Mark* 7. JSNTSup 13. Sheffield: JSOT Press, 1986.

Broadhead, Edwin K. *Naming Jesus: Titular Christology in the Gospel of Mark*. Sheffield: Sheffield Academic, 1999.

_____. *Teaching with Authority: Miracles and Christology in the Gospel of Mark*. Sheffield: JSOT Press, 1992.

Camery-Hoggatt, Jerry. *Irony in Mark's Gospel: Text and Subtext*. New York: Cambridge University Press, 1992.

Casey, M. *Aramaic Sources of Mark's Gospel*. SNTSMS 102. Cambridge: Cambridge University Press, 1998.

Crossley, James G. *The Date of Mark's Gospel: Insights from the Law in Earliest Christianity*. JSNTSup 299. New York: T&T Clark, 2004.

Croy, N. Clayton. *The Mutilation of Mark's Gospel*. Nashville: Abingdon, 2003.

Danove, P. L. *The End of Mark's Story: A Methodological Study*. Leiden: Brill, 1993.

Derrett, J. D. M. "Christ and the Power of Choice (Mark 3:1–6)." *Bib* 65 (1984): 168–88.

_____. "Contributions to the Study of the Gerasene Demoniac." *JSNT* 3 (1984): 2–17.

_____. "He Who Has Ears to Hear, Let Him Hear (Mark 4:9 and Parallels)." DRev 119 (2001): 255–68.

Dewey, J. *Markan Public Debate: Literary Technique, Concentric Structure, and Theology in Mark 2:1–3:6*. SBLDS 48. Chico, CA: Scholars Press, 1980.

Driggers, Ira B. *Following God through Mark: Theological Tension in the Second Gospel*. Louisville: Westminster John Knox, 2007.

Dwyer, T. *The Motif of Wonder in the Gospel of Mark*. JSNTSup 128. Sheffield: Sheffield Academic, 1996.

Dyer, K. D. *The Prophecy on the Mount: Mark 13 and the Gathering of the New Community*. ITS 2. Bern: Peter Lang, 1998.

Edwards, J. R. "Markan Sandwiches: The Significance of Interpolations in *Mark*an Narratives." *NovT* 31 (1989): 193–216.

Elliott, Scott S. *Reconfiguring Mark's Jesus: Narrative Criticism after Poststructuralism*. Sheffield: Sheffield Phoenix, 2011.

Evans, Craig A. "The Beginning of the Good News and the Fulfillment of Scripture in the Gospel of Mark." In *Hearing the Old Testament in the New Testament*, edited by Stanley E. Porter, 83–103. Grand Rapids: Eerdmans, 2006.

Fowler, Robert M. *Loaves and Fishes: The Function of the Feeding Stories in the Gospel of Mark*. SBLDS 54. Chico, CA: Scholars Press, 1978.

France, R. T. "Mark and the Teaching of Jesus." In *Studies of History and Tradition in the Four Gospels*, vol. 1 of *Gospel Perspectives*, edited by R. T. France and D. Wenham, 101–36. Sheffield: JSOT Press, 1980.

Garland, David. *A Theology of Mark's Gospel: Good News about Jesus the Messiah, Son of God*. BTNT. Grand Rapids: Zondervan, 2015.

Garrett, Susan R. *The Temptations of Jesus in Mark's Gospel*. Grand Rapids: Eerdmans,

1998.

Geddert, T. J. *Watchwords: Mark 13 in Markan Eschatology*. JSNTSup 26. Sheffield: Sheffield Academic, 1989.

Gray, Timothy C. *The Temple in the Gospel of Mark: A Study of Its Narrative Role*. Grand Rapids: Baker Academic, 2008.

Guelich, R. A. "'The Beginning of the Gospel': Mark 1:1–15." *Biblical Research 27* (1982): 5–15.

Harrington, Daniel J. *What Are They Saying about Mark?* New York: Paulist Press, 2004.

Hatina, T. R. "The Focus of Mark 13:24–27: The Parousia or the Destruction of the Temple?" *BBR* 6 (1996): 43–66.

_____. *In Search of a Context: The Function of Scripture in Mark's Narrative*. London: Sheffield Academic, 2002.

Hawkin, D. J. "The Incomprehension of the Disciples." *JBL* 91 (1972): 491–500.

Heil, J. P. *Jesus Walking on the Sea: Meaning and Gospel Functions of Matt 14:22–33, Mark 6:45–52 and John 6:15b–21*. AnBib 87. Rome: Pontifical Biblical Institute, 1981.

_____. "A Note on 'Elijah with Moses' in Mark 9,4." *Bib* 80 (1999): 115.

Henderson, Suzanne W. *Christology and Discipleship in the Gospel of Mark*. Cambridge: Cambridge University Press, 2006.

Hengel, Martin. *Studies in the Gospel of Mark*. London: SCM; Philadelphia: Fortress, 1985.

Hooker, Morna D. "*Mark*." In *It Is Written: Scripture Citing Scripture; Essays in Honour of Barnabas Lindars, SSF*, edited by D. A. Carson and H. G. M. Williamson, 220–30. Cambridge: Cambridge University Press, 1988.

_____. *The Son of Man in Mark: A Study of the Background of the Term "Son of Man" and Its Use in St. Mark's Gospel*. London: SPCK, 1967.

Horsley, R. A. *Hearing the Whole Story: The Politics of Plot in Mark's Gospel*. Louisville: Westminster John Knox, 2001.

Horsley, Richard A., Jonathan A. Draper, and John M. Foley. *Performing the Gospel: Orality, Memory, and Mark*. Minneapolis: Fortress, 2006.

Humphrey, Hugh M. *A Bibliography for the Gospel of Mark: 1854–1980*. New York: Mellen, 1982.

Hurtado, Larry W. "The Women, the Tomb, and the Climax of *Mark*." In *A Wandering Galilean: Essays in Honour of Seán Freyne*, edited by Z. Rodgers, 427–50. Supplements to the Journal for the Study of Judaism 132. Leiden: Brill, 2009.

Incigneri, Brian J. *The Gospel to the Romans: The Setting and Rhetoric of Mark's Gospel*. Leiden: Brill, 2003.

Iverson, Kelly R. *Gentiles in the Gospel of Mark*. New York: T&T Clark, 2007.

Iverson, Kelly R., and Christopher W. Skinner, eds. *Mark as Story: Retrospect and Prospect.* Atlanta: Society of Biblical Literature, 2011.

Iwe, J. C. *Jesus in the Synagogue of Capernaum: The Pericope and Its Programmatic Character for the Gospel of Mark; An Exegetico-Theological Study of Mark 1:21–28.* Tesi Gregoriana, Serie Teologia 57. Rome: Editrice Pontificia Universita Gregoriana, 1999.

Juel, D. *Messiah and Temple: The Trial of Jesus in the Gospel of Mark.* SBLDS 31. Missoula, MT: Scholars Press, 1977.

Kealy, Sean P. *Mark's Gospel: A History of Its Interpretation from the Beginning until 1979.* New York: Paulist Press, 1982.

Kee, H. C. *Community of the New Age: Studies in Mark's Gospel.* Philadelphia: Westminster, 1977.

———. "The Function of Scriptural Quotations and Allusions in Mark 11–16." In *Jesus und Paulus*, edited by E. Earle Ellis and E. Grasser, 165–85. Gottingen: Vandenhoeck & Ruprecht, 1975.

———. "The Terminology of Mark's Exorcism Stories." *NTS* 14 (1967): 232–46.

———. "The Transfiguration in *Mark*: Epiphany or Apocalyptic Vision?" In *Understanding the Sacred Text: Essays in Honor of Morton S. Enslin on the Hebrew Bible and Christian Beginnings*, edited by J. Reumann, 137–52. Valley Forge, PA: Judson, 1972.

Kelber, W. H. *The Kingdom in Mark: A New Place and a New Time.* Philadelphia: Fortress, 1974.

Kingsbury, Jack Dean. *The Christology of Mark's Gospel.* Philadelphia: Fortress, 1983.

Kirchevel, G. D. "The 'Son of Man' Passages in *Mark*." *BBR* 9 (1999): 181–87.

Lambrecht, J. "The Relatives of Jesus in *Mark*." *NovT* 16 (1974): 241–58.

Lightfoot, R. H. *The Gospel Message of St Mark.* Oxford: Oxford University Press, 1962.

Magness, J. L. *Sense and Absence: Structure and Suspension in the Ending of Mark's Gospel.* Atlanta: Scholars Press, 1986.

Malbon, Elizabeth Struthers. *In the Company of Jesus: Characters in Mark's Gospel.* Louisville: Westminster John Knox, 2000.

———. *Narrative Space and Mythic Meaning in Mark.* San Francisco: Harper & Row, 1986.

Marcus, Joel. *The Mystery of the Kingdom of God.* SBLDS 90. Atlanta: Scholars Press, 1986.

———. "Son of Man as Son of Adam." *RB* 110 (2003): 38–61.

———. "Son of Man as Son of Adam, Part II: Exegesis." *RB* 110 (2003): 370–86.

———. *The Way of the Lord: Christological Exegesis of the Old Testament in the Gospel of Mark.* Louisville: Westminster John Knox, 1992.

Marshall, C. D. *Faith as a Theme in Mark's Narrative.* SNTSMS 64. Cambridge: Cambridge University Press, 1989.

Marshall, I. H. "Son of God or Servant of Yahweh? A Reconsideration of *Mark* 1:11." *NTS* 15 (1968-1969): 326-36.
Martin, Ralph P. *Mark: Evangelist and Theologian*. Grand Rapids: Zondervan, 1973.
Marxsen, Willi. *Mark the Evangelist: Studies in the Redaction History of the Gospel*. Translated by James Boyce. Nashville: Abingdon, 1969.
Matera, Frank J. "The Incomprehension of the Disciples and Peter's Confession (Mark 6,14-8,30)." *Bib* 70 (1989): 153-72.
_____. *The Kingship of Jesus: Composition and Theology in Mark* 15. SBLDS 66. Chico, CA: Scholars Press, 1982.
_____. *What Are They Saying about Mark?* New York: Paulist Press, 1987.
Mauser, Ulrich W. *Christ in the Wilderness: The Wilderness Theme in the Second Gospel and Its Basis in the Biblical Tradition*. SBT. London: SCM, 1963.
McLaughlin, J. L. "Their Hearts Were Hardened: The Use of Isaiah 6:9-10 in the Book of Isaiah." *Bib* 75 (1994): 1-25.
Miller, Susan. *Women in Mark's Gospel*. New York: T&T Clark, 2004.
Moloney, Francis J. *Mark: Storyteller, Interpreter, Evangelist*. Peabody, MA: Hendrickson, 2004.
Moule, C. F. D. "*Mark* 4:1-20 Yet Once More." In *Neotestamentica et Semitica: Studies in Honour of Matthew Black*, edited by E. Ellis and M. Wilcox, 95-113. Edinburgh: T&T Clark, 1969.
Myers, C. *Binding the Strong Man: A Political Reading of Mark's Story of Jesus*. Maryknoll, NY: Orbis Books, 1988.
Neirynck, F. *Duality in Mark: Contributions to the Study of Markan Redaction*. Rev. ed. BETL 31. Leuven: Leuven University Press, 1988.
Neyrey, Jerome H. "The Idea of Purity in *Mark*'s Gospel." *Semeia* 35 (1986): 91-128.
_____. "Questions, Chreiai, and Challenges to Honor: The Interface of Rhetoric and Culture in Mark's Gospel," *CBQ* 60, no. 4 (1998): 657-81.
Peterson, Dwight N. *The Origins of Mark: The Markan Community in Current Debate*. Leiden: Brill, 2000.
Phelan, J. E., Jr. "The Function of Mark's Miracles." *Covenant Quarterly* 48 (1990): 3-14.
Pimental, P. "The 'Unclean Spirits' of St. Mark's Gospel." *ExpTim* 99 (1988): 173-75.
Pryke, E. J. *Redactional Style in the Markan Gospel*. SNTSMS 33. Cambridge: Cambridge University Press, 1978.
Räisänen, H. The *"Messianic Secret" in Mark*. Translated by C. Tuckett. Studies of the New Testament and Its World. Edinburgh: T&T Clark, 1990.
Rhoads, D. *Reading Mark: Engaging the Gospel*. Minneapolis: Fortress, 2004.
Rhoads, D., J. Dewey, and D. Michie, *Mark as Story: An Introduction to the Narrative of a*

Gospel. 3rd ed. Minneapolis: Fortress, 2012.
Riches, John K. *Conflicting Mythologies: Identity Formation in the Gospels of Mark and Matthew*. Edinburgh: T&T Clark, 2000.
Robbins, Vernon K. *Jesus the Teacher: A Socio-Rhetorical Interpretation of Mark*. Philadelphia: Fortress, 1984.
Roskam, H. N. *The Purpose of the Gospel of Mark in Its Historical and Social Context*. Leiden: Brill, 2004.
Rowe, R. D. *God's Kingdom and God's Son: The Background to Mark's Christology from Concepts of Kingship in the Psalms*. AGJU 50. Leiden: Brill, 2002.
Rudolph, D. J. "Jesus and the Food Laws: A Reassessment of Mark 7:19b." *Evangelical Quarterly* 74 (2002): 291–311.
Sabin, Marie Noon. *Reopening the Word: Reading Mark as Theology in the Context of Early Judaism*. New York: Oxford University Press, 2002.
Schildgen, Brenda D. *Power and Prejudice: The Reception of the Gospel of Mark*. Detroit: Wayne State University Press, 1999.
Schneck, R. *Isaiah in the Gospel of Mark, I–VIII*. BIBAL Dissertation Series 1. Vallejo, CA: BIBAL, 1994.
Shiner, Whitney Taylor. *Follow Me! Disciples in Markan Rhetoric*. SBLDS 145. Atlanta: Scholars Press, 1995.
_____. *Proclaiming the Gospel: First-Century Performance of Mark*. Harrisburg, PA: Trinity Press International, 2003.
Shively, Elizabeth E. *Apocalyptic Imagination in the Gospel of Mark: The Literary and Theological Role of Mark 3:22–30*. BZNW 189. Berlin: de Gruyter, 2012.
Smith, S. H. *A Lion with Wings: A Narrative-Critical Approach to Mark's Gospel*. Sheffield: Sheffield Academic, 1996.
Stevens, B. A. "Divine Warrior in *Mark*." *Biblische Zeitschrift* 31 (1987): 101–9.
Stock, Augustine. *The Method and Message of Mark*. Wilmington, DE: Michael Glazier, 1989.
Strickland, Michael, and David M. Young. *The Rhetoric of Jesus in the Gospel of Mark*. Minneapolis: Fortress, 2017.
Sweat, Laura C. *The Theological Role of Paradox in the Gospel of Mark*. LNTS. London: Bloomsbury T&T Clark, 2013.
Tannehill, Robert C. "The Disciples in Mark: The Function of a Narrative Role." *Journal of Religion* 57 (1977): 386–405. Reprinted in *The Interpretation of Mark*, edited by W. R. Telford, 134–57. 2nd ed. Edinburgh: T&T Clark, 1995.
Taylor, Vincent. *The Formation of the Gospel Tradition*. London: Macmillan, 1935.
Telford, William R. *The Barren Temple and the Withered Tree: A Redaction-Critical Anal-

ysis of the Cursing of the Fig-Tree Pericope in Mark's Gospel and Its Relation to the Cleansing of the Temple Tradition. JSNTSup 1. Sheffield: JSOT Press, 1980.

_____, ed. *The Interpretation of Mark*. London: SPCK; Philadelphia: Fortress, 1985.

_____. *The Theology of the Gospel of Mark*. New Testament Theology. Cambridge: Cambridge University Press, 1999.

_____. *Writing on the Gospel of Mark*. Dorsett, UK: Deo, 2009.

Tolbert, Mary A. *Sowing the Gospel: Mark's World in Literary-Historical Perspective*. Minneapolis: Fortress, 1989.

Tuckett, C. M., ed. *The Messianic Secret*. Philadelphia: Fortress, 1983.

Upton, Bridget Gilfillan. *Hearing Mark's Endings: Listening to Ancient Popular Texts through Speech Act Theory*. Leiden: Brill, 2006.

van Iersel, B. M. F. "A Dissident of Stature: The Jesus of Mark 3.20-35." *Concilium* 2 (1999): 65-72.

_____. *Reading Mark*. Collegeville, MN: Liturgical Press, 1988.

Watts, Rikki E. *Isaiah's New Exodus in Mark*. Grand Rapids: Baker Academic, 2000.

_____. "Mark." In *Commentary on the New Testament Use of the Old Testament*, edited by G. K. Beale and D. A. Carson, 111-250. Grand Rapids: Baker Academic, 2007.

Weeden, T. J. *Mark: Traditions in Conflict*. Philadelphia: Fortress, 1971.

Williams, Joel F. *Other Followers of Jesus: Minor Characters as Major Figures in Mark's Gospel*. Sheffield: JSOT Press, 1994.

Winn, Adam. *The Purpose of Mark's Gospel: An Early Christian Response to Roman Imperial Propaganda*. WUNT 2/245. Tubingen: Mohr Siebeck, 2008.

_____. "Resisting Honor: The *Mark*an Secrecy Motif and Roman Political Ideology." *JBL* 133, no. 3 (2014): 583-601.

_____. "Tyrant or Servant? Roman Political Ideology and *Mark* 10.42-45." *JSNT* 36, no. 4 (2014): 325-52.

Wrede, William. *The Messianic Secret*. Translated by J. C. G. Greig. Cambridge, MA: J. Clarke, 1971.

제3장

누가복음

I. 개론

1. 저자와 저작 시기

누가복음과 사도행전은 하나의 통일된 문학 작품(project)이다. 이 문학 작품의 첫 번째 책, 즉 세 번째 복음서인 누가복음은 예수의 계보, 탄생, 삶, 죽음, 그리고 부활에 대해 자세히 서술하고 있다. 두 번째 책인 사도행전은 사도들과 초기 교회가 그리스도의 완성된 사역을 어떻게 선포하는지 서술한다.

첫 번째 책의 첫 부분에는 천사들이 베들레헴에서 왕의 탄생을 알리고(눅 2:8-16), 두 번째 책의 마지막 부분에는 사도 바울이 로마에서 "하나님의 나라"를 선포한다(행 28:31). 누가복음에서 보여 주는 유대의 한 작은 마을에서 시작한 복음이 "땅끝까지" 꽃을 피우게 되는 것을 사도행전에서 확인하게 될 것이다(1:8).

누가복음과 사도행전은 하나의 통일된 작품이기 때문에 저자가 같다. 초기 교회는 "누가"라는 이름을 가진 이방인이 이 두 책을 기록했다고 확신했다(예컨대, 이레니우스[Irenaeus], *Haer*. 1.23.1, 1.27.2; 알렉산드리아의 클레멘트[Clement of Alexandria], *Paed*. 2.1). 누가는 열두 제자 중 한 명은 아니었지만, 목격자들을 접견하고(interviewed) 그들의 경험을 주의 깊게 기록했다(눅 1:1-3).

주석가들은 종종 사도행전 안에서 "우리 단락"(we passages), 즉 일인칭 복수형으로 기록된 몇 개의 단락에 주목한다(행 16:10-17; 20:5-15; 21:1-18; 27:1-28:16). 이는 바울과 함께 여행했으며 그의 사역을 목격한 사람이 기록한 것처럼 보인다. 몇몇의 경우 바울서신에서 누가는 마가와 나란히 나타난다(골 4:10, 14; 딤후 4:11; 몬 24). 누가와 마가가 좋은 친구 사이로 상당한 시간을 함께 보내고 함께 사역했다면, 누가는 마가(베드로로부터 정보를 수집한)에게서 예수의 사역에 관한 정보를 얻었을 수도 있다.

누가복음의 기록 시기는 종종 마가복음의 저작 시기, 예루살렘 멸망에 대한 예언(눅 21:5-36), 사도행전의 마지막 부분에 기록된 사건(행 28:17-31) 등 세 가지 기둥에 달려 있다. 누가는 아마도 50년대 후반/60년대 초반에 출간된 마가복음에 의존했을 것이다. 누가복음 21장에서 예수는 로마의 손에 예루살렘이 멸망할 것을 예언하시는데 이 사건은 AD 70년에 일어났다. 많은 주석 학자가 미래를 예언할 수 있는 예수의 능력을 부인하지만, 모든 공관복음에 등장하는 감람산 강화(Olivet Discourse)의 전체 취지는 그렇게 하실 수 있는 그의 능력에 달려 있다.

누가는 예수를 아버지의 우편에 오르셔서 현재 우주를 통치하시는 분으로 제시한다. 그가 우주의 모든 부분을 통치할 수 있으시다면 그에게는 확실히 장차 무슨 일이 일어날지 예고할 능력이 있으시다. 또한, 사도행전의 마지막 부분에서 누가는 AD 62년에 끝난 바울의 로마 투옥을 기록하고 있다. 그렇다면 누가가 그의 복음서를 출간할 수 있는 기간의 스펙트럼은 AD 62년에서 AD 70년까지이며 60년대 중후반부가 가장 가능성이 있다.

2. 저작 목적

누가복음 1:4에 따르면 복음서 저자는 주로 이방인인 그의 청중이 "이미 배운 일을 더 확실하게 알게 되도록"(사역) 그의 복음서를 기록한다.

그들이 무엇을 배웠을까?

예수는 성령으로 기름 부음 받은 이스라엘의 왕으로서 사탄과 그의 귀신들을 정복했고 십자가에서 죽으셨으며 부활하여 새 생명을 얻으셨고 아버지의 하늘 보좌로 오르셨다. 그는 자신을 신뢰하는 자들에게 죄 용서와 새 창조 안에 있는 생명을 제공하신다. 모든 성도가 인종, 민족, 사회적 지위와 관계없이 하나님의 종말론적 백성인 회복된 참된 이스라엘에 참여한다.

마태가 하나님 나라의 성장을 강조하고, 마가가 하나님 나라의 준비와 도래를 강조한다면 누가는 하나님 나라의 범위, 즉 수직적이고 수평적인 차원을 강조한다. 하나님 나라는 육체적, 영적 통치자들을 무너뜨리고(수직적 차원), 문자 그대로 모든 계층의 사람들을 환영한다(수평적 차원).

3. 개요

마가복음을 따라 누가는 대략 지리적으로 그의 자료를 개설한다. 예수는 유대 베들레헴이라는 작은 마을에서 태어나시고, 후에 요단강에서 세례 요한에게 세례를 받으신다. 유대 광야에서 시험을 받으신 후 그는 북쪽으로 가셔서 갈릴리의 마을과 도시에서 사역하신다. 갈릴리에서 예루살렘으로 올라가는 여정은 누가복음의 약 3분의 1을 차지한다(9:51-19:44).

그의 사역은 예루살렘에서 절정에 이르는데 그곳에서 그는 유죄 판결을 받으시고 십자가에 못 박히시며 죽은 자들 가운데서 살아나신다. 누가의 이야기는 인자가 옛적부터 항상 계신 아버지께로 오르시어 우주의 모든 부분(every molecule)을 통치하시는 것으로 끝난다.

구원의 약속(1:1-80)
　프롤로그: 누가복음의 목적(1:1-4)
　요한과 예수의 탄생에 대한 천사의 예고(1:5-38)
　마리아와 사가랴의 찬가 및 요한의 탄생(1:39-80)

왕의 도래(2:1-52)
　예수의 탄생(2:1-21)
　아기 예수의 정결 예식(2:22-40)
　성전에 있는 소년 예수(2:41-52)

요한의 세례: 마지막 아담으로서의 예수(3:1-38)
　세례 요한과 예수의 세례(3:1-22)
　예수의 계보(3:23-38)

1단계: 갈릴리에서의 예수(4:1-9:50)

마지막 아담의 승리의 시작과 고향에서의 배척(4:1-44)
　광야의 시험(4:1-13)
　나사렛에서 쫓겨난 예수(4:14-30)
　가버나움에서의 귀신 축출(4:31-44)

"주"로서의 예수와 처음 제자들(5:1-39)
　베드로, 야고보, 요한의 부르심(5:1-11)
　나병 환자와 중풍병자(5:12-26)
　레위의 부르심과 새 가죽 부대(5:27-39)

새 시대의 삶(6:1-49)
  안식일의 주인(6:1-11)
  열두 제자 임명(6:12-16)
  평지 설교(6:17-49)

종말론적 복의 도래(7:1-50)
  백부장의 믿음(7:1-10)
  과부 아들의 소생(7:11-17)
  기대를 뛰어넘는 예수(7:18-35)
  왕으로 기름 부음 받은 예수(7:36-50)

하나님 나라의 기이한 환영(8:1-56)
  구원받은 여인들(8:1-3)
  땅 비유와 하나님 나라의 비밀(8:4-18)
  예수 가족의 불신앙과 제자들(8:19-25)
  거라사인의 귀신 들린 사람과 야이로 딸의 소생(8:26-56)

어떤 대가를 치르더라도 인자를 따르라(9:1-50)
  정복할 권위 부여(9:1-9)
  오 천명을 먹이신 기적, 베드로의 신앙고백, 첫 번째 수난 예고(9:10-27)
  변모 사건과 제자들의 귀신 축출 실패(9:28-50)

2단계: 예루살렘으로의 여정(9:51-19:27)

고난받으려고 결심하다(9:51-62)

하나님 나라의 확장(10:1-11:13)

칠십이 인의 제자(10:1-24)
선한 사마리아인 비유와 마리아와 마르다(10:25-42)
주의 기도와 하나님 나라의 확장(11:1-13)

하나님 나라와의 불가피한 갈등(11:14-54)
바알세불 논쟁(11:14-36)
종교 당국에 대한 심판(11:37-54)

종말론적 하나님 나라에 응답하라는 요청(12:1-19:27)
외식/위선과 물질적 이득에 대한 경고(12:1-34)
인자의 도래에 대한 준비(12:35-48)
복종하기를 거부한 자들에 대한 심판(12:49-13:9)
믿기를 거부한 결과(13:10-35)
인자와 함께하는 잔치(14:1-23)
회개에 대한 기쁨(15:1-32)
하나님 나라를 위한 부(16:1-31)
현재와 미래의 하나님 나라에서의 신실함(17:1-37)
불굴의 믿음(18:1-43)
삭개오와 열 므나 비유(19:1-27)

3단계: 예루살렘에서의 예수(19:28-24:53)

주의 이름으로 오심(19:28-48)
승리의 입성(19:28-38)
예루살렘과 성전에 대한 심판(19:39-48)

이스라엘의 권위 논쟁(20:1-47)
  의심받는 예수의 권위(20:1-8)
  악한 포도원 농부 비유(20:9-19)
  가이사에게 경의 표하기와 부활에 대한 질문(20:20-40)
  다윗의 주로서 예수(20:41-47)

다가오는 이스라엘 성전 파괴(21:1-38)
  한 과부의 헌금(21:1-4)
  성전에 대한 심판과 인자의 도래(21:5-38)

마지막 만찬, 예수에 대한 배반, 체포, 재판(22:1-62)
  유다와 종교 당국(22:1-6)
  마지막 만찬(22:7-38)
  겟세마네와 공회 앞에서의 재판(22:39-62)

예수에 대한 판결, 죽음, 매장(23:1-56)
  빌라도와 헤롯 앞에서의 예수(23:1-25)
  십자가에 못 박힌 무고한 자(23:26-43)
  예수의 죽음과 매장(23:44-56)

부활, 엠마오로 가는 길과 승천(24:1-53)
  부활(24:1-12)
  엠마오로 가는 길(24:13-35)
  열한 제자에게 나타나신 예수와 그의 승천(24:36-53)

II. 본문 해설

1. 구원의 약속(1:1-80)

1) 프롤로그: 누가복음의 목적(1:1-4)

누가복음은 다음과 같은 목적을 진술함으로써 시작한다.

> … 나도 데오빌로 각하에게 차례대로 써 보내는 것이 좋은 줄 알았노니 이는 각하가 알고 있는 바(이미 배운 일)를 더 확실하게 하려 함이로라(눅 1:3b-4; 참조, Josephus, *Ag. Ap.* 1.1-3, 2.1-2).

우리는 "데오빌로 각하"에 관해 아무것도 알지 못한다.

고대 세계에서는 글을 쓰는 데 비용이 많이 들었으므로 그는 아마도 누가복음 저술의 후원자 또는 재정적 후원자일 수 있다. "각하"라는 표현은 그가 저명한 관리라는 것을 가리킬 수 있다(행 23:26; 24:3; 26:25을 보라). 누가는 1:1-4에서 단지 한 개인만 언급하지만, 확실히 더 광범위한 청중을 염두에 두고 있다. 이방인을 언약공동체에 포함하려는 누가의 강조점을 고려하면 주로 이방인 그리스도인들이 누가의 청중임을 시사한다.

1:1에 따르면, 데로빌로가 배운 "일"(things)은 아마도 예수의 생애에 관한 다른 문학 기록(마가복음?)을 가리키고, 이러한 일들이 "이루어진"(have been fulfilled)이라는 묘사는 이스라엘 성경의 성취를 강조한다. 이를 종합해 보면, 데오빌로는 예수의 생애와 그의 죽음 및 부활에 관한 넓은 윤곽을 배운 것으로 보이며, 따라서 누가는 구약의 기대를 성취하고 사도적 목격자들이 전해 준 이러한 사건의 신실함을 확인하기 위해 그의 복음서를 기록한다(행 1:3, 21-22을 보라). 그렇다면 네 복음서 모두의 핵심 요소 중 하나는 하나님의 백성인 그리스도인들에게 예수의 사역은 실제로 참되다는 것과 그는 정확히 자신이 주장하시는 바로 그라는 확신을 주기 위한 것이라

는 결론을 내려도 과언은 아닐 것이다.

2) 요한과 예수의 탄생에 대한 천사의 예고(1:5-38)

마태가 예수의 탄생을 요셉의 관점을 통해 서술한다면, 누가는 예수의 탄생을 사가랴, 엘리사벳 및 마리아의 시각을 통해 서술한다. 누가의 내러티브는 두 천사의 방문으로 시작된다. 1-2장을 관통하는 주제는 요한과 예수의 비교이다. 요한이 위대하지만, 예수는 더욱 위대하시다. 좀 더 명백한 차이점 중 몇 가지를 주목하라.

요한	예수
엘리사벳은 잉태를 못하고 나이가 많다(1:7).	마리아는 젊고 처녀이다(1:34)
스가랴는 가브리엘의 수태고지를 더디 믿는다(1:20).	마리아는 가브리엘의 수태고지를 즉시 믿는다(1:38)
요한은 제사장의 후손이며 엘리야와 동일시된다(1:5, 17).	예수는 왕족의 후손이며 다윗과 동일시된다(1:27)
요한은 "지극히 높으신 이의 선지자"이다(1:76).	예수는 "지극히 높으신 이의 아들"이다(1:32)
요한은 이스라엘에게 예수의 오심을 준비시킨다(1:17b, 76-79)	예수는 육신이 되신 하나님이시다(1:31-32)

누가는 먼저 세례 요한에게 초점을 맞추는데, 그는 "주 앞에 먼저 와서 아버지의 마음을 자식에게, 거스르는 자를 의인의 슬기에 돌아오게 하고 주를 위하여 세운 백성을 준비할" 것이다(1:17). 특히, 그의 삶은 주께 바쳐질 것이며 그는 독한 술을 마시지 않을 것이다(1:15; 민 6:3을 보라; 참조, 눅 5:37-38; 7:33). 누가는 마태와 마가처럼 말라기의 "사자"(messenger)를 세례 요한과 연결한다. 말라기는 훗날에 "사자"가 주님의 오심을 위해 반역한 이스라엘을 준비시킬 것이라 예언한다. 이스라엘은 불신앙과 반역의 상태에 있으므로 사자는 이스라엘에게 회개를 촉구하는 임무를 부여받는다(말 3:1-2; 4:5-6). 주의 오심은 가까웠고 이스라엘은 준비해야 한다.

요한의 출생에 관한 예고에 이어 천사 가브리엘은 마리아를 방문하여 비록 처녀이지만 아들을 낳을 것이라고 약속한다(1:26-38; → 마 1:22-23). 세 번째 복음서 저자는 이스라엘의 구속 이야기에 세례 요한이라는 인물의 위치를 강조하지만(1:13-17; 1:67-80), 예수에 대한 최고의 찬사를 아끼지 않는다.

누가는 구약에서 그 기원을 찾을 수 있는 몇 가지 핵심적 묘사를 다음과 같이 차곡차곡 쌓아 올린다.

- "예수"(문자적으로는 "요수아"[Joshua, 1:31])
- "지극히 높으신 이의 아들"(1:32)
- "거룩한 이"(1:35)
- "하나님의 아들"(1:35)

여호수아처럼 그는 자신의 백성을 죄의 곤경으로부터 구원하실 것이다(→ 마 1:21-22).

각각의 칭호는 예수의 정체성과 사명의 독특한 측면, 특히 하나님의 신적 아들이자 참된 이스라엘로서의 그의 정체성을 다루고 있다. 1:32-33에서 가브리엘은 예수께서 지닌 사명의 주요 특징 중 하나를 다음과 같이 고지한다.

> 주 하나님께서 그 조상 다윗의 왕위를 그에게 주시리니 영원히 야곱의 집을 왕으로 다스리실 것이며 그 나라가 무궁하리라(눅 1:32-33).

예수의 사역은 사무엘하 7:12, 이사야 9:6, 다니엘 7:13-14과 같은 구약 본문을 성취함으로써 하나님의 영원한 나라의 설립을 포함할 것이다.

3) 마리아와 사가랴의 찬가 및 요한의 탄생(1:39-80)

예수의 생애를 신실하게 다시 전하는 누가의 독특한 공헌 중 하나는 처음 두 장에 몇 개의 찬가를 포함하고 있다는 점이다(1:46-55; 1:68-79; 2:14; 2:29-32). 각각의 노래에는 세 번째 복음서 전반에 울려 퍼지는 눈에 띄는 주제들이 있다. 우리는 마리아가 "유대 산골"에 있는 "친척" 엘리사벳을 방문할 때(1:36, 39, 65) 부른 첫 번째 찬가를 만난다. 요셉이 갈릴리 나사렛 출신이라면(1:26), 스가랴와 엘리사벳은 유대에 살고 있다.

마리아가 엘리사벳의 집에 들어갈 때 누가는 "아이(요한)가 복중에서 뛰노는지라"(1:41)라고 서술한다. 나중에 엘리사벳은 "아이가 내 복중에서 기쁨으로 뛰놀았도다"(1:44)라고 자신의 경험담을 말한다. 세례 요한의 기쁨에 찬 반응은 (심지어 복중에서조차) 역사의 맨 끝에서 메시아의 도래와 함께 새 시대가 밝아올 것이라는 소망으로부터 흘러나온다. 그날이 왔으므로 오직 기쁨만이 유일한 적절한 반응이다(사 49:13; 51:11; 60:15; 61:10-11; 65:18-19; 눅 1:14, 58; 10:17, 21; 15:5; 19:37; 24:41, 52을 보라).

마리아와 엘리사벳의 대화는 또한 엘리사벳이 예수를 "내 주"(퀴리우 무[kyriou mou], 1:43)라고 부른다는 점에서 주목할 만하다. "주"(퀴리오스[kyrios])라는 용어는 지금까지 내러티브에서 10번 등장했으며 각각의 용례는 이스라엘의 하나님을 가리킨다(예컨대, 1:6, 16, 32). 예수께서 그녀의 "주"라는 엘리사벳의 고백에서 누가는 신중하게 예수를 성육신하신 이스라엘의 주로 밝힌다. 이 관찰은 45절에서 엘리사벳이 선언한 다음 말에서 확인된다.

> 주(퀴리오스)께서 하신 말씀이 반드시 이루어지리라고 믿은 그 여자(마리아)에게 복이 있도다(눅 1:45; 참조, 1:38).

이 구절은 다음 단락에 나오는 마리아의 잘 알려진 반응과 긴밀하게 연결된다(1:46-55).

종종 성모 마리아 송가(Magnificat)라고 불리는 첫 번째 찬가(1:46-55)는 성육신하신 하나님을 찬양한다. 이 찬가는 주로 사무엘의 탄생에 대한 반응으로 드린 한나의 기도를 연상시킨다(삼상 2:1-10). 한나와 마리아의 찬가 사이에는 많은 접점이 있지만, 그중에서 좀 더 눈에 띄는 접점은 하나님께서 가난하고 겸손한 자를 높이시되 부유한 자와 교만한 자를 끌어내리신다는 선언이다(삼상 2:4-5, 7-8; 눅 1:51-53). 마리아는 하나님께서 그녀의 "비참함"(humble state, 1:48)을 인정하시고 그녀를 위해 "큰 일"(1:49)을 행하시기 때문에 "복이 있다."

더 나아가 우리는 한나 기도의 더 큰 문맥과 사무엘상/하의 전체 요점을 고려해야 한다. 선지자 사무엘은 다윗 왕조를 세우는 데 중요한 역할을 한다(예컨대, 삼상 16:1-13). 다윗은 확실히 여러 면에서 탁월한 왕이지만 그의 통치는 내분과 개인적이고 행정적인 실패로 특징지어진다. 결국, 다윗은 하나님의 적을 물리치고 악을 극복하기 위한 이스라엘의 해결책이 아니다. 그 일은 그의 자손 중 한 사람을 위해 예비된 것이다(삼하 7장).

그러므로 마리아의 찬가는 한나의 요청의 궁극적 실현이다. 다윗의 진정한 후계자이신 예수께서 마침내 보좌를 확보하시고 악을 정복하실 것이다.

마태복음이 하나님 나라가 지상에서 어떻게 성장하는지를 강조하는 반면, 마가복음은 하나님 나라에 대한 준비와 그 나라가 지닌 비밀스러운 본질을 강조한다. 누가는 같은 주제의 많은 부분을 되살피지만, 수직적이고 수평적인 독특한 관심사를 보여 준다. 세 번째 복음서(와 사도행전)는 두 개의 핵심 구절로 요약될 수 있는데, 두 구절 모두 탄생 내러티브에서 나타난다.

> (그[하나님]는) 권세 있는 자를 그 위에서 내리치셨으며 비천한 자를 높이셨고(눅 1:52).

> (예수는) 이방을 비추는 빛이요 주의 백성 이스라엘의 영광이 (될 것이다)(눅 2:32).

예수라는 인물은 그의 신실하심을 통해 모든 형태의 "권력", 특히 악마와 그의 무리를 물리치신다. 이는 누가가 사탄의 힘과 영향력의 무너짐을 자주 언급하는 이유를 설명해 준다(예컨대, 4:1-13, 33, 41; 8:2, 27, 29; 9:1; 10:17; 13:32). 이러한 권세를 물리치심으로써 악마가 오랫동안 사로잡았던 자들, 즉 소외된 사람들과 이방인들에게 문이 활짝 열린다.

요한의 탄생은 기뻐해야 할 또 하나의 이유이며(1:58), 아기의 이름은 사가랴로 지으려 했지만(1:59), 엘리사벳과 사가랴는 천사의 명령에 순종하여 아기 이름을 요한이라고 지었다(1:61, 63). 베네딕투스(Benedictus)라 불리는 사가랴의 찬가(1:68-79)는 하나님 백성의 회복을 보여 주는 훌륭한 예증이다. 이 찬가는 1:66에서 사가랴와 엘리사벳의 친지들이 제기한 "이 아이가 장차 어떻게 될까"라는 질문에 답변한다.

약 9개월 전 사가랴가 가브리엘의 메시지를 의심하자 천사는 그를 언어 장애인으로 만든다. 그러나 이제 사가랴는 하나님의 놀라운 구속 사역을 찬양하지 않을 수 없다.

가브리엘의 구원 약속이 이루어졌다!
이 찬가는 두 부분으로 나뉜다.

전반부에서는 다가오는 메시아 통치의 중요성을 자세히 설명하는 반면(1:68-75),
후반부에서는 요한과 메시아에 초점이 맞추어진다(1:76-79). 이 찬가의 마지막 몇 줄은 그들의 사역의 결과를 말한다.

> 돋는 해가 위로부터 우리에게 임하여 어둠과 죽음의 그늘에 앉은 자에게 비치고 우리 발을 평강의 길로 인도하시리로다(눅 1:78-79).

여기에 나오는 표현은 이사야 60장과 이스라엘 및 열방의 종말론적 회복과 새 창조를 통한 하나님의 하늘 강림을 반영하는 것으로 보인다.

> 일어나라 빛을 발하라 이는 네 빛이 이르렀고 여호와의 영광이 네 위에 임하였음이니라 … 나라들은 네 빛으로, 왕들은 비치는 네 광명으로 나아오리라 … 다시는 낮에 해가 네 빛이 되지 아니하며 달도 네게 빛을 비추지 않을 것이요 오직 여호와가 네게 영원한 빛이 되며 네 하나님이 네 영광이 되리니 (사 60:1, 3, 19; 참조, 70인역 렘 23:5; 슥 3:8; 6:12).

사가랴는 하나님의 구원을 노래할 충분한 이유가 있는데, 이사야 60장의 약속이 곧 이루어질 것이기 때문이다. 1장의 마지막 구절은 요한이 "심령이 강하여"지며 그의 공생애까지 유대 광야에 남아 있음을 보여 준다(참조, 2:40). 우리는 "심령이 강하여진다"라는 이 표현을 요한의 삶에서 성령이 역사하신다는 의미로 번역할 수도 있다. 예수께서 현장에 도착하시기도 전에 성령은 그의 도래를 준비하고 계신다.

2. 왕의 도래(2:1-52)

1) 예수의 탄생(2:1-21)

누가는 예수께서 탄생하신 시기를 기록한 것으로 유명하다.

> 그때에 가이사 아구스도가 영을 내려 천하로 다 호적하라 하였으니 이 호적(census)은 구레뇨가 수리아 총독이 되었을 때에 처음(프로테[*prōtē*]) 한 것이라(눅 2:1-2; 참조, 1:5).

구레뇨가 예수께서 태어나신 지 10년 정도 뒤인 AD 6년부터 7년까지 유대를 통치하였기 때문에 골치 아픈 역사적 문제가 제기된다.

이러한 문제를 해결하는 몇 가지 방법이 있는데, 가장 매력적인 방법 중 하나는 이 문구를 "이 호적은 구레뇨가 통치하기 전(프로테[*prōtē*])의 일이

었다"라고 번역하는 견해이다(참조, 요 1:15, 30).[1]

그러나 우리가 이 문제를 해결한다고 해도 왜 로마의 호적(인구 조사)을 언급하는가?

그것은 이스라엘이 로마에 예속되어 있음을 보여 준다.

또한, 누가가 2장을 어떤 말로 시작하는지도 주목하라.

> 그때에 가이사 아구스도(Caesar Augustus)가 … (눅 2:1).

요점은 예수께서 오랫동안 기다려 온 메시아이긴 하지만(1:27, 32-33, 69), 로마의 권위 아래에, 즉 가이사 아구스도의 치하에 태어난다는 것이다.

요셉은 나사렛 출신이지만 "호적하러" 남쪽 베들레헴으로 향한다(2:5). 그가 그곳에 땅을 소유했을 수도 있지만 우리는 확신할 수 없다. 중요한 것은 요셉과 다윗의 뿌리가 강한 베들레헴 사이의 구원사적(redemptive-historical) 연관성이다(미 5:2, 4; → 마 2:5-6). 베들레헴에서 마리아는 예수를 낳아 "강보로"(in cloths) 싸서 구유에 뉘었으니 이는 여관에 객실(카탈뤼마티 [katalymati], 개역개정에는 "있을 곳"으로 번역됨-역주)이 없었기 때문이었다(2:7).

이러한 일반적인 믿음과는 달리 예수는 여관(NASB, NRSV, NIV 역 1984, KJV 역)이 아니라 가정집(NIV[2011], NLT)에서 태어났을 가능성이 크다. "객실"(guest room)로 번역된 단어인 카탈뤼마티는 나중에 누가의 내러티브에서 예수와 제자들이 유월절을 거행할 장소를 언급할 때 사용된다(22:11// 막 14:14).

외관상 베들레헴의 (친척?) 집에 머물 수 있는 객실이 없어서 마리아와 요셉은 어쩔 수 없이 짐승들과 함께 지내게 된다. 가이사의 화려한 부와 궁전의 숙소와는 대조적으로 예수는 가장 비천한 환경에서 태어나신다. 하나님께서 "권세 있는 자를 그 위에서" 끌어내리시고 "비천한 자를" 높이

---

1 David E. Garland, *Luke*, ZECNT (Grand Rapids: Zondervan, 2011), 117-18.

시겠다고 약속하신 것을 기억하라(1:52).

객실에서 멀지 않는 곳에서 "주의 사자"(천사)가 목자들에게 나타나 "그리스도/메시아 주"(the Messiah, the Lord, 2:11)이신 예수의 탄생을 알린다. 천사는 예수가 이스라엘의 왕이시요 하나님이심을 분명하게 밝힌다(1:42-45를 보라). 더 나아가 이 천사는 "주의 천사"로 확인되었으므로 궁극적으로 주이신 예수를 섬기지 않겠는가. 더 많은 천사가 현장에 도착하여 세 번째 찬가(대영광송[Gloria in Excelsis])로 하나님을 찬양한다.

> 지극히 높은 곳에서는 하나님께 영광이요 땅에서는 하나님이 기뻐하신 사람들 중에 평화로다(눅 2:14).

로마제국 전체에 걸친 평화의 약속인 팍스 로마나(pax Romana, 2:1)와 달리, 진정한 평화는 오직 예수 안에서만 발견된다. 이 평화는 제국을 넘어 우주의 가장 먼 구석까지 확장되는 평화이다. 목자들은 그 소식을 듣고 너무 기뻐했으며(ecstatic), 예수의 탄생을 직접 보자마자(2:16) "천사가 자기들에게 이 아기에 대하여 말한 것을" 전했다. 이는 좋은 소식을 선포하는 첫 번째 명시적 언급으로서 누가-행전에서 주요한 강조점이 될 것이다.

마태의 내러티브가 아기 예수를 방문한 동방 박사들(magi)을 강조하는 반면, 누가에서는 목자들의 역할이 두드러지게 나타난다.

왜 목자들인가?

이러한 연관성은 오랫동안 기다려 온 다윗의 후계자로서의 예수의 정체성을 전면에 내세울 수도 있다. 다윗이 베들레헴 출신의 목자였으며(삼상 17:15; 삼하 5:2; 시 78:70-72), 목양은 구약에서 종종 메시아와 관련이 있음을 상기하라(예컨대, 겔 34:23). 예수도 다윗도 모두 좋지 않은 환경에서 시작하시며 커다란 정치적 억압 아래에서 사역하시고, 이스라엘을 그 억압으로부터 해방하시고 마침내 많은 고난을 겪으신다.

2장의 나머지 부분을 논하기 전에 잠시 멈추고 지금까지 누가가 천사에 관해 제공한 내용을 살펴보기로 하자. 나중에 천사 가브리엘로 밝혀진 "주의 사자/천사"(1:11)가 사가랴와 마리아에게 나타난다(1:11-20; 1:26-38). 그다음에 역시 가브리엘로 추정되는 "주의 사자/천사"가 들판에 있는 목자들을 방문한다(2:9-12). 끝으로 "수많은 천군"이 목자들을 둘러싼다(2:13-14). 천사 가브리엘은 다니엘 8:16과 9:21에 나타나는데 거기서 다니엘의 환상을 해석해 준다. 다니엘 10장에 나오는 천사는 명시적으로 확인되지 않지만, 가브리엘일 가능성이 매우 크다.[2]

이 점은 다니엘 10장의 천사가 "바사 왕국(Persian kingdom)의 군주", 즉 악한 천사가 그를 대적할 때 군사적 역할을 맡기 때문에 중요하다. 천사장 미가엘이 가브리엘을 돕기 위해 온다(단 10:13). 쿰란(Qumran)의 전쟁 두루마리(War Scroll)에는 어떻게 최후의 종말론적 전투에서 사용되는 일부 방패에 미가엘과 가브리엘이라는 이름이 기록되어 있는지 묘사한다(1QM IX. 14-18; 참조, 4Q529 1, 2-4).[3]

가브리엘이 맡은 역할의 군사적 차원은 여기 누가복음에 잘 들어맞는다. 여기에서 그는 마리아에게 예수께서 영원한 나라를 유업으로 받을 "지극히 높으신 이의 아들"이 될 것이라고 알린다(1:32-33). "수많은 천군"이라는 누가의 생생한 묘사는 의심의 여지 없이 본질상 군사적 특성을 띤다(2:13; 70인역 왕상 22:19; 대하 33:3; 느 9:6을 보라).

이 모든 요소를 종합해 보면, 누가 내러티브의 처음 몇 장은 천사들을 전투를 준비하는 강력한 전사로 제시하고 있음을 알 수 있다. 강력하고 신적인 그들의 왕이 도래했고 그들은 그가 전투에서 승리할 것이라고 확신하기 때문에 전투를 시작하기 훨씬 전에 그의 성공을 알린다. 마태복음이 하늘과 땅이 예수라는 인물 안에서 수렴되는 것을 강조한다면, 누가복음은 우주 전체에 대한 예수의 승리를 강조한다. 그의 승리는 보이지 않는 모든 적을 정복한다.

---

2 J. J. Collins, *Daniel*, Hermeneia (Minneapolis: Fortress, 1993), 373.
3 J. J. Collins, "Gabriel," in *Dictionary of Deities and Demons in the Bible*, ed. Karel van der Toorn, Bob Becking, and Pieter W. van der Horst (Grand Rapids: Eerdmans, 1999), 338-39을 보라.

예수의 우주적 승리의 결과는 평화와 화해이다(엡 1:10, 20-23; 골 1:20). 예수께서 탄생하실 때 천사들은 다음과 같이 선포한다.

> 지극히 높은 곳에서는 하나님께 영광이요 땅에서는 하나님이 기뻐하신 사람들 중에 평화로다(눅 2:14).

승리의 입성에서 순례자들은 다음과 같이 외친다.

> 주의 이름으로 오시는 왕이여 하늘에는 평화요 가장 높은 곳에는 영광이로다(눅 19:38).

예수의 사역은 처음부터 끝까지 종말론적 우주의 평화를 추구하는 것이다.

2) 아기 예수의 정결 예식(2:22-40)

율법에는 부모가 맏아들과 가축을 바쳐야 한다고 규정되어 있다(출 13:2, 11-16). 내러티브에 맏아들의 봉헌을 명시적으로 언급하고 있지 않지만, 우리는 요셉과 마리아가 이 중요한 의식을 지켰다고 가정해야 한다. 맏아들은 이스라엘 사회에서 믿을 수 없을 정도로 중요한 기둥이었고 가족 전체를 대표했기 때문이다. 하나님이 애굽과 이스라엘의 장자에게 마지막 재앙을 내리실 때(출 12:12-13) 장자에 대한 법적 권리를 주장하신다. "죽음에서 하나님에 의해 구원받은 모든 사람과 동물은 이제 특별한 방식으로 야웨(YHWH)께 속한다."[4]

맏아들이 주께 "바쳐지거나" 구별될 때 그것은 마치 온 가족 단위가 바쳐지는 것과 같다. 심지어 레위인도 민족 전체를 대표하는 공동의 "맏아들" 역할을 한다(민 3:12; 참조, 출 4:22). 그래서 요셉과 마리아가 "맏아들"을

---

[4] Desmond Alexander, *Exodus*, AOTC (Downers Grove, IL: InterVarsity, 2017), 253.

주님께 드릴 때 그들은 예수께서 거룩하고 하나님께 구별되었다고 선언한다. 곧 알게 되겠지만 누가의 내러티브는 예수를 그의 가족의 맏아들일 뿐만 아니라 하나님 자녀들의 맏아들로 묘사한다(참조, 히 2:11-13). 그는 하나님의 참이스라엘이요 유월절 양과 동일시되는 분이시다(2:41; 22:14-22).

예수께서 태어나신 직후 요셉과 마리아가 성전에서 그를 바칠 때(2:22-24), 시므온이라는 "의로운" 사람이 예수를 따뜻하게 안고 네 번째이자 마지막 찬가(시므온의 노래[Nunc Dimittis])를 부른다(2:29-32). 누가는 이 사람을 "이스라엘의 위로를 기다리는 자"(2:25)로 묘사하는데, 이 표현은 이스라엘의 회복을 가리키는 종말론적 용어이다(사 40:1; 49:13; 6:12 참조). 이 찬가의 끝부분에 그는 예수께서 "이방(인)을 비추는 빛이요 주의 백성 이스라엘의 영광"(2:32)이 되실 것이라고 선언한다.

시므온은 성령이 충만하여(2:25) "종"이 하나님의 백성을 회복하고 이스라엘의 이웃을 섬길 것이라는 이사야의 몇 구절을 암시한다.

> 너는 나의 종이요 … 이스라엘이라 … 네가 나의 종이 되어 야곱의 지파들을 일으키며 이스라엘 중에 보전된 자를 돌아오게 할 것은 매우 쉬운 일이라 내가 또 너를 이방의 빛으로 삼아 나의 구원을 베풀어서 땅 끝까지 이르게 하리라(사 49:3-6; 참조, 사 42:6).

이사야는 한 개인인 "종"을 이스라엘의 남은 자를 회복하고 이방인을 언약공동체 안으로 인도할 "이스라엘"로 이해한다. 시므온은 이사야 49장을 자신의 선언으로 엮으면서 예수께서 이스라엘 백성의 남은 자를 구원하심으로써 이러한 회복의 약속을 성취하실 것을 예견한다. 그러나 구원은 유대인의 남은 자만을 위한 것이 아니라 열방까지 확장된다. 시므온의 예언은 예수를 이스라엘과 이방인에게 구원을 알리는 참된 이스라엘로 제시하므로 누가-행전 전체에 울려 퍼진다(예컨대, 눅 3:6; 행 1:8; 9:15; 13:7).

내러티브는 또 다른 등장인물 안나를 소개하면서 계속된다. 그녀는 인생의 대부분을 과부로 지낸 "선지자"로 묘사된다(2:36-37). 그녀는 예수와 그의 부모를 만나자마자 즉시 "예루살렘의 속량(redemption)을 바라는 모든 사람에게" 예수에 관하여 말한다(2:38). "이스라엘의 위로"를 고대하는 시므온처럼 이 그룹은 종말론적 하나님 나라와 메시아의 통치를 간절히 기다린다. 시므온과 안나의 공통점은 둘 다 아기 예수를 하나님 백성의 종말론적 회복을 위한 촉매 역할을 하는 분으로 본다는 점이다.

내러티브의 이 시점에서 놓치지 말아야 할 점은 예수의 탄생과 함께 나타난 엄청난 양의 계시이다. 하나님은 다양한 인물을 통해 다양한 사람에게 많은 계시를 말씀하셨다. 즉, 천사가 사가랴에게(1:11-20), 천사가 마리아에게(1:28-38), 마리아가 엘리사벳에게(1:46-55), 사가랴가 그의 친척들에게(1:67-79), 천사(들)가 목자들에게(2:9-14), 시므온이 요셉과 마리아에게(2:29-32), 그리고 안나가 성전에 모인 사람들에게(2:38) 말한다. 하나님께서 말씀하신 지 약 400년이 지났지만, 누가복음 1-2장은 계시의 강풍으로 그 침묵을 깬다.

3) 성전에 있는 소년 예수(2:41-52)

요한이 자라며 강하여지는 것과 병행하여(1:80) 예수 또한 "자라며 강하여"지셨다(2:40). 이 두 인물의 삶은 이중 나선형처럼 서로 얽혀 있다. 성육신하신 주님인 예수께서 인간이 되셨으므로 누가는 내러티브 전반에 걸쳐 그의 인성을 강조한다. 이러한 맥락에서 누가는 예수의 탄생과 그의 공생애 사역 사이의 사건을 언급하는 유일한 복음서 저자이다(2:41-52).

이 사건은 열두 살 된 예수께서 가족과 함께 유월절을 지키실 때 예루살렘에서 일어난다(2:42; 참조, 출 12:24-27; 23:15; 신 16:1-6). 유월절은 수난 주간의 마지막 부분에 언급될 마지막 유월절, 즉 하나님 백성의 두 번째이자 마지막 출애굽을 시작하는 유월절을 예고하므로 여기 내러티브에서 중요한 역할을 한다(사 40:3-5을 인용하는 3:4-6; 사 61:1-2을 인용하는 4:18-19 참조).

요셉과 마리아는 예수께서 예루살렘에 남아 있다는 사실을 모른 채 나사렛을 향해 북쪽으로 걸어간다(2:43-44). 예수께서 행렬 가운데 없다는 것을 깨닫자마자 그들은 예루살렘으로 돌아가서 성전 안에서 "선생들 중에 앉으사 그들에게 듣기도 하시며 묻기도 하시는"(2:46) 예수를 발견한다.

아, 솔로몬 행각 벽의 파리가 되어 그 대화를 몰래 엿들었으면 좋으련만!

그들이 무엇을 논하는지 우리가 정확하게 알 수는 없지만, 그 논의가 어느 정도 구약과 관련이 있다고 확신할 수 있다.

이 단락은 예수의 메시지의 내용이 아니라 그 결과에 초점을 맞추고 있다.

> 듣는 자가 다 그 지혜와 대답을 놀랍게 여기더라(눅 2:47).

우리가 아는 한 예수는 정식으로 교육받지 못하셨다. 그는 부모와 지역 회당에서 이스라엘 성경의 상당 부분을 배우셨다(4:14-30을 보라). 그러나 여기에 언급된 것은 우리가 전혀 들어본 적이 없는 것이다. 열두 살 된 소년으로서 예수는 이스라엘의 엘리트 학자들을 당황하게 하신다. 누가가 이 사건을 "지혜가 충만한"(2:40) 예수와 "지혜가" 자라가는(2:51) 예수 사이에 배치한 것은 놀라운 일이 아니다. 그는 신성과 관련해서는 전지하시며(all-wise), 인성과 관련해서는 지혜가 자라 가신다. 그는 완전한 하나님이시며 완전한 인간이시다.

우리는 부모에 대한 예수의 다음과 같은 반응에 주목해야 한다.

> 내가 내 아버지 집에 있어야 될 줄을 알지 못하셨나이까(눅 2:49).

요셉이 지상의 "아버지"(father)이지만(2:48), 예수는 자신의 "아버지"(Father) 집에 있어야 한다고 주장하심으로써 소년 시절에도 아버지(Father)께 복종하는 역할을 분명하게 보여 주신다. "집"이라는 단어는 헬라어 본문에는 없지만 아마도 함축되어 있을 것이다(NIV, HCSB, NASB, ESV, NLT, NRSV 참조).

성전은 지금까지 세 가지 중요한 사건의 초점이 되어 왔다. 내러티브는 사가랴가 성소에서 사역하는 것으로 시작하고(1:5-22), 그다음 요셉과 마리아가 예수를 성전에 바치며(2:22-40), 마지막으로 예수께서 성전에서 이스라엘의 교사들과 대화하시는 것으로 진행된다(2:46-47). 내러티브가 전개되면서 우리는 여기처럼 성전이 예수 사역의 중심이 될 것을 발견하게 될 것이다.

이 이야기는 누가가 독자에게 예수께서 부모에게 순종하셨음을 상기시키는 것으로 끝난다.

> 예수께서 함께 내려가사 나사렛에 이르러 순종하여(휘포타소메노스[hypotassomenos]) 받드시더라(눅 2:51).

이 용어는 누가복음에서 단지 세 번밖에 발견되지 않는데 다른 두 용례(10:17과 10:20) 모두 예수의 통치에 대한 귀신들의 복종을 언급한다(참조, 시 8:7 70인역; 고전 15:27-28; 엡 1:22; 히 2:8). 아마도 누가는 독자들이 이 두 구절을 함께 염두에 두기를 원할 것이다. 예수께서 귀신의 영역에 대해 승리하여 그들의 "복종"을 얻어 내기 위해서는 그의 아버지(Father)와 부모에게 의도적으로 "복종"하고 순종해야 한다. 한마디로 그는 귀신들을 통치할 권리를 얻어야(earn) 한다.

3. 요한의 세례: 마지막 아담으로서의 예수(3:1-38)

1) 세례 요한과 예수의 세례(3:1-22)

3장은 "디베료 황제가 통치한 지 열다섯 해"(3:1)라는 또 하나의 시간 표기로 시작한다. 아구스도(Augustus, 2:1을 보라)의 의붓아들인 디베료(Tiberius)는 AD 14년에서부터 37년까지 통치했는데, 누가는 디베료가 AD 11/12년 그의 의붓아버지 아구스도와 공동 통치를 시작하는 시기를 포함한 것으로 보인다. 그러므로 그 해는 아마도 예수께서 30대 초반이신(3:23) AD 26/27년일 가능성이 크다. 헤롯 대제가 죽은(BC 4년) 이후 로마가 팔레스타인을 통치하는 방식에 변화가 있었다.

영토는 네 부분으로 나뉘었고 각 아들이 특정 지역을 다스렸다. 헤롯 안디바(Herod Antipas)는 BC 4년부터 AD 39년까지 갈릴리를 다스렸다. 또 다른 아들 아켈라오(Archelaus)는 유대, 사마리아 그리고 이두매를 다스렸다. 그러나 그는 특히 무능했기 때문에 로마는 그를 폐위시키고(AD 6년) 그의 영토를 속주로 삼았다. 이로 인해 로마는 총독을 통하여 좀 더 직접적으로 이스라엘을 통치할 수 있게 되었으며, 그중 가장 유명한 사람은 본디오 빌라도(Pontius Pilate, AD 26-36년)이다.

우리가 세례 요한에 대해 마지막으로 들은 내용은 1장의 마지막 부분에 있었다. 거기에 그는 "이스라엘에게 나타나는 날까지 빈 들에 있으니라"(1:80)라고 기록된다. 그러니까 이번이 그의 공개적 출현인 셈이다(→ 막 1:1-8). 요한은 야웨께서 회복과 심판을 위해 오실 길을 예비한다(// 마 3:1-12// 막 1:1-8).

옛 시대와 새 시대를 연결하는 다리 역할을 하는 요한은 종말의 시작을 위해 이스라엘을 준비시켜야 한다. 회개하고 요한의 세례에 동조하는 사람들은 새로운 언약공동체, 즉 참된 이스라엘에 참여할 것이다. 그러나 거부하는 사람들은 하나님의 종말론적 진노를 받아야 할 것이다.

이사야 40:3-5에 대한 누가의 인용문은 그가 이사야서의 두 구절을 추가로 인용하고 있다는 점에서 마가 및 마태와는 다르다. 따라서 이사야 40:5이 포함된 것이 주목할 만하다.

모든 육체(all people)가 하나님의 구원하심을 보리라(눅 3:6).

강조점은 명백하다. 이미 "구원"(1:71, 77; 2:11, 30)으로 확인된 예수께서 모든 열방이 소망하는 대상이라는 것이다. 열방의 구원은 이사야의 메시지에서 중요한 부분이다. 주님은 이스라엘 민족 내에 남은 자를 거둘 신실한 "종(들)"을 일으키실 것이다.

이스라엘 민족의 남은 자는 결국 주변 민족들을 모든 인류가 하나님의 종말론적 임재를 경험할 예루살렘으로 인도할 것이다(사 2;1-5; 49:6; 66:18-24). 누가는 이미 예수를 야웨의 본래 "종"(2:32)으로, 야웨 자신(1:42-45; 2;11)으로 확인했다. 따라서 누가는 독자들이 이사야의 예언이 요한과 예수의 사역에서 시작될 것임을 이해하기를 원한다. 이스라엘의 하나님이 그의 백성을 방문하여 예수의 신실하심에 근거한 새로운 언약공동체를 설립할 때가 왔다. 예수는 방문하시는 하나님이시자 동시에 섬기시는 하나님이시다.

요한은 나아오는 "무리"에게 그들의 죄에서 돌이키고 아브라함의 육체적 상속자로서 자신들의 지위를 의존하지 말라고 명한다. 하나님의 자녀가 되어 종말론적 이스라엘로 들어가기 위해서는 사람의 혈통이 아니라 마음의 상태가 중요하다(3:7-11// 마 3:7-10). 누가는 독특하게도 당시에 경멸받을 만한 두 그룹인 세리와 병사를 포함하는데, 그들은 요한의 메시지에 어떻게 반응해야 할지 묻는다(3:12, 14).

두 경우 모두 요한은 그들에게 다른 사람을 공정하게 대하라고 명령한다. 요한의 메시지의 요점은 상호 간의 의로운 행동이 하나님과의 올바른 관계의 표현이라는 것이다. 이러한 두 그룹을 포함함으로써 누가는 전통적으로 팔레스타인에서는 소외되었지만, 이제는 종말론적 이스라엘에서 두각을 나타내는 개인들에게 계속해서 관심을 기울인다(참조, 5:27-30; 7:8; 29, 34; 15:1; 18:10-13).

요한이 두 그룹에 이스라엘의 물리적 표지(음식 규례, 안식일 등)를 취하여 회심하라고 말하지 않고 광야에서의 그의 갱신에 참여하라고 말한 점에 유의하라. 씻음과 정결함이 요한의 세례의 특징이라면 예수의 세례의 특징은 오실 성령과 새 창조이다(3:15-18; → 막 1:4-8). 요한은 하나님의 영광스러운 임재를 위해 새로운 언약공동체를 준비한다.

예수께서 요한에게 세례를 받으신 것은 공식적으로 예수의 지상 사역의 시작을 나타낸다. 하나님은 예수를 자신의 "아들"이요, 사랑의 대상이요, 오랫동안 기다려 온 이스라엘의 통치자라고 선언하신다(3:22; 참조, 삼하 7:14; 시 2:7). "비둘기 같은 형체로" 강림하시는 성령은 새 창조를 알리는 구약의 몇몇 구절을 상기시킨다(예컨대, 창 8:8-12; 사 32:15-16; 겔 36:26-30). 비둘기의 나타남(3:22)과 아담의 자손으로서의 예수의 신분(3:38)은 예수의 사역 중 많은 부분이 새로워질 우주의 시작을 수반할 것임을 보여 준다(→ 마 3:13-17).

2) 예수의 계보(3:23-38)

누가의 계보는 여러 면에서 마태의 계보와는 다르지만, 그중 두 가지 점이 현저하게 차이가 난다. 계보가 예수의 세례(3:21-22) 뒤에 나온다는 점과 아담까지 거슬러 올라가는 예수의 혈통을 추적한다는 점(3:38)이다. 마태는 예수의 계보를 그의 복음서 첫 부분에서 시작하는 반면, 누가는 예수의 세례(3:21-22)와 광야 시험(4:1-13) 사이에 배치한다. 그렇다면 누가의 계보는 이 두 사건에 대한 정보를 알려 준다.

확실히 예수의 위엄 있는 조상은 다윗(3:31), 이새(3:32), 유다(3:33) 등을 포함한 누가의 계보에 필수적 요소이다. 그러나 셈, 노아, 에녹, 셋, 아담을 포함하는 마지막 일련의 이름들은 독자들이 아담과 하와의 경건한 가계가 보존되어 있는 창세기 1-11장에 관심을 가지도록 이끈다. 계보 전체는 궁극적으로 창세기 3:15의 원래 약속을 지키시려는 하나님의 신실하심을 증언한다.

> 내가 너로 여자와 원수가 되게 하고
> 네 후손도 여자의 후손과 원수가 되게 하리니
> 여자의 후손은 네 머리를 상하게 할 것이요
> 너는 그의 발꿈치를 상하게 할 것이니라(창 3:15).

창세기 3:15에 따르면 구원이 보장된다. 하나님의 본래의 완전한 형상을 지닌 신적 왕(godly king)이 역사의 마지막에 악의 화신인 뱀을 물리칠 것이다. 창세기 3:15에서 하나님은 창세기 1:28의 신적 사명이 성취될 것이라고 약속하신다. 하나님은 반드시 그의 영광이 땅끝까지 미치고 모든 피조물이 그를 경배하게 하실 것이다.

4. 1단계: 갈릴리에서의 예수(4:1-9:50)

1) 마지막 아담의 승리의 시작과 고향에서의 배척(4:1-44)

(1) 광야의 시험(4:1-13)

모든 공관복음에 기록된 광야 시험(// 마 4:1-11// 막 1:12-13)이 마태복음과 마가복음에서는 예수의 세례 이후에 나오는 반면, 누가는 이 사건을 계보 다음에 배치한다.

"아담의 후손"(3:38)으로서의 예수의 정체성을 시험과 하나로 묶는 이유는 무엇일까?

예수는 아담, 노아, 아브라함, 그리고 이스라엘이 실패한 일, 즉 하나님의 약속을 전적으로 신뢰하고 악을 정복하며 하나님의 영광스러운 임재를 땅끝까지 가져가기 위해 오신 두 번째 아담이시다. 창세기 3:15의 약속이 실행될 때가 왔다.

마귀는 광야에서 40일간의 금식 끝에 예수를 시험한 것 같다. 이는 예수께서 가장 취약한 때이다(4:2// 마 4:2). 두 가지 중요한 정보(40이라는 기간과 광야라는 장소)는 이스라엘이 광야에서 겪었던 시험/유혹을 상기시킨다. 예를 들어, 민수기 14:34에서 이렇게 말한다.

> 너희는 그 땅을 정탐한 날 수인 사십 일의 하루를 일 년으로 쳐서 그 사십 년간 너희의 죄악을 담당할지니 너희는 그제서야 내가 싫어하면 어떻게 되는지를 알리라 하셨다 하라

(민 14:34; 참조, 겔 4:4-5).

이스라엘 백성의 40년간의 불안은 하나님의 약속에 대한 이스라엘의 불신앙을 잘 보여 준다. 따라서 예수께서 광야에서 40일 동안 신실하게 인내하신 일은 이스라엘 경험의 유형론적 축소판이다. 그들의 불신실함은 구원자의 신실함을 예견한다. 참된 이스라엘로서 예수는 그 민족의 발자취를 되짚으셔야 한다.

아마도 우리는 또 하나의 구원사적 층을 벗겨 낼 수 있을 것이다. 40일이라는 기간과 금식은 또한 모세가 시내산에서 40일 동안 금식하며 머물렀던 일을 반향한다(출 24:18; 34:28). 둘 사이에 연관성이 있다면 예수의 시험은 참으로 이스라엘 역사에서 전환점이 된다. 그는 하나님의 백성을 재건하고 그들을 대신하여 살며 에덴동산에서 아담과 하와에게 주어진 신적 사명을 신실하게 수행하는 일을 스스로 떠맡으신다(창 1:28; 2:15).

하나님은 아담과 하와에게 "생육하고 번성하여 땅에 충만하라 땅을 정복하라"(창 1:28)라고 명령하신다. 창조된 질서를 정복하는 필수 구성 요소는 하나님과 그의 백성에 대항하는 모든 형태의 대적을 제거하는 일이다. 뱀이 에덴동산으로 들어가는 모습을 보자마자 아담과 하와는 즉각적으로 그것을 진압하여 쫓아내야만 했다. 그들이 그렇게 하지 못하고 오히려 뱀의 유혹에 굴복했기 때문에 하나님은 아담과 하와를 하나님 앞에서 쫓아내신다(창 3:24-25).

그러나 창세기 3:15은 장차 오실 구원자가 어느 날 그 뱀을 결정적으로 제압할 것을 약속하신다. 구약에는 이스라엘의 적들을 물리치는 다수의 통치자가 포함되어 있지만(예컨대, 다윗, 솔로몬 등), 그들을 완전히 정복한 사람은 한 명도 없다. 구약의 저자들은 궁극적으로 창세기 1:28과 3:15을 성취할 메시아의 도래를 약속했다(예컨대, 창 49:8-10; 민 24:17; 삼하 7:12-14; 시 2편; 89편; 110편; 사 9:6-7; 11:1-5; 렘 23:5).

여기 광야의 시험에서 예수는 아담과 이스라엘의 책임을 떠맡아 그의 모든 전임자가 성취하지 못한 일, 즉 하나님과 그의 백성의 그 원수(the enemy)

를 물리치시고 내쫓는 일을 성취하신다.

첫 번째 시험에서 마귀는 아버지의 공급에 대한 예수의 신뢰를 깨뜨리려고 시도한다. 마태 역시 동일하게 기록한다.

> 네가 만일 하나님의 아들이어든 이 돌들에게 명하여 떡이 되게 하라(눅 4:3-4// 마 4:3).

뱀이 아담과 하와를 시험하여 하나님으로부터 독립하여 선악을 알게 하는 나무를 따 먹도록 유혹한 것처럼(창 3:1-5), 마귀는 아버지에 대한 예수의 신뢰를 깨뜨려 예수를 아버지에게서 벗어나게 하려고 한다. 예수는 집요한 마귀의 유혹을 받아들이지 않으시고 신명기 8장을 인용하심으로써 응답하신다.

> 네 하나님 여호와께서 이 사십 년 동안에 네게 광야 길을 걷게 하신 것을 기억하라 이는 너를 낮추시며 너를 시험하사 네 마음이 어떠한지 그 명령을 지키는지 지키지 않는지 알려 하심이라 너를 낮추시며 너를 주리게 하시며 또 너도 알지 못하며 네 조상들도 알지 못하던 만나를 네게 먹이신 것은 사람이 떡으로만 사는 것이 아니요 여호와의 입에서 나오는 모든 말씀으로 사는 줄을 네가 알게 하려 하심이니라(신 8:2-3).

하나님은 이스라엘에 오직 그만을 전적으로 신뢰하기를 요구하신다. 그만이 영적, 육체적 필요를 공급해 주시기 때문이다. 이스라엘이 하나님으로부터 독립하려고 시도하는 순간 즉각적으로 혼란에 빠진다(예컨대, 민 11:1-9). 예수는 아담과 하와 및 이스라엘 민족이 겪었던 똑같은 시험을 견디시지만, 아버지로부터 독립을 추구하는 대신 그의 주권과 은혜로운 공급 안에서 안식하신다.

두 번째와 세 번째 시험은 누가복음과 마태복음에서 서로 뒤바뀐다(4:5-12// 마 4:5-10). 세 번째 복음서에서 마귀는 예수를 "순식간에 천하 만국"을 볼 수 있는 높은 곳으로 끌고 간다. 확실하게 말할 수는 없지만 예수는 두 번째와 세 번째 시험을 환상의 형태로 경험하셨을 것이다(4:5-8; 참조, 계 4:1; 17:3; 21:10). 여하튼 마귀는 땅의 왕국에 대한 "소유권"(domain)을 주장하며 예수께서 자기를 경배하면 지상의 왕국들을 예수에게 넘겨 주겠다고 맹세한다. 여기 두 번째 시험에 나오는 표현은 다니엘 7:14의 70인역(OG)과 매우 유사하다.

누가복음 4:6	다니엘 7:14
"이 모든 권위(텐 엑수시아[tēn exousian])와 그 영광(텐 독산[tēn doxan])을 내가 네게 주리라(도소[dōsō])"	"그에게 권세(엑수시아[exousia])와 영광(독사[doxa])과 나라를 주고(에도테[edothē]) 모든 백성과 나라들과 다른 언어를 말하는 모든 자들이 그를 섬기게 하였으니 그의 권세(엑수시아[exousia])는 소멸되지 아니하는 영원한 권세(엑수시아[exousia])요"

성경에는 실제로 마귀에게 땅을 다스릴 권리가 주어져 있다고 단언하며(예컨대, 욥 1:6-12; 2:17; 계 12:7-12), 예수는 심지어 마귀를 "세상의 임금"(prince of this world)이라고까지 지적하신다(요 12:31; 14:30). 그러나 예수께서 그 시험에 끝까지 신실하심을 지킨 결과로, 그리고 그의 죽음과 부활로 말미암아 사탄은 그러한 권세(authority)를 잃기 시작한다(예컨대, 눅 10:17-20; 요 12:31; 계 12:7-12).

그렇다면 어떤 의미에서는 사탄이 "권세"가 있다고 주장하는 것이 타당하지만, 그가 그 권세를 자신이 "원하는 자"에게 줄 수 있다고 주장하는 것은 옳지 않다(4:6). 오직 하나님만이 우주의 주권자이시기 때문이다.

더욱이 마귀는 네 번째 짐승을 물리치자마자 인자에게 "권세"와 "영광"이 주어진다는 다니엘 7장의 예언을 패러디하고 있을 수도 있다. 마귀는 예수께 우주의 권세를 부여할 권리가 없다. 그러한 권한은 오로지 옛적부터 항상 계신 이에게만 주어져 있다(단 7:9-10). 그러나 마귀의 책략에 저항하심으로써 예수는 처음에 다니엘 7장의 예언을 성취하시고 옛적부터 항상 계신 이, 즉 아버지께로의 등극을 시작하신다(마 28:18; 계 13:2을 보라). 옛적부터 항상 계신 이의 보좌로의 등극은 여기 광야의 시험에서 시작된다.

두 번째 시험에서 예수는 사탄에게 영원히 복종하여 그와 함께 통치하자는 유혹을 받으신다. 마귀는 하나님이 마땅히 받으셔야 하고 요구하시는 것과 같은 헌신인 경배를 원한다. 예수는 다시 한번 신명기를 인용하신다.

> 네 하나님 여호와를 경외하며 그를 섬기며 그의 이름으로 맹세할 것이니라(신 6:13).

신명기 6:13은 이스라엘이 주변 민족들의 압박에도 불구하고 오직 하나님께만 충성을 유지해야 한다고 가르친다. 불행하게도 이스라엘은 여호와 외에도 다른 신들을 섬김으로써 우상 숭배에 거듭 굴복한다. 이로 인해 여호와께서는 이 민족을 심판하시고 그들을 포로 상태로 넘기신다. 그러나 예수는 같은 시험을 받으시지만, 사탄의 계략에 굴복하지 않으신다.

세 번째 시험이자 마지막 시험을 위해 마귀와 예수는 "성전 꼭대기"(4:9)로 올라간다. 둘이 물리적으로 예루살렘 성전 꼭대기까지 오른 것일 수도 있지만, 여기에서도 환상의 형태로 경험한 사건일 가능성이 크다. 사탄은 하나님께서 천사들을 보내 지키시도록 예수께 성전 가장자리에서 뛰어내리라고 요청한다. 세 번째 시험을 위해 마귀는 시편 91:11-12을 인용하여 자신의 공격을 보완한다.

> 그가 너를 위하여 그의 천사들을 명령하사 네 모든 길에서 너를 지키게 하심이라 그들이 그들의 손으로 너를 붙들어 발이 돌에 부딪히지 아니하게 하리로다(시 91:11-12).

마귀는 아들을 보호하도록 강요함으로써 하나님의 공급하심을 통제하기 원한다. 이 시험의 핵심에는 예수께서 아버지를 교묘하게 움직여(manipulate) 그의 뜻에 반하여 강제로 손을 쓰게 하려는 사탄의 욕망이 있다. 예수는 신명기를 다시 인용하시면서 이렇게 반응하신다.

> 너희는 다른 신들 곧 네 사면에 있는 백성의 신들을 따르지 말라 너희 중에 계신 너희의 하나님 여호와는 질투하시는 하나님이신즉 너희의 하나님 여호와께서 네게 진노하사 너를 지면에서 멸절시키실까 두려워하노라 너희가 맛사에서 시험한 것같이 너희의 하나님 여호와를 시험하지 말고(신 6:14-16).

신명기 6:16에서 가져온 인용문은 이스라엘이 하나님께 물을 요구한 출애굽기 17:1-7을 다시 언급한다. 이 민족은 하나님의 은혜로우신 공급을 신뢰하며 하나님께서 그들을 돌보실 것을 확신해야 한다. 마귀는 예수께서 그러한 선조들을 본받아 성전 꼭대기에서 떨어지는 자신을 구원해 달라고 하나님께 요구하기를 바라고 있다.

마귀가 시편 91편을 인용한 점은 바로 뒤에 "네가 사자와 독사를 밟으며 젊은 사자와 뱀을 발로 누르리로다"(시 91:13)라는 진술이 이어지기 때문에, 아이러니로 가득 차 있다. 시편 91편은 창세기 3:15을 해석한다.

> 내가 너로 여자와 원수가 되게 하고 네 후손도 여자의 후손과 원수가 되게 하리니 여자의 후손은 네 머리를 상하게 할 것이요 너는 그의 발꿈치를 상하게 할 것이니라(창 3:15).

여기에 아이러니가 있다. 광야 시험에서 예수는 처음이자 결정적으로 마귀를 물리치시거나 그 머리를 상하게 하심으로써 창세기 3:15과 시편 91:13의 예언을 성취하신다. 크리스쳔 베커(J. Christiaan Beker)는 말로 하면, "디 데이(D-Day)는 끝났고 악의 세력은 결코 회복할 수 없는 타격을 받았다."[5]

시험 이야기는 불길한 어조로 끝난다.

> 마귀가 모든 시험을 다 한 후에 얼마 동안 떠나니라(눅 4:13).

---

[5] J. Christiaan Beker, *Paul the Apostle: The Triumph of God in Life and Thought* (Minneapolis: Fortress, 1980), 159.

비록 사탄이 우주 전투에서 패배하고 예수께서 그를 물리치셨지만, 사탄은 계속해서 싸우며 그의 패거리들(emissaries)을 통해 가능한 한 많은 피해를 입힐 것이다(참조, 22:3, 53).

(2) 나사렛에서 쫓겨난 예수(4:14-30)

우주에 대한 소유권을 주장하신 후, 예수의 공생애는 갈릴리에 있는 두 회당을 방문하심으로써 시작된다(4:15, 33). 누가는 나사렛에서 일어난 예수의 배척 사건을 예수의 공생애 초기에 두는 유일한 복음서 저자이다(// 마 13:53-58// 막 6:1-6). 그렇게 함으로써 누가는 예수의 남은 사역에 대한 분위기를 설정한다. 나사렛에서 일어난 일은 누가-행전 전반에 걸쳐 일반적으로 일어날 일에 대한 모형(template) 역할을 한다. 즉, 예수의 동족인 유대인은 그를 거부하지만, 이방 민족은 두 팔을 벌려 그를 환영한다.

약 500명의 주민이 살고 있던 나사렛은 갈릴리 바다 바로 서쪽 석회암 언덕에 세워진 별로 인상적이지 않은 마을이었다.[6] 늘 하시던 대로 예수는 안식일에 동료 유대인과 오랜 친구들과 함께 예배를 드리기 위해 나사렛의 회당을 방문하신다. 예수는 일어서서 정확히 종말론적 희년의 도래에 초점을 맞추는 이사야 61장을 읽으신다. 우리는 이사야 61장을 살펴보기 전에 오경에 나오는 희년에 대해 간략하게나마 알아야 한다.

레위기 25:8-55은 이스라엘 백성에게 "희년"(Year of Jubilee)을 지키라고 지시한다. 이스라엘 백성은 일주일에 하루를 안식일로 지켜야 할 뿐만 아니라, 땅도 매칠 년마다 "쉬어야" 한다(레 25:4). 땅의 일곱 안식년(총 49년)에 희년이 속죄일에 선포된다(레 25:9). 오십 년째 해는 하나님의 은혜로운 공급을 기념하며 일 년 전체를 "거룩"하게 여겨야 한다(레 25:12).

땅은 원래 소유자에게 반환되어야 한다(레 25:13). 빚은 탕감되며 이스라엘 내에서 억압받는 자들이 회복될 수 있게 허용해야 한다. 다음 두 가지

6　Richard A. Freund and Daniel M. Gurtner, "Nazareth," in *T&T Clark Encyclopedia of Second Temple Judaism*, ed. Daniel M. Gurtner and Loren T. Stuckenbruck (New York: Bloomsbury T&T Clark, 2020), 2:539.

원칙이 희년의 특징이다.

첫째, 이스라엘은 약속의 땅이 그들의 것이 아님을 인정해야 한다. 그들은 단지 임차인(tenants)일 뿐이다. 레위기 25:23에 따르면 다음과 같다.

> 땅을 아주 팔지는 못한다. 땅은 나의 것이다. 너희는 다만 나그네이며 나에게 와서 사는 임시 거주자일 뿐이다(레 25:23, 표준새번역).

둘째, 이스라엘 백성은 서로에게 노예의 형태로 빚을 지어서는 안 된다. 모든 사람은 동등하다. 레위기 25:42은 이렇게 말한다.

> 그들은 내가 애굽 땅에서 인도하여 낸 내 종들이니 종으로 팔지 말 것이라(레 25:42).

종합하면, 이런 두 가지 원칙은 우주가 이스라엘의 하나님을 중심으로 재조정되고 있음을 보여 준다.[7] 질서가 회복되고 이스라엘은 약속의 땅에 대한 하나님의 통치를 중재하는 공동의 신실한 아담의 역할을 해야 한다.

이스라엘이 희년을 지켰다는 기록은 없지만, 우리는 희년이 후에 구약에 채택되어 이스라엘 백성의 바벨론 포로에서 해방과 관련된 예언으로 사용된 것을 알고 있다.

이사야 61장에 따르면, 약속된 "종"은 "포로된 자에게 자유를" 알리고 "여호와의 은혜의 해"를 선언한다(사 61:1-2; 참조, 겔 46:16-17; 단 9:20-27). 희년은 이스라엘이 바벨론에서 궁핍했기 때문에 포로 된 이스라엘 백성의 해방과 일치한다. 회복의 모든 소망이 약화되었다. 그러나 이사야는 다가올 메시아가 하나님 백성의 승리를 알릴 것이라고 예언한다. 이런 점에서 이사야는 이스라엘의 바벨론에서의 귀환을 종말의 희년으로 구상하고 있다.

---

[7] J. B. Green and N. Perrin, "Jubilee," *DJG*, 450.

그다음에 누가는 이사야 61장에 대한 예수의 반응을 이렇게 서술한다.

> 책을 덮어 그 맡은 자에게 주시고 앉으시니 회당에 있는 자들이 다 주목하여 보더라 이에 예수께서 그들에게 말씀하시되 이 글이 오늘 너희 귀에 응하였느니라 하시니(눅 4:20-21).

예수는 자신과 자신의 사역을 이스라엘의 포로생활의 끝과 새 창조의 도래를 선언하는 이사야 61장의 예언 인물과 명시적으로 동일시한다.

우리는 이제 회당에서 이사야 61장을 인용하시는 예수의 의도를 깨닫게 된다. 가난하고 소외된 사람들에게 소망이 주어진다. 누가의 청중은 경제적으로 가난하고 지역사회에서 소외될지라도 예수께서 그들을 영적 빈곤에서 해방하시고 그들과 동행하시어 헤아릴 수 없는 부를 누릴 수 있는 약속된 새 창조의 땅으로 그들을 인도하신다는 것을 확신하며 안심할 수 있다. 이 본문에서 매우 놀라운 점은 이 예언이 성취되는 장소이다. 거의 관심을 받지 못한 소박한 마을 나사렛이 새 시대의 시작을 알린다.

그러나 예수는 이사야 61장의 전령이실 뿐만 아니라 또한 그가 선포하는 메시지의 대상이기도 하시다. 인간이 타락할 때 사탄은 우주에 대한 발판을 마련한다. 물론, 하나님께서 사탄을 다스리시며 사탄은 하나님의 뜻을 방해할 수 없다. 예수께서 광야에서 사탄의 시험/유혹을 물리치실 때 예수는 사탄의 영역을 무너뜨리신다. 예수는 이제 통치자이시며 따라서 우주를 하나님의 통치하에 재편성하시고 모든 피조물을 안식일의 쉼(Sabbath rest)으로 인도하셨다.

예수의 확신에 놀란 무리는 재빨리 이렇게 반응한다.

> 이 사람이 요셉의 아들이 아니냐(눅 4:22).

예수는 그들이 마음에 품고 있는 진의를 노골적으로 밝히신다.

> 너희가 반드시 의사야 너 자신을 고치라 하는 속담을 인용하여 내게 말하기를 우리가 들은 바 가버나움에서 행한 일을 네 고향 여기서도 행하라(눅 4:23).

무리는 예수께서 자신의 왕권을 입증하시고 서커스 공연(circus act)으로 그들을 현혹하시기를 원한다. 그러나 예수는 그들의 요구에 굴복하기를 거부하신다. 예수의 말과 행위와는 상관없이 나사렛 사람들은 그를 거부할 것이다(4:24).

4:25-27에서 누가는 독특하게도 고국에서 환영받지 못하고 이방인을 섬긴 두 선지자, 즉 엘리야(왕상 17:1-24)와 엘리사(왕하 5:1-14)의 예를 든다. 누가는 이 두 선지자를 그의 내러티브와 긴밀하게 관련시킨다(→7:11-17). 엘리야와 엘리사는 둘 다 하나님과 그분의 율법에 대해 열정적이었고 이스라엘의 우상 숭배에 반대했으며 이방인에게 손을 내밀고 돌보며 다수의 기적을 행했다. 또한, 엘리야의 반대자들과 예수를 거부하는 자들 간에 유사점이 있다.

그들이 그를 "동네 밖으로 쫓아내어"(엑소 테스 폴레오스 카이 에가곤 아우톤[exō tēs poleōs kai ēgagon auton])라는 표현은 열왕기상 21:13(70인역)에 나오는데, 거기에서 이세벨은 불량자 두 사람을 고용하여 나봇을 "성읍 밖으로 끌고 나가"(엑스에가곤 아우톤 엑소 테스 폴레오스[exēgagon auton exō tēs poleōs]) 돌로 쳐 죽였다. 이 문구의 개념은 나사렛 사람들이 유추적이든 유형론적이든 우상 숭배하는 선조들과 보조를 맞추고 있다는 의미일 수 있다.

나사렛에서 예수의 사역이 시작될 때 누가는 청중이 예수의 사역을 엘리야와 엘리사의 렌즈를 통해 보기를 원한다. 유명한 선지자들에게 타당한 것은 예수에게도 타당할 것이다. 역사는 계속 반복될 것이다.

(3) 가버나움에서의 귀신 축출(4:31-44)

예수께서 나사렛에서 배척받은 일(4:16-30)은 가버나움에서의 성공적인 사역과 대조된다(4:31-44// 막 1:21-38). 예수는 베들레헴에서 태어나시고 나사렛에서 자라셨지만 가버나움을 공생애 사역의 근거지로 삼으신다.

나사렛에서 예수 자신의 공동체가 그를 그 지역에서 쫓아내려고 시도하는 반면(4:29), 가버나움에서 예수는 다수의 귀신을 쫓아내신다(4:35-36, 41). 4:29의 "쫓아내다"라는 단어가 세 번째 복음서의 다른 곳에서는 귀신을 쫓아내는 데 사용된다(9:40, 49; 11:14, 18-20; 13:32).

아이러니하게도 예수의 오랜 친구들은 그를 그들 가운데서 쫓아냄으로써 그를 귀신처럼 대했다. 아마도 이 점이 무리가 그를 "산(투 오루스[tou orous]) 낭떠러지까지 끌고 가서 밀쳐 떨어뜨리고자(카타크렘니사이[katakrēmnisai])"(4:29) 했다는 이상한 세부사항을 누가가 기록하는 이유를 설명할 것이다. 내러티브의 뒷부분에서는 돼지들이 "산"(토 오레이[tō orei])에서 먹고 있다가 귀신에 사로잡혀 "비탈로 내리달아(카타 투 크렘누[kata tou krēmnou]) 호수에" 빠져 죽는다(8:32-33). 요한복음에서 유대인 무리가 세 차례에 걸쳐 예수를 귀신 들렸다고 비난하는 것도 우연이 아니다(요 7:20; 8:48; 10:20).

가버나움의 회당에서 적대적인 귀신 들린 사람이 예수를 만난다.

> 아 나사렛 예수여 우리가 당신과 무슨 상관이 있나이까 우리를 멸하러 왔나이까 나는 당신이 누구인 줄 아노니 하나님의 거룩한 자니이다(눅 4:34; → 막 1:21-28).

예수께서 귀신에게 그 사람에게서 나오라고 명하시자 귀신은 즉시 따랐다(4:35). 예수께서 광야의 시험에서 사탄에게 결정적 승리를 거두셨기 때문에 귀신들은 여전히 그에게 복종한다. 귀신이 쫓겨나자 회당에 있는 무리가 몹시 놀란다.

> 다 놀라 이에 예수의 소문이 그 근처 사방에 퍼지니라(눅 4:36-37; 참조, 4:22).

4장은 예수께서 시몬 베드로의 장모를 고치시고(4:38-41// 마 8:14-15// 막 1:29-31) 그 지역 전체에 하나님의 나라를 선포하시는 것으로 끝난다(4:44).

2) "주"로서의 예수와 처음 제자들(5:1-39)

(1) 베드로, 야고보, 요한의 부르심(5:1-11)

하나님 나라가 뿌리를 내리고 있고 이제 제자들을 부를 때가 왔다. 누가는 시몬 베드로의 부르심을 길게 서술하지만 야고보와 요한에 대해서는 간략하게만 설명한다(5:1-11// 마 4:18-22// 막 1:16-20// 요 1:40-42). 베드로가 분명히 이 이야기의 초점이며 다수의 주목할 만한 주제가 그의 부르심에서 나타난다.

첫째, 이 이야기는 예수께서 "게네사렛 호숫가", 즉 갈릴리 바다에서 "하나님의 말씀"을 전하시는 것으로 시작한다(5:1). 누가-행전에서 하나님 나라의 메시지나 "하나님의 말씀"은 효과가 있어서 종종 믿음을 이끌어 내고 그 결과로 성도들의 공동체를 형성한다(예컨대, 1:2; 8:11-15, 21; 11:28; 21:33; 행 4:4, 31; 6:2, 7; 8:14; 11:1; 12:24; 13:44, 48-49). 단 두 장만에 예수의 하나님 나라 선포는 많은 반응을 불러일으켰다.

둘째, 기적에 대한 베드로의 반응은 두 가지 측면에서 주목할 만하다.

한편으로 그는 예수를 홀로 창조 질서에 대한 신적 능력을 지닌 이스라엘의 "주"(퀴리에[kyrie])로 인정한다.

다른 한편으로 자기 자신을 "죄인"이라고 부른다(창 18:27; 출 3:6; 사 5:18 참조).

베드로의 행동을 보고하면서 누가는 베드로를 누가-행전에 나오는, 하나님의 은혜와 자비가 절실히 필요한 다른 모든 "죄인"과 연관시킨다(5:30, 32; 7:34, 37; 15:7, 10; 18:13, 19:7).

셋째, 베드로의 부름과 관련하여 많은 물고기가 잡힌 것은 누가가 사도행전에 서술하는 그의 풍성한 사역을 상징하는 것 같다(→ 막 1:16-18과 요 21:1-23).

(2) 나병 환자와 중풍병자(5:12-26)

처음 몇 제자의 부르심 이후 내러티브는 두 사람, 즉 나병 환자(5:12-16)와 중풍병자(5:17-26)의 치유, 그리고 세리 레위의 부르심(5:27-32) 및 가죽 부대에 관한 논의(5:33-39) 순으로 진행된다. 이러한 네 가지 이야기의 일반적 순서에서 마태와 누가는 마가복음의 선례를 따르는데(// 마 8:2-4; 9:2-8; 9:9-13; 9:14-17 // 막 1:40-44; 2:3-12; 2:14-17; 2:18-22), 독자에게 종말론적 하나님 나라의 범위와 본질에 대해 강한 인상을 남긴다.

나병 환자의 치유는 앞으로 이어질 많은 기적의 전형이다. 누가는 유일하게 "온 몸에 나병 들린" 사람이라는 독특한 표현을 사용하여 그 사람의 끔찍한 상황을 강조한다(5:12// 마 8:2// 막 1:40). 한나 해링턴(Hannah Harrington)이 지적하듯이, 나병은 "부패 과정"[8]과 의식적 더러움을 가시적으로 보여 준다(레 14:3). 이름이 알려지지 않은 이 사람은 예수 앞에 엎드려 "주여 원하시면 나를 깨끗하게 하실 수 있나이다"라고 외친다(5:12). 누가는 또한 이 신적 칭호를 여기에 포함하는 유일한 복음서 저자이다.

예수께서 그 사람을 치유하여 언약공동체에 완전히 참여할 수 있게 하신 후(→ 막 1:40-44) 예수의 소문이 빠르게 퍼지고 많은 병든 무리가 그에게로 모여든다(5:15). 이 사건 끝부분의 내러티브는 예수께서 "종종" 물러나서 "한적한 곳에서" 기도하신 것으로 서술한다(5:16; 참조. 3:21; 6:12; 9:18, 28-29; 11:1; 18:1; 22:41, 44).

누가는 성육신하신 이스라엘의 하나님으로서의 예수의 정체성과 매 순간 철저하게 아버지께 의존하는 인간으로서의 정체성을 함께 붙든다. 예수는 아버지의 뜻에 순종적으로 의존하시면서도 외부인을 돌보시고 그들을 회복시켜 하나님의 나라로 들어가게 하시는 육신을 입은 주님이시다. 그는 참으로 하나님이시며 인간이시다.

중풍병자의 치유는 다시 한번 약한 자에 대한 예수의 관심을 보여 준다(5:17-26// 마 9:2-8// 막 2:3-12). 누가는 이 이야기를 유대 지도자들이 "갈

---

8   Hannah K. Harrington, "Purity," in *Eerdmans Dictionary of Early Judaism*, ed. John J. Collins and Daniel C. Harlow (Grand Rapids: Eerdmans, 2010), 1123.

릴리의 각 마을과 유대와 예루살렘에서" 왔다고 언급함으로써 시작한다(5:17). 예수의 소문이 빠르게 퍼지자 그들은 직접 기적을 보기를 원한다(4:14, 37; 5:15). 사건이 진행됨에 따라 예수와 종교 당국의 대화를 통해 그들이 그 집에 있는 것이 단순히 관찰하기 위한 것이 아니라 평가하고 심판하기 위한 것임을 알 수 있다(5:21-24).

독자는 또한 "병을 고치는 주의 능력이 예수와 함께"하심을 발견한다(5:17). 오직 야웨만이 치유할 수 있는 능력을 가지고 계신다(예컨대, 출 15:26). 따라서 예수께서 상한 자를 치료하실 때 그는 이스라엘의 주(Lord)로서 그렇게 하신다. 베드로는 예수의 부름을 받을 때 예수를 향해 "주"라고 외치고(5:8), 나병 환자는 불과 몇 구절 뒤에서 이 선례를 따른다(5:12). 이것은 5장 전반부에서 세 번째로 나오는 "주"(퀴리오스[*kyrios*]) 용례이다.

요점은 분명하다. 하나님께서 그의 백성을 방문하시며 새 창조를 위해 그들을 만들어 가신다는 것이다. 중풍병자의 치유는 또한 개인의 영적 상태에 대한 예수의 관심을 보여 준다. 육체적 질병을 지닌 사람을 고치신 것도 그 자체로 상당히 놀라운 일이지만 진정으로 주목해야 할 점은 죄를 사하시는 예수의 권위이다(5:20; → 막 2:1-12).

(3) 레위의 부르심과 새 가죽 부대(5:27-39)

레위의 부르심은 5장에 나타난 몇 가지 주제를 명확하게 한다(// 마 9:9-17// 막 2:14-22). 마태라고도 불리는 레위(마 9:9)는 세리이다. 세리는 일반적으로 여느 세리와 마찬가지로 1세기에도 상당히 혐오를 받았지만, 누가복음에서 더 두드러지게 등장한다(3:12; 7:29, 34; 15:1; 18:10-13).

로마는 유대 백성에게 직간접적으로 세금을 부과했다. 한편으로 로마는 유대 지도자들을 이용하여 그들을 대신하여 공물을 직접 조달하도록 했다. 이 세금은 토지세(트리부툼 솔리[*tributum soli*])와 인두세(트리부툼 카피티스[*tributum capitis*])로 나눌 수 있다. 로마는 또한 "세리"(tax farmers 또는 tax collectors)라 불리는 그룹을 통해 간접적으로 세금을 걷도록 했다.[9] 이 그룹은 항구 및 도로변이나 도시 입구에 있는 세관에서 물품에 대한 세금을 징수했다.

이 세리들은 공물세를 미리 전액 납부한 다음 돌아서서 지나가는 사람들에게 접근하며 세금을 거두어 들였다. 이것이 그들이 생계를 유지하는 방법이다. 그들이 아무리 적절하다고 여겨도 터무니없는 요금과 수수료를 청구하는 일은 드물지 않았을 것이다. 초기 유대 전통에 따르면 세리는 도둑과 살인자와 관련이 있었다(m. Ned. 3.4). 모든 사람이 이 세리를 경멸할 것이라고 상상하는 것은 어렵지 않다.

참된 이스라엘의 핵심인 열두 제자 중 한 명의 세리와 네 명의 어부를 부르심으로써 예수는 하나님 나라가 주로 사회적 엘리트나 종교 및 의식 준수자가 아니라 평범하고 경멸받는 개인으로 구성되어 있음을 상징적으로 선언하신다. 누가는 레위가 집에서 "큰 잔치"를 베풀었다고 언급한다. 세리(외부인)와 "큰 잔치" 그리고 "새 포도주"(5:37-39)의 결합은 이사야 25:6을 연상시킨다(참조, 창 21:8; 계 19:9).

> 만군의 여호와께서 이 산에서 만민을 위하여 기름진 것과 오래 저장하였던 포도주로 연회를 베푸시리니 곧 골수가 가득한 기름진 것과 오래 저장하였던 맑은 포도주로 하실 것이며(사 25:6).

이사야 25장이 염두에 있다면 예수의 행동은 종말론적이다. 이사야 25장의 기대를 성취함으로써 그는 육신이 되신 야웨로서 모든 인류와 교제하신다. 이사야 25장은 또한 잔치가 "이 산"에서 베풀어진다고 언급하는데(25:6-7), 아마도 종말론적 성전인 새 예루살렘을 가리킬 것이다(사 2:2 참조).

---

9   T. E. Schmidt, "Taxation, Jewish," in *Dictionary of New Testament Background*, ed. Craig A. Evans and Stanley E. Porter (Downers Grove, IL: InterVarsity, 2000), 1165.

누가복음 5장에 따르면 하나님의 영광이 예수라는 인물 속에 임재했으며 열방은 이제 그와 친밀한 교제를 누리고 있다. 아이러니하게도 하나님의 구원 사역에 적대적인 자들은 "죄인들"이 아니라(5:30) 유대 지도자들, 즉 당대의 구약학자들이다. 종교 당국은 예수와 그의 메시지를 받아들이는 대신에 "묵은 것이 좋다"(the old is better)라는 격언으로 특징지어진다(5:39; → 막 2:18-22).

3) 새 시대의 삶(6:1-49)

누가는 계속해서 마가의 사건 순서를 따른다. 안식일에 일어난 두 사건(6:1-11)은 낡은 포도주와 새 포도주에 대한 담화(5:33-39) 뒤에 나오며 안식일 규정이 옛 시대와 새 시대 간의 관계라는 더 큰 문제와 관련이 있음을 보여 준다.

예수께서 구원의 새로운 단계를 여셨다면 언약의 외적 사항들(안식일, 음식 규례 등)은 종말론적 이스라엘과 어떤 관련이 있는가?

예수는 진정한 대제사장이시며, 누가 "정결하고" 종말론적 이스라엘에 적합한지 결정하시는 분이므로(4:36; 5:14) 모세 언약의 다른 측면도 그와 관련되어야 한다.

(1) 안식일의 주인(6:1-11)

우리는 이 두 사건을 마태복음 12:1-14과 마가복음 2:23-3:6의 논의에서 이미 다루었기 때문에 세 가지 점만 강조하고 지나가려 한다.

첫째, 참된 성전과 제사장으로서의 예수의 정체성이 이 단락을 이해하는 해석학적 열쇠이다. 다윗왕이 성별된 떡/빵을 먹고 그것을 병사들에게 나누어 준 사건을 환기시키심으로써(이 사건은 다윗이 왕이면서 제사장임을 증언함) 예수는 훨씬 더 자신이 그것을 먹고 제자들에게 줄 수 있음을 보여 주신다.

"손 마른 자"(6:8) 치유 사건도 이와 마찬가지라고 말할 수 있다. 예수는 의도적으로 한 사람을 회복시키셔서 부정한 자에서 정결한 자로 변하게 하셔서 새 언약공동체로 온전히 참여하고 하나님의 영광스러운 임재 안에 살 수 있게 하셨다(레 21:16-20을 보라). 예수는 안식일의 깊은 쉼을 누릴 수 있는 유일한 길이시다(→ 막 11:28-30).

둘째, 상 위에 차려진 성별된 떡/빵은 제사장들이 전제(drink offerings)로 드릴 포도주를 보관했던, 그 옆에 있던 항아리와 관련하여 이해되어야 한다(출 25:29; 민 15:7). 성소에 있는 떡과 포도주는 야웨와의 친밀한 교제를 의미한다. 안식일 논쟁(6:1-11)은 내러티브상 앞의 두 사건에 비추어 볼 때 더 이해하기 쉽다. 우리는 앞에서 레위가 "큰 잔치"를 베풀며(5:29) "새 포도주는 새 부대에 넣어야 할 것"(5:38)이라는 점을 살펴보았다. 여기 안식일 논쟁에서 예수는 다시 한번 "밀 이삭"(6:1)을 잘라 손으로 비벼 먹는 제자들과 언약의 식사를 즐기신다.

셋째, 종교 당국이 공세를 취하고 있는데, 이는 바리새인들과 "율법 교사들"이 예수를 평가하기 위해 함께 모인 세 번째 사건이기 때문이다(5:17, 21, 30; 6:2). 6:7에서 그들은 "예수를 고발할 증거를 찾으려 하여 안식일에 병을 고치시는가 엿보고" 있다. 그들은 예수를 오랫동안 기다려 온 다윗의 후손과 육신이 되신 주로 인정하는 대신 그의 파멸을 적극적으로 추구한다.

(2) 열두 제자 임명(6:12-16)

누가는 열두 제자의 부르심을 안식일에 일어난 두 개의 에피소드 직후에 두는 유일한 복음서 저자이다(6:1-11// 마 10:2-4// 막 3:16-19). 사무엘상 21장은 여전히 누가의 레이더에 있을 수 있는데, 레위기 24:5에 따르면 열두 덩이 떡은 성소의 상위에 준비되어 있기 때문이다. 열두 덩이 떡은 분명히 하나님의 임재 안에 거하는 이스라엘의 열두 지파를 상징한다.

예수는 여기에서 열두 제자를 참된 제사장이시며 성전이신 예수의 임재 안에 거하는 이스라엘의 참된 떡으로 지정하고 계신 것이 아닐까?

직접 문맥에서 열둘의 임명은 또한, 적대감의 주제를 포함할 수도 있다. 누가복음 6:11은 신랄한 지도자들이 예수를 어떻게 죽일까를 의논하는 것으로 끝나며 6:12-16은 제자들을 임명하는 내용으로 구성된다. 유대 지도자들이 예수를 직접 대적한다면 그들은 확실히 그를 따르는 자들과도 직접 대적할 것이다.

여기에서 누가 내러티브의 또 다른 독특한 차원은 예수의 기도 생활의 중요성이다.

> 예수께서 기도하시러 산으로 가사 밤이 새도록 하나님께 기도하시고(눅 6:12).

우리가 살펴보았듯이 세 번째 복음서에서 기도는 상당히 두드러지게 나타난다(3:21; 5:16; 6:12; 9:18, 28-29; 11:1; 18:1; 22:41, 44). 예수는 종종 힘과 지혜를 달라고 기도하신다. 여기에서 예수는 아버지를 의지하시는데 아마도 나머지 제자들을 부르시는 데 지혜를 구하신 것으로 보인다. 5:1-11에 처음 제자들인 베드로, 안드레, 야고보, 요한이 나타나지만, 여기에서 누가는 전체 명단을 제공한다.

세 명의 복음서 저자들이 모두 이 단락에서 제자들을 "사도들"(아포스톨루스[apostolous])로 지정하지만(마 10:2// 막 3:14// 눅 6:13), 누가는 내러티브 전반에 걸쳐 이 명칭을 유지하는 유일한 복음서 저자이다(9:10; 11:49; 17:5). 아마도 그는 청중이 사도행전을 통한 그들의 선교 활동을 추적할 수 있도록 "사도"라는 명칭을 보존하는 것 같다. 사도행전에는 그 명칭이 약 29번 나타난다. 이곳 갈릴리의 한 산에서 시작된 일이 불과 몇십 년 내에 땅끝까지 도달할 것이다.

열두 제자를 산 위에서 부르신다는 점은 확실히 종말론적 이스라엘의 회복을 상징한다(마 10:2-4; → 막 3:16-19). 모세가 시내산에서 이스라엘의 열두 지파를 모은 것처럼 예수도 열두 제자를 모으신다. 예수는 분명 모세의 원형이시다. 더 나아가 이 내러티브는 예수를 시내산 정상 빽빽한 구름 가운데 그의 백성 가운데 거하시는 야웨로 묘사한다(출 19:11, 18).

(3) 평지 설교(6:17-49)

내러티브는 예수께서 산에서 "평지"로 내려오시면서 계속 진행된다(6:17). 처음 몇 장에서 누가는 사건들이 일어난 장소를 강조한다. 예컨대, 성전(1:5; 2:22, 41), 개인 집(1:39; 2:7; 4:38; 5:18, 29), 요단강(3:3), 광야(4:1), 회당(4:16, 33, 38), 갈릴리 바다(5:1), 밀밭(6:1), 산(6:12)이다.

여기서의 무대는 "평지"이다. 평지 설교라고 알려진 이곳의 설교가 마태의 산상수훈(5-7장)과 놀라울 정도로 유사한 내용을 다수 포함하고 있지만, 이 설교는 별개의 설교로 보인다. 배경이 다르며 설교가 더 간결하고 추가 요소가 포함되어 있다.

누가는 "그 제자의 많은 무리"가 "유대 사방과 예루살렘과 두로와 시돈의 해안으로부터 온 많은 백성"과 함께 모였다고 언급한다(6:17; 참조, 행 1:8). 청중은 아마도 예수와 그의 기적들에 대해 호기심을 가진 유대인들과 일부 이방인들로 구성되었을 것이다. 이어지는 몇 구절을 위해 무리의 존재는 예수의 사역에 중요한 특징이 된다(6:17; 7:1, 9, 11, 12). 그는 종종 그들에게 주의를 기울이면서 단순한 관찰자가 아니라 진정한 추종자가 되기를 간청하곤 한다.

왜 누가는 6:17-19의 치유 사건을 열둘의 부르심(6:12-16)과 평지 설교(6:20-49; 참조, 마 4:18-7:29) 사이에 샌드위치 구조로 끼워 넣을까?

열둘의 임명은 하나님 나라의 확장에 있어 중요한 단계이다. 이 하나님 나라는 새 창조의 도래와 마귀 세력의 정복으로 특징지어지는 나라이다. 평지 설교는 확장되는 하나님 나라 안에서 어떻게 살아야 하는지에 대한 예수의 설명일 수 있다.

일반적으로 마태의 산상수훈과는 대조적으로 누가는 예수의 설교를 듣는 청중을 민감하게 묘사한다. 복과 저주가 "너희"(복수형)를 직접 지향하고 있다.

너희 가난한 자는 복이 있나니 하나님의 나라가 너희의 것임이요(눅 6:20).

> 그러나 화 있을진저 너희 부요한 자여 너희는 너희의 위로를 이미 받았도다(눅 6:24).

6:20에서 예수는 "제자들을 보시고" 이르시지만, 7:1에서는 그가 "모든 말씀을 백성에게 들려주시기를 마치"셨다고 언급한다.

그렇다면 예수는 자신의 설교를 6:17-19에 언급된 무리에게 하실 가능성이 크다. 독자는 무리 안에 있는 모든 사람이 복이 있는 사람인지 화가 있는 사람인지 두 가지 범주 중 하나에 속할 것이라고 가정해야 한다. 그들이 왕이신 예수를 따른다면 복 있는 사람들이다. 그렇지 않다면, 그들은 하나님의 저주를 짊어지게 될 것이다(신 27:9-28:68을 보라).

평지 설교의 첫 번째 단락에는 네 개의 복 선언이 등장하고(6:20-22), 두 번째 단락에는 네 개의 저주 또는 "화" 선언이 나타난다(6:24-26). 6:20-22에 나타나는 복 선언은 마태복음 5:3-12에 나오는 복 선언과 마찬가지로 본질상 종말론적 성격을 띤다. 예수께 순종하는 사람들은 "복"이 있거나 하나님의 은혜를 받는다(예컨대, 70인역 시편 1:1; 32:12; 33:9; 단 12:12).

이 설교는 누가가 내러티브의 시작 이후로 설정한 몇 가지 주제를 강조한다. 예를 들면, 가난하고 주리고 울고 박해받는 자들은 복이 있지만(6:20-22; 참조, 1:52b-53a), 부요하고 배부르고 웃고 존귀한 자들은 저주를 받는다(6:24-26; 참조, 1:52a, 53b). 하나님 나라의 존재는 세상의 윤리를 뒤집어 버린다. 예를 들어, 마리아와 요셉은 비록 가난하지만(2:7, 24), 하나님의 약속에 기쁨을 발견하고 종말론적 복을 받는다(1:45; 11:27).

새로운 시대에서의 삶은 두 가지 특징을 지닌다. 서로에 대한 급진적 사랑(6:27-36)과 그에 따른 비판 보류(6:37-42)이다. 이웃에 대한 사랑은 항상 하나님의 가족이 되기 위한 핵심 요소였지만(레 19:18을 보라), 성령의 내적 역사로 인해 사랑하라는 계명이 새 언약공동체에서 강화된다(렘 31:31-34; 겔 36:25-27; 마 5:43-44; 요일 4:7-8).

"비판하지 말라"는 명령은 하나님만의 고유한 권한을 주제넘게 넘보는 일과 관계가 있다(6:37). 개인들이 서로 "비판"할 때 그들은 옳고 그름의 절대적 결정자가 된다. 이러한 유형의 죄는 하나님이 아담과 하와에게 선악을 알게 하는 나무를 먹지 말라고 금하신 계명을 연상시킨다(창 3:17; 참조, 마 7:1-5; 약 4:11-12). 오직 하나님만이 무엇이 옳고 그른지 결정할 수 있는 궁극적 권리를 가지신다.

평지 설교는 예수의 메시지에 반응하는 두 가지 사례로 끝난다(6:43-49). 열매는 불가피한 것인데 어떤 열매를 맺을 것인가?

무리 안에서 긍정적으로 반응하는 사람들은 "좋은 열매"를 맺을 것이지만, 그렇게 하지 않는 사람들은 "못된/나쁜 열매"를 맺을 것이다(6:43// 마 7:16-20). 궁극적으로 마음의 의도가 모든 사람이 볼 수 있도록 드러나게 될 것이다.

> 너희는 나를 불러 주여 주여(퀴리에 퀴리에[*kyrie kyrie*]) 하면서도 어찌하여 내가 말하는 것을 행하지 아니하느냐(눅 6:46// 마 7:21).

예수를 "주"로 인정하는 태도와 행위는 누가복음의 특별한 특징인데 이는 예수께서 성육신하신 이스라엘의 하나님이심을 인정하는 것이기 때문이다(예컨대, 1:43, 45; 2:11; 5:8a, 12, 17).

그러나 여기에서 우리는 사람이 예수를 신적 존재로 인정하지만, 아직 궁극적으로 자신의 행동으로는 그를 부인하는 일이 가능하다는 것을 발견하게 된다. 이는 야고보서 2:19의 내용과 크게 다르지 않다.

> 네가 하나님은 한 분이신 줄을 믿느냐 잘하는도다 귀신들도 믿고 떠느니라(약 2:19).

성령의 능력을 힘입은 행함이 항상 믿음과 함께 가야 한다.

4) 종말론적 복의 도래(7:1-50)

(1) 백부장의 믿음(7:1-10)

7장에는 백부장 하인의 치유 기적(7:1-10)과 과부 아들의 소생 기적(7:11-17)이라는 두 가지 핵심 기적이 포함되어 있어 독자들이 예수의 정체, 사명, 그리고 하나님 나라에 대한 정확한 본질을 숙고하게 한다.

백부장의 이야기는 평지 설교 바로 다음에 나오며 누가의 청중은 이 둘을 함께 읽어야 한다. 평지 설교(6:20-49)에서 특히 마지막에 언급된 몇 구절은 우리가 현재의 단락(7:1-10)을 어떻게 이해해야 하는가에 상당한 영향을 끼친다. 이 사건에 대한 누가의 서술에는 마태의 내러티브에는 없는 몇 가지 세부사항이 포함되어 있다(// 마 8:5-13).

우리는 여기에서 이 백부장이 그의 공동체의 저명한 구성원임을 발견하게 된다. 이방인일 가능성이 크지만, 그는 이스라엘을 크게 존중했으며 심지어 가버나움에 지역 회당을 짓는 데 재정을 지원하기도 했다. 그는 하나님을 경외하는 자로서 토라의 많은 부분을 따르지만 아마도 할례는 받지 않은 상태로 남아 있었을 것이다(7:5). 그가 "유대인의 장로 몇 사람을" 예수께 보내 자신의 종에 관해 문의하고 있는 것을 보면 그의 영향력이 광범위했음이 틀림없다(7:3). 누가의 버전에서도 그의 종은 "병들어 죽게" 되었다고 서술된다(7:2// 마 8:6).

마태복음과 누가복음의 공통점은 백부장의 비길 데 없는 믿음이다. 예수는 심지어 "내가 너희에게 이르노니 이스라엘 중에서도 이만한 믿음은 만나보지 못하였노라"(7:9)라고 외치실 정도이다. 이 단락에서 들음과 순종에 대한 주제가 울려 퍼진다. 참된 "들음"은 항상 행함과 결합한다.

> 그러나 너희 듣는(토이스 아쿠우신[*tois akouousin*]) 자에게 내가 이르노니 너희 원수를 사랑하며 너희를 미워하는 자를 선대하며(눅 6:27).

내게 나아와 내 말을 듣고(아쿠온[akouōn]) 행하는 자마다 누구와 같은 것을 너희에게 보이리라(6:47).

듣고(호 아쿠사스[ho akousas]) 행하지 아니하는 자는 주추 없이 흙 위에 집 지은 사람과 같으니 탁류가 부딪치매 집이 곧 무너져 파괴됨이 심하니라(눅 6:49).

예수께서 모든 말씀을 백성에게 들려주시기(타스 아코아스[tas akoas])를 마치신 후에 가버나움으로 들어가시니라(눅 7:1).

예수의 소문을 듣고 유대인의 장로 몇 사람을 예수께 보내어 오셔서 그 종을 구해 주시기를 청한지라(눅 7:3).

우리가 이러한 들음의 용례를 종합하는 것이 타당하다면 백부장은 탁월한 "경청자"(listener)이다. 그는 예수에 관해 듣고 그에게 치유의 능력이 있다고 믿으며 그에 따라 행동한다. 그는 지혜로운 건축자이다(6:48; 7:5). 하나님을 경외하는 자로서 백부장의 지위 강조는 누가가 사도행전 10:23-48에 나오는 또 다른 하나님을 경외하는 자인 고넬료를 포함시키기 위한 토대를 마련하는 것일 수도 있다. 또한, 우리는 이와 마찬가지로 자기의 신들을 버리고 주께로 돌아선 이방인 장군 나아만을 잊어서는 안 될 것이다(왕하 5장; 눅 4:27).

구약의 기대와 그림자에 대한 성취로 이제 이방인이 참된 이스라엘에 합류하고 있지만(예컨대, 사 2:2; 25:6), 이 단락에 따르면 그들은 모세 언약의 외적 규정의 준수를 통해서가 아니라 예수에 대한 믿음을 통해 그렇게 하고 있다.

(2) 과부 아들의 소생(7:11-17)

6:17-7:17 단락을 마무리하면서 누가는 다시 한번 독자들의 관심을 무리에 맞추게 한다. 그들은 시종일관 함께 있었고 이제 그들은 지금까지 가

장 위대한 기적을 목격할 것이다. 누가복음에만 나오는 이 사건은 나인이란 성에서 일어나는데(7:1), 이 도시(폴리스[polis])는 나사렛에서 남동쪽으로 약 6마일 떨어져 있다. 이 사건과 70인역에서 엘리야 및 엘리사를 통해 수행된 소생 사건 사이의 유사점은 다음과 같다.

엘리야	엘리사	예수
엘리야가 "성문에서"(톤 퓔로나 테스 폴레오스[ton pylōna tēs poleōs]) 한 여인을 만난다(왕상 17:10)		예수께서 "성문"(테 퓔레 테스 폴레오스[tē pylē tēs poleōs])에서 한 여인을 만난다(7:12)
그 여인은 과부(케라[chēra])이다(왕상 17:10)	그 여인은 남편이 있다(왕하 4:9)	그 여인은 과부(케라[chēra])이다(7:12)
아들이 죽는다(왕상 17:17)	아들이 죽는다(왕하 4:20)	아들이 죽었다(7:12)
엘리야가 "그(아들)를 그의 어머니에게 주었다"(에도켄 아우톤 테 메트리 아우투[edōken auton tē mētri autou], 왕상 17:23)	엘리사가 수넴 여인에게 "네 아들을 데리고 가라"라고 명한다(왕하 4:36)	예수께서 "그(아들)를 그의 어머니에게 주셨다"(에도켄 아우톤 테 메트리 아우투[edōken auton tē mētri autou], 7:15)
그 여인은 엘리야가 참으로 "하나님의 사람"이라는 것을 인정한다(왕상 17:24)	수넴 여인이 엘리사의 발 앞에 엎드려 절했다(왕하 4:37)	무리가 예수는 "선지자"라는 것을 인정한다(7:16)

왜 누가는 이 두 내러티브, 특히 엘리야의 내러티브를 공공연하게 암시할까?

아마도 세 가지 이유 때문일 것이다.

첫째, 엘리야, 엘리사와는 대조적으로 예수는 자신의 생명을 주시는 권세로 이 기적을 행하신다. 엘리야와 엘리사는 재빨리 하나님의 능력을 구하지만(왕상 17:20-21; 왕하 4:33), 예수는 움츠리지 않고 단호하게 청년을 치유하신다. 요점은 분명하다. 예수는 육신을 입으신 하나님으로서 이 기적을 행하신다. 무리의 반응에 주목하라.

하나님께서 자기 백성을 돌보셨다 하더라(눅 7:16; 참조. 1:68, 78).

둘째, 예수는 성육신하신 주님이실 뿐만이 아니라, 또한 오랫동안 기다려 온 엘리야 메신저(전령)와도 동일시되신다. 예언자 말라기는 종말론적 주님의 날 직전에 엘리야 같은 메신저가 일어나 언약공동체를 하나로 만들 것이라 예언한다(말 4:5-6). 따라서 복음서에서는 세례 요한이 말라기의 예언을 확실히 성취한 것으로 보고 있지만 예수와 엘리야 사이에는 연속성이 있다.

셋째, 엘리야와 엘리사가 이방인을 섬겼으므로 아마도 유형론적 성취의 흔적 또한 염두에 두고 있을 것이다.

(3) 기대를 뛰어넘는 예수(7:18-35)

과부 아들의 치유는 예수의 정체를 전면에 내세운다. 7:16에 언급된 "큰 선지자가 우리 가운데 일어나셨다"라는 무리의 반응은 과부 아들의 소생을 7:19에 나오는 요한의 질문과 연결한다. 요한의 제자들은 감옥에 갇힌 세례 요한에게 "이 모든 일을"(7:18) 알린다. 확실히 "이 일들"의 일부는 7:11-17에 나오는 기적임이 틀림없다. 우리는 헤롯이 3:19-20에서 그를 가두었을 때 요한에 관해 마지막으로 들었다. 감옥에서 요한은 예수께서 참으로 "오실 그이"(7:20)인지 궁금히 여겼다.

왜 요한이 예수의 정체를 의심했을까?

아마도 몇 가지 이유 때문일 것이다. 요한은 동료 유대인들과 마찬가지로 메시아가 로마인들을 무너뜨리고 바로 그 자리에서 하나님 나라를 세울 것으로 기대한다.

예수께서 왕이시라면 나라는 어디에 있는가?

요한은 고난을 겪고 헤롯의 손에 투옥되어 있다!

그는 이스라엘의 메시아와 함께 통치해야 한다. 그는 시대가 중첩되는 비밀스러운 본질을 아직 파악하지 못하고 있다. 고난과 하나님 나라가 기묘하게 겹친다.

더욱이 예수는 왕 그 이상이시다. 그는 육신을 입으신 하나님이시다. 그래서 요한은 예수께서 어떻게 이스라엘의 하나님이시자 메시아로서 구약의 기대를 성취하시고 동시에 마지막 때의 환난과 병행하는 하나님 나라를 세우실지 이해하려고 여전히 고심하고 있다. 4:14-7:50 전반에 걸쳐 고조되는 긴장 상태는 8:1-18의 "하나님 나라의 비밀"에 대한 담론에서 다소 완화된다.

"질병과 고통과 및 악귀 들린 자를 많이 고치시며 또 많은 맹인을 보게" 하심으로써(7:21) 예수는 요한의 제자들에게 자신이야말로 실제로 오랫동안 기다려 온 이스라엘의 왕임을 가시적으로 드러내신다. 그런 다음 그는 예수의 회복 활동을 예언적으로 예고하는 이사야서의 몇 구절을 암시하신다(사 26:19; 29:18-19; 35:5-6; 42:7, 18; 61:1). 담론은 청중을 축복하는 것으로 끝난다.

> 누구든지 나로 말미암아 실족하지 아니하는 자는 복이 있도다(눅 7:23).

네 가지 복-선언으로 시작한(6:20-22) 평지 설교가 여기에서 또 하나의 복을 포함하는 것은 우연이 아니다. 진정한 종말론적 복과 새 시대에의 참여는 예수를 적절하게 이해할 때만 얻어질 수 있다.

이어서 예수는 이 단락의 나머지 부분에서 요한의 사역이 구약과 연속선상에 있다고 지적하시면서 자신과 요한과의 관계를 더욱 강조하신다. 요한은 옛 시대의 끝과 새 시대의 시작 사이에 있는 과도기적 인물이다(→ 마 11:7-15).

이 단락의 많은 부분이 마태의 이야기(마 11:2-19)를 반영하고 있지만 누가는 세리들의 반응을 종교 당국과의 반응과 병치시킨다.

> 모든 백성과 세리들은 … 이 말씀을 듣고 하나님을 의롭다 하되 바리새인과 율법교사들은 …그들 자신을 위한 하나님의 뜻을 저버리니라(눅 7:29-30).

다시 한번 사회의 변두리에 있는 사람들, 심지어 세리조차도(3:12; 5:27, 30; 7:34; 15:1; 18:10-13) 이스라엘과 맺은 하나님의 언약을 주장하는 사람들보다 더 나은 상태에 있다.

(4) 왕으로 기름 부음 받은 예수(7:36-50)

이곳에 서술된 기름 부음 사건을 마태복음 26:6-13// 마가복음 14:3-9// 요한복음 12:1-8에 언급된 기름 부음 사건과 같은 것으로 보고 싶은 유혹이 있지만, 이 사건은 별개의 사건으로 보인다. 내러티브 내에서 이 사건의 위치, 배경, 관련 등장인물이 다르다. 귀중한 향유로 예수께 기름을 붓는 의미는 명백하다. 예수는 오랫동안 기다려 온 이스라엘의 왕으로서 기름 부음을 받는 것이다(예컨대, 삿 9:15; 삼상 9:16; 16:13; 시 18:50).

그의 정체성은 7장의 많은 부분에서 논의되었으며 이 단락은 적절한 절정 역할을 한다. 누가는 누가, 어디에서 예수께 기름을 붓는지에 대한 관심을 보여 준다. 누구는 "죄를 지은"(7:37) 한 여인이고 어디에서는 "바리새인의 (한) 집"(7:36)에서이다. 이 바리새인은 예수를 따르는 자가 되는 길에 서 있다. 이는 바리새인과 함께 하는 세 번의 식사 중 첫 번째 식사이다(7:36-50; 11:37-54; → 14:1-24).

식탁 교제는 누가복음의 핵심 주제에 가깝다. 대부분의 문화권에서 식사를 함께 나누는 일은 친밀감과 정체성의 수준을 나타낸다. 그레코-로만 세계에서 "그러한 식사는 한 그룹의 정체성에 대한 공개적 표시가 되었고 이런 점에서 사회적 경계가 이러한 사건들과 관련된 식탁 교제에 포함되거나 배제되는 측면에서 어느 정도 정의될 수 있었다."[10]

그래서 예수는 사람의 궁극적 정체성을 재조정하심으로써 사회적 관습을 뒤집으시는 것처럼 보인다. 하나님의 가족, 즉 그의 언약공동체의 일원이 되는 일은 사회적 지위나 부, 가문이 아니라 인자를 따르는 것에 달려 있다.

시몬이라는 이름이 거명된 것(7:40)은 아마도 그가 나중에 이 사건의 목격자가 되었음을 나타낼 것이다. 의식적으로 깨끗한 바리새인과 부정한

---

[10] M. A. Powell, "Table Fellowship," *DJG*, 926.

죄 있는 여인(창녀?)이 나란히 등장한다는 점은 아이러니로 가득 차 있다. 바리새인들은 항상 의식적 정결을 유지하는 일에 까다로웠기 때문이다.

여기에 예수께 자신의 가장 귀중한 소유물인 기름을 붓고 예수께서 종말론적 왕이심을 공개적으로 선언하는 죄인(한 여인)이 있다. 그녀는 진정으로 예수를 주님으로 따르는 데 헌신하고 있다. 예수께서 그녀의 "믿음"이 그녀를 "구원"하였으며 그녀가 이제 하나님과 "평화"를 누리고 있다고 선언하신 것(7:50)은 놀라운 일이 아니다. 이 여인은 회개하라는 세례 요한의 촉구에 긍정적으로 반응하는 버림받는 자들(outcasts)을 상징하는 반면, 시몬은 그것을 거부하는 사람들을 대표한다.

5) 하나님 나라의 기이한 환영(8:1-56)

(1) 구원받은 여인들(8:1-3)

8장의 시작 부분은 세 번째 복음서에만 나오는 기록이지만(8:1-3; 참조, 마 13:1-2// 막 4:1-2), 하나님 나라의 범위를 설명하려는 누가의 의도를 고려할 때 그리 놀라운 일은 아니다. 이 하나님 나라는 예수를 따르는 모든 사람, 심지어 "죄 많은" 여인들(7:37)에게도 열려 있다. 하나님 나라의 비밀스러운 도래를 위해 마가는 창조 질서의 정화를 강조하고 마태는 하나님 나라의 성장을 강조한다는 점을 상기하라.

누가는 8:1의 "그 후에"(엔 토 카덱세스[*en tō kathexēs*])라는 표현으로 앞선 문맥 7:36-50과 8:1-18을 밀접하게 연결하여 8:1-3에 언급된 저명한 여인들을 시몬의 집에서 예수께 기름을 부은 "죄 많은" 여인과 연관시킨다. 열거된 여인들, 즉 막달라 마리아, 요안나, 수산나는 모두 "악령과 질병에서 고침을 받았다"(8:2, 표준새번역; 참조, 7:21; 11:26)는 공통점이 있다.

"악령에서 고침을 받았다"라는 말이 무엇을 의미하는지는 전적으로 분명하지 않다. 누가가 타락의 결과로 사탄과 귀신들이 인류를 괴롭히는 수단(질병 등)을 언급하는 것일 수도 있다. 적어도 누가는 하나님 나라의 발전과 확장을 방해할 수 있는 것은 아무것도 없으며 심지어 사탄조차도 할 수 없음을 시사하고 있다.

여인들의 이름도 언급되는데 이는 아마도 그들이 예수의 사역 중 일부를 증언했음을 나타낼 것이다. 막달라 마리아는 십자가 처형(마 27:56// 막 15:40), 예수의 매장(마 27:61// 막 15:47), 그리고 부활(마 28:1// 막 16:1)의 현장에서 발견된다. 우리는 또한 이 여인들이 예수와 열둘이 마을에서 마을로 복음을 선포할 때 그들을 지원하고 있음을 알게 된다. 그들은 재정적 지원을 통해 하나님 나라의 확장을 도왔을 수도 있다. 7:36-50에 나타난 동일한 원칙이 여기에도 적용된다. 즉, 이 여인들은 용서를 많이 받았으므로 많이 사랑한다는 점이다(7:41-47).

(2) 땅 비유와 하나님 나라의 비밀(8:4-18)

8:4-18에 있는 하나님 나라의 본질에 대한 누가의 논의는 어떤 의미에서는 지상에 대한 하나님의 종말론적 통치를 기본적으로 설명하는 것이다. 마가복음 4:1-20의 하나님 나라에 대한 담론과 많은 부분이 유사하지만, 누가복음 8:4-15에는 두 번째 복음서를 관통하는 "메시아 비밀"에 관한 강조가 없다.

누가복음 8:4-15을 마태복음 13:2-53과 비교할 때 하나님 나라의 본질에 대한 많은 비유가 누가의 이야기에는 없다. 이는 마태 내러티브의 중심에 하나님 나라의 성장이 있음을 고려할 때 놀라운 일이 아니다. 그래도 우리는 땅의 비유(8:5-15)가 차지하는 중요성과 누가의 내러티브에 "하나님 나라의 비밀"(8:10)이 포함된 점을 무시해서는 안 된다.

우리는 마태복음 13:2-23과 마가복음 4:1-20에서 이 담론을 어느 정도 상세히 다루었으므로 여기서는 땅(soil)의 비유가 왜 어떤 사람들은 예수의 하나님 나라의 메시지를 받아들이고 많은 사람은 받아들이지 않는지 그 이유를 설명한다는 점만 인식하면 된다. 이 비유의 신학적 근거는 8:10에 나오는 이사야 6:9의 인용문에 있다. 이사야 예언의 성취로 많은 사람이 우상 숭배하는 마음 때문에 예수를 받아들이지 않는다.

이 내러티브의 한 가지 독특한 특징은 숙고할 가치가 있다. 누가의 이 야기에 "길 가에" 떨어지는 씨는 "마귀/ 악마"(호 디아볼로스[ho diabolos])로 인해 즉시 빼앗겨 버린다. 마귀는 씨가 자라는 것을 방해하여 "그들이 믿어 구원을 얻지 못하게" 한다(8:12). 바위 위에 떨어진 씨는 뿌리를 내리지 못하는데 이는 "시련(페이라스무[peirasmou])을 당할 때에 (그들이) 배반하기"(8:13) 때문이다.

우리는 여기에서 예수의 광야 시험의 그림자를 감지할 수 있다.

> 마귀(호 디아볼로스)가 모든 시험(페이라스몬[peirasmon])을 다 한 후에 얼마 동안 떠나니라 (눅 4:13).

비록 정복당하고 전쟁에서 이길 수는 없지만 사탄은 이 세상에 영향력을 행사하여 언약공동체를 공격한다. 한마디로 사탄은 언약공동체를 시험할 때 동일한 속임수를 사용한다(참조, 11:4; 22:28, 40, 46). 그러나 하나님의 백성이 마귀를 물리치려면 인내하고 하나님의 구원 약속, 즉 이제는 그의 아들 안에서 온전히 계시된 약속을 신뢰하신 인자의 신실하심을 본받아야 한다.

(3) 예수 가족의 불신앙과 제자들(8:19-25)

하나님 나라 비유에 이어 예수와 그의 가족에 대한 간략한 이야기가 뒤따른다(// 마 12:46-50// 막 3:20-21, 31-35). 마가복음 3:21에는 예수의 가족이 그와 이야기를 나누려는 이유를 이렇게 밝히고 있다.

> 이는 그가 미쳤다 함일러라(막 3:21).

그러나 마태와 누가는 가족의 행동에 대한 근거를 명시적으로 언급하지 않는다. 이는 아마도 메시아 비밀이 그들의 내러티브에서 중요한 특징이 아니었기 때문일 것이다. 그것이 확실히 식별되기는 하지만 주된 특징은 아니다. 적어도 예수의 가족은 언제나 그를 기꺼이 따르려고 하지는 않는다.

누가는 예수의 어머니와 형제들의 이야기(8:19-21)를 하나님 나라 비유(8:4-18)와 연결하여 청중에게 땅과 예수의 가족 사이의 연관성을 곰곰이 생각하도록 격려한다.

그들은 인내하지 못하는 바위 위의 땅(돌짝밭)인가?

아니면 예수의 메시지를 믿고 열매를 맺을 것인가?

여기에 마리아가 포함된 점은 누가가 탄생 내러티브에서 마리아에 대해 묘사한 내용에 비추어 볼 때 더욱더 놀라운 일이다. 거기에서 그녀는 하나님의 약속에 대한 놀라운 믿음을 보여 준다.

동일한 주저함의 주제가 다음 단락에 나오는 풍랑을 잠잠하게 하는 기적(마 8:23-27// 막 4:36-41)에서도 계속된다. 여기에서 제자들은 성육신하신 야웨이시자 마지막 아담으로서 예수의 정체를 목격하고도 그의 정체를 완전히 파악하지 못한다(→ 마 8:23-27). 누가 내러티브의 약 3분의 1 지점에 이르기까지 예수의 가장 가까운 동료들, 즉 그의 가족과 제자들은 여전히 그의 메시아 되심과 하나님 나라의 본질과 씨름하고 있다. 누가는 "우리 중에 이루어진 사실"(1:1)을 제공하기 위해 그의 복음서를 기록했지만 아직 구약이 성취되는 방식은 오랫동안 간직해 온 기대와는 다르다.

(4) 거라사인의 귀신 들린 사람과 야이로 딸의 소생(8:26-56)

누가는 예수의 가족과 제자들의 불신앙을 뒤이어 나오는 예수를 신뢰하는 두 가지 이야기(8:26-56)와 병치시킨다(// 마 8:28-34// 막 5:1-20). 8:22에서 예수와 제자들은 배를 타고 갈릴리 바다를 건너 가버나움에서 그술(게슈르[Geshur])로 간다. 8:26에 따르면, 그들은 "거라사인의 땅"에 도착한다. 이 지역은 데가볼리(Decapolis)를 포함하며, 따라서 많은 이방인이 거주했을 가능성이 크다(// 막 5:20).

누가는 귀신 들린 사람을 "오래 옷을 입지 아니하며 집에 거하지도 아니한"(8:27) 사람으로 독특하게 묘사한다. 귀신이 "그를 붙잡아" "쇠사슬"

을 끊고 그를 "광야로"로 몰아갔다(8:29). 그 사람의 비참한 상황과 귀신이 그에게 행사하는 거의 불굴의 힘을 강조함으로써 누가는 그의 구원의 중대성을 강조한다(→ 막 5:1-43). 그의 회복은 하향식(top-down)이다. 예수는 귀신 들린 사람으로부터의 어떤 제의도 없이 그를 구원하신다.

예수의 가족과 제자들과는 대조적으로 귀신은 예수를 "지극히 높으신 하나님의 아들"(8:28// 마 8:29// 막 5:7)로 정확하게 인지한다. 이와 동일한 칭호가 세 번째 복음서 전반에 걸쳐 나타난다(1:32, 35, 76; 2:14; 6:35; 19:38; 참조, 행 7:48; 16:17). "지극히 높으신 분"(휘프시스토스[hypsistos]) 또는 "지극히 높으신 하나님"(호 데오스 휘프시스토스[ho theos hypsistos])이란 문구는 신약에 13번 나타나는데 그중 10번이 누가-행전에서 나온다.

이 문구는 70인역에서 세상을 다스리는 주권자이신 하나님의 배타적 정체성을 가리키는 칭호로 발견된다(예컨대, 창 14:22; 삼하 22:14; 시 18:13; 47:2). 그래서 누가는 예수를 온 우주 만물을 다스리시는 절대적 왕으로 제시한다. 그러나 그는 자기 백성의 필요를 외면하는 멀리 계신 통치자가 아니라 스스로 구원할 수 없는 사람들을 구원하기 위해 가까이 오신 통치자이시다.

6) 어떤 대가를 치르더라도 인자를 따르라(9:1-50)

(1) 정복할 권위 부여(9:1-9)

사탄과 그의 영역에 대한 예수의 통치는 광범위한 이전 문맥(4:1-8:56, 특히 8:22-56)을 9:1-9의 현 단락과 연결한다. 예수는 풍랑을 잠잠하게 하시고(8:22-25, 이는 예수께서 창조된 영역에서 악마의 영향력을 정복하심을 상징함), 거라사인의 귀신 들린 자에게서 귀신을 쫓아내시며(8:26-39), 죽음 자체를 정복하신다(8:40-56). 예수는 5:1-11과 5:27-32에서 처음 제자들을 부르시고 6:12-16에서 12명의 전체 제자 그룹을 모으신다.

여기 9:1-9에서 그는 그들에게 종말론적 하나님 나라의 도래를 선포하고 사탄의 영역을 계속해서 정복하도록 위임하신다(// 마 10:9-15// 막 6:8-

11). 열두 제자는 물리적 검이 아니라 선포된 말씀으로 하나님 나라를 확장시킨다(9:2; 참조, 행 1:3, 4, 8). 누가의 이전 내러티브에서 사탄은 예수께 우주에 대한 "권위"(텐 엑수시안[tēn exousian])를 주겠노라(도소[dōsō])며 그를 시험한다(4:6; 참조, 단 7:14 70인역). 예수는 이제 광야에서의 신실함의 결과로 제자들에게 "권위"(텐 엑수시안[tēn exousian])를 주신다(에도켄[edōken])(9:1; 참조, 4:6; 10:19; 20:2; 행 8:19). 그러나 제자들은 요한과 마찬가지로 큰 환난을 견뎌야 하므로 저항을 예상해야 한다(9:7-9).

(2) 오천 명을 먹이신 기적, 베드로의 신앙고백, 첫 번째 수난 예고(9:10-27)

제자들이 돌아오고 여러모로 보아 그들은 성공적 사역을 펼쳤다. 그래서 예수와 열두 제자들은 벳새다 근처의 갈릴리 바다 북쪽 지역으로 물러난다(9:10). 오천 명을 먹이신 기적 사건은 "빈 들"(엔 에레모 토포[en erēmō topō], "외딴곳")에서 일어나며, 하나님께서 만나로 먹이셨던 이스라엘의 광야 생활을 회상하게 한다(출 16:4; → 막 6:32-44).

네 복음서 모두에서 발견되는(// 마 14:13-21// 막 6:30-44// 요 6:5-13) 이 기적은 예수께서 하나님의 참된 양식이시며 생명을 주시는 야웨의 임재이심을 보여 준다. 누가는 무리가 앉거나 기대어 먹는 것(9:14-15)을 강조함으로써 이 사건을 내러티브의 다른 식사와 관련시킨다(예컨대, 5:29-39; 7:36-50; 10:38-42; 14:1-23; 19:5-10; 22:7-38; 24:36-49). 이는 종말론적 잔치가 가까이 왔고 하나님이 두 번째 출애굽을 통해 종말론적 이스라엘을 구원하고 계심을 암시한다(사 25:6-8을 보라).

누가는 오천 명을 먹이신 기적 직후에 베드로의 신앙고백을 배치한다(// 마 16:21-28// 막 8:31-9:1). 이 두 사건을 결합한 이유가 즉각적으로 분명하지는 않지만, 제자들은 그의 놀라운 기적 때문에 예수께서 참으로 이스라엘이 오랫동안 기다려 온 메시아시라는 것을 인식한다(참조, 요 6:14-15). 메시아가 "하나님의 그리스도/메시아"(9:20)라는 베드로의 신앙고백은 베드로의 첫 번째 예수와의 만남을 멋지게 마무리한다. 5장에 있는 베드로의 부르심은 예수께서 "주"(5:8)라는 베드로의 고백으로 절정에 이르며, 이제 그는 예수를 "하나님의 그리스도/메시아"라고 고백한다.

베드로의 입에는 예수의 정체를 여는 열쇠가 있다. 나사렛 예수는 성육신하신 야웨이시며 기름 부음을 받은 이스라엘의 왕이시다. 그는 하나님의 아들이시며 다윗의 자손이시다. 천사 가브리엘이 "그가 큰 자가 되고 지극히 높으신 이의 아들이라 일컬어질 것이요 주 하나님께서 그 조상 다윗의 왕위를 그에게 주시리니"(1:32)라고 예언한 것이 옳았다.

예수는 즉시 기록을 바로 잡는다.

> 인자가 많은 고난을 받고(눅 9:22).

이는 6개의 수난 예고 중 첫 번째 수난 예고이다(9:44; 12:50; 13:32-33; 17:25; 18:32-33).[11] 예수의 메시아 직분의 고난 차원은 (내러티브에 없지는 않았지만) 앞으로 상당한 비중을 차지하게 될 것이다. 종교 당국과 예수 자신의 공동체는 예수를 처음부터 반대해 왔지만(4:14-30; 5:17-39; 6:1-11), 예수는 대체로 방해 없이 사역하셨다. 그 상황은 곧 바뀔 것이다.

(3) 변모 사건과 제자들의 귀신 축출 실패(9:28-50)

세 권의 공관복음 모두에 변모 사건이 포함되어 있으며(// 마 17:1-8// 막 9:2-8), 우리는 이 사건에 포함된 소수의 두드러진 구약 주제를 이미 살펴보았기 때문에 여기서 그것들을 반복할 이유는 거의 없다(→ 마 17:1-8와 막 9:2-8). 우리는 다만 세 명의 복음서 저자 모두가 옛적부터 항상 함께 계신 분의 속성을 소유하시며(9:29-30의 단 7:9에 대한 암시에 유의), 다니엘 7장의 예언을 성취하시는(9:26과 행 7:56의 단 7:13-14에 대한 암시에 유의) 높임을 받은 인자로서 예수의 정체성을 강조하고 있다는 점만 상기하면 된다.

변모 사건을 하나님이 이스라엘에 율법을 주시고 이웃 민족에 대해 "제사장 나라"가 되라고 위임하신(출 19:6) 시내산의 재현으로 표현하려는 시

---

[11] Garland, *Luke*, 699.

도가 눈부시게 빛나는 인자로서의 예수의 정체성과 융합되었다. 주석가들은 예수께서 모세와 엘리야와 함께 "그의 떠나심"(텐 엑소돈 아우투[tēn exodon autou], 개역개정에는 "별세"로 번역됨-역주)을 의논하시는 9:30-31에서 누가가 두 번째 출애굽을 강조하고 있다고 종종 지적한다(참조, 70인역 출 19:1; 히 11:22). 변모 사건의 요점은 아버지께서 신실하신 신적 인자이며 이스라엘의 참된 대표자로서 그의 아들의 초기 성공을 알리시는 것이다.

제자들은 귀신을 쫓아낼 수 없었던(9:37-41// 마 17:14-18// 막 9:14-27) 그 다음 이야기에서도 예수의 정체성을 두고 계속해서 씨름한다. 그들은 "믿음이 없고 패역한 세대"와 같다(9:41; 70인역 신 32:20-21을 보라). 그들의 불신실함은 변모 사건에서 나타난 예수의 신실하심과 극명하게 병치된다. 그들은 하나님 나라를 예수의 능력으로 확장하려는 대신 귀신을 자신들의 방식대로 쫓아내려고 시도한다. 제자들 때문에 실망한 예수께서 직접 귀신을 쫓아내신다(9:42-43).

누가는 두 번째 수난 예고로 넘어간다(9:44; 참조, 9:22; 12:50; 13:32-33; 17:25; 18:32-33). 메시아의 죽음이 구약에 예고되었지만, 제자들은 여전히 그점을 이해하는 데 어려움을 겪는다.

> 그들이 이 말씀을 알지 못하니 이는 그들로 깨닫지 못하게 숨긴 바 되었음이라(9:45; 참조, 10:21-23).

구약에서 메시아가 고난을 받을 것이라고 예언했지만 1세기 유대인들은 고난이 그의 사역의 특징이 될 것이라고는 예상하지 못했다. 하나님 나라의 본질이 숨겨져 있는 것처럼, 예수의 메시아 되심도 숨겨진 채로 남아 있다. 그것은 오직 십자가와 부활 이후에야 비로소 드러날 것이다(24:25-27; 요 2:21-22).

5. 2단계: 예루살렘으로의 여정(9:51-19:27)

1) 고난을 받으려고 결심하다(9:51-62)

누가복음에만 나오는 9:51-62의 단락은 내러티브에서 중요한 연결고리 역할을 한다. 지금까지 예수는 갈릴리와 그 주변에서 사역하셨다. 그러나 이제 예루살렘으로 향할 때가 되었다. 종말론적 박해의 폭풍이 몰아치고 있다. 여기에서 다음과 같은 두 가지 점을 관찰할 수 있다.

첫째, 예루살렘 여정이 내러티브에서 매우 중요하지만 누가는 결코 목표를 놓치지 않는다. 그는 남쪽으로 향하고자 하는 예수의 확고한 결심으로 시작한다.

> 예수께서 승천하실 기약이 차가매 예루살렘을 향하여 올라가기로 굳게 결심하시고 (눅 9:51).

예수 사역의 궁극적 목표는 부활과 왕적 인자로서 아버지의 우편에 즉위하시는 것이다(24:51; 행 1:9). 이 목적을 이루기 위해 그는 먼저 고난을 받으셔야 한다. 유자(U)형 패턴이 나타난다. 예수는 (하늘로) 올라가기 위해 (예루살렘)으로 내려가셔야 한다. 고난의 종으로서의 역할을 성취하기 위해 그는 먼저 고난을 받으시고 그다음에 높임을 받으셔야 한다(사 52:13-53:12).

둘째, 마태와 마가는 단순히 예수께서 남쪽으로 향하신다고 명시하지만 (// 마 19:1// 막 10:1), 누가는 "굳게"(문자적으로는 "단호하게"[set his face]) 예루살렘을 향해 올라가신다고 말한다(9:51; 참조, 50:7). 그러한 결심은 누가가 왜 이 여정을 위해 거의 열 장을 할애하는지 그 이유를 설명한다. 9:51-19:44의 모든 내용은 예루살렘으로 올라가는 여정에서 일어난다.

이사야서는 예수의 예루살렘 여정에 대한 청사진이 된다. 누가는 이사야, 특히 40-66장을 곰곰이 생각한 후 예루살렘 여정을 거기에 비추어 자세히 설명한다. 내러티브의 시작 부분에서 "길"(호도스[hodos])이라는 용어는 사가랴가 그의 아들 세례 요한에 관해 예언하는 문맥에서 두 번 나타난다.

> 이 아이여 네가 지극히 높으신 이의 선지라 일컬음을 받고 주 앞에 앞서 가서 그 길(호도스[hodos])을 준비하여 … 우리 발을 평강의 길(호도스[hodos])로 인도하시리로다(눅 1:76, 79).

몇 장 뒤에 누가는 이사야 40:3-5을 인용한다.

> 광야에서 외치는 자의 소리가 있어 이르되
> 너희는 주의 길(텐 호돈[tēn hodon])을 준비하라 그의 오실 길을 곧게 하라
> 모든 골짜기가 메워지고
> 모든 산과 작은 산이 낮아지고
> 굽은 것이 곧아지고
> 험한 길(호두스[hodous])이 평탄하여질 것이요
> 모든 육체가 하나님의 구원하심을 보리라 함과 같으니라(눅 3:4-6; 참조, 7:27).

마가복음 1:2-3에 대한 논의에서 우리는 세례 요한의 사역이 바벨론의 포로생활로부터 오랫동안 기다려 온 주의 백성의 회복을 시작한다는 점을 알게 된다. 놀랍게도 공관복음은 예수를 이스라엘을 영적 포로 상태에서 구원하시는 이스라엘의 "주"(Lord)와 동일시한다. "길"이라는 용어는 세 번째 복음서 전반에 걸쳐 등장하지만, 여정 내내 자주 등장한다(9:3, 57; 10:4, 31; 11:6; 12:58; 14:23; 18:35; 19:36).

예수와 제자들의 예루살렘 여정은 이사야의 약속을 성취하는 회복된 이스라엘의 여정 또는 약속의 땅으로 향하는 "길"을 상징적으로 구현하는 것일 수 있을까?

그렇다면 누가가 그의 내러티브의 거의 3분의 1을 그의 죽음과 부활을 통해 자기 백성을 영적 속박에서 새 창조로 인도하시는 주 예수(Jesus the Lord)께 할애한 것은 타당하다. 사도행전 9:2, 19:9, 23, 22:4, 24:14, 22에 따르면 "길"(호도스[*hodos*])이라는 단어는 교회를 종말론적 이스라엘로 언급하는 이사야식 기술적 용어이다.[12]

더욱이 9:51-19:44에 있는 예수의 가르침 중 많은 부분은 6:17-49에 있는 평지 설교의 확장이라 할 수 있다. 동일한 원리가 적용되고 독자들의 관심을 사로잡는 매력적인 비유와 병행된다. 내러티브는 느리게 진행되며 독자는 마음을 기울여 각 비유가 상징적으로 전달하는 다양한 의미 층을 고려해야 한다. 비유의 탁월함은 그 의미가 풀릴 수 있도록 독자에게 계속해서 읽도록 손짓하는 방식에 있다.

인자를 진정으로 따르는 자들은 비유를 매우 주의 깊게 읽을 것이며 처음에는 그 의미를 파악하지 못할 수도 있지만 결국에는 이해하고 새 창조의 복과 회복을 받을 것이다. 누가는 그의 독자들에게 예수의 구원 여정에 동참하도록 격려한다. 반대로 외부인들과 편의상으로만 예수를 따르는 사람들은 결코 비유의 의도를 진정으로 발견하지 못하고 하나님의 심판을 받는 쪽에 서게 될 것이다. 그와 함께 여정에 동참하라는 그의 요청을 거부하는 사람은 누구든지 새 창조의 약속된 땅에 결코 발을 들여놓을 수 없을 것이다.

누가복음의 끝부분에서 예수는 엠마오로 가는 "길"(호도스)에서 한 번 더 여정을 상징적으로 되살피시지만, 그때에는 수수께끼가 아니라 명료한 말로 가르치신다(24:32, 35).

누가복음의 첫 번째 대단원(1:5-9:50)이 청중에게 예수의 정체성과 종말론적 하나님 나라의 본질을 소개한다면, 예루살렘을 가는 여정의 가르침은 성도들이 나사렛 예수를 따라 새 창조로 가기를 원할 경우 어떠한 도전과 희생을 치러야 하는지를 탐구한다.

---

12 David W. Pao, *Acts and the Isaianic New Exodus*, WUNT 2/130 (Tübingen: Mohr Siebeck, 2000), 66.

우리는 이 가르침을 다음과 같이 세 가지 부분으로 나눌 수 있다.

- 하나님 나라의 확장(10:1-11:13)
- 하나님 나라와의 불가피한 갈등(11:14-54)
- 하나님 나라 안에서의 삶(12:1-19:44)

따라서 우리는 이어지는 장들을 풀어 가면서 세 번째 복음서에서 우리가 어디에 있는지를 결코 놓쳐서는 안 된다.

예루살렘 성전을 경쟁 성소로 여기는 사마리아인들의 저항에 부딪힌 후(9:52-56) 예수는 알려지지 않은 세 사람에게 하나님 나라에 참여한다는 의미는 모든 것을 희생하는 것이라고 설명하신다(9:57-62). 하나님 나라는 가족과 공동체보다 더 소중하게 여겨져야 하며 예수를 따르려는 사람들은 그의 유자형(U) 사역, 즉 고난과 그다음에 높임 받음의 패턴을 본받을 것이다.

2) 하나님 나라의 확장(10:1-11:13)

(1) 칠십이 인의 제자(10:1-24)

칠십이 인의 제자를 파송한 사건은 오직 누가에만 기록된 사건으로 하나님 나라의 확장을 나타낸다(개역개정에는 "칠십인"으로 번역됨-역주). 하나님 나라를 선포하는 칠십이 인의 신실함은 하나님 나라에 대한 참된 헌신이나 "섬김"(9:62)이 어떤 모습인지를 예시한다. 9장의 시작 부분에서 예수는 열둘에게 사명을 주신다. 그러나 여기에서는 칠십이 인에게 사명을 맡기신다.

왜 두 번째 위임이 언급되는가?

두 그룹은 분명히 연결되어 있다.

열두 제자	칠십이 제자
예수는 그들에게 "하나님의 나라"를 전파하도록 위임하신다(9:2)	예수는 그들에게 "하나님의 나라가 가까이 왔다"라고 선포하도록 위임하신다(10:9)
제자들은 모든 귀신을 "제어하는" 능력을 받는다(9:1)	칠십이 제자는 "귀신들도" 그들에게 "항복/복종"한다고 보고한다(10:17)
제자들은 거부될 경우 그들의 발에서 "먼지를 떨어 버려"야 한다(9:5)	칠십이 제자는 거부될 경우 그들의 "발에 묻은 먼지도" 떨어 버려야 한다(10:11)

예수는 칠십이 인의 제자를 추가로 세우신다(10:1). "세우다"로 번역된 안에이덱센(*anedeixen*)이란 용어는 70인역에서 왕의 지명의 문맥에서 나타난다(예컨대, 1 Esd. 1:32, 35, 41, 44; 2 Macc. 9:25). 그래서 예수는 마귀 세력의 맹공격에 대항하여 전쟁을 벌이도록 칠십이 인의 제자들에게 위임하신다(10:18을 보라).

왜 칠십이 인일까?

이 칠십이 인의 제자들은 하나님께서 인류를 칠십이 종족 그룹으로 나누시는 창세기 10장을 생각나게 한다.

> 이들은 그 백성들의 족보에 따르면 노아 자손의 족속들이요 홍수 후에 이들에게서 그 땅의 백성들이 나뉘었더라(창 10:32).

마소라 텍스트(MT)에는 창세기 10:2-31의 민족 목록에 "칠십" 민족이 포함되어 있지만, 70인역에는 "칠십이" 민족이 포함되어 있다. 이 때문에 누가복음 10:1에 대해 어떤 사본에서는 "칠십"으로, 다른 사본에서는 "칠십이"로 읽는다.

창세기에 따르면 세계 열방은 "언어가 하나요 말이 하나"인 상태로 모였다(창 11:1). 그들의 목표는 그들의 업적을 자랑하고 하나님을 조종하기 위해 거대한 구조물을 건설하는 것이었다(11:3-4). 하나님은 본래 아담과 하와에게 온 땅에 퍼져 그분의 영광을 땅끝까지 전하라고 명하셨다(1:28). 그 신성한 사명에 순종하는 대신 반역한 인류는 함께 모여 정반대의 행동을 저지른다. 심판이 뒤따르고 하나님께서 내려오셔서 민족들을 "온 땅" 전역에 흩으셨다(11:8).

누가는 칠십이 인의 위임을 창세기 10-11장을 배경으로 설정한다. 이러한 칠십이 인의 제자는 세상의 칠십이 민족, 즉 새 인류를 상징한다. 9:1-6에 나오는 열두 제자의 위임은 이스라엘에 복음을 선포하는 것을 상징하는 반면, 10:1-17에 나오는 칠십이 인의 위임은 열방에 복음을 선포하는 것을 상징한다. 이 패턴은 사도행전 1:8에 요약된 누가의 더 큰 프로그램에 잘 들어맞는다. 첫째는 이스라엘, 다음에는 사마리아, 그다음에는 이방 민족이다(참조, 롬 1:16).

칠십이 인의 위임은 또한 예수께서 남쪽으로 가서 고난을 받으려고 결심한 직후에 일어난다. 따라서 우리는 고난과 거부의 한가운데서도 복음은 번성할 것이라고 가정해야만 한다.

사도행전 8장에는 박해로 인해 예루살렘에 있는 성도들이 흩어지는 모습이 서술된다(8:1). 그들의 흩어짐은 이상하게도 복음이 이웃 지역으로 나아가는 촉매가 되어 사마리아인(8:4-25)과 이방인의 구원(8:26-40)을 초래한다. 그렇다면 여기서 우리는 반전의 반전을 발견한다. 칠십이 인의 제자들은 창세기 10-11장을 뒤집지만 결국 다시 흩어지게 된다. 그러나 결정적으로는 누가복음 10장과 사도행전 8장은 두 상황에서 모두 복음의 전파를 강조한다.

누가복음 10장으로 돌아가자. 제자들이 기쁨으로 가득 차서 보고한다.

주여 주의 이름이면 귀신들도 우리에게 항복하더이다(눅 10:17).

그러나 예수는 이상한 방식으로 응답하신다.

사탄이 하늘로부터 번개같이 떨어지는 것을 내가 보았노라 내가 너희에게 뱀과 전갈을 밟으며 원수의 모든 능력을 제어할 권능을 주었으니 너희를 해칠 자가 결코 없으리라(눅 10:18-19).

주석가들이 사탄이 떨어진 정확한 시점에 대해 논쟁을 벌이지만, 칠십이 인의 사명과 밀접한 연관성을 고려하면 그것이 그들의 임무 도중이나 끝에 일어난 것을 암시한다.

예수의 응답은 이사야 14:12의 내용과 유사하다.

> 너 아침의 아들 계명성이여 어찌 그리 하늘에서 떨어졌으며 너 열국을 엎은 자여 어찌 그리 땅에 찍혔는고(사 14:12).

이사야 14장의 직접 문맥에서 바벨론 왕은 하나님과 같은 높이로 오르려고 하지만 하나님은 그를 바닥으로 떨어뜨리실 것이다(사 14:15-21). 그렇다면 누가복음 10장 전체는 칠십이 인의 제자들이 계속해서 사탄의 왕국을 해체하고 있음을 보여 준다.

칠십이 제자의 성공적 사역으로 지상에서 일어난 일은 하늘에 반영된다(참조, 21:25-28; 로 16:20; 계 12장). 물리적 차원과 영적 차원이 서로 얽혀 있다. 광야에서 사탄을 물리친 예수의 승리는 그의 제자들이 계속해서 하나님의 영원한 나라를 확장하고 사탄을 타도할 수 있는 능력을 부여함으로써 하나님 백성의 큰 적대자가 마침내 패배할 것이라는 구약의 기대를 성취한다(창 3:15; 민 24:17-19).

결정적으로 10:18에 언급된 사탄의 몰락은 우주 전체에 평화를 확장하려는 예수의 프로그램을 계속 이어 간다. 칠십이 제자들은 열방에 "평화"(에이레네[eirēnē])를 알리는데(10:5), 이 평화는 예수의 탄생 때 천사들이 선언하고(2:14) 승리의 입성 때 예루살렘의 순례자들이 선포한 것(19:38)과 같은 종말론적 평화이다.[13]

더 나아가서 4:1-13에서 성취되고 10:18에서 반복되는 사탄의 패배는 복음이 열방 가운데 번성할 수 있도록 문을 활짝 열어 준다. 구약에 따르면 사탄과 그의 천사들은 이방 민족을 눈멀게 하여 우상 숭배를 하도록 유

---

13 Ming Gao, *Heaven and Earth in Luke-Acts* (Carlisle, UK: Langham Monographs, 2017), 52-56.

혹한다(신 4:19; 고전 10:20; 계 20:2-3 참조). 그러나 이제 예수께서 귀신들에게 승리하셨으므로 복음의 진리가 드러나게 되어 열방이 회복된 이스라엘로 들어와 하나님의 의로운 율례를 배울 수 있게 된다.

(2) 선한 사마리아인 비유와 마리아와 마르다(10:25-42)

하나님 나라의 본질, 특히 사탄의 전복은 주로 "지혜롭고 슬기 있는 자들에게는" 숨겨져 있다(10:21). 이어지는 다음 이야기가 "지혜롭고 슬기 있는 자"와 동일시되고 예수의 계획에 대해 왜곡된 견해를 가진 "율법 교사"와 관련되는 것은 우연의 일치가 아니다(10:25; 참조, 7:30; 11:45-46, 52; 14:3). 그는 하나님 나라의 본질에 대한 중립적 질문을 제기하는 것이 아니라 예수를 "시험하기"(에크페이라존[ekpeirazōn])를 원한다(10:25).

같은 단어가 누가복음 4:12에서 찾을 수 있는데, 거기에서 마귀는 하나님을 "시험"하도록 예수를 유혹한다. 아마도 누가는 그의 독자들에게 10:25-37에 있는 이 시험을 마귀 계략의 확장으로 보기를 원할 것이다. 왜냐하면, 신약에서는 종종 거짓 가르침을 마귀와 연결하곤 하기 때문이다.

예수께서 질문하고 율법 교사는 신명기 6:5과 레위기 19:18을 인용하심으로써 올바르게 대답한다(// 마 22:34-40// 막 12:28-31). 여기까지는 매우 좋다. 예수께서 그의 대답을 확언하시지만, 곧 문제의 핵심으로 파고 들어가신다.

> 이를 행하라 그러면 살리라(눅 10:28; 참조, 레 18:5).

율법 전문가가 주님을 따르기 위해서는 하나님과 이웃에 대해 절대적으로 헌신해야 한다고 진정으로 믿는다면 그에 따라 행동해야 한다.

> 행함이 없는 믿음은 죽은 것이니라(약 2:26).

그는 말대로 실행할 수 있을까?

화자는 청중을 종교 학자의 동기 속으로 끌어들여 그가 "자기를 옳게 보이"기를 원한다는 점을 밝힌다(10:29). 즉, 그는 거룩하신 하나님 앞에서 그의 의로운 지위를 얻기 원한다. 그는 주님의 약속을 믿는 믿음의 삶을 사는 대신 하나님 앞에서 의로운 지위를 얻고 주변 사람을 배척하는 길을 선택한다. 그는 잘못 선택했다. 참으로 헌신된 마음은 사회적 신분에 상관없이 다른 사람에 대한 사랑을 나타낼 것이다.

신명기 6:5("주[kyrios] 너의 하나님을 사랑하라")을 암송하면서 누가는 독자들에게 이 에피소드의 추가적 의미를 보여 준다. 즉, 율법 전문가는 예수를 자신의 주로 식별하지 못한다는 점이다(참조, 10:17, 39).

유명한 선한 사마리아인 비유(10:30-36)는 율법 교사가 "내 이웃이 누구니이까"(10:29)라고 제기한 질문에 대한 대답이다. 이 비유에는 네 명의 주목할 만한 등장인물이 포함된다. 매 맞은 사람(유대인? 이방인?), 제사장, 레위인, 그리고 사마리아인이다. 제사장과 레위인은 유대 문화의 상류층을 상징하는 반면 사마리아인은 유대인들이 멸시하는 개인이다(→ 요 4:1-26).

제사장과 레위인은 매맞은 사람의 "다른 편으로"(개역개정에는 "그를 보고 피하여"라고 번역됨-역주) 지나간다(10:31, 32). 주석가들은 종종 이 두 사람이 아마도 의식적 순결을 유지하려고 그리했을 것이라고 지적한다(레 22:4; 민 19:13; 31:19을 보라). 그들은 개인의 생명보다 의식 절차의 준수를 훨씬 더 중요하게 여긴다. 이는 6:9에서 바리새인들에게 던지신 예수의 질문에서 크게 벗어나지 않는다.

> 안식일에 선을 행하는 것과 악을 행하는 것, 생명을 구하는 것과 죽이는 것, 어느 것이 옳으냐(눅 6:9).

이 비유는 또한 칠십이 제자의 성공적 사명 완수(10:1-17)와 누가복음 전체에 비추어 이해되어야 한다. 하나님의 나라가 열방들 사이에 꽃피고 있고 언약공동체 안에 있는 모든 사람은 하나님의 새로운 구원 단계를 인식해야 한다. 예수께서 이 비유를 전하신 후 율법 교사에게 "이 세 사람 중에 누가 강도 만난 자의 이웃이 되겠느냐"(10:36)라고 물으신다. 아마도 율법 교사는 마지못해 그 이웃은 매맞은 사람에게 "자비를 베푼" 사마리아 인임을 인정하지 않을 수 없을 것이다(10:37a).

이 비유는 "이(신명기 6:5과 레위기 19:18의 계명)를 행하라"(10:28)라는 명령으로 시작하여 "가서 너도 이와 같이 하라"(10:37b)라는 또 다른 명령으로 끝난다. 레위기 19장은 또한 이스라엘 백성에게 그들 가운데 거주하고 있는 "거류민"(foreigner)을 돌보고 그들을 사랑하라고 요구한다(레 19:33-34). 요컨대, 이 율법 학자는 구약의 내용을 잘 알고 있지만, 자신이 설교하는 내용을 민족에 상관없이 실천해야만 한다. 이스라엘의 율법을 읽고 순종하는 사람이라면 그랬을 것이다.

누가는 예수와 율법 교사의 대화 뒤에 마리아와 마르다의 이야기를 배치한다. 누가가 그 장소를 "한 마을"로만 밝히지만, 이 이야기는 아마도 나사로, 마리아, 마르다가 살고 있는 베다니에서 일어났을 것이다(요 11:1-44; 12:1-11). 두 여인의 나란한 등장이 독자의 마음을 사로잡는다. 마르다의 열광적 행동은 "주의 발치에(at the Lord's feet) 앉아 그의 말씀을 듣는"(10:39) 마리아의 모습과 대조를 이룬다.

우리는 바울이 예루살렘에서 자라 "가말리엘의 문하에서"(at the feet of Gamaliel) 교육을 받았다고 진술하는 사도행전 22:3에서 같은 개념을 발견한다. 두 경우 모두 발치에 앉는 것은 배움(learning)과 관련이 있다. 율법 교사가 예수를 심문하는 것(10:25)과는 완전히 대조적으로 마리아는 주님의 발치에 앉아 그의 하나님 나라 메시지에 복종한다. 1세기 유대 문화에서 사회적 지위를 많이 누리지 못한 두 여인은 당시 인기 있던 율법 교사와 극명히 대조된다.

(3) 주의 기도와 하나님 나라의 확장(11:1-13)

11장은 제자들이 예수께 그들이 어떻게 기도해야 하는지 가르쳐 달라고 요청하면서 시작된다(// 마 6:9-13). 세 번째 복음서는 다른 어떤 복음서보다 예수의 기도 생활을 강조하며 예수께서 중요한 순간에 기도하시는 것을 보게 된다(3:21; 5:16; 6:12; 9:18, 29; 22:41, 44). 그의 사역은 그가 요단강에서 기도하시는 것으로 시작되고(3:21) 십자가에서 기도하시는 것으로 끝난다(23:46). 제자들의 요청이 매우 놀라운 것은 제자들도 많은 유대인처럼 강건한 기도 생활을 했을 것이기 때문이다.

예를 들어, 쉐마 암송문(신 6:5-9)은 아침과 저녁에 드려졌고 유대인들은 종종 지역 회당에서 기도했다. 제자들은 예수의 기도 생활에서 뭔가 특이한 점을 발견한 것이 틀림없다.

예수는 언제 기도하셨고, 어떻게 기도하셨으며 무엇을 기도하셨을까? 세 가지 다였을까?

모범 기도는 예수께서 하나님을 "아버지"라고 부르시는 것으로 시작한다(11:2). 곧바로 누가의 독자들은 이상함을 감지할 것이다. 전형적인 유대인이라면 하나님을 그들의 "아버지"라고 부르지 않을 것이다. 구약은 주로 하나님을 우주를 통치하시고 한 민족을 보호하시는 데 헌신하시는, 이스라엘의 언약을 지키시는 왕으로 묘사한다. 이는 왜 전형적 이름이, 예를 들어 왜 "주님", "야웨", 그리고 "하나님"인지를 설명해 준다. 구약에서는 이스라엘의 하나님을 몇 번에 걸쳐 아버지로 제시하지만(출 4:22-23; 신 1:29-31; 32:6; 시 103:13-14; 잠 3:11-12; 사 63:16; 64:8; 말 2:10) 드문 경우이다.

네 복음서에서 예수께서 하나님을 부르실 때 가장 좋아하는 용어는 "아버지"이다(예컨대, 마 10:32; 막 8:38; 눅 2:49; 요 5:17). 더 나아가 예수는 여러 경우에 하나님이 제자들의 "아버지"이시기도 하다고 주장하신다(예컨대, 마 5:16, 48; 6:1; 막 11:25; 눅 6:36; 11:13; 12:32; 요 14:7, 21).

구약에서 신약으로 오면서 언어가 바뀐 이유는 무엇일까?

리처드 보캄(Richard Bauckham)은 다음과 같이 주장한다.

> 예수는 압바(Abba)를 새로운 시작, 새로운 출애굽, 하나님께서 시작하신 그의 백성과 맺은 새로운 언약에 상응하는 하나님의 새 이름으로 이해

했을 수도 있다.[14]

하나님께서 출애굽 때 이스라엘에 독특한 이름을 주신 것처럼(출 3:14-15), 이제 두 번째 출애굽 때 하나님은 또 다른 이름을 받으신다. 아마도 "아버지"라는 용어에는 새로운 차원의 친밀감뿐만 아니라 이스라엘의 주님(Lord)에 대한 새로운 계시적 묘사도 포함될 것이다. 아버지 하나님은 이제 그의 아들 안에서 행하신 구원 사역으로 알려지실 것이다. 그렇다면 주의 기도는 주로 그의 계획에 있어서 새로운 종말론적 단계, 즉 오랫동안 기다려 온 두 번째 출애굽을 계속해서 진행하시도록 하나님께 간청하는 것으로 특징지어진다.

다섯 개의 요청이 기도를 장식한다. 처음 두 개의 요청은 우주 전체에 하나님의 임재가 확장되기를 간구한다는 점에서 거의 동의어이다. 제자들은 하나님의 "이름"을 구별하고("거룩하게 하고") 지상에 그의 나라를 세우는 두 번째 출애굽의 성취를 위해 기도해야 한다(11:2). 나머지 세 가지 요청은 처음 두 가지 요청이 수행되는 방식일 수 있다. 즉, 공급에 대한 요청(11:3), 죄의 용서, 유혹으로부터의 구원(11:4)은 계속 확장되는 하나님의 나라에 제자들의 책임을 수반한다.

하나님께서 그의 나라의 모든 일을 주관하시지만, 그를 따르는 자들은 그 나라를 발전시킬 책임이 있다. 제자들은 이와 관련하여 기도의 효과를 과소평가하려는 유혹을 받을 수도 있지만, 예수는 그들에게 "구하라"고, 그러면 그들에게 "주실 것"이라고 보장하신다(11:9).

3) 하나님 나라와의 불가피한 갈등(11:14-54)

칠십이 제자의 성공(10:1-24)과 신실한 기도(11:1-13)로 영원한 하나님 나라가 힘을 얻고 있다. 그러나 하나님 나라가 성장함에 따라 적대감도 증

---

[14] Richard Bauckham, *Jesus: A Very Short Introduction* (Oxford: Oxford University Press, 2011), 67.

가한다. 하나님 나라의 메시지는 항상 대립적이다. 모든 사람은 인자에게 복종하든가 아니면 그를 거부한다. 중간 지대란 없다. 현 단락(11:14-54)은 불신과 반대의 결과를 기술한다.

누가는 11:14-13:8을 예수께서 "무리"(오클로스[ochlos], 11:14, 27, 29; 12:1, 13, 54)와 길게 대화하는 광범위하고 분리된 단락으로 구별하여 다룬다. 이러한 대화 중에 예수는 종교 지도자들과 식사하시고(11:37-52) 다시 무리에게로 돌아가신다(11:53-12:1).

지금까지 무리는 내러티브에서 두드러지게 등장해 왔으며 종종 예수의 메시지에 긍정적으로 반응하기도 했지만(예컨대, 5:1, 15; 6:17; 8:40; 9:11, 12), 예수께서 예루살렘을 향해 남쪽으로 돌아선 이후 그의 메시지에 점점 더 적대적으로 되어 가고 있다. 그렇다면 무리는 이스라엘 민족에 대한 일반적 인식을 구현한다. 무리 중에는 하나님 나라의 메시지에 호의적으로 반응할 사람도 있을 것이지만, 대체로 궁극적으로는 그를 거부할 것이다.

(1) 바알세불 논쟁(11:14-36)

마지막 아담이자 참된 이스라엘로서 예수의 신실하심은 우주를 지배하던 사탄의 통제권을 깨뜨렸다. 그러나 하나님 나라의 본질은 주로 영적이긴 하지만 물리적 측면에도 상당한 효력이 있다. 그러한 효력 중 하나가 악마의 소유 상태에서 회복되는 일이다. 악마의 노예 상태로부터의 자유는 사람의 육체적, 정서적, 영적 차원에 명백한 변화를 가져온다.

일반 무리와 유대인 지도자들은 하나님 나라의 침입(in-breaking)이 가져오는 물리적 효력을 부인할 수 없다. 그러나 이스라엘 내의 어떤 이들은 예수의 주 되심과 종말론적 메시아로서의 정체성을 인정하는 대신에 다른 길을 추구한다. 그들은 예수의 능력을 사탄의 탓으로 돌린다.

누가가 바알세불 논쟁(11:14-22// 마 12:22-32// 막 3:22-29)을 예수의 기도에 대한 가르침(11:1-13) 뒤에 두는 것을 보면, 둘 사이에 유기적 연관성이 있음이 틀림없다. 기도는 하나님 나라의 확장에 중요한 역할을 하므로 성도와 불신자, 즉 예수의 통치에 복종하는 사람들과 그것을 거부하는 사람들 사이에 불가피하게 갈등이 생겨날 수밖에 없다.

그렇다고 일부 신자들이 예수의 온전한 정체를 파악하기 위해 애쓰지 않을 것이라는 의미는 아니다. 사실상 제자들과 예수의 가족은 아직 그의 메시아 직분의 모든 측면을 받아들이지 못하고 있다(8:19-21; 9:37-43). 그러나 예수의 가족과 제자들이 이스라엘 내의 일부와 다른 점은 후자가 예수의 메시지를 계속해서 의도적으로 거부한다는 것이다.

우리는 이미 논쟁을 어느 정도 상세히 살펴보았으므로(→ 막 3:22-29), 누가가 예수를 예언적 기대의 성취로 포로 된 이스라엘을 해방하는 이스라엘의 신적 전사(divine warrior)로 제시하고 있다는 점을 지적하는 것으로 충분하다(예컨대, 사 49:24-26).

마태복음과 마가복음에서의 바알세불 논쟁은 예수와 종교 당국이라는 두 당사자 사이에 놓여 있다(마 12:24// 막 3:22). 누가는 예수의 청중을 확장하여 무리 중 일부를 포함한다(11:14-15). 내러티브에는 또한 다음과 같은 핵심 진술도 포함되어 있다.

> 그러나 내가 만일 하나님의 손(finger)을 힘입어 귀신을 쫓아낸다면 하나님의 나라가 이미 너희에게 임하였느니라(눅 11:20).

우리는 출애굽기 8:19에 대한 암시를 우연히 발견했다.

> 요술사가 바로에게 말하되 이는 하나님의 손가락(finger, 개역개정에는 권능으로 번역됨-역주)이니이다 하였으나 바로의 마음이 완악하게 되어 그들의 말을 듣지 아니하였으니 여호와의 말씀과 같더라(출 8:19; 참조, 70인역 출 31:18; 신 9:10).

첫 번째 출애굽에서 유효한 것은 두 번째 출애굽에서도 유효하다. 하나님의 적은 가시적 징조에도 불구하고 계속 완고한 채로 남아 있다(→ 요 2:1-12). 바로와 애굽인들은 애굽의 큰 재앙 동안에도 계속 완악하여 야웨의 구원 행위에 복종하기를 거부한다.

여기에 구약의 유형론적 용법 외에도 아이러니한 암시가 있을 수 있다. "무리" 안에 있는 불신자들은 구원받은 이스라엘 백성이 아니라 완고한 바로에 상응한다. 바로가 첫 번째 출애굽의 "표적" 앞에서 주님을 거부한 것처럼, 1세기의 이러한 불신자들도 "요나의 표적(토 세메이온[to sēmeion])"과 두 번째 출애굽에서 "더 큰" 솔로몬의 도래를 거부한다(11:29-32// 마 12:39-42). 예수께서 탄생할 때 시므온이 예수는 "이스라엘 중 많은 사람을 패하거나 흥하게 하며 비방을 받는 표적(세메이온)이 되기 위하여 세움을 받았"다고 예언한 것은 옳았다(2:34; 참조, 2:12; 21:7, 11, 25; 23:8).

(2) 종교 당국에 대한 심판(11:37-54)

우리는 이제 두 번째 출애굽에서 자기 백성을 구원하시는 예수의 사역을 거부한 결과에 도달했다. 누가는 예수께서 무리를 정죄하시는 장면에서 바리새인의 집에서 식사하는 장면으로 전환한다(11:37-54). 이 에피소드는 세 번째 복음서에만 나온다. 이는 예수께서 바리새인과 가지는 세 번의 식사 중 두 번째 식사이다(7:36-50; 11:37-54; → 14:1-24). 무리의 불신에서 유대 지도자들로 진행되면서 우리는 무리의 불신이 대체로 그들의 타락한 지도자들로부터 비롯된 것임을 알게 된다.

우리는 이 특정 바리새인의 동기를 알지 못한다. 다만 그가 "율법 교사들"(11:45)과 함께 그의 집에서 식사하도록 예수를 초대한 것만 알 수 있을 뿐이다. 두 그룹 사이에 갈등이 생기는 데 그리 오래 걸리지 않는다. 바리새인은 "잡수시기 전에 손 씻지 아니하심을" 이상히 여겼다(11:38).

1세기 유대 문화에서 식사 전에 손을 씻는 것은 정결 의식과 결부되어 있었다(마 23:25-26 참조). 그래서 바리새인은 예수께서 엄격하게 지켜진 구전 전승에 순종하지 않은 것을 쉽사리 믿지 못한다. 예수께서 최근에 군중들과 교류하셨으므로(11:37), 부정하고 정결이 필요한 사람으로 여겼던 것 같다.[15] 예수는 우리가 마태복음 23장에서 찾아볼 수 있는 것과 상당히 유

---

[15] John Nolland, *Luke 9:21-18:34*, WBC 35B (Grand Rapids: Zondervan, 1993), 663.

사한 일련의 신랄한 저주로 응답하신다(→ 마 23:13-36).

구약의 선지자들은 하나님이 최종적으로 심판하실 사람들에게 화를 비축해 둔다(예컨대, 사 3:9, 11; 렘 48:1; 겔 16:23). 예수는 처음 세 개의 화/저주를 바리새인에게 내리시고 두 번째 세 개의 화/저주는 율법 교사에게 내리신다(11:46-52).

예수는 먼저 바리새인들이 하나님의 형상으로 창조되었다는 근본 원리를 소홀히 했다고 비난하신다(11:40). 각 개인은 육체적 차원과 영적 차원으로 구성되는데 바리새인들은 외적인 것을 강조하면서 마음을 소외시켰다. 경건한 삶은 내적으로 시작하여 외적으로 진행된다.

더욱이 안과 밖의 진정한 의식적 정결은 이제 오직 성육신하신 예수 안에서만 발견할 수 있다(→ 막 7:1-16). 개인은 희생 제물과 의식적 씻음으로는 이룰 수 없는 일, 즉 개인을 정결하게 하고 하나님 앞에서 합당하게 하시는 예수의 샘에서 자신을 씻어야 한다(히 9:13-14).

처음 세 가지 화는 바리새인들의 외적 행위와 그들이 율법에 대한 공허한 순종에 사로잡혀 있으면서도(11:42; 레 27:30; 신 14:22), 어떻게 그것의 핵심인 하나님 사랑과 이웃 사랑을 놓치고 있는지에 관한 것이다(10:27). 다른 사람들의 환호가 그들의 위선적 행동에 불을 지핀다(11:43). 그 결과 아이러니하게도 의식적 정결을 유지하려는 그들의 집착으로 인해 그들은 더러운 오염물, 즉 실제적 부정의 우물이 되었다.

그들은 그들과 교류하는 사람들에게 부정을 옮기는 "평토장한(unmarked) 무덤"과 같다(11:44; 레 22:4; 민 19:13; 31:19). 바리새인들은 선한 사마리아인 비유에 나오는 매 맞은 사람처럼 되었으며(10:31-32), 그들이 회피하려고 하는 바로 그 사람이 되었다.

율법 학자들에게 내려진 두 번째 세 가지 화(11:46-52)는 처음 세 가지 화에 요약된 심판을 강화한다. 그러나 우리가 여기에서 알게 되는 것은 유대 지도자들과 민족 전체의 책임이다. 예수는 "창세 이후로 흘린 모든 선지자의 피를 이 세대가 담당"해야 한다고 경고하신다(11:50; 참조, 살전 2:14-16).

종교 지도자들은 언약 백성에게 이 타락한 세상에서 지혜롭게 살라고 가르치는 대신에 다른 사람이 하나님의 가족이 되는 것을 가로막는 장벽을 세웠다(11:52; 참조, 19:46). 그러한 장벽은 이방 민족을 참된 이스라엘에 포함하려는 데 전념하는 누가 메시지의 본질에 어긋난다. 그러나 이 종교 지도자들은 이방인들이 하나님의 백성이 되는 길을 막고 있을 뿐만 아니라, 심지어 동료 유대인들이 하나님의 언약적 임재의 복을 누리기 어렵게 만들고 있다.

이 장은 유대 지도자들이 말로 예수를 공격하고 "거세게 달려들어 여러 가지 일을 따져 묻고 그 입에서 나오는 말을 책잡고자"(11:53-54; 참조, 6:7) 하는 반응으로 절정에 이른다. 과거 그들의 조상들은 의로운 선지자들을 죽였고 이제 그들은 그 의로운 분(the Righteous One)을 죽이는 일에 단호하다.

3) 종말론적 하나님 나라에 응답하라는 요청(12:1-19:27)

예루살렘으로 가는 여정의 마지막 단락(12:1-19:27)은 종교 당국, 무리, 그리고 제자들에게 하나님의 나라를 받아들이도록 요청한다. 예수는 마지막 아담과 참된 이스라엘로서의 신실하심을 통해 종말론적 하나님 나라를 시작하셨으므로 사회적 지위나, 부, 인종과 상관없이 모든 사람이 거기에 응답해야 한다.

(1) 외식/위선과 물질적 이득에 대한 경고(12:1-34)

예수께서 종교 지도자들과 함께 식사하신 후(11:37-54) 수많은 사람이 그를 둘러싸고 "서로 밟힐 만큼" 되었다(12:1a). 그러나 12:1b-12(// 마 10:26-33)에서 예수는 무리에게서 그의 주의를 돌려 제자들에게 말씀하신다. 그는 그들에게 하나님의 의로운 종들을 대적하는 완고한 바리새인의 "누룩"이나 "외식"을 피하라고 경고하신다(11:37-54). 하나님은 만물의 창조자이시며 오직 그분만이 사람 마음의 깊이를 헤아리실 수 있고 누가 진정으로 그를 경외하는지를 판단하실 수 있다.

무리 안에 있는 "악한 세대"(11:29)의 일부인 많은 사람과 대조적으로 예수는 제자들을 "친구"(12:4)로 간주하신다. 그들은 "몸을 죽이는" 자들이 아니라 "너희 몸을 죽인 후에 지옥에 던져 넣는 권세 있는 그를 두려워"해야 한다(12:4, 5). 유대 지도자들이 선지자들을 박해하고 정부 당국이 하나님의 백성을 대적한다면 제자들도 같은 운명을 예상해야 한다. 하나님의 적들은 오직 몸만을 죽일 수 있는 반면에 단지 하나님만이 사람을 지옥으로 보낼 "권세"를 가지고 계신다(참조, 히 10:31).

무리 중 한 사람이 불쑥 나타나 형제의 유산을 더 받아야 할지 말지를 묻는다(12:13). 누가의 청중은 그 사람의 동기를 알지 못하지만, 다음에 나오는 비유에 근거할 때(12:16-21) 그 요청은 물질적 이득에 관한 것임을 가정해야 한다. 예수는 다음과 같은 지배적 원칙으로 응답하신다.

> 삼가 모든 탐심을 물리치라 사람의 생명이 그 소유의 넉넉한 데 있지 아니하니라 (눅 12:15).

성도들은 외식/위선(hypocrisy)을 주의해야 할 뿐 아니라(12:1) 탐욕도 "삼가"야 한다(12:15). 물질의 소유가 비성경적이지는 않지만 쌓아 두는 것과 더 많은 것을 갈망하는 것은 탐욕과 우상 숭배를 조장한다. 부유한 사람은 돈의 부패한 영향력을 피하는 데 큰 어려움을 겪는다.

12:16-21에서 예수는 곡식을 쌓아 두고 남은 것을 저장하려고 하지만 그 혜택을 누리기도 전에 죽는 부자의 비유로 이 점을 설명한다. 그는 하나님이 아니라 자기 자신에게 투자하기 때문에 "어리석은 자"이다(12:20). 사실상 그는 땅에서는 부자이지만 "하나님께 대하여 부요하지 못한 자"이다(12:21; 참조, 1:53).

성도들은 그들의 시간과 에너지를 하나님 나라에 투자하므로 무엇을 먹을까 무엇을 입을까 걱정할 필요가 없다. 하나님께서 그들의 필요를 채워 주신다고 약속하시기 때문이다(12:22-34// 마 6:25-33). 하나님이 동물과 들풀을 돌보신다면 하물며 그분의 형상을 닮은 사람들은 얼마나 더 잘 돌보시겠는가(12:23-29; 참조, 욥 38:41; 시 147:9).

누가는 가난하고 소외된 자들을 염두에 두고 있으므로 이 주제가 여기에 나타나는 것이 별로 놀랍지 않다. 주기도의 한 부분이 하나님께서 성도들에게 "일용할 양식"(daily bread)을 공급해 달라는 요청임을 기억하라 (11:3).

광야에서 마귀는 먼저 마지막 아담이자 참된 이스라엘이신 예수를 시험하여 돌을 떡이 되게 하라고 유혹한다(4:3-4). 에덴동산의 아담이나 광야의 이스라엘과 달리 예수는 신실하게 아버지의 돌보심과 공급하심을 신뢰하신다. 이와 마찬가지로 회복된 이스라엘에 속하여 하나님 나라에 참여한 사람들은 예수를 본받아 아버지의 선하심을 신뢰해야 한다.

성도들은 종말론적 하나님 나라의 "이미"(already) 차원을 누리고 있다. 사실상 아버지는 그들에게 하나님 나라를 주셨다(12:32; 참조, 9:1; 10:19; 20:2; 행 8:19; 단 7:14). 그러나 성도들은 여전히 미래의 완전한 성취를 기다리고 있으므로 그 나라를 "구하라"고 요청된다(12:31). 영원한 새 우주에서 일어날 "아직 아닌"(not yet)의 차원 중 하나는 성도들의 육체적 유업(physical inheritance)으로, 구원받은 모든 이가 새 창조의 부(wealth)를 공유하고 누리게 될 것이다(계 21:24).

(2) 인자의 도래에 대한 준비(12:35-48)

12장의 후반부는 예수께서 모든 인류를 심판하기 위해 "주"(퀴리오스)요 인자로 오시는 재림의 관점에서 진행된다. 하나님은 영적으로 깨어서 하나님 나라의 확장을 추구하는 자들에게는 상을 주시고 영적으로 잠을 자며 우선순위를 소홀히 하는 자들에게는 심판을 주신다(참조, 계 3:20). 누가는 12:35-48에서 "주" 또는 "주인"(퀴리오스)이라는 용어를 9번 사용하고 세 개의 비유 모두에서 사용하고 있으므로 12:41과 42에서 예수께서 "주"라고 불리는 것이 우연의 일치는 아니다. 그는 적어도 첫 번째 비유와 세 번째 비유에서 간접적으로 "주인"으로 식별되셔야 한다.

첫 번째 비유에서 종들은 "허리에 띠를 띠고"(옷을 입고) "섬길 준비"가 되어 있는데(출 12:11; 엡 6:14 참조), 그들이 주인의 도착을 기다리고 있기 때문이다(12:35-38// 마 25:1-13// 막 13:33-37).

두 번째 비유는 도둑을 대비하지 못한 집주인에 관한 것이다(12:40). 무리와 함께 있던 베드로가 끼어들어 그와 그의 동료 제자들이 인자의 평가에서 제외되는지, 아니면 예수께서 무리만을 목표로 하시는지 궁금해한다(12:41). 예수는 베드로의 질문에 직접 대답을 거부하시고 세 번째 비유를 계속 말씀하신다(12:42-48).

세 번째 비유도 같은 원리를 반복한다. "지혜 있고" "신실한" 청지기는 주인의 도착을 준비하므로 종들을 잘 대우한다(12:42). 어리석은 청지기는 점점 지쳐 가며 종들을 학대한다(12:45// 마 24:43-51). 이 비유의 끝부분에서 두 부류의 어리석은 종을 발견하게 되는데 하나는 "주인의 뜻을 알고도" 무시한 종이고(12:47) 다른 하나는 주인의 뜻을 전혀 "알지 못하는" 종이다(12:48). 전자가 더 큰 심판을 받을 것이다. 제자들, 무리, 그리고 누가의 청중은 올바른 행동 방향을 결정해야 한다. 문제는 "예수께서 재림하셔서 그들의 삶을 평가하실까"가 아니라 "인자가 언제 재림하실까"이다.

(3) 복종하기를 거부한 자들에 대한 심판(12:49-13:9)

다음 단락에서는 인자의 재림에 대한 본질을 더 설명하고 12:35-48에 있는 세 가지 비유의 전체적 요점을 강화한다. 우리는 여기에서 누가복음 전체에서 가장 정신이 번쩍 들게 하는 단락 중 하나를 접하게 되는데, 담론이 3인칭에서 1인칭으로 바뀐다. 예수는 "불을 땅에 던지러" 오셨고 "불이 이미 붙었기"를 원하신다(12:49; 참조, 9:54-55).

그러한 진술은 예수께서 불신자에게 "불"로 "세례를 베푸실 것"이라는 세례 요한의 예언과 연결된다(3:16). 구약에는 악인에 대한 하나님의 종말론적 심판을 언급하기 위해 그러한 표현을 사용한다(예컨대, 사 9:18-19; 암 5:6; 말 3:2). 따라서 예수는 자신이 "불을 가지고" 현장에 왔다고 주장하심으로써 자신을 야웨와 동일시하고 계실 수도 있다.

세례 요한은 이스라엘이 하나님의 다가올 불같은 시험을 준비하도록 정확하게 광야에 등장한다(1:76; 3:3-20). 이제 요한이 투옥되었으므로 준비 기간은 거의 끝나 가고 회개할 시간이 거의 남지 않았다. 예수의 청중은 인자의 종말론적 진노를 짊어지지 않기 위해 악으로부터 돌아서야 한다. 예수라는 인물 안에서 종말론적 심판과 회복이 함께 융합된다.

인자로서 예수는 이 땅에 하나님의 영원한 통치를 세우시고, 완고하게 거부하는 자들에게는 심판을 집행하신다. 이것이 2:14에서 왜 목자들이 "하나님이 기뻐하신 사람들 중에 평화"가 있다고 선언하지만 여기 12:51에서 예수께서 명시적으로 "세상에 화평을 주려고" 온 것이 아니라고 주장하시는지 그 이유를 설명한다.

대체로 예수 통치의 영적 도래는 삼키기 어려운 알약이다. 구약에는 일반적으로 하나님 나라와 환난이 온전한 상태로 도래하기를 기대하지만(먼저는 환난, 그다음에는 하나님의 나라), 신약의 저자들은 이상하게도 두 개의 종말론적 현실이 서로 겹친다고 지적한다. 이 때문에 다음에 이어지는 단락에서 예수께서 왜 그의 청중 대다수가 그러한 비밀스러운 종말론적 현실을 분간할 수 없다고 말씀하시는지 설명될 수 있다(12:54-59// 마 16:2-4). 그들은 볼 수 있는 눈과 들을 수 있는 귀가 없어서 이 특이한 상태를 파악할 수 없다.

무리 중 몇 사람이 최근 빌라도의 잔악한 행위가 인자가 심판하러 올 것이라는 예수의 가르침과 관련 있는지 궁금해한다(13:1). 누가복음에만 나오는 이 이야기에는 빌라도에 관한 두 번째 언급이 포함되어 있는데(3:1 참조), 여기에서 그는 명시적으로 유대인 박해와 연관되어 있다.

우리는 빌라도가 여러 경우 유대인들을 격분케 했다는 몇 가지 역사적 기록의 증거를 가지고 있으므로(예컨대, Josephus, *Ant.* 18.55-59), 13:1의 이 예는 놀라운 일이 아니다. 그러나 여기 13장에서 빌라도가 유대인을 억압한 사건에 대한 논의는 앞으로 일어날 일에 대한 전조임을 암시할 수도 있다. 예수께서 곧 그의 관할권 아래서 고난을 받으실 것이기 때문이다(23장). 우리는 결국 예루살렘으로 가는 길 위에 있다.

예수는 무리 가운데 있는 사람들에게 빌라도의 손에 죽은 갈릴리 사람들이 그들의 불신 때문에 그렇게 되었다는 점을 부인하신다(13:2). 실로암 망대가 무너져 죽은 자들에게도 같은 원리가 적용된다(13:4). 그들은 다른 누구보다 더 나쁜 죄인들이 아니었다. 그들은 그들의 때가 되었기 때문에 죽은 것이다. 그러나 만일 청중이 예수의 메시지에 적절하게 반응하지 않으면 그들은 훨씬 더 큰 고통, 즉 영원한 고통(13:5)을 겪게 될 것이다. 13:6-9에 나오는 무화과나무의 비유는 이 원리를 적절하게 포착하고 있다.

(4) 믿기를 거부한 결과(13:10-35)

내러티브는 예수께서 무리와의 대화를 끝내시면서 중단되고, 이제 무대는 예수께서 안식일에 가르치시던 지역 회당으로 이동한다(13:10). 누가의 청중은 예수께서 경고하셨던 불신의 구체적 예를 알게 된다. 무리 속에 있던 한 여인이 몸이 쇠약해져 등을 곧게 펼 수 없었다. 그녀의 질병은 무려 18년 동안 그녀를 사로잡았던 귀신 때문이었다고 한다.

우리는 이 이야기에서 두 가지 점을 관찰할 수 있다.

첫째, 누가는 육체적 고통과 악령의 영향력을 다시 한번 결합시킨다(참조, 6:18; 7:21; 8:2, 29; 9:39). 성공을 거둔 인자로서 예수는 마귀를 정복하셨고 마귀의 왕국을 전복하는 과정에 있다. 그는 창조 질서의 완전한 회복을 추구한다.

둘째, 이 사건의 중요성은 예수께서 그 여인을 언제 치유하시는가에 있다. 회당장은 그날이 안식일, 즉 쉼을 위해 구별된 날이기 때문에, 예수께서 그 여인을 고쳐 주신 것에 분을 낸다. 그러나 안식일에 대한 회당장의 관점도, 예수에 대한 그의 이해도 잘못된 것이다(→ 마 11:27-30). 이 이야기는 두 가지 대조되는 반응으로 끝이 난다. 무리는 예수께서 하신 일 때문에 "기뻐"하지만(13:17; 참조, 1:14, 28; 6:23; 10:20; 15:5, 32; 19:6, 37), 종교 지도자들은 굴욕을 당한다.

이스라엘 지도자들은 어떻게 그들이 기다리고 있는 바로 그를 거부할 수 있을까?

불신이 민족의 엘리트들 사이에 만연하고 있고 따라서 누가는 안식일에 병을 고치는 기적 직후 두 개의 비유로 이 문제를 계속 탐구한다(13:18-21// 마 13:31-33// 막 4:30-32). 겨자 씨와 누룩 비유는 종말론적 하나님 나라가 비밀리에 작게 시작하지만, 시간이 지남에 따라 성장한다는 개념을 전달한다(→ 마 13:24-52).

하나님 나라가 도래한 것처럼 보이지는 않지만(따라서 불신), 예수는 그의 청중에게 자신이 참으로 하나님의 나라를 시작했다고 보증하신다. 누가의 청중은 눈으로 보고 귀로 듣는 것에도 불구하고 하나님 나라의 "이미와 아직 아닌"(already-not-yet)의 현실을 받아들여야 한다.

예수는 "각 성 각 마을로" 다니시며 "예루살렘으로 여행"하신다(13:22; 참조. 8:1). 고난과 배반이 눈앞에 있으므로 그의 메시지는 긴박감과 함께 다가온다. 한 사람이 그에게 다음과 같이 묻는다.

> 주여 구원을 받는 자가 적으니이까(눅 13:23).

다시 말하지만, 당면한 문제는 예수의 메시지를 듣는 사람들의 믿음이 부족하다는 점이다.

이스라엘 대다수가 자신들의 메시아를 부인할 것이라는 점이 사실일까? 예수는 다음과 같이 단언하신다.

> (하나님 나라에) 들어가기를 구하여도 못하는 자가 많으리라(눅 13:24).

좁은 문의 실례가 이 점을 입증한다(13:24-28). 대부분의 이스라엘 백성들이 오랫동안 선지자들을 거부한 것처럼, 이스라엘 민족도 예수께서 참으로 하나님의 아들이심을 믿지 않을 것이다. 예수의 정체와 하나님 나라에 예상치 못한 요소가 있음에도 불구하고 이스라엘은 여전히 책임이 있다.

로마서 9-11장에 있는 바울의 논지와 다르지 않은 이 단락에서 마지막 두 구절은 이스라엘 내 "소수"의 회복과 열방의 유입에 초점을 맞추고 있다(13:23). 13:29에 따르면 "사람들이 동서남북으로부터 와서 하나님의 나라 잔치에 참여"할 것이다. 누가는 포로 된 이스라엘 백성의 남은 자들이 세상 사방으로부터 와서 회복될 것과 열방이 구원될 것을 예언하는 이사야의 구절을 넌지시 암시한다(사 43:5-7; 49:12).

그들의 "잔치" 참여는 또한 열방이 주님과 종말론적 언약의 식사를 즐기는 이사야 25:6-8도 성취한다. 두 그룹 모두 인자의 메시지와 그의 사역을 신뢰함으로써 완전한 구원을 찾으며 하나님의 참된 이스라엘로서 그 지위를 얻게 된다(→ 5:27-39).

누가는 13장을 계속되는 불신의 결과인 이스라엘 민족의 정해진 운명으로 침울하게 마무리한다. 일군의 바리새인이 예수께 헤롯이 자기 통치의 위협으로 인식하여 그를 죽이고자 한다고 경고한다(13:31). 그러나 예수는 굴하지 않고 계속해서 나아가겠다고 약속하신다.

> 너희는 가서 저 여우에게 이르되 오늘과 내일은 내가 귀신을 쫓아내며 병을 고치다가 제 삼일에는 완전하여지리라 하라(눅 13:32; 참조, 9:22, 44; 12:50; 17:25; 18:32-33).

광야의 시험에서 승리하신 예수의 신실하심이 처음에는 우주에 대한 사탄의 통치를 물리친 다음 계속해서 그는 가르침, 귀신 축출, 치유를 통하여 마귀의 영역을 체계적으로 정복한다. 예수는 시작하신 일을 완성하셔야 한다. 궁극적 목적은 그것이 아무리 필요하고 중요할지라도 십자가가 아니라 그가 아버지의 우편에 앉아 훨씬 더 크게 통치하시는 그의 부활/승천이다. 그러나 예수께서 아버지의 우주 통치를 물려받으시려면 먼저 고난을 받으셔야 한다(13:34-35).

다윗왕과 솔로몬 통치의 전형인 바로 그 도시인 예루살렘은 그들이 오랫동안 기다려 온 후손을 죽일 도시이다. 결과적으로 남은 것은 하나님의 심판뿐이다(→ 19:28-44과 마 23:37-39).

(5) 인자와 함께하는 잔치(14:1-23)

14장의 상당 부분은 세 번째 복음서에만 나오며 누가가 강조하는 식탁 교제가 특히 눈에 띈다. 이는 예수께서 바리새인들과 함께 먹은 세 번째 식사인데(7:36-50; 11:37-54; 14:1-24), 이 세 번에 걸친 식사 모두는 누가복음에만 등장한다. 세 번의 식사에는 몇 가지 공통점이 있다.

평가	문제	비난
[7:36-50] 바리새인이 "보았다"(7:39)	죄 많은 부정한 여인과 연관된 예수(7:37-38)	바리새인들은 예수에 대한 사랑과 헌신이 부족하다(7:47)
[11:37-54] 바리새인이 "보았다"(11:38)	씻지 않은 손으로 먹는 예수 (11:38)	바리새인들은 마음의 정결이 부족하다(11:39-41)
[14:1-24] 바리새인들이 "엿보았다"(14:1)	안식일에 고치시는 예수(14:3)	바리새인들은 안식일에 대한 적절한 이해가 부족하며 (14:5) 영광의 자리를 추구한다 (14:8-14)

식사는 깊은 우정과 공통의 정체성을 구현하기 때문에, 식탁 교제에서 유대 지도자들에 대한 이러한 비난은 이상한 맥락처럼 보인다. 세 번의 모든 식사에서 바리새인들은 예수의 행동에 주목한다. 바리새인들은 처음 두 번의 식사에서는 단순히 지켜(이돈[idōn])만 보았지만, 세 번째이자 마지막 식사에서는 그를 "주의 깊게 살핀다"(파라테루메노이[paratēroumenoi], 14:1). "주의 깊게 살피다"로 번역된 파라테레오(paratēreō)라는 용어는 종종 함정에 빠뜨릴 목적으로 개인을 염탐하는 맥락에서 나타난다(예컨대, 단 6:12 70인역-Theo; Sus. 12, 15-16).

같은 용어가 세 번째 복음서에서 두 번 더 나오는데 둘 다 예수를 잡으려는 종교 지도자들의 욕망과 관련이 있다(6:7; 20:20; 참조, 막 3:2; 행 9:24). 더욱이 누가의 내러티브에 나오는 이 세 번에 걸친 식사는 모두 예수와 유대 지도자들 또는 무리 사이의 적대감이 뒤따른다(7:30-35; 11:29-32; 13:15-16). 그렇다면 아마도 세 번째 사례에서 종교 지도자들은 판단과 평가의 장소로 식탁 교제를 이용했을 것이다. 그들은 결코 예수와의 달콤한 교제를 누리려는 의도가 없다. 하만이 자신이 세운 교수대에 자신이 매달린 것처럼(에 7:10) 예수도 식탁 교제를 그들을 정죄하고 평가하는 기회로 사용하신다.

14:1-6에 나오는 기적은 예수께서 안식일에 행하신 네 번째 기적이며(4:31-35; 6:6-11; 13:10-17을 보라), 같은 주제가 여기서도 많이 나타난다. 종교 지도자들은 안식일 동안 유대인 생활의 거의 모든 측면을 억압적으로 제한함으로써 안식일을 남용했다. 여기에는 안식일의 안식(rest)이 없다. 14:1에서 바리새인들이 예수를 "엿보고" 있었지만, 14:7에서는 그가 그들을 보신다.

예수는 그들이 어떻게 상에서 "높은 자리를" 택하는지 주목하신다. 식사 중 그들의 행동은 모든 삶에서 그들이 하는 행동의 축소판(microcosm)이다. 그들은 하나님의 영광과 경배를 추구하는 대신에 약한 자들을 억압함으로써 자기 자신의 영광을 추구한다.

하나님께서 그들의 삶의 방식을 전복하실 때가 왔다. 체액이 차서 몸이 부풀어 오르는 이 병자의 수종(dropsy)은 탐욕 및 과식과 관련된 상태로 바리새인을 상징한다. 그들은 "그들의 도덕적 수종, 개인의 부와 명예에 대한 탐욕을 치료할 필요가 있다. 그들의 억제할 수 없는 이기적인 사회적, 물질적 야망을 치유할 수 있는 분이 그들 가운데 계신다."[16]

그 병자를 고치고 바리새인들을 침묵하게 하신 후(14:4-6) 예수는 청중에게 두 가지 비유를 말씀하신다. 첫 번째 비유는 손님들이 "높은 자리"가 아니라 "가장 낮은 자리"에 앉아야 하는 결혼 잔치와 관련이 있다(14:8-10; 참조, 잠 25:6-7). 11절은 누가복음 전체의 요약으로 간주할 수 있다.

> 무릇 자기를 높이는 자는 낮아지고 자기를 낮추는 자는 높아지리라(눅 14:11).

누가는 여기에서 주석가들이 종종 암시하듯이 에스겔 21:26을 암시하고 있을 수도 있다(참조, 약 4:10; Sir. 3:19; Let. Aris. 263). 구약 암시의 요점은

---

[16] Garland, *Luke*, 567.

"하나님의 나라에서 영광(독사[doxa], 14:10)의 근원은 부유한 친구나 형제, 친척, 부유한 이웃으로 묘사되는 사회적 질서(14:12 참조)에서 유래하는 것이 아니라 하나님의 심판에서 유래한다."[17]

하나님의 심판은 예수의 권위에 복종하기를 거부하는 교만한 자에게 주어지지만, 종말론적 회복은 인자 앞에 무릎을 꿇는 자들을 기다린다. 종교 지도자들과 대조적으로 누가는 하나님이 그를 "높이실" 수 있도록 자신을 낮추시는 이의 최고 모범으로 예수를 제시한다.

예수: 영광으로 이끄는 낮아짐의 원형	유대 지도자들: 낮아짐으로 이끄는 높아짐의 원형
비천한 상황에서 태어나심(2:12)	영광의 자리를 차지함(11:43; 20:46)
다른 사람들을 섬김(22:27)	그들의 부와 영향력의 지위를 이용함(11:46)
외부인들을 환영(5:30; 7:34; 15:2; 19:7)	외부인을 소외시킴(10:30-37)
아버지의 우편에 오르심(행 2:33; 5:31)	역사의 종말에 심판을 받음(11:46-52)

높임을 받으시고 명예를 회복한 인자와 같이 되려면 먼저 그를 신뢰하고 다른 사람을 섬기는 삶을 추구해야 한다. 부활의 날에 하나님은 세상 앞에서 성도들을 공개적으로 옹호하시고 높이실 것이다. 두 번째 비유에 따르면 누가의 청중은 자신의 상류 사회의 지위를 가진 구성원을 초대하는 대신 소외된 사람들을 환영해야 한다(14:12-14). 두 비유 모두 하나님 나라에 대한 누가의 독특한 수직적이고 수평적인 관점을 반영한다(→1:52).

바리새인 집에서의 식사는 한 사람이 "하나님의 나라에서 떡을 먹는 자는 복되도다"(14:15)라고 선언하면서 계속된다. 이에 대한 반응으로 예수는 식탁에 앉은 무리에게 세 번째 비유를 말씀하신다. 큰 잔치 비유(14:16-24// 마 22:2-14)에서 요점은 실제로 종말론적 잔치에 참여하는 사람들이 "복이 있을" 것이지만, 그 초대에 올바르게 응답하는 사람들만이 그 혜택

---

17 David W. Pao and Eckhard J. Schnabel, "Luke," in *Commentary on the New Testament Use of the Old Testament*, ed. G. K. Beale and D. A. Carson (Grand Rapids: Baker Academic, 2007), 339.

을 누릴 것이다.

누가의 내러티브에서 복은 주로 새로운 영원한 우주에서 누리는 종말론적 회복과 관련이 있으며, 이는 그들의 전체 삶을 통해 오직 예수를 따르는 사람들에게만 해당하는 조건이다(예컨대, 6:20-22; 11:28; 12:37; 14:14).

초대받은 손님들이 하나씩 둘씩 잔치에 참여할 수 없게 된다. 처음 두 손님은 물질적 소유에 더 큰 관심이 있고(14:18-19), 세 번째 손님은 최근에 한 결혼 때문에 초대를 거부한다(14:20). 예수는 이미 앞에서 부의 치명적인 결과(12:13-34)와 가족의 결속보다 하나님 나라의 우선순위(9:60; 11:28)에 대해 말씀하셨으므로 여기에서 놀라울 것은 없다. 그러나 이 비유는 놀라운 반전을 가져온다.

잔치를 취소하는 대신 그 사람은 억압받는 자들, 즉 "가난한 자들과 몸 불편한 자들과 맹인들과 저는 자들"에게 초대장을 제공한다(14:21). 예수와 함께 식탁에 앉아 있는 사람들이 이 비유를 알아차리는 데는 오랜 시간이 걸리지 않을 것이다. 처음에 초대받은 세 명은 바리새인들이다. 그들은 영광의 자리를 소중히 여겨 예수를 따르기보다는 그들의 지위를 추구하기 때문에 잔치에 참여할 수 없다.

그들은 복을 추구하지만 결국 저주를 받는다. 반면에 소외된 자들은 예수를 따르기로 헌신하고 큰 복을 받는다. 이 비유는 누가의 두 권으로 된 프로젝트(누가-행전)의 핵심을 요약한다. 내부인(이스라엘 민족)이 외부인이 되고 외부인(이방인 및 사회적 약자)이 내부인이 된다는 것이다.

14장은 하나님 나라 안에서 지녀야 할 참된 인내의 본질에 관한 적절한 가르침으로 끝난다. 내러티브는 바리새인과 식사하는 예수(14:1-24)로부터 "수많은 무리"와 함께 예루살렘으로 올라가시는 예수(14:25)로 이동한다. 세 권의 공관복음 모두 씨 비유(마 13:1-15// 막 4:1-12// 눅 8:4-10)를 통해 한 가지 기본 원칙을 강조한다.

어떤 사람들은 하나님 나라의 메시지를 기쁨으로 받아들여 예수를 따르기 시작하지만, 부와 박해와 가족 등의 이유로 끝까지 견디지 못하는 경우가 종종 있다. 영원한 새 하늘과 새 땅에 들어가기 위해서는 처음부터 끝까지 예수에 대한 절대적 헌신이 필요하다(5:11; 6:47; 9:24; 17:33; 18:29).

심지어 가족들보다도 하나님 나라에 더 헌신해야 함을 지적하신 후 (14:26-27// 마 10:37-38) 예수는 두 개의 짧은 비유를 통해 하나님 나라에 대한 의무를 헤아리는 것이 얼마나 중요한지를 설명한다. 사람이 망대를 세우는 비용을 계산하고 왕이 전투에 필요한 병사의 수를 계산하는 것처럼, 무리 안에 있는 사람들 역시 예수를 따르는 비용을 헤아릴 필요가 있다(14:28-33).

그러면 그 비용은 얼마나 될까?

모든 것(everything)이다.

담론은 "들을 귀가 있는 자는 들을지어다"라는 명령으로 끝난다(14:35). 앞에서 이와 동일한 문구가 무리에게 씨 비유(8:4-8a)를 선포하신 직후인 8:8b에 나타난다. 두 경우 모두 예수의 청중은 그의 비유 가르침을 온전히 파악하기 위해 영적 지각이 있어야 한다는 의미이다(신 29:3-4; 사 6:9-10; → 막 4:1-20). 진정으로 하나님 나라에 헌신하는 사람들만이 예수의 어려운 가르침을 이해할 것이지만 아무 생각 없이 헌신하는 사람들은 무지한 채로 남아 있을 것이다. 이 비유들은 두 가지 상반된 결과에 대해 말한다. 믿는 자에게는 복이, 믿지 않는 자에게는 저주가 있을 것이라는 점이다.

(6) 회개에 대한 기쁨(15:1-32)

내러티브는 15:1에서 예수께서 초점을 다시 종교 당국으로 옮기시는 것으로 진행된다(참조, 14:1, 25). 이 단락은 "세리와 죄인들이… (그에게) 가까이 다가오니"(15:1)로 시작함으로써 의식적 정결을 염두에 두는 것처럼 보인다. 유대인이 부정한 개인들("죄인들")과 교제하는 것은 수치스러운 일일 것이다.

죄인들이 정확히 누구인지 밝히고 있지는 않지만, 세리와 나란히 나오는 것을 볼 때(참조, 5:30; 7:34, 37), 그들은 바리새인의 구전 전승을 따르지 않는 개인들로 구성되어 있다고 가정해야 한다. 더욱이 그들의 구전 전승에 따르면, 세리가 들어올 때 집은 부정해진다(m. Hag. 3.6; m. Tehar. 7.6).

그래서 15:1-32에 나오는 세 가지 비유는 다음과 같은 요점을 다루는 것처럼 보인다.

거룩하신 하나님이 어떻게 부정한 죄인들과 함께 거하실 수 있을까? 이에 대한 대답은 "회개를 통해서"이다. 죄에서 돌이켜 예수를 의지하는 것이 성도들이 하나님의 임재를 누리는 길이다.

무엇보다도 세 가지 비유는 모두 회개하는 사람들에 대한 하나님의 기쁨을 강조한다. 거룩하신 하나님은 그분의 아들을 통해 인류와 함께 거하실 뿐 아니라 그 안에서 즐거움을 누리신다. 15:1-17:10의 모든 사건이 예수께서 세리, 죄인, 바리새인들 및 제자들과 교제하시는 알려지지 않은 장소에서 일어난다는 좋은 사례를 만들 수 있다. 처음 세 비유(15:3-32)가 주로 바리새인을 대상으로 한다면, 그다음 세 비유는 제자들을 대상으로 한다(16:1-13, 19-31, 17:6-10).

잃어버린 양 비유(15:3-7)는 마태복음 18:12-14에 있는 비유를 반영하지만, 거기에서는 하나님 나라에 있는 어린아이의 가치에 초점이 놓여 있다(마 18:1, 6, 10). 여기 누가복음 15장에서 예수는 회개하는 "죄인들"의 가치에 청중의 관심을 불러일으킨다(15:1, 10, 18). 같은 비유가 마태복음 18장과 누가복음 15장에 나오지만, 차이점은 누가의 이야기에서는 이 장의 많은 부분을 구성하는 몇 가지 주제를 강조한다는 것이다.

첫째, 누가는 기쁨을 강조한다.

> 기뻐하며(카이론[*chairōn*]) 어깨에 메고 … 나와 함께 기뻐하자(쉰카레테[*syncharēte*]) …하늘에서는 … 기뻐하는(카라[*chara*]) 것보다 더하리라(눅 15:5-7, 개역개정에는 처음 부분이 "즐거워"로 두 번째 부분이 "즐기자"로 번역됨-역주).

누가복음에서 기쁨은 처음부터 내러티브의 중요하고 독특한 요소로 남아 있는데 이는 새 창조의 침입(in-breaking)과 하나님 약속의 성취를 가시적으로 보여 주기 때문이다(예컨대, 1:14; 2:10; 10:17).

둘째, 누가는 또한 회개도 강조한다.

> 죄인 한 사람이 회개하면 하늘에서는 회개할 것 없는 의인 아흔아홉으로 …(눅 15:7).

확실히 내러티브 안에서 열방과 사회의 변방에 있는 사람들의 회복이 부각되지만, 한 가지 중요한 조건이 있다. 모든 사람은 죄로부터 돌아서서 예수를 구세주로 받아들여야 한다(예컨대, 3:3, 8; 5:32; 13:3, 5; 24:47). 종말론적 하나님 나라의 입장은 죄를 버리고 예수를 받아들이는 사람들로 제한된다.

잃어버린 동전의 비유(15:8-10)는 같은 주제를 반복한다. 잃어버린 동전을 찾자마자 여인은 친구들을 불러 함께 "기뻐하자"고 요청한다(15:9). 목자와 여인이 잃어버린 것을 찾고 기뻐하듯이 하늘에서도 죄인 한 사람의 회심으로 기쁨이 넘쳐 흐른다(15:7, 10). 수군거리는(투덜대는) 종교 지도자들(15:2)과 달리 천사들은 기뻐한다(15:10). 지상에서 타당한 것은 하늘에서도 타당하다. 지상의 언약공동체는 하나님의 보좌 앞에 모인 천사들로 대표된다(계 1:20을 보라).

탕자 비유(15:11-32)는 누가복음 전체에서 가장 잘 알려진 단락 중 하나이다. 처음 두 비유의 요점이 여기에서도 반복되지만 좀 더 상세하게 설명된다. 또한, 제3자가 비유에 등장한다. 이 이야기의 기본 흐름은 따라가기 어렵지 않다.

한 유대인 아버지에게 두 아들이 있다. 큰아들은 가족과 하나님께 신실한 것처럼 보이지만, 작은아들은 일찍 유산을 상속받아 죄 많은 생활로 낭비한다. 작은아들은 돼지와 함께 먹는 최악의 상황에 처한 자신의 모습을 깨닫고는 회개하고 집으로 돌아온다. 아버지는 아들의 회개를 재빨리 알아채고 곧바로 그의 귀환을 축하한다. 장자인 큰아들은 말하자면 울타리를 벗어난 적이 없으므로 질투심이 커진다. 탕자 비유의 절정이자 세 비유의 핵심인 마지막 구절은 잃어버린 것에 대한 회복에 초점이 있다(15:32). 하나님은 회개하는 사람들로 인해 기뻐하신다.

주요 등장인물이 누구를 가리키는지 식별하는 일은 다소 까다로울 수 있다. 처음 두 비유에서 하늘에서 "기쁨"이 있다고 하므로(15:7, 10) "축하"하고 "기뻐"하기를 열망하는 아버지(15:23, 24, 32)는 하나님이시다. 장자인 큰아들은 하나님을 향한 부드러운 마음이 아니라 그들의 언약적 정체성에 의지하여 구원을 얻으려고 하는 종교 당국에 비유된다(15:2).

그러나 탕자는 판단하기가 더 어렵다. 그는 이교도 이방인처럼 행동하다가 회개하고 하나님께로 돌아가는 완고한 유대인을 언급할 수도 있다. 또는 하나님의 더 큰 가족에 속하여 회개하고 참된 자녀가 되는 이방인을 언급할 수도 있다. 또는 탕자는 세 번째 복음서의 핵심 주제 중 하나인 외부인들을 상징할 수도 있다. 심지어 그의 정체성은 이 세 가지 모두의 혼합일 수도 있다. 우리가 어떻게 결정하든 상관없이 요점은 탕자가 곧 죄인이라는 점이다. 누가가 "죄인"이라는 용어를 유대인에게, 이방인에게, 심지어 베드로에게까지 적용한다는 점을 상기하라(5:8; 7:37; 13:2; 19:7; 24:7).

이 비유는 탕자의 귀환에 대한 두 가지 대조적 반응을 중심으로 전개된다.

아버지(하나님)	큰아들(종교 당국)
"측은히 여겨"(15:20)	"노하여"(15:28)
"그의 아들에게 달려갔고"(15:20) "축하하기 시작했다"(15:24)	"집에 들어가기를 거절했다"(15:28)
탕자를 "너(큰아들)의 동생"으로 언급한다(5:27)	탕자의 형제라 불리기를 거부하고 대신에 그를 "아버지의 이 아들"이라고 부른다(15:30)

이 비유의 탁월함은 누가의 메시지의 많은 부분을 요약하고 있다는 점이다. 하나님은 죄인을 신속하게 환영하시지만, 죄에서 돌이키기를 거부하는 사람들에게는 단호하게 적대적이시다. 죄인에 대한 하나님의 긍휼하심은 예수께서 상한 자들을 환영하실 때 가시적으로 나타난다.

그러나 하나님 나라가 외부인들에게 확장됨에 따라, 믿지 않는 유대인들과 특히 유대 당국은 예수의 사명에 대한 적대감이 점점 더 커져 간다.

은혜가 적대감을 불러일으킨다. 그러나 예수께서 여전히 유대 당국이 회개하고 그의 초대를 받아들이도록 초청하고 있다는 점에 주목하라. 누가의 청중은 잠시 멈추고 그들이 어떻게 반응할 것인지 생각해야 한다.

그들은 죄로부터 돌아서서 예수를 받아들일 것인가 아니면 그가 제안하는 것을 거부할 것인가?

이 심오한 비유에 대한 세 가지 성찰이 제시될 수 있다.

첫째, 아버지가 탕자를 대하는 방식은 상징적 언어로 가득 차 있다. 이 비유는 작은아들을 돼지와 연관시킴으로써 의식적으로 부정하게 만든다(레 11:7; 신 14:8; 사 65:4; 66:3, 17). 아들은 돼지를 치는 사람일 뿐 아니라, 돼지들과 함께 먹고 배를 채우고자 한다(15:15-16). 누가의 내러티브에서 식탁 교제에 대한 강조는 이제 더욱더 두드러진다. 아들은 어떤 면에서 부패한 돼지와 동일시된다. 아들은 자신의 상황을 인식하자마자 "스스로 돌이켜" 회개하고 집으로 향한다(15:17-18).

둘째, 아버지가 탕자를 대하는 방식은 요셉의 내러티브와 유사하다는 점에서 주목할 만하다. 그는 "제일 좋은 옷을 내어다가" 아들에게 입히고 손에 가락지를 끼우고 발에 신을 신긴다(15:22). 이 표현은 바로가 요셉에서 자기의 인장 반지를 끼우고 그에게 "세마포 옷"을 입히는 창세기 41:42의 내용과 매우 유사하다. 몇 구절 앞서 탕자는 "그 나라에 흉년이 들어"(15:14) 돼지를 칠 수밖에 없는 상황에 놓인다. 창세기 41장에 따르면 바로는 7년 동안의 풍년 이후에 7년 동안의 기근이 애굽에 임할 것이라는 꿈을 꾼다(창 41:25-32).

이러한 플롯상의 유사점을 통해 누가의 청중은 요셉의 내러티브를 회상한다. 구약과 유대교에서 의복을 입는 일은 상속권과 통치를 상징한다(예컨대, 창 3:21; 37장; 민 20:24-28; 왕상 11:30-31; 19:19-21; 사 22:21; 1 En. 62:15-16). 탕자는 자신의 죄를 깨달은 후 돌아와서 요셉이 애굽의 통치권을 받은 것처럼 많은 유산과 땅에 대한 통치권을 받는다. 아버지는 탕자를 통치자의 지위로 높인다.

탕자, 즉 죄인의 회복은 누가의 내러티브에 나오는 모든 외부인과 하나님의 참된 이스라엘로서의 그들의 새로운 정체성을 상징한다. 그들은 모두 위대한 족장 요셉과 동일시된다. 아버지는 아들이 "죽었다가 (다시) 살아났다"라고 두 번이나 선언한다(15:24, 32). 여기에서 삶은 부활 생명, 즉 예수를 믿는 사람들을 영적으로 부활시키시는 하나님의 새로운 창조적 행위로 이해되어야 한다(참조, 요 5:25; 롬 6:11, 13; 벧전 1:3; 계 1:18; 2:8; 20:5).

셋째, 이 비유의 핵심적 특징은 큰아들과 작은아들이 어떤 관계인가라는 점과 큰아들이 탕자의 귀환에 대해 기뻐하지 않는다는 점이다. 외부인들을 향한 예수의 긍휼을 본 유대인들은 회개하는 죄인들을 하나님의 가족으로 친절하고 기쁘게 받아들여야 했다. 그러나 그 일은 결코 실현되지 않았다. 탕자 비유는 예수의 말씀을 듣는 이들의 마음을 아프게 찌르는데, 그들이 하나님의 가장 좋은 옷을 입으려면 율법주의(legalism)를 회개하고 자신들을 작은아들과 동일시해야 하기 때문이다.

(7) 하나님 나라를 위한 부(16:1-31)

한 학자는 불의한 청지기/슬기로운 관리인의 비유에 대해 다음과 같이 논평한다.

> 이 비유는 수많은 연결, 뉘앙스 및 가능성을 암시하는데 그중 대부분은 막다른 골목이다.[18]

"불의한 청지기" 비유(16;1-13)는 여러 가지 면에서 어렵다.

첫째, 비유가 어디에서 끝나는지 분명치 않다.
둘째, 이 비유와 이전 비유를 연결하는 주제적 연관성이 명확하지 않다.

---

[18] Klyne R. Snodgrass, *Stories with Intent: A Comprehensive Guide to the Parables of Jesus* (Grand Rapids: Eerdmans, 2008), 402.

셋째, 아마도 가장 중요한 이유인데 예기치 않게도 주인이 부정직한 청지기의 거래를 칭찬한다는 점이다.

클라인 스노드그래스(Klyne Snodgrass)는 이 비유가 16:1부터 16:8a까지 이어지고 16:8b는 이 비유를 해석하고 16:9은 그것을 적용한다고 현명하게 주장한다.[19]

바리새인들에게 세 가지 비유를 전하신 후(15:1-32), 16:1-17:10에서 예수는 주로 열둘에게 말씀하신다. 이제 우리는 탕자 비유(15:11-31)에서 불의한 청지기 비유(16:1-15)로 넘어간다. 전자에서 후자로 이동하는 것이 이상해 보일 수도 있지만 16:9에서 핵심 연결고리를 발견한다.

> 불의한 재물로 친구를 사귀라 그리하면 그 재물이 없어질 때에 그들이 너희를 영주할 처소로 영접하리라(눅 16:9).

탕자는 자신의 유산을 낭비하지만(15:13-14) 그가 회개하자 아버지는 작은아들에게 자신의 재산을 맡긴다(15:22-24). 아들은 이제 자신의 재산을 지혜롭게 사용할 위치에 있다. 그렇다면 불의한 청지기/슬기로운 관리인의 비유는 탕자 비유에서 논리적으로 유출할 수 있다. 16장은 주로 부, 그리고 바리새인들이 어떻게 "돈을 좋아하는"(16:14) 자들로 확인되는지에 관한 것이다.

누가는 바리새인들이 다양한 이유로 집단으로 예수를 반대하고 있음을 제시한다(5:21, 30; 6:7; 11:53 등). 그러나 독자들은 바리새인들이 부유하다고 추론할 수 있지만(14:1을 보라), 그들이 많은 부를 누리고 있음을 명시적으로 보여 주는 첫 번째 사례를 여기에서 확인할 수 있다. 예수께서 16:1에서 제자들에게 말씀하셨지만, 불의한 청지기 비유(16:1-8a)와 부자와 나사로 비유(16:19-31)는 유대 지도자들에 대한 직접적 공격이다. 예수께서

---

[19] Snodgrass, *Stories with Intent*, 411.

열둘에게 종교 당국과 같은 동기로 부를 축적하지 말라고 경고하신다 해도 과언은 아닐 것이다(12:1-48을 보라).

불의한 청지기 비유는 탕자가 그의 "재산을 낭비한"(디에스코르피센[dieskorpisen]) 것처럼(15:13; 참조, 1:52), 한 청지기가 "주인의 소유를 낭비하는"(디아스코르피존[diaskorpizōn]) 것으로 시작한다(16:1). 그 청지기가 자신의 재산을 낭용했으므로 부자가 화를 내는 것은 당연하다. 우리는 주인이 청지기를 처벌할 것으로 기대하지만 비유는 특이한 방향으로 전환된다. 청지기는 주인에게 빚진 두 사람에게 접근하여 빚진 것의 일부를 줄여 준다(16:5-7). 이처럼 청지기가 단호하게 빚을 줄여 줌으로써 주인은 더 많은 돈을 잃게 된다. 이상하게도 "주인"(호 퀴리오스[ho kyrios])은 일을 "지혜롭게" 처리했다고 "이 옳지 않은 청지기"를 칭찬한다(16:8).

이 비유를 이해하는 열쇠는 16:9에서 찾을 수 있는데, 이 구절을 의역하면 다음과 같다.

> 너희를 불의로 이끌기 쉬운 재물을 사용하여 선한 지위에 오르라. 그러면 이 시대가 끝날 때 하나님께서 너를 그의 영원한 처소로 영접하실 것이다(눅 16:9).[20]

16:9의 마지막 부분인 "그들이 너희를 영주할 처소(영원한 거처)로 영접하리라"라는 말이 중요하다. 같은 개념이 청지기의 행동에 대한 동기로 16:4에서도 발견된다.

> 사람들이 나를 자기 집으로 영접하리라(눅 16:4).

비록 불의하기는 하지만 청지기의 현명한 행동은 그가 이 집에 들어가는 수단이 된다. "영주할 처소"라는 말은 독특하며 아마도 새로운 하늘과 땅, 즉 하나님과 인류의 영원한 거처를 가리킬 것이다.

---

20 Snodgrass, *Stories with Intent*, 415.

"처소"(dwellings)라는 용어는 신구약 성경에서 장막/성전의 맥락에서 종종 나타난다(예컨대, 70인역 출 25:9; 마 17:4// 막 9:5// 눅 9:33; 행 15:16; 히 8:2, 5; 계 21:3). 예수의 청중이 새로운 우주 성전에 들어가기를 원한다면 그들은 불의한 청지기처럼 그들의 부, 재산, 사회적 지위, 인맥, 직업 등 모든 삶을 자신을 위해서가 아니라 하나님의 나라를 위해 사용해야 한다.

다음 단락(16:10-15)은 이 원리를 강화하고 바리새인들의 반응을 간략하게 설명한다. 예수께서 16:1에서 제자들에게 이 비유를 말씀하셨지만, 바리새인들은 이 비유를 듣고 비유의 의미에 대해 비웃는다(16:14). 그들은 하나님의 영원한 나라를 섬기기보다는 오히려 지상에 자신의 왕국, 곧 사라질 제국을 세우는 데 부를 사용하기 때문에 그런 반응을 보인 것이다. 그들은 썩어지지 않을 새 우주(cosmos) 대신 썩어질 재산을 선택한다.

불의한 청지기 비유와 부자와 나사로 비유 사이에 짧은 단락이 있는데 이 단락은 세부적으로 볼 때는 복잡한 면이 있지만, 다음 두 가지 점이 핵심 사항이다.

첫째, 예수께서 시작한 하나님의 나라는 구약의 기대를 성취한다. 어떤 의미에서 구약 전체는 예수와 그에 의한 하나님 나라의 메시지를 예견한다(24:27).

둘째, 그러므로 예수의 청중은 무슨 일이 있더라고 그 나라로 "침입"해야 하며(16:16; 참조, 마 11:12) 배우자(아내)에게 신실해야 한다(16:18// 마 5:32; 19:9// 막 10:11).

아마도 누가의 내러티브에서 가장 신랄하고 매력적인 비유 중 하나라 할 수 있는 부자와 나사로 비유(16:19-31)는 부와 쾌락에 바친 삶의 결과를 설명한다. 예수는 불의한 청지기 비유(16:1-8)를 통해 청중에게 그들의 부를 지혜롭게 사용하도록 동기를 부여하는 반면, 이 비유는 그렇게 하기를 거부하는 사람들에게 어떤 일이 닥칠지를 설명한다. 보통 비유에 나오는 인물의 이름은 언급되지 않지만, 여기서는 가난한 사람을 나사로라 명시한다.

왜 그럴까?

나사로(Lazarus)는 히브리어 엘리에셀(Eliezer)의 그리스식 이름으로 "하나님이 도우신다"(출 18:4을 보라)라는 의미를 지닌다. 그래서 주석가들은 종종 스스로를 돕는 부자와는 대조적으로 가난한 자를 "하나님이 도우신다"라고 제안하곤 한다. 부자는 분명히 죽기 전과 후에 다양한 방식으로 나사로와 병치되어 있다.

죽기 전 부자	죽기 전 나사로
"자색 옷과 고운 베옷을" 입는다(16:19)	헌데 투성이로 덮혀 있다(16:20)
호화롭게 먹고 즐긴다(16:19)	음식을 구걸한다(16:21)
"좋은 것"을 받는다(16:25)	"고난"(bad things)을 받는다(16:25)
죽은 후 부자	죽은 후 나사로
꺼지지 않는 불꽃 가운데서 괴로워한다(16:24)	아브라함과 함께 식사한다(16:23)
"고통 중에" 산다(16:23, 25)	위로 가운데 산다(16:25)

죽은 후에 대반전이 일어난다. 거지 나사로는 아브라함과 함께 거하는 새 하늘과 새 땅의 유산을 얻게 된다. 반면에 부자는 자신이 궁핍하고 영원한 고통에 처해 있음을 알게 된다. 더욱이 죽어서 부자가 아브라함을 "아버지"라 부르고 아브라함은 그를 "아들"이라고 부르는 사실이 눈에 띈다(16:24, 25, 27). 무리를 향한 세례 요한의 말이 다시 한번 정확하게 들려온다.

> 속으로 아브라함이 우리 조상이라 말하지 말라 내가 너희에게 이르노니 하나님이 능히 이 돌들로도 아브라함의 자손이 되게 하시리라(눅 3:8).

혈통이 아니라 예수에 대한 강한 믿음이 하나님 백성을 정의하는 참된 특징이다.

부자와 나사로 사이에는 "큰 구렁텅이가 놓여 있어"(16:26), 한쪽에서 다른 쪽으로 건너갈 수 없다(참조, 1 En. 18:11-12; 22:8-13). 현재 불꽃 가운데

괴로워하는 부자(참조, 사 66:24; 마 13:40, 42; 유 7; 계 20:10)는 아브라함에게 나사로가 자기 형제 다섯에게 계속해서 재물에 몰두하면 어떻게 될 것인지 알려 줄 수 있는지 묻는다(16:28). 그들의 삶 자체가 그것에 달려 있다.

아브라함은 구약 전체가 이 메시지를 증언하고 있으므로 나사로가 그렇게 할 필요가 없다고 그에게 말한다(16:29). 부자는 마지막으로 "죽은 자에게서" 누군가가 그들에게 가서 증언해 주기를 간청한다. 그렇다면 그의 형제들의 마음이 바뀔 것이 분명하다는 것이다(16:30). 이에 대한 아브라함의 마지막 응답이 놀랍다.

> 모세와 선지자들에게 듣지 아니하면 비록 죽은 자 가운데서 살아나는 자가 있을지라도 권함을 받지 아니하리라 하였다 하시니라 (눅 16:31).

분명 예수 자신의 부활이 관련되어 있다.

여기에서 우리는 두 가지 원칙을 얻을 수 있다.

첫째, 구약의 신실성과 신뢰성은 예수의 부활만큼 확실하다. 그래서 구약을 의심하면 부활을 의심하는 것이고 그의 부활을 의심하는 것은 구약을 의심하는 것이다. 더욱이 구약 자체가 예수의 부활을 예견하므로 두 개념은 불가분의 관계로 함께 묶여 있다(24:25-27, 45-46).

둘째, 예수의 부활이 신뢰할 만하고 전적으로 참되다는 사실에도 불구하고 많은 사람이 불가피하게 그것을 의심할 것이다(→ 마 27:62-66).

그렇다면 부자와 나사로 비유의 주요 개념은 불의한 청지기 비유의 요점을 강화한다. 돈과 소유물은 하나님의 나라를 위한 도구로 사용되어야 한다는 것이다. 그렇지 않으면 영원한 고통이 기다리고 있다. 종교 당국이 계속해서 탐욕스럽고 외부인들을 소외시킨다면 그들은 부자와 마찬가지로 하나님과 멀어지게 될 것이다. 그러나 가난한 사람은 삶의 모든 면에서 계속해서 "하나님의 도우심"을 의지해야 부활의 날에 "땅을 기업으로 받을" 수 있다(마 5:5).

(8) 현재와 미래의 하나님 나라에서의 신실함(17:1-37)

17장에서는 예수께 신실하게 헌신하기 위해서는 무엇이 필요한지 계속해서 탐구한다. 16장이 부와 헌신에 초점을 맞춘다면 17장은 참되고 인내하는 믿음에 중점을 둔다. 17장은 크게 네 단락으로 나눌 수 있다.

- 거짓 가르침에 빠지는 믿음에 관한 것이다(17:1-4).
- 대신에 진정한 믿음은 하나님 나라의 성장을 촉진시킨다(17:5-10).
- 그러한 믿음은 모든 사람에게, 심지어 사마리아인 나병 환자에게도 가능하다(17:11-19).
- 참된 믿음은 인자의 재림 때까지 인내할 것이다(17:20-37).

첫 번째 단락은 예수께서 제자들에게 말씀을 전하는 것으로 시작된다(17:1; 참조, 16:1). 16:1에 언급된 그의 말씀이 16:14에서 바리새인들에 의해 중단된 것을 상기하라. 제자들을 향한 담론을 재개하면서 예수는 "실족하게 하는 것이 없을 수는 없으나 그렇게 하게 하는 자에게는 화로다"라고 지적하신다(17:1; → 마 18:6-9).

"실족하게 하는 것"(사람을 걸려 넘어지게 하는 일)이란 문구는 그리스어로는 한 단어로 되어 있는데(타 스칸달라[ta skandala]), 종종 일종의 함정이나 유혹, 특히 우상 숭배 및 거짓 가르침을 언급하곤 한다(예컨대, 70인역 수 23:13; 삿 2:3; 8:27; 시 105:36; 140:9; 호 4:17; Wis. 14:11; 1 Macc. 5:4; Pss. Sol. 4:23; 또한, 롬 14:13; 16:17; 갈 5:11 참조).

그렇다면 예수는 유대 지도자들의 속임수를 비난하고 있을 가능성이 크다(16:14; 17:22). 거짓 가르침을 피할 수는 없지만 하나님은 그런 가르침을 선포하는 자들을 엄하게 심판하신다고 약속하신다. 거짓 가르침에 대항하기 위해 제자들은 예수께서 그들의 "믿음"을 "더해" 주시기를 바라는 마음으로 반응한다(17:5). 그들은 "더 큰" 믿음을 원한다. 그러나 (양적으로) 더 많은 것이 항상 더 나은 것은 아니다. 중요한 것은 믿음의 질적 측면이다.

두 번째 단락은 겨자씨 한 알 만한 작은 믿음이 뽕나무를 뿌리째 뽑고 심을 만큼 큰 능력이 있음을 보여 준다(17:6). 몇 장 앞에서 예수는 하나님 나라의 성장을 믿을 수 없을 정도로 작지만 강한 나무가 되는 겨자씨의 성장에 비유하셨다(13:19; 참조, 겔 17:23; 단 4:20-22). 하나님 나라 역시 한 분 예수와 함께 시작하지만 결국 땅끝까지 확장한다(행 1:8). 제자들은 종교 당국의 책략에 굴복하지 말고 예수 안에 근거한 하나님 나라의 성장을 진정으로 믿어야 한다.

세 번째 단락에서(신실한 섬김의 본질에 대한 비유를 제공한 후[17:7-10]) 누가는 독자들에게 예수께서 여전히 예루살렘으로 가는 여정에 계심을 다시 한번 상기시킨다(17:11; 참조, 9:51, 53; 13:33; 18:31; 19:11). 고난이 기다리고 있다. 예수는 남쪽으로 향하시면서 사마리아 근처에 있는 한 마을로 들어가시는데 거기에서 열 명의 나병 환자가 그를 만난다(17:12). 사마리아인과 유대인은 몇 가지 이유로 사이가 좋지 않았다(→ 요 4:1-26). 누가의 내러티브 앞부분에서 예수는 몇 명의 제자를 특정 사마리아 마을로 파송했지만 거절당했다(9:52-53).

그러나 이번에 예수는 나병 환자들을 만나고자 하신다. "나병 환자"(레프라[*lepra*])라는 용어는 매우 다양한 피부병을 수반하지만,[21] 이 병의 본질은 개인을 의식적으로 부정하게 하여 이스라엘 공동체 밖에서 살게 한다는 데 있다(5:12-14을 보라). 그 사람이 깨끗해지기 전까지는 예배는커녕 사회에 참여할 수도 없었다. 예수는 사마리아인이 깨끗함을 받았을 때 경배로 응답한 유일한 사람임을 지적하시면서 그의 "믿음"이 그를 "구원하였다"(17:19)라고 말씀하신다.

이러한 기적의 의미를 풀 수 있는 열쇠는 되돌아온 그 사람의 반응("하나님께 영광을 돌리며")에 있다(17:15). 하나님께 영광을 돌리는 행위는 하나님의 은혜로운 구원 행위를 올바르게 인정한다는 점에서 누가-행전의

---

21 BDAG, λέπρα, 592.

핵심 반응이다(예컨대, 눅 2:14, 20; 5:25, 26; 7:16; 13:13; 18:43; 행 4:21; 11:18; 21:20; 참조, 행 12:23). 예수를 믿는 믿음은 인종에 상관없이 회복과 구원으로 이어진다. 다른 아홉 명의 나병 환자들은 육체적으로 고침을 받지만, 이 사람은 육체적으로나 영적으로 모두 치유된다.

네 번째 단락에서는 진정한 믿음은 예수의 재림 때까지 굳건히 견뎌 낸다는 점을 다룬다(17:20-37). 이 단락은 바리새인들이 예수께 영원한 하나님 나라의 설립에 대해 질문하는 것으로 시작한다(17:20). 그들은 아마도 종말론적 하나님 나라가 한꺼번에 그리고 매우 갑작스럽게 도래할 것으로 가정했을 것이다. 이러한 믿음은 일반적으로 구약과 맥을 같이 한다(→ 마 13:24-52).

그러나 예수는 하나님 나라의 도래가 주로(배타적이지는 않지만) 영적 차원에서 먼저 일어난다고 주장하신다.

> 하나님의 나라는 볼 수 있게 임하는 것이 아니요(눅 17:20b; 참조, 8:10; 13:18-20; 19:11).

실제로 그는 "하나님의 나라는 너희 안에 있느니라"라고 말씀하신다(17:21; 참조, 11:20; 16:16). 하나님의 나라는 이미 있지만 아직은 아니다(already but not yet).

이어 예수는 제자들에게 고개를 돌려 하나님 나라의 "아직 아닌"(not yet)인 미래, 즉 하나님 나라의 물리적 차원에 초점을 맞춘다. 그는 "너희가 인자의 날 하루를 보고자 하되 보지 못하리라"(17:22)라고 말씀하신다. 제자들은 역사의 마지막에 일어날 사건인 영원한 하나님 나라의 완성, 완전한 성취가 임하는 것을 목격하지 못할 것이다.

17:22-37의 자료 중 많은 부분은 마태복음 24:17-18, 23-27, 그리고 37-39에서 찾을 수 있다. 마태복음 24:4-35이 AD 70년에 일어날 성전 파괴와 그때까지 이어지는 사건들을 다루고 있다면, 누가복음은 세상 역사의 끝에 초점을 맞추어 예수의 재림과 그때까지 이어지는 사건들을 기술한다. 우리가 마태복음 24:36-25:46에서 논의했듯이, AD 70년의 사건은

예수의 재림을 위한 종말론적 모형(eschatological template) 역할을 한다.

"인자"라는 칭호는 누가복음에서 약 25회 나오는데 많은 경우 예수의 죽음(9:22, 44, 58; 18:31; 24:7)이나 그의 재림(9:26; 12:8, 40; 17:22, 24, 26, 30; 18:8; 21:27; 22:69)과 관련되어 있다. 다니엘 7장에 언급된 인자의 형상이 고난(7:21, 25)과 높여지심/악에 대한 심판(7:12-14)이라는 두 가지 차원을 결합한 것은 우연의 일치가 아니다.

예수께서 예루살렘으로 올라가시는 동안 누가는 부와 소유물에 사로잡혀 있는 자들에 대한 하나님의 심판을 강조했지만(예컨대, 12:20; 16:9), 이 단락에서는 주로 심판자로서 인자의 역할에 초점을 맞춘다(참조, 12:40). 심판이 인자의 메시지를 무시하는 모든 사람에게는 심판이 기다리고 있다.

제자들은 메시아라고 주장하는 거짓 선생들을 대적해야 한다(17:23// 마 24:23-26). 이러한 거짓 선생들의 존재와 달리 예수의 오심은 우주 전체에 영향을 미칠 것이다(17:24; 참조, 계 6:14). 다섯 번째 수난 예고에서 예수는 제자들에게 재림 전에 반드시 일어나야 할 일을 다시 한번 상기시키신다.

> 그러나 그가 먼저 많은 고난을 받으며 이 세대에게 버린 바 되어야 할지니라(눅 17:25; 참조, 9:22, 44; 12:50; 13:32-33; 18:32-33).

누가는 유형론적으로 인자의 오심을 "노아의 때"(17:26)와 "롯의 때"(17:28)에 비교한다. 누가복음 17장에 있는 이 두 구약 사건에 대한 묘사는 흥미로운데, 이는 세 번째 복음서가 창세기 6-7장과 창세기 19장을 언급하는 사유가 명확하지 않기 때문이다. 우리는 누가가 적어도 도덕적 차원을 염두에 두고 있다고 가정할 수 있다. 노아와 롯은 주목할 만한 악의 시대에 살았다(벧후 2:5-6; 유 7을 보라). 그러나 두 경우 모두 누가는 어떻게 사람들이 임박한 심판을 전혀 감지하지 못하고 정상적인 일상생활을 수행했는지를 강조한다(17:27-28).[22] 그러한 행동은 예수께서 예루살렘

---

22 Pao and Schnabel의 논의를 보라("Luke," 347-48).

으로 가는 길에서 가르치신 내용과는 완전히 상반되는데, 예수는 반복적으로 청중에게 절제와 신중한 삶을 살 것을 촉구하신다. 영적인 무감각은 "이미"와 "아직 아닌"의 과도기에는 설 자리가 없다.

마지막 단락은 재림에 첨부된 긴박감을 기술한다(17:30-37). 세상의 소유물과 지위는 하나님의 불 심판에 비추어 볼 때 지푸라기에 불과하다(사 5:24). 창세기 7장에 나오는 대홍수의 경우처럼, 이 세상에 사로잡힌 사람들은 심판 때 "데려감"을 당하고 신실한 사람들은 "남겨질" 것이다(17:34-35).

(9) 불굴의 믿음(18:1-43)

"이미"와 "아직 아닌"의 과도기에 언약공동체는 큰 환난과 박해를 견뎌야 할 것이므로, 끈질긴 과부의 비유는 성도들이 끈기/인내심을 가지도록 동기를 부여한다. 이 비유는 누가복음에 나오는 다른 비유와는 달리, 그들(제자들)이 "항상 기도하고 포기하지(개역개정에는 "낙심하지"로 번역됨-역주)" 않게 하려는 목적 진술로 시작한다(18:1; 참조, 5:36; 6:39; 12:16; 13:6 등). "포기하다"(give up)라는 문구는 신약성경에서 종말론적 박해를 견디는 맥락에서 종종 나타난다(고후 4:1, 16; 갈 6:9; 엡 3:13; 살후 3:13).

비유의 일반적 흐름은 비교적 어렵지 않다. 한 과부가 이교도 재판장에게 그녀의 원한/정당함(justice)을 풀어 달라고 확고하게 간청한다. 그러나 비유의 거의 모든 세부사항은 모호하다. 우리는 과부가 왜 또는 어떻게 억울한 일을 당했는지, 그녀의 "원수/적대자"가 누구인지 아무것도 알지 못하며, "어떤 도시"(18:2a) 외에는 이런 일이 어디에서 일어났는지도 알지 못한다. 그러나 재판장의 성격에 대해서는 어느 정도 알 수 있다. 그는 "하나님을 두려워하지 않고 사람을 무시"하지만(18:2b), 그 과부의 끈질김(persistence) 때문에 호의적 판결을 내린다(18:5).

이 비유는 원한/정당함(justice)과 끈기/인내(persistence)라는 두 가지 핵심 주제를 다루고 있다. 누가는 믿지 않는 재판장의 상황을 강조하기 위해 노력한다.

왜 그럴까?

불의한 재판장이 끈질김 때문에 호의적 판결을 내린다면 의로운 재판장은 얼마나 더 그렇게 할 것인가라는 발상이다. "원한/정당함"(justice)에 대한 명사와 동사 형태는 비유 전체에 걸쳐 수수께끼로 남아 있으며 18:3, 5, 7, 8에 나타난다. 그러나 이는 "정당함"에 대한 일반적 형태가 아니다.

여기에서 이 용어는 보복이나 복수 행위를 묘사하는 다수의 구절에서 찾아볼 수 있는데, 피해를 입은 사람을 위한 정당함이다(롬 12:19; 13:4; 히 10:30; 벧전 2:14; 계 6:10 등을 보라). 그렇다면 이 비유에 등장하는 과부는 보복과 정당성 입증(vindication)을 구하고 있다. 그녀는 재판장이 자신에게 부당하게 해를 끼친 사람을 처벌하기를 원한다.

앞의 문맥에서 예수의 많은 가르침은 재림 전에 성도들의 인내(perseverance)와 관련이 있다(17:22-37). 역사가 진행됨에 따라 하나님의 백성과 세상 사이에 적대감이 커진다. 하나님 나라에 참여하는 일은 불가피하게 큰 환난과 박해를 초래한다. 참된 성도들은 하나님 나라를 위해 자기 생명을 "잃어야" 한다(17:33). 그들은 부당하게 피해를 볼 것이며 세상은 최악의 일을 저지를 것이다.

그러나 과부가 끝까지 포기하지 않기 때문에 재판장은 그녀의 원수를 갚아 준다. 진정한 성도들은 믿음으로 끝까지 밀고 나가기 때문에, 하나님께서 그들의 원수를 갚아 주신다고 약속하신다(계 6:9-10을 보라).

끈질긴 과부의 비유가 끈기 있는 믿음, 즉 끝까지 견디는 믿음을 강조한다면(18:1-8), 바리새인과 세리의 비유는 최초로 하나님과 관계를 맺게 하는 믿음의 질을 강조한다(18:9-14). 예수는 "자기를 의롭다고 믿고, 다른 사람을 멸시하는 자들에게" 이 비유를 말씀하신다(18:9). 이 바리새인은 언약 공동체의 일원으로서의 자신의 정체성을 자랑한다(18:11-12).

죄인을 배척하는 그의 수평적 행위는 하나님과의 수직적 관계에 영향을 끼친다. 그의 관점으로는 하나님 율법에 대한 외적 준수와 인간 전통에 대한 고수로 인해 자신은 하나님의 사랑과 임재를 받을 자격이 있다. 이와는 대조적으로 세리는 설 자리가 없으며 그의 모든 일은 젖은 모래처럼 녹아 없어진다.

그러나 하나님은 세리를 주목하시고 그의 마음 태도로 인해 그를 의롭다고 보신다. 즉, 그는 자신이 하나님에게서 멀리 떨어져 있는 "죄인"임을 인정하고 있다(18:13). 누가는 종종 바리새인과 죄인들을 나란히 세우는데, 이 비유는 이전에 나온 모든 용례와 이후에 나올 모든 용례를 구체적으로 표현하고 있다고 할 수 있다(5:30, 32; 7:37, 39; 15:1-2을 보라).

이 비유를 설명하면서 예수는 "무릇 자기를 높이는 자(호 휩손[*hypsōn*])는 낮아지고(타페이노데세타이[*tapeinōthēsetai*]) 자기를 낮추는 자(호 타페이논[*ho tapeinōn*])는 높아질" 것(휘프소데세타이[*hypsōthēsetai*])이기 때문에(18:14) 하나님께서 이 세리를 의롭게 하신다고 단언하신다. 여기에서 사용된 표현은 마리아 송가(Magnificat)의 강령적 구절을 떠올리게 한다.

> 권세 있는 자를 그 위에서 내리치셨으며 비천한 자를 높이셨고(휘프소센 타페이누스[*hypsōsen tapeinous*])(눅 1:52).

바리새인은 자신의 공로를 뻐기고 외부인 위에 군림하려고 하므로 하나님은 그를 넘어뜨리신다. 반면에 세리는 자신의 낮은 위치를 인정하므로 하나님께서 그를 높이신다.

그다음에 나오는 두 단락은 낮은 자를 높이시고 교만한 자를 낮추시는 하나님의 원칙을 강화해 준다(18:15-30). 18:15에 따르면 많은 사람이 "예수께서 만져 주심을 바라고 자기 어린 아기를 데리고" 왔다. 누가는 종종 그의 내러티브에서 만져 주심을 치유와 연관시키곤 한다(예컨대, 5:13; 6:19; 7:39; 8:44-47; 22:51). 그래서 부모가 자녀의 신체적 문제 때문에 아이를 예수께 데려왔을 가능성이 있다.

어떤 경우이든 18:15-17의 요점은 예수께서 나이에 상관없이 모든 사람을 하나님 나라로 받아들이신다는 것이다. 마태와 마가의 이야기에서는 "어린아이들"(파이디아[*paidia*]; 마 19:13// 막 10:13)로 표현하는 반면, 누가는 "어린 아기들"(타 브레페[*ta brephē*]; 18:15)로 표현한다.

왜 차이가 날까?

누가는 18:9-14의 바리새인과 18:15의 어린 아기들 사이의 대조를 더욱 강화하고 있을 수도 있다. 예수는 아기처럼 아무것도 드릴 것이 없는 사람들에게 하나님 나라의 문을 여신다. 그러나 바리새인처럼 자신들이 그럴 자격이 있다고 생각하는 사람들에게는 빗장을 질러 문을 잠그신다.

이어지는 단락은 그를 따르는 것이 종말론적 하나님 나라의 유일한 필요조건이라는 예수의 말씀을 마무리한다(→ 막 10:17-22). 18:9-14에서 하나님이 바리새인을 다른 사람들보다 그의 우월함을 자랑하기 때문에 정죄하신다면, 여기서는 "어떤 관리"가 하나님의 율법을 준수한다고 자랑하기 때문에 정죄함을 받는다(18:18, 20-21// 마 19:16-29// 막 10:17-30). 부유한 젊은 관리가 많은 재산보다 하나님을 더 사랑하지 않으려는 태도는 예수께서 예루살렘 여정에서 만났던 많은 종교 지도자에 대한 고발이다(→ 12:1-34과 16:1-31).

예수께서 예루살렘 여정의 상당 부분을 부와 소유물이라는 주제에 할애하신 것은 우연이 아니다. 결국, 하나님은 수평적 측면이든(18:14) 수직적 측면이든(18:21) 자랑의 표현을 싫어하신다. 또한, 누가의 세 가지 중요한 묘사인 칭의(18:14), 하나님 나라 입성(18:16), 영생(18:18)을 주의하라. 이 세 가지는 동의어가 아니고 약간 다른 영적 현실을 수반하지만 서로 긴밀하게 관련되어 있다.

예루살렘이 가까워지면서 예수는 여섯 번째이자 마지막 수난 예고를 하신다(18:32-33; 참조, 9:22, 44; 12:50; 13:32-33; 17:25). 이 수난 예고는 예수께서 "열두 제자를 데리시고"라는 말로 시작한다(18:31). 17:25을 제외하고 각 수난 예고는 배타적으로 제자들에게만 전해지고 심지어 17:25에서도 그 예고는 다소 비밀스럽다. 그렇다면 예수께서 그의 사역의 이러한 핵심 측면을 선택된 소수에게 드러내기로 선택하셨다는 발상이다.

무리는 예수의 고난과 죽음과 부활을 이해할 수 없다. 그들의 기대에는 하나님의 저주를 짊어지고 나중에 죽은 자로부터 부활하시는 메시아에 대한 여지가 거의 없다. 제자들 역시 예수의 죽음과 부활을 이해하는 데 어려움을 겪고 있다. 누가는 수난 예고를 맹인의 치유 직전에 배열하는 유일한 복음서 저자이며 제자들의 무지를 언급하는 유일한 저자이다(// 마 20:17-19// 막 10:32-34).

이는 또한 누가가 제자들이 깨닫지 못했다고 묘사하며 예수의 수난 예고 그들에게 "감추어진 것"으로 말하는 두 번째 부분이다(9:45; 18:34). 네 복음서 모두에 나타나는 긴장(모순이 아님)은 예수의 메시아적 정체가 구약의 기대를 성취하면서도 오랫동안 간직해 온 기대를 깨뜨린다는 데 있다(1:1; 24:25-27, 45-46).

제자들의 영적 실명이 18:35-43(// 마 20:29-34// 막 10:46-52)에 나오는 맹인 치유와 나란히 배치된다. 예수와 제자들이 여리고에 가까이 이르심에 따라 이 여정의 끝이 다가오고 있음을 알게 된다. 여정을 서술하면서 누가는 일반적으로 예수의 예루살렘 이동을 지리적으로 정확하게 추적하지 않는다. 이는 그가 주로 이스라엘의 주님으로서 새 창조에 이르기까지 예수의 상징적 여정의 맥락에서 그의 가르침을 전하는 데 관심이 있기 때문이다(→ 9:51).

맹인(마가복음 10:46에는 바디매오 또는 "디매오의 아들"로 불림) 치유는 무엇보다 예수께서 왕족인 "다윗의 자손"(18:38-39; → 막 10:46-52)이요 성육신하신 야웨(18:41에서 맹인이 "주"라는 칭호를 사용한 것에 주목)로서 그의 정체성을 보여 준다.

누가는 독특하게 맹인과 무리의 반응을 기록하고 있다.

> 곧 보게 되어 하나님께 영광을 돌리며(praising God) 예수를 따르니 백성이 다 이를 보고 하나님을 찬양하니라(눅 18:43).

누가의 내러티브에서 흔히 볼 수 있듯이 넘치는 기쁨과 찬양은 새 시대가 시작되고 포로생활이 끝난 결과이다(사 49:13; 51:11; 60:15; 61:10-11; 65:18-19; 눅 2:20; 4:15; 5:26; 7:16; 13:13; 17:15; 23:47). 이스라엘의 주님은 그의 백성을 영적 포로생활로부터 구원하고 계시며 그에 합당한 유일한 반응은 예배이다.

(10) 삭개오와 열 므나 비유(19:1-27)

18:35에서 예수는 "여리고에 가까이" 가셨고, 19:1에서는 "여리고로 들어가 지나"가셨다. 예수는 예루살렘으로 가는 여정을 계속 밀고 나가신다. 여리고 출신의 "삭개오"라는 이름의 사람은 "세리장"(아르키텔로네스 [architelōnēs], 19:2)인데, 그리스 문헌에서 이 명칭은 매우 드물게 사용된다.

세리는 누가의 내러티브에서 작지 않은 역할을 차지하며 누가는 이 사건을 포함하는 유일한 복음서 저자이므로 이 에피소드는 중요하다고 가정해야 한다. 이러한 세리들은 사람들을 괴롭히고 물품에 세금을 부과하여 생계를 꾸렸으므로 삭개오를 평판이 좋지 않은 인물로 짐작할 수 있다 (→ :27-36).

누가는 삭개오라는 세리의 이름을 거명함으로써 그가 그 후로도 계속해서 인자를 따랐고 나중에는 목격자가 되었음을 암시한다. 더 나아가 누가는 그를 "키가 작다"라고 묘사한다(19:3).

왜 그의 키를 언급하고 그 사람이 "돌무화과나무"에 올라간 것을 서술하는가(19:4)?

아마도 그의 작은 키는 세 번째 복음서 전체를 관통하는 핵심 주제를 상징한다고 할 수 있다. 즉, 하나님은 낮은 사람이나 "키가 작은" 사람도 높이신다(1:52를 보라). 낮은 사람을 높이신다는 주제는 19:8에서 삭개오가 식사 후 "서서" 말했다고 하는 독특한 세부사항을 설명할 수도 있다.

삭개오의 이야기는 또한 18:9-14의 바리새인과 세리의 비유에 나타난 몇 가지 점을 반영한다. 18:13-14에 언급된 세리처럼, 세리장 삭개오는 자신의 죄악을 인정하고 그 후에 주님 앞에서 높임을 받는다. 삭개오의 반응에 예수는 다음과 같이 선언하신다.

> 오늘 구원이 이 집에 이르렀으니 이 사람도 아브라함의 자손임이로다(눅 19:9; 참조, 1:69, 71, 77).

누가가 그의 복음서에서 분명하게 보여 주듯이 참된 이스라엘의 일부가 되는 일은 결코 민족의 혈통이 아니라 자신을 예수와 동일시 하는 데 달려 있다. 하나님은 구원을 위해 민족의 혈통에 의존하는 사람들은 저주하시지만, 오직 그의 아들과 자신을 동일시하고 자신의 죄를 고백한 사람들은 복 주신다. 1:55에서 마리아가 하나님께서 "아브라함과 그 자손에게" 영원히 자비를 베푸실 것이라고 예언한 내용이 세리장의 구원이라는 가장 예상치 못한 방식으로 결실을 맺고 있다.

19:12-27에 나오는 열 므나 비유는 여러 가지 면에서 복잡하므로 단지 몇 가지 점만 관찰할 것이다. 마태복음 25:14-30의 비유(같은 자료일 수도 있지만)와는 몇 가지 점에서 다르다(참조, 막 13:34). 예수의 비유 사용에 위배되지는 않지만, 마태와 누가는 자신들의 목적에 맞게 각각 그들의 내러티브의 다른 지점에서 비유를 사용한다.

누가는 두 가지 플롯을 그의 비유에 포함한다.

첫 번째 플롯은 한 귀인이 열 명의 종에게 각각 열 므나(한 므나는 대략 석 달 치 임금임)를 나누어 주며 돌아올 때까지 "장사하라"라고 위임한다는 내용이다(19:13). 그는 돌아와서 그 종 중 세 명을 평가한다. 처음 두 종은 주인의 돈을 지혜롭게 투자하여 재정적 이익을 얻는다(19:16, 18). 그러나 세 번째 종은 그 돈을 묻어 두었으므로 보여 줄 것이 없다(19:20). 주인은 처음 두 종에게는 상을 주지만(19:17, 19), 세 번째 종은 벌을 준다(19:22-26).

두 번째 플롯은 첫 번째 플롯과 얽혀 있는데, 같은 귀인이 "왕위를 받아 가지고 오려고"(19:12) 떠나는 것을 묘사한다. 귀인이 자리를 비운 사이에 "그 백성이 … 사자를 뒤로 보내어 이르되 우리는 이 사람이 우리의 왕 됨을 원하지 아니하나이다"라고 말하게 했다(19:14). 그의 백성은 그가 왕으로 임명되는 것을 격렬하게 반대한다. 귀인이 돌아온 후 반역하는 백성들을 죽이기 위해 자기 앞에 모은다(19:27).

데이비드 갈런드(David Garland)는 이 비유가 흔히 생각하는 것처럼 중간 기간(interadvent period)에 있을 예수의 통치가 아니라 지상 이교도 통치에

관한 것이라고 설득력 있게 주장한다.[23]

예수는 그의 청중, 즉 여리고에서 자기 주변에 모인 모든 사람에게 자신의 메시아 직분과 하나님 나라는 이렇지 않다는 것을 이해할 수 있도록 이 비유를 들려주신다. 예수는 곧 이스라엘의 참된 왕으로서 나귀를 타고 예루살렘으로 들어가실 것이다. 이 왕은 사회적 지위와는 상관없이, 심지어 세리장까지 자기를 따르는(identify with him) 모든 사람에게 평화와 자비를 베푸시는 분이다. 한마디로 "이 비유는 이 세상의 통치자들과 왕으로서 예루살렘으로 입성하실 예수 사이의 대조를 준비한다."[24]

6. 3단계: 예루살렘에서의 예수(19:28-24:53)

1) 주의 이름으로 오심(19:28-48)

아마 주일(sunday)에 있었을 승리의 입성(19:28-38)과 유대 지도자들의 반응(19:39-44)은 예수의 예루살렘 여정의 절정이다. 9:51에서 시작된 일이 여기에서 정점에 이른다. 우리는 이 사건을 마태복음 21:1-9과 마가복음 11:1-10의 논의에서 어느 정도 상세하게 살펴보았으므로 여기서는 누가의 내러티브 내에서 이 사건의 위치를 고려하는 것으로 충분하다.

(1) 승리의 입성(19:28-38)

감람산에 가까워지자 예수는 두 제자에게 예루살렘 입성을 위해 나귀 새끼를 구해 오라고 명하신다(19:29-31). 나귀 새끼를 구하자마자 예수는 그것을 타고 예루살렘으로 들어가심으로써 이스라엘의 왕이신 자신의 정체성을 공개적으로 보여 주신다(슥 9:9을 보라). 18:35-43에 나오는 맹인(바디매오)의 치유와 19:1-9에 나오는 삭개오의 회복을 목격한 것으로 추정되

---

23   Garland, *Luke*, 758-64.
24   Garland, *Luke*, 763.

는 사람들이 다음과 같이 선언한다.

> 찬송하리로다 주의 이름으로 오시는 왕이여 하늘에는 평화요 가장 높은 곳에서는 영광이로다(눅 19:38).

누가의 내러티브에는 "왕"(호 바실레우스[*ho basileus*])으로 표현되는 반면, 마태와 마가는 "찬양하라 (주의 이름으로) 오시는 이여"(유로게메노스 호 에르코메노스[*eulogēmenos ho erchomenos*])라고 말한다. 누가는 마태와 마가가 암시하는 주제인 이스라엘 왕의 도래(시 118:26를 보라)를 명확하게 표현한다.

누가복음의 두 가지 두드러진 요소가 여기서도 하나로 모아진다. 누가는 종종 독자들을 천사와 보이지 않는 영역으로 이끈다.

왜 그럴까?

예수 사역의 중심 차원은 단순히 이 땅만이 아니라 우주 전체에 대한 그의 주권적 통치도 포함하기 때문일 것이다. 그의 성공적 통치는 영적이든 육체적이든 모든 반란을 정복한다. 그러므로 그의 사역 결과는 "평화"와 화해이다. 그가 탄생할 때 천사는 "땅에서"의 평화를 선언하며(2:14), 승리의 입성 때 순례자들은 "하늘에는 평화"라고 선포한다. 그렇다면 땅과 하늘은 우주 전체를 요약한다.

(2) 예루살렘과 성전에 대한 심판(19:39-48)

누가는 예수의 승리 입성 직후 바리새인들의 반응(19:39-40// 마 21:15-16)과 그 뒤를 이어 예루살렘을 보시고 우신 사건(19:41-44)을 서술하는 유일한 복음서 저자이다. 예수와 아마도 민족 전체를 대표하는 바리새인들 사이의 적대감은 갈릴리에서 예루살렘으로 여행하시면서 조금씩 고조되고 있었다(예컨대, 11:37-43, 53; 12:1; 14:1-3; 15:2; 16:14; 18:10-11).

예수의 예루살렘 여정을 야웨께서 자기 백성을 영적 속박에서 구원하시며 새 창조라는 약속의 땅으로 인도하시는 과정으로 보는 것이 옳다면, 바리새인의 거부는 더욱더 가슴이 아프다. 그들은 단순히 예수의 메시아직을 거부하는 것이 아니라 주님의 위대한 구원 계획을 거부하는 것이다 (19:34과 38에서 사용된 "주"[퀴리오스, *kyrios*]의 용례에 주목하라). 이러한 거부의 결정은 십자가 처형에서 공개적으로 드러날 것이다.

하나님의 자비에 대한 바리새인들의 완전한 거부로 다음 단락에서 예수는 예루살렘을 보시고 눈물을 흘리신다(19:41-44). 당시 종교 당국으로 대표되는 이스라엘 민족은 실제로 평화를 찾고 있었다. 그러나 그들은 다른 무엇보다도 정치적 평화를 원했다. 그들이 깨닫지 못한 것은 정치적 독립이 그들의 주된 해결책이 아니라는 점이다. 그들에게 필요한 것은 하나님과의 평화이다. 그들은 하나님과 분리되어 마귀와 타락한 세상의 노예가 되었다. 아이러니하게도 그들은 예수의 사역 내내 그를 거부하고 승리의 입성 때 결정적으로 거부함으로써 그들이 갈망하는 바로 그것을 거부하는 셈이 된다.

대체로 이스라엘은 "하나님이 강림하실 때" 또는 "찾아오실 때"를 알지 못했다(19:44, 개역개정에는 "보살핌을 받는 날"로 번역됨-역주). 예수의 구원이 "지금 네(민족의) 눈에 숨겨졌도다"(19:42; 참조, 2:30; 10:23). 승리의 입성 때 예수는 평화의 왕으로 도래하시지만 가까운 미래에 심판의 인자로 다시 오셔서 예루살렘을 황폐케 하시겠다고 약속하신다. 누가복음 19:43-44은 감람산 강화에 언급된 이스라엘 성전의 파괴를 예고한다(21:5-36; 참조, 시 137:9; 호 10:14).

예수의 갈릴리 사역 동안 누가는 독자들에게 예수의 행방에 대한 정확한 지리적 세부사항을 제공할 필요가 있다고 느끼지 않는다. 그러나 예수의 예루살렘 여정이 끝나자 누가는 그의 위치를 알려 준다. 예수께서 예루살렘에 가까워지시고 이어 예루살렘으로 입성하실 때 세 번째 복음서의 지리적 진행 여정을 주목하라.

> 예수께서 예루살렘으로 가실 때에 … (눅 17:11).

> (예수께서) 여리고에 가까이 가셨을 때에 … (눅 18:35).

예수께서 여리고로 들어가 지나가시더라 … (눅 19:1).

(그는), 예루살렘에 가까이 오셨고 … (눅 19:11).

예수께서 … 예루살렘을 향하여 앞서서 가시더라(눅 19:28).

그가 가까이 오사 성을 보시고 … (눅 19:41).

예수께서 성전(뜰).에 들어가사 … (눅 19:45).

그렇다면 여행의 절정은 성전에서 행하신 예수의 행동이다. 19:45-21:38의 사건은 성전 경내에서 일어나는데 그곳에서 우리는 예수께서 무리를 가르치시는 것을 보게 된다. 누가는 이 단락에서 반복하여 무리에 대해 주의 깊게 언급하고 있으므로(19:47-48; 20:1, 9, 16, 45; 21:37-38), 예수께서 종교 지도자들 및 제자들과 대화하는 동안 그들도 들을 수 있는 범위 내에 있다고 가정해야 한다. 사람들은 이러한 어려운 대화를 엿들을 필요가 있다. 어떤 대가를 치르더라도 인자를 따르기를 원한다면 그들이 어떤 상태에 처하게 될지 알아야 한다.

이스라엘의 주인이신 예수는 아마도 지금 수난 주간의 월요일에 성전을 방문하고 계실 것이다(// 마 21:12-16// 막 11:15-18// 요 2:13-16).

그리고 그는 무엇을 발견하시는가?

열방을 하나님 앞으로 인도하는 "기도하는 집"의 역할을 해야 할 성전(사 56:7을 인용하는 19:46a)을 이스라엘 민족은 "강도의 소굴"로 바꾸어 버린다(렘 7:11을 인용하는 19:46b; → 막 11:15-18).

예루살렘 성전에서 벌어진 일을 이전 단락의 삭개오 이야기와 병치하는 방식이 놀랍다. 세리장 삭개오는 자신의 죄 많은 행위를 인정했기 때문에, 예수는 그의 "집"에 오셔서 그에게 "구원"을 베푸신다(19:5, 9). 반면에 이스라엘 민족은 열방을 하나님의 영광으로 인도하기를 거부하기 때문에 예수는 심판하시기 위해 이스라엘의 "집"에 오신다(19:46).

이스라엘 백성은 하나님과의 온화한 관계 형성을 등한시하고 이방인과는 거리를 두면서도 그들의 언약 정체성을 지키는 데는 열심이다. 그러나 예수는 성육신하신 주님(Lord)으로 이스라엘 성전에 오실 뿐 아니라, 또한 넷째 짐승을 물리치는 인자(Son of Man)로도 오신다(단 7:7-8, 13-27). "장사하는 자들을" 내쫓으심(에크발레인[ekballein])으로써 그는 귀신들을 "쫓아내시는" 특권을 재개하셨다(9:40, 49; 11:14-15, 18-20; 13:32을 보라).

종교 당국은 예수께서 성전에서 행하신 상징적 행위의 의미를 즉각적으로 파악한다. 성전을 심판하는 것은 민족을 심판하는 것이다.

예수는 자신이 누구라고 생각하시는가?

19:47-48에 나오는 예수의 행동은 2:46-48에 언급된 12세 소년일 때 행한 그의 행동을 반영한다.

> (그들[예수의 부모]이) 성전 (뜰)에서 만난즉 그가 선생들 중에 앉으사 그들에게 듣기도 하시며 묻기도 하시니 듣는 자가 다 그 지혜와 대답을 놀랍게 여기더라 … 내가 내 아버지의 집에 있어야 될 줄을 알지 못하셨나이까(눅 2:46-49).

> 예수께서 날마다 성전에서 가르치시니 대제사장들과 서기관들과 백성의 지도자들이 그를 죽이려고 꾀하되 백성이 다 그에게 귀를 기울여 들으므로 어찌할 방도를 찾지 못하였더라(눅 19:47-48).

누가복음의 시작 부분에서 예수는 소년으로서 그의 "아버지의 집"에서 가르치시지만(2:49), 19:46에서는 "내 집"에 도착하신다. 이사야 56:7의 직접 문맥에서 "내 집"은 명시적으로 야웨의 성전을 가리킨다("나의 언약"[사 56:4, 6], "내 집"[사 56:5], "나의 성산"[사 56:7], "나의 제단"[사 56:7]과 같은 문구에 주목하라). 누가복음 19:46에 언급된 "내 집"이 예수의 집을 가리키는 좋은 사례가 될 수 있는데, 이는 누가의 내러티브가 반복해서 그를 이스라엘의 주(19:34, 38을 보라)로 밝히고 있기 때문이다. 2:49의 "아버지의 집"에서

19:46의 "내 집"으로의 전환은 아버지의 뜻에 대한 예수의 완전한 순종을 암시할 수도 있다. 예수는 이스라엘 성전을 심판하실 권세를 얻으셨다.

2) 이스라엘의 권위 논쟁(20:1-47)

(1) 의심받는 예수의 권위(20:1-8)

수난 주간 수요일이 되어 이제 예수께서 죽어 마땅하다고 확신한(19:47) 종교 당국은 "이 권위(성전을 심판할 권위)를 준 이가 누구인지" 그에게 묻는다(20:2). 누가는 성전에 모인 대제사장들, 서기관들, 장로들 세 그룹이 예수의 말씀을 듣고 있었다고 언급한다(19:47). 여기에서 우리는 예수와 대제사장들 간 충돌이 시작된 것을 목격한다.

북쪽 갈릴리에서는 바리새인과 서기관들이 상당한 권세를 지니고 있지만 예루살렘에서는 사두개인들과 대제사장들이 실질적 권력자들이다. 그들은 성전의 내부 활동을 통제하고 궁극적으로는 로마와 이스라엘 사이에서 중재 역할을 한다. 수난 주간이 진행되면서 대제사장들이 바리새인 및 서기관들과 함께 현장에 나타난다(20:19; 22:2, 4, 50, 52, 54, 66; 23:4, 10, 13; 24:20).

세 권의 공관복음 모두 성전에서 일어난 예수의 행위 후에 당국의 (심문 조의) 질문이 이어진다(마 21:23-27// 막 11:27-33// 눅 20:1-8; 참조, 요 2:18-22). 성전을 정죄하고 쓸모없게 하심으로써 예수는 사실상 대제사장의 자리를 위협하시는 셈이다. 그들의 직무 설명(job descriptions)은 이제 쓸모가 없다.

예수의 행동에 놀라서 그들은 이렇게 질문한다.

> 당신이 무슨 권위로 이런 일을 하는지 이 권위를 준 이가 누구인지 우리에게 말하라 (눅 20:2).

"주다"와 "권위"라는 두 개의 핵심 단어는 누가복음 전체에 울려 퍼진다.

이르되 이 모든 권위(텐 엑수시안[tēn exousian])와 그 영광을 내가 네게 주리라(도소[dōsō]) 이것은 내게 넘겨 준 것이므로(파라데도타이[paradedotai]) 내가 원하는 자에게 주노라(디도켄[didōken])(눅 4:6).

예수께서 열두 제자를 불러 모으사 모든 귀신을 제어하며 병을 고치는 능력과 권위(엑수시안[exousian])를 주시고(에도켄[edōken])(눅 9:1).

내가 너희에게 뱀과 전갈을 밟으며 원수의 모든 능력을 제어할 권능(텐 엑수시안[tēn exousian])을 주었으니(데도카[dedōka]) 너희를 해칠 자가 결코 없으리라(눅 10:19.)

당신이 무슨 권위(엑수시아[exousia])로 이런 일을 하는지 이 권위(엑수시안[exousian])를 준 이(호 두스[ho dous])가 누구인지 우리에게 말하라(눅 20:2).

예외 없이 누가는 마귀의 활동 맥락에서만 "주다"와 "권위"를 연결한다. 그는 또한 광야의 시험 장면에서 "주다"와 "권위"를 연결한 유일한 복음서 저자이기도 하다. 우리가 4:1-13에서 이미 논의한 것처럼, 이 마귀는 예수를 시험할 때 다니엘 7:14을 암시한다. 그는 옛적부터 항상 계신 이가 인자에게 영원한 나라를 넘겨 주시거나 "주시는" 것을 패러디한다.

아이러니하게도 예수는 마귀의 거짓말에 넘어가지 않으셨기 때문에, 시험이 끝났을 때 옛적부터 항상 계신 분이 예수께 그 나라를 넘겨 주기 시작하신다. 이 권위를 얻으신 인자는 열두 제자(9:1)와 칠십이 인(10:19)에게 권한을 주어 그의 나라를 확장하려는 계획에 참여하게 하신다. 그러므로 유대 당국이 예수께 "이 권위를 준 이가 누구인지" 물을 때 누가의 청중은 이 질문에 대한 답을 충분히 알고 있다. 즉, 옛적부터 항상 계신 분이다.

아버지께서 순종을 통해 넷째 짐승을 물리친 인자에게 상을 주신다. 따라서 성전에서 일어난 예수 행동의 근거는 상당 부분 신적 인자로서 그의 정체성에 놓여 있다(20:41-44을 보라). 이 점은 불과 며칠 후에 그가 심문을 받을 때 "이제부터는 인자가 하나님의 권능의 우편에 앉아 있으리라"(22:69)라고 말씀하신 내용과 정확하게 일치한다. 예수께서 수난 주간의 수요일에 자신의 정체성을 완전히 드러내시면 결코 금요일까지 가지 못할 것이다.

예수는 종교 당국의 질문에 질문으로 응답하신다.

> 내게 말하라 요한의 세례가 하늘로부터냐 사람으로부터냐(눅 20:3-4).

종교 당국은 곧 그들이 함정에 빠진 것을 깨닫게 된다. 만일 그들이 요한의 사역을 신적 기름 부음(divine unction)에서 나온 것으로 인정한다면, 요한의 세례에 순종하기를 거부했고(20:5; 7:30-35을 보라) 예수에 관한 그의 예언적 증언을 거부했기(3:16-17, 21-22; 참조, 요 1:6-8, 19-34) 때문에 그들은 하나님 앞에 죄를 짓게 된다. 반면에 만일 그들이 요한이 사기꾼이라고 주장한다면 그들은 무리의 눈 밖에 나게 될 것이다(20:6). 자기 칼에 넘어지기를 원하지 않기에 당국은 모른다고 주장한다(20:7).

(2) 악한 포도원 농부 비유(20:9-19)

일반적으로 세 권의 공관복음 모두 악한 포도원 농부 비유를 예수의 성전 심판 뒤에 배치하는데(마 21:33-46// 막 12:1-12// 눅 20:9-19), 누가는 종교 지도자들이 예수의 권위에 대해 질문한 직후에 그 비유를 둠으로써 마가를 따른다. 우리가 이미 마가복음 12:1-12 논의에서 언급한 바와 같이 이 단락의 지배적인 구약 배경은 이사야 5:1-7이다. 거기에서 야웨는 포도원을 경작하시고 수확을 기대하신다. 그러나 이스라엘이란 포도원은 "(극상품 포도가 아니라) 들포도"를 맺었다(사 5:2). 그 결과 주님은 그것을 파괴하고 "황폐하게 하겠다"라고 맹세하신다(사 5:5-6).

이와 마찬가지로 유형론적 방식으로 종교 당국으로 대표되는 1세기 이스라엘 민족은 열매 맺기를 거부한다.

> 농부들이 종을 몹시 때리고 거저 보내었거늘(눅 20:10).

하나님은 자비롭게도 그의 "종들", 즉 선지자들을 이스라엘에 보내시지만 그들은 계속해서 그들을 거부한다(11:49-51; 13:34-35; 19:41-44를 보라; 참조, 대하 36:15-19).

마지막으로 하나님은 그가 사랑하시는 소중한 "아들"을 보내시지만, 이스라엘은 그를 철저히 거부한다(20:13). 그 결과 하나님은 포도원을 "다른 사람들", 즉 이방인들에게 넘겨 주시겠다고 약속하신다(20;16a). 종교 당국은 이 비유의 의미를 알고는 "그렇게 되지 말아지이다"(20:16a)라고 대답한다. 그들은 이 비유에서 의미하는 현안이 무엇인지 깨닫는다. 그들의 우상숭배적 행위로 인해 하나님께서 이스라엘과 그 성전을 버리셨다는 점이다.

이 강화는 예수께서 20:17-18에서 다니엘 2:34-35에 대한 암시와 관련하여 시편 118편을 인용하실 때 절정을 이루며 끝이 난다.

> 그러면 기록된 바 건축자들의 버린 돌이 모퉁이의 머릿돌이 되었느니라(시 118:22) 함이 어찜이냐 무릇 이 돌 위에 떨어지는 자는 깨어지겠고 이 돌이 사람 위에 떨어지면 그를 가루로 만들어 흩으리라 하시니라(단 2:34-35).

이 두 본문을 연관시킴으로써 누가는 마태와 마찬가지로 예수께서 종말론적 성전인 동시에 다니엘 2장의 무너뜨리는 메시아의 "돌"임을 암시한다. 그는 새로운 우주적 성소의 돌이시자 심판의 돌이시다.

그는 하나님의 새로운 집의 시작이자 하나님의 진노를 위한 도구이다. 더 나아가 다니엘 2:34-35에 나오는 돌은 다니엘 7:13-14에 언급된 "인자"와 유사한데, 둘 다 네 번째이자 마지막 왕국을 정복하기 때문이다. 여기 누가복음 20절에서 심판의 대상은 종교 당국(과 신정국가 이스라엘)이므로 아이러니하게도 그들이 우상의 큰 신상 및 넷째 짐승(단 2:44-45; 7:11)과 동일시된다고 추측한다 해도 무리가 아니다.

이 단락은 예수께서 사람들 사이에서 인기가 많았기 때문에, 지도자들이 그를 체포할 수 없었던 것으로 끝난다. 그들이 그렇게 할 수 없던 것은 이번이 두 번째이다(19:47-48을 보라).

(3) 가이사에게 경의 표하기와 부활에 대한 질문(20:20-40)

종교 당국은 예수를 "죽이려는" 노력을 포기하지 않는다(19:47). 악한 포도원 농부 비유(20:9-18) 직후 유대 지도자들은 과세 문제로 예수를 빌라도와 겨루게 하려고 한다(20:20-26// 마 22:15-22// 막 12:13-17). 첫 번째 질문에 이어 지도자들은 예수와 무리를 맞서게 한다(20:27-40// 마 22:23-33// 막 12:18-27).

다니엘서에 대한 누가의 관심은 로마에 조공을 바치는 이야기로 논의가 바뀌어도 줄어들 기미가 보이지 않는다(20:20-26). 누가는 당국을 "의인인 체" 하는 "정탐들"을 고용하여 예수를 "총독의 다스림(테 아르케[tē archē])과 권세(테 엑수시아[tē exousia]) 아래 넘기려 하는"(파라두나이[paradounai]) 세력으로 묘사하는 유일한 복음서 저자이다(20:20// 마 22:15// 막 12:13).

적어도 이 구절이 어느 정도까지는 "넘겨질 것"이라는 예수의 수난 예고를 성취하는 것은 분명하지만(9:44; 18:32; 참조, 9:22; 12:50; 13:32-33; 17:25), 그 어휘가 매우 독특하다. 이전에 우리는 이와 정확히 일치하는 문구를 본 적이 있다. 광야의 시험 내러티브에서 다음과 같이 기록하고 있다.

> 이르되 이 모든 권위(텐 엑수시안[tēn exousian])와 그 영광을 내(마귀)가 네게 주리라 이것은 내게 넘겨 준 것(파라데도타이[paradedotai])이므로 내가 원하는 자에게 주노라(눅 4:6).

우리는 앞에서 누가복음의 광범위하고 직접 문맥과 다니엘 7장과의 관계에서 "주다"와 "권위"의 중요성에 대해 논했다(20:2을 보라). 요점은 그들의 주인인 마귀가 광야에서 하려고 한 일을 종교 당국이 예수께 하고 있다는 점이다. 그들은 예수를 빌라도의 권위와 힘에 넘겨 줌으로써 옛적부터 항상 계신 분을 무의식적으로 패러디하고 있다.

광야에서 마귀의 간계를 아시고 반응하신 것처럼, 예수는 그러한 "간계"(텐 파누루기안[tēn panourgian], 20:23)를 꿰뚫어 보신다. 하와가 뱀의 간계(테 파누루기아[tē panourgia])에 굴복한 고린도후서 11:3의 문맥에 같은 단어

(파누루기안)가 나타나는 점도 이러한 해석 방식을 뒷받침해 준다.

20:20-26에 언급된 당면 문제는 로마 황제에게 조공을 바치는 일에 관한 것이다. 로마는 유대를 통해 직간접적으로 공물을 조달했다. 헤롯 대제의 아들 아켈라오(Archelaus)가 AD 6년에 폐위되었을 때 로마는 유대를 속주로 삼아 유대인들이 총독에게 공물세를 내도록 요구했다. 누가의 내러티브가 종종 세리를 언급하지만 여기 이 단락은 다른 종류의 세금과 관련된다. 로마는 이스라엘 지도부가 백성들로부터 토지세든 인두세든 직접 공물을 거두도록 요구했다.

이 단락에서 종교 당국은 이스라엘에 대한 예수의 헌신에 의문을 제기한다. 예수께서 이스라엘이 로마에 조공 바치는 일을 지지하면 그는 이교도 통치자 가이사에 동조하는 것이다. 그러나 그가 공물을 비난하면 유대인 지도자들은 그를 불복종 혐의로 빌라도 앞에 끌고 갈 수 있다. 조엘 그린(Joel Green)이 이 점에 대해 적절하게 관찰한다.

> 그 결과로 나타나는 초상화는 빌라도와 백성들 사이에 끼어 있는 예수의 모습이다. 예수께서 한쪽을 답하면 그는 로마로부터 반체제 인사로 정죄 받게 되고, 다른 쪽을 답하면 대중에 대한 그의 자본이 고갈될 것이다.[25]

예수는 잘 알려진 대답을 주신다.

> 가이사의 것은 가이사에게, 하나님의 것은 하나님께 바치라 (눅 20:25).

이 말씀의 요지는 유대인들이 로마와 하나님께 순종해야 한다는 것이다. 이는 바울이 성도들에게 "위에 있는 권세들에게 복종하라"라고 권면한 내용과 크게 다르지 않다(롬 13:1; 참조, 벧전 2:13-14). 우리는 이 원칙을 별개로 이해하고 싶은 유혹이 있지만, 예수의 훈계를 다른 곳에 나오는 그의

---

[25] Joel B. Green, *The Gospel of Luke*, NICNT (Grand Rapids: Eerdmans, 1997), 712.

하나님 나라에 대한 가르침에 비추어 고려해야 한다.

종말론적 하나님 나라의 성취는 "이미와 아직 아닌"의 방식으로 이해해야 한다. 즉, 하나님 나라는 영적 방식으로 1세기에 도래했지만, 그것의 성취는 예수의 재림 때 일어날 것이다. 그렇다면 하나님 나라는 신비하게도 옛 시대와 겹친다(→ 마 13:1-52과 막 4:1-34). 하나님 나라에 대한 예수의 가르침은 성도들이 두 영역의 중간에 끼어 있다는 점에서 특이하다.

한편으로, 그들은 모든 것을 포기하고 예수를 신뢰하며 영적 하나님 나라에서 인내해야 한다.

다른 한편으로, 그들은 옛 시대, 즉 이교도가 물리적으로 통치하는 시대에 여전히 남아 있다.

인자가 재림하실 때까지 그를 따르는 자들은 항상 하나님 나라와 동일시해야 하지만, 이교도 통치의 멍에를 벗어 버려서는 안 된다. 이 문제의 핵심에는 중간기 동안 자기 백성 위에 이교도 통치자들을 세우신 하나님의 섭리와 주권이 있다. 20:20-26에 나오는 유대 지도자들은 예수를 따르는 자들이 아니므로 예수의 반응에 대한 보다 더 깊은 의미를 파악하지 못할 것이다. 그들이 이해하는 것은 예수께서 하나님 백성과(and) 정부에 대한 헌신을 훌륭하게 확언하고 있다는 점이다. 이 입장은 하나님의 주권적 능력에 대한 그의 확신에 근거를 두고 있다.

지도자들은 예수를 빌라도와 맞붙이는 데 실패했으므로 이제 공공장소에서 그의 명예를 훼손하려고 시도한다. 누가는 20:27에서 사두개인들에게 스포트라이트를 비춘다. 그는 사두개인을 복음서에서는 단 한 번 명시적으로 언급하지만, 사도행전에서는 세 번 언급한다(4:1; 5:17; 23:6). 이 유대인 종파는 예루살렘에서 상당한 정치적 권력을 행사했으며(Josephus, *Ant*. 13.297-98을 보라), 모든 대제사장이 사두개파에 속한 것으로 보인다.[26]

---

[26] C. Fletcher-Louis, "Priests and Priesthood," *DJG*, 701.

그들은 또한 부활(20:27; 행 23:6-7; Josephus, *Ant.* 18.16)과 하나님의 섭리 (Josephus, *Ant.* 13.173; Josephus, *J. W.* 2.164)를 부정하는 것으로 유명했으며 오경만을 성경으로 인정했다. 우리는 사두개인들이 바리새인들 및 서기관들과 같은 다른 유대 지도자들과 결탁했다고 가정할 수 있다(20:1, 19). 그들은 신명기 25:5-6에 근거하여 예수께 부활의 본질에 관한 가상의 질문을 던진다.

예수는 오경 자체에서 발견되는 원칙으로 응답하시는데, 실제로 새 창조 때 부활은 있을 것이지만 결혼은 새 시대에서 역할을 하지 않을 것이라고 단언하신다(20:34-38). 누가는 서기관의 반응에 대해서만 상세히 설명한다.

> 서기관 중 어떤 이들이 말하되 선생님 잘 말씀하셨나이다(눅 20:39// 마 22:33).

부활을 믿는 서기관들(행 23:6-9)이 이보다 더 좋게 말할 수는 없었을 것이다.

누가는 이전 구절에서 세금에 관한 논쟁을 다음과 같은 말로 끝낸다.

> 그들이 백성 앞에서 그의 말을 능히 책잡지 못하고 그의 대답을 놀랍게 여겨 침묵하니라 (눅 20:26).

이제 이 부활 논쟁 역시 "그들은 아무 것도 감히 더 물을 수 없음이더라"(20:40)라는 말로 끝맺는다.

마태와 마가에 따르면 유대 지도자들은 이 부활 논쟁에 이어 가장 큰 계명에 대한 세 번째 질문을 던진다(마 22:34-40// 막 12:28-34). 그러나 누가는 그 질문을 포함하지 않는다. 예수는 종교 당국을 결정적으로 침묵시키셨다.

(4) 다윗의 주로서 예수(20:41-47)

지금까지 유대 지도자들이 예수께 두 가지 질문은 던졌다면, 이제 예수께서 그들에게 질문하신다.

> 사람들이 어찌하여 그리스도를 다윗의 자손이라 하느냐 … 다윗이 그리스도를 주라 칭하였으니 어찌 그의 자손이 되겠느냐 하시니라(눅 20:41-44).

이 말씀은 누가 내러티브의 다음 부분과 함께 수난 주간의 수요일 또는 목요일에 일어났을 것이다(20:41-22:6). 공관복음서 모두 이 저명한 말씀을 포함하고 있는데(마 22:41-45// 막 12:35-37// 눅 20:41-44), 이 단락은 세 번째 복음서에서 추가적 의미를 취한다.

우리는 이 까다로운 본문을 마가복음 12:35-37에서 논했으므로 여기서는 누가가 이 본문을 그의 내러티브에서 어떻게 사용하고 있는지만 지적하고자 한다. 누가복음의 이전 장들은 예수를 하나님의 영원한 나라를 통치할 오랫동안 기다려 온 다윗의 후계자로 명백하게 밝힌다(1:27, 32, 69; 2:4, 11; 3:31; 참조, 18:38-39). 동시에 우리는 예수를 이스라엘의 "주" 야웨와 동일시하려는 누가의 경향을 탐지했다(예컨대, 1:43, 45; 2:11; 5:8, 12, 17; 6:46). 이 말씀의 포함으로 누가의 독자들이 이스라엘의 주시면서 메시아라는 두 모습이 예수라는 인격 속에 존재한다는 점을 깨닫게 되었다는 점에서 독특하다.

누가는 20:44에 언급된 두 번째 질문("다윗이 그리스도를 주라 칭하였으니 어찌 그의 자손이 되겠느냐")에 대답하는 데 스무 장을 할애했다. 이에 대한 대답은 예수께서 이스라엘의 왕이시며(and) 동시에 이스라엘의 신적 주시라는 것이다.

시편 110편이 원래의 문맥에서 불가사의하지만, 한 가지 측면만큼은 분명하다. 야웨가 다윗의 "주"를 통해 통치하시고 그의 적들을 정복할 것을 약속하신다는 점이다. 아이러니하기는 하지만, 예수께서 20:47에서 약한 자, 즉 과부를 이용하는 종교 당국에 대해 "더 엄중한 심판을 받으리라"라고 언급하실 때(1:52을 보라) 아마도 하나님께서 "뭇 나라를 심판하여 … 여러 나라의 머리(통치자)를 쳐서 깨뜨리실"(시 110:6) 것이라는 약속을 염두에 두셨을 수도 있다.

이스라엘의 지도자 중 많은 사람은 자신의 경력을 바깥을 바라보며 하나님이 이교도 민족을 처벌해 주시기를 기도하며 보냈다. 그들은 하나님께서 곧 오셔서 자신들을 처벌하실 것이라는 사실을 거의 알지 못했다.

3) 다가오는 이스라엘 성전 파괴(21:1-38)

(1) 한 과부의 헌금(21:1-4)

누가는 마가의 순서를 따라 21:1-4의 과부 헌금 사례를 통해 20:45-47의 서기관에 대한 예수의 정죄와 21:5-36에 나오는 성전 심판을 연결한다(// 막 12:41-13:36). 표면적으로는 그러한 배치가 이상해 보이지만 내러티브의 흐름을 파악하면 누가의 논리는 그대로 유지된다.

과부는 여인의 뜰에 있었을 가능성이 크며 초기 유대 전승에 따르면 거기에는 열세 개의 헌금 모금함(shofar chests) 또는 트럼펫 모양의 금고 상자가 놓여 있었다(m. Sheqal. 6.1-5). 이러한 상자들은 새(bird) 제물, 나무, 유향, "속죄소를 위한 금"(gold for the Mercy seat), 낙헌제(freewill offerings)와 같은 성전과 관련된 다양한 제물을 위한 돈을 모으는 데 사용되었다(m. Sheqal. 6.5).

누가는 그녀가 구체적으로 어떤 제물을 바치고 있었는지 밝히고 있지 않지만, 큰 문제가 되지 않는다. 요점은 그녀가 매우 작은 양을 드렸다는 데 있다(21:2). 그녀가 과부이므로 생계를 유지하는 데 큰 어려움을 겪고 있었을 것이다.

과부의 가난은 "긴 옷을 입고 다니며" "회당의 높은 자리와 잔치의 윗자리"에 앉는 서기관들의 부와 대조된다(20:46). 그들은 "그 풍족한 중에서"(21:4) 성전에 바친다. 여기에는 진정한 희생이 없다. 문제의 핵심은 부자, 특히 종교 당국의 교만이다. 그들의 마음 상태가 겉으로 드러난다. 그들은 자신을 드러내기 위해 부를 사용한다.

그러나 과부는 자기가 가진 적은 것을 사용하여 하나님을 섬긴다. 마음 상태를 볼 때 그녀는 "다른 모든 사람보다 많이" 넣었다"(21:3). 누가는 여기에서 이사야 66:1-2을 명시적으로 암시하지는 않지만, 개념상으로 염두에 두었을 수도 있다.

> 너희가 나를 위하여 무슨 집을 지으랴 … 무릇 마음이 가난하고 심령에 통회하는 … 자 그 사람은 내가 돌보려니와(사 66:1-2).

하나님은 영광을 얻으려는 자들에게는 그의 영광을 숨기시고 그를 섬기는 자들에게는 그것을 값없이 주신다.

(2) 성전에 대한 심판과 인자의 도래(21:5-38)

내러티브는 곧바로 감람산 강화로 전환된다. 아마도 수난 주간의 중반쯤일 것이다. 공관복음 모두 이 단락을 포함하고 있지만, 누가복음만이 예수께서 감람산 강화를 전하는 장소를 생략한다. 마태와 마가는 예수와 제자들이 성전을 떠나 예루살렘 바깥에 있는 감람산으로 간다고 명시적으로 말한다(마 24:1-3// 막 13:1-3). 그러나 누가는 예수의 위치를 모호하게 유지함으로써 19:47 이후로 예수께서 많은 무리를 가르치고 있었던 성전 경내에 독자들의 주의를 집중시킨다. 그는 21:38까지 계속 그렇게 할 것이다.

제자들은 기쁨으로 성전을 "아름다운 돌과 (하나님께 바친) 헌물로(아나데마신[anathēmasin]) 꾸민 것"(21:5)에 대해 말했다. 직접 문맥을 염두에 둔다면 성전도 유대 지도자들처럼 겉으로는 화려하고 아름답다고 결론을 내릴 수 있다(20:46-47). 그러나 영적으로는 성전에서 코를 찌르는 악취가 난다. 누가는 특히 "헌물"에 대해 언급한다. 헌물로 번역된 그리스어 아나테마신은 종종 성전에 바치는 여러 제물과 관련된 문맥에서 발견된다.

1세기 유대 역사가 요세푸스는 재건된 성전이 "훌륭한 장식품으로 멋지게 … 또 성전에 바쳐진 헌물(톤 아마데마톤[tōn anathēmatōn])을 사용하여 매우 웅장하게 장식되었다"라고 자랑한다(Josephus, *J.W.* 7.45; 참조, Josephus,

Ant. 8.99). 앞 단락에서 부자의 헌금(21:1)은 아마도 성전에 바쳐진 "헌물"에 속할 가능성이 크다. 21:5-36에 언급된 이스라엘의 성전에 임할 심판의 약속은 21:1-4에 언급된 부자의 행동과 결부되어 있다.

누가복음의 내러티브 전체는 부자가 하나님이 경멸하시는 부와 권력 등 외적인 면을 자랑한다는 점을 분명하게 보여 준다. 하나님은 1:52-53에서 "권세 있는 자를 그 위에서" 내리치시며 "부자를 빈손으로" 보내신다고 약속하신다. 따라서 누가복음에 따르면 이스라엘 성전에 내리시는 하나님의 심판은 주로(전적으로는 아니지만) 교만과 부의 숭배에서 비롯된다(11:37-54; 13:34-35; 19:41-44).

우리는 감람산 강화를 마태복음 24:1-25:46과 마가복음 13:1-37에서 이미 논하였으므로 이 단락에서는 간략하게만 다루고자 한다. 감람산 강화는 풍부하고 복잡한 표상들로 인해 정확하게 해석하기가 매우 까다롭다는 점을 염두에 두어야 한다. 따라서 우리는 결론을 내릴 때 신중해야만 한다. 제자들은 예수께 두 가지 질문을 제기한다.

> 어느 때에 이런 일이 있겠사오며 이런 일이 일어나려 할 때에 무슨 징조가 있사오리이까 (눅 21:7).

마가와 누가의 이야기에서는 같은 질문을 두 가지 다른 관점에서 하는 것처럼 보인다(막 13:4// 눅 21:7). 첫 번째 질문이 성전 파괴의 시기와 관련된다면 두 번째 질문은 그 시기를 알리는 "징조"(signs)와 관련된다. 이와 대조적으로 마태의 이야기에 나오는 제자들의 두 질문은 두 개의 별개 질문처럼 보이는데 하나가 성전 파괴의 시기에 대한 질문이라면 다른 하나는 세상 끝에 있을 예수의 재림 징조에 대한 질문이다(// 마 24:3).

누가는 다른 두 복음서 저자의 대략적 개요를 따른다.

21:8-19	AD 70년 성전이 파괴될 때까지의 사건들
21:25-36	인자의 도래

누가복음과 다른 두 공관복음 사이의 주된 차이점은 예수의 재림을 예고하는 개별 단락이 없다는 것이다. 마가복음과 마태복음에는 "그러나 그 날과 그때는 아무도 모르나니 하늘의 천사들도, 아들도 모르고 오직 아버지만 아시느니라"(마 24:36// 막 13:32)라는 말로 시작하는 단락이 포함되어 있다. 이 말은 AD 70년에 일어날 성전 파괴를 예고하는 사건들(마 24:15-35// 막 13:14-30)과 예수의 재림(마 24:36-25:46// 막 13:32-36) 사이의 단절을 나타낸다.

몇몇 주석가는 누가복음 21:25-36을 재림에 대한 언급으로 해석하지만, 성전 파괴를 언급하는 것일 수도 있다. 누가의 이야기에는 그러한 장면 전환이 포함되어 있지 않으므로 자료 사용에 있어서 AD 70년에 일어날 성전 파괴에 주로 관심을 가진 것으로 보인다. 즉, AD 70년에 이스라엘에 내린 하나님의 심판은 영원한 새 우주 설립 직전인 역사의 끝에 불신하는 인류에 내려질 심판에 대한 견본(template) 역할을 한다. 그렇다면 어떤 의미에서 우리는 종말론적 일에 지나치게 신경을 쓰고 있는 것일 수도 있다.

21:8-19의 단락은 성전 파괴에 앞서 일어날 사건들, 즉 거짓 가르침(21:8-9), 정치적 불안정(21:9-10), 박해(21:12-19)를 설명하고 있다. 이들 각각은 종말론적 환난의 표현이기는 하지만, 성전의 임박한 파괴를 알리는 표시는 아니다. 전환점은 21:20에 있다.

> 너희가 예루살렘이 군대들에게 에워싸이는 것을 보거든 그 멸망이 가까운 줄을 알라 (눅 21:20).

마태와 마가는 "멸망의 가증한 것"(마 24:15// 막 13:14)이라는 문구와 함께 다니엘 9:27, 11:31, 12:11을 참조문으로 인용한다.

이스라엘은 우상을 숭배하는 성전과 함께 우상을 숭배함으로써 스스로가 가증의 대상으로 변했다(→ 마 24:15). 누가는 이스라엘의 우상 숭배가 아니라 결국에는 예루살렘의 "황폐"로 이어지는 로마의 포위 공격에 초점을 맞춘다. "기록된 모든 것을 이룸"으로써, 즉 몇몇 구약 예언을 성취함으로써 신정국가 이스라엘은 최종 결말에 이르렀다(예컨대, 신 32:35; 렘 46:10; 단 9:26; 호 9:7; 미 3:12).

25절은 우리가 누가의 내러티브에서 지금까지 보았던 내용과 놀랍도록 잘 들어맞는다.

> 일월 성신(해와 달과 별들)에는 징조가 있겠고 땅에서는 민족들이 바다와 파도의 성난 소리로 인하여 혼란한 중에 곤고하리라(눅 21:25).

여기에 사용된 언어는 마태복음 24:29, 마가복음 13:24과 유사하지만, 인자의 도래에 천사의 차원이 있음을 암시한다. 묵시문학, 특히 다니엘서에서 별은 이 땅의 백성이나 민족을 대표하는 천사를 상징한다(예컨대, 삿 5:20; 단 8:10; 10:13, 20-21; 12:1; 계 1:20).

그렇다면 이 개념은 지상에서의 심판이 하늘의 심판을 반영한다는 것이다. 누가복음 21장과 몇 가지 점에서 유사한 요한계시록 12장에서는 이 문제를 어느 정도 명확하게 진술한다.

> 그(용의) 꼬리가 하늘의 별 삼분의 일을 끌어다가 땅에 던지더라 … 하늘에 전쟁이 있으니 미가엘과 그의 사자(angels)들이 용과 더불어 싸울새 용과 그의 사자들(angels)도 싸우나 이기지 못하여 다시 하늘에서 그들이 있을 곳을 얻지 못한지라(계 12:4, 7-8).

요한은 아마도 요한계시록 12장에서 주로 그리스도의 죽음과 부활을 염두에 두고 있을지라도 그 요점은 천사들이 우주 전쟁을 벌이고 있다는 것이다. 지상에서 일어나는 일은 하늘에서의 갈등을 반영한다.

로마 병사들을 통한 인자의 예루살렘 심판은 선한 천사들과 악한 천사들 사이에 벌이는 천상의 전투에 해당하는 것은 아닐까?

이 점은 왜 누가가 그의 내러티브 전반에 걸쳐 천사의 활동을 일관적으로 언급하는지 그 이유를 설명한다(1:11-20, 26-38; 2:9-15; 4:1-13, 33-37; 10:18; → 2:11). 예수는 우주 전체에 평화를 가져오려 하시므로 모든 형태의 대적이 정복되어야 한다.

누가는 예수의 여행 패턴에 대한 간략한 말로 감람산 강화를 끝맺는다.

> 예수께서 낮에는 성전에서 가르치시고 밤에는 나가 감람원이라 하는 산에서 쉬시니 (눅 21:37; 참조, 22:39).

마태와 마가는 수난 주간 동안 예수와 제자들이 베다니에서 묵었다고 언급하고(마 21:17// 막 11:11), 누가는 감람산에서 주무셨다고 말한다. 양 이야기 사이에 모순이 있다고 생각하는 사람도 있을 수 있지만 예수께서 수난 주간 전반에 걸쳐 두 장소에서 밤을 지냈을 가능성이 크다.[27]

4) 마지막 만찬, 예수에 대한 배반, 체포, 재판(22:1-62)

(1) 유다와 종교 당국(22:1-6)

공관복음 모두 유월절이 다가옴에 따라 감람산 강화 이후에 유다와 유대 지도자들의 만남을 다루고 있다(마 26:1-5, 14-16// 막 14:1-2, 10-11// 눅 22:1-6). "대제사장들과 서기관들"이 여전히 예수를 죽일 기회를 찾고 있는 동안(22:2) 유다가 현장에 도착한다. 누가는 유다의 의도를 영적 차원에서 언급하는 유일한 복음서 저자이다.

---

[27] I. Howard Marshall, *The Gospel of Luke: A Commentary on the Greek Text*, NIGTC (Grand Rapids: Eerdmans, 1978), 784.

> 유다에게 사탄이 들어가니 … 유다가 대제사장들과 성전 경비대장들에게 가서 예수를 넘겨줄 방도를 의논하매(눅 22:3-4; 참조, 요 6:70; 13:2).

세 가지 간략한 논점을 차례대로 제시할 수 있다.

첫째, 예수께서 광야의 시험에서 사탄을 물리치시지만(4:1-13), 사탄은 여전히 하나님의 백성을 속이고 억압할 능력이 있다. 광야 시험의 끝부분에 내러티브는 다음과 같이 기록한다.

> 마귀가 모든 시험을 다 한 후에 얼마 동안(적절한 때까지) 떠나니라(눅 4:13).

패배했음에도 불구하고 사탄은 예수의 사역 내내 특히 수난 주간 동안에 활동하고 있었다.

둘째, 사탄이 유다에게 영향을 끼쳤다고 언급함으로써 누가는 다시 한 번 독자들의 주의를 영적 차원으로 돌린다. 영적 차원과 육체적 차원이 서로 얽혀 있다.

셋째, 사탄이 유다에게 들어가 예수를 배반하려는 그의 결정에 영향을 끼쳤을지라도 여전히 그런 결정에 대한 책임은 유다에게 있다. 이 점은 22:22에서 분명하게 나타난다.

> 그[예수]를 파는 그 사람[유다]에게는 화가 있으리로다(눅 22:22; 참조, 6:16; 행 1:16-20; 2:23).

사탄과 유다 둘 다 예수의 죽음에 대한 책임이 있다.

(2) 마지막 만찬(22:7-38)

아마 목요일 밤 예수와 열두 제자는 예루살렘에서 유월절을 지킨다(→막 14:12-31). 베드로와 요한이 예수의 지시에 따라 유월절 식사를 준비한 후(22:8-13), 그들은 모두 다락방에서 식탁에 기대어 앉는다(22:14). 우리가 이미 살펴본 것처럼 식탁 교제는 누가복음에서 중요한 역할을 한다.

예수의 사역 초기에 그는 레위(또는 마태)의 집에서 식사하시며 "큰 잔치"를 즐기신다(5:29). 그는 세 번에 걸쳐 바리새인들과 식사를 나누시고(7:36-50; 11:37-54; 14:1-24), 오천 명을 먹이시며, 잔치와 연회를 특징으로 하는 몇 가지 비유와 말씀을 전하신다(13:29; 14:7-14, 16-24; 15:22-32). 그렇다면 유월절 만찬은 이런 모든 모임의 절정일 것이다.

예수는 제자들에게 자신이 "이 유월절 먹기를 원하고 원하였노라"라고 말씀하신다. 왜냐하면, "그것[유월절]이 하나님의 나라에서 이루기까지" 마지막 유월절이 되기 때문이다(22:15-16). 몇 구절 뒤에서 그는 다음과 같이 설명하신다.

> 내가 이제부터 하나님의 나라가 임할 때까지 포도나무에서 난 것을 다시 마시지 아니하리라(눅 22:18).

유월절 만찬은 단순히 예수의 속죄 죽음을 예기하는 것일 뿐만 아니라 새 창조 안에서 그의 제자들과 함께 풍성한 교제를 예시해 주는 사건이다(22:29-30; 사 25:6-8; 계 19:9). 예수께서 그의 제자들 및 따르는 자들과 함께 식사하실 때마다 그들은 장차 새로운 우주에서 누릴 즐거움을 미리 맛보게 된다(행 2:42; 20:7).

마태와 마가의 내러티브 앞부분에 나오는 단락(마 19:28; 20:24-28// 막 10:41-45)에서 제자들은 앞서 나가서 영원한 하나님 나라에서 누가 "크냐"를 두고 말다툼을 벌인다(22:24). 예수께서 섬김의 상징적 행위로 제자들의 발을 씻기신 후 고별 설교(Farewell Discourse, 요 13:1-17:26)를 전하시는 때가 바로 이 시점이었을 것이다. 여하튼 제자들은 예수(와 그들)가 고난을 받아야 한다는 점을 여전히 파악하지 못하고 있다(22:27).

제자들이 신실하게 박해를 견뎌 낸다면 하나님 나라를 상속받을 것이다. 인자의 신실하심으로 인한 다니엘 7:13-14, 22, 27의 성취로 옛적부터 항상 계신 분이 그에게 하나님 나라를 넘겨 주실 것이다. 또한, 제자들의 신실함을 통해 인자는 그들에게 자신과 함께 다스릴 권한을 부여하실 것이다(22:29; 참조, 12:32; 계 3:21).

밤이 더 깊어짐에 따라 예수는 식사 중에 베드로에게 "사탄이 너희를 밀 까부르듯 하려고 요구하였다"라고 밝히신다(22:31). 사탄은 배회하고 있으며 그의 중요한 특징 중 하나는 하나님의 백성이 실제로는 옳은데도 잘못이 있다고 고발하는 일이다. 고전적 예가 욥이 궁극적으로 불의하다고 판단하기 위해 욥을 시험하게 해 달라는 사탄의 요청이다(욥 1:11; 2:5; 참조, 슥 3:2; 유 7).

결국, 욥은 극심한 역경에도 불구하고 자신의 믿음을 지킨다. 사탄이 하나님 앞에서 욥을 거짓으로 고발한 것과 비슷하게 사탄은 제자들을 "밀 까부르듯" 체질하여 모든 제자의 믿음을 깨뜨려 하나님의 정죄를 받게 해 달라고 공식적으로 요청한다.

사탄은 유다의 경우에는 성공하지만(22:3) 다른 열한 명의 제자들은 어떤가?

그들은 왜 사탄의 유혹에 굴복하지 않는가?

그들의 안전은 제자들을 위한 예수의 제사장적 중보기도(intercession)에 놓여 있다. 베드로를 부르시고 구원하시는(5:1-11) 예수가 그를 따르는 자들의 믿음을 지키시는 바로 그 예수이시다(요 17:9-15; 롬 8:33-34을 보라). 예수는 베드로에게 그의 "믿음이 떨어지지 않도록" 그를 위해 기도한다고 안심시키신다(22:32). 베드로는 자신의 믿음을 과신한 나머지 무슨 일이 있어도 예수를 따를 것이라고 맹세한다(22:33). 그러나 이 약속은 곧 깨지고 말 것이다(22:54-62).

독특하게도 누가만이 예수께서 제자들에게 길을 떠날 준비를 하고 칼을 사라고 명하시는 장면을 언급한다(22:36; 참조, 10:4// 마 10:9-10// 막 6:8). 여기에서 물리적 검은 "준비"(preparedness)를 비유적으로 표현한 것이다.[28] 예

---

28 James R. Edwards, *The Gospel according to Luke*, PNTC (Grand Rapids: Eerdmans, 2015), 640.

수께서 이사야 53:12의 성취로 "불법자의 동류로 여김을" 받고 있기 때문이다(22:37). 제자들은 다가오는 박해에 대비해야 한다. 이사야 53장의 인용은 중요한데 이는 누가복음에 나오는 이사야의 네 번째 종의 노래에 대한 유일한 명시적 언급이기 때문이다(사 52:13-53:12; 참조, 행 8:32-33; 벧전 2;22-25).

속죄 교리가 누가-행전에서 확실히 식별되기는 하지만 내러티브의 주요 특징은 아니다. 따라서 누가가 예수의 정체성을 이사야의 고난받는 종으로 언급하는 것은 고려할 만한 가치가 있다. 여기에서 예수는 분명히 이사야의 고난받는 "종"(파이스[pais]; 사 52:13)과 동일시되지만, 그의 제자들 또한 그를 주저 없이 "주"(퀴리오스[kyrios], 22:33, 38)라고 부르기도 한다. 그렇다면 예수는 인성으로는 그의 백성의 죄를 대신해서 속죄하는 이사야의 고난받는 종이면서 동시에 신성으로는 그들을 영적 포로 상태에서 구원하시는 이스라엘의 주시다.

(3) 겟세마네와 공회 앞에서의 재판(22:39-62)

예수는 목요일 늦은 밤 겟세마네 동산에서 기도하기 위해 감람산으로 떠나신다(22:39// 마 26:36-56// 막 14:32-52). 예수께서 제자들에게 기도하라고 명하시고 자신을 아버지의 뜻에 복종시키신 후(22:40-42), "천사가 하늘로부터 예수께 나타나 힘을" 북돋아 드렸다(22:43). 하나님께서 시편 91:11-12의 성취로 "그 사자들(천사들)을 명하사 그를 지키게" 하시도록 (4:10) 마귀가 예수를 시험하여 성전 꼭대기에서 뛰어내리도록 유혹한 것은 우연이 아닐 수도 있다.

시편 91편에 따르면, 하나님은 "지존자의 그늘 아래에" 머무르며 하나님을 "의뢰"하는 의인을 위하여(시 91:2) 천사의 보호를 제공하신다. 예수는 눈앞에 닥친 상상할 수 없는 공포에도 불구하고 겟세마네에서 아버지를 분명하게 신뢰하시므로 이 비범한 통찰은 시편 91편을 암시할 수도 있다(참조. 70인역 신 32:43; 삿 6:12, 14; 단 10:18-19).

예수께서 감람산 기슭에 있는 겟세마네에서 기도하시는 동안 유다는 유대 당국과 병사 무리를 이끌고 입맞춤으로 예수를 배반한다(22:47-48). 예수는 그들에게 자신이 성전에서 공개적으로 가르치고 있을 때 왜 체포하지 않았는지 묻는다. 그런 다음 지금은 그들의 "때", 즉 어둠이 다스리는 (어둠의 권세의) 때라고 설명하신다(22:53).

이는 유다, 병사, 종교 지도자들이 사탄의 왕국에 속해 있다는 개념이다. 이 표현은 에베소서 6:12의 내용과 유사하다.

> 우리의 씨름은 혈과 육을 상대하는 것이 아니요 통치자들과 권세들(타스 엑수시아스[*tas exousias*])과 이 어둠(투 스코투스[*tou skotous*])의 세상 주관자들과 하늘에 있는 악의 영들을 상대함이라(엡 6:12; 참조, 행 26:18; 골 1:13).

이 내러티브에서 물리적 어둠(목요일 늦은 저녁)과 비유적 어둠이 결합한다.

이어지는 다음 부분에서는 베드로가 대제사장의 궁전 뜰에서 예수를 세 번 부인하는 내용을 상세하게 서술한다(22:54-62// 마 26:69-75// 막 14:66-72// 요 18:15-18, 25-27).

요한복음에서는 안나스의 궁전에서 예수를 비공식적으로 심문한 것을 기술하고 (요 18:13-24), 공관복음에서는 공회 앞에서 두 차례에 걸쳐 재판 받는 장면을 제공한다. 한 번은 자정이 지난 후 가야바나 안나스의 궁전에서(마 26:59-66// 막 14:55-64) 있었고, 또 한 번은 금요일 이른 아침에 아마도 예루살렘 성전의 다듬어진 돌의 전당(Hall of Hewn Stone)에서 가야바가 주재했을 것이다(22:66-71).

유대의 법에 따르면 정식 재판은 반드시 낮에 열려야 한다.

중대 사건의 경우 그들(재판관들)은 낮에 사건을 심리하고 낮에 마무리해야 한다(m. Sanh. 4.1).[29]

이 점이 누가가 22:66에서 "날이 새매"라는 말로 재판을 시작하는 이유를 설명해 준다. 공회는 최초의 심문(// 마 26:66 // 막 14:64)에서 예수를 신성모독죄로 유죄 판결하여 단지 공식적으로 그를 기소하여 빌라도에게 넘기려고 한다. 그들은 예수께서 로마에 대한 반역죄로 유죄 판결을 받을 수 있도록 그에게 메시아인지 묻는다(22:67a).

22:67b-68에 나타난 예수의 응답은 두 가지이다. 먼저 그는 자신의 메시아 정체성을 묻는 그들의 질문에 직접 대답하지 않으시고, 단지 그들이 확실히 그를 "믿지 아니할" 것이라고만 말씀하신다. 한편으로 그들은 우상 숭배로 인해 그의 정체를 완전히 파악하지 못하고 그를 신뢰할 수 없다. 죄가 그들의 마음을 완고하게 했다. 다른 한편으로 예수는 오랫동안 기다려 온 메시아이시며 여러 번 그것을 입증하셨지만, 그의 메시아적 주장은 그들의 기대를 뛰어넘는다.

예수는 그들이 자신의 메시아적 정체성을 파악할 수 없다고 표명하신 후 나중에 "인자가 하나님의 권능의 우편에 앉게" 될 것이라(22:69)고 주장하신다. 두 개의 구약 본문, 즉 다니엘 7:13-14과 시편 110:1이 떠오른다. 이 두 구절을 언급하심으로써 예수는 자신이 단순히 이스라엘의 메시아만이 아니라 이스라엘의 신적이고 선재하는 주(Lord)라고 주장하신다(→ 마 26:64).

이어서 공회는 예수께 자신이 "하나님의 아들"인지 확인해 달라고 요청한다. 천사 가브리엘이 마리아에게 그녀가 "하나님의 아들"이라 불리실 "지극히 높으신 이의 아들"을 낳을 것이라고 알린 이후(1:32, 35), 누가복음에 나오는 "하나님의 아들"의 모든 용례는 악마의 활동 문맥에서 나타난다.

---

29 Jacob Neusner, ed., *The Mishnah: A New Translation* (New Haven: Yale University Press, 1988).

마귀가 이르되 네가 만일 하나님의 아들이어든 이 돌들에게 명하여 떡이 되게 하라 (눅 4:3).

(마귀)가 이르되 네가 만일 하나님의 아들이어든 여기서 뛰어내리라(눅 4:9)

귀신들이 나가며 소리 질러 이르되 당신은 하나님의 아들이니이다(눅 4:41)

예수를 보고 부르짖으며 그 앞에 엎드려 큰 소리로 불러 이르되 지극히 높으신 하나님의 아들 예수여 당신이 나와 무슨 상관이 있나이까(눅 8:28).

이 "하나님의 아들"이라는 칭호는 상상할 수 있는 가장 높은 위치, 즉 만물의 통치자를 의미하는 칭호이다. 이 칭호는 예수의 우주적 권위를 언급하는 것이므로 마귀와 그의 귀신들의 입술에서 발견할 수 있다. 그렇다면 하나님의 아들이 된다는 말은 하나님의 보좌에서 통치한다는 의미이다. 이 통치는 모든 물리적이고 영적인 권위 위에 군림하는 통치이다. 공회는 예수께서 참으로 그러한 권위를 가지고 있다고 믿지는 않지만, 악한 세력들은 어느 정도 예수의 주장이 무엇을 의미하는지를 이해하고 있다.

5) 예수에 대한 판결, 죽음, 매장(23:1-56)

(1) 빌라도와 헤롯 앞에서의 예수(23:1-25)

유대 지도자들은 성전의 다듬어진 돌의 전당을 떠나 예수를 빌라도가 유월절 동안 거주하는 상부 도시에 있는 브라이도리온(Praetorium, 또는 궁전)으로 호송한다(23:1// 마 27:11-44// 막 15:1-32// 요 18:19-24).

그들이 도착하자 대제사장들은 예수께서 "자칭 왕 메시아/그리스도"(23:2)라고 주장한다고 말하면서 공식적으로 예수를 고소한다. 누가복음은 독특하게도 예수를 "백성을 미혹하고(전복하고)" "가이사에게 세금 바치는 것"을 금한다고 언급한다. 후자의 고발은 20:20-26의 세금 납부에 대한 논쟁에 비추어 볼 때 그리 놀랄 일은 아니다. 그러나 전자의 고발은 놀랍다.

그들은 예수께서 이스라엘 백성을 "선동"하여 반역을 일으키도록 부추기는 자라고 고발한다(23:5, 14). 여기에 사용된 표현은 거짓 선생이나 속이는 자를 연상하게 한다(70인역 민 32:7; 왕상 18:17-18; Sus. 9장; 또한, 1 En. 99:2; T. Jud. 14:1도 보라). 외관상 대제사장들은 "종교적이고 정치적인 관심사를 통합한다."[30] 그들에 따르면, 예수의 거짓 가르침은 로마와 대립하는 자신의 왕국을 세우려고 시도하는 방식이다.

빌라도가 심사숙고하면서 예수를 개인적으로 직접 면담한다.

> 네가 유대인의 왕이냐(눅 23:3a).

이에 대해 예수는 다음과 같이 대답한다.

> 당신이 그렇게 말했소(눅 23:3b, 개역개정에는 "네 말이 옳도다"라고 번역됨-역주).

빌라도는 예수께서 위협적 인물이라는 점을 납득할 수 없었으므로 대제사장들에게 "이 사람에게 죄가 없도다"라고 말한다(23:4). 지도자들은 쉽게 포기할 마음이 없으므로 예수께서 "갈릴리에서부터 시작하여 여기까지 와서"(23:5) 체계적으로 이스라엘을 속여 왔다고 더욱더 강하게 압박한다.

당시 갈릴리는 로마의 직접 통치 아래 있지 않았다. BC 4년 이후로 갈릴리와 베레아를 다스렸던 헤롯 안디바(Herod Antipas)가 유월절을 지키기 위해 예루살렘의 하스모니아 궁전에 머물고 있었다. 따라서 빌라도가 폭도로 일컬어지는 이 인물에 대해 헤롯과 의논하는 것은 일리가 있다. 예수는 그의 생애 대부분을 갈릴리에서 보냈기 때문이다. 예수께서 로마에 위협적 인물인지 아닌지를 알아야 할 사람이 있다면 그것은 바로 헤롯이다.

---

30 Eckhard J. Schnabel, *Jesus in Jerusalem: The Last Days* (Grand Rapids: Eerdmans, 2018),282.

그 후 대제사장들과 병사들은 헤롯에게 심문을 받도록 예수를 그 궁전으로 데리고 가는데 이 심문은 누가복음에만 나오는 독특한 사건이다. 예수는 갈릴리에서 몇 년 동안 사역을 하면서 보내지만 두 사람은 한 번도 얼굴을 맞대고 만난 적이 없다. 헤롯은 예수께서 "이적 행하심을 볼까" 하고 바랐다(23:8). 의심할 바 없이 헤롯은 예수의 유명한 기적에 대해 들었고 아마도 그는 즐기고 싶은 기분이었을 것이다.

그러나 예수는 다른 사람의 일시적 기분에 따라 움직이는 서커스 구경거리가 아니다. 그는 심문이 진행되는 동안 침묵으로 일관하셔서 헤롯의 불쾌감을 샀다. 그 결과 헤롯은 예수께 "빛난 옷을 입혀" 그를 조롱하도록 병사들에게 명한다(23:11). 여기서 우리는 아이러니를 주목하지 않을 수 없다. 예수를 왕으로 조롱함으로써 그들은 무의식적으로 왕으로서 그의 지위를 긍정한다. 예수께서 선동자라는 사실을 확신하지 못한 채 헤롯은 예수를 다시 빌라도에게 돌려보낸다.

배경은 다시 브라이도리온 밖으로 바뀌어 빌라도가 대제사장들 앞에 서 있다. 그는 유대 지도자들에게 자신과 헤롯이 "이 사람에게서 죄를 찾지 못하였다"라고 선언한다(23:14-15a; 참조, 행 3:13). 유월절에는 죄가 있는 개인을 풀어 주는 것이 관례였는데, 빌라도는 아마도 지도자들이 로마에 대해 살인과 폭동을 저지른 바라바(Barabbas)보다 예수를 풀어 주기를 더 원할 것으로 생각한 것 같다(23:19). 그러나 그가 틀렸다. 빌라도는 계속해서 예수를 풀어 주려고 시도하지만, 유대 지도자들과 무리가 그의 손을 강요한다.

> 빌라도가 그들이 구하는 대로 하기를 언도하고 ⋯ 예수는 넘겨 주어 그들의 뜻대로 하게 하니라(눅 23:24-25).

(2) 십자가에 못 박힌 무고한 자(23:26-43)

누가는 골고다, 즉 "해골이라 하는 곳"(23:33)으로 가는 예수의 여정 일부를 서술한다. 아마도 이 사건의 목격자일 구레네 시몬이 예수를 위해 십자가를 지고 갈 때 무리, 특히 "그를 위하여 가슴을 치며 슬피 우는 여자의 큰 무리"가 예수를 따른다(23:27; 참조, 8:52; 슥 12:10-14).

누가복음의 시작 부분에서 여인들은 예수께서 이스라엘의 적들을 정복할 것이기에 그의 탄생을 매우 기뻐한다(1:42; 2:10, 38). 그러나 지금은 예수 자신이 정복되고 있는 것처럼 보인다. 그러나 예수는 그들의 슬픔에 다시 초점을 맞추신다.

> 나를 위하여 울지 말고 너희와 너희 자녀를 위하여 울라(눅 23:28).

23:28-31의 표현은 앞서 예수께서 예루살렘에 내릴 하나님의 심판에 대해 말씀하신 내용과 일치한다(19:41-44; 21:20-36).

예수는 왜 골고다로 가시면서 이스라엘의 심판 문제를 제기하시는 것일까?

그 대답은 그의 사역 전반에 걸쳐 하신 이스라엘 민족 및 그 지도자들과의 교류에서 찾을 수 있는데, 악한 포도원 농부 비유(20:9-18)에서 그 절정에 이른다. 이스라엘 백성의 대다수가 그들의 왕과 구원자 되신 예수를 거부하므로 하나님께서 그들에게 진노를 쏟아부으실 것이다.

골고다에서 예수는 두 범죄자 사이에서 십자가에 못 박히심으로써 오랫동안 기다려 온 다윗의 자손이요 "불법자의 동류로 여김을 받는"(22:37) 이사야의 고난받는 종으로서 그의 역할을 성취하신다(// 마 27:45-56// 막 15:33-39// 요 19:29-30). 누가는 십자가 위에서 그가 하신 말씀을 다음과 같이 기록한다.

> 아버지 저들을 사하여 주옵소서 자기들이 하는 것을 알지 못함이니이다(눅 23:34).

예수께서 드린 이 기도의 뉘앙스를 완전히 파악하기는 어렵지만, 그 기도의 취지는 이스라엘, 그 지도자들, 로마 병사들, 그리고 빌라도가 예수의 정체를 완전히 이해하지 못한다는 점이다. 만일 그들이 알았더라면,

"영광의 주를 십자가에 못 박지 아니하였을" 것이기 때문이다"(고전 2:8; 참조, 행 3:17). 그래서 예수는 하나님께서 그들에게 어느 정도의 자비를 베푸시기를 기도하신다. 누가복음의 속편인 사도행전에서는 예수의 용서하시는 마음을 그의 신실한 증인인 스데반을 통해 반영할 것이다. 자신을 살해하는 자들을 위한 스데반의 기도는 예수의 기도를 반향한다(행 7:60).

세 번째 복음서는 예수와 범죄자들 사이의 논의를 서술한다. 범죄자 중 한 명은 예수를 조롱하는 반면(23:39), 다른 한 명은 조롱하는 자를 질책하며 자기들 두 사람은 받아야 할 벌을 받고 있음을 인정한다. 반면에 예수는 "옳지 않은 것이 없느니라"라고 선언한다(23:41).

그런 다음 그 범죄자는 예수께 고개를 돌려 그의 "나라"에 임하실 때 자기를 "기억"해 주시길 요청한다(23:42). 그렇게 함으로써 그 범죄자는 예수께서 진정 자신이 주장하시는 바로 그이시며 모든 혐의에 대해 결백하다는 점을 인정한다. 예수는 그의 요청을 들어주신다.

> 내가 진실로 네게 이르노니 오늘 네가 나와 함께 낙원(파라데이소[*paradeisō*])에 있으리니 (눅 23:43).

"낙원"(파라데이소스[*paradeisos*])이라는 용어는 종종 하나님께서 아담과 하와와 친밀하게 거하시는 에덴동산을 가리킨다(예컨대, 70인역 창 2:8, 9, 10, 15, 16; 겔 28:13; 또한, 1 En. 20:7; 32:3; Sib. Or. 1:24, 26, 30을 보라).

그렇다면 왜 예수께서 천국을 지상의 에덴동산으로 언급하시는가?

대답은 동산과 하늘에 계신 하나님의 임재 사이의 관계에 있다.

에덴동산은 지상에 있는 하나님의 성소이며 그 자체로 우주의 축소판이다. 23:43에 관한 주석에서 빌(G. K. Beale)은 다음과 같이 말한다.

> 그와 믿는 범죄자가 죽은 직후에 '낙원(또는 동산)'에 함께 있을 것이라는 말은 … 예수의 죽음이 사실상 새로운 창조의 에덴으로 이어지는 통로였으

며 외관상 최초의 동산 성소의 의도를 이행하기 시작했음을 암시한다.[31]

다시 말해서 예수는 그 범죄자에게 영원한 새 우주에서 가질 친밀한 교제를 약속하신다(고후 12:3-4; 계 2:7). 그러한 약속은 누가복음에 나오는 외부인들과 교제하시는 예수의 더 큰 특권에 비추어 이해되어야 한다. 회개와 예수에 대한 믿음은 세리들, 여인들, 죄인들, 그리고 지금 한 폭도가 새 시대에서 하나님의 임재를 누리는 방식이다. 몇 장 앞에서 예수는 삭개오에게 자신이 "오늘" 그의 "집"에 유할 것이라고 약속하신다(19:5). 이제 예수는 한 폭도에게 그가 "오늘" 하나님의 하늘 집에 거할 것이라고 약속하신다.

(3) 예수의 죽음과 매장(23:44-56)

새 창조의 출현과 옛 우주의 파괴는 누가의 내러티브에서 계속된다. 그는 "온 땅에" 어둠이 임하고 해가 빛을 잃은 사건을 성소 휘장이 찢어진 사건과 함께 언급하는 유일한 복음서 저자이다(23:44-45). 성전의 멸망은 우주의 멸망과 평행을 이룬다(→ 막 15:33-41). 예수는 "아버지 내 영혼을 아버지 손에 부탁하나이다"라고 외치시며 심지어 죽는 순간까지도 아버지의 뜻에 복종하신다는 사실을 보여 준다(23:46). 그의 사역의 모든 지점에서 처음부터 끝까지 예수는 아버지의 주권적 손에 자신을 맡긴다(3:21; 4:1-13; 5:16; 6:12; 9:29; 22:39-46).

세상의 관점에서 보면 하나님의 계획은 혼란에 빠진 것처럼 보인다. 메시아가 하나님의 저주를 받았고 유대와 로마의 지도자들이 그를 침묵시키는 데 성공했으며 귀신들이 승리에 기뻐한다. 그러나 이것이 정확히 하나님께서 의도하신 역사 전개의 방식이다. 십자가 처형의 직접 결과는 23:47에 나타난 백부장의 회심이다.

---

31 G. K. Beale, *The Temple and the Church's Mission: A Biblical Theology of the Dwelling Place of God*, NSBT 17 (Downers Grove, IL: InterVarsity, 2004), 190.

> 백부장이 그 된 일을 보고 하나님께 영광을 돌려 이르되 이 사람은 정녕 의인이었도다 하고(눅 23:47).

공관복음서 모두 백부장의 반응을 기록하고 있지만, 누가의 내러티브에는 유일하게 그가 "하나님께 영광을 돌렸다"(하나님을 찬양했다)라는 언급이 나온다. 내러티브 전반에 걸쳐 개인이 기적이나 비범한 사건을 경험할 때 이와 같은 반응이 울려 퍼지며(2:20; 4:15; 5:25-26; 7:16; 13:13; 17:15; 18:43), 하나님이 참으로 일하고 계신다는 사실을 드러낸다. 그래서 백부장이 감격에 넘쳐 찬양으로 반응할 때 그는 십자가의 외형 너머를 보며 그것이 무엇인지 이해한다. 즉, 예수 안에 나타난 하나님의 비할 데 없는 지혜와 구원을 깨달은 것이다(고전 1:18을 보라).

내러티브는 빌라도에게 예수의 시신을 달라고 요청하는 아리마대 요셉의 이야기로 넘어간다(23:50-54// 마 27:5-61// 마 15:42-47// 요 19:38-42). 공회의 저명한 회원인 요셉은 믿는 유대인의 남은 자를 상징한다(→ 요 19:38). 빌라도는 그 요청을 승인하고 예수의 시신은 요셉의 개인 무덤에 안치된다. 금요일의 해가 거의 지고 안식일이 막 시작되려고 한다.

이 단락의 마지막 부분에서 누가는 "갈릴리에서 예수와 함께 온 여자들이 뒤를 따라 그 무덤과 그의 시체를 어떻게 두었는지를" 보았다고 언급한다(23:55). 또한, 같은 그룹의 여인들은 이전 단락에서 십자가 처형을 "멀리 서서" 바라보고 있었다(23:49). 그중 일부는 24:10에 이름이 언급되어 있다. 그들 중에는 아마도 8:1-3에서 언급된 여인들도 포함되어 있을 것이다.

요점은 이 여인들이 예수의 많은 기적을 목격했고 그의 사역 전반에 걸쳐 여러 시점에서 그들 따랐다는 것이다. 그들은 유월절을 지키기 위해 예루살렘으로 올라가는 여정에도 그와 동행하고 그의 십자가 죽음도 목격하며 이제는 요셉의 무덤까지 그의 시신을 몰래 따라간다. 예수에 대한 그들의 헌신은 타의 추종을 불허한다.

6) 부활, 엠마오로 가는 길, 그리고 승천(24:1-53)

(1) 부활(24:1-12)

누가는 다른 복음서와 유사하게 예수의 부활을 기록한다(24:1-12// 마 28:1-8// 막 16:1-8// 20:1-18). 주일 아침 일찍 예수의 시신에 기름을 바르려고 무덤에 간 여인들은 돌이 "무덤에서 굴려 옮겨진 것"을 발견한다(24:2). 그들이 안으로 들어가지만 "주 예수의 시체"를 찾을 수 없다(24:3). 마가의 이야기에서는 "예수의 시신"(막 16:1, 개역개정에는 "예수"로 번역됨-역주)으로 표현하지만, 누가는 다시 한번 독자들의 관심을 이스라엘의 "주"이신 예수께로 돌린다(참조, 요 20:2).

그런 다음 이야기는 "찬란한 옷을 입은" 두 인물을 소개한다(24:4; 참조, 행 1:10). 그들이 입은 흰옷은 아마도 천상의 기원을 반영하는 것 같다(→ 마 28:2). 그들은 가브리엘처럼 성도들을 대표하며 하나님의 보좌 앞에 서 있으므로 흰옷을 입고 있다(1:19; 참조, 행 10:4; 계 4:4).

하나님의 전령으로서 그들은 예수를 "살아 있다" 또는 더 낫게는 "살아 있는 자"(톤 존타[ton zōnta], 24:5)라고 말한다. 요한계시록 1:18에서도 예수를 "죽었었지만" 이제 "사망과 음부의 열쇠를 가진" "살아 있는 자"(호 존[ho zōn])로 밝힌다. 예수의 시신은 단순히 소생되는 것이 아니라, 물리적으로 새 창조를 시작한다.

예수께서 죽음과 부활에 관한 예언을 실제로 성취하셨다고 믿은 후(24:8; 참조, 9:22, 44; 18:32-33) 여인들은 그의 부활을 제자들과 다른 사람들에게 알린다(24:9-10). 그러나 제자들은 여전히 예수의 부활에 대해 회의적이다. 베드로가 무덤으로 달려가지만, 예수의 시신을 감았던 "세마포"만 발견할 뿐이다(24:12; 참조, 23:53).

(2) 엠마오로 가는 길(24:13-35)

누가의 가장 잘 알려진 단락 중 하나는 예루살렘에서 엠마오로 가는 두 제자에 대한 독특한 이야기이다. 누가는 "그날에"라는 문구로 이 여정의 시간을 표시한다(24:13; 참조, 23:12).

무슨 요일?

여인들이 빈 무덤을 발견한 주일이다(24:1-8). 엠마오의 정확한 위치에 대해서는 두 가지 옵션이 제안되었으며(Josephus, *Ant.* 12.306; Josephus, *J.W.* 5.42를 보라), 주석가들이 어느 쪽이 맞는지 확신하지 못하지만, 요점은 누가가 이 사건을 하나의 여행으로 구성한다는 점이다.

누가 내러티브의 삼분의 일 이상을 차지하는 예루살렘으로의 여정(9:51-19:27)은 하나님 나라로 들어가기 위한 가르침, 대결, 부름의 기간이다. 엠마오로 가는 여정은 누가복음의 정점인데 예수의 경력을 구약과 일치시키고 독자들이 예수의 사역 전체를 파악하도록 손짓하기 때문이다. 한마디로 엠마오로 가는 길은 예수의 삶, 죽음, 그리고 부활이 어떻게 구원사 전체를 성취하는지를 가시적으로 보여 준다. 즉, 누가가 그의 복음서 서문에서 약속한 바로 그 일을 보여 준다(1:1-4).

여행하는 두 제자는 열한 제자와는 구별되는 것처럼 보인다(24:33; 참조, 24:9). 누가는 그중 한 사람의 이름을 글로바라고 밝히지만 다른 한 사람의 이름은 밝히지 않는다(24:18). 글로바는 아마도 이 사건을 누가에게 알려 준 목격자가 되었을 것이다(1:2). 이 두 조연 인물은 누가의 청중을 상징할 수 있는데, 그의 독자들이 예수의 죽음과 부활을 구약의 기대와 조화시키기는 어려울 것이기 때문이다.

구약이 그의 사역, 죽음, 부활을 예견한다면 이스라엘과 그 지도자들이 왜 자신들이 기대하고 있었던 바로 그를 단호하게 거부했을까?

누가는 그 두 사람이 "이 모든 된 일을 서로 이야기"하고 있었다고 말한다(24:14). 길에서 예수는 두 사람에게 가까이 오셨지만, 그들은 그를 알아보지 못했다. "그들의 눈이 가리어져" 있었기 때문이다(24:16). 그들이 알아보지 못한 이유는 아마도 영적 완고함 때문일 것인데, 예수는 이것을 성경이 말한 내용을 마음에 더디 믿는 상태로 진단하신다(24:25). 그러나 궁극적으로는 하나님께서 예수의 정체에 대한 완전한 이해를 유보하셨다.

두 제자는 예수의 기적을 목격하고 수많은 비유를 들었지만 아직 그의 정체를 온전히 파악하지 못했다. 두 사람은 예수의 부활에 대한 여인들의 보고를 불신하고(24:11) 궁극적으로는 예수의 반복된 수난 예고(9:22, 44; 12:50; 13:32-33; 17:25; 18:32-33; 참조, 24:44)를 믿지 않은 자들 가운데 하나로 보인다. 24:17에 나타난 그들의 낙심한 태도가 그들의 마음 상태를 나타낸다.

모든 희망이 사라졌다. 우리는 누가의 내러티브에서 근본 문제에 도달했다. 예수는 그의 사명을 그의 부활에 걸었다. 그가 부활하지 않는다면 구원도 없고, 유대인과 이방인에 대한 죄 용서도 없으며 종말론적 이스라엘의 회복도 없다. 기뻐할 것도 없고 하나님 나라도 없으며 메시아도 없다. 인자로서의 성공도 없고 첫 번째 아담의 실패에 대한 어떤 회복도 없으며 구약 약속에 대한 성취도 없다.

예수는 두 제자에게 무슨 이야기를 하고 있는지 물으신다. 놀랍게도 그는 지난 며칠 동안 예루살렘에서 일어난 일을 알지 못한다. 24:19-24에서 두 제자는 예수의 행적, 특히 수난 주간에 대해 말한다. 그들은 그가 "하나님과 모든 백성 앞에서 말과 일에 능하신 선지자"였고(행 7:22 참조), 유대 지도자들이 그를 "사형 판결에 넘겨 주어 십자가에 못" 박았으며, 자신들은 그가 "이스라엘을 속량할 자"라고 믿었다고 고백한다(24:19-21).

예수에 대한 제자들의 평가가 전혀 틀린 것은 아니다. 실제로 그들은 예수의 정체성에 대한 몇 가지 중요한 측면을 지적한다. 예수는 강력한 선지자이시며(4:14, 24; 행 2:22), 유대 지도자들이 그를 배반했다는 것이다(눅 23:1-2). 그러나 그들은 고난을 받으며 하나님의 저주를 짊어지는 메시아가 아니라 자신들을 로마로부터 해방할 메시아를 원한다. 더욱이 두 사람은 성육신하신 이스라엘의 주로서 예수에 대해 언급하지 않는다.

예수는 그들의 평가에 대해 다음과 같이 강력하게 반응하신다.

> 이르시되 미련하고 선지자들이 말한 모든 것을 마음에 더디 믿는 자들이여 그리스도가 이런 고난을 받고 자기의 영광에 들어가야 할 것이 아니냐 하시고 이에 모세와 모

든 선지자의 글로 시작하여 모든 성경에 쓴 바 자기에 관한 것을 자세히 설명하시니라 (눅 24:25-27).

여기에서 풀어야 할 문제가 많지만 두 가지 요점으로 제한할 것이다.

첫째, 마가(정도가 덜하긴 하지만 마태도)는 그의 이야기 전반에 걸쳐 제자들의 영적 완고함을 강조한다. 열두 제자는 예수의 정체와 종말론적 하나님 나라의 본질을 완전히 인식하지 못한다(→ 마 13:1-52과 막 4:1-34). 그러나 누가는 8:10에서 이사야 6:9을 인용하지만, 그의 복음서 마지막까지 제자들의 무지를 적용하기를 자제한다.

물론 무지한 측면도 있지만(9:45을 보라) "보는 것"과 굳은 "마음"이라는 명시적 완고함의 언어와 제자들과 관련된 이사야 6장과의 연관성이 세 번째 복음서에는 24장에 이르기까지 눈에 띄게 없다. 이런 점에서 24:16, 25, 31, 32, 45에 등장하는 지각 동사는 주목할 만하며 이사야의 핵심 구절에 나온 비판적 구절을 상기시킬 가능성이 있다(사 6:9-10을 인용하는 행 28:26-27을 보라).

둘째, 제자들의 무지는 구약을 잘못 해석한 데서 비롯된다. 이는 단지 몇몇 구약 구절만이 아니라 구약 전체를 잘못 해석한 결과이다. 우리는 24:25-27을 다음과 같이 요약할 수 있다.

"모세와 모든 선지자는 메시아가 고난을 받고 자기의 영광에 들어가야 한다고 예언했다."

두 제자가 구약을 올바르게 읽어 여러 층의 예언적 유형과 패턴을 파악하여 이스라엘의 예언을 예수 중심으로 해석했다면, 수난 주간에 일어난 사건으로 인해 당황하지 않았을 것이다.

여기서는 비밀의 범주가 도움이 된다.

"매우 실제적인 의미에서 구약의 많은 부분에 대한 온전한 의미가 부분적으로 때로는 대부분 '숨겨져' 있었지만, 이제는 특히 그리스도와 관련하여 완전히 계시되었다. 하나님의 완전한 계시의 구현인 그리스도의 성육신은 구약에 새로운 빛을 비추어 이전 계시의 의미를 더욱 완전하게 한다. … 완전한 의미가 구약에는 '숨겨져' 있었지만, 이제 그리스도에 비추어 '계시 된' 것이다."[32]

날이 이미 저물어지자 두 제자는 예수께 알려지지 않은 거처에서 함께 식사할 것을 요청한다(24:28-29; 참조, 요 20:19-23). 예수께서 기대어 앉으셨을 때 "떡을 가지사 축사하시고 떼어 그들에게" 주셨다(24:30). 그의 말은 22:19의 마지막 만찬, 즉 예수께서 자신의 고난을 명시적으로 예고하시는 언약 식사에서 발견되는 표현과 거의 동일하다. 이것은 데자뷰가 아니다. 이 순간 두 제자는 고난받는 왕으로서 예수의 정체를 즉각적으로 깨닫는다.

> 그들의 눈이 밝아져(열려서) 그인 줄 알아보더니(눅 24:31).

"열렸다"(디에노이크데산[diēnoichthēsan])라는 수동태 동사는 아마도 24:16에 나온 "가리어졌다"라는 수동태 동사처럼 하나님이 주체가 되시는 신적 수동태일 것이다(24:45 참조). 하나님은 예수를 올바르게 이해하도록 제자들의 마음을 여시는 분이다(행 16:14을 보라). 이는 누가의 독자들에게 중요한 점인데, 그들은 예수의 삶, 죽음, 그리고 부활에 대한 이해가 궁극적으로 하나님의 선물임을 인식해야 하기 때문이다.

예수께서 초자연적으로 두 제자에게서 사라지신 후(24:31), 그들은 예루살렘에 있는 열한 제자에게 담대하게 좋은 소식을 전한다(24:33).

(3) 열한 제자에게 나타나신 예수와 그의 승천(24:36-53)

누가 내러티브의 마지막 단락은 그의 복음서 전체에 포함된 많은 주제를 마무리하고 사도행전으로 연결되는 다리 역할을 한다. 이와 동일한 주제들이 사도행전 전체에서 꽃을 피운다.

---

[32] G. K. Beale and Benjamin L. Gladd, *Hidden but Now Revealed: A Biblical Theology of Mystery* (Downers Grove, IL: InterVarsity, 2014), 292–93.

예수는 제자들에게 나타나셔서 "너희에게 평강이 있을지어다"라고 선언하신다(24:36// 요 20:19). 누가복음에서 평강(평화)은 작은 문제가 아니며 중대한 시점에 나타난다. 천사들은 예수께서 탄생하셨을 때 "땅에서" 평화를 선포하고(2:14), 예수는 자신이 만나는 많은 사람에게 평화를 선언하시며(7:50; 8:48) 제자들에게 평화를 확장하라고 명하신다(10:5-6). 또한, 승리의 입성에서 순례자들은 심지어 "하늘에서는 평화"라고 선언한다(19:38).

여기서는 열한 제자에게 평강을 선언하심으로써 예수는 자기의 죽음과 부활이 육체적(유대인과 이방인), 영적(인류와 하나님) 모든 측면에서 종말론적 일치를 가져왔음을 인정하신다. 후에 사도행전에서 베드로는 로마 백부장 고넬료에게 전해진 하나님의 종말론적 메시지를 "만유의 주 되신 예수 그리스도로 말미암은 화평의 복음"으로 특징짓는다(행 10:36).

예수의 육체적 모습에도 불구하고 제자들은 여전히 믿지 못한다(24:37-39// 요 20:19-23). 그들의 의심을 제거하기 위해 예수는 "구운 생선" 한 토막을 잡수신다(24:42). 음식을 드시는 것은 그의 육체성을 입증한다. 영이나 천사에게는 그런 것이 필요하지 않다(Tob. 12:15-19을 보라). 이는 사도들이 신뢰할 만한 부활의 목격자가 될 수 있도록 예수께서 행하시는 많은 "확실한 증거" 중 하나이다(행 1:3, 8; 2:32 등; 참조, 눅 1:4). 제자들 앞에서 음식을 드시는 행위는 다른 식탁 교제의 사례와도 연결될 수 있다(예컨대, 5:29; 7:36; 9:13; 14:15; 22:8-38; 24:30).

예수는 엠마오로 가는 길에서 두 제자에게 말씀하신 내용, 즉 구약이 그의 고난과 영광을 예고하고 있다는 점을 열한 제자에게도 말씀하신다(24:46-47). 그는 그들에게 약속하신 성령 또는 "위로부터 (오는) 능력"을 받을 때까지 예루살렘에 머물러 있으라고 명하신다(24:49; 행 2:1-4). 성령은 제자들에게 예수의 삶, 죽음, 그리고 부활의 과정에서 일어난 일을 증언하고 회개를 통해 모든 민족에게 그의 이름으로 죄 용서를 제공할 능력을 부여하실 것이다(행 1:8; 2:32; 3:15; 5:32; 10:39, 41; 13:31; 22:15; 26:16을 보라).

따라서 메시아가 고난 후에 들어가시는 "영광"(눅 24:26)은 세상의 모든 민족을 포괄하는 하나님의 종말론적 나라의 확장을 수반한다. 성령의 능력으로 말미암은 하나님 나라의 세계적 확장은 사도행전 깊숙이 파고든다.

누가는 예수의 승천을 멋지게 요약함으로써 복음서를 마무리한다 (24:50-53). 사도행전 1:3에 따르면 예수는 제자들에게 40일 동안 하나님 나라의 본질에 대해 더 상세히 가르치신 후 승천하신다.

누가는 왜 교육 기간을 생략할까?

누가는 아마도 승천이 그의 복음서를 잘 마무리하기 때문에 바로 승천으로 넘어가는 것 같다. 누가복음의 핵심 교리는 "권세 있는 자를 그 보좌 위에서 끌어내리시며", "비천한 자를" 높이시는 것이다(1:52). 예수의 죽음으로부터 그의 승귀까지의 유(U)자형 움직임은 이 주제와 일치한다(9:51을 보라).

예수께서 "권세 있는 자를" 그 보좌에서 끌어 내리신 것은 바로 십자가 위에서의 겸손/비천을 통해서이다. 바울은 이 주제를 다음과 같이 표현한다.

> 통치자들과 권세들을 무력화하여 드러내어 구경거리로 삼으시고 십자가로 그들을 이기셨느니라(골 2:15).

십자가는 하나님께서 그의 아들을 높이시는 수단이고 예수께서 그의 적들을 정복하시는 수단이다. 예수는 정당성이 입증된 주님으로서 아버지의 우편으로 승천하시고 그곳에서 우주를 통치하시고, 그의 백성을 위해 중보기도를 해 주시며, 교회에 성령을 부어 주시고, 악에 대한 심판을 집행하신다.

누가복음의 마지막 두 구절은 예수의 승천에 대한 제자들의 반응을 이렇게 서술한다.

> 그들(제자들)이 그에게 경배하고(프로스퀴네산테스[proskynēsantes]) 큰 기쁨으로 예루살렘에 돌아가 늘 성전에서 하나님을 찬송하니라(눅 24:52-53// 마 28:17).

"경배하다"(프로스퀴네오[proskyneō])라는 용어는 누가복음에서 여기와 다른 한 곳, 즉 마귀가 자신을 경배하도록 예수를 시험할 때(4:7) 나온다. 마귀의 유혹에 대처하는 예수의 반응은 인용할 만한 가치가 있다.

> 주 너의 하나님께 경배하고(프로스퀴네세이스[proskynēseis]) 다만 그를 섬기라(눅 4:8; 참조, 신 6:13).

요점은 명백하다. 내러티브 끝부분에 제자들이 예수를 경배할 때 그들은 예수를 자신과 구약이 예고한 일을 정확히 성취하신 즉위하신 주로서 찬양한다. 누가의 청중이 부활하신 주를 따르기를 원한다면 그들 역시 예수의 유(U)자형 사역을 기꺼이 되짚어 보아야 한다. 시대가 겹치는 중간기 동안의 삶은 박해와 고난과 겸손(humility)으로 특징지어진다. 그러나 역사의 마지막에 하나님은 자기 백성들에게 "이리로 올라오라"라고 외치시며 세상 앞에서 그들의 정당성을 입증해 주실 것이다(계 11:12; 참조, 살전 4:16-17).

§ 누가복음 : 주석

Bock, Darrell L. *Luke*. 2 vols. BECNT. Grand Rapids: Baker, 1994–96.
_____. *Luke*. IVPNTC. Downers Grove, IL: InterVarsity, 1994.
_____. *Luke*. NIVAC. Grand Rapids: Zondervan, 1996.
Bovon, Francois. *Luke 1: A Commentary on the Gospel of Luke 1:1–9:50*. Translated by Christine M. Thomas. Minneapolis: Fortress, 2002.
Caird, G. B. *Saint Luke*. PNTC. London: Penguin, 1963.
Carroll, *John* T. *Luke: A Commentary*. NTL. Louisville: Westminster *John* Knox, 2012.
Edwards, James R. *Luke*. PNTC. Grand Rapids: Eerdmans, 2015.
Ellis, E. Earle. *The Gospel of Luke*. NCBC. Greenwood, SC: Attic, 1977.
Evans, C. F. *Saint Luke*. London: SCM; Philadelphia: Trinity Press International, 1990.
Evans, Craig A. *Luke*. NIBC. Peabody, MA: Hendrickson, 1990.
Fitzmyer, Joseph A. *The Gospel according to Luke*. 2 vols. AB. Garden City, NY: Doubleday, 1981–85.

Garland, David. *Luke*. ZECNT. Grand Rapids: Zondervan, 2011.
Green, Joel B. *The Gospel of Luke*. Rev. ed. NICNT. Grand Rapids: Eerdmans, 1997.
Johnson, Luke T. *The Gospel of Luke*. SP. Collegeville, MN: Liturgical Press, 1991.
Leaney, A. R. C. *The Gospel according to St Luke*. 2nd ed. BNTC. London: Adam & Charles Black, 1976.
Lieu, Judith. *The Gospel of Luke*. Epworth Commentaries. London: Epworth, 1997.
Marshall, I. Howard. *The Gospel of Luke*. NIGTC. Grand Rapids: Eerdmans, 1978.
Nolland, John. *Luke*. 3 vols. WBC. Dallas: Word, 1989–93.
Schweizer, Eduard. *The Good News according to Luke*. Atlanta: John Knox; London: SPCK, 1984.
Stein, Robert H. *Luke*. NAC. Nashville: Broadman, 1992.
Talbert, Charles H. *Reading Luke*. Rev. ed. Reading the New Testament. Macon, GA: Smyth & Helwys, 2002.
Tannehill, Robert C. *Luke*. Abingdon New Testament Commentaries. Nashville: Abingdon, 1996.
Vinson, Richard B. *Luke*. SHBC. Macon, GA: Smyth & Helwys, 2008.

§ 누가복음 : 논문 및 단행본

Achtemeier, Paul J. "The Lukan Perspective on the Miracles of Jesus." In *Perspectives on Luke-Acts*, edited by C. H. Talbert, 153–67. Danville, VA: Association of Baptist Professors of Religion, 1978.
Adams, Sean A., and Michael Pahl, eds. *Issues in Luke-Acts*. Piscataway, NJ: Gorgias, 2012.
Alexander, Loveday. *The Preface to Luke's Gospel: Literary Convention and Social Context in Luke 1.1–4 and Acts 1.1*. SNTSMS 78. Cambridge: Cambridge University Press, 1993.
Baltzer, K. "The Meaning of the Temple in the Lukan Writings." *Harvard Theological Review* 58 (1965): 263–77.
Barrett, C. K. "Luke/Acts." In *It Is Written: Scripture Citing Scripture; Essays in Honour of Barnabas Lindars*, SSF, edited by D. A. Carson and H. G. M. Williamson, 231–44. Cambridge: Cambridge University Press, 1988.
Bartholomew, Craig G., Joel B. Green, and Anthony C. Thiselton, eds. *Reading Luke: Interpretation, Reflection, Formation*. Grand Rapids: Zondervan; Milton Keynes, UK: Paternoster, 2005.
Blomberg, Craig L. "Midrash, Chiasmus, and the Outline of Luke's Central Section." In *Studies in Midrash and Historiography*, vol. 3 of *Gospel Perspectives*, edited by R. T. France and D. Wenham, 217–59. Sheffield: JSOT Press, 1983.

Bock, Darrell L. "Jesus as Lord in Acts and in the Gospel Message." *BSac* 143 (1986): 146–54.

_____. *Proclamation from Prophecy and Pattern: Lucan Old Testament Christology*. JSNTSup 12. Sheffield: JSOT Press, 1987.

_____. *A Theology of Luke and Acts: God's Promised Program, Realized for All Nations*. BTNT. Grand Rapids: Zondervan, 2012.

Bovon, Francois. *Luke the Theologian: Fifty-Five Years of Research (1950–2005)*. Waco: Baylor University Press, 2006.

_____. "The Role of the Scriptures in the Composition of the Gospel Accounts: The Temptations of Jesus (Lk 4:1–13 par.) and the Multiplication of the Loaves (Lk 9:10–17 par.)." In *Luke and Acts*, edited by G. O'Collins and G. Marconi, 26–31. New York: Paulist Press, 1993.

Braun, Willi. *Feasting and Social Rhetoric in Luke 14*. SNTSMS 85. New York: Cambridge University Press, 1995.

Brawley, Robert L. "Canon and Community: Intertextuality, Canon, Interpretation, Christology, Theology, and Persuasive Rhetoric in Luke 4:1–13." *SBLSP* 31 (1992): 419–34.

_____. *Centering on God: Method and Message in Luke-Acts*. Louisville: Westminster John Knox, 1990.

_____. *Luke-Acts and the Jews: Conflict, Apology, and Conciliation*. SBLMS 33. Atlanta: Scholars Press, 1987.

_____. *Text to Text Pours Forth Speech: Voices of Scripture in Luke–Acts*. Indiana Studies in Biblical Literature. Bloomington: Indiana University Press, 1995.

Bridge, Steven L. *Where the Eagles Are Gathered: The Deliverance of the Elect in Lukan Eschatology*. JSNTSup 240. New York: Sheffield Academic, 2003.

Brodie, T. L. "The Departure for Jerusalem (*Luke* 9:51–56) and a Rhetorical Imitation of Elijah's Departure for the Jordan (2 Kings 1:1–2:6)." *Bib* 70 (1989): 96–109.

_____. *Luke the Literary Interpreter: Luke-Acts as a Systematic Rewriting and Updating of the Elijah-Elisha Narrative*. Rome: Pontifical University of St. Thomas Aquinas, 1987.

Brown, Schuyler. *Apostasy and Perseverance in the Theology of Luke*. AnBib 36. Rome: Pontifical Biblical Institute, 1969.

Buckwalter, H. Douglas. *The Character and Purpose of Luke's Christology*. Cambridge: Cambridge University Press, 1996.

Cara, Robert J. "Luke." In *A Biblical-Theological Introduction to the New Testament: The Gospel Realized*, edited by Michael J. Kruger, 94–113. Wheaton: Crossway, 2016.

Carroll, J. T. *Response to the End of History: Eschatology and Situation in Luke-Acts*. SBLDS

92. Atlanta: Scholars Press, 1988.

Chance, J. Bradley. *Jerusalem, the Temple and the New Age in Luke-Acts*. Macon, GA: Mercer University Press, 1988.

Coleridge, Mark. *The Birth of the Lukan Narrative: Narrative as Christology in Luke 1–2*. JSNTSup 88. Sheffield: Sheffield Academic, 1993.

Conzelmann, Hans. *The Theology of St. Luke*. Translated by Geoffrey Buswell. London: Faber & Faber, 1960.

Cosgrove, C. H. "The Divine ΔΕΙ in Luke-Acts: Investigations into the Lukan Understanding of God's Providence." *NovT* 26 (1984): 168–90.

Crump, D. *Jesus the Intercessor: Prayer and Christology in Luke-Acts*. WUNT 2/49. Tubingen: Mohr Siebeck, 1992.

Culpepper, R. Alan. "The Gospel of Luke." In *The New Interpreter's Bible*, edited by Leander E. Keck et al., 9:3–490. Nashville: Abingdon, 2003.

Dahl, N. A. "The Story of Abraham in Luke-Acts." In *Studies in Luke-Acts: Essays Presented in Honor of Paul Schubert*, edited by L. E. Keck and J. L. Martyn, 139–59. Nashville: Abingdon, 1966.

Darr, *John A. Herod the Fox: Audience Criticism and Lukan Characterization*. JSNTSup 163. Sheffield: Sheffield Academic, 1998.

Daube, D. "Inheritance in Two Lukan Pericopes." *Zeitschrift der Savigny-Stiftung für Rechtsgeschichte 72* (1955): 326–34.

Denaux, A. "Old Testament Models for the Lukan Travel Narrative: A Critical Survey." In *The Scriptures in the Gospels*, edited by C. M. Tuckett, 271–305. BETL 131. Leuven: Leuven University Press, 1997.

Denova, R. I. *The Things Accomplished among Us: Prophetic Tradition in the Structural Pattern of Luke-Acts*. JSNTSup 141. Sheffield: Sheffield Academic, 1997.

Dicken, Frank, and Julia Snyder, eds. *Characters and Characterization in Luke-Acts*. London: Bloomsbury T&T Clark, 2016.

Dillon, Richard J. *From Eye-Witnesses to Ministers of the Word: Tradition and Composition in Luke 24*. AnBib 82. Rome: Pontifical Biblical Institute, 1978.

Dinkler, Michal Beth. *Silent Statements: Narrative Representations of Speech and Silence in the Gospel of Luke*. Berlin: de Gruyter, 2013.

Doble, Peter. *The Paradox of Salvation: Luke's Theology of the Cross*. SNTSMS 87. Cambridge: Cambridge University Press, 1996.

Dollar, Harold E. *St. Luke's Missiology: A Cross-Cultural Challenge*. Pasadena, CA: William Carey, 1996.

Egelkraut, H. L. *Jesus' Mission to Jerusalem: A Redaction-Critical Study of the Travel Narrative in the Gospel of Luke, Lk. 9:51–19:48*. Europaische Hochschulschriften 23/80.

Frankfurt: Peter Lang, 1976.

Esler, Philip F. *Community and Gospel in Luke-Acts: The Social and Political Motivations of Lucan Theology.* Cambridge: Cambridge University Press, 1987.

Evans, Craig A., and J. A. Sanders, eds. *Luke and Scripture: The Function of Sacred Tradition in Luke-Acts.* Minneapolis: Fortress, 1993.

Farris, Stephen. *The Hymns of Luke's Infancy Narratives: Their Origin, Meaning and Significance.* JSNTSup 9. Sheffield: JSOT Press, 1985.

Fitzmyer, Joseph A. *Luke the Theologian: Aspects of His Teaching.* Eugene, OR: Wipf & Stock, 2004.

―――. "The Use of the Old Testament in Luke-Acts." In *To Advance the Gospel: New Testament Studies*, 295–313. 2nd ed. Biblical Resource Series. Grand Rapids: Eerdmans, 1998.

Fletcher-Louis, Crispin H. T. *Luke-Acts: Angels, Christology and Soteriology.* WUNT 2/94. Tubingen: Mohr Siebeck, 1997.

Frein, B. C. "Narrative Predictions, Old Testament Prophecies and Luke's Sense of Fulfillment." *NTS* 40 (1994): 22–37.

Gagnon, R. A. J. "Luke's Motives for Redaction in the Account of the Double Delegation in *Luke* 7:1–10." *NovT* 36 (1994): 122–45.

Garrett, Susan R. *The Demise of the Devil: Magic and the Demonic in Luke's Writings.* Minneapolis: Fortress, 1989.

Giblin, Charles H. *The Destruction of Jerusalem according to Luke's Gospel: A Historical-Typological Moral.* AnBib 107. Rome: Pontifical Biblical Institute, 1985.

Grangaard, Blake R. *Conflict and Authority in Luke 19:47 to 21:4.* Studies in Biblical Literature 8. New York: Peter Lang, 1999.

Green, Joel B. *The Theology of the Gospel of Luke.* Cambridge: Cambridge University Press, 1995.

Gregory, Andrew, and C. Kavin Rowe, eds. *Rethinking the Unity and Reception of Luke and Acts.* Columbia: University of South Carolina Press, 2010.

Harrington, Jay M. *The Lukan Passion Narrative: The Markan Material in Luke 22,54–23,25: A Historical Survey, 1891–1997.* New Testament Tools and Studies 30. Leiden: Brill, 2000.

Harris, Sarah. *The Davidic Shepherd King in the Lukan Narrative.* London: Bloomsbury T&T Clark, 2016.

Hartsock, Chad. *Sight and Blindness in Luke-Acts: The Use of Physical Features in Characterization.* Leiden: Brill, 2008.

Hays, Christopher M. *Luke's Wealth Ethics: A Study in Their Coherence and Character.* WUNT 2/275. Tubingen: Mohr Siebeck, 2010.

Heil, John Paul. *The Meal Scenes in Luke-Acts: An Audience-Oriented Approach*. SBLMS 52. Atlanta: Scholars Press, 1999.

Henrichs-Tarsenkova, Nina. *Luke's Christology of Divine Identity*. London: Bloomsbury T&T Clark, 2016.

Hills, J. V. "Luke 10.18—Who Saw Satan Fall?" *JSNT* 46 (1992): 25–40.

Jipp, Joshua W. "Luke's Scriptural Suffering Messiah: A Search for Precedent, a Search for Identity." *CBQ* 72, no. 2 (2010): 255–74.

Johnson, L. T. *The Literary Function of Possessions in Luke-Acts*. SBLDS 39. Missoula, MT: Scholars Press, 1977.

Kimball, Charles A. *Jesus' Exposition of the Old Testament in Luke's Gospel*. JSNTSup 94. Sheffield: JSOT Press, 1994.

Kinman, B. R. *Jesus' Entry into Jerusalem: In the Context of Lukan Theology and the Politics of His Day*. AGJU 28. Leiden: Brill, 1995.

Kirk, A. "'Love Your Enemies,' The Golden Rule, and Ancient Reciprocity (*Luke* 6:27–35)." *JBL* 122 (2003): 667–86.

Klutz, Todd. *The Exorcism Stories in Luke-Acts: A Sociostylistic Reading*. SNTSMS 129. Cambridge: Cambridge University Press, 2004.

Knight, Jonathan. *Luke's Gospel*. London: Routledge, 1998.

Kurz, W. S. *Reading Luke-Acts: Dynamics of Biblical Narrative*. Louisville: Westminster John Knox, 1993.

Lampe, S. J. *Abraham in Luke-Acts: An Appropriation of Lucan Theology through Old Testament Figures*. Rome: Pontificia Universitas Gregoriana, 1993.

Liefeld, Walter L., and David W. Pao. "Luke." In *Luke–Acts, vol. 10 of Expositor's Bible Commentary,* rev. ed., edited by Tremper Longman III and David E. Garland, 9–355. Grand Rapids: Zondervan, 2007.

Litwak, Kenneth D. *Echoes of Scripture in Luke-Acts: Telling the History of God's People Intertextually*. New York: T&T Clark, 2005.

Longenecker, R. N. "Luke's Parables of the Kingdom (Luke 8:4–15; 13:18–21)." In *The Challenges of Jesus' Parables*, edited by R. N. Longenecker, 125–47. McMaster New Testament Series. Grand Rapids: Eerdmans, 2000.

Maddox, Robert. *The Purpose of Luke-Acts*. Edinburgh: T&T Clark, 1982.

Mánek, J. "The New Exodus in the Books of *Luke*." *NovT* 2 (1957): 8–23.

Marshall, I. Howard. *Luke: Historian and Theologian*. Downers Grove, IL: InterVarsity, 1998.

McComiskey, Douglas S. *Lukan Theology in the Light of the Gospel's Literary Structure*. Carlisle, UK: Paternoster, 2004.

McKnight, Scot, and Nijay K. Gupta, eds. *The State of New Testament Studies: A Survey of*

    Recent Research. Grand Rapids: Baker Academic, 2019.

Méndez-Moratella, Fernando. *The Paradigm of Conversion in Luke*. JSNTSup 252. New York: T&T Clark, 2004.

Menzies, Robert P. *The Development of Early Christian Pneumatology with Special Reference to Luke-Acts*. JSNTSup 54. Sheffield: Sheffield Academic, 1991.

Minear, Paul S. *To Heal and to Reveal: The Prophetic Vocation according to Luke*. New York: Seabury, 1976.

Miura, Yuzuru. *David in Luke-Acts*. WUNT 2/232. Tübingen: Mohr Siebeck, 2007.

Moessner, David P., ed. *Jesus and the Heritage of Israel: Luke's Narrative Claim upon Israel's Legacy*. Harrisburg, PA: Trinity Press International, 1999.

―――. *Lord of the Banquet: The Literary and Theological Significance of the Lukan Travel Narrative*. Minneapolis: Fortress, 1989. Repr., Harrisburg, PA: Trinity Press International, 1998.

―――. *Luke the Historian of Israel's Legacy, Theologian of Israel's "Christ": A New Reading of the "Gospel of Acts" of Luke*. Berlin: de Gruyter, 2016.

Moxnes, Halvor. *The Economy of the Kingdom: Social Conflict and Economic Relations in Luke's Gospel*. Philadelphia: Fortress, 1988.

Müller, Mogens, and Jesper Tang Nielsen, eds. *Luke's Literary Creativity*. London: Bloomsbury T&T Clark, 2016.

Nave, Guy D., Jr. *The Role and Function of Repentance in Luke-Acts*. AcBib. Atlanta: Society of Biblical Literature, 2002.

Neagoe, Alexandru. *The Trial of the Gospel: An Apologetic Reading of Luke's Trial Narratives*. SNTSMS 116. Cambridge: Cambridge University Press, 2002.

Neale, David A. *None but the Sinners: Religious Categories in the Gospel of Luke*. JSNTSup 58. Sheffield: JSOT Press, 1991.

Nelson, Peter K. *Leadership and Discipleship: A Study of Luke 22:24–30*. SBLDS 138. Atlanta: Scholars Press, 1994.

Neyrey, Jerome. *The Passion according to Luke: A Redaction Study of Luke's Soteriology*. New York: Paulist Press, 1985.

―――, ed. *Social World of Luke-Acts*. Peabody, MA: Hendrickson, 1991.

Nielsen, Anders E. *Until It Is Fulfilled: Lukan Eschatology according to Luke 22 and Acts 20*. WUNT 2/126. Tubingen: Mohr Siebeck, 2000.

O'Toole, Robert F. *Luke's Presentation of Jesus: A Christology*. Rome: Biblical Institute Press, 2004.

Pao, David W. *Acts and the Isaianic New Exodus*. WUNT 2/130. Tubingen: Mohr Siebeck, 2000.

Pao, David W., and Eckhard J. Schnabel. "Luke." In *Commentary on the New Testament*

Use of the Old Testament, edited by G. K. Beale and D. A. Carson, 251–415. Grand Rapids: Baker Academic, 2007.

Parsons, Mikeal. *Body and Character in Luke and Acts: The Subversion of Physiognomy in Early Christianity*. Grand Rapids: Baker Academic, 2006.

_____. "The Place of Jerusalem on the Lukan Landscape: An Exercise in Symbolic Cartography." In *Literary Studies in Luke-Acts: Essays in Honor of Joseph B. Tyson*, edited by R. P. Thompson and T. E. Phillips, 155–71. Macon, GA: Mercer University Press, 1998.

Patella, Michael. *The Death of Jesus: The Diabolical Force and the Ministering Angel; Luke 23,44–49*. Cahiers de la Revue Biblique 43. Paris: J. Gabalda, 1999.

Powell, Mark A. *What Are They Saying about Luke?* New York: Paulist Press, 1991.

Ravens, David. *Luke and the Restoration of Israel*. JSNTSup 119. Sheffield: Sheffield Academic, 1995.

Resseguie, James L. *Spiritual Landscape: Images of the Spiritual Life in the Gospel of Luke*. Peabody, MA: Hendrickson, 2004.

Roth, S. John. *The Blind, the Lame, and the Poor: Character Types in Luke-Acts*. JSNTSup 144. Sheffield: JSOT Press, 1997.

Rowe, C. Kavin. *Early Narrative Christology: The Lord in the Gospel of Luke*. BZNW 2/139. New York: de Gruyter, 2006.

Sanders, James A., and Craig A. Evans, eds. *Luke and Scripture: The Function of Sacred Tradition in Luke-Acts*. Eugene, OR: Wipf & Stock, 2001.

Scaer, Peter J. *The Lukan Passion and the Praiseworthy Death*. Sheffield: Sheffield Phoenix, 2005.

Senior, Donald. *The Passion of Jesus in the Gospel of Luke*. Wilmington, DE: Michael Glazier, 1989.

Shillington, George V. *An Introduction to the Study of Luke-Acts*. London: T&T Clark, 2007.

Strauss, Mark L. *The Davidic Messiah in Luke-Acts: The Promise and Its Fulfillment in Lukan Christology*. JSNTSup 110. Sheffield: Sheffield Academic, 1995.

Talbert, Charles H. *Reading Luke: A Literary and Theological Commentary on the Third Gospel*. Macon, GA: Smyth & Helwys, 2002.

Tannehill, Robert C. *The Narrative Unity of Luke-Acts: A Literary Interpretation*. Philadelphia: Fortress, 1986.

_____. *The Shape of Luke's Story: Essays in Luke-Acts*. Eugene, OR: Cascade Books, 2005.

Tiede, David L. *Prophecy and History in Luke-Acts*. Philadelphia: Fortress, 1980.

Tilborg, Sjef van, and Patrick Chatelion Counet. *Jesus' Appearances and Disappearances in Luke 24*. Biblical Interpretation. Leiden: Brill, 2000.

Turner, Max. *Power from on High: The Spirit in Israel's Restoration and Witness in Luke/Acts*. JPTSup 9. Sheffield: Sheffield Academic, 2000.

Walton, Steve. "The State They Were In: *Luke*'s View of the Roman Empire." In *Rome in the Bible and the Early Church,* edited by Peter Oakes, 1–41. Grand Rapids: Baker Academic, 2002.

Weatherly, Jon A. *Jewish Responsibility for the Death of Jesus in Luke-Acts*. JSNTSup 106. Sheffield: Sheffield Academic, 1994.

Wilson, Stephen G. *Luke and the Law*. SNTSMS 50. Cambridge: Cambridge University Press, 1983.

Woods, Edward J. *The "Finger of God" and Pneumatology in Luke-Acts*. JSNTSup 205. Sheffield: Sheffield Academic, 2001.

Zwiep, Arie W. *The Ascension of the Messiah in Lukan Christology*. NovTSup 87. Leiden: Brill, 1997.

제 4 장
요한복음

I. 개론

1. 저자와 저작 시기

공관복음의 저자 문제가 복잡하지만, 네 번째 복음서의 저자 문제는 특히 복잡하다. 내러티브의 마지막 부분에 "만찬석에서 예수의 품에 의지했던" "예수께서 사랑하시는 제자"로 알려진 한 인물이 이 책의 내용을 증언하고 "이 일들을 기록한" 것으로 언급된다(21:20, 24).

문제는 이 사람을 열두 제자의 한 사람이나 초기 교회의 또 다른 존경받는 인물과 연결하는 일이다. 내러티브 전반에 걸쳐 "예수께서 사랑하시는 제자"를 추적해 보면(13:23; 19:26; 20:2; 21:20), 우리는 이 사람이 제자 중 한 사람, 즉 수많은 기적을 목격하고 처음부터 예수를 따르던 내부자(insider)로 보인다는 것을 알게 된다.

내러티브는 사랑하시는 제자(애제자)가 수난 주간이 끝날 즈음 다락방에서 가졌던 유월절 만찬에 참여하고 있다고 밝힌다(13:23). 추가 손님이 참석했을 가능성도 있지만, 공관복음서 저자들은 열두 제자만 참석한 것으로 언급하므로(마 26:17-30과 병행 구) 조사 대상을 열두 제자로 한정한다. 그런 다음 우리는 그를 거명된 제자들과 구별해야 한다.

예를 들면, 사랑하시는 제자는 부활하신 예수께서 디베랴 호숫가에서 제자들에게 나타나시는 21장에서 몇몇 제자와 함께 내러티브에 등장한다.

"21장에서 그는 물고기 잡으러 가는 일곱 사람 중 한 명이며 암암리에 베드로, 도마, 나다나엘이 아니라는 점은 세베대의 아들 중 한 사람이거나 이름이 알려지지 않은 다른 두 제자 중 한 사람임을 암시한다"(21:2).[1] 야고보와 요한은 "세베대의 아들들"이고(마 10:2과 병행 구), 야고보는 사도행전 12:1-2에서 순교했으므로 사도 요한이 유일하게 남은 선택지이다. 더욱이 세베대의 아들인 사도 요한은 외가 쪽으로 예수의 사촌일 가능성이 크다 (19:25-27; 마 20:20-28; 27:56; 또한, Papias, frag. 10.3도 보라).

네 번째 복음서의 외적 증거를 살펴보면 초기 교회 내에서 많은 사람이 저자를 세베대의 아들 요한으로 밝힌 것을 볼 수 있다. 예를 들어, 이레니우스(Irenaeus)는 다음과 같이 말했다.

> 주님의 가슴에 기대어 있던 주님의 제자 요한이 아시아의 에베소에 거주하는 동안 직접 복음서를 출간했다(Haer. 3.1.1; 또한 3.8.3. 3.11.2도 보라).

일부 학자는 초기 교회에서 장로 요한으로 알려진 한 인물이 요한복음을 기록했다고 제안하지만, 증거가 빈약하다. 그러므로 네 번째 복음서의 저자는 세베대의 아들 사도 요한일 가능성이 매우 크다.

베드로의 죽음이 21:18-19에 회고적으로 서술되고 있으므로 네 번째 복음서는 베드로가 죽은 대략적 시기인 AD 65년 이후에 기록되었음이 틀림없다. 또 다른 논증은 요한복음에는 AD 70년에 일어난 성전 파괴에 대한 어떤 논의도 없다는 점이다. 공관복음서 저자들이 이 사건을 감람산 강화에 포함하는 반면(마 24:1-25:46// 막 13:1-37// 눅 21:5-36), 요한복음에 그것이 생략되었다는 점은 주목할 만하다. 따라서 성전 파괴가 가까운 장래의 일이거나 아니면 파괴 이후 상당한 시간이 지나갔다.

마지막으로 네 번째 복음서는 같은 주제와 어휘 사용으로 볼 때 요한의 이름을 지닌 세 개의 서신과 관련된 것으로 보인다. 요한복음을 요한

---

1 D. A. Carson and Douglas J. Moo, *An Introduction to the New Testament*, 2nd ed. (Grand Rapids: Zondervan, 2005), 237.

서신과 함께 염두에 두고 읽으면, 우리는 세 서신을 이 출간된 복음서의 왜곡된 해석(aberrant interpretation)에 대한 응답으로 이해할 수 있다. 이러한 세 가지 관찰을 종합해 보면, 요한복음은 아마도 80년대에 출간되었을 것이다.

2. 목적

네 권의 복음서 중 두 개의 복음서에 저작 목적에 대한 진술이 포함되어 있다. 누가복음의 첫 부분에서 누가는 데오빌로가 이미 "알고 있는 바를 더 확실하게 하려고" 그의 복음서를 기록한다고 말한다(1:4). 요한복음의 끝부분에서 우리는 이와 유사한 진술을 발견한다.

> 오직 이것을 기록함은 너희로 예수께서 하나님의 아들 그리스도이심을 믿게 하려 함이요 또 너희로 믿고 그 이름을 힘입어 생명을 얻게 하려 함이니라(요 20:30-31).

요한은 나사렛 예수를 이스라엘의 메시아이자 하나님의 신적 아들로 제시함으로써 유대인 그리스도인들의 믿음을 강화하고 불신자들에게 영향을 주어 그 결과로 그의 청중이 영원한 새 우주에서 생명을 누릴 수 있게 하는 것을 목표로 한다.

3. 개요

요한은 몇 가지 점에서 공관복음서와는 다르게 그의 자료를 구성한다. 공관복음서의 일반적 움직임은 유대에서 갈릴리로, 그런 다음 예루살렘으로 가는 여정을 거쳐 마지막으로 예루살렘으로 진행된다. 요한복음은 예수의 사역을 두 부분, 즉 표적의 책(1:19-12:50)과 영광의 책(13:1-20:31)으로 구분함으로써 사건들을 연대순으로 재구성하는 데 더 민감한 것으로 보인다. 각 공관복음서에는 또한 많은 기적이 포함되어 있지만, 요한은 예수의 정체와 사명을 설명하기 위해 오직 7개의 "표적"(signs)만 선택한다(21:6을 포함하면 8개의 기적).

요한은 심지어 유대인의 절기와 수난 주간에 더 많은 자료를 할애한다. 수난 주간의 끝부분에서도 요한은 독특하게 예수께서 배반당하신 밤에 다락방에서 제자들과 나눈 친밀한 담론(13:1-17:26)과 빌라도 앞에서 진행된 로마식 재판 장면(18:28-19:16)을 첨부한다. 그 결과 네 번째 복음서의 청중은 예수의 아버지(성부)와 성령과의 독특한 관계, 세상에서 제자들이 수행해야 할 사명, 십자가와 부활의 영광에 대해 숙고하게 된다.

프롤로그(1:1-18)
　새 우주의 시작(1:1-5)
　빛과 성전으로서의 예수(1:6-18)

표적의 책(1:19-12:50)

하나님의 아들에 대한 증언(1:19-51)
　요한의 증언과 하나님의 아들로서 예수(1:19-34)
　처음 제자들의 증언과 천국의 문으로서 예수(1:35-51)

새 시대의 침입과 예루살렘에서의 갈등(2:1-25)
　첫 번째 표적과 새 우주의 시작(2:1-12)
　예수와 이스라엘의 성전(2:13-25)

빛과 어둠: 계속되는 갈등(3:1-36)
　예수와 니고데모(3:1-21)

세례 요한의 증언(3:22-36)

믿는 사마리아인들과 믿지 않는 갈릴리인들(4:1-54)
　　예수와 사마리아 여인(4:1-42)
　　왕의 신하 아들 치유(4:43-54)

안식일에 행한 치유와 하나님의 아들로서 예수의 정체(5:1-47)
　　베데스다 연못에서의 치유(5:1-15)
　　안식일에 행한 치유의 신학적 의미(5:16-47)

죽음을 예상하며 참된 이스라엘을 먹이시는 예수(6:1-71)
　　오천 명을 먹이심(6:1-15)
　　물 위를 걸으시는 예수(6:16-24)
　　생명의 떡 담론과 제자들의 반응(6:25-71)

초막절(7:1-8:59)
　　예수와 초막절(7:1-13)
　　초막절에 예루살렘에서 가르치시는 예수(7:14-39)
　　무리와 유대 지도자들의 반응(7:40-52)
　　위대한 "나는 이다"(I Am)로서 예수(8:12-30)
　　경건한 자와 경건하지 않은 자의 씨/후손(8:31-59)

맹인 치유와 유대인과의 갈등 심화(9:1-10:42)
　　다섯 번째 표적(9:1-12)
　　다섯 번째 표적에 대한 반응(9:13-34)
　　치유에 대한 설명(9:35-41)
　　선한 목자의 비유(10:1-21)
　　수전절(성전 봉헌절, 10:22-42)

여섯 번째 표적 나사로의 소생(11:1-57)
    나사로의 죽음(11:1-16)
    나사로의 소생(11:17-44)
    예수를 죽이기로 결정하다(11:45-57)

왕으로 기름 부음 받은 예수와 승리의 입성(12:1-50)
    왕이신 예수께 기름을 부은 마리아(12:1-11)
    승리의 입성과 수난 예고(12;12-36)
    예수의 영광을 본 이사야와 믿지 않는 유대인의 완고함(12:37-50)

영광의 책(13:1-20:31)

이사야의 고난받는 종이 작은 고난받는 종들을 형성하다(13:1-38)
    제자들의 발을 씻기심(13:1-17)
    배반자(13:18-30)
    고별 담화에 대한 프롤로그(13:31-38)

아버지의 사명에 참여하는 예수의 제자들(14:1-31)
    새 창조의 성전에 대한 준비(14:1-4)
    길이요 진리요 생명이신 예수(14:5-14)
    보혜사의 선물(14:15-31)

아들과 연합하여(15:1-27)
    참포도나무이신 예수(15:1-17)
    세상의 반대(15:18-27)

종말론적 고난과 고난받는 메시아(16:1-33)
　고난을 위한 마지막 준비와 죄를 깨닫게 하시고 알려 주시는 성령의 사역(16:1-15)
　슬픔에서 기쁨으로(16:16-33)

대제사장적 기도(17:1-26)
　예수의 개인적 기도(17:1-5)
　제자들을 위한 예수의 기도(17:6-19)
　미래의 제자들을 위한 예수의 기도(17:20-26)

세상이 예수를 재판에 회부하고 예수께서 세상을 재판에 회부하시다(18:1-40)
　배반당하시고 체포되시는 예수(18:1-11)
　베드로와 예수의 심문(18:12-27)
　빌라도 앞에 서신 예수(18:28-40)

예수의 판결, 죽음 그리고 매장(19:1-42)
　예수를 판결하는 빌라도(19:1-16)
　유월절 희생양이신 예수(19:17-37)
　예수의 매장(19:38-42)

부활하신 하나님의 아들에 대한 증언(20:1-31)
　죽음에서 부활하신 예수(20:1-10)
　막달라 마리아에게 나타나신 예수(20:11-18)
　제자들에게 첫 번째로 나타나신 예수(20:19-23)
　제자들에게 두 번째로 나타나신 예수와 요한복음의 목적(20:24-31)

에필로그(21:1-25)
　제자들에게 세 번째로 나타나신 예수(21:1-14)
　베드로의 신실함과 사명(21:15-25)

II. 본문 해설

1. 프롤로그(1:1-18)

1) 새 우주의 시작(1:1-5)

　요한복음의 서문(1:1-18)에는 신약성경 전체에서 예수에 대한 가장 풍부한 묘사가 일부 포함되어 있다. 마가복음은 성인이 된 예수로 시작하고, 마태복음은 계보로 시작하며(마 1:1-16), 누가복음은 요한과 예수의 탄생을 알리는 것으로 시작한다(눅 1:5-38).

　그러나 요한복음은 예수의 탄생을 훨씬 넘어 영원의 과거(eternity past)로 나아간다. "태초에"라는 요한복음의 첫 문구는 창세기 1:1을 암시하며 예수의 활동과 정체에 대한 시간의 틀을 설정한다(참조, 요일 1:2). 1-5절은 "말씀"(호 로고스[ho logos])이신 예수를 영원한 하나님으로, 그의 역할을 "만물"의 통치자로 밝힌다(1:3).

　창세기 1장은 말씀으로 세상을 존재케 하신 하나님을 제시한다.

　　하나님이 이르시되 빛이 있으라 하시니 … 하나님이 빛을 낮이라 부르시고(창 1:3, 5;
　　참조, 창 1:6, 8, 9, 10, 11, 14, 20, 24, 26, 29; 시 33:6).

　어떤 의미에서 요한은 창조 이야기를 다시 읽고 그 안에 예수를 정면으로 배치한다. 요한은 예수와 아버지를 같은 위격(person)으로 축소되지 않도록 주의한다.

두 분은 별개의 위격으로 계시지만 영원히 공존하시고 같은 신적 활동에 참여하신다. 첫 번째 창조에서 예수의 역할을 강조함으로써 요한은 새 창조에서 그가 맡으실 역할에 대한 무대를 마련한다(골 1:15-17; 계 3:14을 보라). 그는 생명을 주시는 위대한 분이시며 "어둠"을 이길 능력을 지닌 유일한 분이시다(1:5).

네 번째 복음서는 첫 번째 우주의 시작에 대한 언급으로 문을 열고(1:1-4) 예수께서 자기 백성을 새 하늘과 새 땅으로 데려가시기 위해 재림하시는 역사의 마지막으로 끝난다(21:23). 그렇다면 요한은 예수의 지상 사역을 단순히 이스라엘이나 지상 왕국의 역사가 아니라 우주 자체의 역사 안에서 서술한다. 이는 완전한 의미에서의 "메타역사"(metahistory, 초역사)이다.[2]

2) 빛과 성전으로서의 예수(1:6-18)

요한은 독특하게도 예수를 "빛"으로 제시하는데(1:4-9) 이는 네 번째 복음서 전반에 걸쳐 나타나며 "어둠"과 대조된다(3:19-21; 8:12; 9:5; 11:9; 12:35-36, 46). 사해 두루마리(Dead Sea Scrolls)에는 여러 종파의 문서에 빛과 어둠의 언어가 포함되어 있어 당시 그러한 이원론이 널리 퍼져 있었음을 보여 준다(예컨대, 1QS III, 3, 19, 25; 1QM I, 1, 11; XIII, 5). 궁극적으로 빛과 어둠은 창조 이야기와 이스라엘의 출애굽에서 유래한다(예컨대, 창 1:3; 출 13:21; 14:20).

예언자들은 하나님께서 다시 한번 자기 백성을 새롭게 창조하여 포로 상태(exile)에서 구원해 주시기를 기대한다(예컨대, 사 9:2; 42:16; 45:7). 어둠이 인류의 무지와 반역, "세상" 또는 우주의 타락한 상태를 상징한다면 빛은 계시와 구원을 상징한다.

예수는 반역의 완고한 결의(resolve)를 꿰뚫는 빛이 되셔서 인종이나 민족과는 상관없이 그를 신뢰하는 사람들에게 새 생명을 주신다(1:9-13). 예

---

2 Richard Bauckham, "Historiographical Characteristics of the Gospel of John," *NTS* 53 (2007): 26.

수는 위대한 정복자이시다.

요한은 예수를 구원의 빛으로 묘사한 다음 이번에는 그를 이스라엘의 성막(tabernacle)에 거하는 하나님의 영광으로 표현한다. 불, 즉 밝은 빛은 하나님의 영광스러운 임재를 상징하기 때문에 이러한 연결은 자연스럽다 (예컨대, 출 3:2; 13:21; 24:17; 레 9:24; 민 9:15). 요한복음 1:14은 요한의 프롤로그와 그의 복음서 전체의 핵심이다.

> 말씀이 육신이 되어 우리 가운데 거하시매(에스케노센[eskēnōsen]), 우리가 그의 영광을 보니 아버지의 독생자의 영광이요 은혜와 진리가 충만하더라(요 1:14).

"거하셨다"(스케노오[skēnoō], "그의 거처를 만들다")라는 동사는 정확한 영어 표현이 없기 때문에 번역하기가 까다롭다. 이 단어는 '임시로 거주하다'(tabernacle)와 같은 뜻으로 출애굽을 연상하게 한다. 광야 생활 동안 하나님이 이스라엘과 함께 거하시는 이동 성소는 영적 광야에서 방황하는 자기 백성과 함께 거하시는 예수의 예언적 모형(pattern)이다. 이스라엘의 성막/성전을 가득 채우는 영광(출 40:34-35; 왕상 8:10-11// 대하 5:13-14)은 예수 안에서 내려오는 같은 영광이다.

그러나 이스라엘 백성은 부분적으로 누렸던 것을 제자들은 온전히 누린다. 인류와 친밀하게 거주함으로써 예수는 하나님의 본성을 더욱 완전하게 드러내신다. 요한은 예수께서 아버지를 "설명하셨다"고 말한다(1:18. 개역개정에는 "나타내셨다"라고 번역됨-역주). 구약에서 하나님은 여러 가지 방식으로, 즉 피조물, 양심, 토라로 자신을 은혜롭게 계시하시지만, 그는 아들 안에서 더욱 온전하게 자신을 계시하신다(히 1:1-2).

따라서 요한은 그의 내러티브가 전개됨에 따라 독자들이 예수를 자기 백성과 은혜롭게 함께 거하시면서 시종일관 구약의 하나님을 드러내시는 생명을 주시는 하나님의 아들로 보기를 원한다. 예수는 위대한 계시자이시다.

2. 표적의 책(1:19-12:50)

1) 하나님의 아들에 대한 증언(1:19-51)

(1) 요한의 증언과 하나님의 아들로서 예수(1:19-34)

1장의 나머지 부분은 예수를 증언하는 다양한 인물, 특히 세례 요한에 초점을 맞춘다. 1:19-42에 언급된 모든 사건은 "요단강 건너편"(1:28; 참조, 3:26; 10:40)에서 일어난 것으로 보이는데, 이 지역은 정확히 파악하기가 몹시 어렵지만 바타네아(Batanea)의 갈릴리 바다 북동쪽일 수도 있다.[3] 세례 요한은 자신을 엘리야 같은 인물(마 11:14 참조)이나 신명기 18:15의 오랫동안 기다려 온 "그 선지자"로 간주하기를 거부함으로써 자신의 역할을 축소한다(1:19-21).

대신 그는 자신을 "주의 길을 곧게 하라고 광야에서 외치는 자의 소리"(1:23)로 본다. 여기에서 요한은 이사야 40:3을 인용하며 자신의 역할을 두 번째 출애굽에서 주님의 오심을 준비하는 자로 단언한다(→ 막 1:1-3). 그는 사람들에게 제의적 순결과 죄 용서를 상징하는 물세례를 베풂으로써 그들이 하나님의 영광에 거할 수 있도록 준비시킨다. 세례 요한의 행동은 예루살렘에 있는 기존 성전 제의(cult)를 위협하며 "제사장들"과 "레위인들"을 자극하여 그와 맞서게 한다(1:19).

이튿날 요한은 예수께서 다가오는 것을 보고 "보라 세상 죄를 지고 가는 하나님의 어린양이로다"라고 선언한다(1:29). 세례 요한은 이스라엘의 유월절 희생양이신 예수께서 포로 된 이스라엘을 해방시키실 것임을 깨닫는다(1:29). 이 이스라엘 백성은 물리적인 적이 아니라, 죄와 어둠의 노예이다. 요한은 1:23에서 새로운 출애굽의 도래를 선언하고 1:29에서 그 출애굽이 어떻게 일어날 것인지를 알린다.

---

[3] Benjamin A. Foreman, "Locating the Baptism of Jesus," in *Lexham Geographic Commentary on the Gospels*, ed. B. J. Beitzel and K. A. Lyle (Bellingham, WA: Lexham, 2017), 71.

하나님은 출애굽기 12장에서 유월절을 제정하여 문설주와 인방에 피를 바른 집은 지나가실 것이라고 이스라엘 백성에게 상기시키셨다(출 12:7; 참조, 29:38-46). 오직 순종한 자들만이 하나님께서 각 가정의 장자를 죽이신 열 번째 심판의 재앙을 면했다(출 11:1-8). 어린양이 장자와 궁극적으로는 가족을 대신하여 일시적이고 부분적으로 하나님의 진노를 짊어졌다.

이 제도는 이사야가 어린양을 하나님의 종말론적 진노를 온전하고 최종적으로 짊어질 한 개인과 연결할 무대를 마련해 준다(사 53:7-12; 참조, 단 9:26; 슥 12:10-14). 예수는 가족의 죄뿐만이 아니라 "많은 사람의 죄"(사 53:12)를 담당할 대속물(substitute) 역할을 하실 것이다. 두 번째 출애굽에서 이스라엘을 구원하시는 예수는 자신을 궁극적 제물로 내어 주시는 예수와 동일한 분이시다(19:36을 보라).

요한은 예수께서 요단강에서 세례를 받으실 때 성령을 받으셨고 "하나님의 아들"로 확인되셨다고 회상한다(1:34). 사무엘하 7:14과 시편 2:7과 같은 본문에 근거하여 "하나님의 아들"이라는 칭호를 단순히 예수를 인간 메시아적 인물로 엄격히 지칭하는 기능적 용어로 보려는 유혹이 있지만, 그 칭호는 또한 그의 신적 정체성을 포함한다. 그는 아버지와 같은 신적 본질을 공유하고(1:14b; 5:16-30), 참된 이스라엘(→ 마 3:13-17)이시기 때문에 하나님의 "아들"이시다.

요한의 증언의 절정인 하나님의 아들로서 예수의 정체성은 세례 요한이 이전에 예수에 관해 묘사했던 모든 표현(그보다 "앞선" 분[1:15[, "하나님의 어린양"[1:29], 신적 왕이시며 참된 이스라엘[1:34])을 포괄한다고 말할 수 있을 것이다.

(2) 처음 제자들의 증언과 천국의 문으로서 예수(1:35-51)

다음 단락에서는 요한의 증언을 통해 몇 명의 처음 제자들 사이에서 추가 증언이 이어진다(1:35-45). 네 번째 복음서의 핵심 특징인 증언(마르튀리아[martyria])이라는 주제는 앤드류 링컨(Andrew Lincoln)이 20년 전에 널리 알린 "우주 재판 모티브"(cosmic trial motif)의 일부이다.[4] 그는 "진리", "증인"/"증언", "심판"과 같은 요한의 독특한 언어 사용이 언약적 소송(covenantal lawsuit)에 대한 인식을 보여 준다고 주장한다. 링컨은 요한의 내러티브에 등장하는 재판이 이사야 40-55장에 의존한다고 주장하는데, 거기에서 야웨는 반역하는 이스라엘과 이교도 민족에 대한 재판을 시작하신다(사 42:18-25; 43:22-28; 50:1-3). 요한복음을 주의 깊게 읽은 독자라면 일곱 개의 표적, 일곱 개의 담론, 일곱 명의 증인을 식별할 수 있다.

일곱 명의 증인은 다음과 같다.

- 세례 요한(1:19, 32, 34; 3:26, 28)
- 예수 자신(8:14)
- 예수께서 하시는 역사/일(5:36)
- 아버지(8:18)
- 구약(5:39)
- 사마리아 여인(4:39)
- 나사로가 소생할 때 함께 있던 무리(12:17

이 일곱 증인이 내러티브에서 차례대로 등장하는 목적은 "내러티브에 등장하는 다양한 인물, 특히 유대 민족의 지도자들이 … 예수의 증언이나 예수에 관한 증언을 믿을지 그렇지 않을지의 여부를 결정하는 데 있다."[5]

그러나 예수는 재판에서 매우 중요한 증인일 뿐만 아니라 재판관이시다(5:22). 예수는 이스라엘의 메시아요 하나님의 신적 아들로서 일곱 개의 "표적" 또는 이 현실의 증거로 아버지를 완벽하게 계시하신다. 요한의 청중은 예수께서 제시하시고 증언하시는 메시지인 이 "진리"를 믿음으로써 영생을 상속받게 될 것이다. 그러면 요한의 독자들은 세상으로 나가 진리

---

4 Andrew T. Lincoln, *Truth on Trial: The Lawsuit Motif in the Fourth Gospel* (Peabody, MA: Hendrickson, 2000).
5 Lincoln, *Truth on Trial*, 23.

의 옹호자이신 성령의 능력을 통해 예수의 진리를 증언하게 된다(14:16, 26; 15:26). 네 번째 복음서 전체를 이러한 범주(rubric)에 집어넣지 않도록 주의해야 하지만, 링컨의 견해는 요한 내러티브의 주요 특징을 유용하게 지적해 준다.

이제 예수에 대한 세례 요한의 "증언"으로 돌아가서 우리는 요한이 예수께서 많은 사람의 죄를 대속할 오랫동안 기다려 온 메시아이자 하나님의 아들이라고 단언하는 것을 볼 수 있다(1:34). 이 점은 1:35-51에 나오는 전체 사건의 순서를 통해 재확인된다. 거의 틀림 없이 증언의 정점인 1:45에 따르면, 전체 구약은 이러한 예수의 정체에 대한 다양한 가닥을 예언적으로 예견하고 있다.

어떤 이들은 공관복음에 있는 제자들의 부르심(마 4:18-22; 9:9과 병행구)과 요한복음에 있는 제자들의 부르심이 서로 충돌한다고 보지만 둘 다 사실일 수 있다. "오라"(1:39)라는 예수의 최초의 부르심은 이후에 공관복음에서 공식적 부르심으로 강화되었을 것이다.[6] 요한은 계속해서 6:67과 20:24에서 열두 제자의 전체 인원을 언급한다.

이어 배경은 "요단강 건너편"(갈릴리 호수 북동쪽)에서 갈릴리의 벳새다로 이동한다(1:43-44). 나다나엘의 고백 직후 예수는 나다나엘이 "더 큰 일"을 볼 것이라고 말씀하시고(1:50) 1:51에서 창세기 28:12을 자신과 연결한다.

> (너희는) 하늘이 열리고 하나님의 사자들이 인자 위에 오르락 내리락 하는 것을 보리라 (요 1:51).

창세기 28장에 따르면 야곱은 천사들이 "하늘 문" 역할을 하는 "사닥다리"(stairway)를 오르내리는 꿈을 꾼다(창 28:12, 17). 야곱이 꿈을 꾼 장소는 벧엘(Bethel) 또는 "하나님의 집"이라는 이름을 얻게 되었으며(창 28:17, 19) 후에 그 장소는 이스라엘의 역사에서 예배 장소로 사용된다(삿 20:26; 삼상

---

6 D. A. Carson, *The Gospel according to John*, PNTC (Grand Rapids: Eerdmans, 1991), 154.

10:3). 창세기 28장과 요한복음 1:51 사이에는 다양한 층의 유형론이 존재할 수 있다. 예수는 자신을 하늘 문으로 밝히면서 몇 가지 중대한 주장을 하고 계신다.

첫째, 예수는 하나님의 영광이 거하시는 장소요 참된 성전이시다(1:14). 둘째, 예수는 또한 두 영역을 이어 주는 참된 다리이기도 하다. 첫 번째 복음서의 강조점 중 하나가 하늘이 땅으로 내려오는 것이지만, 요한은 두 영역이 예수 안에서 어떻게 융합되는지 탐구한다.
셋째, 앞에서 언급한 두 요점의 결과로 예수께서 참된 성전이시고 참된 하늘 문이시라면 예루살렘 성전은 그중 어느 역할도 하지 못한다.

1장 마지막 부분에서 요한은 예수에 대해 몇 가지 놀라운 단언을 한다. 좀 더 눈에 띄는 단언 중 일부는 다음과 같다.

- 신적 창조자(1:3)
- 성전(1:14a)
- 아버지의 계시자(1:18)
- 참된 이스라엘(1:34)
- 성령으로 기름 부음 받은 메시아(1:34)
- 하나님의 유일하신 "아들"(1:14b, 34)
- 속죄하는 희생양/이사야의 고난받는 종(1:29, 36)
- 천국으로 가는 문(1:51)

1장은 명확하지만 도전적이다. 요한의 언어와 이미지는 예수의 정체성을 분명하게 전달한다.
그러나 그가 하나의 묘사를 다른 묘사 위에 쌓는 방식은 그것들 모두를 서로 연관시키기 어렵게 만든다. 예수는 창조자이시면서 하나님의 희생양이시다. 예수는 하나님이시면서 사람이시다. 그는 전적으로 하나님이시며 전적으로 (타락한) 인간이시다. 요한은 자신이 여기에서 소개하는 내용을 앞으로 스무 개의 장에서 풀어 갈 것이다. 초기 교회가 독수리 상징을 사용하여 요한복음을 묘사하는 것은 놀랄 일이 아니다. 참으로 볼 만한 가치가 있는 일이다.

2) 새 시대의 침입과 예루살렘에서의 갈등(2:1-25)

(1) 첫 번째 표적과 새 우주의 시작(2:1-12)

2장은 "사흘째 되던 날"이라는 시간 표기로 시작한다(2:1). 시간 표기는 처음에는 이상해 보이지만 이전의 시간 표기와 연결해 보면 명확해진다.

1:19-28	첫째날
1:29	둘째날("이튿날")
1:35	셋째날("이튿날")
1:43	넷째날("이튿날")
2:1	여섯째날("사흘째 되던 날" 또는 이틀 후에)

Edward W. Klink III, *John*, ZECNT (Grand Rapids: Zondervan, 2016), 160에서 각색.

클링크(Klink)는 요한이 창세기 1장에 나오는 6일간의 창조에 따라 예수 사역의 첫 주간을 구성하고 있다고 올바르게 주장한다. 요한은 예수를 첫 번째 우주의 창조자로 명시적으로 언급하면서 그의 복음서를 시작하고 있다(1:3). 그래서 "예수께서 그의 공생애 초기에 행하신 첫 6일간의 사역은 태초에 하나님이 행하신 첫 6일간의 사역과 그 특성과 능력 면에서 동등하다."[7]

---

[7] Edward W. Klink III, *John*, ZECNT (Grand Rapids: Zondervan, 2016), 161.

예수의 사역은 계산된 한 주로 시작하여(1:19-2:11), 계산된 한 주로 끝난다(12:1-20:25).[8] 이것은 거의 우연이 아니다. 그의 첫 주 사역은 그의 마지막 주의 고난을 예견한다.

예수와 제자들은 갈릴리 바다 서쪽에 있는 한 도시인 가나의 혼인 잔치에 참석한다(2:1). 첫 번째와 네 번째 표적이 여기에서 일어나고(2:1-11; 4:46-54), 21:2에 따르면 나다나엘이 여기 출신이다. 위치를 제외하고는 결혼식에 대한 세부 내용이 거의 없다. 우리는 아마도 예수의 친척 중 한 사람의 결혼식으로 가정할 수 있으며 이는 어머니 마리아가 잔치를 주관하는 책임을 지는 이유를 설명해 줄 수 있을 것이다(2:2). 요한은 독자들에게 신랑 신부의 이름을 알려 주지 않으며 손님 명단도 언급하지 않는다.

이러한 사소한 정보는 요한의 주요 요점과는 관련이 없다. 내러티브는 세 등장인물, 즉 예수, 그의 어머니, 그리고 "연회장"(master of the banquet)에 초점을 맞춘다. 마리아는 예수께 "저들에게 포도주가 없다"고 알려 주며 예수와 제자들이 근처 시장에서 포도주를 좀 더 구해 오라고 요청했을 것이다(2:3). 그러나 예수는 자신의 삶과 사역 전체를 인류와 우주를 구원하려는 계획을 통해 보신다. 그는 적절한 순간 또는 "때"(hour)에만 행동하신다(2:4). 요한복음이 진행됨에 따라 고난과 영광의 "때"가 점점 가까워진다(참조, 12:23, 27; 13:1; 16:2; 17:1; → 17:1-5).

요한은 독자들에게 거기에 "돌 항아리 여섯"이 놓여 있는데, 이는 "유대인의 정결 예식"에 사용하는 것으로 각 항아리에 "두세 통"(20~30갤런)의 물을 담을 수 있다고 독자들에게 밝힌다(2:6; 참조, 11:55). 정결법에 따르면 질 항아리(clay jars)는 부정함을 옮기므로 피해야 한다(예컨대, 레 11:33; 15:12). 그러나 돌 항아리는 그렇지 않다(예컨대, m. Miqw. 4.1; b. Shabb. 58a).

요한은 이미 예수를 참된 성전으로 밝혔으므로 예수는 사람들이 하나님의 영광을 누리는 수단(means)이다. 정결과 깨끗함은 이제 나사렛 예수를 따르는 일과 밀접한 관련이 있다. 더욱이 이러한 정결 항아리는 20~30갤

---

[8] Bauckham, "Historiographical Characteristics of the Gospel of John," 24.

런 정도를 담을 수 있을 정도로 거대하다.

항아리에 물이 가득 채워지자 예수는 하인들에게 포도주를 연회장(headwaiter)에게 가져가라고 명하신다(2:9-10). 놀랍게도 이 새 포도주는 손님들이 이전에 대접받았던 포도주보다 훨씬 더 품질이 좋다. 그렇다면 우리가 가진 것은 풍부한 최상의 포도주이다. 포도주와 잔치는 사복음서 모두에서 주요한 특징이며 우리는 그 의미에 대해 이미 논했다(→ 막 2:18-22과 눅 5:27-32).

구약의 선지자들은 역사의 마지막에 새 하늘과 새 땅에서 하나님과 함께하는 큰 잔치가 열릴 것을 기대한다. 이는 회복된 이스라엘 백성과 열방 가운데 하나님의 임재를 알리는 언약의 만찬이다(사 25:6; 렘 31:12-14; 호 14:7; 욜 3:18; 암 9:13-14을 보라). 예수께서 물을 포도주로 변화시킨 기적 사건은 새 창조와 만물의 회복이 그의 사역의 절정인 여섯째 날에 도래했음을 가시적으로 확인시켜 준다.

가나의 기적 끝부분에서 요한의 독자들은 이 사건이 "그의 영광"을 나타내시는 "첫 표적"임을 알게 된다(2:11). 네 번째 복음서는 종종 표적의 책(1:19-12:50)과 영광의 책(13:1-20:31) 두 부분으로 구분된다. "표적"(세메이온[sēmeion])이라는 용어는 내러티브의 중요한 지점들(2:23; 4:48, 54; 6:2, 14, 26; 9:16; 12:18; 20:30)에 나타나며 예수께서 하나님의 신적 아들이시며 오랫동안 기다려 온 이스라엘의 왕이심을 가시적으로 입증해 준다. 1:34-45에 따르면 세례 요한과 첫 제자들이 예수의 정체를 증언한다. 이제 예수는 자신의 사역을 통해 자신의 정체를 드러내신다.

주석가들은 일반적으로 요한복음에 일곱 개의 표적(signs)이 포함되어 있다는 데 동의한다. 또한, 일곱 개의 표적 중 여섯 개에 대해서는 동의하지만 일곱 번째 표적은 정확히 파악하기 어렵다. 마크 지라드(Marc Girard)의 제안을 개선한 브랜든 크로우(Brandon Crowe)는 다음과 같은 교차 대구 구조를 설득력 있게 주장한다.[9]

---

9 Brandon Crowe, "The Chiastic Structure of Seven Signs in the Gospel of John: Revisiting a Neglected Proposal," *BBR* 28 (2018): 65–81.

표적 1 A. 물, 포도주, 정결, 그리고 종말론적 삶(2:1-11)
　표적 2 B. 왕의 신하 아들 치유(4:43-54)
　　표적 3 C. 38년된 병자의 치유(5:1-15)
　　　표적 4 D 오천 명을 먹이심 (6:1-15)
　　표적 5 C′ 맹인의 치유(9:1-12)
　표적 6 B′ 나사로의 소생(11:1-44)
표적 7 A′ 물, 피, 정결, 그리고 종말론적 삶(19:1-20:31)

일곱 번째이자 마지막 표적은 예수의 죽음과 부활이다. 이러한 배열에서 처음 여섯 개의 표적은 궁극적이고 완벽한 일곱 번째 표적을 예견한다. 그렇다면 십자가와 부활은 하나님의 신적 아들과 이스라엘의 메시아로서 예수의 정체성을 완전하게 보여 준다. 마가복음에는 총 18개, 마태복음에는 20개, 누가복음에는 18개의 기적이 포함되어 있다면, 요한복음에는 단지 8개의 기적만 기록되어 있다(21:6 포함).[10]

요점은 요한이 예수를 묘사하기 위해 여덟 개의 기적(miracles) 또는 일곱 개의 표적(signs)을 나름대로 주의 깊게 선택했다는 점이다. 표적의 본질과 목적을 이해하기 위해서 우리는 한걸음 뒤로 물러서야만 한다.

요한복음에 나오는 일곱 개의 표적은 궁극적으로 두 범주의 "표적"(signs)을 발견할 수 있는 출애굽기에서 유래한다. 세 개의 표적으로 구성된 첫 번째 범주(출 4:1-9)는 모세가 이스라엘 백성에게 그가 하나님께서 자신의 백성을 구원하기 위해 임명하신 대리자(agent)임을 확신시키기 위해 계획된다. 표적의 두 번째 범주는 바로와 애굽인을 겨냥한 것이다. 하나님은 바로의 마음을 "완악하게" 하셔서 애굽에 열 가지 재앙을 내리시겠다고 약속하신다(출 3:19-20; 4:21-23).

재앙의 목적은 다양하다.

10　Bauckham, "Historiographical Characteristics of the Gospel of John," 28.

첫째, 무엇보다 재앙은 유일하시고 참되시며 주권적인 주로서의 하나님의 독특한 성품을 보여 준다. 출애굽기 7:3-5이 이 점을 훌륭하게 표현해 준다.

> 내가 바로의 마음을 완악하게 하고 내 **표징**(타 세메이아[*ta sēmeia*])과 내 이적을 애굽 땅에서 많이 행할 것이나 바로가 너희의 말을 듣지 아니할 터인즉 내가 내 손을 애굽에 뻗쳐 여러 큰 심판을 내리고 내 군대, 내 백성 이스라엘 자손을 그 땅에서 인도하여 낼지라 … (그때에야) 애굽 사람이 나를 여호와인 줄 알리라(참조, 출 4:8-9, 17; 7:3, 9; 10:1-2; 11:9-10; 12:13).

둘째, 재앙은 또한 불신에 대한 하나님의 심판을 가리킨다(출 6:6; 7:4; 12:12).

셋째, 하나님은 재앙을 사용하여 오직 그만을 예배하는 공동체를 형성하신다. 그는 심판의 재앙을 통해 자신을 위해 백성을 구원하신다. 출애굽기 7:4의 표현에 주목하라.

> 내가 내 손을 애굽에 뻗쳐 여러 큰 심판을 내리고 내 군대, 내 백성 이스라엘 자손을 그 땅에서 인도하여 낼지라(출 7:4).

요한복음의 직접적이고 광범위한 문맥에는 예수의 사역과 이스라엘의 출애굽 사이에 몇 가지 유형론적 접촉 지점이 포함되어 있다. 예를 들어, 예수는 지상의 성막과 대조되는 참된 성막이시고(1:14; 출 40:34-38), 하나님의 시내산 계시와 대조되는 궁극적 계시이시며(1:17; 출 20:1), 동물 희생과 대조되는 완벽한 유월절 희생양이시고(1:29; 출 12:3), 불신실한 이스라엘과 대조적으로 요단강을 건너는 참된 이스라엘이시며(1:32-34; 수 3장), 광야의 뱀과 대조적으로 궁극적으로 높이 들리신 분이시다(3:13-14; 민 21:8-9).

이스라엘의 첫 번째 출애굽에서 유효한 것은 이스라엘의 두 번째 출애굽에서도 유효하지만, 더 크고 확대된 방식으로 이루어질 것이다. 첫 번째 출애굽과 두 번째 출애굽 모두에 표적이 따르지만, 두 번째 출애굽에 수반되는 표적이 첫 번째 출애굽에 따른 표적보다 더 크다.

따라서 요한복음에 나오는 일곱 표적은 하나님의 아들 안에서 일어나는 하나님의 거룩하고 주권적이며 은혜로운 성품을 비할 바 없이 나타낸다. 그 안에는 또한 계속해서 반역하는 자들에게 임하는 심판의 요소도 포함되어 있다. 그리고 마지막으로 일곱 표적은 하나님께서 경건한 남은 자들을 보존하실 수단이다.

일곱 표적의 효과에 관한 항목이 하나 더 있다. 첫 번째 출애굽에서 열 가지 재앙 및 표적은 항상 믿음이든 불신이든 반응을 초래했다. 사실상 이스라엘 민족의 대다수는 열 가지 재앙의 의미를 이해하지 못했다. 그들이 그 의미를 이해했다면 주님을 신뢰하고 약속의 땅으로 들어갔을 것이다. 신명기 29:2-4은 성경의 나머지 부분 전체에 적용되는 원리를 제시한다.

> 여호와께서 애굽 땅에서 너희(1세대 이스라엘 백성)의 목전에 바로와 그의 모든 신하와 그의 온 땅에 행하신 모든 일을 너희가 보았나니 곧 그 큰 시험과 이적(타 세메이아[ta sēmeia])과 큰 기사를 네 눈으로 보았느니라 그러나 깨닫는 마음과 보는 눈과 듣는 귀는 오늘까지 여호와께서 너희에게 주지 아니하셨느니라(신 29:2-4).

시편 106:7은 훨씬 더 명확하게 표현한다.

> 우리의 조상들이 애굽에 있을 때
> 주의 기이한 일들을 깨닫지 못하며
> 주의 크신 인자를 기억하지 아니하고
> 바다 곧 홍해에서 거역하였나이다(시 106:7).

표적과 이적에 대한 참된 인식은 영적 차원에서 작동된다. 오직 1세대 이스라엘 백성의 소수만이 애굽의 열 가지 재앙의 의미를 진정으로 깨닫는다. 같은 원리가 요한복음에서 다시 한번 적용된다. 성육신하신 이스라엘의 하나님이신 예수는 표적과 기사를 통해 다시 한번 그의 백성을 속박에서 구출하고 계시지만, 첫 번째 출애굽의 경우처럼 많은 이스라엘 사람이 예수의 독특성을 인식하면서도 그의 메시지를 신뢰하지 못할 것이다. 오직 소수만이 표적과 기사의 의미를 진정으로 인식하고 그의 말씀을 신뢰할 것이다.

여기 2:11에서 제자들은 기적으로 인해 예수의 유일성을 인식하며 이러한 인식이 2:1-11의 요점 역할을 한다. 그러므로 네 번째 복음서에 등장하는 일곱 "표적"은 영광스러운 하나님의 신적 아들로서의 예수의 정체성을 드러내고 결과적으로 아버지께 영광을 돌리고 믿음 또는 추가적 불신을 도출해 내며 그의 백성의 구원을 성취한다.

(2) 예수와 이스라엘의 성전(2:13-25)

그 후에 예수, 제자들, 가족은 유명한 어촌 마을인 가버나움으로 내려간다(2:12). 이 마을은 예수의 갈릴리 사역에서 중심지 역할을 한다(6:17, 59). 예수와 제자들은 유월절을 지키기 위해 예루살렘을 향해 남쪽으로 간다. 공관복음서 저자들은 다소간 그들의 자료를 지리적으로 배열하는데, 즉 예수는 갈릴리와 그 주변에서 사역하시고, 예루살렘으로 여행하시며, 마지막으로 예루살렘에서 유월절을 지키시고 죽임을 당하시고 무덤에서 살아나신다.

그러나 요한은 예수의 사역을 다르게 서술한다. 예수는 가버나움에서 거주하시는 동안 몇몇 절기를 지키기 위해 예루살렘으로 여행하신다.

2:13, 23	유월절
5:1	"유대인의 명절"
6:4	유월절
7:2	초막절
10:22	수전절
11:55; 12:1; 13:1	유월절

Andreas J. Köstenberger, *A Theology of John's Gospel and Letters: The Word, the Christ, the Son of God*, BTNT (Grand Rapids: Zondervan, 2009), 413에서 각색함.

왜 요한은 예수를 의도적으로 이러한 절기들과 연결하려고 애를 쓰고 있을까? 안드레아스 쾨스텐버거(Andreas Köstenberger)는 이 문제를 다음과 같이 간결하게 설명한다.

> 요한은 예수를 안식일뿐만 아니라 유월절 및 장막절과 같은 유대교의 주요 제도의 성취로 보여 주려고 노력하면서 구약 전통의 모체(matrix)로 깊이 파고든다.[11]

공관복음에 따르면 예수는 그의 사역 끝부분에서 성전을 "정결하게" 하시거나 심판하신다(마 21:12-13// 막 11:15-17// 눅 19:45-46). 반면, 요한은 그 사건을 앞부분에 둔다. 어떤 학자들은 두 이야기 사이에 모순이 있다고 보고, 다른 학자들은 요한이 예수의 사역 초기에 청결 사건을 둔 것은 강조를 위함이라고 주장한다. 또 다른 학자들은 예수의 사역 초기에 하나, 그의 사역 끝부분에 하나, 두 개의 청결 사건을 주장한다.

후자의 두 견해가 상당히 일리가 있으므로 두 이야기 사이에 모순이 있다고 볼 필요가 거의 없다. 결국, 일반적 요점은 동일하므로 한 번의 청결 사건이 있든 두 번의 청결 사건이 있든 별 차이가 없을 것이다. 즉, 예루살렘 성전은 참된 성전이신 예수께서 오심으로써 쓸모없는 구식이 되며 교만과 우상 숭배라는 악취가 난다는 점이다(→ 막 11:15-17).

더욱이 요한은 성전 심판을 앞두고 예수의 공생애 사역을 위한 분위기를 조성한다. 리처드 보캄(Richard Bauckham)은 올바르게 다음과 같이 덧붙인다.

> 그(예수)는 거의 처음부터 성전에서 유대 신정국가의 지도자들과 상대하고 궁극적으로는 빌라도라는 인물 안에서 로마 자체와 상대하는 매우 걸출한

---

11   Andreas J. Köstenberger, *A Theology of John's Gospel and Letters: The Word, the Christ, the Son of God*, BTNT (Grand Rapids: Zondervan, 2009), 422.

공적 인물이다.[12]

앞의 세 단락에서 요한은 제자들을 자신의 플롯에 끌어들이지만(1:35-42; 43-51; 2:1-12) 성전 청결 사건(2:13-25)과 니고데모와의 대화 장면(3:1-15)에는 제자들에 대한 언급이 없다. 내러티브는 오직 예수께서 종교 당국과 대결하는 내용에만 초점을 맞추고 있다.

이러한 관찰 내용에 어떤 구원사적 의미(redemptive-historical significance)가 있을까?

아마도 있을 것이다. 공관복음과 달리 요한복음에는 이상하게도 단 하나의 귀신 축출도 나오지 않으며 예수의 시험도 포함되어 있지 않다.

공관복음의 모든 내러티브에서는 예수의 세례에서 광야의 시험으로 곧바로 진행되며(마 3:13-4:11// 막 1:9-13// 눅 3:21-4:13) 그런 다음 일련의 귀신 축출이 언급된다(마 4:24// 막 1:21-28// 눅 4:31-37). 요한복음에서는 예수의 세례가 성전 청결 사건 바로 직전에 일어나지는 않지만, 예수는 분명 이스라엘의 실패한 지도층에 맞선다. 아마도 성전에서 일어난 예수와 유대 지도자들 사이의 갈등과 밤에 일어난 니고데모와의 갈등은 유사한 맥락에서 봐야 할 것이다. 유일하고 신실하신 하나님의 아들로서 예수께서 마귀와 악의 세력을 정복하고 계시다는 것이다.

예수는 희생 제물용 동물을 판매하고 있는 성전 뜰 또는 이방인의 뜰로 들어가신다(2:14). 예루살렘으로 여행하는 디아스포라 유대인들은 성전에서 희생 제물을 구매했으며 그들의 통화를 필요한 두로 주화(Tyrian coinage)로 교환해야만 했다. 그러나 화폐를 교환하는 데에는 많은 비용이 들었는데, 성전 당국이 교환 과정에서 막대한 세를 부과했기 때문이다.

예수는 채찍을 만들어 "모든 것을 성전 뜰에서" 내쫓으신다(2:15). 그런 다음 요한은 제자들이 이 사건을 보고 시편 69:9을 "기억"했다고 밝힌다.

---

12 Bauckham, "Historiographical Characteristics of the Gospel of John," 26.

> 주의 전을 사모하는 열심이 나를 삼키리라(시 69:9).

그들이 시편 69편을 예수께서 성전에서 행하신 행동과 즉시 연결하는지 아니면 그의 부활 이후(12:16 참조)에 연결하는지는 분명치 않다.

시편 69편은 다윗이 원수들의 부당한 비난(시 69:4) 가운데서도 행한 의로운 행위와 성전 또는 "집"에 대한 그의 열성/열심(69:9)에 관한 것이다. 다윗왕의 성전에 대한 "열심"(zeal)과 그에 대한 부당한 박해는 유형론적으로 하나님의 거처에 대한 예수의 열정과 피할 수 없는 유대 지도자들과의 갈등과 관련이 있다(2:19).

종교 당국(문자적으로는 '유대인들'; 1:19; 5:10, 15, 16, 18; 7:11, 13, 15 등을 보라)은 분노로 가득 차서 다음과 같이 묻는다.

> 네가 이런 일을 행하니 무슨 **표적**(세메이온[*sēmeion*])을 우리에게 보이겠느냐(요 2:18).

예수는 수수께끼 같은 대답을 하신다.

> 너희가 이 성전을 헐라 내가 사흘 동안에 일으키리라(요 2:19).

이 대답은 훌륭한데 이는 첫 번째 부분에서 물리적 성전의 파괴와 자기 몸의 파괴를 동시에 언급하고 계시기 때문이다. 그러나 두 번째 부분에서는 자신의 몸을 일으키는 것만 언급하신다.

그의 죽음과 부활은 합쳐서 19:20-20:31에 나오는 일곱 번째이자 마지막 표적이다. 요한은 예수의 말씀에 대해 두 가지 다른 반응을 보여 준다. 한편으로 유대 지도자들은 그 의미를 파악할 수 없다. 그들은 그 말씀이 오직 예루살렘 성전에만 해당한다고 잘못 생각한다(2:20). 성전에 대한 심판은 공식적으로는 "표적"이 아니지만, 여전히 가나의 혼인 잔치 기적 및 일곱 번째이자 마지막 표적과 매우 밀접하게 연관되어 있다.

이와 같이 어떤 이들이 그 진정한 의미를 인식하는 못하는 것은 놀라운 일이 아니다. 반면, 제자들은 예수의 대답을 즉시 이해하지는 못했지만 "죽은 자 가운데서 살아나신 후"에는 이해했다(2:22). 요한복음의 독자들은 2:21에 삽입된 해설을 통해 이 사건의 의미를 즉각적으로 이해하는 행운을 얻는다.

예수는 성전된 자기 육체를 가리켜 말씀하신 것이라(요 2:21).

요한은 유월절을 "표적"과 연결하고 "많은 사람"이 "그의 행하시는 표적을" 보았기 때문에 그 이름을 믿었다는 말로 2장을 종결한다(2:23). 출애굽 시기에 야웨의 유일성(uniqueness)은 인정하지만, 결국 그분을 신뢰하지 못한 1세대 이스라엘 백성처럼 1세기 유대인들도 그들이 예수의 독특한 정체성을 보면서도 자신의 삶을 그에게 헌신하지 않는다는 점에서 같은 길을 가고 있다(참조, 6:2, 14; 눅 4:22-30).

결국, 예수는 육신이 되신 하나님으로서 그들의 믿음의 외양을 꿰뚫어 보시기 때문에, 그들에게 자신을 "의탁"하기를 거부하신다(2:24-25; 참조, 16:30; 막 2:8// 눅 5:22). 2장의 끝부분에서 요한은 예수의 표적에 대한 세 가지 유형의 반응을 분류한다.

- 참된 믿음(제자들; 2:11)
- 적대감(유대 지도자들; 2:18)
- 위선적 믿음(무리들; 2:23)

첫 번째 표적이 이처럼 광범위한 반응을 초래한다면 나머지 여섯 개의 표적은 어떨까?

그러므로 요한은 독자들에게 제자들의 반응을 따라 확고하게 예수를 신뢰하도록 격려한다.

3) 빛과 어둠: 계속되는 갈등(3:1-36)

(1) 예수와 니고데모(3:1-21)

2장에 제시된 세 가지 범주의 반응은 특히 니고데모의 반응과 관련하여 3장까지 계속 이어진다.

니고데모는 예수의 사역에 적대적인가?
그는 처음에는 예수를 믿다가 미래 어느 시점에는 떨어져 나갈 것인가?
아니면 예수를 믿고 끝까지 견뎌 낼 것인가?

3장에 나오는 예수와 니고데모의 대화를 예수께서 이전에 성전에서 유대 지도자들과 나눈 대화와 연관시켜 보는 것이 중요하다. 니고데모가 예수와 대결하고 있을 가능성이 크다.[13] 우리는 3:1-15에서의 대화 동안 예수와 제자들이 계속해서 예루살렘이나 그 주변에 머무르고 있다고 가정해야 한다. 다시 한번 3:1-15에는 제자들에 대한 언급이 전혀 없다. 내러티브는 예수와 니고데모에게 초점을 맞춘다.

요한은 니고데모를 "유대인의 통치 기구의 회원"(문자적으로는 '유대인의 통치자'; 3:1)으로 묘사한다(개역개정에는 "유대인의 지도자"로 번역됨-역주). 여기서 세 가지 중요한 요점을 관찰할 수 있다.

첫째, 모든 바리새인이 정치적 이익을 누린 것은 아니지만, 소수의 부유한 바리새인은 공회(산헤드린), 즉 예루살렘에 있는 민족을 다스리는 통치 기구에 참여한다(→ 막 14:43-65).

둘째, 니고데모는 예루살렘의 귀족과 핵심 신앙을 구현하는 유명한 구리온(Gurion) 가문의 일원일 수 있다.[14] 그렇다면 우리는 예수께서 어떤 유

---

13 Klink(*John*, 192-204)가 올바르게 니고데모의 대화를 2:13-25의 갈등과 연결한다.
14 Richard Bauckham, *The Testimony of the Beloved Disciple* (Grand Rapids: Baker Academic, 2007), 137-72.

대인이 아니라 상당 부분 유대교를 대표하는 그 유대인과 교류하고 있음을 알 수 있다(3:7에 언급된 "너희"라는 복수형에 주목하라. 개역개정에는 "네게"라는 단수형으로 표현됨-역주).

셋째, 요한은 니고데모가 "밤에" 예수께 나아온다는 점에 주목한다. 요한복음의 거의 마지막 부분에 니고데모는 다시 "예수께 밤에 찾아왔던" 사람으로 묘사된다(19:39). 낮이라는 시간은 중요한데 요한이 그의 복음서를 빛과 어둠의 반제로 시작하고 있기 때문이다(1:4-5, 8-9; 11:9-10). 예수는 타락한 옛 시대의 어둠을 정복하는 새 창조의 빛이시다. 니고데모를 어둠과 연관시킴으로써 요한은 독자들에게 예수와 니고데모의 만남을 구원사적 맥락, 즉 빛과 어둠 간의 갈등으로 보도록 촉구한다.

니고데모는 "하나님이 함께하시지 아니하시면" 어떤 "선생"도 그러한 "표적"(세메이아[sēmeia])을 행할 수 없음을 인정한다(3:2). 여기에 문제가 있다. 실제로 예수의 표적은 기적이고 하나님이 그 안에서 역사하시지만, 예수는 "선생" 그 이상의 분이시다(참조, 1:38; 11:28; 13:13-14; 20:16). 그는 육신이 되신 하나님이시며 우주의 왕이시다.

이 대화는 "거듭남"(born again, 3:3) 또는 "위로부터 남"(born from above)이란 의미의 본질에 대한 니고데모의 오해에 초점을 맞춘다. "거듭나다"(다시 태어나다)라는 표현은 유대의 종말론과 묵시론의 여러 층을 포괄하는 다양한 측면을 지니고 있다. "거듭난다"라는 것은 요한복음에서 "살다"라는 동사나 "생명"이라는 명사와 거의 동등한 의미이며 궁극적으로 영원한 새 우주에서 성취될 새 창조의 여명/시작의 일부가 된다는 의미이다(예컨대, 3:15, 16, 36; 4:10; 5:21, 39; 6:33, 40). 이 말은 신약 전체에서 우리가 발견할 수 있는 많은 내용과 연결되는 탄탄한 "이미와 아직 아닌"(already-not-yet)의 용어이다(예컨대, 고후 5:17; 엡 2:5; 골 3:1-4).

문제는 아이러니하게도 그 자신이 "선생"이고 구약에 대해 꽤 정통한 니고데모가 여전히 예수에 대해 적대적이며 중생(regeneration)의 본질에 대한 확고한 이해가 부족하다는 점이다. 한마디로 "그는 하나님께서 주신 새 탄생의 필요성과 마지막 날에 자기 백성에게 새 마음, 새 본성, 정결한 삶, 성령의 충만함을 주겠다고 하신 하나님의 약속을 이해했어야만 했다."[15]

구약의 주된 배경은 에스겔 36장인데, 선지자는 하나님이 후대에 자기 백성을 우상 숭배로부터 정결하게 하시고 "새 마음"을 주사 그들이 그의 율법에 순종할 것이라고 예언한다(겔 36:24-27). 그러나 하나님께서는 자기 백성을 회복하실 뿐만 아니라 또한, 땅 자체를 "에덴동산처럼" 변화시키시고(겔 36:35) 거대한 종말론적 도시-성전(city-temple)을 창조하실 것이다(겔 40-48장).

니고데모는 개인적이고 공동체적인 갱신(renewal)에 대한 예언적 기대를 제대로 이해하지 못하고 있는 것으로 보인다. 그는 구약을 올바르게 읽고 있지 않다. 더구나 그러한 종말론적 갱신이 오직 하나님의 아들에 대한 믿음을 통해서만 일어난다는 사실을 보지 못한다. 이스라엘의 구원을 위해 "광야에서 뱀"을 들어 올리는 행위는 예언적으로 예수께서 십자가와 부활로 들어 올려져 높아지심을 예표한다. 그 결과 그를 신뢰하는 사람은 누구든지 구원을 받게 될 것이다(3:14-15; 참조, 민 21:8-9).

화자(narrator)는 아마도 이 점을 계속 이어 갈 것이므로 3:16-21 전체를 니고데모와 예수 사이에서 일어난 일에 대한 설명적 성찰로 보아야 한다. 이 단락의 요점은 하나님께서 은혜와 사랑을 베푸셔서 "독생자"(톤 후이온 톤 모노게네[*ton huion ton monogenē*], 하나뿐인 아들)를 보내셨다는 데 있다. "독생자"로 번역된 헬라어 모노게네스(*monogenēs*)는 요한복음에서 네 번 등장하는데 각각 예수를 가리킨다(1:14, 18; 3:16, 18; 참조, 요일 4:9).

이 단어는 일반적으로 해당 종류나 등급상 "오직 하나만"을 의미한다.[16] 이는 전적으로는 아니지만, 종종 아들이든 딸이든 '하나뿐인' 자녀를 가진 부모에게 적용된다(예컨대, 삿 11:34; Tob. 3:15; 6:11; 눅 7:12; 8:42; 9:38; 히 11:17). 그렇다면 이 개념은 하나님께서 예수를 낳았다는 것이 아니라, 그를 신뢰하는 자들에게 새로운 창조의 생명을 가져다줄 목적으로 유일하신

---

15   Carson, *John*, 197.
16   BDAG, μονογενής, 658.

(unique) 아들에게 어둡고 반역하는 "세상"(코스모스[kosmos])에 들어가도록 위임하셨다는 것이다(3:16).

빛은 어둠을 이긴다. 니고데모가 예수께서 위대한 생명 수여자이심을 믿고 죄에서 돌이킨다면 그는 하나님의 참된 가족의 일원이 될 것이다(3:21). 예수는 성육신 이전의 영원 전부터 하나님의 아들이셨으며 예수께서 하나님의 아들이 아니셨던 때가 결코 한순간도 없었다는 사실을 기억하라(→ 5:16-47).

(2) 세례 요한의 증언(3:22-36)

예수는 세례를 베푸시려고 제자들과 함께 예루살렘을 떠나 "유대 땅"으로 간다. 예수 자신은 물리적으로 사람들에게 세례를 베풀지는 않으시지만(4:2을 보라) 세례를 승인하신다. 같은 맥락에서 요한복음은 세례 요한도, 또한 아마도 그리심산 동쪽인 "살렘 가까운 애논"에서 세례를 베풀고 있다고 언급한다(3:23).[17]

내러티브의 이 지점에서 왜 세례가 불쑥 나타나는가?

세례는 요한이 "그(예수)를 이스라엘에 나타내려고"(1:31) 무리에게 세례를 베푸는 1:19-34에서 현저하게 나타난다.

두 세례의 중심 목적은 참된 이스라엘의 죄를 정결하게 하고 예수 안에 나타난 하나님의 영광을 준비시키는 데 있다. 세례 요한의 제자들은 예수도 세례를 베풀고 있다고 말하지만(3:26), 요한은 움츠러들지 않는다. 니고데모와 달리 그는 예수의 정체와 사명을 이해한다. 두 세례는 서로 경쟁하지 않는다. 오히려 요한의 세례는 예수의 도래를 준비하는 것이다. 세례 요한의 역할은 "신랑" 되신 예수를 위해 "신부"인 참된 이스라엘을 준비시키는 일이다(3:29; → 막 2:19-22).

3장의 나머지 부분(3:31-36)은 3:27-30에 언급된 요한의 증언과 특히 3:11-13에 언급된 예수와 니고데모의 대화에 대한 또 다른 설명적 성찰이

---

17 Craig S. Keener, *The Gospel of John: A Commentary* (Peabody, MA: Hendrickson, 2003), 1:576.

다.[18] 화자는 예수를 "위로부터 오시는 이"로, 세례 요한을 "땅에서 난 이"로 밝힌다(3:31). 세례 요한은 신실하지만, 하늘의 빛은 아니다(1:8). 3:32에 따르면, 예수는 "친히 보고 들은 것을 증언하되 그의 증언을 받는 자가" 없다.

예수는 자신의 거룩하고 은혜로운 성품을 증언하시는 아버지의 궁극적 증인이시지만(참조, 계 1:5; 3:14), 그러한 증언은 대체로 어둠 속에서 방탕을 즐기는 자들에게 거부당한다(1:10-11; 2:18-20; 3:11). 33절은 예수의 사명과 요한복음 전체에 있어 매우 중요하다.

> 그(예수)의 증언을 받아들이는 사람은 누구든지 하나님이 참되시다(truthful)는 것을 확증한 것이다(요 3:33, 사역).

예수의 정체성과 그의 메시지를 신뢰하는 것은 궁극적으로 아버지 자신을 시인하는 것이며 사실상 구약을 지지하는 것이다(5:31-40). 예수의 증언을 받아들이지 못하면 아버지와 성경을 믿지 못하는 것이다. 몇 구절 앞서 3:27-30에서 세례 요한은 예수에 대한 신실한 증언으로 예수의 증언을 받아들이고 "하나님은 참되시다"라고 단언하는 사람의 범주에 속한다. 요한의 독자들도 같은 훈계를 통해 도전을 받는다. 예수께서 아버지의 충만함을 드러내는 빛이심을 믿으라. 내러티브의 이 단계에서 독자들은 니고데모가 아니라 세례 요한을 본받아야 한다.

4) 믿는 사마리아인들과 믿지 않는 갈릴리인들(4:1-54)

(1) 예수와 사마리아 여인(4:1-42)

예수와 제자들은 "유대 땅"(3:22)을 떠나 북쪽 갈릴리로 향했다. "예수께서 제자를 삼고 세례를 베푸시는 것이 요한보다 많다" 하는 말을 바리새인

18　Colin G. Kruse, *John: An Introduction and Commentary*, TNTC 4 (Downers Grove, IL: InterVarsity, 2003), 123.

들이 들었기 때문이다(4:1). 예수의 종말론적 갱신의 세례는 유대의 현 상태(status quo)를 위협한다.

갈릴리까지 가는 몇 가지 경로가 있었지만, 그는 상징적 의미 때문에 사마리아를 통과하기로 선택하신다. 그와 제자들은 "야곱이 그 아들 요셉에게 준 땅이 가깝고" "야곱의 우물"이 근처에 있던 수가(Sychar)에서 멈춘다(4:5-6). 요한은 땅과 물이라는 두 가지 중요하고도 서로 관련된 개념을 결합한다.

족장 야곱이 요한 내러티브의 전면에 등장하는 것은 이번이 두 번째이다. 창세기 33:19-20에 따르면 야곱은 세겜(Shechem) 주변에 땅을 샀는데, 중요한 것은 "거기에 제단을 쌓고 그 이름을 엘엘로헤이스라엘"이라고 불렀다는 점이다. 여기에서 "쌓다"(set up)라는 말은 창세기 28:12-13을 연상시킨다. 거기에 보면 하늘로 올라가는 사닥다리가 땅 위에 "서 있었고"(무츠춉[*mutstsob*]) 주님이 그 위에 "서 계셨다"(니츠춉[*nitstsob*]).[19]

창세기의 내러티브에서 세겜에 제단을 세우는 일은 일찍이 야곱이 꿈에서 하늘로 올라가는 사닥다리를 본 벧엘(Bethel)에서 일어난 일과 연결된다. 이 두 본문을 연결하는 것은 야곱과 함께 거하시는 하나님의 언약적 임재이다.

사마리아인의 정확한 기원과 AD 1세기에 그들이 소중히 간직한 믿음의 뉘앙스에 관해 상당한 논쟁이 있다. 일반적으로 합의된 두 가지 사항이 고려할 만한 가치가 있다.

첫째, 사마리아인들은 경쟁적 제사장직을 확립하고 그리심산에 별도의 성전을 세웠다(Josephus, *Ant*. 11.310, 340-46). 이 성전은 BC 2세기 초 요한 히르카누스(John Hyrcanus)에 의해 파괴되었다.

둘째, 사마리아인들은 배타적으로 오경만을 성경으로 사용하며(사두개인처럼), 그런 맥락에서 신명기 18:18에 나오는 "모세와 같은 선지자"의 도

---

[19] Victor P. Hamilton, *The Book of Genesis, Chapters 18-50*, NICOT (Grand Rapids: Eerdmans, 1995), 349-50.

래라는 종말론적 기대를 고수했다(요 4:25-26을 보라).

유대인과 사마리아인은 전반적으로 사이가 좋지 않았다. 예를 들면, 유명한 초기 유대교 본문 중 하나에는 "사마리아 여인은 요람에서부터 월경하는 자로 간주된다"라고 기록한다(m. Nid. 4.1). 즉, 사마리아 여인은 태어날 때부터 의식적으로 부정하다는 것이다. 그렇지만 예수는 "정오쯤"(문자 그대로는 여섯 시쯤) 우물가로 다가가신다(4:6). 요한이 하루의 시간을 상세하게 기술하는 요점은 아마도 "밤에" 예수를 만난 니고데모와의 극명한 대조에 있을 것이다.

예수는 그 여인에게 물을 좀 달라고 요청하시지만 그녀는 유대인과 사마리아인 사이의 문화적 마찰 때문에 당황해한다(4:7-9). 4:10에서 예수는 상황을 반전시켜 그녀가 그에게 물을 청해야 한다고 단언하신다. 왜냐하면, "그(예수께서)가 생수를 네게 주었을" 것이기 때문이다. "생수"(living water)는 창세기 1-2장에서 시작하고 요한계시록 21-22장에서 끝나는 풍부한 성경 신학적 개념으로 피조물과 인류에게 영양을 공급하시는, 생명을 주시는 하나님의 임재를 가리킨다(예컨대, 사 35:6; 41:17-18; 44:3; 렘 2:13; 겔 36:25-27; 47:1-12; 슥 14:8).

그렇다면 이 개념은 예수께서 하나님의 영광이 임하는 장소, 즉 참된 성전(예루살렘 성전과 그리심산의 경쟁 성소와 대조되는)이라고 주장하신다는 점이다. 구약의 예언적 유형(types)과 물리적 성전의 그림자는 생수이신 예수와 그를 신뢰하는 모든 사람 안에서 궁극적으로 성취된다(3:5; 7:38; 19:34을 보라). 예수는 이 부정하고 간음한 사마리아 여인에게 하나님의 참된 성소, 즉 예수라는 인물에 참여할 기회를 제공하신다.

제자들이 음식을 가지고 예수께 돌아오지만(4:8 참조), 예수는 다음과 같이 수수께끼 같은 대답을 하신다.

> 나의 양식은 … 나를 보내신 이의 뜻을 행하며 그의 일을 온전히 이루는 이것이니라 (요 4:34).

아들을 위한 아버지의 양식 또는 "뜻"은 무엇일까?
이 질문은 내러티브의 뒷부분에서 간결하게 답변된다.

> 나를 보내신 이의 뜻은 내게 주신 자 중에 내가 하나도 잃어버리지 아니하고 마지막 날에 다시 살리는 이것이니라. 내 아버지의 뜻은 아들을 보고 믿는 자마다 영생을 얻는 이것이니 마지막 날에 내가 이를 다시 살리리라(요 6:39-40; 참조, 5:19-23).

이처럼 아버지가 아들을 임명하신 것은 아버지가 선택하신 자들을 구원하고 보존하고 부활하게 하시기 위함이다. 예수 생애의 모든 측면, 즉 그의 행동, 가르침, 대화, 죽음, 부활이 이 사명을 통해 걸러져야(filtered) 한다. 간단히 말해서, 예수는 성도를 구원하고 보존하고 영화롭게 하고 그들을 새 창조 안에 심으려고 오셨다. 그러므로 예수의 제자들은 그의 사명에 맞추어 그들의 역할을 감당해야 한다(4:35-38).

요한은 사마리아에서 행한 예수의 사역을 다음과 같은 광범위한 믿음의 결과로 종결한다.

> [여인의 증언 때문에] 그 동네 중에 많은 사마리아인이 예수를 믿는지라(요 4:39).

어느 정도 사회에서 소외된 이 여인은 예수의 정체성에 대한 진실을 증언한다. 한마디로 그녀는 예수의 정체를 "받아들였고" "하나님이 참되시다는 것"을 확증했다(3:33). 이 단락은 예수께서 이틀 동안 사마리아인들을 직접 가르치심으로써 더 많은 사람이 믿음을 갖게 되었는 내용으로 끝난다. 이 이야기의 끝부분에서 마을 사람들은 "그가 참으로 세상의 구주(Savior)"시라고 증언한다(4:42).

(2) 왕의 신하 아들 치유(4:43-54)

요한은 예수께서 사마리아에서 갈릴리로 가신다고 기술하며 그 이유를 다음과 같이 설명한다.

친히 증언하시기를 선지자가 고향에서는 높임을 받지 못한다 하시고(4:44; 참조, 막 6:4과 병행구).

예수의 고향은 어디일까?

몇몇 주석가가이 지적하듯이 질문의 답은 갈릴리와 유대인데 모두 유대인 영토이다. 4:54에 유대와 갈릴리가 함께 언급되는 것에 주목하라. 2:13-25에서 예루살렘의 유대인들이 예수를 거부했고 이제 갈릴리의 유대인들도 그 뒤를 따를 것이다.

믿는 사마리아인들의 이야기가 양 유대인의 거부 이야기 사이에 샌드위치처럼 끼어 있다. 갈릴리인들은 표면적으로는 팔을 벌려 "그를 영접했다"(4:45).

왜 그렇게 예수를 환영할까?

이 갈릴리 사람들은 예루살렘에서 예수의 "표적"을 보았지만 결국은 믿지 않은 2:23에 묘사된 그룹에 포함될 가능성이 크다. 그들의 충성은 단지 피상적일 뿐이다.

왕의 신하 아들을 고치신 사건은 애굽에 내린 열 번째이자 마지막 재앙 및 출애굽 사건 전체와 주목할 만한(유형론적?) 몇 가지 유사점을 지니고 있다.

첫 번째 출애굽	요 4:43-54에 나타난 두 번째 출애굽
유월절 제정(출 12:1-28)	첫 번째 "유월절" 때의 믿음 회상(4:45; 참조, 2:23)
유월절 희생 제물의 피가 "표적"이다(출 12:13)	치유가 두 번째 표적이 된다(4:54)
이스라엘은 하나님의 "이적과 기사"(signs and wonders)를 인식하지만 그를 신뢰하지 않는다(신 4:34; 6:22; 29:3-4).	갈릴리 유대인들은 "표적과 기사"(signs and wonders)를 보지 못하면 예수를 믿지 않을 것이다(4:48)
장자는 유월절 희생 제물이 제공되지 않으면 죽는다(출 12:12-13)	왕의 신하 아들은 예수께서 개입하지 않으면 죽을 것이다(4:47)
바로는 그의 장자의 죽음에도 불구하고 야웨를 신뢰하지 못한다(출 12:29).	왕의 신하는 표적과 기사를 보지 못했음에도 불구하고 예수를 믿어 아들을 구한다(4:51)
바로는 "왕"(바실류스[*basileus*])으로 불린다(출 6:27, 29; 14:5).	아들의 아버지는 "왕의 신하"(바실리코스[*basilikos*])라고 불린다.

이러한 연관성 중 일부는 빈약해 보일 수도 있지만, 이것들을 모두 종합해 보면 그림이 드러난다. 갈릴리의 유대인들은 유대의 유대인들과 마찬가지로 표적을 통해 예수의 기적의 능력을 인식하지만 그 표적의 진정한 의미는 인식하지 못한다는 점이다. 표적은 하나님의 "유일하신" 아들로서 예수의 정체를 가리킨다. 즉, 그는 유월절 희생 제물로서 하나님의 진노를 짊어짐으로써 두 번째이자 마지막 출애굽에서 자신의 백성을 구원하기 위해 창조 세계로 들어오신 성육신하신 야웨이시다.

요한은 왕의 신하를 거의 제자들과 같은 범주에 넣는다. 2:11에서 제자들은 물을 포도주로 만드는 "표적" 후에 예수를 "믿었다." 여기서 왕의 신하는 아이를 치유하는 "표적" 이전에 "믿었다"(4:50). 그러나 기적 이후에 왕의 신하는 "온 집안이 믿었다"(4:53). "왕의 신하"의 민족성에 대해서는 아무것도 모르지만, 적어도 그는 예수의 "고향"(4:44)에 있는 신실한 남은 자를 상징한다.

출애굽이 4:43-54에서 광범위하게 보였다면, 애굽의 "왕"(바실레우스 [*basileus*]) 바로가 표적과 기사를 보고도 믿기를 거부했기 때문에 "왕의 신하"(바실리코스[*basilikos*])의 믿음은 그만큼 더 선명하게 부각된다.

문학적이고 신학적인 차원에서 첫 번째 표적과 두 번째 표적은 서로를 보강해 준다. 참된 믿음이 두 표적 이야기 모두에 나올 뿐만 아니라(2:11; 4:53), 두 이야기 모두 생명을 주시는 예수의 사명과 연관된다. 물로 포도주를 만드는 기적과 거의 죽은 아이에게 생명을 주는 기적(2:9; 4:51)은 기능적으로 거의 동일하다. 기적이나 표적은 모두 예수를 타락한 세상의 어둠을 꿰뚫는 새 창조의 빛으로 증언한다.

더욱이 출애굽기 4:8에 따르면, 하나님은 모세에게 두 가지 표적, 즉 모세의 지팡이를 뱀으로 만드시는 표적과 그의 손을 나병에 걸리게 하는 표적을 주시는데, 이는 "만일 그들(이스라엘 백성)이 너를 믿지 아니하며 그 처음 표적의 표징을 받지 아니하여도 나중 표적의 표징은 믿을" 것이기 때문이다. 우리는 여기 요한복음 전반에 걸쳐 유사한 현상을 본다. 즉, 하나님은 은혜롭게도 이스라엘에 그의 아들 안에서 그의 영광을 입증하는 여러 표적을 주신다.

5) 안식일에 행한 치유와 하나님의 아들로서 예수의 정체(5:1-47)

(1) 베데스다 연못에서의 치유(5:1-15)

내러티브는 예수께서 "유대인의 명절"을 지키기 위해 남쪽 예루살렘으로 향하심으로써 진행된다(5:1). 요한은 예수께서 어떤 명절을 지키러 올라가시는지 밝히고 있지는 않지만(초막절? 유월절?), 그것은 이야기에서 별로 중요하지 않다. 그는 예수께서 가시는 곳, 즉 "양의 문" 근처에 있는 행각 다섯 개로 둘러싸인 연못에 주의를 기울인다(5:2).

학자들은 일반적으로 베데스다 연못을 성전 단지 북쪽 성안나수도원(St. Anne's Monastery) 아래에 있는 두 개의 연못으로 추정한다. 유대인의 민간전승에 따르면 일단의 "장애인들"이 치유를 위해 그 연못에서 목욕을 했다. 이러한 행위가 정확히 어떻게 작동되었는지는 불분명하지만, 내러티브에서는 그것에 대해 별로 관심이 없다. 요점은 "예수께서 요한의 세례(1:31-33), 정결 의식(2:6), 개종자 세례(3:5), 그리고 사마리아에 있는 야곱의 우물의 물(4:14)뿐만 아니라, 또한 대중적 치유 의식의 물도 대체한다"는 것이다.[20]

예수는 38년 된 병자에게 다가가 그가 "낫기를" 원하는지 물으신다(5:6). "예. 물론입니다!"

예수는 이 남자를 연못으로 데려가는 대신에 그 자리에서 그를 고치신다.

> 일어나 네 자리를 들고 걸어가라(요 5:8; 참조, 막 2:11; 행 3:7).

---

[20] Keener, *Gospel of John*, 1:638.

그런 다음 화자는 이 기적이(세 번째 "표적") 안식일에 일어났다는 점을 밝힌다(5:9). 이는 요한복음에서 안식일에 대해 처음으로 언급한 것으로 그 중요성은 아무리 강조해도 지나치지 않다(7:22; 9:14, 16; 19:31을 보라). 유대 지도자들은 이 병자의 회복을 축하하기는커녕 그가 자리(mat)를 들고 감으로써 안식일을 어겼다고 비난한다. 안식일에 물건을 운반하는 일은 엄격히 금지된다(민 15:32; 느 13:15-19; 렘 17:21).

이 사람은 에덴동산의 하와나 시내산의 아론과 마찬가지로 책임을 전가한다(5:11). 그가 자기 자리를 들고 가는 것은 잘못이 아니다. 유대 지도자들의 명령으로 그는 예수를 찾으려고 하지만 아무 소용이 없다. 예수께서 이미 무리 속으로 피하셨기 때문이다(5:13). 얼마 후에 예수는 성전에서 그 사람을 찾아내시고는 다음과 같이 경고하신다.

> 네가 나았으니 더 심한 것이 생기지 않게 다시는 죄를 범하지 말라(요 5:14).

병이 나았음에도 불구하고 이 사람은 어떤 대가를 치르더라도 예수를 따르기를 거부한다. 그는 이미 5:13에서 유대 지도자들의 요구에 굴복했고 결국 5:15에서 예수를 포기할 것이다. 이는 유다가 예수를 배반한 것과 유사한 행동이다(참조, 13:21; 18:2). 문제의 핵심은 나사렛 예수보다 유대 지도자들을 더 기쁘게 하려는 이 사람의 궁극적 열망이다.

간단히 말해서, 그의 눈에 예수는 자신이 주장하는 그 사람이 아니시다. 이 병자의 치유는 후에 유대 지도자들에게 예수를 "선지자"(9:17)이며 "하나님께로부터"(9:33; → 9:1-34) 오신 분으로 고백하는 맹인의 치유와 극명한 대조를 이룬다.

(2) 안식일에 행한 치유의 신학적 의미(5:16-47)

내러티브는 예수와 38년 된 병자와의 대화에서 예수와 유대 지도자들(호이 유다이오이[hoi Ioudaioi])과의 대화로 전환된다. 그들은 안식일에 일어난 그 일 때문에 "예수를 박해한다"(5:16). 예수와 안식일의 관계를 요약하기는 어렵지만, 그 취지는 예수께서 안식일 제도를 성취하신다는 것이다. 참되고 종말론적인 안식은 예수 안에서 그 본질을 찾는다(→ 마 11:28). 하나님의 아들이신 예수께서 참된 안식일이시기 때문에 안식일에 병을 고칠 수 있는 신적 권리를 갖고 계신다.

안식일을 모독하는 일은 유대교의 가장 중요한 특징 중 하나를 위협하는 일인데, 이는 하나님의 언약공동체로서 이스라엘의 정체성을 위협하는 것이다. 예수의 행동이 종교 당국의 분노를 불러일으키는 것은 당연하다. 만일 그들이 새 시대를 여시고(2:1-11) 하나님의 영광에 거하시며(1:14), 이스라엘의 절기를 성취하시고(2:13, 23; 4:45), 성령을 통해 종말론적 생명과 새 성전에의 참여를 제공하시는(3:5-8; 4:13-14) 생명을 주시는 하나님 아들로서 예수의 정체성을 파악할 수 있었다면, 그들은 예수께서 안식일에 행하신 일을 문제 삼지 않았을 것이다.

또한, 우리는 더 큰 그림을 놓쳐서는 안 된다. 고든 웬햄(Gordon Wenham)이 현명하게 논평하듯이 안식일은 훨씬 더 큰 성찰과 실천 프로그램의 일부이다.

> 이러한 [이스라엘의 일곱] 절기 동안 칠 일간의 휴식(rest), 첫 번째와 일곱 번째 무교병, 오순절(weeks), 엄숙한 안식일, 속죄일, 초막절 첫날, 초막절 이후의 첫날이 있었다. 이러한 절기들의 대다수는 한 해의 일곱 번째 달에 열린다. 매 칠 년은 안식년이다(출 21:2ff.; 레 25:2ff.; 신 15:1ff.). 49년(7x7) 후에는 슈퍼-안식년(super-sabbatical)인 희년(레 25:8ff.)이 있었다.
>
> 이러한 정교한 시스템을 통해 … 안식일의 중요성이 강조되었다. 순전히 친숙함을 통해 매주의 안식일은 당연한 것으로 여겨질 수 있었다. 그러나 이러한 절기들과 안식년들은 일상생활을 크게 방해하는 일이었고 삶의 리듬에 다양한 요소를 도입했다. 이런 식으로 그것들은 이스라엘 백성에게 하나님이 자신을 위해 행하신 일과 안식일을 지킴으로써 그가 일곱째 날에 쉬신

창조주를 본받고 있음을 끊임없이 상기시켰다.[21]

그렇다면 예수께서 안식일과 유대인의 명절(5:1)에 행하신 일은 매우 의미가 있다. 그는 놀랍게도 안식일에 이러한 행동을 한 근거를 다음과 같이 밝히신다.

> 내 아버지께서 이제까지 일하시니 나도 일한다(요 5:17).

이 말씀에서 두 가지 점이 중요하다.

첫째, 예수는 비둘기를 파는 사람들에게 성전을 "내 아버지의 집"(2:16)이라고 언급하신다. 그러나 여기서는 유대 지도자들에게 "내 아버지"라는 표현을 명시적으로 사용하신다. 하나님을 "아버지" 또는 "내 아버지"라고 부르는 일은 1세기 유대인의 맥락에서는 매우 이례적인 일이다(→ 눅 11:1-4).

예수는 "아버지"라는 용어를 사용하여 이스라엘의 하나님을 묘사하며, 놀랍게도 그를 따르는 자들에게도 그렇게 하도록 격려하신다. 더욱이 요한복음에서는 서문에서부터 예수를 "유일하신" 하나님의 아들로 묘사한다(예컨대, 1:14, 18, 49; 3:16-18, 35-36). 그는 아버지와 독특하신 관계, 즉 어떤 피조물도 공유할 수 없는 관계를 누리신다. 영원히 예수는 항상 아들로서 아버지와 관계를 맺어 오셨고 성육신을 통해 우리는 이 아들 관계(sonship)가 어떻게 더 구체화되는지 볼 수 있는 특권을 누리고 있다.

둘째, 아버지가 "일하시고" 예수도 같은 방식으로 "일하고 계신다"라는 주장은 만물의 창조자(창 1-2장)로서 예수의 정체성을 언급한다. 하나님의 형상을 가진 자들이 하나님의 6일간의 창조 사역과 유사한 방식으로 일하기는 하지만(창 1:28; 2:15), 두 당사자는 여전히 구별된다. 그러나 하나

21　Gordon J. Wenham, *The Book of Leviticus*, NICOT (Grand Rapids: Eerdmans, 1979), 301-2 (강조체 추가).

님의 아들로서 예수는 하나님의 독특한 창조 사역에 참여하신다. 이것이 바로 1:3의 "만물이 그(예수)로 말미암아 지은 바 되었으니"라는 말의 요점이다.

이 두 가지 점을 종합하면, 예수는 의심의 여지 없이 하나님이심(divine)을 보여 준다. 요한의 독자들이 예수의 선언이 의미하는 바를 놓친 경우를 대비하여 화자는 다음과 같이 진술한다.

> 이로 말미암아 더욱 예수를 죽이고자 하니 이는 안식일을 범할 뿐만 아니라 하나님을 자기의 친아버지라 하여 자기를 하나님과 동등으로 삼으심이러라(요 5:18).

이 지점이 내러티브의 분수령이 되는 순간이다. 유대 지도자들은 그를 무덤에 두기 전까지는 결코 마음이 편하지 않을 것이다(10:33; 19:7을 보라).

5장의 다음 단락에서는 예수와 아버지와의 관계에 대한 몇 가지 메커니즘(mechanics)을 더 상세하게 설명하고(5:19-30), 마지막 단락에서는 그 관계의 진실성을 확인한다(5:31-47). 5:19-30에는 해명해야 할 내용이 많지만, 우리는 몇 가지 관찰에만 관심을 둘 것이다. 이 단락은 다음의 두 가지 기본 원칙을 지지한다. 성육신으로 예수는 아버지와 동등하시면서 동시에 기능적으로는 아버지께 종속된다는 것이다(→ 막 13:32-37).[22]

한마디로 "아버지께서는 시작하시고 보내시며 명령하시고 위임하시고 부여하시며, 아들은 반응하시고 순종하시며 아버지의 뜻을 수행하시고 권위를 부여받으신다."[23] 5:19-23의 단락은 하나의 전제, 하나의 근거 조항과 세 개의 설명 조항으로 진행되며,[24] 모두 아들이 아버지와 독립적으로 행동할 수 없다는 생각을 뒷받침한다.

---

22 Andreas J. Köstenberger and Scott R. Swain, *Father, Son and Spirit: The Trinity and John's Gospel*, NSBT 24 (Leicester, UK: Apollos, 2008), 88.
23 Carson, *John*, 251.
24 Klink, *John*, 286n8.

전제: "아들은 아무것도 스스로 할 수 없나니"(5:19a)
근거: "왜냐하면(가르[gar]) 아버지께서 행하시는 그것을 아들도 그와 같이 행하시기 때문이다"(5:19b).
설명 1: "왜냐하면(가르[gar]) 아버지께서 아들을 사랑하사 자기가 행하시는 것을 다 아들에게 보이시기 때문이다"(5:20)
설명 2: "왜냐하면(가르[gar]) 아버지께서 죽은 자들을 일으켜 살리심같이 아들도 자기가 원하는 자들을 살리시기 때문이다"(5:21).
설명 3: "왜냐하면(가르[gar]) 아버지께서 아무도 심판하지 아니하시고 심판을 다 아들에게 맡기셨기 때문이다"(5:22).

'설명 2'는 요한복음의 기본 주제이기 때문에 숙고할 가치가 있다.[25] "아버지께서 죽은 자들을 일으켜 살리신다"(5:21)라는 말은 하나님이 모든 피조물과 인류를 구원하시는 위대한 일에 헌신하신다는 뜻이다. 21절은 아들도 역시 생명을 주시고 죽은 자들을 살리시는 것으로 끝난다. 아버지가 죽은 자들을 살리시는 것같이 예수도 그러하신데, 그도 하나님이시기 때문이다.

24절 시작 부분에서는 "영생"을 얻기 위해 예수를 믿어야 한다는 점을 강조한다.

그러나 여기 5장과 요한복음 전체에서 "영생"은 어떻게 정의되고 있을까?

24b절에는 믿는 자는 "심판에 이르지 아니하나니 사망에서 생명으로 옮겼느니라"라고 설명한다. 이 구절에 따르면 요한복음에서의 영생은 구원사의 노선, 즉 옛 시대의 죽음에서 새 시대 생명으로의 전환으로 이해되어야 한다(3:15, 16, 36; 4:14, 36; 5:39; 6:27, 40, 47, 54, 68; 10:28; 12:25, 50; 17:2-3을 보라).

---

[25] 5:21-30의 내 논의는 Benjamin L. Gladd and Matthew S. Harmon, *Making All Things New: Inaugurated Eschatology for the Life of the Church* (Grand Rapids: Baker Academic, 2016), 48에서 각색한 것임.

예수의 계획에서 중요한 것은 성육신하신 야웨로서 믿는 모든 자에게 새로운 창조적 생명을 주시려는 그의 의도이다. 공관복음도 확실히 이 차원을 강조하지만, 요한복음에서는 이 주제를 예수 사역의 핵심에 둔다. 10:10에 따르면 예수는 성도들이 종말론적 생명 또는 부활의 "생명"을 누리게 하고 "더 풍성히 얻게" 하기 위해 오셨다.

"사망에서 생명으로" 넘어간다는 주제는 이어지는 다음 몇 구절의 분위기를 조성하는데, 5:25-29이 영생에 대한 요한의 정의를 더 자세히 풀어 주고 있기 때문이다. 25절은 기이하지만 흥미로운 묘사로 시작한다.

> … 때가 오나니 곧 이때라(요 5:25).

이 진술은 간과하기 쉽지만 그렇게 하면 이 구절의 요점을 놓치게 된다. 바로 앞부분에서 이때가 "죽은 자들이 하나님의 아들의 음성을 들을 때"임을 말해 주고 있기 때문이다. "때"(호라[*hōra*], hour)라는 용어는 요한복음에서 작지 않은 역할을 하며(4:21, 23; 12:23; 16:25, 32; 17:1) 궁극적으로는 다니엘서에서 유래한다(단 8:17, 19; 11:6, 35, 40).[26] 우리가 특별히 관심을 가지는 부분은 다니엘 12:1-2이다.

> 그때(문자적으로는 hour; 헬라어 텐 호란[*tēn hōran*])에 네 민족을 호위하는 큰 군주 미가엘이 일어날 것이요 또 환난이 있으리니 이는 개국 이래로 그때까지 없던 환난일 것이며 그때에 네 백성 중 책에 기록된 모든 자가 구원을 받을 것이라. 땅의 티끌 가운데에서 자는 자 중에서 많은 사람이 깨어나 영생을 받는 자도 있겠고 수치를 당하여서 영원히 부끄러움을 당할 자도 있을 것이며(단 12:1-2).

"때"(hour)라는 핵심 단어와 요한복음 5:25 및 다니엘 12:1-2(→ 17:1-5)의 부활 사이의 밀접한 연관성에 주목하라. 다니엘 12:1-2이 암시되어 있

---

26 Stefanos Mihalios, *The Danielic Eschatological Hour in the Johannine Literature*, LNTS 436 (New York: T&T Clark, 2011).

음을 확인할 수 있는 대목은 다음에 나오는 구절이다. 5:28-29에서 요한은 다니엘 12장을 계속 암시하며 다음과 같이 말한다.

> 무덤 속에 있는 자가 다 그의 음성을 들을 때(문자적으로는 hour; 헬라어 호라[*hōra*])가 오나니 선한 일을 행한 자는 생명의 부활로, 악한 일을 행한 자는 심판의 부활로 나오리라 (요 5:28-29).

따라서 우리가 지금 여기서 "때가 오나니 곧 이때라"라는 예수의 말씀을 읽을 때 그 말씀의 중대함을 이해할 수 있다. 부활이 역사 속으로 들어왔다. 그것은 "지금"이라는 부분을 설명하지만, 부활에는 여전히 아직 도래하지 않은 측면이 있다. 5:25a에 있는 "오나니"(오고 있나니)라는 문구에 주목하라. 부활과 새 창조가 시작되었지만, 성도들의 육체적 부활은 아직 일어나지 않았다.

그러므로 요한복음 5장에는 두 단계의 부활을 가르친다. 예수는 처음에는 다니엘 12:1-2의 성취로 영적인 차원에서 성도들에게 생명을 주시거나 그들을 죽은 자 가운데서 일으키신다. 그러나 예수는 어느 날 역사의 마지막에 성도들을 죽은 자 가운데서 온전한 모습으로 일으키실 것이다(고전 15:12-54; 계 20:13).

5장의 마지막 단락은 여러 증인에 의해 확증된 하나님의 아들로서 예수의 정체성과 관련된다. 단락 전체는 예수를 믿기를 거부한 유대 지도자들에 대한 법적 고발이다. 그들은 예수에 대해 잘못 알고 있으므로 그를 죽이려고 한다(5:16-18). 5:31-47의 요점은 유대 지도자들이 아버지(5:32, 36), 세례 요한(5:33), 구약성경(5:39-40)의 증언을 믿지 못하기 때문에 잘못 행동하고 있다는 것이다(5:39-40).

예수는 구원의 역사에 얽매여 있는 분이 아니시다. 그는 구원 역사의 절정이시다. 종교 지도자들이 구약을 올바르게 읽고 있다면 그를 믿을 것이다. 왜냐하면, "그(모세)가 내게(예수에) 대하여 기록"했기 때문이다(5:46).

6) 죽음을 예상하며 참된 이스라엘을 먹이시는 예수(6:1-71)

(1) 오천 명을 먹이심(6:1-15)

내러티브는 네 번째 표적이자 네 복음서 모두에 나오는 유일한 기적인 오천 명을 먹이신 사건으로 진행된다(마 14:13-21// 막 6:32-44// 눅 9:10-17// 요 6:1-15). 우리는 이 기적을 마가복음 6:32-44 논의에서 이미 살펴보았으므로 몇 가지 사항만 관찰하고자 한다.

요한은 예수께서 5:1-47의 사건이 있은 "후에" 예루살렘을 떠나 갈릴리 바다를 건너시기 위해 북쪽으로 향하신다고 묘사한다(6:1). 네 번째 복음서는 예수께서 "산에" 오르사 "제자들과 함께" 앉으신다는 내용을 독특하게 덧붙인다(6:3). 산은 요한의 내러티브의 주요 특징이 아닌데(참조, 4:20-21; 8:1), 여기에서 사용된 언어는 예수를 모세의 형상으로 강하게 묘사하는 산상수훈의 언어와 유사하다(참조, 출 19장; 마 5장). 요한이 오천 명을 먹이신 기적 사건에 포함된 중요한 출애굽 주제에 비추어 예수를 참된 모세로 묘사하는 것은 적합하다. 다음과 같은 유사점에 주목하라.

- 유월절 참여(6:4// 출 2장)
- 광야에서 만나를 먹음(6:11, 32// 출 16:4, 31)
- "투덜"거리기 시작하는 유대인들(6:41// 출 16장)

요한은 기적에 대해 진술함으로써 예수와 유월절의 관계, 하나님의 공급 약속을 신뢰하지 못하는 이스라엘의 거듭된 실패라는 두 가지 주제를 지적한다.

예수는 유월절을 지키러 예루살렘으로 가는 많은 무리를 보시고 빌립을 부르셔서 "우리가 어디서 떡을 사서 이 사람들을 먹이겠느냐"라고 물으신다(6:5). 화자는 이 질문이 "시험"이라고 밝힌다(6:6; 참조, 출 16:4; 신 8:2). 빌립은 예수께서 하나님의 신적 아들이라는 신분에 근거하여 생명을 주시는 위대한 분이시며 무리에게 먹을 것을 공급해 주실 것임을 인식했어야 했다. 빌립은 예수께서 물을 포도주로 바꾸신 사건(2:1-12)과 수많은 다른 기적을 목격했으므로 이 모든 것을 종합해서 추론해야 했다.

시험에 실패한 안드레의 경우도 마찬가지로 말할 수 있다(6:8-9). 아마도 나머지 열 명의 제자를 대표하는 이 두 제자는 아직 예수의 정체를 충분히 파악하지 못했다. 그들은 이전에 예수께서 행하신 일들을 현 상황에 적용했어야 했다. 마찬가지로 과거 이스라엘 민족은 자신의 백성을 애굽에서 구원하신 야웨의 독특한 행위를 목격했음에도 불구하고 그러한 행위들을 즉각적으로 광야의 현 상황에 적용하는 데 실패했다(출 16장).

그러나 예수는 성육신하신 야웨이시기 때문에 자비롭고 은혜로우시다. 그는 제자들의 불신을 극복하시고 떡을 증가시켜 미래의 죽음과 부활에 기초한 하나님의 새 백성을 창조하신다.

6:14-15에 따르면 네 번째 표적은 놀라운 반응을 일으켜서 사람들이 "이는 참으로 세상에 오실 그 선지자"라고 고백하게 한다(6:14). 예수를 신명기 18:15-18에 언급된 메시아-선지자(Messiah-prophet)로 고백한 사마리아 여인처럼(4:19), 무리는 예수께서 정치적 평화를 이끌고 종말론적 왕국을 세우기 위해 현장에 오신 오랫동안 기다려 온 이스라엘의 왕이시라고 믿는다. 그러나 예수의 왕권은 1세기 많은 유대인이 믿었던 틀을 깨뜨린다.

그의 왕권은 정치적 승리가 아니라 고난과 죽음으로 특징지어진다(→18:36). 그는 실제로 평화를 가져오시지만 주로 정치적 평화는 아니다. 그는 이 우주에 영적 평화를 가져오신다. 6장 후반부에서 우리는 무리의 믿음이 단지 피상적 믿음일 뿐이라는 점을 발견한다. 그들은 기적에 현혹되지만, 2:23-25에 나오는 무리처럼 이 그룹도 육신을 입으신 생명을 주시는 하나님이라는 예수의 진정한 정체성을 받아들이려고 하지 않는다.

(2) 물 위를 걸으시는 예수(6:16-24)

마태복음, 마가복음, 요한복음에는 오천 명을 먹이신 사건에 이어 물 위를 걸으시는 예수의 이야기가 포함되어 있으므로(마 14:22-33// 막 6:47-

51// 요 6:16-24), 세 명의 복음서 저자 모두 같은 사건을 묘사할 가능성이 크다. 네 번째 표적을 물 위를 걸으시는 예수와 연관시키는 일은 처음에는 이상하게 보일 수 있지만 갈릴리 바다에서 일어난 일을 파악하게 되면 이해가 된다.

요한은 이 사건이 일어난 시간("저물매"과 "이미 어두워"졌음을 강조한다(6:16-17). 앞에서 이미 언급했듯이 어둠은 네 번째 복음서의 주요 구성 요소이다. 예수는 세상을 구원하시기 위해 타락하고 어두운 세상에 들어가시는 위대한 빛이시다(1:5; 8:12; 12:35, 46).

물 위를 걸으시면서 "내니"(문자적으로는 "I am")라는 자기 묘사(self-description)를 사용하심으로 예수는 자신을 어둠으로부터 사람을 해방하시는 비할 데 없는 야웨와 일치시키신다(참조, 출 3:14; 욥 9:8; 사 41:4; → 막 6:47-51). 그렇다면 물 위를 걷는 사건은 오천 명을 먹이신 기적 이야기 끝 부분에 나오는 예수의 정체에 대한 무리의 오해(6:14-15)를 바로잡는 역할을 한다.

무리(그리고 아마도 제자들)는 예수의 기적을 메시아로서의 정체성을 보여 주는 증거로 간주한다. 이는 사실이다. 예수는 왕이시다. 그러나 그는 왕 그 이상이시다. 그는 자신의 백성을 영적 유배(exile)에서 구원하실 우주의 왕이시며 위대한 "I am"이시다. 오천 명을 먹이실 때 무리와 제자들은 놀랄 만한 표적을 목격하지만, 물 위의 기적은 제자들에게만 주어진다.

(3) 생명의 떡 담론과 제자들의 반응(6:25-71)

생명의 떡 담론으로 언급되는 6:25-59은 네 번째 복음서에서 복잡하지만 중요한 부분이다. 상황이 절정에 이르고 있다. 예수는 지금까지 네 가지 표적을 행하셨다.

- 물을 포도주로 바꾸시는 표적(2:1-11)
- 왕의 신하를 치유하시는 표적(4:43-54)
- 38년 된 병자를 치유하시는 표적(5:1-11)

- 오천 명을 먹이시는 표적(6:1-15)

가나에서 일어난 첫 번째와 두 번째 표적은 믿음의 결과를 초래하지만(2:11; 4:53), 세 번째와 네 번째 표적은 불신을 동반한다(5:14-18; 6:15, 25-59). 세 번째 표적에서는 유대 지도자들의 불신이 표명되지만, 여기 오천 명을 먹이신 기적에서는 불신이 대중의 특징이 된다.

게다가 네 번째 복음서는 내러티브에서 마지막 만찬을 제외한 유일한 복음서이다. 많은 주석가의 눈에는 생명의 떡 담론에 나오는 일부 성찬 언어와 함께 이러한 생략이 성찬론(sacramentalism)의 많은 부분을 요한이 내러티브에 포함하고 있다는 견해를 보증한다. 즉, 요한은 독자들에게 이 단락을 성찬 또는 주의 만찬에 비추어 읽도록 의식적으로 권유한다. 한편으로 우리는 이 단락에 너무 많은 성찬론을 도입하지 않도록 주의해야 한다. 그러나 다른 한편으로 요한의 내러티브를 두 번, 세 번 읽어 나갈 때 어떻게 그 성찬론의 반향을 식별하지 못할 수가 있을까.

담론의 마지막 부분에서 요한은 전체 담론이 가버나움 회당에서 일어난다고 밝히고 있다(6:59; 참조, 막 1:21). 오천 명을 먹이신 표적 이후 예수와 제자들은 가버나움으로 떠난다(6:16). 가버나움은 예수께서 사역하시는 동안 그의 집이 있던 곳으로 사복음서 모두에서 두드러지게 나타나는 장소다(2:12; 4:46; 마 4:13; 막 2:1; 눅 4:23을 보라).

담론은 예수와 회당에 모인 무리 사이의 여섯 번에 걸친 대화로 구분된다.[27] 대화의 요점은 무리가 예수를 하나님의 신적 아들, 이 땅에 참된 생명을 주시는 하나님의 임재로 받아들이기를 꺼린다는 데 있다. 그들은 로마의 억압으로부터 자신들을 해방할 메시아-선지자를 원하지만(6:15), 그들에게 정작 필요한 것은 죄의 억압으로부터 그들을 구원하실 하나님의 아들이시다.

---

[27] Klink, *John*, 323.

첫 번째와 두 번째 대화는 무리가 예수에 대해 단지 피상적으로만 인식하고 있다는 점과 연관된다(6:25-29). 그들은 궁극적으로 개인적 이익을 위해 예수를 찾는다.

> 너희가 나를 찾는 것은 떡을 먹고 배부른 까닭이로라(요 6:26).

이는 진정으로 예수를 따르는 자의 태도가 아니다. 사람의 삶은 그를 믿는 자들에게 "영생"을 주시는 인자에게 집중되어야 한다(6:27; 참조, 1:51; 5:27; 6:53, 62; 8:28; 9:35; 12:23; 13:31).

주의 깊은 독자라면 다니엘 7장의 암시를 알아차릴 것인데, 거기에서는 옛적부터 항상 계시는 분이 인자가 넷째 짐승을 성공적으로 물리치셨으므로 그에게 영원한 나라를 소유하게 하신다(단 7:13-14). 다니엘 7장에 따르면, 인자는 또한 박해 속에서 인내함으로써 종말론적 왕국을 "받는" 의로운 이스라엘 백성을 대표하기도 한다(단 7:18, 22, 27). 예수의 청중은 그가 실제로 그들에게 종말론적 왕국을 제공하시지만, 그들이 예수를 신뢰할 때에만 가능하다는 사실을 이해해야 한다(단 6:29).

세 번째와 네 번째 대화는 예수께서 하나님의 아들이심을 입증하는 "표적"을 행해 달라는 무리의 요구에 초점이 맞추어져 있다(6:30-40). 심지어 그들은 출애굽기 16:4과 시편 78:24을 혼합하여 인용하기까지 한다.

> 그(모세)가 하늘에서 그들에게 떡을 주어 먹게 하였다 함과 같이 우리 조상들은 광야에서 만나를 먹었나이다(요 6:31).

무리는 "우리 조상들"이라는 표현을 사용함으로써 자신들을 이스라엘의 1세대와 동일시한다. 이는 좋은 일이 아니다.

이스라엘의 1세대는 갈렙과 여호수아를 제외하고는 가나안 땅에 발을 디디지 못했는데, 그 이유는 그들이 불평하며 야웨를 신뢰하지 못했기 때문이다. 더욱이 무리는 인용문에 나오는 "그"를 모세로 여기지만(6:32) 실제로는 야웨를 가리킨다. 모세가 아니라 야웨가 이스라엘 백성에게 먹을 것을 공급해 주시는 궁극적 근원이시다. 종합해 보면, 회당에 모인 무리는 아이러니하게도 그들에게 생명을 주시는 하나님의 참된 임재를 무시하고 그들의 조상들이 광야에서 지은 죄를 반복하고 있는 셈이다.

다섯 번째 대화와 여섯 번째 대화(6:41-58)에서 무리의 불신은 절정에 이른다. 요한은 무리(6:2, 5, 22, 24), 즉 6:1-14에서 예수께서 먹이셨고 지금 회당에 참여하고 있는 동일 그룹을 "유대인"(호이 유다이오이 [hoi Ioudaioi])으로 분류한다(6:41, 52). 우리는 내러티브의 앞부분에서 요한이 이 명칭을 민족 전체를 대표하는 유대 지도자들을 가리키는 용어로 사용했음을 살펴보았다(1:19; 2:18; 3:1; 5:10, 15, 16을 보라). 이제 민족과 그 지도자들은 한통속이 되었다.

두 그룹 모두 하나님의 유일하신 아들이라는 정체성을 나타내는 예수의 표적을 고의로 거부했다. 이어서 예수는 그들이 이해하지 못하는 궁극적 이유를 다음과 같이 밝히신다.

> 아버지께서 내게 주시는 자는 다 내게로 올 것이요(요 6:37).

> 나를 보내신 아버지께서 이끌지 아니하시면 아무도 내게 올 수 없으니(요 6:44).

유대인들의 오해는 결국 그것이 하나님의 뜻이기 때문에 생겨난 것이다(참조, 10:29; 12:37-40; 17:2, 6-9; 18:9). 그렇다면 예수에 대한 참된 인식은 아버지의 주권적 뜻에 달려 있다.

이어지는 다음 구절에서 설명하듯이 생명의 떡 담론의 의미는 이해하기 어렵다.

> 제자 중 여럿이 듣고 말하되 이 말씀은 어렵도다 누가 들을(받아들일) 수 있느냐(요 6:60).

예수는 계속해서 가장 어려운 가르침인 예수의 부활과 승천이 아직 남아 있다고 말씀하신다(6:62). 타락한 인류(또는 "육")는 하나님의 아들 안에 나타난 하나님의 계시를 완전히 파악할 수 없으며 오직 성령을 소유한 사람들만이 그것을 이해할 수 있다(6:63; 참조, 고전 2:6-16).

이 말씀을 듣고 "그의 제자 중에서 많은 사람"이 예수를 떠나 다시 돌아오지 않는다(6:66). 이러한 맥락에서 계속 예수는 이해하지 못하는 유다의 문제를 꺼내신다(6:70; → 13:2). 그렇지만 베드로는 예수께서 "영생의 말씀"을 가지고 계시며 자신과 다른 사람들이 "주는 하나님의 거룩하신 자이신 줄 믿고 알았음"을 인정한다(6:69). 하나님께서 열한 제자를 자신에게로 이끄셨으며, 그들은 여전히 예수의 정체를 파악하는 데 어려움을 겪을 때도 있지만, 그것을 충분히 파악하고 있었다.

7) 초막절(7:1-8:59)

요한의 초막절에 대한 내용은 길며(7:1-8:59), 예수께서 성전 경내에서 행하시는 가르침에 초점을 맞추고 있다(7:14, 28; 8:20). 이 단락을 더 깊이 살펴보면서 초막절의 다양한 측면을 조사할 것이지만 지금은 간략한 개요만으로 충분할 것이다.

성인 남자는 일반적으로 매년 예루살렘에서 거행되는 세 가지 주요 절기, 즉 유월절(2:13; 6:4; 11:55), 오순절(맥추절), 초막절(장막절, 7:2)에 참석할 의무가 있었다.

유대인들은 가을에 7일 동안 초막절을 지켰으며 축제가 시작되는 첫날에는 하루 휴식을 취한다. 모세는 이스라엘 백성에게 초막에 거하며 다양한 희생 제물을 바침으로써 광야 생활을 재현하라고 명한다(레 23:34-43; 민 29:12-38; 신 16:13; 참조, 에 3:1-4; 느 8:13-18). 그들은 또한 "아름다운 나무 실과와 종려나무 가지와 무성한 나무 가지와 시내 버들을 취해야" 한다(레 23:40). 시간이 지나면서 축제는 더 정교한 형태를 갖추었지만, 이 두 가지 요소는 유지되어 예수 가르침의 배경을 제공한다.

(1) 예수와 초막절(7:1-13)

7:1-13 단락의 내용은 갈릴리 지역에서 일어나지만, 7:14-8:59 단락의 내용은 초막절 동안 예루살렘에서 일어나는 것으로 보인다. 7:1-8:59의 전체 단락은 5:1-15에 언급된 세 번째 표적인 38년 된 병자를 고치신 사건의 여파와 직결된다. 유대 지도자들의 불신은 5:18에서 안식일을 범하고 자신을 이스라엘의 하나님과 동일시한다는 이유로 예수를 죽이려고 작정했을 때 매우 극명하게 드러났는데, 여기 7:1-8:59에 도달해서도 줄어들지 않는다.

요한은 독자들에게 초막절(장막절)이 다가오고 있음에도 불구하고 "거기(유대)에 있는 유대 지도자들이 그를 죽일 방도를 찾고" 있었기 때문에(7:1, 사역) 예수는 북쪽 갈릴리에 남아 계신다고 알려 준다. 7:1의 표현은 5:18과 일치한다.

더욱이 7장은 6장에서 중단한 내용, 즉 계속되는 불신을 이어 간다. 그러나 이번에는 예수의 가족에게 영향을 끼친다. 요한은 예수의 형제들을 언급하는데, 이 점은 예수께서 아직도 가버나움에 있는 자신의 집 근처에 계시다는 점을 고려하면 별로 놀랄 일은 아니다(6:59). 이것은 예수의 친척에 대한 요한의 두 번째 언급이다. 2:12에 따르면 그의 형제들은 가나에서 일어난 예수의 첫 번째 표적을 목격한다. 그러나 결정적으로 요한은 그들이 기적의 결과로 예수를 믿게 되었는지에 대해 말하지 않는다. 오직 그의 제자들만이 믿는다(2:11).

야고보, 유다, 요셉, 시몬이라는 형제들(마 13:55// 막 6:3)은 예수께 다음과 같이 말한다.

> 당신이 행하는 일을 제자들도 보게 여기를 떠나 유대로 가소서. 스스로 나타나기를 구하면서 묻혀서(크립토[kryptō], "은밀하게") 일하는 사람이 없나니 이 일을 행하려 하거든 자신을 세상에 나타내소서(파네로손[phanerōson])(요 7:3-4).

형제들은 예수께서 더 이상 "은밀하게" 행동하지 마시고 자신을 세상에 드러내시기를 열망한다.

예수의 표적은 어떤 면에서는 실행된(acted-out) 비밀의 기능을 한다. "비밀/신비"(mystery)에 대한 성경의 정의는 이전에는 감추어졌던 하나님의 지혜를 드러내거나 공개하는 것이다(→ 막 4:1-34). 공관복음에서는 종말론적 하나님 나라의 "이미"와 "아직 아닌"의 도래를 명시적으로 비밀로 돌린다(마 13:11// 막 4:11// 눅 8:10). 요한은 자신의 복음서에서 "비밀"이라는 용어를 결코 사용하지 않지만, 주의 깊은 독자라면 내러티브 전반에 걸쳐 그 존재를 식별할 수 있다.

공관복음에서는 하나님 나라의 역설적 도래를 묘사할 때 비밀을 언급하는 반면, 요한은 예수의 많은 행위, 특히 그의 표적을 묘사하기 위해 비밀의 개념을 사용한다. 예수께서 표적을 행하실 때 자신에 대해 궁극적으로는 아버지에 대해 독특하고도 예상치 못한 측면을 드러내신다. 그러나 예수께서 표적을 통해 자신을 드러내실 때도 여전히 숨김/은폐(hiddenness)의 의미가 있다. 그는 종종 주변 사람들에게 여전히 베일에 싸인 인물로 남아 있다. 예수는 부활하신 후 제자들에게 세 번이나 나타나실 때까지 자신을 완전히 드러내지 않으신다(20:20, 26; 21:1).

예수의 형제들은 아마도 무의식적으로 그가 숨겨져 있지만, 이제는 드러내는 방식으로 자신을 다시 한번 나타내기/보여 주기를 요구한다. "비밀"(secret)과 "보이다"(show)라는 두 핵심 용어와 그 동족어는 종종 70인역(단 2:47)과 신약(고전 4:5; 14:25; 엡 3:9; 골 1:26)에서 비밀(mystery)과 짝을 이루어 나타난다.[28] 예수는 거의 예언적으로 대답하신다.

내 때는 아직 이르지 아니하였거니와 … 내 때가 아직 차지 못하였으니(요 7:7-8).

---

28 Benjamin L. Gladd, *Revealing the Mysterion: The Use of Mystery in Daniel and Second Temple Judaism with Its Bearing on First Corinthians*, BZNW 160 (Berlin: de Gruyter, 2008), 178-79을 보라.

이 구절은 예수께서 실제로 자신을 드러내시고 자신의 정체성을 온 세상이 볼 수 있도록 공개하실 것임을 보여 준다. 그러나 그 일은 마지막 일곱 번째 표적인 십자가와 부활을 통해서만 일어날 것이다.

(2) 초막절에 예루살렘에서 가르치시는 예수(7:14-39)

다시 요한은 예루살렘 성전에서 예수와 무리 사이에 있었던 일련의 대화를 제시한다. 예수께서 이전에 가버나움 회당에서 무리와 나누셨던 대화에서 발견되었던 것과 동일한 주제 중 일부가 여기 성전에서 가르치실 때도 나타난다. 명절 중간에 예수는 예루살렘으로 가셔서 성전 경내에서 "유대인들"(호이 유다이오이[hoi Ioudaioi]) 무리를 가르치신다(7:14-15). 유대인들은 예수께서 "배우지도" 않았는데 놀랄 만한 지식을 가지신 것에 당혹스러워한다(7:15).

그러한 반응은 아버지께서 밝히신 것을 드러내시는 하나님의 유일한 아들이신 예수에 대한 그들의 믿음이 부족하다는 점을 보여 준다(7:16-18). 그 결과 예수는 그들이 자신을 "죽이려" 하고 있다고 말씀하신다(7:19). 무리는 깜짝 놀라 다음과 같이 대답한다.

> 당신은 귀신이 들렸도다 누가 당신을 죽이려 하나이까(요 7:20).

네 번째 복음서는 귀신 축출이 전혀 나오지 않는다는 점에서 독특하다. 이 부분은 예수께서 귀신 들렸다는 세 번의 비난 중 첫 번째 비난이다(8:48-52; 10:20을 보라).

한 장 앞부분에서 예수는 배반자 유다가 마귀라고 주장하신다(6:70). 여기서 무리는 상황을 뒤집어 예수께 놀라울 정도의 유사한 호칭을 붙인다. 아이러니하게도 그들은 예수를 심각하게 오해하고 있다. 예수는 유대인 무리에게 재치 있게 반응하시고 그들을 병자를 고치신 후 자신을 거부하는 유대 지도자들과 같은 부류로 다루신다(7:21-24; 참조, 5:1-15). 5:1-15에 나오는 "유대 지도자들"(호이 유다이오이)과 7:14-24에서 예루살렘에 모인 무리 또는 "유대인들"(호이 유다이오이)은 예수를 평가하는 데에는 일치한다.

다음에 이어지는 7:25-36의 단락에는 아버지가 "보내신" 하나님의 아들이라는 예수의 주장에 대해 몇몇 당사자의 반응이 나온다(7:28-29). "예루살렘 사람 중에서 어떤 사람"은 그들의 지도자들이 예수에 대한 평가를 바꾸어 이제는 그가 오랫동안 기다려 온 메시아이심을 믿게 되었는지 궁금해한다(7:25). 그들의 눈에 예수는 공중 앞에서 가르치고 있으며 유대 당국자들은 아직 성전에서 그와 대결한 적이 없다(7:26). 7:27에 언급된 예루살렘 사람들에 대한 요한의 묘사는 이해하기 쉽지 않아 주석가들은 그것을 해명하려고 애쓰고 있다.

정확한 배경이 무엇이든 요점은 그들이 예수께서 자신이 주장하시는 대로 보내심을 받은 자, 즉 하나님의 신적 아들이심을 믿지 않으려 한다는 점에 있다(7:28-29). 예루살렘 사람들과 절기를 지키러 온 갈릴리 순례자들로 구성된 무리가 예수를 "잡으려고" 하지만, "그의 때가 아직 이르지 아니"하였으므로 그렇게 할 수 없다(7:30; 참조, 2:4; 8:20; 12:23; 13:1; 17:1).

그다음 이어지는 다음 단락에서 요한은 "명절 끝 날 곧 큰 날에"라는 세 번째 시간 표기를 도입하는데(7:37a; 참조, 7:2, 14), 7:37-8:59 단락 전체가 모두 같은 날에 일어나는 것으로 보인다. 요한은 예수의 다음과 같은 선언을 기록한다.

> 누구든지 목마르거든 내게로 와서 마시라 나를 믿는 자는 성경에 이름과 같이 그 배에서 생수의 강이 흘러나오리라 (요 7:37b-38; 참조, NRSV).

여기에서 헬라어 구문은 모호하며 다른 번역에는 이런 읽기를 선호한다. "나를 믿는 자는 성경에 이름과 같이 그(예수) 속 깊은 곳에서 생수의 강이 흘러넘칠 것이다."

7:38의 마지막 부분의 초점이 예수인지 아니면 성도인지는 다소 불분명하며 둘 다 염두에 둘 수 있다. 여하튼 초기 유대교 전승에 따르면, 제사장

은 실로암 못의 물을 금항아리에 가득 채운 다음 수문(Water Gate)을 통과하여 그 물을 두 개의 은그릇 중 하나에 부었다. 다른 그릇에는 포도주가 채워졌고 두 그릇의 내용물 모두 제단에 부어졌다(m. Sukkah 4.9-10). 예수께서 자신(및/또는 신자)을 "생수"라고 밝히실 때 아마도 이 유대인 의식을 염두에 두셨을 것이다.

그는 더 나아가 성경이 자신의 주장을 예견하고 있다고 말하며, 인용문이 제공되지는 않지만 일련의 구약 예언 본문에는 물의 풍부함을 자기 백성 가운데 임하시는 하나님의 종말론적 임재와 연결한다(예컨대, 사 43:19; 58:11; 겔 36:25-27; 47:1-12; → 4:13-14). 특히, 한 구절이 예수의 메시지의 핵심을 찌른다.

> 그날(초막절)에는 말 방울에까지 여호와께 성결이라 기록될 것이라 여호와의 전에 있는 모든 솥이 제단 앞 주발과 다름이 없을 것이니 예루살렘과 유다의 모든 솥이 만군의 여호와의 성물이 될 것인즉(슥 14:20-21).

"여호와께 성결"이라는 표현은 하나님의 임재를 위해 바쳐진 것 또는 구별된 것을 의미한다. 그렇다면 스가랴는 역사의 마지막에 열방이 예루살렘에 모여들어 그들 가운데 하나님의 자유로운 임재를 누릴 것을 예언한다. 예수는 성전에 모인 유대인들에게 하나님과 친밀한 교제를 누릴 기회를 제공한다. 이는 유대인들이 초막절에 거행하던 바로 그 일이었다.

몇 장 앞에서 예수는 사마리아 여인에게 그리심산에서 드리는 예배에 의해서가 아니라 믿음을 통해 생명을 주시는 하나님의 임재를 제공하신다(4:13-14). 이와 유사하게 예수는 시온산에서 드리는 예배에 의해서가 아닌, 이 유대인들에게 하나님의 영광에 접근할 기회를 제공하신다. 화자는 이어서 7:39에서 장차 오실 성령을 종말론적 성전이신 예수와 연결한다(참조, 3:5-8; 14:15-31).

(3) 무리와 유대 지도자들의 반응(7:40-52)

7장의 마지막 단락에는 예수에 대한 무리와 종교 당국의 다양한 반응을 서술한다(7:40-52). 7장에는 전체적으로 예수에 대한 다수의 반응이 포함되어 있는데, 그중 많은 부분을 다음과 같이 분류할 수 있다.

성도들	불신자들	양면적 인물들
제자들(7:3)	예수의 형제들(7:5)	니고데모(7:50)
무리 중 "많은 사람"(7:31)	무리(7:30, 32)	병사들(7:46)
	예루살렘 사람 중 어떤 사람 (7:25)	
	대제사장들과 바리새인들 (7:11, 32, 45)	

예수의 정체에 대한 대중의 합의는 아직 이루어지지 않았다. 이러한 상황은 예수께서 오랫동안 간직해 온 기대의 틀을 깸으로써 발생한 것으로 추정할 수 있다(7:40-43).

그는 선지자인가?

그렇다.

그는 메시아인가?

그렇다.

그러나 예수는 선지자 그 이상이시며 메시아 그 이상이시다. 그는 우주의 창조자이신 하나님의 신적 아들이시며 참된 성전이시며 속죄의 희생 제물이시다.

7장의 마지막 부분에는 유대 지도자들이 전면에 등장한다. 앞서 7:32에서 대제사장들과 바리새인들이 병사들에게 예수를 체포하라고 명령한다. 그러나 예수의 말씀을 들은 후 병사들은 "그 사람이 말하는 것처럼 말한 사람은 이때까지 없었기"(7:46) 때문에 그 명령에 순종하지 않는다. 밤에 몰래 예수를 찾아왔던(3:1-15) 존경받는 바리새인 니고데모가 끼어들어 동료들에게 예수의 말을 공정하게 들어보라고 요청한다(신 1:16-18을 보라).

니고데모는 동료들과 달리 예수의 정체를 파악하기 시작한 것일까? 아마도 그런 것 같다.

(4) 위대한 "나는 ~이다"(I Am)로서 예수(8:12-30)

대부분의 현대 번역에서는 본문상 지지를 받지 못하기 때문에 7:53-8:11을 생략한다.[29] 몇몇 사본은 이 단락에 표시를 두어서 이 부분을 필사한 필사자들이 그 진실성을 의심했음을 나타낸다. 에라스무스(Erasmus)는 킹제임스버전(KJV)의 기본 본문이 될 모음집으로 사본들을 편집하는 과정에서도 7:53-8:11을 포함해야 할지 우려했다.[30]

그렇다고 이 이야기가 사실이 아니라는 의미는 아니다. 실제로 주의 깊고 현명한 주석가들은 이 단락을 역사적이라고 생각한다. 천 년이 훨씬 넘는 동안 전체 교회는 그 이야기로부터 큰 유익을 얻었다. 그렇긴 해도 우리는 주로 요한의 내러티브의 본래 배경에 관심이 있으므로 7:53-8:11을 논하지 않을 것이다.

예수는 초막절 기간에 성전에 계시는 동안 계속해서 가르치신다. 성전에 모인 무리는 성전 경내로 이동하고 8장의 나머지 부분은 주로 믿지 않는 유대인들과 적대적 종교 지도자들을 대상으로 진행된다. 큰 반대가 앞에 놓여 있다. 예수는 다음과 같이 말씀하신다.

> 나는 세상의 빛이니 나를 따르는 자는 어둠에 다니지 아니하고 생명의 빛을 얻으리라 (요 8:12).

이는 술어 주격이 뒤따르는 7개의 "나는 ~이다"(I am) 진술 중 두 번째이다.

29　Bruce M. Metzger, *A Textual Commentary on the Greek New Testament*, 2nd ed. (New York: United Bible Societies, 1994), 187-88의 현명한 논의를 보라.
30　Peter J. Williams, *Can We Trust the Gospels?* (Wheaton: Crossway, 2018), 114.

요 6:35, 41, 51	"나는 생명의 떡이다"
요 8:12	"나는 세상의 빛이다"
요 10:7, 9	"나는 양의 문이다"
요 10:11, 14	"나는 선한 목자이다"
요 11:25	"나는 부활이요 생명이다"
요 14:6	"나는 길이요 진리요 생명이다"
요 15:1, 5	"나는 참포도나무다"

15:1과 5을 제외한 각각의 진술은 논쟁이나 어떤 오해의 소지가 있는 상황에서 선언된다. 성경에서 7이라는 숫자는 종종 완전함을 상징하는데 여기에 잘 들어맞는다. 예수는 모든 구약 기대의 실체, 즉 참된 실재(true reality)라고 주장하신다.

8:12의 직접 문맥에서 "세상의 빛"은 초막절 기간에 불을 밝히는 점등 의식에 상응할 수 있다. 절기 때는 제사장들이 성전에서 촛불을 켜는 의식이 포함되어 있어 그 광채로 인해 "예루살렘에는 불이 켜지지 않은 뜰이 하나도 없었다"(m. Sukkah 5.3).[31] 예수께서 빛을 새 시대와 연관시키는 구약의 일련의 본문들과 함께 이 유대인 의식을 염두에 두셨다면(사 9:1; 42:6; 49:6; 60:1을 보라) 자신을 새 창조의 근원, 즉 성육신하신 하나님이라고 주장하시는 것이다(창 1:3을 보라).

바리새인들은 예수께서 어떻게 적절한 "증언"도 없이 그렇게 놀라운 주장을 할 수 있는지 알고 싶어서 예수를 압박한다. 법적 증언을 위해서는 적어도 두 명의 증인이 필요하기 때문이다(8:13; 신 19:15). 요한의 독자들은 다시 한번 우주적 소송(cosmic lawsuit)이라는 주제에 마주하게 된다. 예수는 하나님의 아들이라는 자신의 지위 가운데서, 자신에 대해 증언할 권리가 있다고 주장하신다. 아버지 역시 그분의 정체성을 "생명의 빛"으로 증언하신다(8:12, 18).

---

31 Jacob Neusner, ed., *The Mishnah: A New Translation* (New Haven: Yale University Press, 1988).

그러자 종교 당국은 "네 아버지가 어디에 있느냐"라고 물으신다(8:19a). 그들은 근본적으로 예수의 요점을 놓치고 있다. 그는 지상의 아버지 요셉이 아니라 하늘 아버지에 관해 말씀하고 계시는 것이다. 바리새인은 다시 한번 이스라엘의 하나님에 대한 무지를 드러낸다(8:19b, 27).

예수는 절기 때 무리를 "다시 한번" 가르치신다(8:21; 참조, 8:12). 그는 청중이 자신들의 "죄" 때문에 "죽을" 것이며 결과적으로 그가 하늘로 올라가실 때 그를 따를 수 없을 것이라 예언하신다(8:21). 하늘("위")과 세상("아래") 사이에는 커다란 장벽이 존재하여 무리가 예수를 믿지 않으면 결코 영생을 상속받지 못할 것이다(8:23).

혼란은 계속되는데 예수께서 "너희가 인자를 든(휩소세테 [*hypsōsēte*], "들어 올린") 후에 내가 그인(에고 에이미 [*egō eimi*]) 줄을" 알 것이라고 예고하시기 때문이다(8:28). 이 본문은 매우 풍부한 의미가 있으며 많은 요한의 주제들이 여기에서 교차하고 있다. 네 번째 복음서에서 "들어 올리다"(lifting up)라는 말은 예수께서 육체적으로 십자가에 들려 올려지시는 것과 아이러니하게도 예수께서 높아지심의 의미로 들려 올려지시는 것을 가리킨다(3:14; 8:28; 12:32을 보라).

예수는 또한 이사야 52:13-53:12에 나오는 고난받는 종의 역할을 수행하신다. 이사야의 마지막 종의 노래 첫 부분에는 다음과 같이 기록하고 있다.

> 보라 내 종이 깨달을 것이며 그는 높여져서 지극히 영광을 받을 것이다(휩소테세타이 카이 독사스테세타이 스포드라([*hypsōthēsetai kai doxasthēsetai sphodra*])(사 52:13, 70인역, 사역).

이 노래에는 영광(glory)과 높임(exaltation) 또는 들려 올림(lifting up)이 결합되어 있다. 이사야의 청중은 종의 고난과 죽음 전체를 아이러니와 역설로 해석해야 한다. 그는 고난 가운데서 높임을 받으신다.[32] 보캄(Bauckham)은 다음과 같이 단언한다.

---

[32] Richard Bauckham, *Gospel of Glory: Major Themes in Johannine Theology* (Grand Rapids: Baker Academic, 2015), 73.

(이사야 52:13에 대한) 이러한 석의적 토대에 근거하여 요한은 예수의 죽음에 대한 수수께끼 같은 언급(3:14; 8:28; 12:32)에서 '들어 올리다'(이사야의 경우처럼 휩소오[*hypsoō*])라는 동사를 사용하여 그의 육체가 십자가에서 땅 위로 들려 올려지심(12:32-33)은 동시에 그가 하늘로 높여지신다는 의미임을 암시한다. 그곳에서 그는 영광을 공유하기 위해 아버지께로 귀환하신다. … 그는 십자가를 굴욕이 아니라 높임으로, 또는 굴욕 가운데서의 높임으로 보신다."[33]

더욱이 8:28에서 예수는 또한 이사야 43:10을 암시하신다.

이사야 43:10, 70인역	요한복음 8:28
"주 하나님께서 말씀하신다. 나 또한 증인이며, 내가 그인 줄(호티 에고 에이미[*hoti egō eimi*])을 너희가 알고(그노테[*gnōte*]) 믿고 이해할 수(쉬네테[*synēte*]) 있도록 나는 (나의) 종을 선택했다. 내 앞에 어떤 다른 신이 없었으며 내 뒤에도 어떤 신도 없을 것이다"(사역)	너희가 인자를 든 후에 내가 그인 줄을 알고(그노세스테 호티 에고 에이미[*gnōsesthe hoti egō eimi*]).

이사야 43:10의 직접 문맥에서 야웨는 자신의 백성을 그의 "증인"으로 부르시고, 그의 "종"은 우상을 헛되이 숭배하는 열방과 대조적으로 유일한 하나님이신 야웨의 독보적 정체성을 증언할 것이다(사 43:9, 12; 참조, 45:5-6). 야웨는 첫 번째 출애굽에서 이스라엘 백성을 애굽에서 구원하신 위대하신 "I am"이시며, 그는 여전히 위대한 "I am"이시기 때문에 두 번째 출애굽에서도 다시 한번 그렇게 하실 것이다(예컨대, 사 41:4; 43:10; 45:18-19; 46:9; 47:8; 48:12).

70인역 몇 구절 뒤의 이사야 43:25에 따르면, 야웨는 다시 한번 이렇게 말씀하신다.

---

33 Bauckham, *Gospel of Glory*, 73.

> 나 곧 나는(에고 에이미 에고 에이미[egō eimi egō eimi], 'I am, I am') 네 허물을 도발하는 자니 (사 43:25, 70인역).

"나는 곧 나"라는 공식 문구는 꽤 드물게 나타나는데 70인역에서 단지 세 번만 나올 뿐이다(사 43:25; 45:19; 51:12). 그렇다면 이사야 43장에 대한 예수의 암시는 더욱더 의미가 있다. 예수께서 십자가에 달려 죄를 "도말하심"(bolts out)으로써 그의 정체성은 위대한 "I am", 즉 하나님의 신적 아들로 완전하게 드러난다. 또한, 예수께서 자기 백성을 어둠에서 새로운 출애굽의 빛으로 인도하실 것은 바로 십자가와 부활을 통해서이다.

(5) 경건한 자와 경건하지 않은 자의 씨/후손(8:31-59)

8장의 마지막 절반 부분에서 예수는 하나님의 참된 자녀가 된다는 것이 무엇을 의미하는지 자세하게 설명하시지만(8:31-47), 유대인들은 이 문제에 대한 그의 가르침에 강하게 반발한다(8:48-59). 요한의 서문은 네 번째 복음서에서뿐만 아니라 신약 전체에서 발견되는 중요한 원칙을 제시한다. 민족의 혈통이 아니라 예수와의 동일시(one's identity with Jesus)가 구원을 결정하는 유일한 요소라는 점이다. 요한은 그 점을 다음과 같이 간결하게 말한다.

> 영접하는 자 곧 그 이름을 믿는 자들에게는 하나님의 자녀가 되는 권세를 주셨으니 이는 혈통으로나 육정으로나 사람의 뜻으로 나지 아니하고 오직 하나님께로부터 난 자들이니라(요 1:12-13).

여기 8:31에서 예수는 그의 청중, 심지어 처음에는 "믿었지만" 참된 성도가 아닌 사람들도(8:30) 죄의 종이 된다고 말씀하신다(8:24을 보라; 참조, 롬 6:18). 그들은 "자유롭게 되기" 위해 "진리"를 알아야 한다. 유대인들은 이에 동의하지 않는다.

우리가 아브라함의 자손이라 남의 종이 된 적이 없거늘(요 8:33; 참조, 눅 3:8).

예수는 복음서에서 찾을 수 있는 가장 흥미로운 표현 중 일부로 대답하신다. 그의 청중은 죄에 매여 있을 뿐만 아니라(8:34-38) 아브라함의 진정한 자손도 아니라는 것이다(8:39-41). 그들은 창세기 3:15에까지 거슬러 올라가는 경건하지 않은 계보의 일부이다. 그들은 셋의 계보를 통한 아담과 하와의 경건한 자손들이 아니라(창 5:1-3), 경건한 후손(seed)과 전쟁을 벌이는 뱀의 자손들이다. 그들은 "(그들의) 아비 마귀"에게 속해 있다(8:44).

아들들은 아버지를 따라 행동하며(5:19-30을 보라), 여기에서 마귀의 아들들은 마귀의 태도를 구현한다. 아들들은 아버지의 형상을 지닌다. 마귀는 "처음부터 살인한 자"였으며(8:44), 그의 자손은 그 뒤를 이어 예수를 죽이려고 시도한다(8:40). 유대인들은 "하나님께 속하지" 않기 때문에(8:47), 예수께서 하나님의 아들이심을 이해하는 데 어려움을 겪는다. 참된 이해는 궁극적으로 하나님의 은혜로운 선택에 달려 있다.

성전에 모인 유대인 무리의 반응은 격렬하다. 그들은 예수를 "사마리아 사람이라 또는 귀신이 들린" 사람이라고 비난한다(8:48; 참조, 7:20; 10:20). 8장은 예수께서 "아브라함이 나기 전부터" 자신이 존재했으며 자신이 위대한 "I am"(8:58; 참조, 1:1)이라는 진술로 끝난다. 이 두 진술은 성육신하신 야웨라는 그의 정체성을 강화해 준다. 그런 다음 예수는 몰래 몸을 피해 성전 바깥으로 나가신다(8:59).

8) 맹인 치유와 유대인과의 갈등 심화(9:1-10:42)

(1) 다섯 번째 표적(9:1-12)

9장 시작 부분의 부드러운 전환("예수께서 길을 가실 때에"[9:1])과 초막절 기간에 물을 붓는 의식(m. Sukkah 4.9-10)에 사용되던 예루살렘 안쪽의 실로암 못에 대한 언급(9:7, 11)을 보면 사건의 배경은 여전히 예루살렘임을 암시한다. 초막절(가을 절기)의 마지막 날이 8:37에 언급되어 있고 수전절 또는 하누카(겨울 절기)가 10:22에 언급되어 있으므로 이 치유 사건은 그사이의 어느 달에 일어났을 가능성이 크다.

네 번째 복음서에는 5장의 38년된 병자 치유 사건과 9장의 맹인 치유 사건을 병치하고 있으며 몇 가지 가장 주목할 만한 연관성은 다음과 같다.

38년된 병자 치유 사건(5:1-18)	맹인 치유 사건(9:1-41)
병자의 병 이력에 대한 묘사(5:5)	병자의 병 이력에 대한 묘사(9:1)
치유와 연관되는 못(5:6)	치유와 연관되는 못(9:7)
예수께서 안식일에 치유하시다(5:9)	예수께서 안식일에 치유하시다(9:14)
유대인들은 그가 안식일을 범했다고 비난한다(5:10)	바리새인들은 예수께서 안식일을 범했다고 비난한다(9:16)
이 사람은 예수께서 어디에 계신지 누구신지 알지 못한다(5:13)	이 사람은 예수께서 어디에 계신지 누구신지 알지 못한다(9:12)
이 사람이 예수를 유대인에게 누설한다(5:15)	유대인들이 그 사람을 회당에서 내쫓는다(9:34-35)
아버지가 일하시는 것처럼 예수도 일하신다(5:17)	예수는 자신을 보내신 분의 일을 하셔야 한다(9:4)

Craig S. Keener, *The Gospel of John: A Commentary* (Peabody, MA: Hendrickson, 2003), 1:639에서 인용.

두 사건의 핵심적 차이점은 9장에 나오는 맹인의 긍정적 반응인데, 이는 5장에 언급된 38년 된 병자의 부정적 반응과 대조된다. 그러나 핵심적인 공통분모는 유대 지도자들의 거부이다.

예수는 이 사람이 소경 된 이유를 그의 개인적 죄나 부모의 죄 때문이 아니라(9:3a), 하나님이 그를 통해 "하시는 일"을 "나타내기" 위함이라고 단언하신다(9:3; 참조, 2:11; 5:36). 아버지는 이 사람이 소경이 되어 예수께서 그를 치유하심으로써 하나님의 유일한 아들로서 그의 정체성을 나타내실 수 있도록 주권적으로 결정하셨다. 다시 말해서, 이 사람이 소경 된 것은 하나님께서 영광을 받으시기 위함이다.

(2) 다섯 번째 표적에 대한 반응(9:13-34)

맹인 치유 기적에 대한 반응은 매우 복잡한데, 요한이 지금까지 논한 많은 주제를 머리에 떠오르게 하기 때문이다. 학자들은 1세기 말 유대인과 유대인 그리스도인 사이의 표면적 분열을 재구성하기 위해 이 본문을 우화적으로 해석했다(allegorized). 훨씬 더 나은 접근 방식은 이 단락을 네 번째 복음서 전체에 비추어 읽고 액면 그대로 설명하는 것이다.

나사렛 예수는 실제로 맹인을 고쳐 주셨으며, 이 사건은 예수와 유대 지도자들 사이의 균열을 더 심화시키고 있다는 점이다. 이 다섯 번째 표적은 수난 주간 이전임에도 예수를 따르는 자들과 종교 지도자들 사이의 관계를 더욱 긴장시키고 있다.

이 단락에서는 두 번에 걸친 바리새인들의 심문을 보여 준다.

첫 번째 심문에서 맹인의 이웃들은 공식적 심문을 위해 그를 바리새인들에게 데려간다(9:13-23). 화자는 이웃들이 왜 그렇게 하는지 밝히지는 않지만 아마도 그들이 종교 지도자들과 좋은 관계를 유지하기를 원했을 것이라고 짐작할 수 있다(참조, 9:22). 여하튼 바리새인들은 다시 한번 예수께서 안식일에 기적을 행하신 것에 분개한다(9:14).

주석가들은 예수께서 맹인을 치유하실 때 침과 진흙을 사용한 방식(9:6)이 하나님께서 "땅의 흙으로 사람"을 만드신 방식을 상기시킨다고 지적한다(창 2:7; 참조, 막 7:33; 8:23). 요한이 이미 1:1-4에서 예수를 창조의 대행자, 즉 첫 번째 창조에서 아담을 창조하셨던 분으로 밝혔으므로 그가 새 창조에서 또 다른 창조 행위를 수행하신다는 것은 타당하다. 바리새인들은 예수를 반대하는 입장에서 일치하지 않았는데, 일부는 그 표적의 타당성에 주목하고 있기 때문이다(9:16).

그런 다음 그들은 그 사람의 부모를 소환하는데, 그 부모는 기적에 대해 증언하면서도 그것을 예수께서 행하신 일로 돌리기를 꺼려한다(9:20-21). 이제 곧 밝혀지겠지만 부모는 하나님 앞에서 쫓겨나는 일보다 "회당에서 쫓겨나는 것(출교)"을 더 두려워한다(9:22; 참조, 12:42; 16:2).

두 번째 심문이 시작될 때에도 날 때부터 맹인이었던 그 사람은 여전히 예수를 정죄할 생각이 없다. 그는 용감하게도 다섯 번째 표적을 믿지 못하는 유대 지도자들을 꾸짖는다. 왜냐하면, "이 사람(예수)이 하나님께로부터 오지 아니하였으면 아무 일도 할 수" 없었을 것이기 때문이다(9:33). 바리새인들은 "모세의 제자"라고 주장하고 날 때부터 맹인이었던 그 사람은 예수의 "제자"라고 주장하지만, 그들은 모세가 예수를 예견한다는 사실을 거의 깨닫지 못한다(9:28; 참조, 5:46-47).

이 사람이 실제로 고침을 받았지만, 예수를 그가 주장하시는 바로 그인 줄 확신하지 못했으므로 지도자들은 "그를 쫓아낸다"(9:34). 즉, 그들은 그를 그의 공동체와의 교제에서 배제하고 있다. 그들은 대담하게도 누가 하나님의 참된 백성에 참여하고 누가 참여하지 않는지를 결정하는 장본인이라고 주장해 왔다. 문제는 예수만이 그러한 권위를 가지고 계신다는 사실이다(1:12-13을 보라).

(3) 치유에 대한 설명(9:35-41)

예수는 치유 받은 사람이 쫓겨났다는 소식을 접하자 그를 찾아가 "네가 인자를 믿느냐"라고 물으신다(9:35). 날 때부터 맹인 된 사람은 예수께서 누구를 말씀하시는지 확신하지 못하지만(9:36), 예수는 자신이 인자임을 명시적으로 밝히신다(9:37). 이때 그 사람은 "내가 믿나이다"라고 고백하며 예수께 "절했다"(프로세퀴네센[*prosekynēsen*])(9:38).

네 번째 복음서에서 경배/예배(프로스퀴네오[*proskyneō*])는 지배적 주제가 아니며 이에 가장 가까운 본문은 4장의 예수와 사마리아 여인과의 대화 장면이다. 여기서 예수는 "아버지께 참되게 예배하는 자들(호이 알레티노이 프로스퀴네타이[*hoi alēthinoi proskynētai*])은 영과 진리로 예배할"(프로스퀴네수신[*proskynēsousin*]) 것이라 주장하신다(4:23).

여기에서 요한은 우리가 날 때부터 맹인 된 남자와 사마리아 여인을 연결하기를 원할 수도 있다. 왜냐하면, 두 경우 모두 두 명의 외부인이 예수의 정체성에 대한 "진리"를 인정함으로써 이제 예수의 종말론적 성전에 참여하고 있기 때문이다.

9장은 종교 당국에 대한 통렬한 비난으로 끝난다. 그들은 육체적으로는 "볼" 수 있지만, 아들 안에서 행하시는 아버지의 일에 대해서는 "맹인" 상태로 남아 있다(9:39-41).

(4) 선한 목자의 비유(10:1-21)

이어지는 10:1-21의 단락에는 예수께서 "비유"(텐 파로이미안[tēn paroimian]; 10:6)로 말씀하신 내용이 담겨 있는데 이 용어는 공관복음에서 흔히 사용되는 "비유"(파라볼레[parabolē])라는 단어와 유사하다(Sir. 39:3; 47:17를 보라; 참조, 요 16:25, 29). 이 담론은 비유와 몇 가지 특징을 공유하므로 그렇게 분류하는 것이 적절할 것이다. 정확한 문학적 범주가 무엇이든 우리는 이 비유를 10:1-5과 10:7-18의 두 부분으로 나눌 수 있다. 전반부에서는 비유의 핵심 주제들을 도입하고 후반부에서는 그러한 주제 중 일부를 전개한다.[34]

이 비유가 내러티브의 흐름과 단절된 것처럼 보일 수도 있지만, 이전 문맥에 나오는 종교 지도자들의 행동을 떠올리게 한다. 9:13-34에서 그들은 맹인을 치유하신 다섯 번째 표적을 거부하고 그를 유대인공동체에서 쫓아낸다(9:34). 이 비유에는 다수의 구약 본문이 고려되었을 것이며, 그중 많은 부분이 이스라엘의 불신실한 지도자들과는 대조되는 신실한 지도자이신 선한 목자 예수와 관련된다(아래 참조). 예수는 자신의 양 떼를 먹이시지만 유대 지도자들은 그들의 양 떼를 약탈한다.

비유의 두 부분 사이에 예수께서 왜 그들에게 비유를 주시는지에 대한 화자의 설명이 샌드위치처럼 끼어 있다.

> 예수께서 이 비유로 그들에게 말씀하셨으나 그들은 그가 하신 말씀이 무엇인지 알지 못하니라(요 10:6).

---

[34] Carson, *John*, 384.

공관복음에서 예수는 자신의 말씀이 외부인들과 다수의 유대 지도자들에게는 은폐되도록 비유로 말씀하시는 경우가 많다(→ 막 4:33).

요한의 내러티브에서 이 시점에 비유가 나오는 것은 이상해 보인다. 몇 구절 앞에서 비록 간접적이긴 하지만 예수는 바리새인들이 그의 정체성에 대해 눈이 먼 맹인이라고 말씀하신다(9:41). 눈먼 상태와 무지가 함께 있으므로 유대 지도자들이 이 비유의 진정한 의미를 파악하는 데 어려움을 겪고 있다는 점은 놀랄 일이 아니다. 사실상 예수는 그들을 더욱 완고하게 하시기 위해 비유를 주신다(사 6:10을 인용하는 12:39-40을 보라).

비유에는 여러 가지 특성과 차원이 있지만 두 가지만 언급하려고 한다.

첫째, 예수는 10:7에서 자신을 양 우리의 "문"이라고 밝히신다. 이 말은 주격 술어를 가진 일곱 개의 "I am" 진술 중 세 번째이며(6:35, 48, 51; 8:12; 10:7, 9; 10:11, 14; 11:25; 14:6; 15:1, 5), 여기서는 큰 기독론적 의미가 있다. 예수는 자신을 문이라고 주장하심으로써 자신이 언약공동체로 들어가는 입구라고 단언하신다. 달리 말하면, 하나님의 그 아들(the Son of God)과 동일시하지 않으면 하나님의 자녀(a child of God)가 될 수 없다는 것이다(1:12-13 참조).

둘째, 10:11에 따르면 예수는 또한 "양들을 위해 목숨을" 버리시는 "선한 목자"이시다. 이 표현의 많은 부분 그 배후에는 에스겔 34장이 놓여 있는데, 거기서 하나님은 이스라엘의 지도자나 "목자"의 직무 태만을 책망하신다. 에스겔 34장의 직접 문맥에서 이스라엘의 지도자들은 하나님의 목양 패턴을 따르기보다는 자신의 지위를 이용하여 자기 자신만을 "먹이고/돌보고"(겔 34:2), 하나님의 양 떼를 가혹하고 잔인하게 다스린다(겔 34:4; 참조. 23:1; 50:6; 슥 11:16).

실패한 이스라엘의 지도력과는 대조적으로 하나님은 자신의 목자, 즉 이스라엘의 양 떼를 신실하게 돌볼 다윗과 같은 인물을 세우실 것이다(겔 34:16-24; 참조. 시 78:70-71; 사 11:6-9; 렘 23:4-5; 미 5:4). 예수는 이 약속을 성취하기 시작하고 계시며 현재의 유대 지도자들을 에스겔 시대의 불신실한 지도자들과 유사하다고 여기신다.

비유의 두 번째 부분에 대한 반응은 또다시 혼란스럽다.

> 이 말씀으로 말미암아 유대인 중에 다시 분쟁이 일어나니 그중에 많은 사람이 말하되 그가 귀신 들려 미쳤거늘 어찌하여 그 말을 듣느냐(요 10:19-20).

비유 직전 9:40에 언급된 바리새인에서 10:19에 언급된 "유대인"(토이스 유다이오이스[tois Ioudaiois])으로 반대자들이 전환된 점에 주목하라. 바리새인들은 이스라엘의 지도자 전체를 대표하고 그 민족의 태도를 구현한다(→ 3:1과 6:41-58).

한편으로, 많은 유대인이 예수 자신이 주장하시는 하나님의 유일한 아들이시라는 사실을 부인한다.

다른 한편으로, 그 민족 내의 일부는 다섯 번째 표적이 그의 정체를 확인해 준다고 확신하는 것처럼 보인다. 그들이 "귀신이 맹인의 눈을 뜨게 할 수 있느냐"라고 묻고 있기 때문이다(10:21; 참조, 7:20; 8:48-49, 52). 대답은 단연코 "아니오"이다.

(5) 수전절(성전 봉헌절, 10:22-42)

다음 사건은 몇 개월 후 겨울 "수전절"(Festival of Dedication) 또는 하누카(Hanukkah)에 일어난다(10:22). 예루살렘에서 매년 거행되는 이 축제는 BC 167년에 안티오쿠스 4세 에피파네스가 성전을 더럽힌 이후 다시 그것을 정화하고 재단장한 것을 기념하는 절기이다(마카비상 4:36-59). 예수께서 솔로몬 행각에서 거니시며 성전에서 가르치실 때 "유대인들"(호이 유다이오이 [hoi Ioudaioi])이 그의 진정한 정체를 분명하게 밝히라고 촉구한다(10:24).

더 이상 비유도, 베일에 가린 의사소통도, 숨겨진 표적도 없다. 그러나 예수는 이미 자신의 정체를 드러냈음을 확인한다.

내가 내 아버지의 이름으로 행하는 일들이 나를 증거하는 것이거늘(요 10:25).

적어도 예수는 38년 된 병자를 고치신 세 번째 표적을 염두에 두고 계시는데(5:1-15), 이 표적은 하나님의 유일한 아들로서 예수의 정체성을 드러낸 것이었다. 유대인들은 다음과 같은 하나님의 결정(decree) 때문에 예수의 사역이나 표적의 참된 의미를 파악할 수 없다.

너희가 내 양이 아니므로 믿지 아니하는도다 내 양은 내 음성을 들으며 나는 그들을 알며 그들은 나를 따르느니라(요 10:26-27).

예수는 앞서 언급한 비유와 네 번째 복음서 전체의 주제 중 하나인, 아버지께서 그의 양 떼, 즉 예수의 정체를 완전히 이해하는 사람들을 선택하시고 보전하신다는 점을 활용하고 계신다(10:4; 참조, 6:37-39, 65).

그런 다음 예수는 "나와 아버지는 하나이니라"(10:30)라고 말씀하시면서 계속해서 자신을 아버지와 동일시하신다. 표적은 아버지와 아들 사이의 유일한 관계를 입증해 준다(5:16-30을 보라).

예수께서 아버지와 자신이 "하나"라고 주장할 때 유대인들은 돌을 들어 그를 죽일 준비를 한다(5:18; 8:59 참조). 그들의 눈으로 볼 때 예수는 한낱 "사람"이면서도 자신을 "하나님이라"고 선언하고 있으므로 신성을 모독하는 것이다(10:33). 예수는 상당히 복잡한 시편 82:6을 인용하심으로써 그들의 비난에 응답하신다.

너희 율법에 기록된 바 내(야웨)가 너희를 '신'(gods)이라 하였노라 하지 아니하였느냐 성경은 폐하지 못하나니 하나님의 말씀을 받은 사람들을 (하나님께서) 신(gods)이라 하셨거든 하물며 아버지께서 거룩하게 하사 세상에 보내신 자가 나는 하나님의 아들이라 하는 것으로 너희가 어찌 신성모독이라 하느냐(요 10:34-36).

시편 82편에 언급된 "신"(엘로힘/테오이 [*elohim/theoi*])을 식별하는 일은 쉬운 일이 아니다. 주석가들은 일반적으로 다음과 같은 세 가지 견해를 나열한다.

첫째, 민족으로서의 이스라엘
둘째, 이스라엘의 불의한 통치자들
셋째, 반역한 천사의 통치자들

세 가지 견해 모두 좋은 사례가 될 수 있지만, 구약과 복음서에서 열방을 다스리는 천사 통치자들 간의 긴밀한 연관성이 나타나고 있으므로 세 번째 견해가 선호된다(참조, 70인역 신 32:8; 단 10:12-13; → 눅 10:1-24).

시편 82편에 언급된 "신"(gods)을 어떻게 이해하든 예수의 요점은 구약에 야웨가 자신 외에 누군가를 "신"이라고 부를 여지를 허용하신다면 하물며 예수께서 자신을 "하나님"이라고 부를 여지는 얼마나 더 허용될 것인가라는 점이다. 여기에서 구약의 지속적인 권위는 더 작은 것에서 더 큰 것으로의 논증 방식(fortiori)과 함께 사용된다.[35]

유대인들은 다시 한번 예수를 "잡으려고" 하지만 그는 기적적으로 도피한다(10:39). 그의 배반, 죽음, 그리고 부활의 "때"가 아직 도래하지 않았다. 예수는 네 번에 걸쳐 체포를 모면한다.

> 그들이 예수를 잡고자 하나 손을 대는 자가 없으니 이는 그의 때가 아직 이르지 아니하였음이러라(요 7:30)

> 잡는 사람이 없으니 이는 그의 때가 아직 이르지 아니 하였음이러라(요 8:20)

> 그들이 돌을 들어 치려 하거늘 예수께서 숨어 성전에서 나가시니라(요 8:59)

---

35 Köstenberger, "John," 465-67의 논의를 보라.

> 그들이 다시 예수를 잡고자 하였으나 그 손에서 벗어나 나가시니라(요 10:39).

7:30과 8:20에 따르면, "그의 때가 아직 이르지" 않았기 때문에 유대인들은 그를 체포할 수 없었다(참조, 눅 4:29-30). 이러한 표현은 삼위일체 하나님의 주권적 구원 계획을 말해 주고 있다. 요한은 그의 청중이 하나님께서 의도하신 생각, 사건, 상호 작용을 그 어느 것도 방해할 수 없다는 사실을 알고 위안을 얻기 바란다. 예수는 하나님이 선택하신 순간 배반당하고 죽임을 당하시며 저주를 받으실 것이다. 그러나 당분간은 아니다.

이 장은 예수께서 "요단강 저편 요한이 처음으로 세례 베풀던 곳"으로 물러나시는 것으로 끝난다(10:40). 우리는 1:28에서 "요단강 건너편" 지역이 갈릴리 바다 북동쪽에 있는 바타네아(Batanea)를 가리키는 것 같다고 언급했다. 이것이 옳다면 수전절이 끝날 무렵 예수께서 예루살렘을 떠나시는 일은 상징적 의미를 지닌다고 결론 내릴 수 있다.

요한의 세례와 예수의 증언으로 일괄된 그의 공생애가 끝나가고 있다는 것이다. 그가 예루살렘을 떠나시는 이유는 단순히 절기가 끝났기 때문이 아니라 예루살렘 그 자체에서 거부되었기 때문이다.

이와는 대조적으로 10장의 주요 요점인 마지막 부분에 나오는 갈릴리 사람들의 긍정적인 반응에 주목하라.

> 거기서 많은 사람이 예수를 믿으니라(요 10:42).

예루살렘에 있는 유대인들은 예수를 죽이려고 하지만 갈릴리 사람들은 그를 믿는다. 다음번에 예루살렘에 도착하면 예수는 더 이상 피하지 않으실 것이다. 그 "때"(hour)에 그는 무리에게, 병사들에게, 빌라도에게, 그리고 마귀에게 스스로 굴복할 것이다. 그러나 예수는 자신을 포기하심으로써 죄와 사망을 물리치시고 새 생명으로 일으킴을 받으실 것이다.

9) 여섯 번째 표적 나사로의 소생(11:1-57)

(1) 나사로의 죽음(11:1-16)

이제 예수께서 갈릴리에 돌아오셨으므로 화자는 청중의 관심을 남쪽 베다니로 옮긴다(11:1). 이 도시는 예루살렘 동쪽, 감람산 동쪽에 놓여 있다. 베다니는 수난 주간 동안 예수의 활동 중심지 역할을 하며(마 21:17// 막 11:11) 나병 환자 시몬의 집(마 26:6// 막 14:3)과 마리아, 마르다, 나사로 세 남매의 집이 있는 곳이기도 하다(참조, 눅 10:39-42).

요한은 사건의 배경을 언급한 후 나사로 사건을 시작하기 전에 세 남매 중 하나인 마리아를 따로 소개한다.

> 이 마리아는 향유를 주께 붓고 머리털로 주의 발을 닦던 자요 병든 나사로는 그의 오라버니더라(요 11:2).

요한이 다음 장(12:1-11)에서 마리아가 예수께 기름을 붓는 사건을 묘사하지만, 그의 청중은 이미 이 마리아에 대해 잘 알고 있는 것으로 보인다. 그녀는 마태복음 26:6-13// 마가복음 14:3-9에서 수난 주간에 예수께 기름을 붓지만, 누가복음 10:38-39에서는 자매 마르다와 함께 이름이 언급된다(나사로는 언급되지 않음). 거기에 보면 예수는 사역 초기에 "한 마을"(즉, 베다니)에 있는 마리아와 마르다의 집을 방문하신다. 그렇다면 요한의 청중은 그녀를 개인적으로 또는 다른 복음서 저자의 이야기를 읽음으로써 알 수도 있다.

더욱이 마리아와 마르다는 예수와 좋은 친구 사이처럼 보이는데, 그들이 11:3에서 "사랑하시는 자가 병들었나이다"라는 전갈을 그에게 보내고 있기 때문이다. 요한의 내러티브는 세 번째 복음서와 잘 맞아 떨어진다.

나사로가 아프다는 말을 들으신 후 예수는 다음과 같이 예고하신다.

> 이 병은 죽을 병이 아니라 하나님의 영광을 위함이요 하나님의 아들이 이로 말미암아 영광을 받게 하려 함이라(요 11:4).

여기서 네 번째 복음서의 "표적" 공식구가 다시 한번 반복되어 나타난다. 표적은 영광스러운 하나님의 신적 아들로서 예수의 정체성을 보여 줌으로써 결국 아버지께 영광을 돌리며 믿음이나 혹은 불신을 불러일으키는 역할을 한다(2:11; 9:3; 10:38; 11:15, 40; 17:24).

예수는 나사로의 병에 대해 두 가지 차원으로 반응하신다.

첫째, 그는 참으로 나사로의 상태에 대해 슬퍼하시는데 이는 사랑하는 친구 나사로가 아담과 하와의 타락 결과로 어려움을 겪고 있기 때문이다. 완전한 인간이신 예수는 놀라운 정서와 부드러움으로 반응하신다.

둘째, 예수는 타락의 가장 큰 원수 중 하나를 이기실 것이다. 그렇게 함으로써 그는 여섯 번째 표적을 행하시며 아버지께 영광을 돌리실 것이다. 나사로를 죽은 자 가운데서 소생시키심으로써 예수는 마지막 일곱 번째의 표적, 즉 그의 죽음과 부활의 발판을 놓으신다. 예수께서 여섯 번째 표적을 통해 자신의 영광을 보여 주고 아버지께 영광을 돌리신다면, 일곱 번째 표적을 통해서는 얼마나 더 그렇게 하시겠는가.

(2) 나사로의 소생(11:17-44)

예수와 제자들이 베다니에 가까이 가실 때 그들이 도착하기 전에 마르다가 예수를 맞이하기 위해 달려 나온다. 그녀는 예수께 다음과 같이 말한다.

> 주께서 여기 계셨더라면 내 오라버니가 죽지 아니하였겠나이다 그러나 나는 이제라도 주께서 무엇이든지 하나님께 구하시는 것을 하나님이 주실 줄을 아나이다(요 11:21-22).

그녀는 아마도 예수께서 오빠 나사로를 죽은 자 가운데서 살리실 것이라고 기대하지는 않았을 것이다. 그러나 그녀는 예수께서 그것을 기적적으로 막으실 수 있었을 것으로 굳게 믿고 있다. 예수는 이어서 나사로가 "다시 살아날 것"이라고 예고하신다(11:23).

대부분의 1세기 유대인들처럼 마르다는 역사의 마지막에 일반적 부활(general resurrection)이 일어날 것을 믿고 있으므로(예컨대, 단 12:1-2), 영원한 새 우주에서 나사로와 재회하기를 기대한다. 그러나 예수는 다음과 같은 놀라운 선언으로 응답하신다.

> 나는 부활이요 생명이니 나를 믿는 자는 죽어도 살겠고 무릇 살아서 나를 믿는 자는 영원히 죽지 아니하리니 이것을 네가 믿느냐(요 11:25-26).

이 구절은 주격 술어를 가진 다섯 번째 "나는 이다" 진술이며 아마도 가장 흥미로운 진술일 것이다(6:35, 48, 51; 8:12; 10:7, 9; 10:11, 14; 11:25; 14:6; 15:1, 5을 보라). "부활이요 생명"이라는 예수의 주장은 창조주로서의 그의 신성(1:1-4)과 모든 만물을 새롭게 하시는 그의 사명에 근거한다. 예수는 단순히 나사로를 죽은 자 가운데서 살릴 수 있는 능력이 있으시다고 말씀하시는 것이 아니라(물론 그는 하나님의 신적 아들로서 그러한 능력이 있으시지만), 자신이 새 창조(new creation)의 근원이자 대행자라고 주장하시는 것이다.

마르다의 반응은 심오하고 모범적이다.

> 주여 그러하외다 주는 그리스도요 세상에 오시는 하나님의 아들이신 줄 내가 믿나이다(요 11:27).

이것이 바로 요한이 복음서를 기록한 이유이다. 예수께서 하나님의 아들이심을 유대인에게 확신시키고 예수께서 바로 자신이 주장하시는 그라는 확신과 함께 그리스도인의 믿음을 확고히 하기 위함인 것이다(20:30-

31). 요한의 청중은 그녀의 뒤를 따라 네 번째 복음서의 일곱 표적에 대해 믿음으로 반응해야 한다. 마르다는 집으로 돌아가서 마리아에게 예수의 도착을 알린다(11:28-30). 자매인 마르다처럼 마리아도 예수께서 여기 계셨더라면 나사로의 죽음을 막을 수 있었을 것이라고 믿는다(11:32).

예수께서 나사로를 죽은 자 가운데서 살리시는 상세한 내용은 예수 자신의 부활을 반향한다. 다음은 좀 더 눈에 띄는 몇 가지 내용이다.

나사로의 소생	예수의 부활
"무덤"이 있음(11:38)	"무덤"이 있음(20:1)
"돌"이 옮겨짐(11:39, 41)	"돌"이 옮겨짐(20:1)
죽은 지 "나흘"이 됨(11:39)	죽은 지 "사흘"이 됨(19:31; 20:1)
"베"(세마포)로 감싼 시신(11:44)	"세마포"로 감싼 시신(19:40; 20:5)
"얼굴을 감싼 수건"(11:44)	"머리를 쌌던 수건"(20:7)
소생이 믿음을 불러일으킴(11:42, 45)	부활이 믿음을 불러일으킴(20:19-23, 29)

예수께서 나사로를 죽은 자 가운데서 살리신 이야기를 읽으면서 확실히 요한의 청중은 예수께서 이전에 하신 다음의 약속을 떠올렸을 것이다.

> 죽은 자들이 하나님의 아들의 음성(테스 포네스[*tēs phōnēs*])을 들을 때가 오나니 곧 이때라 듣는 자는 살아나리라 … 무덤 속에 있는 자가 다 … 나오리라(에크포류손타이[*ekporeusontai*])(요 5:25-29).

예수께서 나사로에게 "큰 소리"(포네 메갈레[*phōnē megalē*])로 "나오라"(두로 엑소[*deuro exō*])라고 소리치신 것은 우연이 아니다(11:43).

한마디로 여섯 번째 표적은 예수의 사역에서 믿을 수 없을 정도로 중요한 종말론적 사건인데 이는 그것이 예수 자신의 죽음과 부활을 예고하기 때문이다. 지금까지 나온 여섯 가지 표적, 즉 물을 포도주로 바꾸신 표적, 왕의 신하 아들을 고치신 표적, 38년 된 병자를 고치신 표적, 오천 명을 먹이신 표적, 맹인을 고치신 표적, 나사로를 죽은 자 가운데서 소생시키신 표적 중 마지막에 언급한 이 여섯 번째 표적이 확실히 가장 큰 표적이다.

그러나 우리는 나사로의 소생과 예수의 부활을 구별해야 한다. 예수는 영광의 몸, 즉 새 하늘과 새 땅에 적합한 몸을 받으시지만, 나사로는 영광스러운 존재로 변화되지 않는다. 그는 다시 죽을 것이다. 오직 역사의 마지막에 일어날 부활 때에만 나사로는 새로운 창조의 몸을 받게 될 것이다(고전 15:35-57; 살전 4:13-18).

(3) 예수를 죽이기로 결정하다(11:45-57)

11장의 마지막 단락에 이르러서 우리는 무덤에 모인 유대인들의 두 가지 반응을 목격한다. 마리아와 마르다의 반응과 제자들의 반응은 한마디도 언급되지 않는다. 우리는 다만 예수에 대한 그들의 믿음이 더욱 깊어졌을 것이라고 짐작할 수 있을 뿐이다. 요한은 "많은 유대인"의 믿음을 언급하지만(11:45), 바리새인들에게 "예수께서 하신 일"을 알리는 소수의 불신에 초점을 맞춘다. 지금까지의 내러티브에서 나온 표적 중 가장 큰 표적이 가장 큰 적대감을 위한 무대를 마련하게 된다.

유대 지도자들은 이스라엘의 통치 기구인 공회/산헤드린(Sanhedrin)에 함께 모인다(11:47). 그들은 예수의 표적이 대중으로부터 상당한 믿음을 불러일으키고 있음을 인식하고 만일 그를 이대로 두면 "모든 사람이 그를 믿을 것이요 그리고 로마인들이 와서 우리 땅과 민족을 빼앗아" 갈 것을 우려한다(11:48). 종교 당국이 예수를 죽이려고 시도한 것은 이번이 처음이 아니다.

유대 지도자들, 특히 바리새인들은 신성모독을 이유로 몇 차례 그를 죽이려고 했다(5:18; 7:1, 19, 25, 30; 8:37, 40). 그러나 여기에서의 공회는 그의 죽음을 모의하기 위해 공식적으로 모인다. 11:48의 당면 문제는 정치적 반란으로 보인다. 만일 예수께서 충분한 추종자들을 모은다면 로마가 신속히 행동하여 예루살렘을 직접 장악하게 될 것이고, 그 결과 종교 당국은 일자리를 잃게 될 것이다. 여기에는 자기 보존의 문제가 걸려 있다.

당시 대제사장 가야바는 공회 앞에서 다음과 같은 유명한 말을 한다.

한 사람이 백성을 위하여 죽어서 온 민족이 망하지 않게 되는 것이 너희에게 유익한 줄을 생각지 아니하는도다(요 11:50; 참조, 18:14).

요한의 독자들은 이 아이러니를 재빨리 알아차렸을 것이다. 가야바는 자신도 모르게 예수 사역의 핵심을 밝혔다. 아버지는 믿는 모든 사람에게 생명을 주시기 위해 예수를 세상으로 보내어 죽게 하셨다.

이어서 화자는 가야바의 말을 풀어 대제사장이 예수께서 유대 민족뿐만 아니라 온 열방을 대신하여 죽으실 것을 예언하고 있음을 알지 못한다고 서술한다(요일 2:2 참조). 가야바의 말은 설득력이 있어 공회는 "그날부터" 예수를 죽이려고 공식적으로 음모를 꾸민다(참조, 12:10; 마 26:4; 행 9:23).

유대 지도자들이 예수를 찾는 동안 예수는 "다시 유대인 가운데 드러나게 다니지 아니하시고 거기를 떠나 … 에브라임이라는 동네에 가서 제자들과 함께 거기" 머무셨다(11:54). 주석가들은 이 "에브라임"의 정확한 위치가 어디인지 확신하지 못하지만, 요점은 예수께서 갈등을 피하시기 위해 물러나셔야 한다는 것이다. 그의 "때"가 머지않아 다가올 것이다.

10) 왕으로 기름 부음 받은 예수와 승리의 입성(12:1-50)

(1) 왕이신 예수께 기름을 부은 마리아(12:1-11)

11장의 끝에서 종교 당국은 유대인들에게 유월절 기간에 예수께서 발견되거든 예수의 행방을 알리라고 명한다(11:57). 12장은 마리아, 마르다, 나사로가 아마도 나병 환자 시몬의 집에서 "예수를 위하여" 식사를 접대하는 내용으로 시작한다(12:1-2; 참조, 마 26:6// 막 14:3). 12:1-8에 언급된 기름 부음 사건은 마태복음 26:6-13과 마가복음 14:3-9에도 기록되어 있다(어떤 사람들이 추정하듯이 누가복음 7:37-39에는 기록되어 있지 않음).

요한은 이 사건이 토요일 저녁을 가리키는 유월절 엿새 전에 일어났다고 언급하며(12:1), "유월절과 예수의 십자가 처형의 초읽기(countdown)가 시작되었다"[36]고 전달한다. 요한은 예수 사역의 첫 주간(1:19-2:11)을 주의 깊게 추적했고 이제 그의 마지막 절정의 주간을 추적하려고 한다(12:1-20:25).

우리는 마태복음 26:6-13과 마가복음 14:3-9에 대한 주석에서 이 사건을 논했으므로 거기에서 말한 내용을 재확인하는 것으로 충분하다. 마리아는 예수의 머리(마 26:7// 막 14:3)와 발에 값비싼 향유를 부음으로써 예수께서 오랫동안 기다려 온 이스라엘의 왕이심을 인정한다(삼상 10:1; 왕하 9:3 참조). 그러나 요한의 내러티브는 독특하게도 마리아가 예수의 발에 기름을 붓고 자신의 머리털로 닦는다는 점을 덧붙인다(12:3). 발을 씻는 행위는 종과 연관되어 있으므로 마리아는 자신이 왕을 섬기는 위치에 있음을 표현한 것이다(→ 13:4-17).

더욱이 시신에 기름을 바르는 행위는 흔한 일이었으므로(대하 16:14; 막 16:1; 눅 23:56; 24:1; 요 19:39-40) 마리아의 행동에는 또 다른 의미가 담겨 있다. 그녀는 고난을 받는 왕에게 기름을 붓는다. 상징적 의미를 강화하면서 마리아의 기름 부음은 시몬의 집을 "향유 냄새"(fragrance of the perfume)로 "가득"하게 한다(12:3). "향유"(오스메[*osmē*])라는 단어는 성전 제의의 다양한 희생 제물을 상기시킬 수도 있으며(예컨대, 출 29:18, 25, 41), "냄새/향기"(뮈론[*myron*])는 이스라엘의 성막 건축과 연관된다(출 30:25). 이 두 세부 사항 모두 예수께서 진정한 유월절의 희생 제물이며 진정한 성전의 모퉁잇돌임을 가리킬 수 있다.

기름 부음 사건이 일어난 후 6:71에서 처음으로 배반자로 소개되는 유다는 그렇게 향유를 낭비하는 것에 이의를 제기한다.

이 향유를 어찌하여 팔아 가난한 자들에게 주지 아니하였느냐(요 12:5).

---

36 Eckhard J. Schnabel, *Jesus in Jerusalem: The Last Days* (Grand Rapids: Eerdmans, 2018), 153.

이어서 화자는 유다의 참된 의도를 다음과 같이 폭로한다. 그는 본심으로는 "도둑"이었다. 도둑은 종(즉, 마리아)과는 달리 전적으로 이기적인 삶의 방식을 특징으로 한다(10:1, 8, 10을 보라). 도둑은 오직 멸망과 파멸만을 가져온다. 이어서 예수는 마리아의 헌신을 깎아내리려고 하는 유다를 꾸짖으신다(12:7-8).

이 이야기는 많은 유대인이 "예수께서 여기 계신 줄을 알고" 또 나사로도 보기 위해 시몬의 집으로 오는 장면으로 끝난다(12:9). 여섯 번째 표적은 계속해서 믿음의 큰 수확을 걷어 올리고 있다(12:17-18을 보라). 그러나 종교 지도자들은 아무것도 가질 것이 없으므로 이제 나사로까지 죽이려고 모의한다. 그들의 눈에는 그 또한 정치적 안정에 위협이 되는 존재이다.

(2) 승리의 입성과 수난 예고(12:12-36)

승리의 입성은 사복음서 모두에 나오지만(마 21:1-9// 막 11:1-10// 눅 19:28-40// 요 12:12-19), 요한복음에서는 다소 빈약한 내용을 담고 있다. 요한은 이 사건의 시기("이튿날" 또는 일요일)와 두 개의 유명한 구약 인용문, 즉 시편 118:25과 스가랴 9:9(그리고 습 3:14-16도 가능)을 포함하지만, 나귀 새끼를 준비하는 내용은 생략한다(참조, 막 11:1-3과 병행 구절). 따라서 여기서는 창세기 49:10-11과의 연관성이 그다지 강하지 않을 수도 있다.

그럼에도 불구하고 다른 세 명의 복음서 저자처럼 요한도 예수를 마지막 때에 예루살렘에 오신 오랫동안 기다려 온 메시아로 제시한다. 그는 왕으로 등극하시고 많은 구약의 약속을 성취하실 것이지만 그의 추종자들이 기대하는 방식은 아닐 것이다. 오히려 그는 가시 면류관을 쓰시고 고난 가운데서 모든 피조물을 다스리실 십자가에 높이 들리실 것이다(→ 막 11:1-10).

네 번째 복음서에는 이 사건에 대한 화자의 설명이 유일하게 포함되어 있다.

제자들은 처음에 이 일을 깨닫지 못하였다가 예수께서 영광을 얻으신 후에야 이것이 예수께 대하여 기록된 것임과 사람들이 예수께 이같이 한 것임이 생각났더라(요 12:16).

여기에서 두 가지 점을 관찰할 수 있다.

첫째, 당시 제자들은 승리의 입성이 지닌 의미를 완전히 파악하지 못한다. 어떤 의미에서 이 사건과 예수 사역의 다른 중요한 측면은 십자가와 부활까지 그들에게 숨겨져 있다. 십자가와 부활은 예수의 이전 행위를 조명해 준다. 다시 말해 십자가/부활이라는 나중 계시가 예수 사역의 초기 계시를 설명해 준다. 일곱 번째 표적이 처음 여섯 개의 표적을 더욱더 상세하게 설명해 준다. 지금은 숨겨져 있지만, 나중에 밝혀지는 이 두 사건의 본질은 그의 사역을 하나로 일괄한다.

요한복음 2:22	요한복음 12:16
"죽은 자 가운데서 살아나신 후에야 (그의) 제자들(호이 마테타이 아우투[hoi mathētai autou])이 이 말씀하신 것을 기억하고(엠네스테산[emnēsthēsan]) 성경(테 그라페[tē graphē])과 예수께서 하신 말씀을 믿었더라."	"(그의) 제자들(아우투 호이 마테타이[autou hoi mathētai])은 처음에 이 일을 깨닫지 못하였다가 예수께서 영광을 얻으신 후에야 이것이 예수께 대하여 기록된 것(타우타 엠 엡 아우토 게그람메나[tauta ēn ep' autō gegrammena])임과 사람들이 예수께 이같이 한 것임이 생각났더라(엠네스테산[emnēsthēsan])."

그렇다고 제자들이 예수의 특정 사건과 말씀에 대해 완전히 무지하다는 의미는 아니다. 요한복음 2:22에서는 그들이 "믿었다"고 말한다. 제자들은 부분적으로는 이해하지만, 완전한 이해에는 도달하지 못한다.

둘째, 요한이 2:22과 12:16에서 예수의 행위를 구약과 연결할 때 우리는 이러한 구약 구절들이 독특하고 예상치 못한 방식으로 성취된다고 가정할 수 있으며 이 점이 바로 제자들이 이러한 사건들을 즉각적으로 완전히 이해하지 못하는 이유이다. 그러므로 예수의 정체, 행위, 사명의 특정 측면은 구약의 기대를 신비롭게 성취한다(→ 마 13:1-52, 막 4:1-33, 눅 24:13-35).

다음 단락에는 예수의 수난 예고가 포함되어 있는데, "인자"가 그의 죽음의 "때"에 "영광을 얻을" 것이라고 선언한다(12:23, 28; 참조, 단 7:13-14; 12:1). 네 번째 복음에서 오랫동안 기다려 온 "때"가 이제 도래했다(2:4; 7:30; 8:20을 보라).

예수는 아마 예루살렘에서 제자들에게 말씀하시면서 아버지께 "아버지여 아버지의 이름을 영광스럽게 하옵소서"라고 외치신다(12:28). 그러자 아버지께서 즉시 "내가 이미 영광스럽게 하였고 또다시 영광스럽게 하리라"라고 응답하신다. 아들은 여섯 개의 표적을 행하심으로써 아버지의 "이름"을 "영광스럽게" 하셨으며, 일곱 번째이자 마지막 표적인 그의 죽음과 부활을 통해 다시 한번 더 큰 방식으로 그렇게 하실 것이다.

(3) 예수의 영광을 본 이사야와 믿지 않는 유대인의 완고함(12:37-50)

표적의 책이 끝나감에 따라 12장의 나머지 부분은 네 번째 복음서와 다른 세 권의 복음서 전체에 매우 중요하다. 화자는 이사야의 유명한 두 구절을 인용한다.

첫 번째 구절인 이사야 53:1은 52:13-53:12에 나오는 이사야의 네 번째 종의 노래에서 따온 것이다(참조, 사 42:1-9; 49:1-6; 50:4-9).
두 번째 구절은 이사야 6:1-13에 나오는 이사야의 위임에서 가져온 것이다.

우리는 마태복음, 마가복음, 누가복음에서 이사야 6장이 얼마나 두드러지게 나타나는지 이미 살펴보았다. 네 명의 복음서 저자 모두 예수의 메시지를 거부하는 사람들에게 내리는 심판으로 이사야 6장을 인용한다(마 13:11-15// 막 4:10-12// 눅 8:10// 요 12:38-40; 행 28:25-28을 보라). 마태, 마가, 누가, 요한은 이사야 6장을 이스라엘 내의 불신자들에게 광범위하게 적용하며 누가는 심지어 사도행전 마지막 부분에서 유대 지도자들을 겨냥하기도 한다.

공관복음에서는 이사야 6장을 예수의 갈릴리 사역 중에 인용하는 반면, 요한은 수난 주간까지 기다리고, 누가는 그것을 바울의 로마 투옥 중에 인용한다.

이사야 6장에 따르면 이스라엘은 그 뿌리까지 부패했다. 이사야 6:9-10에서 이스라엘은 눈이 멀고 귀가 먹었는데 이는 그들의 우상 숭배를 반영한다. 이스라엘은 그들이 섬기는 우상들처럼 눈이 멀고 귀가 들리지 않게 되었다(참조, 신 29:3-4; 시 115:4-8; 135:15-18; 렘 5:21; 겔 12:2). 유대 지도자들로 대표되는 1세기 이스라엘 민족은 토라와 구전을 숭배함으로써 우상 숭배의 죄를 저질렀기 때문에 예수의 메시지를 거부했다(5:39). 예수는 이사야 선지자의 말씀을 반복하심으로써 이사야와 연속성을 유지한다.

이사야의 예언 행위는 1세기까지 계속된다. 더욱이 이스라엘이 예수의 표적을 거부할 때 이사야의 예언은 성취된다(12:38). 아버지는 주권적으로 각 개인에게 표적을 이해하거나 사람들을 자신에게로 이끌 수 있는 능력을 주시는 분이지만(6:44), 유대인은 여전히 예수를 믿을 책임이 있다.[37]

이사야 인용문의 마지막 부분에서 화자는 "이사야가 이렇게 말한 것은 주의 영광을 보고 주를 가리켜 말한 것이라"라고 설명한다(12:41). 놀랍게도 요한은 이사야 6장에 나타나는 야웨에 대한 환상에서 선지자 이사야가 예수를 목격했다고 주장한다. 이사야 6:1에서는 다음과 같이 기록한다.

내가 본즉 주께서 높이 들린(람 웨니사[ram wenissa']) 보좌에 앉으셨는데(사 6:1).

이어서 정확히 같은 표현이 52:13에서 고난받는 종에게도 적용되는데, 그 또한 "높이 들려서(야룸 웨니사[yarum wenissa']) 지극히 존귀하게 될 것이다"(70인역: 독사스테세타이 스포드라[doxasthēsetai sphodra]).

이사야서에서 종의 속죄 사역은 우주의 왕으로서 야웨의 주권적 지위와 일치한다. 이러한 통찰은 직접 문맥과 네 번째 복음서 전체와 매우 잘

---

[37] Carson, *John*, 448-49.

들어맞는다(→ 8:28). 몇 구절 앞에서 아버지는 아들을 "영화롭게"(독사조 [doxasō]) 하시고 이사야의 예언을 이행하실 것을 약속하신다. 그러나 요한은 두 형상을 예수라는 인물 안에 통합한다. 예수는 이사야 6장의 높임을 받는 주님이시며 동시에 이사야의 고난받는 종이시다.

다니엘 브렌셀(Daniel Brendsel)은 두 개의 이사야 인용문의 의미를 다음과 같이 지적한다.

> 요한에게 이사야는 참된 '영광'을 소유하신 분을 '보았다'(요 12:41). 이사야는 굴욕이 그의 영광이고, 고난이 야웨의 정체를 드러내며, 죽음이 이스라엘과 열방이 그들의 유익을 위해 종말론적 두 번째 출애굽을 경험할 수 있는 수단이 되는 종(Servant)을 보았다.[38]

이는 요한이 예수를 우주의 창조자(1:1-3)이자 속죄하는 "하나님의 어린 양"(사 53:7을 인용하는 1:29)으로 단언하는 서문과 크게 다르지 않다.

3. 영광의 책(13:1-20:31)

1) 이사야의 고난받는 종이 작은 고난받는 종들을 형성하다(13:1-38)

표적의 책이 종결되면서(1:19-12:50), 13장에서는 영광의 책으로 전환되며(13:1-20:31), 13:1-30은 고별 담화(13:31-16:33)라는 더 작은 문학적 단위를 도입한다.

---

[38] Daniel J. Brendsel, *"Isaiah Saw His Glory": The Use of Isaiah 52–53 in John 12*, BZNW 208 (Berlin: de Gruyter, 2014), 213.

(1) 제자들의 발을 씻기심(13:1-17)

요한은 예수께서 제자들과 마지막 말씀을 나누실 무대를 마련하고(13:1-3), 때는 "저녁을 먹는 중"(13:2, 개역개정에는 3절에 나옴-역주)이었다고 언급한다. 공관복음에서는 예수와 제자들이(아마도 예수를 따르는 다른 사람들과 함께) 목요일 밤(니산월 14일) 해질녘에 예루살렘에 있는 다락방에서 유월절을 지키고 있다고 단언한다(마 26:17-18// 막 14:12// 눅 22:7). 그러나 요한복음 18:28과 19:14에 따르면, 유대인들은 예수께서 죽으신 후 금요일 밤(니산월 15일) 해질녘에 유월절을 지킨다.

이를 모순으로 보지 않고 그 차이점을 조정하는 몇 가지 좋은 옵션이 있지만, 다음 두 가지 견해가 두드러진다.

첫째, 갈릴리 사람들은 예루살렘 여행과 군중을 피하기 위해 하루 일찍 유월절 희생 제물을 바치고 만찬을 거행했다.

둘째, AD 30년에 초승달의 정확한 날짜에 관해 사두개인과 바리새인 사이에 의견 충돌이 발생했다. 그러므로 바리새인들은 니산월 14일 저녁(목요일 밤)에 유월절을 지켰고, 사두개인들은 니산월 15일(금요일 밤)에 유월절을 지켰다.[39]

요한은 "마귀가 벌써 시몬 가룟의 아들 유다의 마음에 예수를 팔려는 생각을 넣었더라"(13:2, 개역개정에는 "시몬의 아들 가룟 유다"로 번역됨-역주)고 언급한다. 그러한 종말론적 갈등은 내러티브 전반에 걸쳐 형성되어 왔으며(예컨대, 3:1; 5:16; 8:59; 10:39; 11:53), 여기 영광의 책 시작 부분에서 그 갈등은 최고조에 달할 것이다.

사탄은 유다를 이용하여 그의 사악한 계획을 완수할 것이며 비록 우리가 유다를 풀어 주고 싶은 유혹이 있을지라도 그의 행동에 대한 책임은 여전히 그에게 있다(18:2-5; 참조, 눅 22:3, 22; 행 1:16-20). 마귀 역시 단지 하나

---

39 이 두 옵션은 Schnabel, *Jesus in Jerusalem*, 145-47에서 발견할 수 있다.

님의 주권적 손 아래에서만 활동하지만, 자신의 행동에 대한 책임은 여전히 그에게 남아 있다.

끔찍한 수난의 사건들이 펼쳐지기 전에 예수는 13:3에 언급된 두 가지 원칙을 계속해서 확신하고 계신다.

첫째, "아버지께서 모든 것을 자기 손에 맡기셨다"(참조, 3:35; 5:20; 17:2; 마 11:27; 28:18)
둘째, "그는 하나님께로부터 오셨다가 하나님께로 돌아가실 것이다."

하나님의 주권은 예수께 구원 계획이 영원 전부터 계획된 방식으로 정확하게 전개될 것이며 그가 보좌에 오르실 것임을 상기시켜 준다.

그런 다음 예수는 요한복음 전체에서 가장 기억에 남는 구절 중 하나에서 제자들의 발을 씻기신다(13:4-5). 요한은 이 사건을 기록하는 유일한 복음서 저자이며 이 사건이 고별 담화 바로 직전에 일어나기 때문에 매우 중요하다. 공관복음 모두 마지막 만찬에 대해 기록하지만(마 26:17-30// 막 14:12-26// 눅 22:7-23), 요한복음에는 이 기록이 없다. 요한이 오천 명을 먹이신 기적 사건(6:1-15)과 생명의 떡 담론(6:25-58)을 마지막 만찬에 대한 기대로서 묘사한 것을 고려하면 이것은 더욱더 놀라운 일이다.

발을 씻기는 일은 천한 일로 일반적으로 하인들의 몫이다. 그러나 예수의 종노릇/섬김(servitude)은 일반적인 것이 아니다. 그는 어떤 종이 아니라 오랫동안 기다려 온 바로 그 종(the Servant)이시다. 제자들의 발을 씻기심으로써 예수는 의식적으로 자신을 이사야의 고난받는 종과 일치시키신다. 선지자 이사야는 하나님의 "의로운 종"이 자신의 속죄 희생의 결과로 "많은 사람을 의롭게" 할 것이라고 예언한다(사 53:11).

더욱이 "종"이라는 단어(히브리어로는 에베드[*ebed*]; 그리스어로는 파이스/둘로스[*pais/doulos*])는 이사야 40-66장에서 거의 20번이나 나타나고 반복적으로 하나님께 불순종하여 열방에 구원을 가져오지 못하는 우상 숭배하는 이스라엘 민족을 가리킨다. 그러나 이 이사야 40-66장 단락 내에 하나님께 순종하고 언약공동체를 대신하여 고난을 받으며 열방 안에서 믿음을 자극하고 이스라엘을 포로 상태(exile)에서 이끌어 내는 의로운 종이 등장한다(사 42:1-9; 49:1-13; 50:4-11; 52:13-53:12).

이 종의 신실한 순종을 따라 이사야 55-66장은 복수형인 "종들"(히브리어로는 아바딤 [*abadim*]; 그리스어는 둘로이 [*douloi*])로 전환하여, 한 신실한 종과 완전히 동일시되는 의로운 이스라엘 백성과 이방인 그룹을 묘사한다(사 56:6; 63:17; 65:8-9, 13-15; 66:14).[40] 예수께서 제자들의 발을 씻기신 후 제자들에게 "서로 발을 씻어" 주라고 명령하실 때(13:14), 그는 고난받는 작은 종들의 공동체를 창조하고 계신다(행 13:47; 골 1:24 참조). 예수께 유효한 것은 제자들에게도 유효할 것이다. 그가 고난을 받는 것처럼 그들 또한 고난을 받을 것이다. 그가 들려 올려진 것처럼 그들 또한 들려 올려질 것이다.

제자들의 발을 씻기시는 일(13:4-5)은 또한 내러티브의 처음부터 끝까지 이어지는 정결이라는 요한의 더 큰 주제와도 연관된다. 물은 정결, 새 창조, 종말론적 성령의 임재를 상징한다(1:33; 2:6; 3:5; 4:14, 23; 7:38; 9:7; 19:34). 이사야에서 얻은 통찰을 요한의 물에 대한 강조와 결합하면 다음과 같이 믿을 수 없을 정도로 중요한 이 사건을 요약할 수 있다. 이사야의 고난받는 종(Suffering Servant)으로서의 예수는 참되고 신실한 이스라엘을 구성하는 신실한 종들의 그룹을 창조하고 정결하게 하신다. 또한, 그들은 정결하게 되었으므로 이제 하나님의 종말론적 성전이 될 수 있도록 성령의 강림을 준비한다.

(2) 배반자(13:18-30)

자신을 따르는 제자들을 섬기고 정결하게 하신 예수와는 대조적으로 배반자 유다는 시편 41:9의 유형론적 성취로 이기적으로 예수께 등을 돌린다(13:18). 다윗왕은 자신을 대적하는 적들에 대한 탄식으로 시편 41편을 썼다

---

40 Brendsel, *"Isaiah Saw His Glory,"* 56-60.

(시 41:5-8). 그러나 다윗이 설명하는 것처럼 자기 측근 내에도 적이 있다.

> 내가 신뢰하여 내 떡을 나눠 먹던 나의 가까운 친구도 나를 대적하여 그의 발꿈치를 들었나이다(시 41:9; 참조, 욥 19:13-14, 19; 시 55:12-13).

다윗이 자기와 가장 가까운 사람들(심지어 자기 아들 압살롬)에게 배반당한 것처럼, 예수도 유다에게 더 큰 배반을 당하신다. 예수는 이사야의 고난받는 종일 뿐만 아니라 고난받는 다윗의 아들이시기도 하다.

이어서 요한은 베드로와 "예수께서 사랑하시는 제자" 간의 대화를 공개하는데(13:23), 이 제자는 아마도 세배대의 아들이자 네 번째 복음서의 저자인 요한일 가능성이 크다(19:26; 20:2; 21:7, 20 참조). 제자들은 특히 그들 중 한 사람의 손에 의한 배신의 가능성으로 당황한다(// 마 26:20-25// 막 14:17-21// 눅 22:21-22). 예수의 죽음과 부활 이후에 사도들은 구약의 일부, 특히 시편을 다시 읽었을 것이며 목요일 저녁에 그들 가운데 일어난 일에 대한 예언적 진술을 식별했을 것이다.

앞에서 마가는 단지 유다에게 예수를 배반하도록 "촉구"했을 뿐이지만(13:2), 이번에는 그의 속으로 들어갔다(13:27). 네 번째 복음서에는 귀신 축출 사건이 나오지 않지만, 여전히 영적 차원, 특히 예수와 마귀 사이의 전쟁을 강조한다. 사탄은 예수를 십자가에 매달기 위해 유다 속으로 들어가 그를 배반하게 한다. 사탄은 예수를 죽일 수만 있다면 자신이 우위를 점하여 그를 다스릴 것이라 믿는다. 공관복음에는 예수의 광야 시험이 서술되고 있지만(마 4:1-11// 막 1:12-13// 눅 4:1-13), 네 번째 복음서에는 이 사건이 빠져 있다.

공관복음에서 예수는 사탄의 나라를 점진적으로 몰아내시며 십자가는 예수와 사탄 간 영적 갈등의 절정이다. 그러나 요한은 십자가에서 예수와 마귀 사이의 우주적이고 종말론적인 갈등에 초점을 맞춘다(참조, 고전 2:8; 엡 1:21; 골 2:15; 벧전 3:22). 이 단락은 다음과 같은 불길한 말로 끝난다.

유다가 그 조각을 받고 곧 나가니 밤이러라(요 13:30).

네 번째 복음서에서 "밤"과 "어두움"은 타락하고 무지하고 적대적인 옛 시대를 상징한다(1:5; 3:2, 19; 6:17; 8:12; 9:4; 11:10; 12:35, 46; 19:39). 유다는 이 어두운 옛 시대를 구현한다. 옛 시대처럼 그는 참빛이신 예수께 적대적으로 남아 있다.

(3) 고별 담화에 대한 프롤로그(13:31-38)

고별 담화(13:31-16:33)에는 예수의 여섯 가지 중요한 진술이 담겨 있다. 에드워드 클링크(Edward Klink)는 고별 담화의 개요를 다음과 같이 제시한다.[41]

> 프롤로그(13:31-38)
> 진술 1: "나는 길이요 진리요 생명이다"(14:1-14)
> 진술 2: "내가 너희에게 보혜사(Paraclete)를 줄 것이다"(14:15-31)
> 진술 3: "나는 참포도나무이다"(15:1-17)
> 진술 4: "나도 세상의 미움을 겪었다"(15:18-27)
> 진술 5: "내가 보혜사로 말미암아 너희에게 능력을 줄 것이다"(16:1-15)
> 진술 6: "내가 너희 슬픔을 기쁨으로 바꿀 것이다"(16:16-24)
> 에필로그(16:25-33)

학자들은 고별 담화와 구약의 몇몇 부분에서 발견되고 후에 유대교에서 발전된 '유언'(testament) 장르의 유사점을 지적한다. 이런 유형의 문헌은 요셉, 여호수아, 다윗 같은 저명한 인물들이 임박한 죽음 앞에서 그들의 아들들이나 추종자들을 모아 그들에게 마지막 위로와 권고를 전하는 내용을 담고 있다(예컨대, 창 49장; 신 33장; 수 24장; 대상 28-29장; T. 12 Patr.; T. Adam; T. Mos.).

---

[41] Klink, *John*, 574.

다행스럽게도 16장 끝부분에서 예수는 전체 담화의 목적을 밝히신다.

> 이것을 너희에게 이르는 것은 너희로 내 안에서 평안을 누리게 하려 함이라 세상에서는 너희가 환난을 당하나 담대하라 내가 세상을 이기었노라(요 16:33).

예수는 제자들에게 자신과의 연합을 통해 "평화"를 누릴 것이며, 종말론적 큰 고난과 환난을 겪을 것이지만 위대한 승리자이신 그와 하나됨으로 "세상을 이길 수" 있다고 약속하신다.

고별 담화를 살펴보는 동안 우리는 이 궁극적 목적을 결코 놓쳐서는 안 된다. 모든 구절, 모든 단락은 어떤 식으로든 제자들이 앞으로 그들에게 닥칠 종말론적 시련을 견디도록 격려한다.

프롤로그에서는 고별 담화의 주요 주제를 다음과 같이 개관한다.

첫째, 아들과 아버지가 십자가와 부활을 통해 영광을 받으신다(13:31-32). 13:31에 따르면 "인자가 영광을 받았고(에독사스테[*edoxasthē*]) 하나님도 인자로 말미암아 영광을 받으셨도다(에독사스테[*edoxasthē*])." 이는 예수께서 "인자"로서 마지막으로 등장하는 부분이며 네 번째 복음서에서 그가 명시적으로 영광을 받으시거나 "영광을 얻으시는" 두 번째 경우이다(참조, 12:23).

다니엘 7:13-14은 "인자"를 "영광"과 연관시키고, 다른 복음서 저자들은 "인자"와 "영광"을 짝지음으로써 다니엘 7:13-14을 암시한다(마 16:27; 19:28; 24:30; 25:31; 막 8:38; 13:26; 눅 9:26; 21:27을 보라). 그렇다면 요점은 십자가와 부활이 영원한 나라를 세우고 모든 형태의 적대 세력, 특히 죄와 마귀를 타도하기 시작하는 종말론적 사건이라는 것이다.

둘째, 제자들은 서로 사랑해야 한다(13:34-35). 예수는 제자들을 "작은 자들"(children)이라고 부르시며 그들에게 "서로 사랑하라"라는 새 계명을 주신다(13:33-34; 참조, 요일 2:1, 12, 28; 3:18; 4:4; 5:21). 구약은 확실하게 하나님의 백성에게 서로 사랑하라고 권고하며(예컨대, 레 19:18), 모세 언약의 상당 부분이 그 훈계와 밀접하게 연관되어 있다. 그러나 새 시대의 하나님 백성은 이제 성령의 능력으로 더욱 깊이 사랑하라는 명령을 받는다(예컨대, 마 5-7장; 요일 4:7-8; 벧전 1:22-23).

셋째, 아들은 천국으로 떠나실 것이다(13:36). 예수는 십자가에 못 박히고 부활하신 후 천국에 도착하실 것이며 그곳에서 아버지와 천사들의 합창단에게로 돌아가 새 하늘과 새 땅을 건설하기 시작하실 것이다(→ 14:1-4). 이는 제자들이 새 창조의 성전에 접근하는 일이 제한될 것이라는 의미가 아니라 그들의 때가 아직 이르지 않았다는 의미이다(7:34; 8:21; 13:36을 보라). 그들은 할 일이 있다.

넷째, 베드로가 예수를 배반할 것이다(13:37-38). 베드로는 예수를 지금 당장 따라가지 못할 것이라는 사실에 충격을 받는다. 그는 예수를 위해 자신의 "목숨"을 "내놓겠다"고 약속하기 때문이다(13:37). 예수는 베드로의 공허한 약속을 간파하시며 그가 오히려 자신을 "세 번" 부인할 것이라고 예고하신다(13:38; 참조, 18:15-18, 25-27). 그러나 예수는 베드로를 위해 자신의 "생명"을 "내놓으시고" 그를 회복하실 것이다(10:11, 15, 17-18; 15:13).

2) 아버지의 사명에 참여하는 예수의 제자들(14:1-31)

(1) 새 창조의 성전에 대한 준비(14:1-4)

예수는 정당함이 입증된(vindicated) 인자로서 아버지께로 돌아갈 때 제자들에게 낙심하지 말라고 명하신다(14:1). 왜냐하면, 그는 아버지의 집에 그들을 위한 "거처를 예비하러" 가시기 때문이다(14:2; 참조, 2:16-17). 대부분의 사람이 이 예수의 말씀을 천국에 대한 일반적 언급으로 생각하지만, 스티븐 브라이언(Steven Bryan)은 통찰력 있게 이 말씀을 하나님의 백성이 종말의 성전으로 모일 것임을 예언하는 다른 구절들과 연결한다(출 15:17; 사 2:2; 2 Macc. 2:17-18; 1 En. 39:4; 71:16).

사해 문서의 한 구절에는 이스라엘의 지파들이 종말론적 성전에서 어떻게 "방"을 상속받을 것인지를 언급한다(11Q19 44.1-16). 이어서 브라이언은 이렇게 결론을 내린다.

> 예수의 말씀은 … 그를 따르는 자들을 땅에서 하늘로 옮기는 일보다는 오히려 하늘과 땅 사이의 분리를 해소하는 일에 관한 것이다. … 예수는 하나님의 지상 거처를 옮기시고, 하나님의 하늘 거처를 그의 백성의 거처로 준비하기 위해 아버지께로 가신다.[42]

이러한 관찰은 요한이 자신의 내러티브에서 예수를 제시하는 내용과 잘 맞아떨어진다. 예수는 두 영역 사이의 사다리(laddrt) 또는 관문(portal)이시며(1:51), 그의 부활은 선봉에 서서 새 우주를 세운다. 죽음과 부활 후에 그는 천상의 영역에 나타나셔서 계속해서 새 우주의 성전을 계속 건설하신다. 이 새 우주의 성전은 성육신에서 시작하여(1:14) 예수의 지상 사역이 진행됨에 따라 그를 따르는 자들에게까지 확장된다.

이 점이 바로 네 번째 복음서가 새 창조, 물, 성령의 임재, 그리고 예수의 떠남을 강조하는 이유에 대한 설명이다. 예수는 단지 새 성전을 창조하는 사역이 끝났기 때문에 떠나시는 것이 아니다. 여기에 요한복음의 독특한 차원이 있다. 공관복음에서는 예수께서 승천하신 후 인자로서 하나님의 우편에 앉으셔서 피조물을 다스리신다는 사실을 강조하지만, 요한복음에서는 예수께서 우주의 성소를 창조하시는 역할을 계속해서 담당하신다는 점을 강조한다. 그는 "다시 와서" 제자들을 "데려다가" 그들도 자기가 있는 "곳에 있게" 할 것이라고 약속하신다(14:3).

예수께서 역사의 마지막 날 다시 오실 때 그의 준비는 끝날 것이고 영원한 새 우주가 그를 따르는 자들을 위해 준비될 것이다. 요한계시록 21:1-22:5에서 교회에 전하는 요한의 마지막 메시지가 성도들에게 하늘과 땅이 마침내 연결될 것이며 모든 하나님의 백성이 영원토록 그의 임재를 누릴 것임을 보증하는 것은 우연이 아니다.

---

42 Steven M. Bryan, "The Eschatological Temple in John 14," *BBR* 15 (2005): 198.

(2) 길이요 진리요 생명이신 예수(14:5-14)

다음에 나오는 두 단락(14:5-14과 14:15-31)의 구조는 도마(14:5), 빌립(14:8), 유다(14:22)의 세 가지 질문에서 비롯된다. 제자들은 여전히 예수의 사역과 가르침의 일부 측면을 이해하는 데 어려움을 겪고 있다. 담화가 진행됨에 따라 제자들은 예수의 가르침을 다양한 측면에서 탐구한다(참조, 16:17, 18).

첫 번째 질문은 도마가 제기하는 질문으로 예수께서 아버지께로 돌아가신다는 말씀에 관한 이해가 부족함을 드러낸다.

> 주여 주께서 어디로 가시는지 우리가 알지 못하거늘 그 길을 어찌 알겠사옵나이까 (요 14:5).

예수께서 자주 인용하시는 대답인 여섯 번째 "나는 이다"의 진술은 마음을 사로잡는다.

> 나는 길이요 진리요 생명이니(요 14:6).

이 세 가지 주격 술어는 네 번째 복음서에 나오는 예수의 정체와 사명의 상당 부분을 하나로 묶어 준다.

"길"(호도스[hodos])이라는 용어는 이사야 40:3 인용문의 일부로 1:23에 처음 나타나고 그다음 여기 14:4-6에서 세 번 더 나온다. 이 용어의 의미가 일관성이 있다면 공관복음, 특히 누가-행전(Luke-Acts)의 "길"(way 또는 Way) 용례와 매우 잘 일치한다(예컨대, 눅 9:3, 57; 18:35; 19:36; 행 9:2; 19:9, 23; 22:4; 24:14, 22).

세례 요한이 이스라엘 백성에 "주의 길을 예비하라"라고 외칠 때 그는 포로생활이 끝나고 하나님의 백성이 약속의 땅으로 돌아올 것을 선포하고 있다(→ 막 1:2-3).

예수는 도마에게 자신이 길이라고 말씀하심으로써 오랫동안 기다려 온 구원이 그를 통해 흘러나온다고 선언하신다. 약속의 땅에 대한 구약 예언의 완벽한 성취는 예수께서 자기의 죽음과 부활로 그를 따르는 자들을 위해 예비하실 거처인 새 우주의 성전이다.

6절은 또한, 예수께서 "진리"라고 말씀하심으로써 요한의 우주 재판 모티브를 다시 한번 반영한다(예컨대, 1:14, 17; 5:33; 8:32, 40, 44; 15:26; 16:7; 18:38). 요한복음에 나오는 "진리"의 핵심은 예수께서 이스라엘의 메시아이시며 아버지와 함께 영원하신 성육신하신 하나님이라는 점이다. 그와 아버지와의 관계는 다음 몇 구절에서 다시 펼쳐진다.

두 번째 질문은 빌립의 질문으로 예수의 대답의 요점은 "나를 본 자는 아버지를 보았거늘"이다(14:9). "행하는 그 일"(14:11)에 근거하여 예수께서 "진리"이시며 하나님의 신적 아들이심을 믿는 사람들은 새 우주의 성소에 참여하게 될 것이다. 믿지 못하는 사람들은 심판을 받지만 믿는 사람들은 새 우주에 들어간다.

끝으로 예수는 14:6에서 자신을 "생명"으로 제시하신다. 예수 사역의 중요한 측면 중 하나는 그를 따르는 자에게 "생명"을 주시는 것이다. 네 번째 복음서에서 생명은 예수께서 지상 사역에서 시작하신 새 창조적 삶 외에 다른 어떤 것이 아니다(예컨대, 1:4; 3:15, 16; 4:14, 36; 5:24; 20:31; → 5:19-30). 새로운 우주의 성소에서 종말론적 삶은 예수 자신에게서 그 기원을 찾는다.

그러므로 예수께서 "길이요 진리요 생명"이라는 놀라운 진술은 주로 하나님과 인류를 위한 새 거처인 새 하늘과 새 땅을 창조하려는 그의 세 가지 사명을 수반한다. 이 모든 일은 그를 통해 일어난다.

(3) 보혜사의 선물(14:15-31)

앞의 단락 마지막 부분에서 예수는 제자들이 그의 "이름으로" 구하는 것은 "무엇이든지" "행할" 것이라고 약속하신다(14:14; 참조, 마 18:19). 그러한 요청에는 주로 삼위일체의 세 위격을 존중하는 하나님의 완전한 뜻에 대한 순종이 포함된다.[43] 따라서 성령의 부어짐은 제자들에게 적대적 세상에서 하나님을 증언함으로써 하나님께 영광을 돌릴 수 있는 능력을 부여한다.

예수는 그들에게 "또 다른 보혜사"를 보내 달라고 간구하신다(14:16). 요한복음에서 네 번 등장하는(14:16, 26; 15:26; 16:7) "변호자"(advocate, 개역개정에서는 "보혜사"로 번역됨-역주)라는 용어(파라클레토스[*paraklētos*])는 "조언자"(NIV[1984], HCSB 역), "조력자"(NASB, ESV 역), "위로자"(KJV 역) 등 다양하게 번역된다. 학자들은 이 용어의 정확한 뉘앙스에 대해 매우 열띤 논쟁을 벌인다.

다음에 나오는 구절이 이 용어를 어떻게 이해해야 할지 단서를 제공한다. 요한은 파라클레토스를 "진리의 영"으로 묘사한다(14:17). 그렇다면 진리와 파라클레토스는 네 번째 복음서에서 연관되어 있음이 틀림없다. 요한의 내러티브에서 진리는 처음부터 끝까지 하나님께서 예수라는 인물 때문에 세상을 재판에 회부하는 일과 결부된다. 그렇다면 "변호자"(advocate)라는 단어가 네 번째 복음서의 직접 문맥과 더 광범위한 용례에 비추어 볼 때 더 잘 들어맞을 것 같다(요일 2:1["대언자"]; 필로 *Ios.* 239; 필로, *Vit. Mos.* 2.134; 필로, *Praem.* 166; 필로, *Flacc.* 22-23, 151, 181을 보라).

예수께서 세상에 오심으로써 시작된 우주 재판(cosmic trial)은 예수를 따르는 자들의 삶으로 확장된다. 제자들은 예수께서 시작하신 것과 같은 재판을 수행하라는 임무를 받는다. 그러나 그들에게는 "변호자"(advocate)가 있다는 확신이 있다. 법적 유죄 판결을 위해서는 두 명의 증인이 필요하므로(민 35:30; 신 19:15; 요 8:17; 고후 13:1), 성령께서 제자들이 기소될 때 그들을 도우실 것을 기억하라.

앤드류 링컨(Andrew Lincoln)은 다음과 같이 결론 내린다.

---

[43] Kruse, *John*, 297.

그들은 역사의 소송에서 자신들의 역할을 감당할 때 혼자가 아니다. … 이 변호자가 제자들과 함께 있을 것이다(14:16, 17). 그는 진리의 영으로서 그들을 모든 진리로 인도하실 것이기 때문에 그들이 진리를 증언하도록 도우실 것이다.[44]

제자들은 "또 다른 보혜사"를 약속받았으므로 그들에게는 이미 보혜사가 있음이 틀림없다. 이는 다름 아닌 예수이신데, 그는 그들을 "진리" 곧 자신의 정체성과 사명에 대한 올바른 이해로 인도해 오셨다. 예수는 공생애 전체를 여러 가지 표적을 통해 그를 따르는 자들에게 자신의 정체성을 보여 주시는 데 할애하셨다. 따라서 그가 하늘로 떠나실 때도 성령이 계속해서 예수의 정체성을 증언해 주실 것이다.

우리는 요한 신학의 상당 부분을 다음과 같이 요약할 수 있다. 즉, 아버지가 아들을 보내시고 아버지와 아들은 성령을 보내시며, 제자들 역시 아들의 정체성을 증언하기 위해 삼위일체 하나님에 의해 보내진다는 것이다. 요한복음의 전반부는 아버지와 아들의 동등성 및 신적 위임의 성취에 관한 것이고 후반부에서는 제자들이 같은 사명을 수행하도록 이끈다.[45]

세 번째 질문은 유다(또는 다대오; 마 10:3// 막 3:18을 보라)가 제기한 것으로 예수께서 자신을 제자들에게는 나타내시고 "세상"에는 나타내지 않으시는 문제와 관련된다(14:22). 예수는 자신을 사랑하는 사람들에게만 자신을 드러내신다. 사랑과 지식은 함께 가는 것이지 분리될 수 없다. 더욱이 제자들에게 아버지와 아들의 사명을 완수하도록 능력을 주시는 성령과는 대조적으로 "이 세상의 임금"은 가룟 유다, 빌라도, 유대 지도자들에게 그의 악마적 사명을 이행하도록 능력을 준다(14:30).

우리는 하나님의 사명과 사탄의 사명을 분별할 수 있다. 앞서 13:27에서 사탄은 유다에게 들어가 예수를 배반하고 자신의 계획을 이루도록 했다. 이 점은 제자들과 함께 거하시고 그들 속에 계시는 성령과 기묘하게

---

[44] Lincoln, *Truth on Trial*, 27.
[45] Köstenberger and Swain, *Father, Son and Spirit*, 106-7.

유사하다(14:17). 오실 성령은 제자들에게 생명을 주시는 예수의 사명을 증언하고 이행할 수 있는 능력을 주시지만, "이 세상의 임금"은 자신의 제자들에게 속여서 그의 생명을 파괴하는 사명을 속여 완수하도록 한다(8:44 참조).

바울이 사탄을 "광명의 천사"(angel of light)라고 부르는 데는 그만한 이유가 있는데, 이는 그가 진리를 모방하기 때문이다(고후 11:14). 요한계시록 또한 다니엘 7장을 따라 사탄의 삼위일체를 제시한다. 사탄의 삼위일체는 삼위일체 하나님을 모방하려고 애쓰지만, 결국에는 그 모방을 지탱할 수 없는 악마의 삼위일체는 그 자체로 무너질 것이다(계 13장; 17:5-18).

이 단락은 예수께서 제자들에게 하신 "일어나라 여기를 떠나자"라는 이상해 보이는 명령으로 끝이 난다(14:31). 문제는 고별 담화가 17장까지 계속 이어진다는 사실이다. 18:1이 되어서야 비로소 예수와 제자들이 다락방을 떠난다. 수십 년 전에 많은 주석가가 이 고별 담화가 몇 개의 담화를 아무렇게나 엮어 만든 합성물이라고 주장했다. 그러나 최근에 학자들은 고별 담화의 통일성을 올바르게 인식했다.

주석가들이 고도의 편집 자료의 표지로 생각했던 것이 실제로는 정교한 문학적 장치이다. 이러한 장치 중 하나가 14:31에 나타난다. "일어나라 여기를 떠나자"라는 명령형은 마가복음 14:42의 겟세마네에서 예수께서 제자들에게 잠에서 깨어나라고 말씀하시는 장면("일어나라 함께 가자 보라 나를 파는 자가 가까이 왔느니라")과 매우 유사하다.

이 두 명령 모두 갈등의 한가운데서 나온다. 여기 요한복음 14:30-31에서는 마귀가 오고 있고, 마가복음 14:42에서는 "배반자가 가까이 온다." 아마도 요한복음 14:31에서 예수는 제자들에게 식탁에서 물리적으로 일어나라고 명령하시는 것이 아니라, 비유적으로 영적 싸움을 위해 무장하라고 명령하고 계신 것일 것이다.

고별 담화가 진행됨에 따라 제자들은 점점 더 세상이 그들을 "미워하고"(15:19), 그들이 언약공동체 내에서 심한 박해를 받을 것이며(16:1), "악한 자"가 그들을 추적하게 될 것임을(17:15) 알게 될 것이다.

3) 아들과 연합하여(15:1-27)

(1) 참포도나무이신 예수(15:1-17)

앞 단락은 제자들이 전투를 준비하라는 명령으로 끝났고(14:31) 이 단락에서는 그 이유를 설명한다. 제자들은 예수와 연합되었고 그와 마귀는 곧 충돌할 것이므로 제자들은 동일한 종말론적 적대감을 예상해야 한다. 15:1에서 일곱 번째이자 절정의 "나는 이다"(I am) 진술이 발견된다.

> 나는 참포도나무요(요 15:1a).

여기에서 우리는 네 번째 복음서에서 가장 매력적이며 신학적으로 의미심장한 예수의 담론 중 하나를 발견한다. 포도나무에 대한 농업적 은유는 이스라엘을 상징적으로 포도나무로 묘사하는 몇몇 구약 구절을 연상시킨다(예컨대, 사 5:1-7; 시 80:9-20; 렘 8:12-14). 따라서 예수께서 자신은 "포도나무"요 아버지는 "농부"(gardener)라고 말씀하실 때 그는 자신이 하나님의 백성, 즉 이스라엘 자체라고 주장하고 있는 셈이다. 그러나 예수는 또한 "참(헤 알레티네[hē alēthinē])포도나무"라고 주장하신다.

요한의 내러티브에는 몇 가지 유사한 진술이 포함되어 있다.

> 참(토 알레티논[to alēthinon])빛 곧 세상에 와서 각 사람에게 비추는 빛이 있었나니(요 1:9).

> 아버지께 참되게(알레티노이[alēthinoi]) 예배하는 자들은 영과 진리로 예배할 때가 오나니 곧 이때라(요 4:23).

> 모세가 너희에게 하늘로부터 떡을 준 것이 아니라 내 아버지께서 너희에게 하늘로부터 참(톤 알레티논[ton alēthinon]) 떡을 주시나니(요 6:32).

> 나는 참(헤 알레티네[hē alēthinē])포도나무요 내 아버지는 농부라(요 15:1).

영생은 곧 유일하신 참(알레티논[alēthinon]) 하나님과 그가 보내신 자 예수 그리스도를 아는 것이니이다(요 17:3).

요한은 명사 "진리"(알레테이아[alētheia])와 형용사 "참"(알레티노스[alēthinos])을 그의 더 큰 우주 재판 모티브와 연결하고 형용사는 두 가지 방식으로 나눈다.

첫째, 형용사 "참"은 거짓과 대조된다. 따라서 예수께서 자신이 참포도나무 또는 이스라엘이라고 단언하실 때 그는 거짓 포도나무 또는 우상 숭배하는 이스라엘과 맞서고 있다(12:37-41 참조). 제자들과 요한복음의 독자들이 진정한 언약공동체에 참여할 수 있는 유일한 길은 예수와 연합하여 서로를 깊이 사랑함으로써 "많은 열매"를 맺는 일이다(15:5, 9-17; 참조, 갈 5:22-26). 신실한 열매를 맺지 못하는 사람들은 시들고 불에 "던져 살라질" 것이다(15:6).

둘째, "참"이라는 형용사는 또한 구원사적 측면에서도 기능한다. 구약에는 예수와 그를 따르는 자들을 예견하는 제도, 인물, 사건이 포함되어 있다. 그것들은 더 큰 것(원형 또는 "참")의 그림자(모형)이다. 구약의 언약공동체는 모형론적으로 신약의 언약공동체를 예견한다는 의미가 있다.

하나님의 한 백성이 구약과 신약 모두에 걸쳐 나타나지만, 신약의 언약공동체가 하나님과 더욱 친밀한 관계를 누리고 있다.

왜 그럴까?

이 점이 복음서와 신약 전체의 또 다른 독특한 측면인데, 즉 메시아가 참이스라엘을 구현하고 그 안에서 언약공동체를 재구성한다는 것이다. 바울은 에베소서 3:6에서 유대인과 이방인이 그리스도와의 연합을 통해 비밀스럽게 참이스라엘에 참여한다고 진술한다.

이는(이 비밀은) 이방인들이 복음으로 말미암아 그리스도 예수 안에서 함께 상속자가 되고 함께 지체가 되고 함께 약속에 참여하는 자가 됨이라(엡 3:6).

유대인 신자들과 함께 이방인들은 이제 모세 언약의 외적 준수를 통해서가 아니라 오직 참이스라엘의 구현이신 그리스도에 대한 믿음을 통해 참이스라엘 백성이 되었다. 그러므로 15:1-17의 주요 요점은 이스라엘의 농부이신 하나님이 오직 아들만을 신뢰하고 따름으로써 아들에게 속한 사람들을 참이스라엘, 참포도나무로 여기신다는 것이다.

(2) 세상의 반대(15:18-27)

15:1-17에 따르면 예수와 연합한다는 것은 참이스라엘에 참여한다는 것을 의미하는데, 이는 유대인과 이방인이 이스라엘의 메시아를 통해 동등한 위치에 서 있기 때문이다. 그와의 연합은 또한 그의 고난에 참여하는 것을 의미하기도 한다.

> 세상이 너희를 미워하면 너희보다 먼저 나를 미워한 줄을 알라(요 15:18).

고별 담화의 첫 부분에서 예수는 제자들의 발을 씻기심으로써 상징적으로 그들에게 이스라엘의 작은 "고난받는 종들"이라는 새로운 정체성을 부여하신다(13:1-17).

그들은 그(the) 고난받는 종인 예수와 긴밀하게 연합되어 이제 그의 고난과 사명에 포함된다. 예수께 해당하는 것은 제자들에게도 해당한다. 물론, 그들은 질적으로 예수와 다르다. 그들은 인간의 죄를 대신하여 고난받는 것이 아니며 아버지와 함께 영원하지도 않다. 그래도 이사야가 예언한 예수의 사명은 제자들의 사명이기도 하다. 15:20에서는 예수께서 이전에 13:16에서 하신 말씀("종이 주인보다 더 크지 못하다")에 제자들의 주의를 끌고 있다는 점에 주목하라. 예수와 연합된 모든 사람은 그의 삶, 고난, 그리고 사명을 구현한다.

예수는 "세상"이 성도들을 "미워한다"고 말씀하신다(15:19). 여기에서 "세상"은 유대인이든 이방인이든 예수의 정체성과 사명, 그리고 제자들을 부인하는 모든 사람으로 구성된다. 우리는 요한이 어떻게 시종일관 세상

(코스모스[kosmos])을 예수와 그의 제자들에 대해 적대적 세력으로 제시했는지 보았다(1:9, 29; 3:16-17, 19; 4:42; 12:31을 보라).

세상과 최근에 형성된 하나님의 이스라엘과는 서로 대립하고 있는데 이 적대감은 에덴동산에서 시작하여 그리스도의 재림까지 계속된다. 그러나 흔한 통념과 달리 그러한 고난은 일반적인 것이 아니라 종말론적인 것이다. 그리스도의 초림과 재림 사이에 나타나는 세상의 적대감은 고조되어 이전에 구약에서 일어났던 것보다 더 심각한 박해가 예상된다.

22절은 하나님께서 세상을 재판하신 결과를 보여 준다.

> 내가 와서 그들에게 말하지 아니하였더라면 죄가 없었으려니와 지금은 그 죄를 핑계할 수 없느니라(요 15:22).

네 번째 복음서에서 예수의 사역은 대체로 공개적 특성을 가지는데, 이는 그것이 하나님의 우주적 재판에서 핵심 역할을 하기 때문이다. 하나님은 아들을 보내셔서 누가 옳은지 판단하거나 선언할지 결정하기 위해 표적을 행하게 하신다. 세상은 대체로 이스라엘의 메시아이시자 하나님의 유일한 아들이신 예수를 거부하고, 그 결과 하나님은 그들에게 "죄가 있다"라고 선언하신다(7:7; 9:41; 롬 1:20 참조).

25절은 그들이 예수를 거부하는 궁극적 이유를 밝힌다.

> 이는 그들의 율법에 기록된 바 그들이 이유 없이 나를 미워하였다 한 말을 응하게 하려 함이라(요 15:25).

유죄 판결은 오래전부터 예상되어 왔다. 성취 공식구는 하나의 암시적 구약 인용문(시편 41:9[?]을 인용하는 17:12)과 다섯 개의 명시적 구약 인용문(12:38[사 53:1], 13:18[시 41:9], 15:25[시 35:19; 69:4], 19:24[시 22:18], 19:36[시 34:20])에 첨부되어 있다. 이 인용문 중 하나만 빼고 모두 시편, 특히 다윗의 시편에서 가져온 것이다(시 69:9을 인용하는 2:17 참조).

또한, 수난 주간이 전개됨에 따라 요한이 일반적으로 구약 인용문을 늘린다는 점도 고려해 보라. 그렇다면 우리는 다음과 같은 중요한 결론을 내릴 수 있다. 즉, 예수의 수난과 죽음은 구약, 특히 다윗왕의 경험과 매우 일치한다는 점이다. 다윗의 삶에는 오랫동안 기다려 온 그의 궁극적 후계자인 메시아의 고난을 예언적으로 예견하는 패턴이 담겨 있다. 다윗은 원수들의 손에 무고하게 고난을 받았고 이제 그와 같은 불의가 예수의 삶에서도 반복되고 있다.

15장의 마지막 두 구절은 14:15-31에 포함된 많은 주제를 반복하고 있다. 이 단락에서는 세상이 왜 아들의 진리를 거부했는지 그 이유를 설명한다. 아버지와 아들은 "진리의 영" 또는 "보혜사"를 보내셔서 그가 예수의 정체성과 사명을 증언할 수 있게 하신다. 성령은 하나님의 구원 사역의 위대한 계시자이시다. 이는 특히 묵시적이고 종말론적인 현실에서 타당하다.

사도 바울은 신약에서 지혜를 가장 길게 다루는 고린도전서 1-2장에서 이 주제를 다룬다. 거기에서 그는 성령을 소유한 사람들만이 하나님의 일을 온전히 이해할 수 있다고 강력하게 진술한다. 고린도전서 2:10에 따르면 성령은 십자가의 지혜, 즉 "하나님의 깊은 것"을 계시하신다(단 2:22; 4:9; 5:11; 11:33; 계 2:7, 17, 29; 3:6, 13, 22 참조).

오직 하나님의 백성만이 계시의 영을 소유하고(고전 2:6-16) 아들의 정체성을 진정으로 파악할 수 있다. 반면에 세상은 성령을 소유하지 않으므로 아들 안에 계시된 하나님의 지혜가 주는 구원의 의미를 파악할 수 없다. 요한복음 전반부의 많은 부분이 새 창조, 성전, 그리고 새 언약과 관련된 성령의 임재를 전개하는 반면(1:32, 33; 3:5-6, 8; 4:23-24; 6:63) 고별 담화에서는 종종 성령의 사역이 아들을 증언하고 계시하는 일로 제한된다(15:26; 16:13). 종말론적 성령은 아들의 진리를 제자들에게 계시하시고, 제자들에게 능력을 부여하여 아들에 관해 세상에 증언하게 하신다(15:27).

4) 종말론적 고난과 고난받는 메시아(16:1-33)

(1) 고난을 위한 마지막 준비와 죄를 깨닫게 하시고 알려 주시는 성령의 사역 (16:1-15)

이 단락의 첫 구절은 바로 앞 단락의 목적을 기술하고 있다.

> 내가 이것(15:18-27)을 너희에게 이름은 너희로 실족하지 않게(메 스칸달리스테테[mē skan-dalisthēte]) 하려 함이니(요 16:1; 참조, 눅 7:23).

요한복음에서 "실족하게 하다"(fall away) 또는 "걸려 넘어지게 하다"(cause to offend)라는 동사가 여기 말고 유일하게 나오는 곳은 6:60-61인데, 예수는 제자들에게 생명의 떡 담론에 관한 "어려운 가르침"이 그들에게 "걸림이 되는지"(스칸달리제이[skandalizei])를 묻는다.

이 단어는 종종 우상 숭배 및 거짓 교훈과 관련된 일종의 함정이나 유혹을 가리킨다(예컨대, 70인역 수 23:13; 삿 2:3; 8:27; 시 105:36; 140:9; 호 4:17; Wis. 14:11; 1 Macc. 5:4; Pss. Sol. 4:23; 또한 롬 14:13; 16:17; 갈 5:11을 보라). 그러나 요한복음에 나오는 두 용례는 거짓 교훈이 아니라 매우 받아들이기 어려운 가르침과 관련되어 있다. 예수의 고난과 죽음으로 인해 제자들은 그에 대한 헌신에서 멀어지면 안 된다. 대신에 그들의 충성심은 종말론적 고난을 통해 더욱 강화될 것이다.

하나님의 백성은 박해와 고통에 낯설지 않다. 실제로 가인이 형제 아벨을 살해했을 때 아담과 하와의 첫 두 후손 사이에 박해가 일어났다. 고난과 부당한 박해가 이스라엘 이야기의 주요 요소이지만, 구약에서는 언약 공동체 내의 의인들이 "종말"에 더 큰 박해나 환난에 노출될 것이라고 예언한다(예컨대, 렘 30:7; 겔 38-39장; 단 11:36-45; 12:10). 그러한 종말론적 고난은 먼저 예수께 일어나고 그다음에는 제자들에게로 확대된다. 이러한 종말론적 고난은 예수께서 제자들에게 사람들이 그들을 "출교"할 것(회당에서 쫓아낼 것)이라고 알리실 때 암시되어 있다(16:2).

앞서 9장에서 맹인의 부모가 유대 지도자들을 두려워하여 "출교" 당하기를 원치 않았지만, 유대 지도자들은 예수를 향한 헌신을 이유로 맹인을 공동체에서 쫓아내 버렸다(9:34). 같은 운명이 제자들을 기다린다. 앞으로 수십 년 내에 교회 역사가 진행됨에 따라 유대 민족의 대다수가 사도들을 박해할 것이다.

예수는 감람산 담화에서 제자들에게 사람들이 그들을 "공회에 넘겨 주겠고 회당에서 매질할" 것이라고 경고하신다(막 13:9// 마 10:17// 눅 21:12). 물론, 유대 민족의 남은 자들은 복음을 받아들이지만(예컨대, 행 2:41; 롬 11:5), 이스라엘 대다수는 복음을 거부할 것이다(예컨대, 롬 11:3). 예수의 지상 사역 이후 약 50년이 지났지만, 요한복음의 독자들은 여전히 극심한 갈등의 고통을 겪고 있다. 예수와 사도들로부터 시작된 종말론적 박해는 초기 교회로 이어져 오늘날까지도 계속되고 있다.

성령의 사역은 예수 사역의 연장이므로 예수의 떠나심은 성령의 도래를 위한 길을 열어 준다. 16:8에 따르면 앞으로 오실 성령은 "죄에 대하여, 의에 대하여, 심판에 대하여 세상이 잘못되었음을 입증해(엘렝크세이[elengxei])" 주실 것이다. 16:7-11에 언급된 이러한 성령 사역의 세 가지 측면은 예수의 사역과 일치한다.[46]

"입증하다"라는 용어는 다양하게 이해되는데, 예를 들면 그것은 중립적 의미로 "폭로하다"를 의미할 수도 있고(예컨대, 3:20; 엡 5:11), 또는 부정적인 의미로 "책망하다" 또는 "정죄하다"를 의미할 수도 있다(예컨대, 고전 14:24; 딤전 5:20).

후자의 의미에서 이 용어는 또한 회개를 목적으로 하는 수치심과 죄책감 유발을 의미할 수도 있다(예컨대, 70인역 삼하 7:14; 잠 3:11; 계 3:19).[47] 그렇다면 여기에는 오시는 성령께서 타락한 세상에 있는 사람들이 반역적 길에서 돌아설 수 있도록 은혜롭게도(graciously) 세상의 죄악을 책망하신다(convict)는 개념이 놓여 있다. 네 번째 복음서에서 성령은 새 창조와 성전

---

46 Carson, *John*, 537. 나는 16:7-11에 대한 설명에서 주로 그의 견해에 빚지고 있다.
47 Carson, *John*, 537.

과 거의 동의어이다(3:5-6, 8; 4:23-24; 6:63). 여기 16:9-11에서 생명을 주시는 성령의 사역이 다시 한번 나타나지만, 이번에는 요한이 개인의 죄를 밝히는 회복의 미래 역할을 강조한다.

9-11절에서는 예수께서 말씀하시는 "죄", "의", "심판"이 무엇을 의미하는지 설명한다(16:9-10).

첫째, 성령은 인류의 마음을 살펴서 불신자들의 불신 또는 "죄"를 책망하신다(convict). 즉, 그들은 이스라엘의 메시아이자 하나님의 신적 아들이신 예수의 정체성을 보여 주는 예수의 표적 믿기를 거부한다(8:24; 15:22을 보라). 세상은 예수께서 지상 사역을 하시는 동안 그를 알아보지 못한 것에 대한 책임을 진다.

요한이 예수의 정체성을 가리키는 일곱 표적을 담은 책인 복음서를 출간한 후에도 하나님은 여전히 세상에 책임을 물으신다. 네 번째 복음서가 이러한 표적들을 보존하고 있기 때문이다. 그러나 네 번째 복음서는 부분적으로는 불신자들이 일곱 표적의 진리를 깨닫고 예수를 믿도록 기록되었다(20:30-31).

둘째, 성령은 또한 세상의 "의"를 책망하신다(convict). 이 의는 아마도 하나님의 완전한 의가 아니라 세상의 거짓(false) 의일 것이다. 요한의 내러티브 시작부터 예수는 유대인들의 외적 종교성에 도전하신다. 그들은 하나님 앞에서 의로운 것처럼 보이지만, 내면에는 "죽은 사람의 뼈"로 가득하다(마 23:27). 니고데모는 이러한 율법주의 범주(3:1-15)에서 하나님과 올바른 관계로 전환한(19:39-42) 훌륭한 본보기이다. 예수께서 아버지께로 돌아가실 때 성령은 하나님과 교제를 누릴 수 있도록 그들의 많은 죽은 행실을 책망하실(convict) 것이다.

셋째, 성령은 예수를 비난하는 사람들이 얼마나 잘못되었는지 드러내실 것이다. "세상 임금"은 예수께서 자신이 주장하시는 그가 아니라고 생각하도록 세상을 잘못 인도하고 눈멀게 하고 속인다(16:11). 그러나 마귀는 이제 "심판을 받았음"(now stands condemned)으로 성령이 예수를 비난하는 일부 사람들의 마음을 누그러뜨리실 것이다.

(2) 슬픔에서 기쁨으로(16:16-33)

고별 담화는 성령의 책망(16:8-11)과 계시(16:12-15)의 사역에서 예수의 죽음과 부활에 대한 제자들의 반응(16:16-33)으로 전환된다. 성령은 예수의 정체성에 대한 "진리"를 계시하시고 제자들의 눈을 열어 그의 죽음과 부활의 온전한 의미를 깨닫게 하신다. 왜냐하면, 예수의 죽음과 부활을 떠나서는 어떤 사람도 예수를 메시아요 하나님의 유일한 아들로 이해할 수 없기 때문이다.

예수는 제자들에게 "조금 있으면" 그를 보지 못할 것이고(그의 죽음에 대한 언급), "조금 있으면" 그를 볼 것(그의 부활에 대한 언급)이라고 알리신다(16:16). 그러나 제자들은 예수의 말씀을 듣고 여전히 당황한다.

> 우리에게 말씀하신 바 조금 있으면 나를 보지 못하겠고 또 조금 있으면 나를 보리라 하시며 또 내가 아버지께로 감이라 하신 것이 무슨 말씀이냐 하고 … 무엇을 말씀하시는지 알지 못하노라(요 16:17-18).

이는 예수와 제자들 사이에 마지막으로 기록된 대화 중 하나로서 예수께서 마지막으로 자기의 죽음과 부활 문제를 언급하신 것은 타당하다(참조, 7:33; 12:35; 13:33; 14:19). 제자들은 첫 번째 "표적"에서부터 예수의 정체를 인식하고 그 순간부터 그를 믿고 있다(2:11). 그러나 열두 제자는 이스라엘의 고난받는 메시아라는 예수의 말씀에 계속해서 어려움을 겪는다. 이는 공관복음과 특히 마가복음에서 두드러지게 나타나는 측면이다(→ 막 8:22-30).

공관복음, 특히 마가복음에 보면 예수는 제자들과 다른 사람들에게 자신의 정체성을 숨기라고 경고하신다. 이는 "메시아 비밀"(messianic secret)로 알려져 있다. 예를 들어, 마가복음 1:34에는 이렇게 기록하고 있다.

예수께서 각종 병이 든 많은 사람을 고치시며 많은 귀신을 내쫓으시되 귀신이 자기를 알므로 그 말하는 것을 허락하지 아니하시니라(막 1:34).

예수는 실제로 "그리스도"(즉, 메시아)라는 베드로의 정확한 신앙고백 직후 마가복음 8:30에는 다시 한번 이렇게 기록한다.

이에 자기의 일을 아무에게도 말하지 말라 경고하시고(막 8:30; 참조, 막 9:9).

예수는 왜 제자들이 오랫동안 기다려 온 이스라엘의 왕이라는 자신의 정체를 다른 사람들에게 알리는 것을 금하시는 것일까?

몇몇 구약 본문에서는 이스라엘을 구원하고 그 곤경에서 건지시며 에덴동산에서 잃어버린 것을 되찾아 줄 왕이 오실 것이라고 예견했다. 메시아는 악을 완전히 다스리고 인류의 운명을 회복하며 영원한 새 우주로 안내할 기름 부음 받은 아담의 형상으로 현장에 나타나실 것이다(예컨대, 창 3:15; 49:8-10; 민 24:17; 삼하 7장; 시 2편; 78편; 132편; 사 9:6-7; 11:1-5; 렘 23:5; 단 2:44-45).

몇몇 구절에는 박해받는 메시아도 예견되는 것처럼 보인다. 예를 들면, 다니엘 9:25-26은 메시아가 결국, 죽임을 당하실 것을 암시하는 것처럼 보인다.

예루살렘을 중건하라는 영이 날 때부터 기름 부음을 받은 자 곧 왕이 일어나기까지 일곱 이레와 예순두 이레가 지날 것이요 … 예순 두 이레 후에 기름 부음을 받은 자가 끊어져 (죽임을 당해) 없어질 것이며(단 9:25-26; 참조, 사 52:13-53:12; 슥 12:10).

네 복음서 모두에 따르면 제자들은 동족인 유대인, 유대 당국, 빌라도, 로마라는 "세상"에 의해 고통을 당하는 것이 아니라, 로마제국을 정복할 메시아를 기대하고 있었으므로 다가오는 예수의 죽음과 부활을 이해하는 데 어려움을 겪고 있다. 예수는 그들의 메시아에 대한 이해를 교정시켜 주어야 한다. 그것은 먼저 정치적, 지상적, 육체적 승리가 아니라 종말론적 고난과 죽음을 특징으로 한다.

예수는 실제로 구약의 기대를 충족하시지만, 구약이 예수라는 인물 안에서 성취되는 방식은 제자들의 기대와는 다르다. 제자들은 히브리어 성경을 올바르게 읽고 다시 읽는 법을 배워야 한다(→ 눅 24:13-35).

16:25에서 예수는 지금까지는 이런 것들을 "비유로 너희에게 일렀거니와 때가 이르면 다시는 비유로 너희에게 이르지 않을" 것이라고 말씀하신다(10:6 참조). 이는 예수께서 고별 담화에서 자신의 가르침만이 아니라 가르치는 사역 전체를 서술하고 있다는 좋은 사례가 될 수 있다. 예수의 가르침은 그의 제자들에게도 항상 베일에 가려져 있다는 느낌이 있다.

그것은 때로는 살짝 가려져 있고 때로는 비밀의 구름에 짙게 가려져 있다. 제자들은 예수께서 십자가에서 죽으시고 부활하신 후에야 비로소 예수의 정체를 풍성하게 파악할 수 있게 될 것이다. 제자들은 사도행전 2장의 오순절 성령 강림 때 예수께서 이스라엘의 왕이시며 하나님의 신적 아들이시라는 그의 정체를 충분히 이해하게 될 것이다. 그들은 예수의 지상 사역을 통해 그것을 엿보기는 하지만(16:29) 제대로 된 이해를 위해서는 성령의 충만함을 기다려야 한다.

16장은 고별 담화 전체의 목적을 다음과 같이 밝힘으로써 끝난다.

> 이것을 너희에게 이르는 것은 너희로 내 안에서 평안을 누리게 하려 함이라 세상에서는 너희가 환난을 당하나 담대하라 내가 세상을 이기었노라(요 16:33).

이 말씀은 예수께서 제자들에게 주신 마지막 유언으로 앞으로 어려운 시대에 처할 그들에게 위로를 제공한다.

그들은 "평화"를 확신한다. 그러나 이 평화는 정치적이거나 사회적 상황에 대한 언급이 아니다. 그것은 영적이고 종말론적이다. 이러한 범주의 평화는 하나님과의 화해, 즉 그를 따르는 자들에게 오직 예수만이 제공하시는 평화를 가리킨다(14:27; 눅 2:14; 19:38; 엡 1:10, 20-23; 골 1:20을 보라). 타락으로 인해 인류와 피조물은 하나님과의 관계가 끊어진 상태이지만, 예수는 오랫동안 잃어버린 이 교제를 회복하신다.

더욱이 예수는 제자들에게 자신이 "세상을 이기"셨기 때문에 "담대하라"라고 명령하신다. "이기다"(니카오[nikaō])라는 말은 요한서신과 요한계시록에서 거의 기술적 용어로 사용되는데 거기에서는 세상이 성도들을 육체적으로 이기지만 성도들은 세상을 영적으로 이기는 것을 가리킨다(예컨대, 요일 2:13-14; 4:4; 5:4; 계 2:7; 11:7; 12:11; 13:7; 21:7).

세상은 하나님의 백성을 박해하고 조롱하고 약탈하고 소외시키는 등 최악의 행동을 하지만, 인내하는 성도들은 이러한 종말론적 환난의 표현을 극복한다. 이러한 행동 패턴은 궁극적으로 유월절 양처럼 육체적으로는 십자가에서 정복당하시지만, 영적으로는 왕의 사자처럼 모든 악의 형태를 이기시는 그리스도의 본/모범을 따르는 것이다(계 5:5-6; 참조, 창 3:15; 롬 16:20).

흥미롭게도 네 번째 복음서는 마귀의 왕국을 전복하기 시작하는 귀신 축출 사건과 광야 시험이 나오지 않는 유일한 복음서이다.

왜 그럴까?

요한은 십자가에서 예수와 마귀가 벌인 갈등의 총체를 본다. 그래서 예수께서 제자들에게 "이겼다"라고 말씀하실 때 자신의 죽음과 부활을 예견하고 계신 것이다. 한마디로 물을 포도주로 바꾸시고, 왕의 신하 아들을 고치시며, 38년 된 병자를 고치시고, 오천 명을 먹이시며, 맹인을 고치시고, 나사로를 소생시키시는 것으로 표현되는 새 창조의 도래는 십자가까지의 성공적 여정과 무덤에서의 부활을 전제로 한다.

5) 대제사장적 기도(17:1-26)

(1) 예수의 개인적 기도(17:1-5)

공관복음서, 특히 누가복음에는 사역의 중요한 순간마다 예수께서 자주 기도하시는 모습을 기록하고 있다(예컨대, 마 14:23; 26:36; 막 6:46; 눅 6:12).

그러나 네 번째 복음서에는 예수께서 세 번 기도하시는 것으로 기록하고 있다(11:41-42; 12:27-28; 17:1-26). 또한, 어떤 이들은 17장의 기도가 겟세마네 동산의 기도와 상충한다고 여기기도 하지만(마 26:36-44// 막 14:32-39// 눅 22:41-45), 이 두 기도는 서로를 멋지게 보완해 준다.

겟세마네 동산의 기도는 환난 한가운데서 예수의 고난과 인내를 강조하는 반면, 여기 17장의 기도는 십자가의 결과와 목표(아들은 아버지를 영화롭게 하시고 아버지는 아들을 영화롭게 하심), 그리고 제자들 및 그 이후의 모든 성도의 보존과 사명을 강조한다.

중보적 취지 때문에 전통적으로 "대제사장적 기도"로 알려진 이 기도는 네 번째 복음서 전체를 요약하고 있는 것처럼 보인다.[48] 우리는 이를 크게 17:1-5, 17:6-19, 17:20-26 세 부분으로 구분할 수 있다.

첫 번째 단락(17:1-5)에서 예수는 다가오는 죽음과 부활에서 아버지께서 자신을 영화롭게 해 주셔서 아들도 아버지를 영화롭게 할 수 있도록 간구하신다. 예수는 아버지께서 선택하신 자들에게 생명을 부여하심으로써 아버지의 사역을 수행하는 데 성공하셨다. 신실한 아담이시요 참이스라엘이시며 하나님의 유일하신 아들로서 예수는 아버지께서 그에게 하라고 "주신 일"을 완수하셨다(17:4).

예수의 입에서 나온 첫 말씀은 그의 죽음과 부활의 분위기를 설정한다.

> 아버지여 때가 이르렀사오니(요 17:1; 참조, 12:23).

우리는 앞서 요한복음에서 "때"(호라[*hōra*])의 중요성과 그것이 다수의 주요 주제와 어떻게 관련되는지 살펴보았다.

---

48 Carson, *John*, 551.

"때"에 대한 언급	주제
[요 2:4] 내 때가 아직 이르지 아니하였나이다 (우포 헤케이 헤 호라 무[oupōo hēkei hē hōra mou])(참조, 7:30; 8:20; 12:23; 13:1).	예수의 죽음과 부활
[요 4:23] 아버지께 참되게 예배하는 자들은 영과 진리로 예배할 때가 오나니 곧 이때라 (에르케타이 호라 카이 뉜 에스틴[erchetai hōra kai nyn estin])(참조, 4:21).	종말론적 성전의 설립
[요 5:25] 죽은 자들이 하나님의 아들의 음성을 들을 때가 오나니 곧 이때라(에르케타이 호라 카이 뉜 에스틴[erchetai hōra kai nyn estin])(참조, 5:28).	성도들의 부활
[요 16:2] 사람들이 너희를 출교할 뿐 아니라 때가 이르면(에르케타이[erchetai hōra]) 무릇 너희를 죽이는 자가 생각하기를 이것이 하나님을 섬기는 일이라 하리라.	제자들과 그 이후의 성도들의 종말론적 박해

종종 내러티브는 "때"를 "옴" 또는 "도래"를 의미하는 보통 동사와 결합하는데, "때"가 근본적으로 종말론적 특성을 가지기 때문에 요한은 성취를 염두에 두고 있는 것 같다. 다니엘서와 다른 예언서 및 유대교 본문에서는 종말론적 환난과 회복을 언급하기 위해 유사한 언어를 사용한다(예컨대, 렘 30:23-24; 단 8:17, 19; 11:35, 40, 45; 12:1; 욜 4:1; 습 1:7; 1QM I, 4).[49]

성취의 "때"가 이제 예수의 지상 사역과 특히 그의 죽음과 부활 안에서 도래했다. 일반적으로 구약과 제2성전 유대교가 회복에 앞서 환난이 있을 것으로 이해하지만, 두 종말론적 기간은 기이하게도 겹친다. 종말론적 박해의 때가 가까웠지만 부활과 새 창조의 때도 마찬가지이다.

(2) 제자들을 위한 예수의 기도(17:6-19)

두 번째 단락은 많은 부분이 하나님께서 선택하셔서 "세상 중에서" 아들에게 "주신" 제자들을 보전하시는 데 성공하신 예수의 모습을 반영한다(17:6). 아들이 표적을 통해 아버지를 나타내실 때 제자들은 예수께서 하나

---

[49] Mihalios, *Danielic Eschatological Hour*, 74, 170-71.

님의 신적 아들이시요 아버지께서 보내신 분이심을 올바르게 인식한다. 유대 지도자들과 유다(17:12)와는 대조적으로 그들은 예수의 말씀과 행위를 믿는다(17:8).

이 기도는 궁극적으로 아들의 다음과 같은 이중 요청을 중심 주제로 한다. 즉, 제자들이 적대적 "세상"에서 계속해서 인내할 때 아버지께서 그들을 마귀로부터 "보전/보호"하시고(17:15-16) 그들을 "진리"로 "거룩하게" 해 달라는(17:17) 요청이다. 제자들은 반역하는 세상에서 자신들의 정체성을 찾지 못하지만 그런데도 그 안에 머물러 있다(17:11; 참조, 15:19). 예수의 지상 사역 전반에 걸쳐 예수는 그들을 "보전/보호"하고 지키고 계신다(17:12 HCSB).

그러나 예수는 그들을 어떻게 보호하고 지키시는가?

그는 아버지의 "이름"으로 그렇게 하신다. 네 번째 복음서는 반복해서 예수의 "이름"을 아버지를 드러내는 일과 결합하는데(예컨대, 1:12; 2:23; 3:18; 5:43; 10:25; 12:13, 28), 왜냐하면 한 사람의 이름은 종종 그 사람의 정체성과 연관되기 때문이다. 그렇다면 예수의 이름으로 보전되는 것은 그 안에서 발견되는 것이다.

우리는 바울서신에서 이와 유사한 것을 발견하는데, 바울은 성도들이 "그리스도 안에"(in Christ) 있다고 언급한다. 언약공동체의 참된 구성원, 즉 참이스라엘은 성령을 통해 그리스도와 매우 밀접하게 연결되어 있어서 그 무엇도 그들과 하나님의 관계를 깨뜨릴 수 없다. 자주 인용되는 로마서 8:39에는 어느 것도 성도들을 "그리스도 안에 있는 하나님의 사랑에서" 끊을 수 없다고 말한다. 세상은 참된 성도를 예수로부터 갈라놓을 수 없지만, 예수는 개인을 세상에서 분리하실 수 있다.

17:12의 후반부는 언약공동체의 주요 반대자를 명시적으로 표현한다.

그중의 하나도 멸망하지 않고 다만 멸망의 자식(호 후이오스 테스 아포레이아스[*ho huios tēs apōleias*])뿐이오니 이는 성경을 응하게 함이니이다(요 17:12).

여기에서 유다가 양 떼에서 떨어져 나갔다는 언급은 그가 결코 진정으로 하나님 백성의 일부가 아니었음을 보여 준다(참조, 6:64, 71; 요일 2:19-20). 그는 결코 표적들을 진심으로 믿지 않았다. 요한은 그를 "멸망의 자식"으로 부르는데, 즉 위대한 생명의 수여자이시며 "하나님의 아들"이신 예수와 정면으로 대조된다. 하나님은 생명을 주시는 분으로 특징지어지지만, 마귀는 그것을 훔치는 존재로 특징지어진다(참조, 사 57:4 70인역; Jub. 10:3; 살후 2:3).

유다의 배신은 표면적으로는 놀랍게 보일 수도 있지만, 오래전부터 이미 예견되어 온 일이다. 구약, 특히 다니엘서는 언약공동체에 침투하여 율법을 조작하고 많은 사람을 미혹하며 의인을 억압할 대적자가 도래할 것을 예견한다(단 7:25; 8:24-25; 9:26-27; 11:30-35; 12:10). 바울은 이러한 "불법의 비밀"이 언약공동체 안에서 "이미 활동하고" 있다고 지적한다(살후 2:7).

또한, 요한1서 2:18-19에 따르면 "많은 적그리스도가 일어났다." 왜냐하면, 지금은 종말론적 "마지막 때"이기 때문이다. 그래서 신약에서는 최종적이고 물리적인 적그리스도나 대적자가 예수의 재림 직전 역사의 마지막에 도래할 것을 예상하는 반면, 유다는 언약공동체를 공격하는 적그리스도 형상들의 긴 행렬 중 첫 번째 인물이다. 예수는 가장 친한 친구이자 동료 중 한 사람인 가룟 유다로부터 제자들을 보호해 주시길 아버지께 간구하신다. 그야말로 배신이다.

(3) 미래의 제자들을 위한 예수의 기도(17:20-26)

세 번째 단락은 제자들에 대한 기도(17:6-19)에서 모든 성도를 위한 기도(17:20-26)로 전환된다. 이 단락의 지배 원리는 이해하기 어렵지 않다. 유대인과 이방인을 포함한 하나님 백성의 연합은 아버지와 아들 사이의 친밀한 연합을 보여 준다는 것이다. 성도들이 그들의 삶에서 그러한 조화를 구체적으로 반영할 때 세상은 그것에 매력을 느끼게 된다(17:23). 한마디로 아버지와 아들 사이의 연합은 선교의 원동력이 된다.

이 단락은 신약에서 신학적으로 가장 의미심장한 부분 중 하나이다. 왜냐하면, 삼위일체 위격 사이의 독특한 관계, 특히 아버지와 아들의 관계, 그리고 성도들이 그 독특한 관계와 어떻게 관련되는지를 규명하기 때문이다.

17:21에 따르면, 삼위일체 하나님은 은혜롭게도 성도들을 그의 교제 안에 포함시키신다.

> 그들도 다 하나가 되어 우리 안에 있게 하사(요 17:21).

성도들은 분명히 아버지와 아들과 성령이 서로 누리시는 삼위일체 세 위격과 같은 형태의 교제를 누리지는 못하지만, 하나님(Godhead)은 어떤 의미에서 성도들이 그들과 교제를 누릴 수 있도록 길을 열어 주신다. 성경의 중심 주제는 영원한 새 우주에서 인류와 함께 거하시겠다는 하나님의 약속이다. 구약은 창세기 1-2장에서 이러한 기대로 시작되고 신약은 이러한 기대가 충족되는 것으로 끝난다.

요한이 "하늘에서 내려오는" "새 예루살렘"을 보는 데는 이유가 있다(계 21:2). 하나님은 창세전(영원한 과거)에 피조물과 인류가 어느 날 영원토록 자신의 "영광"을 볼 것이라고 미리 작정하셨다(17:24).

6) 세상이 예수를 재판에 회부하고 예수께서 세상을 재판에 회부하시다(18:1-40)

(1) 배반당하시고 체포되시는 예수(18:1-11)

기도를 마치신 후 예수와 제자들은 예루살렘 다락방을 떠나 기드론 골짜기를 지나 감람산으로 향하신다. 마태와 마가는 겟세마네를 일반적인 "장소"(코리온[*chōrion*]; 마 26:36// 막 14:32)로서 명시하지만, 요한은 겟세마네라는 이름을 생략하고 그것을 "동산"(케포스[*kēpos*]; 18:1)이라고 부른다. 같은 용어가 예수를 장사한 맥락에서 사용된다(19:41).

요한은 왜 이 특이한 용어를 사용하는 것일까?

아마도 창세기 1-3장을 회상하고 있을 것이다. 70인역 창세기 2-3장에는 "동산"(garden) 또는 "낙원"(paradise)을 뜻하는 단어 뒤에 헬라어 단어 파라데이소스(*paradeisos*)가 있지만, 동산(garden)을 뜻하는 이 용어 케포스(*kēpos*)는 유대 문헌에서 에덴동산을 가리키는 말로 나타난다(Josephus, *Ant.* 1.38, 45, 51; *Sib. Or.* 1:26, 23:48). 겟세마네 동산에서 예수의 배반과 체포는 공관복음에 나오는 광야의 유혹과 유사하다.

감람산 기슭에 파견된 일단의 병사들이 "횃불과 무기를 가지고" 그 앞에 나타난다(18:3). 그들은 전투 준비가 되어 있다.

게다가 요한은 창세기 1-3장에 대한 몇 가지 미묘한 언급을 그의 복음서 마지막 장에 추가한다.

창세기 1-3장	요한복음 18-20장
뱀이 에덴동산에서 아담과 하와를 유혹한다(창 3:1-7)	뱀의 화신인 유다가 정원에서 마지막 아담이신 예수를 배반한다(18:3)
아담은 에덴동산에서 뱀과 전쟁을 벌여야 했다(창 1:28; 2:15)	뱀의 화신인 유다가 정원에서 예수와 전쟁을 벌이기 위해 병사들을 이끌고 온다(18:3)
하나님은 아담에게 에덴동산의 정원사 역할을 하라고 명하신다(창 2:15)	막달라 마리아는 정원에 묻힌 부활하신 예수를 "동산지기"로 믿는다(20:15)
하나님은 아담에게 "생기"(the breath of life)를 "불어넣으셨다"(창 2:7)	예수는 제자들에게 숨을 내쉬며 성령을 주신다(20:22)

또한, 요한이 창세기 1-2장의 7일과 유사하게 예수 사역의 첫 번째 주간(1:19-2:11)과 마지막 주간(12:1-20:25)을 계수한다는 점을 고려하라. 창조와 새 창조가 예수 생애의 시작과 끝을 형성한다면 요한이 창세기 이야기에 다른 연결고리를 제공할 것이라 예상해야 한다.

그러나 그 의미가 무엇일까?

네 번째 복음서와 창세기 사이에 유사점을 끌어내는 이유는 무엇일까?

요한은 1:1-5에서 창세기 1:1을 암시하여 예수를 소개하고 그를 만물의 창조와 연결한다. 그러나 예수는 하나님이실 뿐만 아니라 하나님-인간

(God-man)이시다. 그는 참된 이스라엘을 구현하신다. 그는 포도나무이시다(15:1-8). 그러나 그는 또한 참된 인류(treu humanity)를 구현하신다. 그는 참된 아담(true Adam)이시다. 그는 새 우주를 창조하시고 인류를 구속하기 위해 첫 번째 아담의 죄, 죄책, 형벌을 담당하셔야 한다.

예수는 18:6에서 병사들과 유다에게 말씀하시면서 자신을 위대한 "I am"(개역개정에는 "내가 그이다"라고 번역함-역주)이라고 주장하신다. 요한의 내러티브 독자들은 이 주장의 의미를 알고 있다(→8:12-30). 출애굽기 3:14에 뿌리를 두고 있는 이 주장은 육신을 입은 야훼(Yahweh), 이스라엘의 위대한 구원자(Redeemer)시라는 선언이다. 이 점이 파견된 병사들이 보이는 이상한 반응을 설명해 준다.

> 그들이 물러가서 땅에 엎드러지는지라(요 18:6; 참조, 욥 1:20; 단 2:46).

이 표현은 병사들이 예수를 체포하기는 하지만(18:12), 예수의 정체성에 대해 매우 독특한 무언가를 인식하고 있음을 시사한다.

(2) 베드로와 예수의 심문(18:12-27)

예수를 체포한 후 병사들은 그를 전 대제사장이자 가야바(현 대제사장)의 장인인 안나스의 집으로 끌고 간다. 요한은 안나스의 집에서 예수께서 재판받는 장면을 기록한 유일한 복음서 저자이다. 네 복음서를 전체적으로 살펴보면 예수께서 총 네 번에 걸쳐 재판을 받으신 것을 알게 된다.

- 안나스 앞에서의 비공식 유대 재판(18:13-24)
- 가야바가 주재하고 예비 기소에 도달하는 공회(Sanhedrin) 앞에서의 공식 유대 재판(마 26:59-66// 막 14:55-64)
- 가야바가 주재하고 정식 고소로 끝나는 공회 앞에서의 정식 유대 재판(눅 22:66-71)

- 빌라도 앞에서의 로마 재판(마 27:11-26// 막 15:1-15// 눅 23:1-25// 요 18:28-19:26)

베드로가 예수를 부인하는 장면이 안나스 앞에서 받는 비공식 재판의 틀을 형성한다.

18:15-18	베드로의 첫 번째 부인
18:19-24	안나스 앞에서 예수 재판
18:25-27	베드로의 두 번째와 세 번째 부인

공관복음에서는 전체적으로 베드로의 부인을 세 번에 걸쳐 제시하지만 (마 26:69-75// 막 14:66-72// 눅 22:54-62), 요한은 그 사건을 둘로 나눈다. 왜 그럴까?

베드로의 불신실함이 예수의 신실함과 극명하게 대조된다. 예수는 "나는 ~ 이다"(에고 에이미[*egō eimi*]; 18:5)라는 진술로 자신이 나사렛 예수라는 사실을 확언하시지만, 베드로는 "나는 아니다"(우크 에이미[*ouk eimi*]; 18:17)라고 선언함으로써 자신의 정체성을 부인한다.

우리는 또한 베드로가 혼자가 아니라 "다른 제자 한 사람"과 함께 있다는 점도 알게 된다(18:15). 이 사람은 아마도 사도 요한이자 네 번째 복음서의 저자인 세베대의 아들일 것이다(13:23; 19:26-27; 20:2-4, 8; 21:4, 7, 20 참조). 요한은 외관상 가야바와 어느 정도 "아는" 사이인 것으로 보인다.

정확한 관계에 대해서는 언급되어 있지 않지만, 마가복음 1:19-29과 누가복음 5:9-10에 따르면 세베대의 아들 야고보와 요한은 베드로와 함께 어업 사업에 참여하고 있었다. 그들의 어업 사업이 예루살렘과 관련이 있을 것이라고 상상하기는 어렵지 않다. 어떠한 경우든 요한과 베드로가 안나스의 궁정 뜰에 있다는 점은 청중에게 이러한 중대한 사건에 대한 강력한 목격 증인의 증언을 제공한다.

궁정 내부에서 안나스는 예수의 "제자"들과 "그의 교훈"에 관한 일반적인 질문으로 비공식 재판을 시작한다(18:19). 아마도 안나스는 제자들과 관련해서는 그들 역시 이스라엘의 정치적 안정에 위협이 되지는 않을지 우려했을 것이다.[50] 예수께서 이스라엘과 로마의 관계를 위협한다면 그의 추종자들도 조사를 받아야 한다.

예수의 "교훈"과 관련해서 안나스는 예수의 사역 기간 중 네 번째 복음서가 가르쳤던 많은 내용을 염두에 두고 있었을 것이다. 네 번째 복음서의 특징으로 성전 정죄에 대한 예수의 담론이 공개적 성격을 띤다는 점(2:13-22), 예수께서 아버지와의 독특한 관계를 강조하신다는 점(3:1-15; 5:16-47; 7:28-36; 8:14-30), 모세 언약과 안식일에 대해 상세하게 설명하신다는 점(5:16; 6:25-59; 7:21-24, 37-38; 8:12; 9:14), 자신을 하나님 백성의 참된 지도자로 선언하신다는 점(10:1-18), 나사로의 소생(11:45-57), 그리고 승리의 입성 때 자신을 메시아로서 드러내신다는 점(12:12-19) 등을 들 수 있기 때문이다.

이에 예수는 자신의 사역 전체를 우주적 재판 모티브의 틀을 통해 대답하신다.

> 내가 드러내 놓고 세상(토 코스모[tō kosmō])에 말하였노라 모든 유대인들이 모이는 회당과 성전에서 항상 가르쳤고(요 18:20).

하나님은 믿지 않는 자들을 정죄하시고 믿는 자들에게는 생명을 주시기 위하여 예수라는 인물 안에서 세상을 재판에 회부하셨다. 여기에서 안나스는 자신이 예수를 재판한다고 생각하지만 실제로 그를 재판하시는 분은 바로 예수시다.

예수께서 말씀하신 요점 중 하나는 자신의 사역은 매우 공개적이므로 자신의 말을 들었던 사람 누구에게나 물을 수 있다는 것이다. 이 비공식 재판은 요한복음에 기록된 유일한 유대 재판(Jewish trial)이다. 처음에는 이

---

50 Schnabel, *Jesus in Jerusalem*, 236.

장면이 독자들에게 이상하게 보일 수도 있지만 네 번째 복음서가 예수의 생애 전체를 유대 민족 앞에서 받는 재판으로 묘사한다는 사실에 비추어 보면 이해가 된다.

그러자 안나스의 병사 중 하나가 "대제사장"을 무시했다는 이유로 예수를 손바닥으로 때렸다(18:22; 참조, 19:3). 이에 예수는 병사(또는 안나스)에게 "내가 말을 잘못하였으면 그 잘못한 것을 증언하라"고 말씀하신다(18:23). 이 병사는 자신이 아버지께서 "모든 심판을 맡기신"(5:22) 우주의 심판자이신 예수 앞에 서 있다는 사실을 망각하고 있다.

이 이야기는 안나스가 예수를 가야바에게 보내는 것으로 끝난다(18:24). 가야바는 예비 재판에서 예수를 신성모독 죄로 판결할 것이다(마 26:59-66// 막 14:55-64).

(3) 빌라도 앞에 서신 예수(18:28-40)

28절은 공회가 성전의 한 방에서 만나 예수께서 신성모독과 선동의 죄를 지었다고 결론을 내린 직후에 시작한다(→ 눅 23:1-25). 네 번째 복음서가 빌라도에게 할애한 지면의 양은 공관복음의 분량을 훨씬 넘어선다. 요한이 이 사건에 대해 거의 30절을 할당하는 반면 공관복음은 그 절반 정도만 포함하고 있기 때문이다.

빌라도와 예수의 대화에 왜 그렇게 많은 지면을 할애하는가?

아마도 몇 가지 이유 때문일 것이다.

네 번째 복음서에 나오는 예수의 많은 담론은 비교적 긴 편인데, 이는 사도 요한의 목격자 증언을 반영하는 것 같다. 더욱이 예수와 빌라도의 광범위한 대화는 우주적 재판의 절정이다. 유대 총독 빌라도는 로마제국을 대표하고 로마제국은 세계 모든 나라를 대표한다.

그렇다면 요점은 유대인과 이방인을 포함한 모든 인류가 예수를 재판하고 그가 유죄임을 알게 된다는 것이다. 그는 자신이 아닌 것을 주장한다는 죄목으로 유죄 판결을 받는다. 이 두 당사자에 따르면, 그는 이스라엘의 왕도 아니고 하나님의 유일한 아들도 아니다. 이러한 그들의 결론은 "예수께서 하나님의 아들 그리스도(메시아)이심"(20:31)을 독자들에게 확신시키려고 하는 요한복음의 목적과 정반대이다.

이러한 맥락에서 공관복음에서는 수난 주간이 끝나갈 무렵에 "대제사장들", "백성의 장로", "바리새인들", "서기관들"이라는 표현을 선호하는 반면(예컨대, 마 26:47; 27:1, 12, 62; 막 14:43; 15:1, 3, 10; 눅 22:52, 66; 23:13), 요한은 예수께서 체포되셨을 때부터 장사 될 때까지(18:35 참조) "유대인들"(호이 유다이오이[hoi Ioudaioi])이라는 묘사를 자주 사용한다.[51]

요한복음에서는 이스라엘 지도자들의 행동과 견해를 그 민족 자체와 밀접하게 연관시키기 위해 종종(항상 그런 것은 아니지만) "유대인들"이라는 복수형을 사용한다. 이스라엘의 지도자들에게 해당되는 것은 일반적으로 대중에게도 해당된다. 그러나 모든 유대 지도자나 민족 전체가 예수를 반대하는 것은 아니라는 점을 기억하라. 때때로 "유대인들"이라는 용어는 긍정적 의미를 지니기도 한다(11:45; 12:11을 보라).

유대인에게는 사람을 사형에 처할 권한이 없으므로(18:31), 유대 지도자들은 로마에 복종하여 빌라도에게 예수를 유죄 판결하고 형을 선고하고 십자가에 못 박도록 설득해야 한다. 유월절인 금요일 이른 아침이라 의식적 "더럽힘"을 피하고 유월절 잔치에 참여하기 위해 유대 지도자들은 "관정(관저)에 들어가지" 않았다(18:28). 이 구절에는 아이러니로 가득 차 있다. 유대 지도자들은 참된 성전(2:21)이신 예수를 죽이는 일보다 유월절을 지키는 일(→ 13:1-17)에 더 관심이 있다. 그들의 몸은 의식상 겉으로는 정결할 수 있지만 그들의 마음은 부정하다.

지도자들이 고발한 후에도(// 마 27:11-12// 막 15:1-2// 눅 23:2) 빌라도는 예수를 재판하기를 꺼린다(18:31a). 그들은 예수를 상대로 소송을 계속 제기하면서 빌라도만이 그를 사형에 처할 수 있다고 요구한다. 내러티브의 이 시점에서 요한은 이러한 사건들이 "예수께서 자기가 어떠한 죽음으로

---

51 [요 18:12, 14, 20, 31, 33, 36, 38, 39; 19:3, 7, 12, 14, 19, 20, 21, 31, 38, 40, 42; 20:19].

죽을 것을 가리켜 하신 말씀을 응하게 하려 함"이라는 점을 상기시킨다 (18:32).

적어도 표면적으로는 세상에 정의가 없는 것처럼 보일지 모르지만, 하나님은 이러한 불의한 사건들을 이미 창세전에 정하셨다(계 13:8). 빌라도는 예수께서 실제로 사형에 처하는 것이 합당한지 그 여부를 결정하는 데 동의한다. 공관복음에는 없는 단락인 18:33-38을 통해 우리는 이 최초의 심문 동안 관저 내부에서 어떤 일이 일어나는지를 알 수 있다. 이것이 바로 우리가 기다려 왔던 대화이다.

요한복음에서 이 단락이 매우 중요하여 충분하게 다루어야 하지만 우리는 두 가지 중요한 점에 주의를 기울일 것이다.

첫째, 빌라도가 예수께 던진 첫 번째 질문은 분명하다.

> 네가 유대인의 왕이냐(요 18:33).

즉, 예수는 로마에 위협이 되는가?
그가 반란을 일으키려 하는가?

20:31에 따르면 요한은 예수께서 실제로 이스라엘의 "메시아"이심을 입증하기 위해 자신의 복음서를 쓴다. 그러나 예수는 빌라도(또는 유대 지도자들)가 생각하는 메시아의 범주에 들어맞지 않는다.

예수는 자신의 "나라는 이 세상에 속한 것"이 아니라 다른 곳에 속한 나라라고 대답하신다(18:36). 이는 예수의 왕권과 영토가 지상의 땅이나 영토에 국한되지 않는다는 개념이다. 그의 나라는 완전히 다른 질서와 기원에서 유래한다는 것이다. 그는 단순히 이스라엘의 왕이 아니라 우주의 왕이시다.

둘째, 예수의 정체성은 궁극적으로 그의 사명과 밀접하게 연관되어 있다. 그는 일곱 개의 표적을 통해 자신이 아버지의 정체를 완벽하게 드러내시는 하나님의 신적 아들이심을 나타내기 위해 육신을 입으신다. 이것이

"진리"이며 그가 오신 목적이다(18:37). 다음 구절에서 빌라도(그리고 이스라엘)의 무지의 핵심이 포착된다.

> 진리가 무엇이냐(요 18:38).

요한복음에서 "진리"(알레테이아[*alētheia*])라는 단어군은 신약의 어떤 책보다 빈번하게 등장하며 70인역과 비교할 때(시편에는 이 단어군이 61회 사용됨) 두 번째로 많이 나타나고 있다. 예를 들어, 요한은 "진리"라는 용어(terms)를 55회 사용하는 반면 공관복음에서는 이 용어를 총 18회 사용한다. 예상할 수 있듯이 요한서신에는 이 용어들이 28회, 그리고 요한계시록에는 10회 사용된다. 이 용어는 분명 요한이 가장 좋아하는 용어이며 우주 재판 모티브를 궤도로 끌어들이는 역할을 한다.

빌라도의 "진리가 무엇이냐"라는 물음은 자신이 법정 통로의 잘못된 쪽에 서 있음을 드러낸다. 왜냐하면, 오직 예수의 정체성을 파악할 수 있는 사람들만이 예수의 진리를 받아들일 수 있는 영적 능력을 소유하기 때문이다(18:37). 빌라도는 우주의 재판관 앞에서 유죄 판결을 받는다. 요한의 청중은 빌라도가 잘못했다는 것을 인식하고 예수께서 왕이시며 그들의 죄를 속죄하시는 하나님의 유일한 아들이심을 반드시 고백해야 한다.

누가복음에 따르면 18:38a와 18:38b 사이에 빌라도는 헤롯과 협의한다. 요한의 내러티브는 빌라도의 장면으로 이어지지만, 누가복음에서는 헤롯의 신문으로 전환된다(눅 23:6-12). 빌라도는 다시 종교 지도자들에게 나가서 자신은 예수에게서 "아무 죄도 찾지 못하였노라"라고 알린다(18:38b). 빌라도의 평가에 따르면 예수는 혼란스럽거나 약간 잘못된 생각을 하고는 있지만, 로마의 권력에는 위협이 되지 않는다. 유대 지도자들은 빌라도가 유명한 폭도인 바라바의 석방을 제안한 후에도 자신들의 계획을 포기하기를 거부한다(18:40). 네 번째 복음서의 아이러니(irony)는 끝이 없다. 바라바는 참으로 로마에 위협이 되는 존재가 아닌가.

7) 예수의 판결, 죽음 그리고 매장(19:1-42)

(1) 예수를 판결하는 빌라도(19:1-16)

빌라도는 예수께서 유죄임을 확신하지 못하여(19:4) 병사들에게 예수를 채찍질하라고 명령한다(19:1// 마 27:27-31// 막 15:16-20). 아마도 예수를 채찍질하게 한 것은 지도자들을 달래기 위한 행위였을 것이다. 병사들이 예수를 조롱하기 위해 "가시관"을 엮어 머리에 씌우고 "자색 옷"을 입히지만(19:2), 실제로는 왕으로서 그의 정체성을 확인하고 있다. 빌라도가 유대 지도자들에게 그러한 예수를 "이 사람"이라고 보여 주자(19:5) 그들은 분개한다.

> 대제사장들과 아랫사람들이 예수를 보고 소리 질러 이르되 십자가에 못 박으소서 십자가에 못 박으소서 하는지라(요 19:6).

19:7에 따르면, 빌라도는 종교 당국이 예수의 죽음을 추구하는 실제 이유를 "그가 자기를 하나님의 아들이라 함"이었음을 알게 된다. 우리는 세 번째 표적인 5:1-18에 언급된 38년 된 병자의 치유 이야기로 다시 돌아왔다. 거기서 유대 지도자들은 예수께서 실제로 하나님의 신적 아들로 주장하고 있다는 사실을 올바르게 인식했지만(5:18), 그것을 신성모독으로 잘못 평가한다. 예수는 하나님이시기 때문에 그것은 신성모독이 아니다. 대제사장들은 마침내 예수를 체포한 배후의 진짜 동기를 밝힌다(→ 막 14:53-65).

장면은 다시 빌라도가 예수를 두 번째로 심문하는 관저 내부로 이동한다. 이번에는 빌라도가 "더욱 두려워"하는데(19:8), 왜냐하면 그의 이교적이고 다신교적인 세계관에서는 신들이 "사람의 형상으로"(행 14:11) 내려오는 것이 가능하기 때문이다.

예수께서 이러한 신들 중 하나일까?

여기서 또 다른 아이러니에 주목하라.

분명히 이교도인 빌라도가 구약을 소유하고 예수의 표적을 목격한 유대 지도자들보다 예수의 정체에 대해 더 많은 통찰력을 가지고 있다. 11절에는 하나님의 주권과 인간의 책임이라는 서로 연결된 두 가지 원칙이 담겨 있다. 하나님께서는 역사의 방향(course)을 정하셨다. 예수의 끔찍한 죽음까지도 말이다. 즉, 하나님께서는 예수께 유죄 판결을 내릴 권위 또는 "능력"을 빌라도에게 맡기신다.

빌라도의 행동은 하나님의 목적과 무관하지 않다. 반면에 개인은 자신의 행동에 대해 여전히 책임이 있다.

> 나를 네게 넘겨 준 자(가야바? 유다?)의 죄는 더 크다(요 19:11).

하나님께서는 유다와 유대 지도자들의 손이 예수를 배반하도록 정하셨지만, 그들은 여전히 자신들의 사악한 행동에 책임을 져야 한다(참조, 행 2:23).

빌라도는 이제 예수를 놓아 주려고 더욱 결심하지만(19:12), 유대 지도자들은 결코, 물러서지 않는다. 그들은 비장의 카드로 가이사에 대한 충성을 사용하기로 결정했다. 예수를 놓아 주는 일은 궁극적으로 디베료 가이사를 배신하는 것이다. 왜냐하면, "왕"은 오직 한 명뿐이기 때문이다(19:12). 유대인들은 빌라도가 디베료 가이사와 관계가 좋지 않고 한동안 그래 왔다는 점을 잘 알고 있다. 빌라도는 유대인의 반응을 들은 후 "돌을 간 뜰(히브리말로 가바다)에 있는 재판석"(베마토스[*bēmatos*; 19:13])에 앉아 예수에 대해 공식적으로 판결을 내린다(19:13).

요한은 이 사건의 시간을 이렇게 기록한다.

> 이날은 유월절의 준비일이요 때는 제육시라(요 19:14a).

이때는 서기 30년 니산 월 14일 유월절 이른 금요일 오후이다. 이 유월절이 특이한 것은 불과 몇 시간 뒤인 해 질 무렵이 안식일이라는 점이다.

유대인들은 곧 유월절을 기념하고 안식일을 지킬 것이다.

빌라도는 "보라 너희 왕이로다", "내가 너희 왕을 십자가에 못 박으랴" 라고 비아냥거림으로써 유대 당국을 계속해서 조롱한다(19:14b-15a). 유대 인들은 "가이사 외에는 우리에게 왕이 없나이다"라고 대담하게 주장한다 (19:15a). 그들은 예수께서 그들의 주님이시며 구원자이심을 고백하기보다는 오히려 이교도 왕의 편에 서기를 원한다.

(2) 유월절 희생양이신 예수(19:17-37)

군인들은 예수를 "해골이라 하는 곳" 또는 골고다로 끌고 간다(19:17-22). 이곳은 아마도 성묘교회(Church of the Holy Sepulchre)와 동일시되어야 할 도시 외곽 지역이다. 19:17에 따르면, 예수께서 십자가(crossbeam, 라틴어로 파티불룸[patibulum])를 성문까지 지고 가고 구레네 시몬이 그것을 골고다로 가져간다(// 마 27:32// 막 15:21// 눅 23:26).

빌라도는 세 가지 언어(아람어, 라틴어, 헬라어)로 쓴 다음과 같은 예수의 죄 패(indictment)를 십자가 위에 붙이라고 명령한다.

> 나사렛 예수 유대인의 왕(요 19:19).

분명히 빌라도는 예수를 로마에 대항한 선동죄로 처형한다. 그러나 대제사장들은 이에 이의를 제기하여 "자칭 유대인의 왕"(19:21)이라고 적힌 패를 요청한다. 그러나 빌라도는 굴복하기를 거부하고 그대로 쓰기를 원한다. 처음부터 끝까지 빌라도는 예수께 혐의가 없다고 확신한다.

그는 십자가에 죄 패를 붙이면서 유대 지도자들을 조롱하지만, 더 중요한 것은 그가 이스라엘의 메시아라는 예수의 정체성을 자신도 모르게 드러냈다는 점이다. 요한복음의 일곱 가지 표적은 믿음이나 추가적 불신을 불러일으키기 위해 디자인되었는데, 일곱 번째이자 마지막 표적인 예수의 죽음과 부활에는 불신이 만연해 있다. 세상이 볼 수 있도록 예수의 정체가 세 가지 언어로 기록되어 분명하게 제시될 때에도 구경꾼들에게 그의 참된 정체는 거의 숨겨져 있다.

이어서 내러티브는 네 명의 로마 군인이 누가 예수의 옷을 차지할지 결정하기 위해 제비를 뽑는 장면으로 넘어간다. 이 시점에서 화자는 시편 22:18을 인용한다.

> 그들이 내 옷을 나누고 내 옷을 제비 뽑나이다 한 것을 응하게 하려 함이러라(요 19:24// 마 27:35// 막 15:24// 눅 23:34).

시편 22:18을 인용함으로써 네 번째 복음서는 나사렛 예수께서 실제로 오랫동안 기다려 온 이스라엘의 왕이심을 강조한다.

죽음과 패배의 고통 속에서 예수는 육체적이고 영적인 모든 권세를 다스리시는 최고의 통치자이시다. 특히, 시편 22편에 나오는 다윗의 고난 경험은 예수의 지상 사역 전반에 걸쳐, 특히 십자가에 달리실 때 겪으셨던 예수 자신의 경험을 유형론적으로 예시한다(→ 막 15:21-32). 다윗이 주변 사람들로부터 박해를 받으면서 이스라엘을 다스리듯이 예수 역시 자기 백성에 의한 절망과 패배 가운데서 통치하신다.

예수의 사역 초기에 상인들의 성전을 청결하게 하실 때 화자는 시편 69:9을 인용한다. 그리고 그 후 수난 주간 동안 예수는 시편 41:9(13:18)과 시편 35:19 및 시편 69:4(15:25) 등 세 편의 다윗 시편을 친히 인용하신다. 그렇다면 고난을 강조하는 이 네 편의 다윗 시편이 예수의 사역을 설명하는 것은 적합하다. 요한은 독자들에게 일부 사람들이 생각하는 것처럼, 예수의 고난이 그의 다윗 계통의 메시아 자격을 무효화하는 것이 아니라 도리어 입증한다는 점을 확신시킨다(20:31).

네 번째 복음서에는 군인들이 예수의 겉옷이나 외투를 벗기는 장면이 가장 생생하게 묘사되어 있다. 아마도 예수는 19:2에서 입으신 자색 옷을 계속 입고 계셨을 것이다. 구약에서 옷을 입는 행위는 왕좌의 권리를 상징한다(창 37장; 민 20:24-28; 왕상 11:30-31; 19:19-21을 보라). 따라서 네 명의 병사가 그의 왕 예복을 벗기는 행위는 상징적으로나 외적으로 그의 통치권을 박탈하는 것이다. 그러나 그것은 전혀 사실이 아니다.

네 복음서에는 모두 십자가 처형을 목격하는 몇몇 여성의 이야기가 기록되어 있다(마 27:56// 막 15:40// 눅 23:49// 요 19:25). 여성의 수에 대해서는 논란이 있지만, 요한은 네 명의 여인을 언급하는 것으로 보인다. 두 명의 이름은 명시되어 있지 않고(그의 어머니[마리아]와 이모[살로메?]), 다른 두 명은 이름이 명시되어 있다(글로바의 아내 마리아와 막달라 마리아). 그의 이모는 유명한 두 "세배대의 아들" 어머니인 살로메일 가능성이 있다(마 20:20-28; 27:56; Papias, frag. 10.3을 보라).

이것이 옳다면 살로메는 예수의 외가 쪽 이모이다. 이렇게 되면 네 번째 복음서의 저자, 즉 사도 요한이자 "사랑하는 제자"는 예수의 사촌이 된다. 결과적으로 십자가 근처에 예수의 친척 세 명이 모여 있는 셈이다(19:25-26). 이런 점에서 볼 때 예수, 그의 어머니, 요한의 대화는 훨씬 더 자연스럽다. 예수는 요한에게 그의 어머니를 돌보아 달라고 부탁하신다. 아마도 예수의 아버지 요셉은 죽었고 그의 형제들은 아직 예수를 따르고 있지 않기 때문일 것이다(7:5).

내러티브에 따르면, 예수께서 어머니에게 마지막으로 하신 말씀은 그의 공생애 첫 주 첫 번째 표적을 수행하기 직전에 하신 "내 때가 아직 이르지 아니하였나이다"라는 말씀이었다. 이제 그의 지상 사역 마지막 주간에 그의 때가 일곱 번째이자 마지막인 표적에서 이르렀다.

요한은 십자가에 달리신 예수의 몸 본질을 다른 복음서 저자들보다 훨씬 더 강조한다. 순서대로 두 가지 점을 관찰할 수 있다.

첫째, 군인들이 예수의 다리를 꺾는 대신 창으로 그의 옆구리를 찌르자 "곧 피와 물"이 흘러나왔다(19:34). 피와 물은 확실히 육체적 죽음을 확인해 주지만, 상징적 가치를 지닌다. 구약을 따라 예수는 종종 물을 새 생명, 오시는 성령, 새 종말론적 성전, 그리고 새 언약과 연관시킨다(3:5; 4:10-15; 7:38; 13:5; → 3:5-8).

따라서 군인들이 그의 옆구리를 찌를 때 물이 흘러나온 것은 예수께서 죽는 순간에도 새 생명의 근원이심을 확증해 준다. 그는 종말론적 생명을 주시고 새 언약을 실현하시며 죄 사함을 주시고 십자가에 달리심으로써 새 성전을 설립하신다. 요한의 유명한 구절 "다 이루었다"(19:30)라는 말보다 예수의 구원 사역을 더 잘 포착하는 것은 없다.

둘째, 요한이 19:36에서 출애굽기 12:46을 암시함으로써 유월절 주제가 다시 한번 내러티브의 전면에 등장한다.

> 이 일이 일어난 것은 그 뼈가 하나도 꺾이지 아니하리라 한 성경을 응하게 하려 함이라
> (요 19:36; 참조, 민 9:12).

세례 요한이 예수를 이사야의 고난의 종이자 궁극적인 유월절 희생 제물의 궤도에 올려놓음으로써 예수를 "세상 죄를 지고 가는 하나님의 어린 양"(1:29)으로 증언하는 것을 기억하라(사 53:7). 간단히 말해서, 동물 희생은 하나님의 진노를 누그러뜨릴 수 없고 개인을 곤경에서 구원할 수 없다. 구약에서는 정확하게 이 일이 어떻게 이루어질지 설명하지 않았지만 위대한 종말론적 희생 제물은 사람이 될 것이다.

다윗의 시편인 시편 34:20에 따르면, 하나님은 "그(의인)의 모든 뼈를 보호하심이여 그중에서 하나도 꺾이지 아니하도다"라고 약속하신다. 시편 34:20에 언급된 출애굽기 12:46의 규례는 개인에게 적용되지만, 어느 누구나가 아니라 다윗의 인물(Davidic figure)에게 적용된다는 점에 주목하라. 다시 한번 다윗의 모형론(typology)이 표면으로 떠 오른다.

네 번째 복음서의 시작 부분과 마지막 부분을 함께 읽으면서 우리는 예수께서 이사야의 고난받는 종인 동시에 고난받는 다윗 형상의 왕이심을 발견한다.

더 나아가 우리는 유월절 희생 제물의 광범위한 구원 범위를 이해해야 한다. 구약에 따르면, 이 희생 제물은 이스라엘의 구원과 새 탄생(new birth)을 촉발하며, 하나님께서 그의 백성을 죽음에서 생명으로 이끄시는 수단

이다. 마이클 모랄레스(Michael Morales)가 그 취지를 정확하게 포착한다.

> 유월절 희생 제물은 이스라엘의 애굽에서의 떠남(이전 삶의 죽음)을 위한 것이었고, 바다를 건넌 행위는 이스라엘의 중생(rebirth, 또는 부활)을, 시내산 사건은 하나님의 임재로 올라감을 상징했다. … 예수는 십자가의 죽음, 매장, 부활을 통해 변화되었다. 즉, 그의 출애굽은 옛 창조에서 나와, 하나님의 심판을 거쳐, 영광의 새 창조 안으로 들어가신 것이었다.[52]

첫 번째 출애굽에서는 바로가 하나님의 "장자"(firstborn son)를 죽이려 했기 때문에 하나님께서 바로의 "장자"를 죽이셨다(출 1:16, 22; 4:22-23; 11:1-10). 그러나 두 번째 출애굽에서 하나님은 그의 "장자"인 참된 이스라엘을 해방하기 위해 자신의 "사랑하는 아들"을 희생하신다.

(3) 예수의 매장(19:38-42)

안식일이 가까웠으므로 예수의 시신은 급히 서둘러 매장되어야 한다. 네 복음서는 모두 예수의 매장에 대한 기본 윤곽을 설명하고 있다(마 27:57-61// 막 15:42-47// 눅 23:50-56// 요 19:38-42). 가장 주목할 만한 점은 아리마대 요셉이 빌라도에게 시신을 묻도록 허락해 달라고 요청한 것이다. 그러나 요한은 두 가지 추가 요소, 즉 유대인에 대한 요셉의 두려움과 니고데모의 도움에 초점을 맞춘다.

요셉이 "유대인(유대 지도자들)을 두려워했다"라는 요한의 말에 비추어 볼 때 예수에 대한 확고한 믿음이 부족하다고 생각하기 쉽지만, 그가 빌라도에게 가서 하나님의 저주를 받은 인간인 예수의 시신을 달라고 간청한 것을 보면 독자는 그가 인내하는 믿음을 가지고 있음을 알게 된다. 요셉의 믿음이 흔들리는 순간이 있는 것 같지만, 결국 그의 믿음은 인내한다.

제자들은 어디에 있는가?

---

[52] . L. Michael Morales, *Exodus Old and New: A Biblical Theology of Redemption*, ESBT 2 (Downers Grove, IL: InterVarsity, 2020), 165 (emphasis original).

배신자 유다는 현장에서 사라지고 요한은 십자가에 달리신 예수 곁에 담대히 서 있지만, 나머지 열 제자는 어떤가?

열 명의 제자가 두려움으로 움츠러들고 있을 때 두 명의 부유하고 저명한 공회 의원인 요셉과 니고데모는 예수의 곁에 서 있다.

이 이야기에서 가장 놀라운 점은 니고데모의 관여이다. 그는 네 번째 복음서에서 놀라울 정도로 복잡한 인물로 등장한다. 요한은 니고데모를 소개할 때마다 그의 이름을 언급하고 같은 방식으로 그를 묘사한다.

> 바리새인 중에 니고데모라 하는 사람이 있으니 유대인의 지도자(산헤드린 공회원)라 (요 3:1).

> 그중의 한 사람 곧 전에 예수께 왔던 니고데모 (요 7:50)

> 일찍이 예수께 밤에 찾아왔던 니고데모 (요 19:39).

니고데모가 처음 등장할 때 그는 "밤에" 예수께 나아오는데(3:2) 여기 19:39에서도 같은 설명이 나온다. 첫 번째 만남에서 니고데모는 예수께서 성전에서 행하신 일에 반대하는 것처럼 보이지만(3:2), 7:50-52에서는 다른 유대 지도자들에게 예수를 너무 성급하게 판단하는 일에 대해 의문을 제기한다. 세 번째이자 마지막 등장에서 니고데모는 요셉을 도와 예수의 장례에 참여한다. 이는 실로 담대한 믿음의 행위이다.

그렇다면 니고데모가 예수의 제자가 되었다고 결론 내리는 것이 아마도 옳을 것이다. 요한이 매번 그의 이름을 언급하고 있는 것을 보면 그는 중요한 사건의 목격자였을 것이다. 더욱이 네 번째 복음서에 니고데모가 포함된 것은 유대 민족의 남은 자(remnant)에 대한 희망의 표시이다. 니고데모가 처음에는 어둠과 동일시되지만, 예수는 "어둠에" 빛을 비추기 위해 오셨다(1:5). 위대한 빛을 주시는 예수께서 니고데모의 어두운 마음을 이기셨다.

8) 부활하신 하나님의 아들에 대한 증언(20:1-31)

(1) 죽음에서 부활하신 예수(20:1-10)

20장은 막달라 마리아가 안식 후 첫날(일요일) 이른 아침에 무덤에 도착하는 장면으로 시작한다(20:1). 요한은 막달아 마리아만 언급하지만, 아마도 살로메와 야고보 및 요셉의 어머니 마리아도 함께 있었을 것이다(// 마 28:1// 막 16:1-2// 눅 24:1). 막달라 마리아는 무덤의 돌이 옮겨진 것을 발견하고 베드로와 "다른 제자"(요한)에게 달려가 무덤이 비어 있음을 알린다(20:2).

요한은 베드로보다 먼저 무덤에 도착하지만, 밖에서 무덤 안을 들여다보기만 한다. 요한이 밖에 남아 있는 동안 베드로는 무덤에 들어가 시신이 없다는 사실을 알아차린다. 오직 "세마포가 놓였고 또 머리를 쌌던 수건은 세마포와 함께 놓이지 않고 딴 곳에 쌌던 대로 놓여 있는" 것을 보았을 뿐이다(20:6-7// 눅 24:12).

물리적 재료에 대한 내러티브의 관심이 두드러진다. 만일 개인이 예수의 시신을 훔쳐 갔다면 수의도 가져가지 않았겠는가(11:44 참조). 20:8에 따르면 요한은 무덤에 들어가자마자 "보고 믿었다." 일곱 번째이자 마지막 표적이 믿음을 불러일으킨다. 요한과 베드로가 "달려가" 몸을 구부리는 등 빈 무덤을 둘러싼 많은 이상한 세부사항들은 일부 사람이 추측하듯 내러티브에 색채를 더하기 위해 조작된 것이 아니라 주의 깊은 목격자의 증언임을 지적하고 있다는 점에 주목하라.

9절이 독자들의 마음을 사로잡는다.

> 그들(요한과 베드로)은 성경에 그가 죽은 자 가운데서 다시 살아나야 하리라 하신 말씀을 아직 알지 못하더라(요 20:9; 참조, 2:22).

요한은 예수께서 부활하실 때 하나님의 아들이심을 믿지만, 구약이 어떻게 이 중대한 사건을 예고하는지 그리고 어떻게 예수의 부활이 더 넓은 구원 이야기에 들어맞는지 아직 파악하지 못하고 있다.

구약에서 부활은 모든 사람이 함께 부활하는 역사의 마지막 때에 일어날 것을 기대한다. 하나님은 새 창조 때 의로운 각 개인은 육체적으로 회복하시지만, 불의한 자들을 최종적으로 처벌하실 것이다(욥 19:26-27; 사 25:7-8; 26:19; 겔 37:1-14, 26-35; 단 12:2-3). 따라서 한 개인의 부활은 전혀 예상하지 못한 일일 것이다(→ 눅 24:25-26).

(2) 막달라 마리아에게 나타나신 예수(20:11-18)

베드로와 요한이 무덤을 떠난 후 막달아 마리아가 두 번째로 무덤에 도착한다. 그녀가 무덤 안을 들여다보니 "흰 옷 입은 두 천사가 예수의 시체 뉘었던 곳에 앉아" 있었다(20:12// 막 16:5). 두 천사가 그녀에게 왜 울고 있는지 묻자 그녀는 다음과 같이 대답한다.

> 사람들이 내 주님을 옮겼나이다(요 20:13).

아직 무덤 밖에 있던 마리아는 돌아서서 가까이에 있는 누군가를 발견한다. 그녀는 예수를 보았지만 그를 알아보지 못하고 "동산지기"(gardener)로 착각한다(20:15).

예수께서 한 동산(garden)에서 배반당하시고(18:1) 그의 무덤이 십자가에 못 박히신 장소와 가까운 동산에 있다는 것(19:41)을 기억하라. 지금 화자는 그를 "동산지기"로 묘사한다. 종합해 보면, 이러한 세부사항들은 요한이 창세기 1-2장(→ 18:1)을 염두에 두고 있음을 나타내는 것 같다. 요한은 예수를 새롭고 더 나은 동산인 영원한 새 우주의 창시자로 소개한다. 창세기 1-2장은 아담을 에덴의 제의적 경계를 확장하고 모든 부정한 것(예컨대, 뱀)을 제거하며 삶의 모든 측면에서 하나님을 형상화하는 자손을 낳는 데 책임이 있는 왕, 제사장, 선지자로 제시한다(창 1:28; 2:15).

예수는 죽음과 부활을 통해 더 큰 아담으로 승리를 거두시고 영광스러운 존재가 되셨다. 그는 첫째 아담의 죄에 대한 대가를 치르시고 그를 따르는 사람들에게 생명을 주신다. 하나님 앞에 서기 위해서는 죄가 없다는 것만으로 충분하지 않다. 또한, 완전한 의를 소유해야 한다. 즉, 첫째 아담이 에덴동산에서 얻어야 했던 의와 마지막 아담이 신실한 삶을 통해 얻은 의를 소유해야 한다. 성도들은 예수를 신뢰함으로써 두 가지 유익을 모두 누리게 된다.

20:16에 따르면, 예수께서 마리아의 이름을 부르실 때 그녀는 문지기의 "음성"을 "듣는" 양처럼(10:3) 그를 알아보게 된다. 외관상 예수의 영광스러운 육체적 존재에는 연속성과 불연속성의 요소가 포함되어 있다. 그는 다르지만 동일하시다(고전 15:35-38). 17절의 내용도 이해하기가 쉽지 않다.

> 나를 붙들지 말라 내가 아직 아버지께로 올라가지 아니하였노라 너는 내 형제들에게 가서 이르되 내가 내 아버지 곧 너희 아버지, 내 하나님 곧 너희 하나님께로 올라간다 하라 (요 20:17).

주석가들은 한동안 이 구절의 의미를 두고 씨름해 왔는데 하나의 단일한 해석이 없을 수도 있다. 우리는 여기에서 의미의 층위를 가지고 작업하고 있을 수도 있다. 적어도 두 가지 가능성이 있다.

한편으로, 예수와 마리아가 부활에 비추어 서로 관계를 맺는 방식은 변화되었지만, 서로 관계를 맺는 새로운 방식(즉, 성령의 부어 주심)은 아직 오직 않았다. 두 사람은 시대의 중간에 끼어 있다. 그러나 몇 구절 뒤에 예수께서 도마에게 자신의 옆구리를 만지라고 명하신 것을 기억하라(20:27).

다른 한편으로, 실용적 이유도 있을 수 있다. 마리아는 예수께 매달리는 것을 멈추고 제자들에게 예수의 부활을 알려야 했다. 명령의 진행에 주목하라.

"나를 붙들지 말라 … 가서 … 그들에게 말하라."

예수께서 살아계신다.

서둘러라!

(3) 제자들에게 첫 번째로 나타나신 예수(20:19-23)

요한은 예수께서 제자들에게 세 번 나타나신 장면을 추적한다(21:14). 첫 번째 나타나심은 알려지지 않은 한 장소에서 일어났는데, 부활절 주일 저녁에 제자들은 "유대인(유대 지도자들)들을 두려워하여 모인 곳의 문들을 닫았다"(20:19a). 유대 지도자들이 그들의 지도자를 죽였다면 그를 따르는 자들에게는 무슨 일이든 못하겠는가. 누가복음 24:36-43에도 이 사건이 포함되어 있다.

두 복음서에 공통적으로 찾을 수 있는 중요한 두 가지 세부사항이 있다.

첫째, 예수는 기적적으로 제자들에게 나타나셔서 "너희에게 평강이 있을지어다"라고 선언하신다(20:19b// 눅 24:36). 구약은 새 시대를 나타내는 종말론적 평화를 고대한다. 일치(unity)는 새 창조의 특징이다. 하나님과 인류/피조물 사이의 화해와 다양한 종족 간의 화해이다. 이러한 기대의 상당 부분을 구체적으로 표현하고 있는 기도문인 아론의 축복을 읽어 보자.

> 여호와는 네게 복을 주시고
> 너를 지키시기를 원하며
> 여호와는 그의 얼굴을 네게 비추사
> 은혜 베푸시기를 원하며
> 여호와는 그 얼굴을 네게로 향하여 드사
> 평강 주시기를 원하노라(민 6:24-26).

평화가 하나님의 영광스러운 현존과 얼마나 연관이 있는지 생각해 보라. 하나님이 창조 세계에서 그의 백성과 친밀하게 거하시기 위해서는 평화가 있어야 한다. 그러나 평화가 이루어지기 위해서는 화해가 있어야 한다(시 4:8; 29:11; 37:11; 사 9:6-7; 14:7; 렘 33:6). 예수의 속죄 죽음과 종말론적 부활은 인류를 하나님과 화해시켜 하나님이 피조물과 함께 거하실 수 있게 한다. "성막을 세우시는 말씀"(tabernacling Word)이신 예수는 이제 성령의 능력과 중재를 통해 그의 백성과 더욱 친밀하게 거하신다.

둘째, 예수는 제자들에게 자신의 몸을 눈으로 살펴보라고 명하신다(20:20// 눅 24:39). 예수는 소생된 영(revivified spirit)이 아니라 부활하신 육체의 주(resurrected, physical Lord)이시다. 그는 성육신을 통해 살과 피를 입으시는데, 이 지위를 영원히 소유하게 될 것이다. 그는 부활을 통해 이제 영원한 새 우주에 적합한 육체적 존재를 얻는다(고전 15:47). 요한계시록 3:14의 말씀에 따르면, 그는 "하나님의 (새) 창조의 창시자"(HCSB 역, 개역개정에는 "하나님의 창조의 근본"으로 번역됨-역주)이시다. 네 번째 복음서는 예수께서 원래의 창조 세계를 창조하시는 것으로 시작하고 그가 새 창조를 시작하시는 것으로 종결한다.

다음에 나오는 장면은 매우 인상적이다.

> 그들을 향하사 숨을 내쉬며 이르시되 성령을 받으라 너희가 누구의 죄든지 사하면 사하여질 것이요 누구의 죄든지 그대로 두면 그대로 있으리라 하시니라(요 20:22-23).

창세기 2:7이 이 당혹스러운 본문을 이해하기 위한 가장 명확한 구약의 배경이다.

창세기 2:7	요한복음 20:22
"여호와 하나님이 땅의 흙으로 사람을 지으시고 생기를 그 코에 불어넣으시니(에네퓌세센[*enephysēsen*]) 사람이 생(조산[*zōsan*])령(living being)이 된지라."	"그들을 향하사 숨을 내쉬며(에네퓌세센[*enephysēsen*]) 이르시되 성령을 받으라."

창세기 2:7은 그 자체로 의미심장한 본문이다. 창세기 1장에서 아담은 하나님의 형상과 모양대로 창조되지만(1:26-28), 두 번째 이야기에서는 아담이 "생기"(breath of life, 2:7)를 받는다. 이 두 가지 창조 행위는 서로 평행을 이룬다. 더욱이 에스겔 37장에서는 창세기 2장의 생명을 주시는 하나

님의 "호흡"이라는 주제를 채택하여 그것을 이스라엘의 재통일(reunification), 후대의 부활, 그리고 성령과 연관시킨다.

> 또 그가 내게 말씀하셨다. 생기(breath)에게 예언하라. 인자야, 생기에게 예언하여 이렇게 말하라. 주님께서 이르시기를 사방에서 와서 이러한 시신들에 불어라(엠퓌세손[*emphyseson*]). 그러면 그들이 살아날 것이다(제사토산[*zēsatōsan*])(겔 37:9 사역; 참조, 왕상 17:21).

만일 네 번째 복음서가 실제로 창세기 2:7과 아마도 에스겔 37:9을 암시한다면 우리는 매우 중대한 구원사적 사건을 갖게 된다. 즉, 성육신하신 하나님이신 예수께서 제자들에게 성령을 전달하시고 그들을 자신의 회복된 형상으로 창조하신다. 이는 아담이 자신의 형상을 셋에게 넘겨 주는 경우와 매우 흡사하다(창 5:3). 예수는 자신이 떠날 때 자신을 따르는 사람들에게 성령을 받을 것이라고 약속하시고(7:39; 14:16), 여기에서 그 약속을 이행하고 계신다.

성령이 제자들 안에 임재하신 결과로 그들은 참된 이스라엘과 참된 성전을 형성하기 시작한다. 새로운 인류로서의 그들의 정체성은 다음 구절(20:23)에서 죄 용서와 밀접하게 연결되어 있다. 독자가 언뜻 보기에 이상하게 생각하는 내용이 실제로는 놀라운 의미가 있다. 일시적(temporary) 죄 용서는 예루살렘에 있는 물리적 성전과 그 희생 제도와 연관되어 있지만, 이제 예수께서 단번에 희생 제물이 되어 죽으셨으므로 자신을 신뢰하는 사람들에게 최종적이고 영원한 용서를 제공하신다는 것이다.

마태복음 28:19-20의 대위임령(the Great Commission)의 경우처럼 예수는 제자들에게 믿지 않는 사람들에게 복음을 선포하여 그들도 새로운 정체성과 내주하시는 성령을 누릴 수 있도록 명하신다. 여기 20:22에 언급된 제자들의 성령 받음은 표면상 사도행전 2장에 나오는 오순절의 성령 받음과 일치시키기는 어렵다.

그들은 여기에서 성령을 받는가?
아니면 오순절에 받는가?

제자들은 오순절 성령 강림을 예기적으로(proleptic) 경험한 것처럼 보인다. 20:22에 일어나는 일은 몇 주 후에 있을 사도행전 2장의 사건을 미리 맛보는 것이다.

(4) 제자들에게 두 번째로 나타나신 예수와 요한복음의 목적(20:24-31)

내러티브는 예수께서 부활 이후 제자들에게 두 번째로 나타나시는 사건과 예수께서 처음으로 제자들에게 나타나실 때 어떤 이유로든 다른 제자들과 함께하지 않은 도마와의 유명한 사건으로 진행된다(20:24). 제자들이 도마에게 자신들이 "주를 보았다"라고 말했음에도 불구하고 그는 "믿지" 않으려고 한다(20:25).

도마는 열두 제자 목록에만 등장하기 때문에(마 10:3// 막 3:18// 눅 6:15) 공관복음에서는 그리 주요한 인물은 아니다. 그러나 네 번째 복음서에는 11:16, 14:5, 20:24-29, 21:2 등 네 번에 걸쳐 그를 언급한다. 도마가 처음 등장할 때 그는 예수를 따라 예루살렘으로 가서 "주와 함께 죽기를" 간절히 원한다(11:16). 그러므로 한편으로 도마는 심각한 위험에도 불구하고 기꺼이 예수와 함께 서려는 의지에 대해서는 축하를 받아야 한다. 그러나 이제 예수께서 돌아가셨고 동료들의 목격 증언이 있음에도 불구하고 그는 믿기를 꺼린다.

그 다음 이야기는 도마와 제자들이 같은 장소에 모여 있을 때 일주일 동안 계속된다(20:26). 예수는 다시 한번 제자들에게 나타나시는데 이번에는 도마도 그 자리에 있었다. 도마가 예수의 육신을 본 후 마침내 예수께서 자신의 "주"이자 "하나님"이심을 인정한다(20:28). 예수는 도마의 믿음을 보시고 도마가 참으로 믿기는 하지만 "보지 못하고 믿는 자들은 복되도다"(20:29)라고 말씀하신다. 일곱 번째이자 마지막 표적인 예수의 죽음과 부활이 반응을 불러일으킨다. 이 경우 도마는 그 표적을 믿고 그의 믿음이 깊어진다.

이제 네 번째 복음서의 본문 끝부분에서 요한은 자신이 이 복음서를 기록한 목적을 다음과 같이 진술한다.

> 오직 이것을 기록함은 너희로 예수께서 하나님의 아들 그리스도이심을 믿게 하려 함이요 또 너희로 믿고 그 이름을 힘입어 생명을 얻게 하려 함이니라(요 20:31).

31절이 복음서 전체의 요점이다. 요한은 예수께서 이스라엘의 메시아요 하나님의 아들이심을 입증하기 위해 모든 단락과 모든 구절을 기록한다.

수십 년 동안 예수의 생애와 사역에 관해 묵상했던 요한은 예수를 하나님의 유일한 아들이시며 이스라엘의 왕으로 제시하기 위해 가장 주의 깊게 일곱 개의 표적을 선정한다. 이러한 표적의 주요 목격자로서 요한은 이 일곱 개의 표적을 통해 믿지 않는 사람들에게 예수께서 바로 그가 주장하시는 분이심을 설득하고 믿는 자들의 믿음을 확증하고자 한다. 네 번째 복음서의 궁극적 목적은 요한의 독자들이 "예수의 이름을 힘입어 생명을 얻게" 하는 것이다.

예수께서 생명을 주시는 하나님이시라는 것!

이것이 바로 생명을 주는 복음이다. 예수를 믿으면 현재에 종말론적 삶을 살게 되며 영원한 새 우주에서 충만함을 얻게 될 것이다.

9) 에필로그(21:1-25)

에필로그는 예수께서 세 번째이자 마지막으로 제자들에게 나타나시는 장면으로 시작된다. 요한은 수난 주간의 사건들을 주의 깊게 추적하며 (13:1; 18:28; 19:31; 20:1, 19) 예수께서 "여드레를 지나서" 제자들에게 나타나셨다고 언급했지만(20:26), 21:1-23에서 일어나는 일은 독자들에게 단지 "그 후에", 또는 20:26-29에서 예수께서 도마에게 나타나신 후에 일어난다고 말할 뿐이다.

사도행전 1:3에는 예수께서 40일 동안 제자들에게 "나타나셨다"라고 기록하고 있으므로 우리는 21:1-23의 사건이 이 40일 기간 내에 일어난다고 가정해야 한다.

(1) 제자들에게 세 번째로 나타나신 예수(21:1-14)

21장의 첫 구절은 예수의 행동의 의미를 이해하는데 매우 중요하다.

> 그 후에 예수께서 디베랴 호수에서 또 제자들에게 자기를 나타내셨으니(에파네로센[ephanerōsen]) 나타내신(에파네로센[ephanerōsen]) 일은 이러하니라(21:1).

"나타나다"(파네로오[phaneroō])라는 동사는 네 번째 복음서에서 주목할 만한 특징이다(1:31; 2:11; 7:4; 9:3). 우리는 7:1-13에 대한 논의에서 네 번째 복음서의 "표적들"은 행동으로 나타난 비밀(mysteries)이라고 제안했다. 그것들은 예수의 정체를 드러내는 동시에 그것을 은폐한다.

부활하신 그리스도의 세 번에 걸친 나타나심(appearances)은 이 범주에 해당하지만, 강조점은 드러냄에 있다. 20:19-23, 20:24-29, 21:1-14에서 예수께서 제자들에게 세 번에 걸쳐 나타나심으로써 제자들은 이스라엘의 메시아요 하나님의 신적 아들로서 그의 정체성을 이해하는 데 도움을 얻는다. 첫 번째 나타나심의 끝부분에서 제자들은 하나님의 백성에게 "비밀"을 계시하시는 분이신(단 2:20-23; 5:14; 고전 2:1-16; 14:2; 엡 1:9, 17; 3:3-5을 보라) 성령을 받는다(20:22-23).

이제 제자들은 성령의 사역을 통해 모든 표적, 특히 일곱 번째 표적의 온전한 의미를 이해할 수 있다. 20:28에서 도마가 예수를 "주"라고 고백한 것은 21:17에서 베드로가 "주님"이심을 깨달은 점과 일치한다(참조, 21:12). 그렇다면 이전에는 예수의 정체성을 두고 어려움을 겪던 두 제자(18:15-18, 25-27; 20:25)가 이제는 예수께서 정말 하나님의 아들이시라는 진리를 이해하게 된 것은 우연이 아니다.

내러티브는 밤에 여섯 명의 제자가 베드로와 함께 갈릴리 바다에서 고기를 잡으러 가는 장면으로 시작한다. 그러나 실망스럽게도 그들은 빈손으로 올라왔다(21:1-3). 마태복음 28:16, 마가복음 14:28과 16:7에는 예수께서 갈릴리에서 제자들과 만난 내용이 언급되어 있으므로 21장의 사건이 이 기간에 일어났을 가능성이 매우 크다. 다음날 아침 예수는 바닷가에 서서 그들에게 배 오른편으로 그물을 던지라고 지시하신다(21:6). 제자들은 바닷가에 서 계신 분이 예수이신 줄 모른 채 주저함 없이 순종한다. 결과는 놀라웠다.

그들은 많은 수의 물고기를 끌어 올리는데 정확히는 153마리이다(21:6, 11). 이에 요한이 베드로에게 "주님이시라"라고 알리자 베드로는 급히 바다에 뛰어내려 해변으로 향한다(21:7). 남아 있는 제자들이 따라오고 예수께서 물고기와 빵으로 그들을 먹이시므로 그들은 모두 함께 식사를 즐긴다(21:13).

요한은 왜 바닷가에서 제자들과 함께 식사를 나누시는 예수의 이상한 이야기로 내러티브를 마무리하는 것일까?

그 대답은 오병이어의 기적(6:1-15), 물 위를 걸으신 예수(6:16-24), 생명의 떡 담론(6:25-71)과의 관계에 놓여 있다. 이 이야기들과의 유사점을 고려해 보라.

6장	21장
물고기와 떡이 있음(6:9)	물고기와 떡이 있음(21:9)
물고기의 증식(6:11)	물고기의 증식(21:6, 11)
밤에 갈릴리 바다에서 배를 타는 제자들(6:16)	밤에 갈릴리 바다에서 배를 타는 제자들(21:13)
예수께서 오천 명을 먹이심(6:11)	예수께서 일곱 제자를 먹이심(21:3)
베드로는 예수께서 "하나님의 거룩하신 자"라고 고백함(6:69)	베드로는 예수께서 "주님"이심을 깨달음(21:7)

여기에 두 사건의 차이점이 있다. 제자들의 혼란과 주저함이 오병이어 기적의 특징이라면(6:7, 9), 그들의 순종과 깨달음이 두 번째 이야기의 특징이다. 예수께서 6:35의 "떡"과 마찬가지로 21:9에서도 "떡"과 자신을 연관시키시는지는 분명하지 않다. 요점은 두 경우 모두 예수께서 자신의 참된 제자들과 함께 식사를 나누신다는 것이다. 생명의 떡 담론(6:25-59)과 이어지는 담론(6:60-70)에서 많은 "유대인"(6:41, 52)과 "그의 제자들"(6:60)이 예수와 그의 메시지를 받아들이려고 하지 않는다. 복음서의 끝부분에

소수의 헌신된 제자들만 남아 있다. 그러나 비록 소수에 불과하지만, 이 제자들은 참되고 신실한 이스라엘을 구성하며 예수의 복음을 땅끝까지 전할 것이다.

(2) 베드로의 신실함과 사명(21:15-25)

네 번째 복음서의 마지막 단락은 요한과 함께 내러티브에서 적지 않은 역할을 한 베드로에 관한 것이다. 내러티브의 시작 부분에서 예수는 그(시몬)가 "베드로"라고 불릴 것이라고 선언하신다(1:42). 요한은 이름 변경의 의미를 밝히지는 않지만, 마태복음에서는 이렇게 말한다.

> 또 내가 네게 이르노니 너는 베드로라 내가 이 반석 위에 내 교회를 세우리니 음부의 권세가 이기지 못하리라(마 16:18; 참조. 막 3:16).

그렇다면 베드로는 종말론적 하나님의 백성을 세우는 일에 중요한 역할을 할 것이다.

6장의 뒷부분에서 몇몇 제자가 더 이상 예수를 따르지 않기로 결정했을 때, 베드로는 "영생의 말씀"을 갖고 계시며 "하나님의 거룩하신 자"라고 확인되는 예수에 대한 헌신을 재확인한다(6:68-69). 수난 주간이 끝날 무렵 다락방에서 베드로는 주를 위해 그의 "목숨"을 "버리겠다"라고 약속한다(13:37). 이 공허한 약속을 들으신 후 예수는 베드로가 밤이 지나기 전에 세 번이나 자기를 부인할 것이라고 예언하신다(13:38). 베드로는 그 예언이 성취되는 18장에서 다시 한번 주목을 받게 된다(18:15-18, 25-27).

현 단락에서 예수와 베드로의 대화는 예수께서 베드로에게 "이 사람들보다" 자신을 더 사랑하는지 물음으로써 시작된다(21:15). "이 사람들"이 누구를 가리키는지 정확하게 단정하기는 어렵다. 주석가들은 종종 두 가지 선택을 제시한다.

첫째, 예수는 베드로에게 그의 어부 경력보다 그를 더 사랑하는지 묻고 계신다.

둘째, 또는 예수는 베드로에게 다른 제자들이 예수를 사랑하는 것보다 그를 더 사랑하는지 묻고 계신다.

직접적 맥락으로 볼 때는 전자가 더 맞을 수도 있지만(21:1-14), 네 번째 복음서의 광범위한 문맥에 비추어 볼 때는 후자가 가장 타당하다. 세상을 향한 하나님의 사랑(3:16; 13:1), 삼위일체의 내적 사랑(3:35; 10:17; 15:9), 그리고 하나님에 대한 성도의 사랑(13:34-35; 14:15, 23; 15:17)이 내러티브의 중추를 이룬다. 실제로 예수 자신은 제자들에게 그들의 삶이 무엇보다도 하나님에 대한 사랑과 서로에 대한 사랑으로 특징지어져야 한다고 말씀하신다(15:12).

21:15에서 예수는 베드로에게 그가 자신을 "사랑하는"(아가파스[*agapas*])지 물으시자 베드로는 "내가 주님을 사랑하는(필레오[*philō*]) 줄 주님께서 아시나이다"라고 대답한다. 21:15-17에서 두 헬라어 동사 아가파오와 필레오("사랑하다")를 강조하여 둘 사이의 미묘한 차이를 식별하는 것이 유행이 되었지만, 두 단어를 동의어로 보는 것이 가장 좋다(70인역 잠 8:17; 벧전 1:22; 5:14; 벧후 1:7을 보라).

예수의 세 번에 걸친 질문은 18:15-18과 25-27에서 베드로가 예수를 세 번 배신한 점에 비추어 이해해야 한다. 불 곁에서 대제사장의 여종과 그의 병사들이 베드로에게 그가 예수를 따르는 자인지 묻는다. 이제 외관상 또 다른 불 옆에서 베드로는 예수에 대한 자신의 헌신에 대해 질문을 받는다.

예수께서 사용하시는 목양의 은유(새끼 양과 양)는 하나님의 백성인 양 떼를 가리킨다. 신구약 모두 하나님의 백성을 양 떼에 비유하고 이스라엘의 왕을 목자에 비유한다(예컨대, 삼하 5:2; 시 78:71; 겔 34장). "선한 목자"(10:11)이신 예수는 사도로서 자신의 역할을 감당해야 할 베드로에게 교회를 맡긴다. 그(와 다른 사도들)는 종말론적 이스라엘, 즉 교회의 건강을 보존하는 책임을 맡는다.

베드로전서 5:2-4을 읽어 보면 예수께서 몇십 년 전에 베드로에게 하신 말씀을 거의 우연히 엿들을 수 있다.

> (장로들아) 너희 중에 있는 하나님의 양 무리를 치되 목자장이 나타나실 때에 시들지 아니하는 영광의 관을 얻으리라.

예수는 심지어 베드로가 그의 "팔"을 "벌릴 것"이며 그의 죽음으로 "하나님께 영광을 돌릴" 것이라고 예언하신다(21:18-19). 베드로도 예수처럼 십자가에서 처형될 것이다. 초기 교회 전승에 따르면 베드로는 AD 65년경 네로 치하에서 거꾸로 십자가에 못 박혔다(Eusebius, *Hist. eccl.* 2.25.5, 3.1.2). 요한이 네 번째 복음서를 출간할 무렵에 베드로는 죽었고 각처에 흩어진 교회는 이를 잘 알고 있다. 그러나 요한은 베드로를 그리스도와 그의 교회를 위해 목숨을 바친 사람으로 소개한다. 그러한 겸손과 자기 희생은 의심할 바 없이 성도들도 그의 뒤를 따르도록 영감을 줄 것이다.

내러티브는 화자 요한이 자신을 "이 일들을 증언하고 이 일들을 기록한 제자"(21:24)라고 밝히는 것으로 끝난다. 1세기이든 오늘날이든 네 번째 복음서의 독자들은 예수에 대한 요한의 증언 전체가 "참"되다는 것을 확신할 수 있다(21:24; 참조, 19:35; 요일 1:1-4). 역사와 신학은 먼 사촌이 아니라 가장 친한 친구이다.

사도 요한이 그의 내러티브의 일곱 "증인", 즉 세례 요한(1:19, 32, 34, 3:26, 28), 예수 자신(8:14), 예수의 일/사역(5:36), 아버지(8:18), 구약(5:39), 사마리아 여인(4:39), 그리고 나사로의 소생 때 함께 있던 무리(12:17)에 대해 증언한다고 해도 과언은 아닐 것이다. 요한은 복음서의 내용을 매우 선별적으로 제시한다. 실제로 "이 세상이라도" 예수에 관해 낱낱이 기록된 책을 두기에는 부족할 것이다(21:25).

요한복음 전체는 예수라는 인물에 대한 증언으로 간주해야 한다. 요한과 다른 사도들은 목격자(목격 증인)로서 자신의 역할을 신적 승인을 받은 것처럼 진지하게 받아들이기 때문에, 복음서에서 읽는 내용은 실제로 일어난 일로 확신할 수 있다. 그들의 사도직이 참되기 때문에 그들의 메시지가 참되고, 그들을 위임하신 분이 참되시기 때문에 그들의 사도직이 참되다.

네 복음서 중 두 복음서가 어느 정도까지는 위임(commission)으로 끝난다. 첫 번째 복음서의 강조점은 하나님 나라의 성장이다. 그래서 마태가 그의 복음서를 대 위임령(마 28:16-20)으로 정점을 찍는 것은 타당하다. 부활하신 인자로서 예수는 제자들에게 모든 형태의 적대감을 정복하고 자신이 그들과 함께 거할 수 있도록 열방에 복음을 선포할 권한을 주신다.

요한복음은 하나님 나라의 성장보다는 하나님 나라의 보존(preservation)으로 마무리한다. 하나님의 백성을 "먹이고" "돌봐야" 한다는 베드로에게 주신 권면(21:15-17)은 베드로의 사역이 건전한 교리로 교회를 양육하고 거짓 교사들로부터 교회를 보호하는 것임을 암시한다. 신약성경에서 베드로의 이름으로 기록된 두 서신이 바로 그 일을 위한 것임은 결코 우연이 아니다.

§ 요한복음 : 주석

Barrett, C. K. *The Gospel according to St. John*. Rev. ed. London: SPCK; Philadelphia: Westminster, 1978.

Beasley-Murray, George R. *John*. Rev. ed. WBC. Nashville: Nelson, 1999.

Borchert, Gerald L. *John*. 2 vols. NAC. Nashville: Broadman & Holman, 1996-2002.

Brant, Jo-Ann. *John*. Paideia Commentaries on the New Testament. Grand Rapids: Baker Academic, 2011.

Brodie, Thomas L. *The Gospel according to John: A Literary and Theological Commentary*. New York: Oxford University Press, 1993.

Brown, Raymond E. *The Gospel according to John*. 2 vols. AB. Garden City, NY: Doubleday, 1966-70.

Bruner, Frederick Dale. *The Gospel of John: A Commentary*. Grand Rapids: Eerdmans, 2012.

Bultmann, Rudolf. *The Gospel of John: A Commentary*. Edited by R. W. N. Hoare and J. K. Riches. Translated by G. R. Beasley-Murray. Philadelphia: Westminster, 1971.

Burge, G. M. *John*. NIVAC. Grand Rapids: Zondervan, 2000.

Carson, D. A. *The Gospel according to John*. PNTC. Grand Rapids: Eerdmans, 1991.

Edwards, Mark. *John*. Blackwell Bible Commentaries. Malden, MA: Blackwell, 2004.

Keener, Craig S. *The Gospel of John: A Commentary*. 2 vols. Peabody, MA: Hendrickson, 2003.

Klink, Edward W., III. *John*. ZECNT. Grand Rapids: Zondervan, 2016.

Kruse, Colin G. *The Gospel according to John*. Rev. ed. TNTC. Grand Rapids: Eerdmans, 2004.

Lincoln, Andrew T. *The Gospel according to Saint John*. BNTC. London: Continuum; Peabody, MA: Hendrickson, 2005.

McHugh, John F. *A Critical and Exegetical Commentary on John 1-4*. ICC. London: T&T Clark, 2009.

Michaels, J. Ramsey. *The Gospel of John*. NICNT. Grand Rapids: Eerdmans, 2010.

_____. *John*. NIBC. Peabody, MA: Hendrickson, 1989.

Milne, Bruce. *The Message of John*. BST. Downers Grove, IL: InterVarsity, 1993.

Moloney, Francis J. *The Gospel of John*. SP. Collegeville, MN: Liturgical Press, 1998.

Morris, Leon. *The Gospel according to John*. Rev. ed. NICNT. Grand Rapids: Eerdmans, 1995.

Ridderbos, Herman N. *The Gospel of John: A Theological Commentary*. Grand Rapids: Eerdmans, 1997.

Schnackenburg, Rudolf. *The Gospel according to St. John*. 3 vols. New York: Herder and Herder, 1968-82.

von Wahlde, Urban C. *The Gospel and Letters of John*. 3 vols. ECC 3. Grand Rapids: Eerdmans, 2010.

Whitacre, Rodney A. *John*. IVPNTC. Downers Grove, IL: InterVarsity, 1999.
Witherington, Ben, III. *John's Wisdom: A Commentary on the Fourth Gospel*. Louisville: Westminster John Knox, 1995.

§ 요한복음: 논문 및 단행본

Anderson, Paul N. *The Christology of the Fourth Gospel: Its Unity and Disunity in the Light of John 6*. WUNT 2/78. Tubingen: Mohr Siebeck, 1996.
_____. *The Fourth Gospel and the Quest for Jesus: Modern Foundations Reconsidered*. London: T&T Clark, 2006.
_____. *The Riddles of the Fourth Gospel: An Introduction to John*. Minneapolis: Fortress, 2011.
Anderson, Paul N., Felix Just, and Tom Thatcher, eds. *John, Jesus, and History*. Vols. 1–3. SBLSymS 44; ECIL 2; ECIL 18. Atlanta: SBL Press, 2007, 2009, 2016.
Arterbury, Andrew E. "Breaking the Betrothal Bonds: Hospitality in John 4." *CBQ* 72 (2010): 63–83.
Ashton, Josh. *Understanding the Fourth Gospel*. 2nd ed. Oxford: Oxford University Press, 2007.
Attridge, Harold W. "Genre Bending in the Fourth Gospel." *JBL* 121 (2002): 3–21.
Ball, D. M. *"I Am" in John's Gospel: Literary Function, Background and Theological Implications*. JSNTSup 124. Sheffield: Sheffield Academic, 1996.
Barrett, C. K. "The Old Testament in the Fourth Gospel." *JTS* 48 (1947): 155–69.
Bauckham, Richard. *The Testimony of the Beloved Disciple: Narrative, History, and Theology in the Gospel of John*. Grand Rapids: Baker Academic, 2007.
Bauckham, Richard, and Carl Mosser, eds. *The Gospel of John and Christian Theology*. Grand Rapids: Eerdmans, 2008.
Beck, D. R. *The Discipleship Paradigm: Readers and Anonymous Characters in the Fourth Gospel*. BIS 27. Leiden: Brill, 1997.
Bekken, Per Jarle. *The Lawsuit Motif in John's Gospel from New Perspectives: Jesus Christ, Crucified Criminal and Emperor of the World*. NovTSup 158. Leiden: Brill, 2015.
Bennema, Cornelis. *Encountering Jesus: Character Studies in the Gospel of John*. 2nd ed. Minneapolis: Fortress, 2014.
Bernier, Jonathan. *Aposynagōgos and the Historical Jesus in John: Rethinking the Historicity of the Johannine Expulsion Passages*. BIS 122. Leiden: Brill, 2013.
Blomberg, Craig L. *The Historical Reliability of John's Gospel*. Downers Grove, IL: InterVarsity, 2001.
Borgen, Peder. *Bread from Heaven: An Exegetical Study of the Concept of Manna in the Gospel of John and the Writings of Philo*. NovTSup 10. Leiden: Brill, 1965.
_____. *The Gospel of John: More Light from Philo, Paul and Archaeology; The Scriptures, Tradition, Settings, Meaning*. NovTSup 154. Leiden: Brill, 2014.

Brant, Jo-Ann A. *Dialogue and Drama: Elements of Greek Tragedy in the Fourth Gospel.* Peabody, MA: Hendrickson, 2004.

Brown, Raymond E. *An Introduction to the Gospel of John.* Edited by Francis J. Moloney. New York: Doubleday, 2003.

Brown, Sherri, and Christopher W. Skinner, eds. *Johannine Ethics: The Moral World of the Gospel and Epistles of John.* Minneapolis: Fortress, 2017.

Bruce, F. F. *The Gospel of John: Introduction, Exposition, and Notes.* Grand Rapids: Eerdmans, 1983.

Brunson, A. C. *Psalm 118 in the Gospel of John: An Intertextual Study of the New Exodus Pattern in the Theology of John.* WUNT 2/158. Tubingen: Mohr Siebeck, 2003.

Carson, D. A. "John and the Johannine Epistles." In *It Is Written: Scripture Citing Scripture; Essays in Honour of Barnabas Lindars, SSF,* edited by D. A. Carson and H. G. M. Williamson, 245–64. Cambridge: Cambridge University Press, 1988.

Charlesworth, James H. *The Beloved Disciple: Whose Witness Validates the Gospel of John?* Valley Forge, PA: Trinity Press International, 1995.

Clark-Soles, Jaime. *Scripture Cannot Be Broken: The Social Function of the Use of Scripture in the Fourth Gospel.* 2nd ed. Leiden: Brill, 2003.

Coakley, J. F. "Jesus' Messianic Entry into Jerusalem (John 12:12–19 par.)." *JTS* 46 (1995): 461–82.

Coloe, Mary L. *God Dwells with Us: Temple Symbolism in the Fourth Gospel.* Collegeville, MN: Liturgical Press, 2001.

Coloe, Mary L., and Tom Thatcher, eds. *John, Qumran, and the Dead Sea Scrolls: Sixty Years of Discovery and Debate.* Early Judaism and Its Literature 32. Atlanta: Society of Biblical Literature, 2011.

Conway, C. M. *Men and Women in the Fourth Gospel: Gender and Johannine Characterization.* SBLDS 167. Atlanta: Scholars Press, 1999.

Culpepper, R. Alan. *Anatomy of the Fourth Gospel: A Study in Literary Design.* Philadelphia: Fortress, 1983.

Culpepper, R. Alan, and Paul N. Anderson, eds. *Communities in Dispute: Current Scholarship on the Johannine Epistles.* ECIL 13. Atlanta: SBL Press, 2014.

Culpepper, R. Alan, and C. C. Black, eds. *Exploring the Gospel of John: In Honor of D. Moody Smith.* Louisville: Westminster John Knox, 1996.

Daly-Denton, M. *David in the Fourth Gospel: The Johannine Reception of the Psalms.* AGJU 47. Leiden: Brill, 2000.

―――. "The Psalms in John's Gospel." In *The Psalms in the New Testament*, edited by S. Moyise and M. J. J. Menken, 119–37. New Testament and the Scriptures of Israel. London: T&T Clark, 2004.

Dodd, C. H. *Historical Tradition in the Fourth Gospel.* Cambridge: Cambridge University Press, 1963.

_____. *The Interpretation of the Fourth Gospel*. Cambridge: Cambridge University Press, 1953.

Duke, Paul D. *Irony in the Fourth Gospel*. Atlanta: John Knox, 1985.

Estes, Douglas, and Ruth Sheridan. *How John Works: Storytelling in the Fourth Gospel*. RBS 86. Atlanta: SBL Press, 2016.

Evans, Craig A. "The Function of Isaiah 6:9–10 in Mark and John." *NovT* 24 (1982): 124–38.

_____. "The Voice from Heaven: A Note on John 12:28." *CBQ* 43 (1981): 405–8.

_____. *Word and Glory: On the Exegetical and Theological Background of John's Prologue*. JSNTSup 89. Sheffield: Sheffield Academic, 1993.

Fortna, Robert T. *The Gospel of Signs: A Reconstruction of the Narrative Source Underlying the Fourth Gospel*. Cambridge: Cambridge University Press, 1970.

Fortna, Robert T., and Tom Thatcher, eds. *Jesus in Johannine Tradition*. Louisville: Westminster John Knox, 2001.

Glasson, T. F. *Moses in the Fourth Gospel*. SBT 40. London: SCM, 1963.

Grigsby, B. H. "'If Any Man Thirsts . . .': Observations on the Rabbinic Background of John 7,37–39." *Bib* 67 (1986): 101–8.

Gundry, Robert H. *Jesus the Word according to John the Sectarian: A Paleofundamentalist Manifesto for Contemporary Evangelicalism, Especially Its Elites, in North America*. Grand Rapids: Eerdmans, 2002.

Ham, C. "The Title 'Son of Man' in the Gospel of John." *Stone-Campbell Journal* 1 (1998): 67–84.

Hanson, A. T. "John's Interpretation of Psalm 82." *NTS* 11 (1964–65): 158–62.

_____. "*John*'s Interpretation of Psalm 82 Reconsidered." *NTS* 13 (1967): 363–67.

_____. "*John*'s Use of Scripture." In *The Gospels and the Scriptures of Israel*, edited by C. A. Evans and W. R. Stegner, 358–79. JSNTSup 104. Sheffield: Sheffield Academic, 1994.

Harstine, S. *Moses as a Character in the Fourth Gospel: A Study of Ancient Reading Techniques*. JSNTSup 229. Sheffield: Sheffield Academic, 2002.

Heil, John Paul. *Blood and Water: The Death and Resurrection of Jesus in John 18–21*. CBQMS 27. Washington, DC: Catholic Biblical Association of America, 1995.

Hengel, Martin. *The Johannine Question*. Translated by John Bowden. London: SCM; Philadelphia: Trinity Press International, 1989.

Horsley, Richard, and Tom Thatcher. *John, Jesus, and the Renewal of Israel*. Grand Rapids: Eerdmans, 2013.

Hultgren, A. J. "The Johannine Footwashing (13:1–11) as Symbol of Eschatological Hospitality." *NTS* 28 (1982): 539–46.

Hunt, Steven A., D. Francois Tolmie, and Ruben Zimmermann, eds. *Character Studies in the Fourth Gospel: Literary Approaches to Sixty Figures in John*. WUNT 314. Tubin-

gen: Mohr Siebeck, 2013.
Hylen, Susan. *Imperfect Believers: Ambiguous Characters in the Gospel of John*. Louisville: Westminster John Knox, 2009.
Kerr, A. R. *The Temple of Jesus' Body: The Temple Theme in the Gospel of John*. JSNTSup 220. London: Sheffield Academic, 2002.
Klink, Edward W., III, ed. *The Audience of the Gospels: The Origin and Function of the Gospels in Early Christianity*. LNTS 353. London: T&T Clark, 2010.
_____. "Light of the World: Cosmology and the Johannine Literature." In *Cosmology and New Testament Theology*, edited by Jonathan T. Pennington and Sean M. McDonough, 74–89. LNTS 355. London: T&T Clark, 2009.
_____. *The Sheep of the Fold: The Audience and Origin of the Gospel of John*. Cambridge: Cambridge University Press, 2007.
Knapp, H. M. "The Messianic Water Which Gives Life to the World." *Horizons in Biblical Theology* 19 (1997): 109–21.
Koester, Craig R., and Reimund Bieringer, eds. *The Resurrection of Jesus in the Gospel of John*. WUNT 222. Tubingen: Mohr Siebeck, 2008.
Köstenberger, Andreas J. *A Theology of John's Gospel and Letters: The Word, the Christ, the Son of God*. BTNT. Grand Rapids: Zondervan, 2009.
Kysar, Robert. *John, the Maverick Gospel*. Rev. ed. Louisville: Westminster John Knox, 2007.
_____. *Voyages with John: Charting the Fourth Gospel*. Waco: Baylor University Press, 2006.
Lamb, David A. *Text, Context, and the Johannine Community: A Sociolinguistic Analysis of the Johannine Writings*. LNTS 477. London: Bloomsbury T&T Clark, 2015.
Laney, J. C. "Abiding Is Believing: The Analogy of the Vine in John 15:1–6." *BSac* 146 (1989): 55–66.
Larsen, Kasper Bro, ed. *The Gospel of John as Genre Mosaic*. Studia Aarhusiana Neotestamentica 3. Göttingen: Vandenhoeck & Ruprecht, 2015.
Lee, D. A. *The Symbolic Narratives of the Fourth Gospel: The Interplay of Form and Meaning*. JSNTSup 95. Sheffield: JSOT Press, 1994.
Lierman, John, ed. *Challenging Perspectives on the Gospel of John*. Töbingen: Mohr Siebeck, 2006.
Lincoln, Andrew T. *Truth on Trial: The Lawsuit Motif in the Fourth Gospel*. Peabody, MA: Hendrickson, 2000.
Lozada, Francisco, Jr., and Tom Thatcher, eds. *New Currents through John: A Global Perspective*. Atlanta: Society of Biblical Literature, 2006.
Maccini, R. G. *Her Testimony Is True: Women as Witnesses according to John*. JSNTSup 125. Sheffield: Sheffield Academic, 1996.
Marcus, J. "Rivers of Living Water from Jesus' Belly (*John* 7:38)." *JBL* 117 (1998): 328–30.

Martyn, J. Louis. *History and Theology in the Fourth Gospel*. 3rd ed. Louisville: Westminster John Knox, 2003.

Meeks, W. A. *The Prophet-King: Moses Traditions and the Johannine Christology*. NovTSup 14. Leiden: Brill, 1967.

Menken, M. J. J. *Old Testament Quotations in the Fourth Gospel: Studies in Textual Form*. Contributions to Biblical Exegesis & Theology 15. Kampen, Netherlands: Kok, 1996.

_____. "The Origin of the Old Testament Quotation in John 7:38." *NovT* 38 (1996): 160–75.

_____. "The Provenance and Meaning of the Old Testament Quotation in John 6:31." *NovT* 30 (1988): 39–56.

_____. "The Quotation from Isa 40,3 in John 1,23." *Bib* 66 (1985): 190–205.

_____. "The Translation of Psalm 41:10 in John 13:18." *JSNT* 40 (1990): 61–79.

Moloney, Francis J. *Love in the Gospel of John: An Exegetical, Theological, and Literary Study*. Grand Rapids: Baker Academic, 2013.

_____. "Reading John 2:13–22: The Purification of the Temple." *RB* 97 (1990): 432–51.

_____. "Recent Johannine Studies, Part One: Commentaries," *ExpTim* 123, no. 7 (2012): 313–22.

_____. "Recent Johannine Studies, Part Two: Monographs," *ExpTim* 123, no. 9 (2012): 417–28.

Motyer, Stephen. *Your Father the Devil? A New Approach to John and "the Jews."* Carlisle, UK: Paternoster, 1997.

Myers, Alicia D. *Characterizing Jesus: A Rhetorical Analysis on the Fourth Gospel's Use of Scripture in Its Presentation of Jesus*. LNTS 458. London: Bloomsbury T&T Clark, 2012.

Myers, Alicia D., and Bruce G. Schuchard, eds. *Abiding Words: Perspectives on the Use of the Old Testament in the Gospel of John*. RBS 81. Atlanta: SBL Press, 2015.

Neyrey, Jerome H. *The Gospel of John in Cultural and Rhetorical Perspective*. Grand Rapids: Eerdmans, 2009.

_____. "The Jacob Allusions in John 1.51." *CBQ* 44 (1982): 586–605.

_____. "Jacob Traditions and the Interpretation of John 4:10–26." *CBQ* 41 (1979): 419–37.

Ng, Wai-Yee. *Water Symbolism in John: An Eschatological Interpretation*. SBL 15. New York: Peter Lang, 2001.

Nicholson, G. C. *Death as Departure: The Johannine Descent-Ascent Schema*. SBLDS 63. Chico, CA: Scholars Press, 1983.

Nissen, J., and S. Pedersen, eds. *New Readings in John: Literary and Theological Perspectives*. JSNTSup 182. Sheffield: Sheffield Academic, 1999.

North, Wendy E. S. *A Journey round John: Tradition, Interpretation and Context in the*

Fourth Gospel. LNTS 534. London: Bloomsbury T&T Clark, 2015.

O'Day, Gail R. *Revelation in the Fourth Gospel: Narrative Mode and Theological Claim*. Philadelphia: Fortress, 1986.

Parsenios, George L. *Departure and Consolation: The Johannine Farewell Discourses in Light of Greco-Roman Literature*. NovTSup 117. Leiden: Brill, 2005.

_____. *Rhetoric and Drama in the Johannine Lawsuit Motif*. WUNT 258. Tubingen: Mohr Siebeck, 2010.

Pendrick, G. "Μονογενής." *NTS* 41 (1995): 587–600.

Porter, S. J. "Can Traditional Exegesis Enlighten Literary Analysis of the Fourth Gospel? An Examination of the Old Testament Fulfilment Motif and the Passover Theme." In *The Gospels and the Scriptures of Israel*, edited by C. A. Evans and W. R. Stegner, 396–428. JSNTSup 104. Sheffield: Sheffield Academic, 1994.

Pryor, J. W. "Covenant and Community in *John*'s Gospel." *Reformed Theological Review* 47 (1988): 44–51.

_____. "The Johannine Son of Man and Descent-Ascent Motif." *JETS* 34 (1991): 341–51.

_____. *John, Evangelist of the Covenant People: The Narrative and Themes of the Fourth Gospel*. Downers Grove, IL: InterVarsity, 1992.

Reinhartz, Adele. *The Word in the World: The Cosmological Tale in the Fourth Gospel*. SBLMS 45. Atlanta: Scholars Press, 1992.

Richey, Lance B. *Roman Imperial Ideology and the Gospel of John*. Washington, DC: Catholic Biblical Association of America, 2007.

Robinson, *John* A. T. *The Priority of John*. London: SCM, 1985; Oak Park, IL: Meyer-Stone, 1987.

Rowland, C. "John 1.51, Jewish Apocalyptic and Targumic Tradition." *NTS* 30 (1984): 498–507.

Schuchard, B. G. *Scripture within Scripture: The Interrelationship of Form and Function in the Explicit Old Testament Citations in the Gospel of John*. SBLDS 133. Atlanta: Scholars Press, 1992.

Sheridan, Ruth. *Retelling Scripture: "The Jews" and the Scriptural Citations in John 1:19–12:15*. BIS 110. Leiden: Brill, 2012.

Skinner, Christopher W., ed. *Characters and Characterization in the Gospel of John*. LNTS 461. London: Bloomsbury T&T Clark, 2013.

Smalley, Stephen. *John: Evangelist and Interpreter*. Rev. ed. Downers Grove, IL: InterVarsity, 1998.

Smith, D. Moody. *The Theology of the Gospel of John*. Cambridge: Cambridge University Press, 1995.

Staley, Jeffrey Lloyd. *The Print's First Kiss: A Rhetorical Investigation of the Implied Reader in the Fourth Gospel*. SBLDS 82. Atlanta: Scholars Press, 1988.

Sturdevant, Jason S. *The Adaptable Jesus of the Fourth Gospel: The Pedagogy of the Logos*.

NovTSup 162. Leiden: Brill, 2015.

Thatcher, Tom. *The Riddles of Jesus in John: A Study in Tradition and Folklore*. SBLMS 53. Atlanta: Society of Biblical Literature, 2000.

_____, ed. *What We Have Heard from the Beginning: The Past, Present, and Future of Johannine Studies*. Waco: Baylor University Press, 2007.

_____. *Why John Wrote a Gospel: Jesus-Memory- History*. Louisville: Westminster John Knox, 2006.

Thatcher, Tom, and Stephen D. Moore, eds. *Anatomies of Narrative Criticism: The Past, Present, and Futures of the Fourth Gospel as Literature*. RBS 55. Atlanta: Society of Biblical Literature, 2008.

Thatcher, Tom, and Catrin H. Williams, eds. *Engaging with C. H. Dodd: Sixty Years of Tradition and Interpretation on the Gospel of John*. Cambridge: Cambridge University Press, 2013.

Thomas, J. C. *Footwashing in John 13 and the Johannine Community*. JSNTSup 50. Sheffield: JSOT Press, 1991.

_____. "'Stop Sinning Lest Something Worse Come upon You': The Man at the Pool in John 5." *JSNT* 59 (1995): 3–20.

Thompson, Marianne Meye. *The God of the Gospel of John*. Grand Rapids: Eerdmans, 2001.

Trozzo, Lindsey M. *Exploring Johannine Ethics: A Rhetorical Approach to Moral Efficacy in the Fourth Gospel Narrative*. WUNT 2/449. Tübingen: Mohr Siebeck, 2017.

van Belle, Gilbert, Michael Labahn, and Petrus Maritz, eds. *Repetitions and Variations in the Fourth Gospel: Style, Text, Interpretation*. BETL 223. Leuven: Peeters, 2009.

van Belle, Gilbert, J. G. van der Watt, and P. Maritz, eds. *Theology and Christology in the Fourth Gospel: Essays by Members of the SNTS Johannine Writings Seminar*. BETL 184. Leuven: Leuven University Press, 2005.

van der Watt, Jan G. *Family of the King: Dynamics of Metaphor in the Gospel according to John*. BIS 47. Leiden: Brill, 2000.

van der Watt, Jan G., and Ruben Zimmermann, eds. *Rethinking the Ethics of John: "Implicit Ethics" in the Johannine Writings*. WUNT 291. Tubingen: Mohr Siebeck, 2012.

Vawter, B. "Ezekiel and John." *CBQ* 26 (1964): 450–58.

Walker, W. O., Jr. "John 1.43–51 and 'the Son of Man' in the Fourth Gospel." *JSNT* 56 (1994): 31–42.

Williams, Catrin H., and Christopher Rowland, eds. *John's Gospel and Intimations of Apocalyptic*. London: Bloomsbury T&T Clark, 2014.

Witherington, Ben, III. *John's Wisdom*. Louisville: Westminster John Knox, 1995.

Young, F. W. "A Study of the Relation of Isaiah to the Fourth Gospel." *Zeitschrift für die neutestamentliche Wissenschaft und die Kunde der älteren Kirche* 46 (1955): 215–33.

CLC의 마태복음 도서

❶ 마태복음서 연구
J. D. 킴스베리 지음 | 김근수 옮김 | 232면

❷ 마태복음(존라일 사복음서 강해 1)
J. C. 라일 지음 | 지상우 옮김 | 신국판 | 376면

❸ 최근 마태신학
도날드 시니어 지음 | 홍찬혁 옮김 | 신국판 | 124면

❹ 마태복음 해석
김득중, 유태엽 지음 | 신국판 | 448면

❺ 마태, 마가복음(신약의 구약사용 주석 시리즈 1)
크레이그 L. 블룸버그, 릭 E. 와츠 지음 | 김용재, 우성훈 옮김 | 신국판 양장 | 616면

❻ 마태복음서 강해
위치만 니 지음 | 이용태 옮김 | 신국판

❼ 마태복음(틴데일 신약주석 시리즈 1)
R. T. 프랜스 지음 | 권해생, 이강택 옮김 | 신국판 양장 | 648면

❽ 앵커바이블 마태복음
윌리엄 F. 올브라이트 지음 | 이강택 옮김 | 신국판 양장 | 720면

❾ 마태복음 연구
김진영 지음 | 46배판 | 408면

CLC의 마가복음도서

❶ 마가복음 신학(21세기 신학 시리즈 3)
프랭크 J. 메이트라 지음 | 류호성 옮김 | 신국판 | 134면

❷ 마가복음(존라일 사복음서 강해 2)
J. C. 라일 지음 | 지상우 옮김 | 신국판 | 352면

❸ 마가복음 주해
황원하 지음 | 신국판 | 368면

❹ 마태, 마가복음(신약의 구약사용 주석 시리즈 1)
크레이그 L. 블룸버그, 릭 E. 와츠 지음 | 김용재, 우성훈 옮김 | 신국판 양장 | 616면

❺ 구조로 본 마가복음
이영재 지음 | 신국판 양장 | 488면

❻ 마가복음 읽기
박용식 지음 | 신국판 | 364면

❼ 간추린 마가복음 주석
류호성 지음 | 신국판 | 352면

❽ 마가복음의 조연들
김성현 지음 | 신국판 | 208면

❾ 앵커바이블 마가복음 1, 2
조엘 마커스 지음 | 장성민 옮김 | 신국판 양장 | 904면, 1080면

❿ 마가복음(틴데일 신약주석 시리즈 2)
에크하르트 J. 슈나벨 지음 | 신국판 양장 | 636면

CLC의 누가복음 도서

❶ 누가복음 신학
마크 A. 포웰 지음 | 배용덕 옮김 | 신국판 | 180면

❷ 누가복음 1, 2(존 라일 사복음서 강해 4)
J. C. 라일 지음 | 이용태, 정중은 옮김 | 신국판 | 518면, 520면

❸ 누가, 요한복음(신약의 구약사용 주석 시리즈 2)
데이비드 W. 파오 외 지음 | 우성훈, 배성진 옮김 | 신국판 양장 | 728면

❹ 누가복음 사도행전 개론
V. 조지 쉴링턴 지음 | 왕인성 옮김 | 신국판 | 280면

❺ 앵커바이블 누가복음 1
조셉 A. 피츠마이어 지음 | 이두희, 황의무, 우성훈 옮김 | 신국판 양장 | 1344면, 1304면

❻ 누가복음 신학
조엘 B. 그린 지음 | 왕인성 옮김 | 국판변형 | 268면

❼ 누가복음 주석
김경진 지음 | 신국판 양장 | 368면

❽ 누가복음에 나타난 비유
은성수 지음 | 크라운판 | 564면

❾ 누가복음, 눈 그리고 마음으로 읽기
왕인성 지음 | 신국판 | 256면

CLC의 요한복음 도서

❶ 요한복음 해석
메릴 C. 테니 지음 | 김근수 옮김 | 신국판

❷ 요한복음 신학(21세기 신학 시리즈)
게라르드 S. 슬로얀 지음 | 서성훈 옮김 | 신국판 | 232면

❸ 요한복음 개론
레이몬드 E. 브라운 지음 | 최흥진 옮김 | 신국판 양장

❹ 요한복음, 요한서신(요한문헌 개론)
얀 판 더 바트 지음 | 황원하 옮김 | 신국판 | 240면

❺ 누가, 요한복음(신약의 구약사용 주석 시리즈 2)
데이비드 W. 파오 외 지음 | 우성훈, 배성진 옮김 | 신국판 양장 | 728면

❻ 요한복음 강해 1, 2, 3(로이드 존스 영적 강해 시리즈)
D.M. 로이드 존스 지음 | 이용태 옮김 | 신국판

❼ 앵커바이블 요한복음 1
레이몬드 E. 브라운 지음 | 최흥진 옮김 | 신국판 양장 | 1096면, 976면

❽ 요한복음 주석(CLC 신약주석 시리즈)
박정식 지음 | 신국판 양장 | 384면

❾ 요한복음 1, 2, 3(존 라일 사복음서 강해 시리즈)
J. C. 라일 지음 | 지상우 옮김 | 신국판 | 520면

❿ 요한복음(틴데일 신약주석 시리즈)
콜린 G. 크루즈 지음 | 배용덕 옮김 | 신국판 양장 | 588면

⓫ 키너 요한복음 1, 2, 3
크레이그 S. 키너 지음 | 이옥용 옮김 | 신국판 양장 | 1008면, 1184면, 1184면

⓬ 쉽게 읽는 요한복음
김성목 지음 | 크라운판 양장 | 576면

⓭ 요한복음의 역사와 신학
J. 루이스 마틴 지음 | 류호성 옮김 | 신국판 | 312면